존 파이퍼 목사의 '로마서 강해'는 위대한 본문이 훌륭한 해석자를 만나서 나온 작품이다. 로마서 강해는 영국의 탁월한 강해설교자, 고(故) 마틴 로이드 존스 목사의 강해서 이후로 좀 더 현대적이고 실제적인 설교자를 오랫동안 기다려 왔는데 마침내 좋은 해석자를 만났다. 존 파이퍼 목사는 신학자 출신의 목회자로 벧엘신학교에서 6년간 가르치다가 설교자로 부르심을 받았다. 그는 로마서의 위대함에 사로잡혀 있었고 그 중에서도 로마서 8장에 붙들려 18년 목회 사역을 감당할 수 있었다고 고백한다. 존 파이퍼의 '로마서 강해'가 마틴 로이드 존스의 '로마서 강해' 이상으로 한국 교회 강단에 큰 영향을 미칠 것으로 기대한다.

김서택 대구동부교회 담임목사

로마서는 성경의 모든 책들 중 가장 방대한 교리적 진술을 담고 있다. 존 파이퍼 목사의 로마서 강해는 교리적 가르침을 세밀하게 소개함과 동시에 그 진리가 주는 뜨거움을 생생하게 전달한다. 이는 불붙는 논리로 설교를 전했던 마틴 로이드 존스를 연상시킨다. 바른 진리는 열정을 발산시키게 하며, 열정은 바른 진리로부터 시작될 수 있다. 저자는 이것을 '구원의 틀'과 '현실을 바라보는 시각'으로 표현한다. 본서의 독자들은 견고한 구원의 진리를 만나게 될 것이며, 구원의 진리에 따라 살도록 도전받게 될 것이다. 이어 출간하게 될 로마서 강해집이 진리의 기반이 약한 한국 교회에 건강한 기초를 놓게 될 것을 기대한다.

송태근 삼일교회 담임목사

로마서에는 하나님과 세상과 우리 인간에 관한 진리와 복음의 중심이 고스란히 녹아 있다. 특별히 16년 간 베들렘헴교회 강단에서 전해진 복음주의 설교자 존 파이퍼 목사의 로마서 강해가 책으로 정리되어 출간되니 무척이나 반갑다. 존 파이퍼 목사의 로마서 강해가 전하는 복음의 메시지는 신학을 전공한 학도들뿐 아니라 평신도들도 쉽고 명쾌하게 이해할 수 있다. 이 책을 통해 모든 성도들이 복음을 깨닫고 그 복음을 살며 열방 가운데 복음을 전하는 그리스도인으로 날마다 자라가길 기도한다.

이찬수 분당우리교회 담임목사

좋은 강해를 읽는 것은 언제나 감동이다. 이 책은 그런 보기 드문 역작 중의 하나다. 최근 우리에게 큰 유익을 끼치는 외국 작가로 우리는 팀 켈러와 존 파이퍼를 주목한다. 두 분은 모두 목회자요 강해 설교가다. 두 분 다 견고한 신학적 기반에서 설교하는 분들이다. 한 분은 장로교 목회자고, 또 한 분은 침례교 목회자다. 존 파이퍼는 그의 목회의 절정에서 이 로마서를 강해한다고 고백한다. 그는 존 스토트의 로마서 강해에서 영감을 얻었다고 말한다. 그는 이 책에서 그의 회심과 목회의 모든 것을 내놓고 있다. 그래서 어쩌면 존 파이퍼 신학의 절정이라고 할 만한 작품이다. 존 스토트나 마틴 로이드 존스의 로마서와는 또 다른 감동이 있다. 바로 우리 시대의 치유와 해답이라고 할 만한 현장을 느끼게 된다. 나는 이 책에서 한국 교회를 살리는 희망을 느끼며 읽었다. 그래서 이 책을 이 시대의 한국 강단의 동역자들에게 강추하는 바다. 오랫동안 이 책은 설교자의 필수 도서목록으로 남을 가치가 있다. 다른 불필요한 책들 대신에 이 책으로 자리를 대신하기 바란다. 그 대신 우리의 강단은 새로운 부요를 경험하게 될 것이다.

이동원 지구촌교회 원로목사

존 파이퍼 목사는 목회자와 저술가로서 그 영성과 지성이 검증된 주님의 사역자다. 로마서는 초대 교회 때부터 성도들의 신앙의 기초를 견고하게 세우는 영적 자양분을 공급하는 보고로 쓰임 받아왔다. 이제 한국 교회 성도들은 예배당 안에서의 영성이라는 편협성을 과감하게 극복해야 할 시대적 소명을 안고 있다. 일상의 예배자로 한걸음 더 개혁적인 발걸음을 내딛기 위해 말씀에 대한 불같은 확신과 진리에 대한 각성 및 생활의 변화가 그 열매로 나타나야 한다. 목회와 말씀의 균형 감각이 탁월한 저자를 통하여 펼쳐지는 로마서의 파노라마가 한국의 목회자들과 성도들의 가슴에 안겨질 때 하나님의 역사하심이 힘 있게 일어날 줄 믿는다. 저자가 금세기 지구촌 그리스도인들을 향한 하나님의 은혜로운 선물인 것처럼 '로마서 강해' 역시 한국 교회를 향한 주님의 마음이 담긴 선물임을 믿어 의심치 않는다.

오정호 새로남교회 담임목사, 제자훈련목회자협의회(CAL-NET) 대표이 책을 추천하는 나의 마음은 참 행복하고 기쁘다. 저자가 존 파이퍼이기 때문이고, 그가 다루는 주제가 복음이며, 복음이 무엇보다 잘 드러난 로마서이기 때문이다. 로마서는 복음을 가장 잘 담고 있을 뿐 아니라 동시에 성화라는 주제도 칭의와의 관계 안에서 균형 있게 잘 다뤄주는 책이어서 조국 교회에 시의적절한 필요를 가진다. 오늘 조국 교회는 성도들의 삶과 실천 문제와 관련해 깊은 고통을 느끼고 있다. 성도들의 삶을 가능하게 만드는 복음의 진리에 대한 바른 지식의 부재와 그로 인한 성화와 삶에 대한 혼동이 이 모든 문제들의 근원이라고 본다. 죄 많은 세상에 우리의 몸을 입고 오신 예수님의 삶과 죽으심과 부활이 우리의 칭의의 유일한 근거이며 성화의 능력이다. 사람들로 하나님의 진노를 벗어나 은혜에 이르게 하고, 죄의 권세에서 벗어나 거룩과 사랑의 삶으로 들어가게 하는 것이 복음의 능력이다. 이 귀한 책이 그런 복음의 능력을 새롭게 함으로 조국 교회에 많은 유익을 널리 끼칠 것이라 여겨 기쁘게 추천한다.

화종부 남서울교회 담임목사

멋진 음악은 늘 새로이 연주되고 새로이 음미된다. 연주자가 달라지고, 듣는 내 삶의 자리도 달라지기에, 익숙한 아름다움이라도 언제나 그 맛이 새롭다. 로마서라는 멋진 음악 역시 오랜 세월 숱한 설교자들을 만나며 깊고 진한 감동을 선사해 왔다. 오늘날 우리는 존 파이퍼라는 또 한 사람의 능숙한 연주자를 알고 있다. 로마서 연구로 박사학위를 받은 성경학자로서의 기량과 가슴 따스하고 열정적인 목회자로서의 정감을 함께 갖춘 그는 로마서를 연주할 최적의 연주자 중 하나다. 그의 설교를 읽으며 독자들은 복음의 의미에 대한 상세한 해설뿐 아니라 그 복음이 내 삶과 어우러지는 방식에 대해서도 많은 생각을 하게 될 것이다. 특히 복음의 탈을 쓴 욕망의 외침에 지치고 혼란스런 영혼들에게 값진 깨우침과 격려의 통로가 되리라 확신한다.

권연경 숭실대학교 기독교학과 교수

존 파이퍼 목사의 '로마서 강해'는 그의 신학적 통찰과 목회적 경건성이 잘 조화를 이루고 있으며, 복음의 진수를 배우고자 사모하는 이들에게 설득력 있는 문장으로 다가가는 잘 구성된 이야기다. 로마서는 복음의 비밀을 가장 분명하게 드러내는 성경 중의 성경으로, 최신 유행이나 문화적 흐름에 쉽게 반응하기 쉬운 가벼운 신앙과 신학을 경계하고 기독교 신앙과 신학을 바르게 안내하는 지침서라 할 수 있다. 더불어 이 책은 저자의 신학적 깊이와 목양적 소양이 함께 묻어나는 결과물로 복음의 영광과 복음의 기쁨을 잘 드러내고 있다. 저자는 자신의 회심과 부르심과 신학형성에 이르기까지 로마서에 빚지고 있음을 고백하고 있다. 로마서를 공부하는 이들에게 으뜸 길잡이가 될 책으로 기쁘게 추천한다. **김성희** 기독대학인회(ESF) 대표

복음주의적 성경해석으로 이름난 존 파이퍼 목사의 로마서 강해집은 오늘날 행위심판과 행위구원을 강조하는 한국 교회의 도덕주의자들과 윤리주의자들을 향해 울리는 경고와 깨우침의 종소리다. 그는 왜 인간이 자신의 내재적 능력과 자원으로 스스로를 구원할 수 없는지, 왜 인간은 하나님의 은혜로만 구원받을 수밖에 없는지 설득력 있게 설명한다. 그리고 그의 설명은 복잡한 추론이 아니라, 성경 본문이 말하는 바를 직설적으로 지적하는 것이어서 더욱 간명하다. 이 책은 평신도, 신학생, 목회자들에게 두루 도움을 줄 수 있다. 그의 로마서 강해집의 출간을 환영하며 구원에 관해 잘못된 설명을 하고 있는 사람들이 다시 복음으로 돌아오게 되길 기대한다.

김철홍 장로회신학대학교 신약학 교수

존 파이퍼의 로마서 설교는 어느 페이지를 읽어도 그냥 지나칠 수 있는 내용이 없다. 그의 강점은 로마서를 조금씩 잘라 설교하면서 본문을 철저하게 분석하고 있는 것에서부터 시작된다. 본문을 치밀하게 분석하는 것은 이미 하나님의 뜻을 제대로 이해할 확실한 토대를 마련했다는 사실을 의미한다. 그런데 존 파이퍼의 더욱 놀라운 모습은 로마서 전체를 통찰할 뿐 아니라 바울 서신 전부를 섭렵하면서 본문 해석을 종합한다는 것이다. 그래서 존 파이퍼의 로마서 설교를 읽다보면 사도 바울의 영혼에 흐르고 있던 생각의 주류가 무엇인지 깨닫게 된다. 하지만 그의 로마서 설교는 여기서 그 놀라움을 멈추지 않는다. 그는 본문으로부터 우리의 현실을 직시하게 만들면서 때로는 우리의 오류를 맹렬하게 공격하고 때로는 우리의 믿음을 열렬하게 위로한다. 그 결과로 우리는 자신에 대한 명료한 일깨움을 얻는다. 이것이 존 파이퍼의 로마서 강해다.

조병수 합동신학대학원대학교 총장

존 파이퍼 목사는 학식과 영성 그리고 복음에 대한 열정을 겸비한 분이다. 전 세계 많은 그리스도인들로부터 인정과 존경을 받는 훌륭한 목회자요 저술가이기도 하다. 존 파이퍼 목사가 학술적 전문성과 목회 현장 체험을 토대로 집필한 바울 복음의 정수인 로마서 강해가 한국어로 출간되는 것을 매우 기쁘게 생각한다. 본문 해석에 충실하고 적절한 적용이 담긴 풍성한 강해설교를 원하는 목회자들에게 매우 유용한 책이다. 또한 바울의 복음과 로마서를 좀 더 깊이 이해하고 학습하려는 사람들에게도 적극 추천한다.

최흥식 횃불트리니티신학대학원대학교 신약학 부교수

ROMANS 7

John Piper

로마서 강해 7

(로마서 13-16장)

로마서 강해 7
복음과 하나님의 나라

초판 1쇄 발행 | 2015년 10월 25일
초판 3쇄 발행 | 2024년 2월 25일

지은이 | 존 파이퍼
옮긴이 | 주지현
펴낸이 | 신은철
펴낸곳 | 좋은씨앗
출판등록 | 제4-385호(1999. 12. 21)
주소 서울시 서초구 바우뫼로 156, MJ 빌딩 402호
전화 2057-3041 팩스 2057-3042
페이스북 facebook/goodseedbook
이메일 good-seed21@hanmail.net

ISBN 978-89-5874-247-0 04230
ISBN 978-89-5874-219-7(세트)

로마서 강해 7

복음과 하나님의 나라

존 파이퍼 지음 | 주지현 옮김

좋은씨앗

| 차례 |

1 하나님을 향한 복종과 정부에 대한 복종(1부)(롬 13:1-7) 13

2 하나님을 향한 복종과 정부에 대한 복종(2부)(롬 13:1-7) 27

3 하나님을 향한 복종과 정부에 대한 복종(3부)(롬 13:1-7) 39

4 하나님을 향한 복종과 정부에 대한 복종(4부)(롬 13:1-7) 53

5 사랑은 율법의 완성이니라(1부)(롬 13:7-14) 65

6 사랑은 율법의 완성이니라(2부)(롬 13:8-10) 79

7 사랑은 율법의 완성이니라(3부)(롬 13:8-10) 93

8 주 예수 그리스도로 옷 입으라(1부)(롬 13:11-14) 105

9 주 예수 그리스도로 옷 입으라(2부)(롬 13:11-14) 117

10 연약한 형제를 어떻게 받을 것인가?(롬 14:1-6) 131

11 각각 자기 마음으로 확정할지니라(롬 14:1-9) 143

12 "주의 날"은 있는가?(롬 14:1-9) 157

13 우리를 진실되게 하시는 그리스도(롬 14:1-9) 169

14 다양한 국내 사역과 해외 사역 간의 관계(롬 14:1-13) 183

15 우리가 다 하나님의 심판대 앞에 서리라(롬 14:10-13) 199

16 하나님의 사업을 무너지게 하지 말라(롬 14:14-23) 211

17 하나님의 나라는 성령 안에 있는 의와 평강과 희락이라(롬 14:16-19) 223

18 믿음을 따라 하지 아니하는 것은 다 죄니라(롬 14:23) 235

19 소망 중에 즐거워하기 위해 영감된 말씀을 사용하라(롬 15:1-4) 249

20 하나님이 중심되시는 예배 속의 다양성(롬 15:1-7) 263

21 하나님께 영광을 돌리심과 같이 너희도 서로 받으라(롬 15:1-7) 271

22 그리스도는 왜 유대인의 종이 되셨는가?(롬 15:1-9) 281

23 성경의 위로로 소망을 가지게 함이니라(롬 15:4) 291

24 하나님의 말씀은 서리라(롬 15:5-13) 305

25 모든 백성이 주를 찬양하게 하라(롬 15:7-13) 319

26 이새의 뿌리를 기뻐하는 이방인들(롬 15:7-13) 331

27 약속의 말씀, 성령, 사람의 소망(롬 15:7-13) 341

28 열방을 향한 긍휼(롬 15:8-9) 351

29 성령은 어떻게 거룩하게 하시는가?(롬 15:14-21) 363

30 교회가 없는 곳에 계시하시는 하나님의 의(롬 15:14-24) 371

31 그리스도의 이름을 부르지 않는 곳에 임하는 표적과 기사(롬 15:14-21) 385

32 거룩한 백성을 하나님께 제물로 드리는 목회자(롬 15:14-21) 399

33 바울의 열망과 베들레헴교회의 사명(롬 15:18-21) 411

34 그리스도를 부르지 않는 곳에 복음을 전하려는 거룩한 열망(롬 15:18-24) 427

35 그리스도를 부르지 않는 곳에 그리스도의 주권을 전하려는 열심(롬 15:20) 439

36 예루살렘까지 수천 킬로미터를 돌아서 간 이유(롬 15:20-28) 457

37 그리스도를 위한 싸움과 안식(롬 15:28-33) 469

38 기도로 싸우라(롬 15:30) 481

39 기도가 사람의 의지를 바꾼다(롬 15:30-31) 495

40 그리스도를 위해 위험을 감수하는 자들을 칭찬하고 환대하라(롬 16:1-7) 507

41 사랑하는 자들에게 나의 사랑을 전하라(롬 16:5-16) 521

42 진리에서 떠나게 하는 자를 조심하라(롬 16:17-20) 533

43 평강의 하나님이 속히 사탄을 너희 발아래 상하게 하시리라(롬 16:17-20) 545

44 영감된 성경을 주신 하나님께 감사하라(롬 16:21-23) 557

45 복음으로 우리를 능히 견고하게 하시는 하나님(롬 16:25-27) 569

46 하나님의 명령: 믿음의 순종(롬 16:25-27) 583

47 지혜로우신 하나님의 위대한 사역(롬 16:25-27) 595

48 그에게 영광이 세세무궁하도록 있을지어다(롬 16:25-27) 607

49 로마서 안에 계시는 예수 그리스도(롬 16:27) 621

1장

하나님을 향한 복종과 정부에 대한 복종(1부)

로마서 13:1-7

각 사람은 위에 있는 권세들에게 복종하라. 권세는 하나님으로부터 나지 않음이 없나니 모든 권세는 다 하나님께서 정하신 바라. 그러므로 권세를 거스르는 자는 하나님의 명을 거스름이니 거스르는 자들은 심판을 자취하리라. 다스리는 자들은 선한 일에 대하여 두려움이 되지 않고 악한 일에 대하여 되나니. 네가 권세를 두려워하지 아니하려느냐? 선을 행하라. 그리하면 그에게 칭찬을 받으리라. 그는 하나님의 사역자가 되어 네게 선을 베푸는 자니라. 그러나 네가 악을 행하거든 두려워하라. 그가 공연히 칼을 가지지 아니하였으니 곧 하나님의 사역자가 되어 악을 행하는 자에게 진노하심을 따라 보응하는 자니라. 그러므로 복종하지 아니할 수 없으니 진노 때문에 할 것이 아니라 양심을 따라 할 것이라. 너희가 조세를 바치는 것도 이로 말미암음이라. 그들이 하나님의 일꾼이 되어 바로 이 일에 항상 힘쓰느니라. 모든 자에게 줄 것을 주되 조세를 받을 자에게 조세를 바치고 관세를 받을 자에게 관세를 바치고 두려워할 자를 두려워하며 존경할 자를 존경하라. _롬 13:1-7

우리가 함께 로마서를 공부한 지 8년째 접어들고 있지만 여전히 저는 이 책의 메시지가 주는 장엄함에 놀랍니다. 이렇듯 장엄한 주제들을 하나씩 살펴보는 동안, 우리의 생각과 마음, 그리고 삶은 하찮고 진부한 것들에 만족하며 살아가던 일상에서 조금씩 벗어나게 됩니다. 우리의 초점이 일상의 문화에서 벗어나 로마서로 옮겨 가는 것은 마치 번스빌의 벅힐 스키장에서 네팔의 에베레스트 산으로 이동하는 것과도 같습니다.

윌리엄 틴데일과 로마서

저는 요즘 데이비드 대니얼이 쓴 윌리엄 틴데일(William Tyndale) 전기를 읽고 있는데 정말 좋습니다. 윌리엄 틴데일은 헬라어로 쓰인 신약성경을 영어로 옮겼다는 이유로 1526년에 화형을 당했습니다. 틴데일은 후기 중세 로마 가톨릭 교회의 형식적이고 성례에 집착하며 율법적인 관점에서 성경을 읽거나, 오역이 많은 (예를 들어, 헬라어 '메타노이아'를 '회개'[repentance]가 아닌 '참회'[penance]로 번역하는 등) 라틴어 성경을 읽는 대신 직접 헬라어로 된 신약성경(특히 로마서)을 읽으면서 그리스도의 복음이 얼마나 영광스러운지 깨달았습니다. 저자는 윌리엄 틴데일을 인문주의자 에라스무스와 비교하고 있는데, 에라스무스는 당시의 새로운 인문학 연구법을 즐겼으며, 최초로 헬라어 신약성경을 출간하고 여러 종교적 주제를 다룬 유명한 책의 저자이기도 했습니다.

하지만 윌리엄 틴데일과 에라스무스 사이에는 엄청난 차이가 있습니다. 우리가 알기로 에라스무스는 루터와 칼뱅, 츠빙글리, 틴데일 등 수많은 사람들을 자유롭게 했던 복음의 중심 교리에 대해서는 전혀 알지 못했습니다. 성경을 그토록 연구한 사람이었지만 에라스무스의 글과 사고와 믿음에는 커다란 공백이 있었습니다. 에라스무스는 바울의 로마서에 대해서는 어떤 내용도 쓰지 않았습니다.*

로마서는 위험한 책입니다. 오직 믿음으로 죄인을 의롭다 하시는 그리스도와 그분의 죽음과 부활의 의미를 가장 완전하고도 명확하게 설명하는 책입니다. 교회 지도자들이 사람들을 불에 태워 죽여서라도 막아야 했을 만큼, 영국의 평범한 사람들이 직접 읽어서는 안 되는 책이기도 했습니다.

로마서를 분명한 관점으로 읽을 수 있게 되자 로마 가톨릭의 체제 전체가 무너지고 종교 개혁이 일어났습니다. 연옥 개념이 무너지고, 고해 성사가 무너졌습니다. 면죄부가 무너지고, 세례를 받아야 다시 태어나고 속죄받는다고 하는 개념도 무너졌습니다. 교황 무류성(papal infalllibility, 교황이 가톨릭의 수장으로서 신앙과 도덕에 관하여 결정을 내릴 경우, 그 결정은 성령의 특별한 은총에 의해 보증되므로 결코 오류가 있을 수 없다는 교리)을 성경과 동등한 것으로 여기고, 성만찬의 화체설과 성직 특권주의, 공로의 보고(寶拷)와 마리아의 중재 역할 등 많은 개념들도 마찬가지였습니다. 로마서와 갈라디아서는 어떤 일이 있어도 피해 가야 했고, 헬라어 성경을 쉽고 단순한 당대의 영어로 옮기는 일은 화형에 처해질 만큼 중대한 죄악으로 취급되었습니다.

* "에라스무스가 로마서에 관해 쓴 글은 어디에도 없다." David Daniell, *William Tyndale: A Biography* (New Haven: Yale University Press, 1994), p. 162. 윌리엄 틴데일에 대해 더 자세한 내용을 알고 싶다면 이안 머레이의 전기를 참고하라. http://goo.gl/8yiS5e.

하지만 에베레스트 산을 감출 수는 없는 법입니다. 하나님은 이 세상과 우리에게 참으로 큰 은혜를 베푸셨습니다. 하나님의 귀한 말씀인 로마서와 성경 전체를 지금은 영어로 읽을 수 있습니다. 그리고 수백 개의 다른 언어로도 읽을 수 있습니다. 로마서 13장으로 접어들면서 저는 이 말씀을 전하기에는 진정 적합하지 않은 사람처럼 느껴집니다. 제가 강단에서 나무와 지푸라기와 풀이 아니라 금과 은과 귀한 보석으로 하나님의 집을 세울 수 있도록 기도해 주십시오.

하나님이 모든 정부를 세우셨다

로마서 13장 1-7절을 다루려면 두세 번에 걸쳐 설명이 필요합니다. 여기에 다시 한 번 우리를 평범한 일상에서 이끌어 내는 거대한 주제(세상에서 가장 거대한 이슈)가 등장합니다. 지금뿐 아니라 이전의 모든 역사 속에서 하나님이 세상의 모든 정부를 세우셨다는 것입니다. 여기에 함축된 의미는 세상의 모든 정부를 폐하시는 하나님의 주권 역시 한 번도 끊어진 적이 없다는 것입니다. 1절입니다. "권세는 하나님으로부터 나지 않음이 없나니 모든 권세는 다 하나님께서 정하신 바라."

이 주제에서 우리와 정부와의 관계를 생각해 볼 수 있습니다. 우리가 미국에 살든, 이라크에 살든, 북아일랜드에 살든, 북한에 살든지 말입니다. 본문에는 전쟁과 평화, 독재자와 전체주의, 강제 수용소와 강제 노동, 반란과 혁명, 법과 법의 집행, 정치적 활동과 시민 불복종, 선거와 로비, 투표와 세금 납부, 속도 제한과 안전띠, 멈춤 신호와 유아용 카시트에 이르기까지 수많은 논쟁거리들이 얽혀 있습니다. 결코 만만한 본문이 아닙니다. 그 안에 담긴 의미 때문에 읽는 사람을 머리 아프게 하는 로마서의 거대한 봉우리 가운데 하나입니다.

바울은 왜 이 주제를 택했나?

따라서 여기서 첫 번째 질문을 해봅니다. 바울은 왜 다스리는 권세에 관한 주제를 택했을까요? 로마서 12장을 읽다가 여기 13장에서 바울이 이런 주제로 선회하리라 생각이나 했습니까? 바울이 앞서 이에 대해 뭔가를 언급했던 걸까요, 아니면 이렇게 중대한 사안으로 삼을 만한 일이 로마에서 일어난 것일까요? 이 사안을 다뤄야 했던 여러 이유와 더불어 이 사안을 중요하게 만드는 두 가지 구체적인 상황이 나옵니다.

1. 로마서 12장 2절에서 바울은 이렇게 말했습니다. "너희는 이 세대[이 세상]를 본받지 말고." 바로 이 본질적인 명령으로 인해 교회는 세속적인 사회와 충돌합니다. 신약성경에 나오는 순례 원리("너희는 이 세대를 본받지 말고")와 토착 원리("내가 여러 사람에게 여러 모습이 된 것", 고전 9:22) 사이에 어떤 긴장이 있다고 했던 사실을 기억하실 것입니다. 우리는 이 세상을 살아가므로 문화에 어느 정도 적응해야 합니다. 하지만 우리는 또한 하늘의 시민(빌 3:20)이기도 하므로 그리스도의 대항 문화적인(counter-cultural) 삶을 세상에 알려야 합니다.

그래서 로마 교회는 자연스레 이런 질문을 하게 됩니다. '가이사 황제를 지지해야 할까 말아야 할까? 순례 원리와 토착 원리는 국가 권력과의 관계에서 어떻게 적용될까?' 예수님도 이런 질문을 받으셨고(막 12:13-17), 지금 바울도 마찬가지입니다.

2. 로마서 8장 34-38절을 보면 정부의 권위에 대해 질문이 제기되는 다른 이유를 알 수 있습니다. 바울은 이렇게 말했습니다. "다시 살아나신 이는 그리스도 예수시니 그는 하나님 우편에 계신 자요." 가이사에 대한 논란은, 예를 들어 이슬람과 유대인의 경우처럼 신과 정부 둘 중에 어디를 섬길지 선택하는 문제가 아닙니다. 그리스도인에게 문제가 되는 것은 바로 예수 그리스도가 우리의 주님이시기 때문입니다. 예수님은 부활하신 후에 마태복음 28장 18절에서 이렇게 말씀하셨습니다. "하늘과 땅의 모든 권세를 내게 주셨으니." 여기에는 전 세계 모든 정부가 포함되어 있습니다. "예수님은 주님이시다!"라는 고백은 정치적 언급인 것입니다. 그분의 통치권(lordship)은 가이사의 통치권 위에 있습니다. 그래서 예수님이 죽음을 당하신 것입니다.

군중들은 빌라도를 이렇게 협박했습니다. "가이사 외에는 우리에게 왕이 없나이다"(요 19:15). 즉, 그들은 이렇게 말한 셈입니다. "예수를 따르는 자들에게는 다른 왕이 있다! 그들은 체제 전복을 꾀하며 반역적이다." 예수님은 부활하신 후에 "만왕의 왕이요 만주의 주"(계 19:16, 17:14)로 선포되셨는데, 이는 그분이 지구상의 모든 왕을 다스리는 왕이시라는 말입니다. 따라서 바울이 "권세는 하나님으로부터 나지 않음이 없나니"라고 말할 때는 성부 하나님뿐 아니라 성자 하나님도 말하는 것입니다. 그리스도인은 어떤 권세든 인간에게 부여되기에 앞서 먼저 예수 그리스도께서 주신 것임을 압니다.

하지만 로마서 8장 35-38절에서는 왕이신 예수님의 신실한 백성들이 '칼'로 "종일 주를 위하여 죽임을 당[한다]"고 나옵니다. 이것은 로마서 13장 4절에 나오는 권세자의 칼입니다. 그런 다음에는 "사망이나 생명이나 천사들이나 권세자들[로마서 13장 3절의 권세자!]이나 … 우리를 우리 주 그리스도 예수 안에 있는 하나님의 사랑에서 끊을 수 없으리라"고 말합니다. 이 부분을 읽을 때 우리는 궁금해집니다. 과연 우리는 그리스도인을 죽이려 하는 권세자들과 어떤 관계를 맺어야 할까요? 그리고 하나님은(죽음에서 일어나신 그리스도는) 그리스도인을 도살할 양같이 취급하는 권세자들을 어떻게 대하실까요? 이렇듯 로마서 13장 1-7절은 갑자기 튀어나온 구절이 아닙니다.

3. 12장 이후에 정부의 권위에 관한 질문이 갑작스럽게 제기된 다른 이유가 있습니다. 12장은 하나님의 자비하심으로 시작합니다. "그러므로 형제들아 내가 하나님의 모든 자비하심으로 너희를 권하노니." 그리고 자비를 베풀라는 요청을 반복적으로 하면서 절정으로 치닫습니다. "사랑에는 거짓이 없나니"(9절). "성도들의 쓸 것을 공급하며"(13절). "너희를 박해하는 자를 축복하라. 축복하고 저주하지 말라"(14절). "아무에게도 악을 악으로 갚지 말고"(17절). "내 사랑하는 자들아 너희가 친히 원수를 갚지 말고"(19절). "네 원수가 주리거든 먹이고"(20절).

이토록 아름다운 자비의 모습을 보며 우리는 거의 숨이 멎을 지경이지만 한편으로는 이런 의문이 생깁니다. '바울 선생님, 정말입니까? 이런 식으로 살아가라는 것이 말하고 싶은 전부입니까? 세상의 악들을 이런 식으로 다루라구요?' 이에 대해 바울은 답합니다. '그게 전부가 아닙니다. 세상의 악을 다루는 방법에 대해 알아야 할 것이 더 있습니다.' 그러고 나서 로마서 13장 1-7절을 쓴 것입니다.

4. 로마서 13장에서 바울이 권세자들에 대해 다루는 일반적인 이유 세 가지 외에도, 그가 언급하려 했던 두 가지 구체적인 상황이 있습니다. 첫 번째는 6-7절에 나옵니다. 6절에 다다르기 전까지는 '복종하라, 거스르지 말라, 선을 행하라, 악한 것을 피하라'는 식의 일반적인 내용입니다. 그런데 여기서 바울이 구체적인 이야기를 합니다.

"너희가 조세를 바치는 것도 이로 말미암음이라. 그들이 하나님의 일꾼이 되어 바로 이 일에 항상 힘쓰느니라. 모든 자에게 줄 것을 주되 조세를 받을 자에게 조세를 바치고 관세를 받을 자에게 관세를 바치고 두려워할 자를 두려워하며 존경할 자를 존경하라"(6-7절).

바울은 복종의 예로 나타날 수 있는 모든 행동 중에서 세금 문제를 다룹니다. 두려움이나 존경 등의 태도와 더불어 세금에 대한 언급이 특히 필요했다고 생각합니다. 그것은 늘 따라오는 문제였습니다. 유대 지도자들은 예수님께 이렇게 물었습니다. "가이사에게 세금을 바치는 것이 옳으니이까, 옳지 아니하니이까? 우리가 바치리이까, 말리이까?"(막 12:14-15). 예수님은 그들에게 이렇게 대답하셨습니다. "가이사의 것은 가이사에게, 하나님의 것은 하나님께 바치라"(막 12:17). 그로부터 20년이 지나 바울은 여기서도 똑같은 질문을 다뤄야 할 필요가 있었습니다. "바울 선생님, 그리스도를 부인하는 세속 정부에게 세금을 내야 합니까?" 대답은 '그렇다'는 것입니다.

5. 로마서 13장 1-7절을 파생시킨 또 다른 상황은 사도행전 18장 2절에 나옵니다. "[바울이] 아굴라라 하는 본도에서 난 유대인 한 사람을 만나니 글라우디오가 모든 유대인을 명하여 로마에서 떠나라 한 고로 그가 그 아내 브리스길라와 함께 이달리야로부터 새로 온지라." 유대인들이 추방당했을 때 유대 그리스도인들도 함께 나왔을 것입니다. 불복종 때문에 그러한 추방이 일어났을 수 있습니다. 로마서는 주후 55년경에 기록되었고, 추방령은 그보다 5년 전에 있었습니다.* 따라서 바울은 브리스길라와 아굴라와 더불어 이야기를 나누면서 교회와 정부와 관련된 일들에 매우 민감해졌을 것입니다.

악한 권세자도 포함되는가?

여기서 대답하기 힘든 질문이 있다는 것을 잘 알고 있습니다. 1절에서 "권세는 하나님으로부터 나지 않음이 없[다]"라고 말할 때, 악한 권세자도 포함되는 것일까요? "권세들에게 복종하라"고 말할 때 그것이 누구든 상관없이 언제나 그렇게 하라는 의미일까요? 3절에서 "선한 일을 하는 사람은 통치자가 두려울 것이 없으나 악한 일을 하는 사람은 두려워합니다"(현대인의성경)라고 할 때, 이는 통치자들이 늘 옳다는 말일까요, 아니면 어떤 정부는 선한 일을 하도록 위협을 한다는 말일까요? 참으로 단정적인 바울의 말을 우리는 어떻게 이해해야 할까요?

*F. F. Bruce, *The Book of Acts*, p. 368.

그 부분에 대해서는 다음 주에 이야기하겠습니다. 오늘은 이 모든 의문점과는 별개로 우리가 여기서 반드시 수용해야 할 긍정적인 가르침에 관해 말씀드리고 싶습니다.

분명하고도 긍정적인 첫 번째 가르침은 권세자들이 하나님께 임명받았다는 것입니다. 1절입니다. "권세는 하나님으로부터 나지 않음이 없나니 모든 권세는 다 하나님께서 정하신 바라." 여기에는 선한 권세자뿐 아니라 악한 권세자도 포함되어 있음을 우리는 알고 있습니다. 성경에서 하나님이 세우신 악한 왕들에 대해 말하고 있기 때문입니다. 예를 들어, 이스라엘의 가장 악한 왕들 중 하나인 여로보암의 경우, 열왕기상 12장 15절에서 그가 이런 상황에 이르게 된 배경을 이렇게 설명합니다. "이 일은 여호와께로 말미암아 난 것이라."

느부갓네살은 예루살렘을 멸망시킨 바벨론의 이교도 왕이었습니다. 예레미야 27장 6절에서 하나님은 이렇게 말씀하십니다. "이제 내가 이 모든 땅을 내 종 바벨론의 왕 느부갓네살의 손에 주고." 하나님은 그를 종(servant)이라 부르시고, 로마서 13장 4절에서도 왕들에 대해 동일한 단어를 사용하고 있습니다("그는 하나님의 사역자[servant]가 되어").

그렇다면 모든 권세자들 위에 있으면서도 선한 행동을 하지 않았고, 역사상 가장 완전한 인간인 예수님을 죽게 내버려 둔 통치자 빌라도는 어떻습니까? 그가 예수님께 "내가 너를 놓을 권한도 있고 십자가에 못 박을 권한도 있는 줄 알지 못하느냐?"(요 19:10)고 말했을 때 예수님은 이렇게 답하셨습니다. "위에서 주지 아니하셨더라면 나를 해할 권한이 없었으리니"(요 19:11). 따라서 로마서 13장 1절에는 빌라도도 포함되어 있습니다.

바울은 다니엘 2장 21절에서 "[하나님이] 왕들을 폐하시고 왕들을 세우시며"라고 말할 때 '모든' 왕들을 의미한다는 것을 알고 있었습니다. 그들은 모두 하나님의 통제 아래에 있습니다. 하나님이 그들을 통치자 자리에 올리기도 하고, 그 자리에서 내리기도 하십니다. 따라서 앞의 질문에 대한 답은 '그렇다'입니다. 로마서 13장 1절은 좋든 나쁘든 모든 통치자에게 적용됩니다. "각 사람은 위에 있는 권세들에게 복종하라. 권세는 하나님으로부터 나지 않음이 없나니 모든 권세는 다 하나님께서 정하신 바라."

이 말은 사람인 권세자들을 통해 사람이 사는 세상을 다스리게 하는 것이 하나님의 뜻이라는 사실을 그리스도인이 반드시 알아야 한다는 의미입니다. 이것이 하나님의 계획입니다. 사람이 정부를 만들어 낸 것이 아닙니다. 하나님이 그렇게 하셨습니다. 사람은 이를 유지하지 못하지만 하나님은 하십니다. 정부는 이 세대에 하나님이 고안하신 제도입니다. 물론, 우리는 이 세대를 본받아서는 안 됩니다. 많은 통치자들이 그리스도인을 해치는 것이 현실입니다. 그들은 우리에게 세금을 부과하고 우리 돈과 하나님의 돈을 가져가기도 합니다. 우리는 자비로우면서도 복수하지 않으며 살아야 합니다. 그렇습니다. 그들은 우리를 쫓아낼 수 있고 로마나 그 어떤 곳에서든 떠나게 만들 수도 있습니다. 다시 말씀드리지만, 정부는 사람이 사는 세상을 다스리기 위해 하나님이 택하신 도구입니다.

하지만 통치자가 아니라 하나님을 두려워하는 마음으로 권세에 복종해야 합니다. 하나님은 통치자들의 최종 권위를 모두 박탈하셨습니다. 그것이 1절이 의미하는 내용입니다. 그들은 하나님이 아닙니다. 오직 하나님만이 하나님이십니다. 우리가 복종한다면 하나님을 위해 그렇게 하는 것입니다. "인간의 모든 제도를 '주를 위하여' 순종하되"(벧전 2:13). 주님은 만왕의 왕이며 부활하신 주 예수님이시고, 하늘과 땅의 모든 권세를 소유하셨습니다. 달리 말해, 제한 속도를 지키는 것이 그리스도인의 예배입니다.

정부 권세와 일반 은총

이 구절이 가르치는 명백하고 긍정적인 두 번째 사실은, 그리스도를 위해 정부에 복종할 때, 그 권세는 세상에 일반 은총으로 허락하신 놀라운 선물임을 기억하라는 것입니다. 그것은 우리에게 유익이 됩니다. 이 단락에서 가장 중요한 구절은 4절입니다. "그가 하나님의 사역자가 되어 네게 선을 베푸는 자니라." 우리에게 선을 베푼다고 말합니다! 제재를 가하는 정부가 없다면 참으로 악한 물결이 전 세계를 파괴하게 됩니다. 아무리 악한 정부라도 말입니다.

정부가 악한 일에 제재를 가한다는 사실에 얼마나 감사해야 하는지요! 금요일자 〈스타 트리뷴〉 지에 실린 이야기를 생각해 보겠습니다(2005년 6월 10일자). 텍사스 주 라레도에서 국경을 넘으면 멕시코의 누에보 라레도가 나옵니다. 이 도시는 정부가 권력을 잃으면서 갱단의 지배를 받고 있습니다.

오직 알레한드로 도밍게스만 용감하게 경찰서장 직을 맡겠다고 나섰다.

멕시코 마약 갱단들의 세력 다툼으로 엉망이 된 도시에서 그는 직위에 오른 지 몇 시간 후 수십 발의 총탄을 맞고 사망했다.

살인이 일어난 다음 날인 목요일, 사실상 거리는 텅 비었으며, 총과 자동 소총으로 무장한 연방 경찰들 몇 명만이 보일 뿐이다…."

시청에서 조리나 메드라노 검사는 이렇게 말했다. "우리는 무방비 상태다. (정부보다) 범죄자들이 더욱 잘 조직되어 있는 것이 분명하다. 당국에서 군대를 파견했지만 아무 소용이 없다. 우리가 과연 누구에게 도움을 청할 수 있겠는가?"

이 사건은 정부 당국이라는 하나님의 일반 은총이 없으면 이 세상이 과연 어떤 모습일지 보여 주는 작은 단면입니다. 119에 신고했는데 아무 답이 없다면 어떻게 하시겠습니까? 경찰이나 소방관이나 군대가 없다면 어떻게 하시겠습니까? 아무런 제재나 징계도 없이 약탈과 살인을 일삼는 갱단만이 날뛴다면 어떻게 하시겠습니까? 마음속에 이 그림을 분명히 담고서 4절 말씀을 읽어 보십시오. "그는 하나님의 사역자가 되어."

온 세계가 누에보 라레도와 같은 상황이 되지 않도록 허락하신 하나님의 지혜와 은혜에 감사합시다. 우리에게 평화의 수단인 정부가 존재하는 동안(늘 그렇지 않을 수 있으므로) 세상을 다스리시는 그리스도의 영광스러운 복음을 위해 이를 사용합시다.

2장

하나님을 향한 복종과 정부에 대한 복종(2부)

로마서 13:1-7

각 사람은 위에 있는 권세들에게 복종하라. 권세는 하나님으로부터 나지 않음이 없나니 모든 권세는 다 하나님께서 정하신 바라. 그러므로 권세를 거스르는 자는 하나님의 명을 거스름이니 거스르는 자들은 심판을 자취하리라. 다스리는 자들은 선한 일에 대하여 두려움이 되지 않고 악한 일에 대하여 되나니. 네가 권세를 두려워하지 아니하려느냐? 선을 행하라. 그리하면 그에게 칭찬을 받으리라. 그는 하나님의 사역자가 되어 네게 선을 베푸는 자니라. 그러나 네가 악을 행하거든 두려워하라. 그가 공연히 칼을 가지지 아니하였으니 곧 하나님의 사역자가 되어 악을 행하는 자에게 진노하심을 따라 보응하는 자니라. 그러므로 복종하지 아니할 수 없으니 진노 때문에 할 것이 아니라 양심을 따라 할 것이라. 너희가 조세를 바치는 것도 이로 말미암음이라. 그들이 하나님의 일꾼이 되어 바로 이 일에 항상 힘쓰느니라. 모든 자에게 줄 것을 주되 조세를 받을 자에게 조세를 바치고 관세를 받을 자에게 관세를 바치고 두려워할 자를 두려워하며 존경할 자를 존경하라. _롬 13:1-7

역사상 수백만의 그리스도인과 오늘날 전 세계 수많은 사람들이, 성경이 명령하는 바를 금지하거나 성경이 금지하는 바를 명령하는 정부 아래에서 살아갑니다. 예를 들어, 성경은 히브리서 10장 24-25절에서 "서로 돌아보아 사랑과 선행을 격려하며 모이기를 폐하는 어떤 사람들의 습관과 같이 하지 말고 오직 권하여 그 날이 가까움을 볼수록 더욱 그리하[라]"고 명령합니다. 함께 모이는 것을 소홀히 해서는 안 됩니다. 그것이 성경의 명령입니다. 하지만 그리스도인들이 함께 모이는 것을 금지하는 정부가 있습니다.

이런 상황이 로마서 13장 1-7절을 이해하는 데 문제가 됩니다. 1절은 단순히 "각 사람은 위에 있는 권세들에게 복종하라"고 말합니다. 5절은 "그러므로 복종하지 아니할 수 없으니"라고 말합니다. 그리고 7절은 "모든 자에게 줄 것을 주되 조세를 받을 자에게 조세를 바치고 관세를 받을 자에게 관세를 바치고 두려워할 자를 두려워하며 존경할 자를 존경하라"고 말합니다. 바울은 정부에 복종하라고 우리에게 명령하면서, 표면적으로는 어떤 예외도 언급하지 않습니다. 왜 바울이 이런 식으로 기록했는지 생각하기에 앞서, 그가 복종을 말하는 이유를 명확하게 설명하겠습니다.

복종의 이유

복종해야 하는 이유가 최소한 네 가지 있습니다.

다른 것보다 우선적이고 기본이 되는 첫 번째 이유는 1절에 나옵니다. "권세는 하나님으로부터 나지 않음이 없나니 모든 권세는 다 하나님께서 정하신 바라." 2절에서 분명하게 설명한 내용과 같은 의미입니다. "그러므로 권세를 거스르는 자는 하나님의 명을 거스름이니." 이를 달리 표현한 것이 4절 말씀입니다. "그는[다스리는 자는] 하나님의 사역자가 되어." 그리고 6절에도 나옵니다. "그들이 하나님의 일꾼이 되어." 따라서 복종해야 하는 첫 번째 이유는 만물을 통치하시는 하나님이 모든 권세를 정하셨기 때문입니다.

정부에 복종해야 하는 두 번째 이유는, 이들이 우리의 유익을 위해 그 자리에 있기 때문입니다. 무정부 상태보다는 정부가 있는 것이 우리에게 유익합니다. 4절입니다. "그는 하나님의 사역자가 되어." 모든 사람이 자기 좋은 대로 행하기보다는 정부가 존재하는 것이 우리에게 유익이 됩니다. 그것이 우리가 지난 시간에 살펴본 내용입니다.

정부에 복종해야 하는 세 번째 이유는, 정부가 칼을(혹은 총과 곤봉을) 가지고 있기 때문입니다. 우리가 복종하지 않으면 그들이 우리를 벌할 것인데, 사형도 마다하지 않을 것입니다(칼이라는 말 안에 내포된 의미가 그러합니다. 롬 8:35-36). 4절 하반절입니다. "그러나 네가 악을 행하거든 두려워하라. 그가 공연히 칼을 가지지 아니하였으니 곧 하나님의 사역자가 되어 악을 행하는 자에게 진노하심을 따라 보응하는 자니라."

정부에 복종해야 하는 네 번째 이유는, 정부 권력의 아래와 위에는 더 큰 실재인 하나님의 도덕법이 존재하기 때문입니다. 이 도덕법이 여기서는 "선한"과 "악한"이라는 말 속에 담겨 있습니다. 따라서 우리가 혹 정부를 거스르게 될 때, 우리의 양심이 하나님의 법을 거스른 것으로 인해 자기를 정죄하지 않도록 주의해야 합니다. 바울은 우리가 옳은 일을 하면 정부에 복종하는 것이 되고 상을 받을 것이라고 가정합니다. 만일 우리가 그른 일을 하면 정부에 복종하지 않는 것이므로 벌을 받게 됩니다. 3-4절에서 이를 찾아볼 수 있습니다. "다스리는 자들은 선한 일에 대하여 두려움이 되지 않고 악한 일에 대하여 되나니."

따라서 단순히 권세에 복종한다는 사실 자체보다 더 깊고 높은 무언가가 있음을 아셨을 것입니다. 권세 그 자체는 "선한"과 "악한"이라는 말로 표현되는 도덕법을 섬기고 있습니다. 이 본문에서 볼 때 힘[권세]은 무언가를 선하게 만들지 않습니다. 다만 힘은 선한 것을 행하도록 강요합니다. 바울은 3절 하반절에서 이렇게 말합니다. "네가 권세를 두려워하지 아니하려느냐? '선'을 행하라[다시 도덕법이 등장]. 그리하면 그에게 칭찬을 받으리라. [4절] 그는 하나님의 사역자가 되어 네게 선을 베푸는 자니라. 그러나 네가 '악'을 행하거든[재등장] 두려워하라." 따라서 본문에서 옳은 일을 행하는 것은 정부에 복종하는 것에만 한정되지 '않음'을 분명히 알 수 있습니다. 옳은 일을 행하는 것은 다른 범주의 일입니다. 하나님의 도덕법은 정부가 복종을 요구해야 하는 것이 무엇인지 규정해 줍니다. 정부에 복종하는 것은 하나님의 도덕법에 복종하는 것과 동등하지 않습니다.

함축된 의미

5절 말씀은, 권세가 하나님에게서 왔다는 의미와 우리가 거기에 복종해야 하는 이유를 요약해 놓았습니다. "그러므로 복종하지 아니할 수 없으니 진노 때문에 할 것이 아니라 양심을 따라 할 것이라." 다시 말해, 복종하지 않으면 벌을 받게 될 것이고, 또한 복종하지 않는 것은 국가가 금지한 것에서 벗어나 악한 일을 행하는 것이며, 그렇게 하면 우리 양심이 스스로를 정죄할 것이라고 바울은 규정합니다. 하지만 옳고 그름의 문제는 복종과 동등하지 않습니다. 국가는 옳고 그른 것을 규정하지 않으며, 다만 옳은 것에는 보상을 하고 그른 것에는 죄를 묻습니다.

결론

이것이 본문이 기본적으로 주장하는 내용입니다. 결론은 7절 말씀에 나옵니다. "모든 자에게 줄 것을 주되 조세를 받을 자에게 조세를 바치고 관세를 받을 자에게 관세를 바치고 두려워할 자를 두려워하며 존경할 자를 존경하라."

제한 속도를 정한 이들에게는 속도를 지켜 주고, 건축 기준을 정한 자들에게는 기준을 지켜 주며, 낚시 허가증 비용을 정한 이들에게는 허가증 비용을 내시기 바랍니다. 사슴 사냥이 정해진 계절에만 허용된다면 그대로 따르십시오. 강에서 40센티미터 이상 되는 송어를 5마리만 잡을 수 있다면 그렇게 하십시오. 도심에서는 새덫을 놓아도 안 되고 다람쥐 사냥도 안 된다면 그렇게 하십시오. 집 앞 잔디밭은 항상 잘 깎아 놓고, 차고 옆에 물건을 어지럽게 방치하지도 마십시오. 경적은 울리지 말고, 배기가스 정화 장치도 달고, 안전띠는 반드시 매고, 지하에 살면 비상 탈출 창문도 만들어 놓고, 교회 건물 옆에는 2시간 이상 주차하지 마십시오.

따라서 본문의 주장은 명백합니다. 정부에 복종하는 이유는 다음과 같습니다. 1) 하나님이 권세를 정하셨기 때문이며, 2) 정부가 있는 것이 우리에게 유익이 되기 때문이며, 3) 복종하지 않으면 벌을 받기 때문이며, 4) 복종하지 않을 경우 상위법인 하나님의 도덕을 어긴 것이므로 내 양심이 나를 정죄하기 때문입니다.

세 가지 질문

역사적으로나 성경적으로 볼 때, 정부가 늘 선한 일에 상을 주고 악한 일에 벌을 주는 것은 아님을 우리는 잘 압니다. 정부는 때로 악한 행동에 상을 주고 선한 행동에 벌을 주기도 합니다(롬 8:35-37과 비교). 또한 우리는 성경을 통해, 하나님이 그분의 백성이 일부 권세자들에게 복종하지 않은 것을 인정하셨다는 사실도 알고 있습니다.

따라서 여기서 우리가 던져야 할 질문은 이것입니다. 1) 하나님이 때로는 그분이 세우신 권세자에게 백성이 복종하지 않는 것을 인정해 주셨다는 성경의 증거는 무엇인가? 2) 백성의 불복종이 옳을 때는 언제이며, 그 모습은 어떠해야 하는가? 3) 이러한 백성의 불복종을 로마서 13장 1-7절 말씀과 어떻게 함께 이해할 것이며, 절대적으로 자격이 없는 정부에 대해서도 여기서 선하다고 언급하는 이유는 무엇인가?

단지 이론으로 끝나지 않는다

이런 질문들은 오늘 우리에게 단순히 이론적인 것으로 그치지 않습니다. 우리가 만일 중국이나 북한, 베트남이나 이슬람 국가에 사는 그리스도인이라면, 날마다 시민 불복종이라는 문제와 부딪쳐야 합니다. 그저 순종적인 그리스도인이 되려는데 그것이 정부의 법을 어기는 것일 수 있습니다. 여기 미국에서 우리의 역사는 우리가 로마서 13장에 어떤 자격을 부여해 왔느냐에 의해 규정됩니다. 독립선언문은 식민지 미국을 다스리던 영국 정부를 몰아낸 것을 정당화했습니다.

> 우리는 다음과 같은 진리들을 자명한 것으로 받아들인다. 즉 모든 사람은 평등하게 태어났고, 남에게 양도할 수 없는 절대적 권리들을 창조주로부터 부여받았다. 이러한 권리로는 생명과 자유와 행복 추구권이 있다. 이 권리를 지키기 위해, 사람들은 정부를 세우며, 정부는 통치를 받는 사람들의 동의를 얻어 정당한 권력을 행사한다. 어떤 형태의 정부든 이 목적을 파괴하기 시작한다면, 언제든지 정부를 바꾸거나 폐지하여, 사람들의 안전과 행복을 가장 효과적으로 가져올 수 있는 원칙에 기초를 두고 그러한 형태로 기구를 갖춘 새로운 정부를 조직하는 것은 사람들의 권리다.

미국 독립 선언문이 주장하는 방식을 보면 그 기원이 무엇인지 알 수 있습니다. 로마서 13장에서 시작한 것이 아닙니다. 토마스 제퍼슨과 벤자민 프랭클린이 주창한, 사람 중심의 이신론이 기초를 이룹니다. "사람들은 정부를 세우며, 정부는 통치를 받는 사람들의 동의를 얻어 정당한 권력을 행사한다." 로마서 13장은 정부의 권세가 하나님으로부터 온다고 말합니다. 그리스도에게서 떠난 모든 인간의 마음을 다스리는 하나님께 우리가 폭력적으로 반발하지 않도록 보호해 주는 최선의 정부 형태는 아마도 민주주의가 맞을 것입니다. 하지만 그리스도의 신성을 거부하고, 이신론으로 하나님을 멀리 떠나

보내고 인간을 칭송하는 방법으로는 그곳에 다다를 수 없습니다. 미국의 독립선언문을 어떻게 이해하든 한 가지 사실은 분명합니다. 미국의 존립은 로마서 13장을 제대로 이해하고 순종하느냐, 혹은 그렇지 못하느냐에 따라 결정된다는 것입니다.

독립선언 이후 백 년이 지나 남북전쟁이 일어났을 때도 상황은 비슷했습니다. 각 주들이 연방법, 특히 노예 관련법에 복종할지 말지가 논란이었습니다. 다시 백 년이 흘러 1960년대에 시민 평등권 운동이 일어났을 때도 역시 비슷한 상황이었습니다. 평화적인 비폭력 시민 불복종 운동을 정당화할 만큼 인종 분리법이 그렇게 도덕적으로 문제가 있는지가 논란이었습니다.

미국이라는 나라는 처음부터 지금까지 로마서 13장 말씀과 정부 권세자들에게 순종하라는 명령을 받아들여야 하는 여러 사건과 운동들에 의해 규정되어 왔습니다. 주변 여러 나라들을 보면 머지않아 순종적인 그리스도인이 순종하기 어려운 법이 우리나라에도 나올 수 있다는 생각이 쉽사리 들 것입니다. 예를 들어, 아동 체벌 금지법(스웨덴, 노르웨이, 핀란드, 덴마크, 그외 7개국에 존재합니다)이 국회에서 통과되었다면, 저는 그것에 불순종할 뿐 아니라 여러분에게도 불순종하라고 설교할 것입니다. 성경은 분명히 체벌이 어린 자녀를 위한 하나님의 선한 목적 가운데 하나이자 그들을 사랑하는 최선의 방법이라고 말하기 때문입니다.

세 번째 질문에 대한 세 가지 답변

그러므로 세계 어디에서 살든지 정부에 복종하는 문제와 로마서 13

장의 의미는 중요한 문제입니다. 앞에서 말씀드린 세 가지 질문에 대한 답을 드려야겠습니다. 1) 하나님이 때로는 그분이 세우신 권세자에게 백성이 복종하지 않는 것을 인정해 주셨다는 성경의 증거는 무엇인가? 2) 백성의 불복종이 옳을 때는 언제이며, 그 모습은 어떠해야 하는가? 3) 이러한 백성의 불복종을 로마서 13장 1-7절 말씀과 어떻게 함께 이해할 것이며, 절대적으로 자격이 없는 정부에 대해서도 여기서 선하다고 언급하는 이유는 무엇인가? 오늘은 마지막 질문으로 마무리 짓고 나머지 두 가지는 다음 시간에 다루고자 합니다.

성경이 때로는 시민 불복종을 허용하고 있음에도(사도행전 5장 28-29절을 보면 유대 관원들이 이렇게 말합니다. "우리가 이 이름으로 사람을 가르치지 말라고 엄금하였으되 너희가 너희 가르침을 예루살렘에 가득하게 하니 이 사람의 피를 우리에게로 돌리고자 함이로다. 베드로와 사도들이 대답하여 이르되 사람보다 하나님께 순종하는 것이 마땅하니라."), 바울은 로마서 13장에서 왜 그런 식으로 말하고 있는 것일까요? 자격이 없어 보이는 정부의 권리를 왜 그렇게 옹호하는 것일까요?

저는 세 가지로 답을 하고 싶습니다. 제가 완전히 확신하는 내용이라서가 아니라 여러분도 한 번 고민해 보도록 제안하는 것입니다. 바울이 왜 이런 식으로 말하는지 성경이 설명하지 않기 때문입니다.

1) 바울은 분명 로마 교회뿐 아니라 로마 정부의 관리들도 읽게 되리라는 생각으로 이 편지를 쓰고 있습니다.

달리 말해, 그는 이 편지가 가이사 집안 사람들과 정부 당국자의 손에도 들어갈 것을 알고 있었습니다. 바울은 그들이 두 가지 사실을 이해하기 바랐습니다. 첫째는 그리스도인들이 가이사 대신 예수님을 주님으로 선포한다고 해서 로마 제국을 정치적으로 전복시킬 의도가 있는 것이 아니라는 사실입니다. 그리스도인들은 법에 복종하고 세금을 내며 권세자를 존중하고 지역 사회에서 선한 일을 하고 있으니 그냥 내버려두라는 것입니다. "우리는 여러분의 권좌를 노리는 혁명가들이 아닙니다. 우리는 잃어버린 사람들과 상처받은 사람들을 해하지 않고 사랑하며, 여러분의 왕국에 유익이 되는 일을 할 것입니다"라는 것입니다.

2) 바울이 이런 내용의 편지를 쓰는 두 번째 이유는 정부의 권세는 하나님의 주권과 하나님의 도덕법에 기반을 두고 있다고 보았기 때문입니다.

1절입니다. "권세는 하나님으로부터 나지 않음이 없나니 모든 권세는 다 하나님께서 정하신 바라." 여기서 이 말씀에 대한 그리스도인의 반응 대신에 가이사가 보일 반응을 생각해 보십시오. 이 말씀은 가이사가 하나님이 아니라는 강력한 선언입니다. 바로 이런 뜻입니다. "황제는 절대적 존재가 아닙니다. 그는 일인자가 아니라 이인자일 뿐입니다. 그가 통치하는 것이 아니라 하나님이 통치하십니다." 따라서 이 절대적인 선언은 가이사에게 어떠한 다른 해석의 여지도 주지 않습니다. 하나님이 가이사를 넘어서는 절대자라는 말은 그리스도인들에게 이런 의미로 들립니다. '하나님이 정부를 세우셨으므로 정부에 복종하는 것이 당연하지만, 그렇다고 정부가 절대적인 것은 아닙니다.'

이제 3절을 읽고 있을 가이사를 생각해 봅시다. 바울은 정부가 하나님의 주권뿐 아니라 그분의 도덕법에 기초하고 있다는 사실을 알리기 원합니다. "다스리는 자들은 선한 일에 대하여 두려움이 되지 않고 악한 일에 대하여 되나니. 네가 권세를 두려워하지 아니하려느냐? 선을 행하라. 그리하면 그에게 칭찬을 받으리라." 여기서 분명하게 선언하는 바는 정부가 반드시 하나님의 도덕법에 스스로 복종해야 한다는 것입니다. 선한 것과 악한 것이 존재합니다. 정부가 그것을 규정하는 것이 아닙니다. 정부도 순응할 뿐입니다. 따라서 바울이 가이사에게 말하고 싶은 상당히 충격적인 두 가지 내용이 있습니다. 첫째, 당신은 하나님이 아니다. 둘째, 당신의 법은 가장 높은 상위법이 아니다. 제가 생각하기에, 바울이 이런 식으로 글을 쓸 경우 자신이 다루고 있는 모든 진리가 권세자들에게 엄청난 영향을 미칠 것임을 알았기 때문입니다.

3) 바울이 이렇게 단호하게 쓰고 있는 세 번째 이유는("권세들에게 복종하라", "선을 행하라. 그리하면 그에게 칭찬을 받으리라", "악을 행하는 자에게 진노하심을 따라 보응하는 자니라.") 그리스도인은 시민으로서의 자유보다는 겸손과 자기 부정, 그리고 그리스도에 대한 신뢰에 더욱 관심을 두어야 하기 때문입니다.

달리 말해, 바울은 정부의 부조리보다 그리스도인의 교만이 더욱 큰 위험을 초래할 수 있다고 보았기 때문에 이 부분에서 오해받을 위험성도 감수한 것입니다. 만일 바울이 정부의 공정한 대우를 궁극적인 목표로 생각했다면 이런 식으로 쓰지는 않았을 것입니다. 오히려 믿음과 겸손, 자기 부인과 그리스도를 위해 기꺼이 고난받는 것을 주된 목표로 삼았기 때문에 이런 식으로 썼다고 생각할 수 있습니다.

오늘은 여기에서 마무리하겠습니다. 어떤 면에서는 시민의 자유와 사회 정의도 중요하고, 다른 면에서는 개인의 믿음과 겸손과 자기 부인도 중요합니다. 하지만 바울은 정부에게 잘 대우받는 것보다는 믿음과 겸손, 그리고 자기 부인이 그리스도인에게 가장 중요하다고 생각했습니다. 부당하게 박해를 받는다고 지옥에 가지는 않기 때문입니다. 대다수의 사람들이 지옥에 가는 이유는 믿음 없음과 교만, 그리고 자기 방종 때문입니다.

예수님은 그분의 백성에게 공정한 싸움을 약속하지 않으셨습니다. 오히려 반대의 것을 약속하셨습니다. 그들이 집주인마저 악한 자로 취급한다면, 그리스도인들에게는 얼마나 더 끔찍한 대우를 하겠느냐고 하셨습니다(마 10:25 참조). 이 세상 정부에게 부당한 대우를 받는 것이 주된 이슈가 아닙니다. 우리가 심각하게 다룰 사안은 그리스도를 믿고 그분의 영광을 위해 겸손하게 자기를 부인하고 다른 이들에게 선을 행하는 것입니다.

다음 시간에는 시민 불복종에 관해 이 말씀이 어떻게 이끌어 가는지 살펴보겠습니다. 오늘 하루는 우리가 사는 도시와 나라에 있는 수천 가지의 법과 조항에 대해 겸손히 우리 스스로를 낮추고, 우리에게 복음 전파의 자유가 있는 것에 감사하면서 보내기 바랍니다.

3장

하나님을 향한 복종과 정부에 대한 복종(3부)

로마서 13:1-7

각 사람은 위에 있는 권세들에게 복종하라. 권세는 하나님으로부터 나지 않음이 없나니 모든 권세는 다 하나님께서 정하신 바라. 그러므로 권세를 거스르는 자는 하나님의 명을 거스름이니 거스르는 자들은 심판을 자취하리라. 다스리는 자들은 선한 일에 대하여 두려움이 되지 않고 악한 일에 대하여 되나니. 네가 권세를 두려워하지 아니하려느냐? 선을 행하라. 그리하면 그에게 칭찬을 받으리라. 그는 하나님의 사역자가 되어 네게 선을 베푸는 자니라. 그러나 네가 악을 행하거든 두려워하라. 그가 공연히 칼을 가지지 아니하였으니 곧 하나님의 사역자가 되어 악을 행하는 자에게 진노하심을 따라 보응하는 자니라. 그러므로 복종하지 아니할 수 없으니 진노 때문에 할 것이 아니라 양심을 따라 할 것이라. 너희가 조세를 바치는 것도 이로 말미암음이라. 그들이 하나님의 일꾼이 되어 바로 이 일에 항상 힘쓰느니라. 모든 자에게 줄 것을 주되 조세를 받을 자에게 조세를 바치고 관세를 받을 자에게 관세를 바치고 두려워할 자를 두려워하며 존경할 자를 존경하라. _롬 13:1-7

여러분 중 몇몇 분이 로마서 13장 1-7절에 대해 오늘 말고도 한 번 더 설교해 달라는 요청을 하셔서 이를 수락했습니다. 세 번의 설교면 충분하리라 생각했습니다만, 다음 주에 한 번 더 설교해야 할 것 같습니다.

1부와 2부 요약

지금까지 살펴본 내용을 정리하면서 왜 설교를 한 번 더 해야 하는지 설명하겠습니다. 저는 1부에서 바울이 4절에서 "그는 하나님의 사역자가 되어 네게 선을 베푸는 자니라" 하고 말할 때 의미한 권세의 긍정적 유익에 대해 강조했습니다. 정부의 권세와 법이 사람들의 마음에 있는 악한 것을 규제하여, 무정부 상태와 폭도와 자경단원이 득세하지 못하게 하는 것은 하나님이 주시는 큰 복이라고 말씀드렸습니다.

이후 2부에서는 바울이 예외 사항에 대해 알고 있으면서도 왜 그렇게 포괄적이고 무조건적으로 말했는지를 다루었습니다. 바울은 앞서 이런 예외적인 경우에 대해 기록한 적이 있고 실제 삶에서도 경험해 보았기에 예외 사항에 대해서는 잘 알고 있었습니다. 예를 들어, 바울은 3절에서 이렇게 말합니다. "다스리는 자들은 선한 일에 대하여 두려움이 되지 않고 악한 일에 대하여 되나니. 네가 권세를 두려워하지 아니하려느냐? 선을 행하라. 그리하면 그에게 칭찬을 받으리라." 하지만 로마서 8장 35-36절에서는 이렇게 기록했습니다. "누가 우리를 그리스도의 사랑에서 끊으리요? 환난이나 곤고나 박해나 기근이나 적신이나 위험이나 칼이랴?[로마서 13장 4절에도 동일하게 '칼'이 언급되어 있습니다. "그가 공연히 칼을 가지지 아니하였으니 곧 하나님의 사역자가 되어 악을 행하는 자에게 진노하심을 따라 보응하는 자니라."] 기록된 바 '우리가 종일 주를 위하여 죽임을 당하게 되며 도살당할 양같이 여김을 받았나이다' 함과 같으니라." 따라서 바울은 정부 당국이 단지 악한 일에만 두려움이 되지 않는다는 사실을 알고 있습니다. 때로는 선한 일에도 두려움이 됩니다. 그들은 예수님이 말씀하신 대로 그리스도인들을 죽입니다. "너희는 내 이름 때문에 왕들과 총독들 앞에 끌려갈 것이다. … 너희 가운데서 더러는 죽일 것이다"(눅 21:12-16, 새번역).

바울이 정부와 그에 대한 복종을 왜 그렇게 포괄적이고 무조건적인 방식으로 기록했는지에 대한 저의 해석은 이렇습니다.

첫째, 바울은 하나님이 가이사보다 위에 계시고 나라를 다스리는 법 위에 하나님이 주신 도덕법이 있다는 사실과 권세자는 반드시 나라 법 위에 있는 하나님의 법을 따라 다스려야 한다는 점을 가이사에게 전하고 싶었다고 생각합니다. 우리는 당연히 해야 하는 것을 말할 때에는 '여기서는 이렇게 합니다'는 식으로 말합니다. 예를 들어, 어머니를 존경하지 않는 자녀에게 "우리 가족은 그런 식으로 말하지 않는다"고 말했다고 합시다. 그 말은 아이가 우리 가족인데 그런 식으로 말했다는 뜻이지요. 다들 그 의미가 무엇인지는 압니다. 따라서 바울은 "정부는 선한 자에게는 상을 주고 악한 자에게는 벌을 준다!"(롬 13:3 참조)고 서신을 기록하면서 가이사를 주목하는 것입니다. 즉, 가이사가 그렇게 해야 한다는 의미를 전하는 것입니다.

둘째, 바울이 정부에 대한 복종을 강조하는 이유는 불의한 정부가 우리 영혼에 위험하기는 하지만 그보다는 복종에 저항하는 교만이 우리 영혼에 훨씬 더 위험하다는 사실을 알려 주기 위해서입니다. 어떤 불의한 법과 학대도 사람을 지옥으로 내몰지는 못합니다. 하지만 교만과 반항심은 구세주가 없는 모든 사람을 지옥으로 몰아 갑니다.

이번 주에는 하나님이 허락하시면 시민 불복종 문제를 다루겠다고 말씀드렸습니다. 저도 바라는 바입니다. 그런데 우리나라는 하나님이 세우신 정부가(1절) 국민이 함께 참여하는 형태로 구성되어 있습니다. 즉 어떤 면에서는 우리가 곧 정부입니다. 그럴 때 이에 대한 복종은 어떠해야 하는지에 대해 먼저 질문해야겠다는 생각이 들었습니다. 즉, 정치와 행정이 어설프고 혼란스러울 때 그리스도인의 역할이 무엇인지 살펴보고, 특별히 다양한 국적을 가진 사람들과 함께 그들의 가치관과 종교가 우리나라 안으로 유입되면서 점점 더 다원화되는 복잡한 현실에 초점을 맞춰보려고 합니다. 후자에 대해서는 다음 주에 살펴보겠습니다.

따라서 오늘 질문은 두 가지입니다. 1) 하나님이 때로는 자기 백성이 정부 권위에 복종하지 않는 것을 인정하신다는 성경의 증거는 무엇일까요? 즉, 하나님이 시민 불복종을 허용하신다는 증거는 무엇입니까? 2) 시민 불복종이 정당하게 받아들여질 때는 언제일까요? 그리고 어떠한 모습일 때 합당할까요? 이는 매우 엄중한 주제여서 이를 다룬 많은 책들이 출간되었습니다. 그렇다고 우리가 이에 대해 설교하지 않는다면, 생각할 가치가 없는 것들만 설교하는 셈이 될 것입니다.

성경에 나오는 정부 권세에 대한 불복종 사례

정부 권세에 대한 불복종을 보여 주는 말씀 몇 군데를 살펴보겠습니다. 지난주에는 베드로와 사도들이 "사람보다 하나님께 순종하는 것이 마땅하니라"고 말한 사도행전 5장 27-29절을 언급했습니다. 달리 말해, 권세를 가진 자들에게 복종하라고 하나님이 말씀하셨지만 그렇다고 정부가 하나님이 명령하신 것을 금지하거나 하나님이 금지하신 것을 명령할 때에도 순응하라는 의미는 아닙니다. 사람에게 복종하라는 명령이 있다고 해서 사람이 하나님의 자리에 서는 것은 아닙니다. 그 명령은 사람에게 하나님보다 못한 권위를 부여할 뿐이고, 하나님이 허락하셔야만 그 명령이 명령으로서 자격을 갖춥니다.

따라서 성경이 불복종을 인정하는 몇 가지 예를 찾아보도록 하겠습니다.

다니엘 6장 6-10절

"이에 총리들과 고관들이 모여 왕에게 나아가서 그에게 말하되, 다리오 왕이여 만수무강 하옵소서! 나라의 모든 총리와 … 의논하고 왕에게 한 법률을 세우며 한 금령을 정하실 것을 구하나이다. 왕이여 그것은 곧 이제부터 삼십일 동안에 누구든지 왕 외의 어떤 신에게나 사람에게 무엇을 구하면 사자 굴에 던져 넣기로 한 것이니이다. … 이에 다리오 왕이 조서에 왕의 도장을 찍어 금령을 내니라. 다니엘이 이 조서에 왕의 도장이 찍힌 것을 알고도 자기 집에 돌아가서는 윗방에 올라가 예루살렘으로 향한 창문을 열고 전에 하던 대로 하루 세 번씩 무릎을 꿇고 기도하며 그의 하나님께 감사하였더라."

다니엘이 얼마나 대놓고 불순종을 하는지 보십시오. 흔히 말하듯 아주 노골적입니다. 다니엘은 조서에 왕의 도장이 찍힌 것을 알면서도 집으로 돌아가 예루살렘으로 향한 윗방(이층 방입니다) 창문을 열었습니다. 그리고 평소대로 하루에 세 번씩 무릎을 꿇고 하나님께 기도하며 감사했습니다. 이것은 왕의 권세에 대한 공공연한 불순종이었습니다. 왕의 조서보다 하나님을 우선시하는 공개적 행위이기도 했습니다. 윗방 창문 앞에 자리를 잡았으므로 다니엘의 모습은 밖에서 뻔히 다 보였습니다. 그리고 그 일로 사자 굴에 던져졌습니다. 다니엘은 이런 처분을 받으면서도 저항하지 않았습니다. 창문을 열고 하루에 세 번씩 무릎을 꿇고 기도하라는 분명한 명령이 없었음을 기억하시기 바랍니다. 이것은 하나님의 뜻에 대한 다니엘 자신의 확신이었지 성경에 나오는 분명한 명령은 아니었습니다.

다니엘 3장 9-18절

다니엘의 친구인 사드락, 메삭, 아벳느고의 경우는 조금 달랐습니다. 그때는 왕의 신상 앞에 모든 사람이 반드시 절해야 한다는 칙령이 선포되었습니다. 달리 말해, 다니엘은 어떤 일을 하지 말라는 제재를 받았고, 그의 친구들은 어떤 일을 해야 한다는 명령을 받았습니다. 그들은 그 명령에 따르지 않고 대신 이렇게 말했습니다.

"느부갓네살이여 우리가 이 일에 대하여 왕에게 대답할 필요가 없나이다. 왕이여 우리가 섬기는 하나님이 계시다면 우리를 맹렬히 타는 풀무불 가운데에서 능히 건져내시겠고 왕의 손에서도 건져내시리이다. 그렇게 하지 아니하실지라도, 왕이여 우리가 왕의 신들을 섬기지도 아니하고 왕이 세우신 금 신상에게 절하지도 아니할 줄을 아옵소서"(16-18).

이것이 바로 종교적 양심을 바탕으로 한 시민 불복종이었습니다. 그리고 그 일 때문에 그들은 풀무불에 던져졌지만 저항하지 않았습니다.

출애굽기 1장 15-20절

"애굽 왕이 히브리 산파 … 에게 말하여 이르되 너희는 히브리 여인을 위하여 해산을 도울 때에 그 자리를 살펴서 아들이거든 그를 죽이고 딸이거든 살려두라. 그러나 산파들이 하나님을 두려워하여 애굽 왕의 명령을 어기고 남자 아기들을 살린지라. … 하나님이 그 산파들에게 은혜를 베푸시니 그 백성은 번성하고 매우 강해지니라."

산파들은 아기들을 죽이라는 왕의 명령에 불복종했습니다. 이어지는 본문은 사람들이 죄를 짓도록 요구하는 명령에 불복종하는 모습입니다.

성경에는 다른 사례들도 많습니다(왕상 18:4,13; 수 2:3-4). 예를 들어, 왕후 에스더의 경우 왕의 윤허를 받지 않고 왕 앞에 나아갈 수 없는 법을 어겼음에도 그 때문에 칭송을 받습니다. 아하수에로 왕이 유대인을 남녀노소 불문하고 모두 진멸하라는 조서를 내렸습니다(에 3:13). 모르드개는 에스더에게 유대인의 목숨을 구하는 일에 직접 나서 달라고 요구합니다.

에스더는 부름을 받지 않고 왕에게 나가는 것이 법으로 금지되어 있다고 모르드개에게 말했습니다. 왕이 은총을 베풀어 금규를 내밀지 않는 한 에스더는 죽을 수도 있었습니다(에 4:11-12). 모르드개는 에스더가 왕후의 자리를 얻은 것이 바로 이때를 위함이 아니겠느냐고 답했습니다(에 4:14). 에스더는 사흘 동안 금식을 요구합니다. 그리고 마침내 결심합니다. "규례를 어기고 왕에게 나아가리니 죽으면 죽으리이다"(에 4:16). 그녀가 개입한 결과 유대인들이 살아남을 수 있었습니다.

에스더의 불순종에서 찾을 수 있는 세 가지 특징이 있습니다. 첫째, 에스더가 어긴 법은 그녀에게 어떤 악한 일을 요구하는 것이 아니었습니다. 그 법은 유대인을 살리기 위해 애쓰는 과정에 방해가 되었을 뿐입니다. 둘째, 그녀의 불순종이 반드시 성공하리라는 보장이 없었습니다. 오히려 유대인에 대한 왕의 반감을 심화시킬 수도 있었습니다. 그러나 에스더는 매우 급박한 상황이었기에 그런 위험도 감수했습니다. 셋째, 그녀가 왕에게 불복종한 일은 에스더서의 중심 요지와 전혀 관계 없는 별개의 사건이 아닙니다. 그녀의 불복종은 "죽으면 죽으리이다"라고 희생을 각오하던 그녀의 믿음의 핵심이었습니다.

하지만 성경에 불복종을 다룬 분명한 예가 없었다면 우리는 참으로 쉽지 않은 질문을 던져야 할 것입니다. '성폭행을 막기 위해 무단횡단을 하는 것은 도덕적으로 옳은 일인가? 죽어 가는 아내를 병원으로 옮기기 위해 제한 속도를 무시하고 운전하는 것은 도덕적으로 옳은 일인가? 화재를 진압하고 아이를 구하기 위해 옆집을 무단으로 침입하는 것은 옳은 일인가?'

그렇다면 과연 어떤 상황에서 도덕적으로 불복종해야 한다는 요구가 생길까요? 베드로 사도의 말을 빌겠습니다. "사람보다 하나님께 순종하는 것이 마땅하니라"(행 5:29). 달리 말하면, 만일 법이 하나님이 금지하신 바를 요구하거나 하나님이 명령하신 바를 금지한다면, 그 법을 어겨야 한다는 것입니다.

하지만 문제는 이 지침이 너무 단순하다는 것입니다. 역사적으로 많은 시민 불복종 사건이 일어났는데 그중에서 상당수는 하나님의 명령에 따른 것이라고 명확하게 판단하기가 어렵습니다. 1989년에 낙태 시술소 앞에서 벌인 반대 시위는 성경에서 하나님이 분명하게 명령하신 일은 아니었습니다. 1964년에 미국 플로리다 주 세인트오거스틴 시의 백인 전용 식당에서 흑인이 밥을 먹는 행위나, 1965년 앨라배마 주 몽고메리 시에서 행진하고 기도하는 행위(흑인 인권을 위한 행진—옮긴이)도 성경에서 분명히 명령한 것은 아니었습니다.

달리 말하면, 그리스도인 중에는 법이 너무 부당하고 악할 뿐 아니라 변화를 위한 정치적인 수단마저 오랫동안 좌절되어 왔기 때문에 역사의 어느 시점에 이르렀을 때, 그처럼 평화롭고 비폭력적인 시민 불복종을 시작하는 것이 옳다고 믿는 사람들이 있습니다. 그렇다면 우리가 시민 불종복을 결정하려면 어떤 요인들을 고려해야 할까요? 적어도 네 가지가 서로 결합해 있을 때라야 한다고 생각합니다.

1. 법이 허용하는 행위의 심각성. 그 법은 어느 정도로 끔찍합니까? 엉터리 같은 교통 신호 체계에 관한 법입니까? 아니면 살인을 허용하는 법입니까?

2. 그 부당한 법이 영향을 미치는 범위. 몇몇 개인에게 영향을 주는 일입니까? 아니면 수백만 명에게 영향을 주는 일입니까? 그것은

부수적이고 일시적인 법입니까? 아니면 민족 특성을 이유로 어느 한 집단 전체를 속박하는 법입니까?

3. 진실을 명백하고 효과적으로 입증할 수 있는 가능성. 이것은 전략적인 질문입니다. 특정한 불복종 행위가 무엇이 옳은지를, 어떤 진실을 명백하고 효과적으로 드러낼 수 있는지에 대한 판단은 제각각 다를 수 있다고 봅니다.

4. 때가 왔음을 알리는, 하나님 안에서 용기와 확신에 찬 사람들의 움직임. 역사적으로 보면, 도덕적 분노의 불길이 확 피어오르는 시점이 있습니다. 수년, 혹은 수 세대에 걸쳐 악이 존재해 왔지만 어느 순간 이상한 일이 일어납니다. 한 사람, 그 다음엔 수만 명의 사람들이 여느 날처럼 아침에 일어나 일하러 가는 대신 "더 이상 이렇게 살 수는 없어!"라고 말하기 시작합니다. 발화점에 도달한 것입니다. 오랫동안 악을 감내하며 지내 오다가, 어느 시점에 이르러 이런 상황을 더 이상 방치할 수 없다는 압도적인 인식이 터져 나오는 것입니다.

그렇다면 이러한 때 불복종을 어떤 식으로 실행해 나가야 할까요? 어떠한 모습이 되어야 할까요?

원수를 향한 비저항적이고 적극적인 사랑

적극적인 사랑을 요구하는 마태복음 5장 38-48절을 살펴보겠습니다. 원수를 향해 저항하지 말고 적극적으로 사랑할 것을 요구하는 어려운 말씀입니다. 먼저 예수님이 말씀하십니다.

"또 눈은 눈으로, 이는 이로 갚으라 하였다는 것을 너희가 들었으나 나는 너희에게 이르노니 악한 자를 대적하지 말라. 누구든지 네

오른편 뺨을 치거든 왼편도 돌려 대며 또 너를 고발하여 속옷을 가지고자 하는 자에게 겉옷까지도 가지게 하며 또 누구든지 너로 억지로 오 리를 가게 하거든 그 사람과 십 리를 동행하고 네게 구하는 자에게 주며 네게 꾸고자 하는 자에게 거절하지 말라"(38-42절).

이 구절은 우리를 학대하거나 우리에게 무언가를 요구하는 사람에게 순종하라고 요구합니다. 저항과는 반대되는 모습 같습니다. 43-48절에서는 조금 다른 내용이 나옵니다. 이것은 저항하지 않는 것을 넘어 적극적으로 행하는 사랑입니다.

"또 네 이웃을 사랑하고 네 원수를 미워하라 하였다는 것을 너희가 들었으나 나는 너희에게 이르노니 너희 원수를 사랑하며 너희를 박해하는 자를 위하여 기도하라. 이같이 한즉 하늘에 계신 너희 아버지의 아들이 되리니 이는 하나님이 그 해를 악인과 선인에게 비추시며 비를 의로운 자와 불의한 자에게 내려주심이라. 너희가 너희를 사랑하는 자를 사랑하면 무슨 상이 있으리요? 세리도 이같이 아니하느냐? 또 너희가 너희 형제에게만 문안하면 남보다 더하는 것이 무엇이냐? 이방인들도 이같이 아니하느냐? 그러므로 하늘에 계신 너희 아버지의 온전하심과 같이 너희도 온전하라"(43-48절).

앞에 나온 본문과 조금 다릅니다. 여기서는 원수에게 선을 행하는 데 강조점이 있습니다. "원수를 사랑하며 … 기도하라"(분명 원수가 구원을 받고 그리스도 안에서 소망과 영생을 찾게 해달라는 기도일 것입니다). 하나님이 비와 햇빛을 내려 주시듯 여러분도 원수에게 선을 행하라는 것입니다.

38-42절의 협력하라는 내용은 놀랍습니다(대적하지 말고, 다른 편 뺨

을 돌려 대고, 십 리를 동행하라). 하지만 43-48절에서 원수를 축복하는 마음으로 선을 적극적으로 행하라는 예수님의 말씀은 충격적입니다.

여기서 의문이 제기됩니다. 원수에게 저항하지 말고 협력하라는 38-42절의 내용이 43-48절이 요구하는 바, 과연 다른 사람을 사랑하고 선을 행하는 최선의 방법인가 하는 것입니다. 첫 번째는 수동성에 초점을 두면서, 보복하지 말고 부당함도 기꺼이 참아 내라는 말씀입니다. 두 번째는 적극성에 초점을 두면서, 원수의 유익을 구하라는 말씀입니다. 수동성은 언제나 선을 행하는 최선의 방법일까요?

부당하거나 박해가 존재하는 대부분의 상황에서 우리만 다치는 것이 아닐 때, 이 질문에 대한 답은 보다 명확해집니다. 예를 들어, 범죄자와 피해자가 있을 때, 한 사람은 남을 해치고 다른 사람은 피해자가 되는 상황에서 어떻게 두 사람을 사랑할 수 있을까요? 또한 내 뺨만 치는 게 아니고 다른 사람의 뺨까지, 그것도 반복해서 치도록 놔두는 수동적인 모습은 사랑인가요?

혹은 무언가를 요구하는 사람에게 그것을 주라는 명령은 어떻습니까? 어린아이를 목 졸라 죽이는 데 사용하려는 사람에게 내 옷을 내어 주는 것이 사랑일까요? 사람을 죽이는 일에 가담시키려고 나에게 오 리를 더 가자고 하는 사람에게 어떻게 기꺼이 십 리를(그것도 사랑하는 마음으로!) 더 갈 수 있을까요? 여러분은 누군가가 계획한 악한 일에 나를 적극적인 공범이 되도록 끌어들이는 사람과 십 리를 더 갈 수 있겠습니까?

이 질문들로부터 요지를 정리하겠습니다. 마태복음 5장 본문에서 예수님은 우리의 깊은 곳에 있는 이기심과 두려움을 잘라 내는 사랑이 어떤 모습인지를 설명하고 계십니다. 이기심과 두려움 때문에 사람들에게 나누어 주지 못하고 십 리를 가지 못한다면, 이 말씀으로 우리 자신을 꺾어야 합니다. 하지만 예수님은 부당한 상황에서 수동적으로 협력하고 복종하는 모습도 사랑의 한 형태라고 말씀하시지 않습니다. 그것은 비겁한 모습입니다.

우리와 관련 있는 모든 사람들 가운데 정의와 긍휼에 대한 요구가 점점 빗발치고 우리가 사랑으로 이를 감지할 때, 어느 순간 불이 확 타오르는 순간이 찾아옵니다. 그때 사랑은 수동적인 모습을 벗어 버립니다. 저항하지 않고 협력하는 모습도 벗어 버리고 성전에서 돈 바꾸는 자들을 몰아내게 될 것입니다(막 11:15).

그리스도인이 시민 불복종에 참여하기 위한 지침

그리스도인이 시민 불복종을 행하는 데 과연 어떤 지침이 있어야 할까요? 예수님의 말씀은 단순히 개인적인 안전을 지켜 내기가 더 유리하다는 측면에서 비롯된 모든 행위와 보복 행위를 배제하십니다. 주님은 우리의 불복종이 소유물에 대한 사랑이나 안락함에 대한 사랑에서 출발해서는 안 된다고 하십니다. 그것이 마태복음 5장 38-42절의 핵심입니다. 자기의 의복, 안락함, 재산, 안정 등 사적인 유익에 관심을 두고 행동하지 마십시오.

대신에 그리스도를 신뢰함으로, 이 모든 것에서 자유로워져 타인을 위해(압제받는 자와 압제자, 박해받는 자와 박해자, 죽어 가는 아이들과 낙태 시술자들을 위해) 살아가는 사람이 되기 바랍니다. 시민 불복종을 벌이는 그리스도인의 어조와 품행은, 날카롭고 호전적이며 돌팔매질을 하고 소리 지르며 욕설을 퍼붓고 폭력적인 시위를 하는 사람들과 뚜렷이 대비되어야 할 것입니다.

우리는 십자가의 사람입니다. 우리 주님은 원수들을 구원하기 위해 기꺼이 십자가에 복종하셨습니다. 우리는 그분께 영생을 받았습니다. 우리는 용서받은 죄인입니다. 그래서 항명하되 으스대지 않습니다. 저항하되 교만하지 않습니다.

우리는 먼저 다른 모든 방법을 시도해 보아야 합니다. 그러고 나서도 아무 소용이 없을 때 그제서야 비로소 사랑과 정의의 기치를 들고 불순종에 나설 수 있습니다. 하지만 그 전에 먼저 우리 눈의 들보를 먼저 빼내야 합니다. 그러는 과정에서 많은 고통과 눈물이 있을 텐데 그 대신 우리의 분노는 사그라들고 우리는 겸손하고 조용하며 흔들림 없는 사람들로 변할 것입니다. 명심하십시오. 우리가 맞닥뜨리게 될 가장 큰 전쟁은 부당한 법을 극복하는 것이 아닙니다. 우리가 겸손하고 조용하고 흔들림 없는 사람들이 되는 것입니다.

4장

하나님을 향한 복종과 나라에 대한 복종(4부)

로마서 13:1-7

각 사람은 위에 있는 권세들에게 복종하라. 권세는 하나님으로부터 나지 않음이 없나니 모든 권세는 다 하나님께서 정하신 바라. 그러므로 권세를 거스르는 자는 하나님의 명을 거스름이니 거스르는 자들은 심판을 자취하리라. 다스리는 자들은 선한 일에 대하여 두려움이 되지 않고 악한 일에 대하여 되나니. 네가 권세를 두려워하지 아니하려느냐? 선을 행하라. 그리하면 그에게 칭찬을 받으리라. 그는 하나님의 사역자가 되어 네게 선을 베푸는 자니라. 그러나 네가 악을 행하거든 두려워하라. 그가 공연히 칼을 가지지 아니하였으니 곧 하나님의 사역자가 되어 악을 행하는 자에게 진노하심을 따라 보응하는 자니라. 그러므로 복종하지 아니할 수 없으니 진노 때문에 할 것이 아니라 양심을 따라 할 것이라. 너희가 조세를 바치는 것도 이로 말미암음이라. 그들이 하나님의 일꾼이 되어 바로 이 일에 항상 힘쓰느니라. 모든 자에게 줄 것을 주되 조세를 받을 자에게 조세를 바치고 관세를 받을 자에게 관세를 바치고 두려워할 자를 두려워하며 존경할 자를 존경하라. _롬 13:1-7

이번 주는 로마서 13장 1-7절을 이해하고 그 말씀이 역사적으로나 현재의 삶에 주는 의미를 살펴보기 위한 네 번째 시간입니다.

네 번의 메시지 요약

지난 세 번에 걸친 설교에서 살펴보았던 내용을 정리하겠습니다. 첫째, 모든 권세는 하나님으로부터 나오며, 정부가 존재하고 정부에 의해 공공 질서가 유지되는 것이 우리에게 유익이 된다고 강조했습니다. 4절입니다. "그[행정관]는 하나님의 사역자가 되어 네게 선을 베푸는 자니." 무정부 상태, 폭민정치, 자경단에 의한 재판 등은 우리에게 위로가 아닌 두려움을 줍니다.

둘째, 바울은 하나님이 정하신 정부가 선하다는 사실을 매우 포괄적이고 무조건적으로 설명하고 있습니다. "선한 일을 하는 사람은 통치자가 두려울 것이 없으나 악한 일을 하는 사람은 두려워합니다"(현대인의성경)라고 말하는 3절을 보면 특히 그렇습니다. 바울은 여기에 예외가 있음을 알고 있습니다. 우리가 찾은 답은 이것입니다. 바울은 가이사와 모든 권세자들이 무엇을 해야 하는지 스스로 깨닫기를 바랐고, 또한 우리가 반항이 아닌 복종을 배우기를 바랐기 때문입니다.

셋째, 우리는 성경에서 권세자에 대한 불복종 사례를 살펴보았고, 만일 우리가 불복종을 해야 한다면 어떤 모습이어야 하는지에 대해서도 보았습니다.

오늘 마지막 네 번째 설교에서, 어떤 의미에서는 국민이 곧 정부이기도 한 미국 같은 나라에서, 정부에 적극적으로 참여하는 것이 로마서 13장과 어떤 관련이 있는지를 중점적으로 살펴보고자 합니다.

즉, 우리는 다음과 같은 질문을 던져야 합니다. 복종해야 할 사람들이 직접 복종의 대상인 정부를 만들어 낸 경우 정부에 대한 복종은 어떤 식이 되어야 할까요? 달리 말해, 그리스도인이 정부의 통치 행위에 직접 책임 있게 참여하는 경우 로마서 13장은 이에 대해 무엇을 가르칠까요? 본문에서 두 가지를 말씀드리고자 합니다. 첫째, 복종이라는 문제와 관련한 1-2절의 가르침입니다. 둘째, 입법 및 사법 행위에 도덕법을 적용하는 문제와 관련한 3-4절의 가르침입니다.

하늘의 시민권을 가진 외국인과 나그네

이 두 가지를 살펴보기에 앞서 로마서 13장을 기록한 바울 역시 그리스도인은 이 세상 나라 시민이기 전에 먼저 하나님나라 시민이라는 점을 분명히 했음을 확실히 해야겠습니다. 빌립보서 3장 20절입니다. "우리의 시민권은 하늘에 있는지라. 거기로부터 구원하는 자 곧 주 예수 그리스도를 기다리노니." 골로새서 3장 2-3절입니다. "위의 것을 생각하고 땅의 것을 생각하지 말라. 이는 너희가 죽었고 너희 생명이 그리스도와 함께 하나님 안에 감추어졌음이라." 우리는 우리 자신의 것이 아니라 그리스도의 피로 값을 치르고 산 것이 되었으며(고전 6:19-20) 그리스도는 죽음에서 일어나 우리를 소유하고 다스리십니다. 그러므로 베드로는 이렇게 말합니다. "사랑하는 자들아, 거류민과 나그네 같은 너희를 권하노니 영혼을 거슬러 싸우는 육체의 정욕을 제어하라"(벧전 2:11). 하늘의 시민권이 있는 그리스도인은 이 세상 어느 곳에 살든 외국인이요 나그네입니다.

예수 그리스도는 우리의 왕이시며, 사람의 어떤 권세도 그 위에 있지 않습니다. 그래서 베드로는 베드로전서 2장 13절에서 이렇게 말합니다. "인간의 모든 제도를 '주를 위하여' 순종하되." 우리가 사람의 권세에 복종하는 것은 더 높은 권세자이신 예수 그리스도께서 우리에게 그분의 영광을 위해 순종하라고 말씀하셨기 때문입니다. 예수님이 "가이사의 것은 가이사에게, 하나님의 것은 하나님께 바치라"(마 22:21)고 하셨을 때 최소한 그 말의 의미는 이렇습니다. 모든 것은 하나님의 소유이고 우리의 모든 것을 하나님께 복종시켰다면, 이후에는 가이사에게 복종해야 하는 상황에 있더라도 그것이 하나님에 대한 반역은 아니라는 것입니다.

따라서 로마서 13장의 의미를 이해할 때 이런 큰 그림을 염두에 두고 있어야 합니다. 우리는 우선적으로 천국 시민이며 이 땅에서 왕이신 예수님을 높여야 할 사명이 있습니다. 그리고 우리에게 주신 사명 중 일부는 그리스도의 빛과 풍미와 향기와 진리를 사회와 문화의 모든 분야에서 드러내는 것이며, 여기에는 정부도 포함되어 있습니다. 제가 너무 앞서서 말씀드렸습니다. 로마서 13장을 중점적으로 보기 위한 두 가지 가르침이 있다고 했었지요.

1. 미국이라는 상황에서 제기되는 복종에 관한 의문점

먼저, 1-2절 말씀과 함께 미국이라는 상황에서 제기되는 복종에 관한 의문점을 살펴보겠습니다.

"각 사람은 위에 있는 권세들에게 복종하라. 권세는 하나님으로부터 나지 않음이 없나니 모든 권세는 다 하나님께서 정하신 바라. 그러므로 권세를 거스르는 자는 하나님의 명을 거스름이니 거스르는 자들은 심판을 자취하리라."

본문에서 분명하게 밝히는 사실은 정부 형태가 존재하느냐의 여부는 중요하지 않다는 것입니다. 왕이 자기 아들을 통치자로 세습하든, 한 부족 족장이 여러 숙적들을 제거했든, 사람들이 후보자를 투표로 선출했든 관계 없이 모든 권세는 하나님이 정하신 것이기 때문입니다. 1절입니다. "권세는 하나님으로부터 나지 않음이 없나니." 여기에는 악한 권세도 포함된다는 것을 우리는 알고 있습니다. 예수님을 십자가에 못 박으라고 명령한 빌라도는 악한 권세자였습니다. 요한복음 19장 11절을 보면 빌라도를 향해 예수님은 이렇게 말씀하셨습니다. "위에서 주지 아니하셨더라면 나를 해할 권한이 없었으리니."

따라서 권세자가 어떤 수단을 통해 권력을 갖게 되었는지는 중요하지 않습니다. 심지어 그 권력 자체가 의로운지 불의한지도 상관이 없습니다. 본문은 모든 권세 뒤에는 하나님이 계시며, 그렇기 때문에 모든 권세는 우리에게 복종을 요구할 수 있다고 말합니다.

이 말씀은 미국이라는 상황에서 어떤 의미를 가질까요? 우리는 비록 하나님의 다스림 아래 있으며, 우리가 직접 권세자들을 그 자리에 세우기도 했지만, 그럼에도 그 정부 권세에 복종해야 한다는 것입니다. 여러분도 알다시피 우리가 정부를 세운다는 표현에는 두 가지 의미가 있으며, 여기에 복종한다는 것에도 두 가지 의미가 있습니다. 첫째, 하나님의 다스림 아래에 있는 사람들이 우리나라의 기초가 되고 우리를 다스리는 헌법을 제정했다는 말입니다. 미국 헌법은 이렇게 시작합니다.

> 우리 합중국 국민은 더욱 완벽한 연방을 형성하고, 정의를 확립하며, 국내의 안녕을 보장하고, 공동의 방위를 도모하며, 국민의 복지를 증진하고, 우리와 우리의 후손에게 자유와 축복을 확보할 목적으로 미합중국을 위해 이 헌법을 제정한다.

따라서 사람들이 하나님 아래에서 현재 이 나라를 다스리는 헌법을 정하고 세웠습니다. 그러므로 미국에서 '정부 권세'에 대한 복종은 먼저 헌법에 대한 복종을 말합니다. 이 말에는 헌법을 해석하고 적용하는 방식(이것은 현재 우리나라에서 매우 중대한 이슈가 되었습니다)과 관련해서 중요한 의미들이 담겨 있습니다.

첫 번째 의미는, 우리가 의도한 대로 헌법 조문에 매번 다른 의미를 부여할 수 있다면, 헌법은(혹은 계약, 약정, 법규, 성경은) 우리를 다스릴 권세가 없다는 것입니다. 달리 말해, 미국 헌법을 제정한 사람들의 본래 의도가 헌법 조문의 의미를 객관적으로 규정하고 통제한다고 믿지 못할 경우, 우리 스스로 그 헌법에 의미를 부여하게 될 텐데, 이것은 헌법에 대한 복종과는 배치됩니다. 따라서 하나님이 우리에게 미국 헌법에(수정안까지 포함해서) 복종할 것을 요구하신다는 말은 헌법에 객관적이고 변하지 않는 의미가 담겨 있음을 뜻합니다.

앞으로 연방대법관 임명에 관한 뉴스가 나오면 재판관은 헌법을 어떻게 해석하는가에 대한 이야기를 숱하게 들을 것입니다. 모든 문서는 거기에 부여된 변하지 않는 객관적 의미를 스스로 뛰어넘을 권위를 갖고 있지 않다는 것이 로마서 13장과 성경에 담긴 전체적 의미라고 저는 말씀드리고 싶습니다. 그러므로 미국 헌법에는 권위가 있으며, 따라서 헌법을 제정한 사람들이 부여한 객관적 의미에 따라 해석되어야 하되, 아울러 그들이 미처 예견하지 못했을 의미에 대한 적절한 적용도 이루어질 수 있습니다.

우리가 정부를 세운다는 것과 거기에 복종한다는 것에는 각각 두 가지 의미가 있다고 앞서 말씀드렸습니다. 첫째, 우리가 헌법을 제정했다는 말입니다. 둘째, 우리는 투표를 통해 대통령과 부통령, 상원의원과 여러 대표자를 세웠습니다. 이 지도자들은 헌법을 수호하겠다고 맹세해야 하며, 하위 단계의 대표자들도 그렇게 맹세해야 합니다. 물론 각 주 정부와 시 정부도 해당합니다. 로마서 13장 1절에서 볼 때 이들은 모두 '권세'입니다.

이런 의미에서, 하나님이 우리를 도구로 사용해 사람들을 공직에 세우신다고 해서 그 사실 때문에 그들이 '권세'가 아닐 수는 없다는 것이 핵심입니다. 그러므로 우리는 그들이 만드는 법에 복종해야 합니다. 달리 말해, 1-2절에서 볼 수 있는 첫 번째 핵심은 우리나라처럼 민주주의 입헌공화국이라고 하더라도 그들은 권세이며 그러므로 우리는 반드시 복종해야 한다는 것입니다.

2. 입법 및 사법 행위에 도덕법을 적용시키는 것

두 번째로 살펴볼 것은 3-4절의 가르침과 입법 및 사법 행위에 도덕법을 적용시키는 문제입니다. '도덕법'을 언급하기 위해 지난주에 소개한 내용을 다시 말씀드리겠습니다. 3-4절에는 도덕법이라는 의미가 내포되어 있는데, 이는 "권세들"보다 상위에 있습니다(또한 투표자들과 다스리는 자들보다 상위에 있습니다). '선한'과 '악한'이라는 단어를 주목하면서 이 구절을 읽고, 정부가 선악을 규정하지 않고 단지 이에 대한 상벌을 내릴 뿐임을(또 그렇게 해야 함을) 보시기 바랍니다.

다스리는 자들은 '선한' 일에 대하여 두려움이 되지 않고 '악한' 일에 대하여 되나니. 네가 권세를 두려워하지 아니하려느냐? '선'을 행하라. 그리하면 그에게 칭찬을 받으리라. 그는 하나님의 사역자가 되어 네게 선을 베푸는 자니라. 그러나 네가 '악'을 행하거든 두려워하라. 그가 공연히 칼을 가지지 아니하였으니 곧 하나님의 사역자가 되어 '악을 행하는 자'에게 진노하심을 따라 보응하는 자니라.

저는 이 구절을 보면서 선하고 악한 것, 그리고 옳고 그른 것이 존재한다는 결론을 내리게 됩니다. 이는 하나님이 규정하신 객관적 실체이지, 정부에 의해서나 투표로 되는 것이 아닙니다. 그것이 바로 제가 말하는 도덕법입니다. 바울이 의미하는 바는, 정부는 반드시 선하고 옳은 일에 상을 내리고 악하고 옳지 않은 일에는 벌을 내려야 한다는 것입니다. 모든 다스리는 권세의 전후에는 하나님이 계시므로, 도덕법도 모든 권세의 전후에 있습니다.

이 사실이 미국 정부에 참여하는 우리 그리스도인에게 주는 두 가지 의미에 대해 말씀드리겠습니다.

2.1 다원화된 사회가 하나의 국가를 유지하기 위해 다양한 의견에 합의를 이룰 수 있는 것은 보편성을 지닌 도덕법이 있기 때문입니다.

항상 도덕법을 모호하게 만들려는 압력이 있기 때문에, 다원화 사회가 하나로 계속 뭉쳐질 수 있다고 장담할 수는 없습니다. 하지만 가능한 일입니다. 그것이 가능한 이유는 모든 인간의 마음에 도덕법이 일정 정도 새겨져 있기 때문입니다. 바울은 로마서 2장 15절에서 이렇게 말합니다. "이런 이들은 그 양심이 증거가 되어 그 생각들이 서로 혹은 고발하며 혹은 변명하여 그 마음에 새긴 율법의 행위를 나타내느니라." 따라서 비그리스도인도 제한적이긴 하지만 옳고 그른 것과 선하고 악한 것을 알 수 있습니다.

해적이 천체 망원경에 대해 한 번도 못 들어 봤어도 대충 그것이 뭔지 이해할 수 있는 것처럼, 믿지 않는 사람들도 하나님의 도덕법을 알고 이해할 수 있습니다. 해적은 단지 먼 거리에 있는 배들을 볼 수 있도록 만들어진 망원경을 알 뿐입니다. 그래서 눈에 대고 바다 너머를 바라보지만, 정작 봐야 할 것은 보지 못합니다. 망원경은 본래 하늘의 별을 볼 수 있게 도와주는 것이고, 그 별이야말로 항해를 돕는 길잡이가 됩니다. 마찬가지로 믿지 않는 자들은 자신의 이성과 도덕적 양심을 사용하지만, 그리스도에 초점을 맞추지 못하고 도덕법이 목표하는 것 전체를 도무지 이해하지 못합니다. 도덕법이 목표하는 것은 바로 그리스도를 바라보는 것이고 그리스도의 영광을 온 세상에 드러내는 것이기 때문입니다.

하지만 은혜가 풍성하신 하나님은 비록 완전하지는 않더라도 일반 은총을 통해 모든 인간이 하나님의 도덕법을 이해하는 것을 기뻐하셨습니다. 그래서 심히 다원화된 사회라 해도 국가에 선이 되는 것에 대해서는 (한정되고 한시적인 면에서) 어느 정도의 합의에 이를 수 있는 것입니다. 우리는 이를 "공공의 선"이라고 부릅니다. 이것 없이는 어떤 다원화 국가도 단결할 수 없습니다.

로마서 13장은 다음의 사실들을 암시하고 있습니다. 즉 도덕법이 존재하고, 정부는 선한 것을 보호하고 악을 벌해야 하며, 이 도덕법은 보편적이어서 모든 사람이 어느 정도는 알고 있고, 도덕법의 보편성 덕분에 다원주의 사회에서도 일부 합의가 가능하며 그리하여 국가가 하나로 뭉칠 수 있습니다. 그리스도인은 하나님의 일반 은총으로 인해 선한 것이 법이라는 형태로 만들어진다는 사실에 기뻐해야 합니다. 이것이 로마서 13장 3-4절과 도덕법에 내포된 첫 번째 의미입니다.

2.2 그리스도인은 성경에서 보다 분명하고 권위 있는 방식으로 하나님의 법에 접근할 수 있으므로, 성경에서 읽은 내용을 바탕으로 우리의 정치적 신념과 행위를 다듬어 가야 합니다.

성경이 우리에게 말하는 두 가지의 정치 참여 방법에 대해 말씀드리겠습니다. 첫째, 어떤 행위를 법제화하려고 시도할 때에는 반드시 성경을 안내서로 삼아야 합니다. 그 말을 이런 식으로 설명하고 싶습니다. 그리스도인은 성경에서 공공의 선을 위해 중요하다고 나온 행위가(사회의 존립을 위해 중요한) 법으로 제정될 수 있도록 가능한 모든 설득 수단을 사용해 적극적으로 추진해야 합니다.

한 가지 예를 들자면, 결혼의 본질에 대해, 그리고 결혼이라는 제도가 두 남자 혹은 두 여자 사이에서 이루어지는 관계로도 재정의될 수 있는가를 놓고 벌어지는 논쟁입니다. 한 남자와 한 여자 사이의 결혼은 사회의 존립을 위해서는 너무도 근본적인 것이고, 그리스도인인 우리는 이를 법적으로 보호하기 위해 노력해야 합니다.

혹 우리가 자기 종교만의 도덕을 법제화하려는 것 아니냐고 말하는 사람이 있다면, 우리는 다음과 같이 대답해 주어야 합니다. 결혼을 보호하는 법은 생명과 재산과 계약을 보호하는 법과 같은 범주에 있습니다. 살인과 절도와 위증을 금지하는 법에 대해서는 도덕을 법제화한다고 불평하는 사람은 아무도 없습니다. 따라서 결혼을 보호하는 것을 도덕의 법제화라며 불평해서는 안 될 것입니다. 한 남자와 한 여자 사이에서 이루어지는 결혼은 도덕적·자연적 실체이며, 인간의 삶과 사회를 이루는 근본이므로 이를 폐지한다면 이 나라를 파괴하는 결과를 낳고 말 것입니다.

다른 예도 있습니다. 어린아이의 생명을 빼앗는 행위가 있습니다. 우리는 그것을 낙태라 부릅니다. 그리고 환경을 파괴하는 행위가 있습니다. 그리스도인은 성경에서 하나님이 우리에게 거하도록 주신 집을 불태우지 말라고 하신 말씀을 근거로 주장을 전개해야 합니다.

성경 말씀으로 우리에게 마지막으로 제시하는 정치 참여 방법은 이것입니다. 성경에서 공공 생활에 대해 가르치는 가장 중요한 내용은 그리스도인이 그리스도의 나라를 확장시키는 과정에서 물리력을 사용해서는 안 된다는 것입니다. 예수님은 빌라도에게 "네가 유대인의 왕이냐?"는 질문을 받았을 때 이렇게 말씀하셨습니다. "내 나라는 이 세상에 속한 것이 아니니라. 만일 내 나라가 이 세상에 속한 것이었더라면 내 종들이 싸워…"(요 18:36).

이 시대에 하나님의 나라는 한 가지 결정적인 방법, 즉 예수님에 대한 믿음으로 세워집니다. "믿음은 들음에서 나며 들음은 그리스도의 말씀으로 말미암았느니라"(롬 10:17). 믿음은 완력으로 강요하거나 강제해서 생기는 것이 아닙니다. 그러므로 하나님의 말씀을 선포하고 가르치는 것이 이 세상에서 그리스도인이 누리는 가장 귀한 자유입니다.

따라서 그리스도인은 다른 사람의 믿음에 대해 관대합니다. 절대 진리란 없으며 모든 믿음이 동일한 가치를 지니고 있어서가 아니라, 절대 진리이신 예수 그리스도께서 칼로 진리를 전하는 것을 금하셨기 때문입니다. 그리스도인의 관용은 각자의 믿음을 지키려고 경쟁하는 사람들이 서로를 해치지 않게 하는 약속입니다. 그리스도인의 관용은 강요된 회심보다 자유를 중요시하는 것이 원칙입니다. 믿음은 확신에 기초하고, 강요된 회심은 결코 회심이 아니기 때문입니다. 선포하고 가르치고 출간하고 예배로 모일 수 있는 자유야말로 그리스도인의 믿음의 본질에서 흘러나오는 확신입니다. 그러므로 우리는 모두를 위해서 이를 지켜 나갑니다.

어느 날 그리스도께서 오시면 모든 관용은 끝이 날 것입니다. 주께서 모든 믿지 않는 자들을 쓸어버리실 것입니다. 하지만 그분이 오시기 전까지 그것은 우리 권리도 아니고 원하는 바도 아닙니다. 우리의 갈망은 그리스도를 전파하는 것이고, 또한 무엇보다 모든 사람이 각자 설득하고 선포하고 가르치고 출판하고 집회할 수 있는 권리를 누릴 자유를 위해 정치 안에서 수고하는 것입니다.

주께서 우리에게 복음의 영광을 위해 일할 큰 열정을 주시고, 잃어버린 자들을 향한 큰 사랑을 주셔서, 많은 사람들 앞에서 지혜와 용기로 주의 진리를 권면할 수 있기를 바랍니다.

5장

사랑은 율법의 완성이니라(1부)

로마서 13:7-14

모든 자에게 줄 것을 주되 조세를 받을 자에게 조세를 바치고 관세를 받을 자에게 관세를 바치고 두려워할 자를 두려워하며 존경할 자를 존경하라. 피차 사랑의 빚 외에는 아무에게든지 아무 빚도 지지 말라. 남을 사랑하는 자는 율법을 다 이루었느니라. 간음하지 말라, 살인하지 말라, 도둑질하지 말라, 탐내지 말라 한 것과 그 외에 다른 계명이 있을지라도 네 이웃을 네 자신과 같이 사랑하라 하신 그 말씀 가운데 다 들었느니라. 사랑은 이웃에게 악을 행하지 아니하나니 그러므로 사랑은 율법의 완성이니라. 또한 너희가 이 시기를 알거니와 자다가 깰 때가 벌써 되었으니 이는 이제 우리의 구원이 처음 믿을 때보다 가까웠음이라. 밤이 깊고 낮이 가까웠으니 그러므로 우리가 어둠의 일을 벗고 빛의 갑옷을 입자. 낮에와 같이 단정히 행하고 방탕하거나 술 취하지 말며 음란하거나 호색하지 말며 다투거나 시기하지 말고 오직 주 예수 그리스도로 옷 입고 정욕을 위하여 육신의 일을 도모하지 말라. _롬 13:7-14

우리가 로마서의 어디쯤 와 있으며 삶에서도 어느 자리에 있는지 상기해 보겠습니다. 로마서 1-11장에서는 주로 우리를 위해 그리스도 안에서 이루어지는 하나님의 구원 사역에 초점을 맞추었고, 12장에서는 하나님의 뜻을 행하도록 우리를 변화시키시려고 우리 안에서 이루어지는 하나님의 구원 사역에 초점을 맞추었습니다. 그것이 우리 그리스도인이 지금 서 있는 삶의 자리입니다. 그리스도가 십자가에서 우리를 위해 행하신 위대한 일은 과거이지만, 그분이 우리 안에서 행하시는 위대한 일은 현재입니다. 현재의 일은 과거의 일에 근거하고 있습니다. 우리가 천국에 들어가는 데 이 두 가지 모두 절대적으로 중요합니다.

개괄적으로 말하면, 로마서 1-11장은 그리스도의 사역을 통해 드러나는 우리를 위한 하나님의 사랑을 보여 줍니다. 그리고 로마서 12-16장은 우리가 다른 사람을 사랑할 때 우리 안에 있는 하나님의 사랑이 어떤 결과를 낳는지 보여 줍니다. 로마서 5장 8절에서 바울은 이렇게 말합니다. "우리가 아직 죄인 되었을 때에 그리스도께서 우리를 위하여 죽으심으로." 그리고 로마서 8장 39절에서는 그 어떤 것도 우리를 "우리 주 그리스도 예수 안에 있는 하나님의 사랑에서" 끊을 수 없다고 말합니다.

그런 다음 로마서 12장 1절에서는 우리에게 호소합니다. "내가 하나님의 모든 자비하심으로 너희를 권하노니 너희 몸을 하나님이 기뻐하시는 거룩한 산 제물로 드리라." 로마서 12장의 주제는 "우리가 어떻게 다른 사람을 사랑으로 대해야 하는가"였습니다.

- 9절, "사랑에는 거짓이 없나니."
- 10절, "형제를 사랑하여 서로 우애하고 존경하기를 서로 먼저 하며."

- 13절, "성도들의 쓸 것을 공급하며 손 대접하기를 힘쓰라."
- 14절, "너희를 박해하는 자를 축복하라. 축복하고 저주하지 말라."
- 17절, "아무에게도 악을 악으로 갚지 말고 모든 사람 앞에서 선한 일을 도모하라."
- 19절, "내 사랑하는 자들아, 너희가 친히 원수를 갚지 말고."
- 20절, "네 원수가 주리거든 먹이고 목마르거든 마시게 하라."
- 21절, "악에게 지지 말고 선으로 악을 이기라."

다른 말로 하면 이렇습니다. '하나님이 그리스도 안에서 내게 보여 주신 모든 자비하심과 사랑을 근거로 여러분에게 호소합니다. 서로 사랑하고 원수도 그와 같이 사랑하십시오.' 이것이 바로 사도 요한이 요한일서 4장 11절에서 말하는 내용입니다. "사랑하는 자들아, 하나님이 이같이 우리를 사랑하셨은즉 우리도 서로 사랑하는 것이 마땅하도다."*

사랑이라는 주제에서 벗어나지 않는 로마서 13장

그런 후에 바울은 로마서 13장 1-7절에서 권세들에 대한 우리의 의무에 대해 논의를 이어 갑니다. 이에 대해서는 지난 네 주 동안 살

* 사실상 이 구절은 로마서 13장 8절에 나오는 바울의 표현과 밀접한 유사성이 있다. 로마서 13장 8절에서 바울은 "피차 사랑의 빚 외에는 아무에게든지 아무 빚도 지지 말라"고 말한다. 이 말씀은 헬라어 원문상 요한일서 4장 11절의 "우리도 서로 사랑하는 것이 마땅하도다"와 유사하다.

펴보았습니다. 이제 로마서 13장 8-11절에서 바울은 다시 사랑이라는 주제로 돌아갑니다. 8절입니다. "피차 사랑의 빚 외에는 아무에게든지 아무 빚도 지지 말라. 남을 사랑하는 자는 율법을 다 이루었느니라."

그런데 이렇게 말하는 게 맞을까요? 바울이 다시 사랑이라는 주제로 '돌아갔다'고 말해야 하는 것일까요? 바울이 사랑이라는 주제에서 떠난 적이 있었나요? 가령, 로마서 13장 1-7절은 사랑이라는 주제에서 벗어난 본문일까요? 저는 그렇게 생각하지 않습니다. 바울은 어떤 형태의 정부든 우리가 복종하는 것이 바로 다른 사람에 대한 사랑을 표현하는 것이라고 말하려는 것처럼 보입니다. 따라서 오늘의 초점은 그리스도인의 삶에서 사랑이 얼마나 중요한지를 강조하면서 우리가 무엇을 하든 사랑을 행하는 사람이 될 것을 요청하는 데 있습니다.

그리스도인이 돈을 빌려도 되는가?

저는 8절에서 제기된 아주 어려운 질문에 대한 답을 찾는 과정에서 1-7절은 사랑이라는 주제에서 벗어나지 않았다는 결론에 이르렀습니다.

8절은 이렇게 말합니다. "피차 사랑의 빚 외에는 아무에게든지 아무 빚도 지지 말라." 이 구절로 인해 제기되는 가장 실제적인 의문 가운데 하나는 과연 그리스도인은 돈을(혹은 어떤 것이든) 빌려도 되는가 하는 것입니다. "아무에게든지 아무 빚도 지지 말라"는 말은 숟가락 하나라도 빌려서는 안 된다는 뜻입니까? 음료수를 사느라 1달러를 빌리는 것도 안 될까요? 집을 사느라 대출받는 것도 안 될까요? 무언가를 빌리는 순간부터 빚을 지는 것이므로, "아무에게든지 아무 빚도 지지 말라"는 말은 절대 아무것도 빌리지 말라는 뜻일까요?

말도 안 되는 질문이라고 생각하지 마시기 바랍니다. 이 구절을 절대로 빚지지 말라는 명령으로 받아들인 그리스도인들이 많았습니다. 150년 전 영국의 브리스톨에 고아원을 세운 조지 뮬러는 로마서 13장 8절을 그리스도인이 절대 빚을 지면 안 된다는 결정적인 말씀이라고 여러 번 인용했습니다.* 베들레헴교회의 장로들도 TCT 사역(Treasuring Christ Together) 진행과 노스 캠퍼스 매입 제안을 하기 전에 성경의 이 구절과 다른 여러 구절을 놓고 한동안 씨름을 했습니다. 이에 대해 우리가 논의한 바는 〈디자이어링갓〉 홈페이지에 게재해 놓았습니다.**

7절 말씀에 담긴 열쇠

하지만 오늘은 해당 문맥에 한정해 살펴보겠습니다. 7절에 열쇠가 있습니다. 여기서 '빚진다'는 단어는 긍정적으로 사용되었습니다. "모든 자에게 줄 것을 주되(Pay to all what is owed to them) 조세를 받을 자에게 조세를 바치고, 관세를 받을 자에게 관세를 바치고, 두려워할 자를

*다음 사이트의 글을 참고하라. "George Mueller's Strategy for Showing God." http://goo.gl/VIOpUY

**장로들과 노스 캠퍼스 매입을 위해 성경으로 씨름한 과정에 대해서는 다음의 글을 참고하라. http://goo.gl/Gjd3x8

두려워하며 존경할 자를 존경하라." 이 말씀이 8절의 배경이 됩니다. "너희는 조세를 빚지고 있다. 너희는 관세를 빚지고 있다." 그래서 바울이 8절에서 "아무에게든지 아무 빚도 지지 말라"고 말할 때는 절대 빚지지 말라는 의미가 아닙니다. 빚을 졌다면 갚으라는 의미입니다. 세금을 빚지고 있습니까? 세금을 내십시오. 관세를 빚지고 계십니까? 관세를 내십시오.

따라서 "아무에게든지 아무 빚도 지지 말라"는 말의 요지는 대출이나 융자를 받는 재정적 수완에 대해 비판하는 것이 아니라, 모기지든 집세든 내야 할 돈을 제때에 내라는 것입니다. 돈을 대출하는 것이 지혜로운 것인지(특히 가전제품이나 자동차와 같이 감가상각이 되는 물건을 구입할 때)에 대해서는 본문 말씀보다 더 포괄적으로 다루는 말씀으로 판단해야 합니다.

물론 빚이 없으면 하나님 앞에서 놀라운 자유가 있습니다. 하지만 신용카드를 함부로 사용하고 규모 없이 상품을 구입하는 사람들은 비참한 처지가 됩니다. 물질주의적 생활 방식에서 비롯된 욕망에 휩쓸려 빚을 지고 살지 않도록 건전한 마음과 절제를 배우시길 바랍니다.

8절을 이해하는 데 생기는 장애물

8절은 빌리는 것에 관한 내용이 아닙니다. 오히려 빚진 것을 갚는 것에 관한 내용입니다. 세금을 받아야 할 사람에게 세금을 내야 합니다. 관세를 받아야 할 사람에게 관세를 내야 합니다. 그런 식입니다. 그런데 이 지점에서 어떤 장애물에 부딪힙니다. 그것이 이 구절을 이해하는 데 어려움을 줍니다.

이 부분을 설명하겠습니다. 제가 앞서 말씀드린 내용에 대해서는 대부분의 주석가들이 어느 정도 동의합니다. 그런데 계속해서 주석가들은 말하기를, 사랑은 우리가 완전히 갚아서 청산할 수 없는 것이라고 말합니다. 세금은 그럴 수 있지만 사랑은 그럴 수 없다는 것이지요. 바울이 "피차 사랑의 빚 외에는 아무에게든지 아무 빚도 지지 말라"고 말한 의미가 바로 그것이라고 주석가들은 말합니다. 많은 사람들이 흔히 인용하는 어느 전형적인 주석에서는 8절의 의미를 다음과 같이 설명합니다.

> "피차 사랑의 빚 외에는 아무에게든지 아무 빚도 지지 말라"는 말씀의 요지는, 사랑의 빚이란 우리가 돈을 갚아 완전히 청산할 수 있는 다른 부채와는 달리 변제할 수 없는 무한한 부채라는 것이다.*

오랜 세월 동안 저도 본문이 의미하는 바가 이것이라고 생각했습니다. 그리고 어떤 면에서 이는 틀린 말이 아닙니다. 우리가 다른 사람에게 진 사랑의 빚은 완전히 청산할 수 없다는 말은 옳습니다. 우리는 아무리 많은 사랑을 갚더라도 늘 사랑의 빚을 지고 있습니다. 맞습니다.

* C. E. B. Cranfield, *The Epistle to the Romans*, vol. 2 (Edinburgh: T. &T. Clark Limited, 1979), p. 674.

하지만 여기에 장애물이 있습니다. 7절에 나오는 존경 역시 마찬가지라는 것입니다. 7절은 이렇게 말합니다. "모든 자에게 줄 것을 주되 조세를 받을 자에게 조세를 바치고… [구절의 마지막 부분으로 뛰어넘습니다] 존경할 자를 존경하라." 그렇다면 존경은 우리가 '완전히 청산할 수 있는' 부채라고 할 수 있을까요? 사도 베드로는 베드로전서 2장 17절에서 '권세에 복종하라'는 로마서 13장 말씀과 같은 맥락으로 말합니다. "뭇 사람을 공경하며."

여기에 장애물이 있습니다. "아무에게든지 아무 빚도 지지 말라"는 말씀은 세금과 같이 우리가 빚을 갚고 완전히 청산할 수 있는 것들에 대한 언급입니다. 그런데 7절에서는 우리가 완전히 다 갚을 수 없는 '존경' 같은 것을 언급하고 있습니다. 앞뒤가 어울리지 않습니다. 누군가에게 존경을 빚지고 있다면 지금뿐 아니라 앞으로도 계속 존경해야 하기 때문입니다. 누군가를 사랑할 때 여전히 그에게 사랑의 빚을 지는 것처럼 말입니다. 사랑은 갚을 수 없습니다. 또한 존경도 갚을 수 없습니다.

모든 책임을 사랑의 표현이 되게 이행하라

바울은 여기서 다소 다른 이야기를 하는 것 같습니다. 좀 더 근본적인 것을 말하고 있는 듯합니다. 우리가 절대 사랑의 빚을 갚을 수 없다는 면에서는 주석가들의 말이 어느 정도 맞는다고 생각합니다. 11시에 누군가를 사랑하더라도 12시에도 여전히 사랑의 빚을 지고 있는 법입니다. 맞습니다.

하지만 존경도 마찬가지입니다. 11시에 존경하더라도 12시에도 여전히 존경의 빚은 남습니다. 그렇다면 바울이 "피차 사랑의 빚 외에는 아무에게든지 아무 빚도 지지 말라"고 말할 때, 그가 의미한 바는 무엇일까요? 7절 말씀에서 나온 것들(조세, 관세, 두려움, 존경)은 온전히 다 갚을 수 있지만 사랑은 그럴 수 없다는 의미가 아니라면, 과연 무슨 의미일까요?

이것을 보십시오. 바로 조금 전에 읽은 내용이 로마서 12장 10절에 그대로 나옵니다. "형제를 사랑하여 서로 우애하고 존경하기를 서로 먼저 하며." 이것을 보면 사랑과 존경은 서로 연결되어 있으며, 바울은 사람을 존경하는 것이 사랑하는 하나의 방법이기도 하다는 사실을 의미하는 듯합니다.

이제 로마서 13장 7-8절을 보면 이런 식으로 들릴 것입니다. "피차 사랑의 빚 외에는 아무에게든지 존경의 빚을 지지 말라." 이것은 아마도 이런 뜻일 겁니다. 어느 때든지 존경의 빚을 지고 있다면 사랑으로 갚아야 한다. 존경의 빚을 갚기 위한 모든 행동은 사랑의 행동이 되어야 한다. 사랑으로 갚지 않으려면 존경의 빚을 갚지 말라. 사랑의 모습이 아니고서는 누구에게도 존경을 빚지지 말라.

이렇듯 존경이 사랑과 연결되어 있다는 것이 8절에 담겨 있는 의미라면, 마찬가지로 조세와 관세, 그리고 두려움도 사랑과 연결되어 있다고 봐야 할 것입니다. 따라서 바울은 누군가에게 지는 모든 빚은, 그것이 조세든, 관세든, 두려움이든, 존경이든 사랑을 표현하는 방법으로 갚으라고 말하는 것입니다.

달리 말해, 사랑을 다른 행동과는 상관없는 특별한 범주의 행동으로 구별하지 말라는 것입니다. 우리의 모든 행동이 사랑이 되게 하는 것, 그것이 고린도전서 16장 14절에서 바울이 말하는 바입니다. "너희 모든 일을 사랑으로 행하라."

모든 빚은 사랑으로 갚으십시오. 국세청에 내야 할 돈이 있습니까? 기분 나빠하거나 화를 내거나 불안하거나 짜증 내는 마음으로 납부하지 마십시오. 사랑으로 납부하십시오. 주택 대출금을 납부할 날이 되었습니까? 납부하지 않으면 문제가 생기기 때문에, 혹은 성경이 빚을 지지 말라고 했기 때문에 납부하지 마십시오. 사랑으로 하십시오. 누군가에게 책을 빌렸는데 시간이 훌쩍 지나 무안한 마음에 아직 돌려주지 못했습니까? 겸손하게 사랑으로 행동하십시오. 두려움이나 자존심으로 하지 마시고, 사랑으로 돌려주십시오.

혹시 "어떻게 사랑으로 국세청에 돈을 납부한단 말입니까? 거기서 일하는 사람이 누군지도 모르는데요"라고 하는 사람이 있다면, 바울이 말하는 사랑의 의미를 제대로 이해하지 못한 것은 아닌지 살펴보기 바랍니다. 고린도전서 13장 4-7절에서 바울이 설명하는 사랑이 무엇인지 잘 듣고 국세청에 세금을 납부하는 데 어떤 식으로 적용할 수 있을지 생각해 보기 바랍니다.

> 사랑은 오래 참고 사랑은 온유하며 시기하지 아니하며 사랑은 자랑하지 아니하며 교만하지 아니하며 무례히 행하지 아니하며 자기의 유익을 구하지 아니하며 성내지 아니하며 악한 것을 생각하지 아니하며 불의를 기뻐하지 아니하며 진리와 함께 기뻐하고 모든 것을 참으며 모든 것을 믿으며 모든 것을 바라며 모든 것을 견디느니라.

저는 우리가 청구서 금액을 지불할 때나 빚을 갚거나 빌린 것을 돌려줄 때마다 (그렇게 지불할 필요가 없는 사람을) 시기하지 않고, (세금법이 엉망이라고 생각하면서) 교만하지 않으며, (작은 것에 정직함으로써) 진리 안에서 기뻐하고, 옳은 것을 행함으로써 어떤 고통도 기쁨으로 참고 견디면서 우리가 사랑의 사람인지 아닌지 보여 줄 수 있다고 생각합니다.

사랑은 외적 행동으로 표현되기 전에는 내적 성향이다

누군가를 사랑한다고 할 때 그것이 꼭 어떤 행동인 것으로 생각하지는 마십시오. 사랑은 대상을 향한 단순한 행동이 아닙니다. 그것은 마음가짐이요 태도이며 사람들에게 선(善)이 되는 행동을 하는 성향입니다. 바울이 사랑에 대해 설명할 때 단지 외적 행동이 아니라 대부분 내적 성향을 말하는 것이라는 사실이 놀랍지 않습니까? 틀림없이 이러한 성향이 특정한 외적 행동, 가령 오래 참음, 시기하지 않음, 자랑하지 않음, 교만하지 않음, 무례히 행하지 않음, 자기의 유익을 구하지 않음, 성내지 않음, 불의를 기뻐하지 않음, 진리와 함께 기뻐함, 모든 것을 참고 믿고 바라고 견디는 것을 만들어 냅니다. 하지만 이런 행동이 사랑의 본질은 아닙니다. 이런 것들은 우선적으로 영혼의 행동이지 몸의 행동이 아닙니다.

로마서 13장 8절의 요지는 우리가 권세에 복종할 때 반드시 영혼(혹은 영적 사고방식)에서 나오는 이와 같은 행동으로 해야 한다는 것입니다. 세금을 낼 때 우리는 사랑으로 해야 합니다. 제한 속도를 지킬 때도 사랑으로 해야 합니다. 우리가 행하는 모든 의무가 이처럼 사랑의 행동이 되게 하십시오.

"피차"는 오직 그리스도인들만 언급하는 말인가?

어떤 분들은 8절에 나오는 "피차"라는 구절을 가리키며, 이것은 오직 그리스도인에 한정되는 것이라면서 제가 한 말에 반대할지도 모릅니다. "'피차' 사랑의 빚 외에는 아무에게든지 아무 빚도 지지 말라." 여기서 '피차'가 그리스도인만 언급한다면 앞서 제가 말씀드렸던 내용은 수정해야 할 것입니다. 하지만 '피차'가 단지 그리스도인들에 한정되어 있지 않은 이유가 있습니다.

8절 첫 부분에서 '피차'라는 말은 이후에 나오는 "아무에게든지"라는 구절과 중복되지는 않습니까? "피차 사랑의 빚 외에는 '아무에게든지' 아무 빚도 지지 말라." 여기서 "아무에게든지"란 최소한 7절에 나오는 사람, 즉 우리가 조세를 빚지고 있고 관세를 빚지고 있는 사람들을 뜻합니다. 따라서 여기에는 비그리스도인도 포함됩니다. 하지만 그렇다고 "그리스도인들을 사랑하는 것 외에는 믿지 않는 자들에게 아무 빚도 지지 말라"고 말한다면 그것은 이치에 맞지 않습니다. 따라서 저는 이 구절에서 "피차 사랑하라"는 말씀이 '모든 사람을 사랑하라'는 매우 일반적인 명령이라고 파악합니다. 단지 그리스도인은 사랑하고 원수를 미워하는 것으로는 율법을 성취할 수 없습니다.

로마서 12장 17-21절에서도 이 사실이 강조되어 있습니다("아무에게도 악을 악으로 갚지 말고 모든 사람 앞에서 선한 일을 도모하라." 17절). 그리고 로마서 13장 8절 끝부분에서 바울은 이렇게 말합니다. "'남'을 사랑하는 자는 율법을 다 이루었느니라." '남'이라는 단어는 단순히 그리스도인이 아니라 다른 사람을 뜻하는 포괄적이고 일반적 단어입니다.

두 가지 결론

따라서 저는 두 가지 결론을 내립니다. 첫째, 8절에서 바울이 우리에게 가르치는 것은 단순히 절대 갚을 수 없는 사랑의 빚이 있다는 내용이 아닙니다. 거기에서 더 나아가 바울은 우리가 갚아야 할 모든 빚에 대해 사랑으로 갚아야 한다고 가르칩니다. 모든 빚 지불을 사랑으로 바꾸십시오. 모든 행동을 사랑으로 바꾸십시오. 사랑 외에는 어느 누구에게든 아무것도 빚지지 마십시오. 즉, 모든 빚을 사랑의 행동으로 갚으십시오. 널리 사랑을 베푸십시오. 모든 일을 사랑의 사고방식으로 하기 바랍니다. 이것이 첫 번째 결론입니다.

그러므로 로마서 13장 1-7절은 12장에서 시작된 사랑의 주제에서 벗어나지 않았다는 것이 저의 두 번째 결론입니다. 바울은 8절에서 다시 사랑의 주제로 돌아오고 있는 것이 아닙니다. 바울은 사랑이라는 주제에서 벗어나지 않았습니다. 바울은 세금을 내는 것과 주택 대출금 상환일을 지키는 것, 집세를 내는 것, 공과금을 내는 것, 하나님의 형상으로 창조된 인간을 존중하는 일을 포함한 모든 사랑의 삶에 대해 설명하고 있습니다.

그러므로 성도 여러분, 사랑을 좇으십시오. 사랑은 모든 것을 아우르는 거대한 실재입니다. 사랑은 삶과 분리되는 것이 아니라 삶의 전부입니다. 모든 일을 사랑 안에서 하십시오. 인내와 친절과 만족과 겸손과 온유함과 공손함과 존경과 용서와 기쁨과 진실과 소망과 견딤의 사고방식을 가지고, 우리의 마음과 생각이 이러한 사랑의 모습으로 흘러넘치게 하십시오. 모든 일에 사랑으로 하십시오.

자신의 삶이 로마서 5장 8절 말씀 위에 세워진 사람이라면 어떻게 다른 삶을 생각할 수 있겠습니까? "우리가 아직 죄인 되었을 때에 그리스도께서 우리를 위하여 죽으심으로 하나님께서 우리에 대한 자기의 사랑을 확증하셨느니라."

6장

사랑은 율법의 완성이니라(2부)

로마서 13:8-10

피차 사랑의 빚 외에는 아무에게든지 아무 빚도 지지 말라. 남을 사랑하는 자는 율법을 다 이루었느니라. 간음하지 말라, 살인하지 말라, 도둑질하지 말라, 탐내지 말라 한 것과 그 외에 다른 계명이 있을지라도 네 이웃을 네 자신과 같이 사랑하라 하신 그 말씀 가운데 다 들었느니라. 사랑은 이웃에게 악을 행하지 아니하나니 그러므로 사랑은 율법의 완성이니라. _롬 13:8-10

주님이 허락하신다면, 다음 주에는 8-10절 말씀을 다루면서 이웃을 사랑하는 것이 어떻게 율법을 완성하는 일이 되는지, 그리고 왜 바울이 우리에게 "율법의 완성"을 말하는지 살펴보겠습니다. 이는 율법 및 사랑과 관련해서 우리가 날마다 어떻게 살아가야 하는지를 알려 주는 아주 중요한 말씀이기 때문입니다.

오늘은 사랑이 어떻게 율법을 완성하는지가 아닌 사랑 그 자체에 초점을 맞추어 보겠습니다. 1) 사랑은 어떻게 빚이 되는가? 2) 이것이 어떻게 하나님에 대한 사랑과 연결되는가? 3) 자기애(self-love)와는 어떻게 연결되는가? 4) 요한복음 13장 34절에서 예수님이 "새 계명을 너희에게 주노니 서로 사랑하라. 내가 너희를 사랑한 것같이 너희도 서로 사랑하라"(비교. 요 15:12)고 하실 때 그분이 주신 새 계명이란 무엇인가? "너희가 너희 자신을 사랑한 것같이"가 아니라 "내가 너희를 사랑한 것같이"입니다. 오늘 설교를 통해 가장 바라는 바는 하나님이 그분의 말씀을 사용하셔서 그분의 영광을 위해 우리 안에 그와 같은 사랑을 심어 주시는 것입니다.

1. 사랑은 어떻게 빚이 되는가?

8절입니다. "피차 사랑의 빚 외에는 아무에게든지 아무 빚도 지지 말라." 지난주에 저는 이 말씀이 단순히 (적어도 일정 기간 안에) 갚을 수 있는 빚(세금, 대출금, 빌린 책 등)을 의미하는 것이 아니며, 사랑은 갚을 수 있는 것이 아니어서, 상당한 빚을 갚은 이후에도 여전히 많은 빚이 남아 있게 된다고 말했습니다. 그것도 맞는 말이지만 바울의 말에는 더 깊은 의미가 담겨 있습니다.

어떤 빚을 갚든지(국세청에 세금을 납부하든, 매달 대출금을 갚든, 대출한 책을 돌려주든, 다른 사람이나 권세에 대한 의무를 이행하든) 이 모든 일을 사랑으로 해야 한다는 것입니다. 우리의 일상에서 사랑을 뚝 떼어 다른 범주에 집어넣지 마시기 바랍니다. 모든 일을 사랑으로 행하십시오(고전 16:14). 모든 일을 사랑으로 갚지(행하지) 않는다면, 아무에게든지 아무 빚도 지지 마십시오.

그렇다면 우리는 어떻게 사랑의 빚을 지게 되었을까요? 여러분을 향한 저의 사랑이 어떻게 빚이 되었을까요? 좀 더 심각하게 말하자면, 원수를 향한 저의 사랑이 어떻게 제가 매일 갚아야 하는 빚이 되는 것일까요? 이 질문이 중요한 두 가지 이유가 있습니다.

먼저, 우리는 보통 상대방이 내게 무언가를 주었기 때문에 내가 빚을 졌다고 생각합니다. 하지만 우리에게 무언가를 주지 않은 사람들이 더 많습니다. 그들이 누구인지조차 모릅니다. 누가복음 10장에 나오는 선한 사마리아인은 길가에 쓰러진 유대인 남자가 누군지 전혀 몰랐습니다. 상처입고 쓰러진 그가 사마리아인에게 무언가를 한 적이 없습니다. 그렇다면 사마리아인은 어떻게 그 남자에게 빚진 자가 된 것일까요? 마찬가지로, 지금 우리 교회와 전 세계의 불우한 사람들이 우리한테 무언가를 준 적이 없는데 어떻게 우리는 빚진 자가 되었을까요? 우리는 매우 이상한 방식으로 빚진 자가 되었습니다.

우리가 어떻게 다른 사람에게 빚진 자가 되었는지에 대한 질문이 중요한 이유가 하나 더 있는데, 이것이 사랑의 본질과는 모순되어 보인다는 것입니다. 심지어 사랑을 빚으로 생각하는 것조차도 잘못된 것 같기도 합니다. 제가 여러분에게 점심을 대접하는 이유가 여러분이 제게 점심을 대접했기 때문이라면 대다수 사람들이 이를 사랑이라 부르지는 않을 것입니다. 사랑이 아닌 빚 청산이라 불러야 할지도 모릅니다. 사랑은 무료입니다. 다른 사람이 나를 잘 대해 줬다고 해서 다른 사람에게 잘 해준다면, 우리는 믿지 않는 자들과 다를 바 없다고 예수님은 분명하게 말씀하셨습니다. “너희가 너희를 사랑하는 자를 사랑하면 무슨 상이 있으리요? 세리도 이같이 아니하느

냐?"(마 5:46)

그렇다면 우리가 서로에게 빚을 진다는 바울의 말은 어떤 의미입니까? 우리는 어떻게 그런 빚을 지게 되었을까요? 상대방이 내게 준 게 아무것도 없는데 어떻게 내가 빚진 자가 됩니까?

로마서 1장 14절로 돌아가 보면 이것을 푸는 열쇠가 있습니다. 여기서 바울은 자신을 세상에 빚진 자로 묘사합니다. 그는 빚을 의미하는 동일한 단어를 사용하고 있습니다. "헬라인이나 야만인이나 지혜 있는 자나 어리석은 자에게 다 내가 빚진 자라." 바울은 자신이 세상에 빚진 자라고 분명히 말합니다. 바울은 어떻게 그런 빚을 지게 되었을까요? 세상이 그에게 무언가를 주어서가 아닙니다. 사실상 세상은 지속적으로 바울에게 해를 입히고 있지만 그는 여전히 사랑의 빚을 갚고 있습니다. 그는 어떻게 빚을 지게 되었습니까?

다음 구절인 로마서 1장 15절은 이렇게 말합니다. "그러므로 나는 할 수 있는 대로 로마에 있는 너희에게도 복음 전하기를 원하노라." 바울이 세상에 갚아야 할 빚은 그리스도의 복음을 전하는 일입니다. 그리스도가 죄인들을 위해 죽으셨으며, 그리스도를 신뢰하는 모든 사람에게 하나님이 그분의 의를 값없이 선물로 주셔서 멸망할 위험에서 벗어나게 한다는 소식 말입니다. 그것이 바울이 "헬라인이나 야만인"에게 갚아야 할 사랑의 빚입니다.

로마서 1장 5절은 바울이 어떻게 빚을 지게 되었는지 보여 줍니다. "그[예수 그리스도]로 말미암아 우리가 은혜와 사도의 직분을 받아 그의 이름을 위하여 모든 이방인 중에서 믿어 순종하게 하나니." 바울이 무언가를 받기는 했지만 헬라인이나 야만인에게서 받은 것이 아닙니다. 그는 값없이 주시는 은혜와 사도직을 예수님께 받았습니다.

우리가 믿지 않는 자와 믿는 자들에게 지고 있는 사랑의 빚은 이들이 우리에게 무언가를 해주어서가 아닙니다. 그리스도가 우리를 위해 행하신 모든 일 때문에 빚진 자가 되는 것입니다. 세상이 우리의 사랑을 받을 가치가 없듯이 우리도 그리스도의 사랑을 받을 가치가 없었습니다. 그리스도가 값없이 우리를 사랑하실 때, 그분이 우리를 위해 생명을 주실 때, 그분이 우리의 모든 죄와 죄책, 그리고 정죄를 씻어 내시고 그분 안에서 영원한 기쁨을 누리도록 보장해 주실 때(이 모든 일은 우리가 그분의 원수일 때 일어났습니다) 우리는 모든 사람에게 빚진 자가 됩니다.

이렇게 생각하는 분도 있을 것입니다. '아닙니다. 우리는 그분께만 빚진 자가 되었습니다.' 하지만 여기에 사랑이 정말로 사랑되게 해주는 사실이 있습니다. 그리스도의 사랑을 진실로 값없이 받는 사랑으로 만들고, 서로에 대한 우리의 사랑도 진실로 값없이 베푸는 사랑으로 만들어 주는 것이 여기 있습니다. 그리스도는 결코 우리의 갚음을 받아야 할 분이 아니라는 사실입니다.

우리는 그리스도께 무언가를 드려 갚을 수 없습니다. 우리의 빚은 무한하며 결코 갚을 수 없기 때문입니다. 심지어 우리가 은혜를 갚겠다고 나서서 벌이는 모든 행위조차 그리스도의 은혜가 아니고서는 불가능하기에, 우리가 무언가를 행할 때마다 더 큰 빚을 지게 됩니다. 그리스도의 은혜로 마지막에 영광스러운 자리에 들어갈 때조차 우리는 빚을 지게 될 것입니다. 그분께는 결코 갚을 수가 없습니다. 하나님은 은혜를 베푸시는 분으로서 영광을 받으실 뿐이고, 우리는 은혜를 받는 자로서 기쁨을 얻을 뿐입니다! 이 역할을 뒤집으려 애쓰는 자들은 화를 입을 것입니다.

또한 우리는 그분께 빚을 갚으려 해서도 안 됩니다. (은혜로 진 빚을 갚으려고 시도조차 해서는 안 됩니다). 그렇게 되면 은혜는 더 이상 은혜가 될 수 없기 때문입니다. 혹 우리가 은혜를 갚을 수 있다면 그것은 사업상의 거래일 뿐 더 이상 은혜가 되지 않습니다. 은혜는 값없이 주는 것이지, 그렇지 않으면 은혜가 아닙니다.

이 때문에 다른 사람에 대한 우리의 사랑은 값없이 주는 것이 됩니다. 그리스도가 우리에게 주신 것으로부터 다른 사람에 대한 우리의 사랑이 흘러나오기에, 우리의 사랑은 값없이 주는 것이 됩니다. 사람들도 그 사랑을 받을 자격이 없습니다. 우리가 그리스도에게서 값없이 받았으므로, 값없이 줄 뿐입니다(마 10:8 참조).

달리 말해, 우리가 다른 사람에게 지고 있는 빚은 매우 독특합니다. 그들은 받을 자격이 없지만 우리는 반드시 갚아야 합니다. 우리가 무언가를 받아서 생긴 빚이지만, 무언가를 주지 않은 사람에게(우리처럼 받을 자격이 없는 사람에게) 되갚아야 합니다. 그러므로 이것은 빚이지만, 값없이 갚아야 하는 빚입니다. 빚을 갚아야 한다는 부담감은 우리의 빚을 받는 사람의 공로에서 오는 것이 아니라, 우리가 그리스도에게서 받은 자비하심에서 옵니다.

사도 요한은 이것을 이런 식으로 설명합니다. "그가 우리를 위하여 목숨을 버리셨으니 우리가 이로써 사랑을 알고 우리도 형제들을 위하여 목숨을 버리는 것이 마땅하니라"(요일 3:16). 즉, 우리는 빚진 자라는 뜻입니다. 그리고 요한일서 4장 11절에도 같은 이야기가 나옵니다. "사랑하는 자들아, 하나님이 이같이 우리를 사랑하셨은즉 우리도 서로 사랑하는 것이 마땅하도다." 즉, 우리는 사랑의 빚을 졌다는 말입니다.

따라서 첫 번째 질문에 대한 저의 답은 이렇습니다. 우리가 모든 사람에게 갚아야 할 사랑의 빚은 그들이 우리에게 무언가를 주었기 때문에 우리에게 생기는 것이 아닙니다. 다른 이들이 우리의 사랑을 받을 자격이 없듯, 우리도 그리스도의 사랑을 받을 자격이 없을 때 그분이 우리에게 모든 것을 주셨기 때문에 생기는 것입니다.

여러분도 이처럼 사랑을 받았음을 알고 계십니까? 예수님이 우리에게 거저 주신 모든 것을 믿지 않는 자들과 죄에 빠진 사람들, 지옥으로 향하는 사람들에게 빚지고 있다는 생각이 드십니까?

두 번째 질문에 대한 답은 앞에서 이미 언급했으므로 짧게 말씀드리겠습니다.

2. 우리가 다른 사람에게 진 사랑의 빚은 어떻게 하나님에 대한 사랑과 연결되는가?

제가 이 질문을 드리는 것은 바울이 9절에서 모든 계명이 "네 이웃을 네 자신과 같이 사랑하라 하신 그 말씀 가운데 다 들었느니라"고 말하는 것이 처음에는 이상하게 보이기 때문이었습니다. 마태복음 22장에서 예수님은 "네 마음을 다하고 목숨을 다하고 뜻을 다하여 주 너의 하나님을 사랑하라"고 명령하시면서 "이것이 크고 첫째 되는 계명"이라고 하셨습니다. 그리고 둘째 계명은 "네 이웃을 네 자신같이 사랑하라"는 것이라고 하셨습니다. 예수님은 "이 두 계명이 온 율법과 선지자의 강령"이라고 하셨습니다." 달리 말하면, 온 율법과 선지자의 강령은 단지 네 이웃을 사랑하라는 명령에만 있는 것이 아니라 하나님을 사랑하고 이웃을 사랑하라는 두 가지 계명에 모두 있다는 것입니다. 율법은 하나님을 사랑하고 이웃을 사랑함으로써 완성됩니다.

바울이 9절에서 네 이웃을 네 자신과 같이 사랑함으로써 율법을 완성한다고 말할 때, 그 말이 예수님의 말씀과 모순되지 않는 것은 바울이 지금까지 로마서 열한 장을 거쳐 오면서 우리를 향한 하나님의 사랑을 보여 주었고 그분을 향한 우리 사랑의 기초를 세워 주었기 때문입니다. 그는 로마서 8장 28절에서 이렇게 말했습니다. "우리가 알거니와 하나님을 사랑하는 … 자들에게는 모든 것이 합력하여 선을 이루느니라." 바울이 로마서 13장에 이르러 이웃을 사랑하는 것이 율법을 완성한다고 말할 때는 로마서 열한 장 전체의 내용, 특히 8장의 내용을 아우르는 것이 바로 그 말씀이라 생각하고 있는 것입니다.

우리의 모든 삶은 예수 그리스도 안에서 우리에게 향하신 하나님의 사랑에 기초하고 있습니다. 우리 마음의 눈이 열려 하나님이 그리스도 안에서 우리에게 베푸신 모든 진리와 아름다움, 권세와 능력을 알고 사랑하게 되었습니다. 우리는 자기를 의지하던 교만에서 벗어나 우리의 생명 되신 그리스도를 받아들였습니다. 이제 우리는 그리스도 안에서 하나님을 사랑하게 되었습니다. 그런 우리를 향해 바울은 로마서 13장 9절과 같이 말하는 것입니다. "하나님이 그리스도 안에서 너희에게 주신 사랑을 너희처럼 사랑을 받을 자격이 없는 다른 사람에게 넘쳐흐르게 하라. 그러면 율법을 다 이룰 것이다."

따라서 두 번째 질문에 대한 답은 이것입니다. 우리가 다른 이들에게 진 사랑의 빚은 하나님을 향한 우리의 사랑을 흘러넘치게 하는 것으로 갚게 됩니다. 우리가 하나님 안에서 삶과 죽음을 통해 누리는 만족은 모든 인류의 빚이 값없이 청산되는 것에서 오는 자유함에 있습니다.

3. 우리가 다른 사람에게 진 사랑의 빚은 어떻게 자기애와 연결되는가?

로마서 13장 9절에서 바울은 레위기 19장 18절 말씀을 인용합니다. "네 이웃을 네 자신과 같이 사랑하라." 여기서 "네 자신"이란 무엇을 의미할까요? 제가 30년 전에 설명한 것에 비해 현대 심리학의 해석이 더 그럴싸하게 들리지는 않습니다만, 혹 관심 있으시다면 말씀드리겠습니다.

오랫동안 사람들은 인간이 다른 사람을 사랑하지 못하는 이유가 자기 자신을 진정으로 사랑하지 않기 때문이라고 말해 왔습니다. 이것이 이 계명의 가르침이라면서 말입니다. 따라서 상담과 교육과 자녀 양육과 설교는 사람들로 하여금 자신을 사랑할 수 있도록 도와 그 사랑을 원천으로 하여 다른 사람을 사랑하게 하는 데 있다고 보았습니다. 그리고 이러한 개념에서 자기애는 언제나 자존감을 의미했습니다. 자기를 사랑하는 것은 높은 자존감이고, 자기를 사랑하지 않는 것은 낮은 자존감을 의미했습니다.

하지만 이러한 개념으로는 두 가지 면에서 본문의 핵심을 놓치게 됩니다. 첫째, 성경의 명령은 우리 모두가 이미 자신을 사랑하고 있다고 봅니다. "네 이웃을 네 자신과 같이[이미 자신을 사랑하듯] 사랑하라." 여기서는 사람들이 스스로를 사랑하도록 도우라는 부르심이 없습니다. 둘째, 이 구절에서 우리 모두가 예외 없이 가지고 있는 자신에 대한 사랑은 자존감이 아닌 우리를 행복하게 만드는 일에 헌신하는 것을 말합니다. 바울이 "네 이웃을 네 자신과 같이 사랑하라"고 말할 때는 먼저 자신을 존중하는 법을 배워야 다른 사람을 사랑할 수 있다는 말이 아닙니다. (원래부터 우리에게 있는) 자신의 행복에 대한 갈망이 다른 이의 행복을 갈망하는 척도가 된다는 말을 하고 있습니다.

여기에 바울이 자기애를 어떻게 이해하는지 보여 주는 그림이 있습니다. 그는 에베소서 5장에서 이 계명을 아내와 남편에게 적용하고 있으며, 28절에서는 이렇게 말합니다. "남편들도 자기 아내 사랑하기를 자기 자신과 같이 할지니 자기 아내를 사랑하는 자는 자기를 사랑하는 것이라." 그리고 29절에 아주 중요한 말을 덧붙입니다. "누구든지 언제나 자기 육체를 미워하지 않고 오직 양육하여 보호하기를 그리스도께서 교회에게 함과 같이 하나니." "누구든지 언제나 자기 육체를 미워하지 않고 오직 양육하여 보호하기를." 이것이 바울이 말하는 자기애입니다.

어떤 사람도 예외 없이, 자존감과 상관없이 자신을 사랑합니다. 누구든지 굶고 지내기보다는 때가 되면 배를 채우고 싶고 음식을 얻기 위해 어떤 일이든 할 것입니다. 누구든지 목이 마르면 마시고 싶고 그렇게 하기 위해 거의 무슨 일이든 합니다. 누구든 심각한 상해와 죽음을 피하고 싶기에 이를 위해서는 무슨 일이든 할 것입니다.

혹 피학대 성애자와 자살자들을 지목하는 분들도 있겠지만(이들은 심각한 상해나 죽음을 피하지 않는 것처럼 보이므로), 이들도 예외는 아닙니다. 피학대 성애자들은 자해 행위나 이후에 받는 치료에서 기이한 쾌락을 얻기 때문에 자신을 고통스럽게 하는 것입니다. 그리고 스스로 목숨을 끊는 사람들은 자신이 더 이상 견딜 수 없을 고통을 그나마 최소화하려고 하는 것입니다.

모든 사람은 칭찬받는 것을 좋아합니다. 하나님의 은혜와는 상관없이, 사실상 칭찬을 받고 싶은 마음에 이런저런 일들을 합니다. 행복을 무엇이라고 정의하든, 모든 사람은 행복을 추구합니다. 그것이 바로 자기애를 가진다는 의미입니다. 바울은(모세와 예수님, 야고보도 마찬가지입니다) 모든 사람에게 자기애가 있다고 보았으며, 자기애를 가지라고 명령하지 않았고, 자기애를 정죄하지도 않았습니다. 도리어 훨씬 파격적으로 나갑니다.

그런 사람들에게 파격적으로 말한다면, 많은 이들은 이제 자기애를 버리고 타인을 사랑하라고 명령할 것이라 예상합니다. 모든 욕심과 탐욕과 욕망을 멈추고 사랑의 의무를 시작하라고 말입니다. 그런데 바울이나 예수님, 야고보나 모세는 그렇게 말하지 않습니다. 그들은 이렇게 말합니다. "네 이웃을 네 자신과 같이 사랑하라." 이는 파격적인 정도를 훨씬 넘어섭니다. 바울은 자신의 행복을 추구하고 싶은 열망을 멈추고 의지력이나 의무감으로 전혀 다른 행동을 시작하라고 말하지 않습니다. 오히려 이렇게 말합니다. "깊고 멈출 수 없으며 근원적이고 강력한 행복의 욕구(자기애)를 가지고 다른 사람을 행복하게 하는 척도와 방법으로 삼으라."

달리 말해, '자기 이익'을 추구하는 정도를 '자기희생'의 척도로 삼으라는 것입니다. "네 이웃을 네 자신과 '같이' 사랑하라"에서 "같이"는 매우 파격적인 단어입니다. 이는 자기의 행복을 추구하는 데 '열정적'이라면 이웃의 행복을 추구하는 데도 그렇게 하라는 의미입니다. 자기의 행복을 추구하는 데 있어 '창조적'이라면 이웃의 행복을 추구하는 데도 창조적이어야 합니다. 자기의 행복을 추구하는 데 '인내심'을 갖는다면 이웃의 행복을 추구하는 데도 그렇게 해야 합니다. 달리 말해, 바울은 단순히 우리가 자신을 위해 추구하는 '동일한 것'을 이웃을 위해서도 추구하라고 말하는 것이 아니라, '동일한 방법', 즉 동일한 열정과 에너지, 창조성과 인내심으로 추구하라는 것입니다.

자기 이익 추구의 정도를 자기희생의 척도로 삼으십시오. 자신의 행복을 추구하는 것을 척도로 삼아 타인의 행복을 추구하십시오. 우리는 자신의 안녕을 어떻게 추구합니까? 동일한 방식으로 이웃의 안녕을 도모하십시오. 배고프십니까? 그러면 배고픈 이웃을 먹이십시오. 목마르십니까? 그러면 목마른 이웃에게 마실 것을 주십시오. 외로우십니까? 그러면 외로운 이들에게 친구가 되어 주십시오. 두려우십니까? 그러면 여러분이 위로할 사람을 찾으십시오. 시험에서 좋은 점수를 얻고 싶습니까? 다른 사람도 그렇습니다. 도와주십시오.

이것이 훨씬 더 파격적입니다. 사랑은 단순한 의무가 아닙니다. 우리가 자신의 행복을 위해 애쓰는 것과 동일한 열망으로 추구해야 하는 것입니다. 아름다운 것은, 그리고 놀라운 것은 타인의 행복이 우리의 목표가 될 때, 우리의 열망은 사그라지지 않고 우리가 포기했다고 생각한 기쁨을 찾을 수 있게 됩니다.

그것이 세 번째 질문에 대한 저의 답입니다. 우리가 다른 사람에게 진 사랑의 빚은 자기애와 어떻게 연결됩니까? 자기애는 행복을 원하는 우리의 내적 열망이며, 그 깊고 흔들리지 않는 열망을 다른 사람의 선을 위한 열망의 척도와 방법으로 삼아야 합니다. 이것은 매우 파격적인 일입니다. 이것이 마지막 질문에 대한 대답이 되는 것은 자기 행복을 향한 모든 열망이 다른 사람의 유익을 위한 길로 이끌어 주는 선한 길잡이기 때문입니다. 자기를 위해서는 자연스럽게 구하게 되지만, 타인을 위해 구하려면 어떤 기준이 있어야 합니다.

4. 예수님이 요한복음 13장 34절에서 "새 계명을 너희에게 주노니 서로 사랑하라 내가 너희를 사랑한 것같이 너희도 서로 사랑하라"고 말씀하실 때, 그분이 주신 새 계명이란 무엇인가?

한편으로 예수님과 바울은 "네 이웃을 네 자신과 같이 사랑하라"고 말씀합니다. 하지만 다른 한편으로 예수님은 "내가 너희를 사랑한 것같이 너희도 서로 사랑하라"고 말씀하십니다. 첫 번째 말씀은 우리의 자기애를 다른 사람을 위한 사랑의 척도로 삼는 것입니다. 두 번째 말씀은 그리스도의 사랑을 다른 사람을 위한 사랑의 척도로 삼는 것입니다. 이는 서로 모순되는 것이 아니라, 보다 분명하게 하는 설명입니다.

여기에 하나님의 새 계명이 명백하게 설명해 주는 한 가지가 있습니다. 우리가 다른 사람을 위해 갈망해야 할 궁극적인 선이 무엇인지 보여 줍니다. 무엇이 그들을 온전하고 영원히 행복하게 해줄까요? 그 답은 바로 하나님이십니다. 베드로전서 3장 18절입니다. "그리스도께서도 단번에 죄를 위하여 죽으사 의인으로서 불의한 자를 대신하셨으니 이는 우리를 하나님 앞으로 인도하려 하심이라." 우리를 위한 예수님의 사랑의 진수는 이것입니다. 우리를 온전하고 영원히 행복하게 해주시는 하나님 앞으로 인도하기 위해 필요한 모든 일을 행하셨다는(지금도 행하신다는) 것입니다.

예수님의 사랑을 진실한 사랑이 되게 하는 것은, 우리의 영원한 기쁨을 위해 하나님이 자신을 우리에게 주셨다는 것(우리와 화해하고 우리 편이 되어 주신 것)입니다. 그러므로 "내가 너희를 사랑한 것같이 너희도 서로 사랑하라"는 말씀은 다른 이들을 하나님의 영원하고 온전한 기쁨으로 인도하기 위해 우리가 할 수 있는 모든 일을 목숨을 걸고서라도 행하라는 의미입니다.

달리 말하면, 그리스도가 자기애의 음악을 하나님 안에서 기쁨의 음악으로 변주시켜 주셨으므로, "네 이웃을 네 자신과 같이 사랑하라"는 명령은 다른 이들이 하나님 안에서 기뻐할 수 있도록 우리 목숨도 기쁘게 바치라는 의미입니다. 하나님이 우리 안에 이처럼 놀라운 사랑을 행하시기를 소망합니다!

7장

사랑은 율법의 완성이니라(3부)

로마서 13:8-10

피차 사랑의 빚 외에는 아무에게든지 아무 빚도 지지 말라. 남을 사랑하는 자는 율법을 다 이루었느니라. 간음하지 말라, 살인하지 말라, 도둑질하지 말라, 탐내지 말라 한 것과 그 외에 다른 계명이 있을지라도 네 이웃을 네 자신과 같이 사랑하라 하신 그 말씀 가운데 다 들었느니라. 사랑은 이웃에게 악을 행하지 아니하나니 그러므로 사랑은 율법의 완성이니라. _롬 13:8-10

본문에서 바울은 네 이웃을 네 자신과 같이 사랑하는 것이 율법을 '완성한다'(fulfill)고 세 번에 걸쳐 말합니다. 8절입니다. "남을 사랑하는 자는 율법을 다 '이루었느니라'(페플레로켄)." 9절입니다. "… 네 이웃을 네 자신과 같이 사랑하라 하신 그 말씀 가운데 다 '들었느니라'(아나케팔라이우타이)." 그리고 10절입니다. "사랑은 이웃에게 악을 행하지 아니하나니 그러므로 사랑은 율법의 '완성이니라'(플레로마)." 본문에 나온 몇 가지 단어에 대해 명확히 설명하도록 하겠습니다.

1. 율법

먼저, '율법'이라는 단어입니다. 여기서 '율법'은 출애굽기 20장에 나온 십계명을 언급합니다. 9절에도 나옵니다. "간음하지 말라, 살인하지 말라, 도둑질하지 말라, 탐내지 말라[모두 출애굽기 20장에 나오는 십계명의 일부입니다] 한 것과 그 외에 다른 계명이 있을지라도 '네 이웃을 네 자신과 같이 사랑하라' 하신 그 말씀 가운데 다 들었느니라." 모세오경에는 율법이라 부르는 더 많은 계명들이 있지만, 바울은 여기서 몇 가지 계명에만 초점을 맞춥니다. 그것이 본문에서 바울이 주로 의미하는 '율법'입니다.

2. 완성하다

둘째, '완성하다'는 단어입니다. 본문에 나오는 "다 이루었느니라"(8절), "다 들었느니라"(9절), "완성이니라"(10절)는 단어들은 계명이 요구하는 바에 상응하는 사랑의 태도와 행동을 요구합니다. 우리가 사랑하면, 우리의 사고방식과 행동은 율법이 요구한 바가 됩니다. 명령받은 대로 사랑을 행하면, 우리의 태도와 행동은 율법의 요구를 만족시킵니다. 그것이 '완성하다'가 의미하는 내용입니다. 예언이 이루어진다는 말이 아닙니다. 율법이 요구하는 것에 상응하는 태도와 행동에 대해 말하는 것입니다.

3. 악

셋째, 10절에 나오는 '악'이라는 단어를 설명하겠습니다. "사랑은 이웃에게 '악'을 행하지 아니하나니 그러므로 사랑은 율법의 완성이니라." 왜 바울은 하나님이 행하시는 것 대신에 사랑이 행하지 '않는' 것에 초점을 맞출까요? 왜 이웃을 축복하거나 돕거나 선을 행하는 것이 아닌 이웃에게 악을 행하지 않는 것에 초점을 두고 있을까요? 제 생각에는 바울이 모두 부정적인 내용의 계명을 인용하고 있기 때문인 것 같습니다. 9절입니다. "간음하지 말라, 살인하지 말라, 도둑질하지 말라, 탐내지 말라." 바울이 지금 다루는 것은 모두 금지하는 율법으로 "… 말라"는 계명을 지목해서 말하고 있습니다. 이 금지하는 율법의 핵심이 "네 이웃에게 악을 행하지 말라"는 것임을 말합니다. 그런 후에 바울은 사랑이 율법을 완성한다고 말합니다.

바울은 '사랑은 긍정적인 것이 아니다'라고 말하려는 것이 아닙니다. 바울은 이미 로마서 12장 14절에서 이렇게 말했습니다. "너희를 박해하는 자를 축복하라. 축복하고 저주하지 말라." 그리고 12장 20절에서도 말했습니다. "네 원수가 주리거든 먹이고 목마르거든 마시게 하라." 사랑은 그다지 긍정적이거나 유용하지 않다는 의미를 전하려는 것이 아닙니다. 단지 십계명의 초점은 남을 다치게 하거나 악을 행하는 것이 아님을 말하려는 데 있습니다. 맞습니다. 우리가 사랑할 때 이 계명들은 완성됩니다. 사랑은 이 계명들을 덮습니다. 사랑은 악한 것과 해로운 것을 피하는 일 이상의 것을 행합니다. 사랑은 이 계명들을 완성합니다. 그리고 바울이 긍정적인 계명들을 언급했더라도, 사랑은 그 계명들 역시 완성할 것입니다.

질문 1: 왜 바울은 하나님의 율법을 거론하는가?

세 단어에 대한 설명을 마친 상태에서 첫 번째 질문을 다뤄 보겠습니다. 왜 바울은 하나님의 율법(십계명)을 거론하고 있을까요? 이 질문은 우리가 살아가는 방식과 하나님과 관계를 맺는 방식에 영향을 미치는 훨씬 더 중요한 질문으로 우리를 이끕니다.

제가 생각하기에 바울이 8절에서 율법을 거론한 것은, 하나님의 율법을 사랑하는 사람들과 율법이 거룩하고 의로우며 선하고 인간에게 큰 복이 된다고 믿는 사람들에게 위험하리만큼 과장되게 들릴 만한 발언을 했기 때문이라고 생각합니다. 바울은 8절에서 이렇게 말했습니다. "피차 사랑의 빚 외에는 아무에게든지 아무 빚도 지지 말라." 이 말씀은 너무 치우친 발언처럼 들입니다. 오직 사랑! 사랑만 빚지라!

많은 사람들, 특히 유대인과 유대 그리스도인들에게는 이 말씀이 율법을 지나치게 경시하는 것처럼 들릴 수도 있습니다. 하나님의 율법은 어떻습니까? 우리가 율법에는 아무것도 빚지지 않고 있습니까? 우리에게는 율법을 지켜야 할 의무가 없습니까? 하나님의 율법(십계명)은 무시해도 괜찮다는 의미일까요? 제가 볼 때 바울은 이러한 질문 때문에 율법을 거론하면서 반대 의견을 다루는 것 같습니다.

그래서 바울은 8절에서 이렇게 말합니다. "남을 사랑하는 자는 율법을 다 이루었느니라." 달리 말하면 이렇습니다. '아니요, 나는 율법을 무시하지 않습니다. 나는 율법의 완성이 중요하지 않다는 식으로 생각하지 않습니다. 하나님이 헛되게 율법을 주셨다거나 실수로 주셨다고 말하는 것도 아닙니다. 제가 사랑의 빚을 지라고 말한 것은,

그 사랑이 율법을 완성시킬 것이기 때문에 그렇게 말한 것입니다.'

만일 바울이 지름길을 택해서 "계명을 지키는 것 외에는 … 아무 빚도 지지 말라. 계명을 지키는 자는 율법을 다 이루었느니라"고 했다면, 물론 진실을 말하는 것이겠지만(고린도전서 7장 19절의 기술 방식대로 보았다면 말입니다. "할례받는 것도 아무것도 아니요 할례받지 아니하는 것도 아무것도 아니로되 오직 하나님의 계명을 지킬 따름이니라."), 그렇게 해서는 바울이 로마 교회에 필요하다고 믿는 특별한 가르침을 줄 수 없게 됩니다. 그리스도인으로서 어떻게 살아야 하는가에 대한 메시지를 보낼 수 없게 되는 것이지요.

질문 2: 바울이 율법의 완성에 대해 관심이 있다면, 왜 직접 율법을 지키라고 요구하지 않고 사랑을 요구하는가?

여기서 우리가 살펴볼 주된 질문은 이것입니다. 바울이 정말로 율법의 완성에 대해 관심이 있다면, 게다가 8절에서 사랑을 요구하는 근거로 사용할 만큼 적극적이라면("피차 사랑의 빚 외에는 아무에게든지 아무 빚도 지지 말라. 남을 사랑하는 자는 율법을 다 이루었느니라."), 직설적으로 율법 준수를 요구하는 대신 왜 사랑을 요구하고 있느냐는 것입니다. 바울은 율법에 대해, 사랑에 대해, 믿음에 대해, 그리고 하나님을 기쁘시게 하는 그리스도인의 삶에 대해 무엇이라 말하고 있습니까?

이 부분에 귀를 기울이시기를 부탁합니다. 이제부터 우리가 다룰 내용은 기독교의 가장 근본이 되고, 구원의 핵심이자 그리스도인의 삶의 핵심이기 때문입니다. 로마서와 갈라디아서 전체를 넘나들면서, 사랑이 율법의 완성이라는 이 구절에서 바울이 이해하는 율법이란 무엇인지 바울이 이끄는 대로 가보겠습니다.

갈라디아서 3장 17절부터 시작하겠습니다. 바울은 율법이 아브라함에게 언약을 주신 지 430년 뒤에 생겼다고 말합니다. 따라서 바울이 율법을 말할 때는 모세의 율법, 특히 십계명을 의미합니다. 그런 다음 갈라디아서 3장 19절에서 이렇게 묻습니다. "그런즉 율법은 무엇이냐?" 그리고 이렇게 대답합니다. "범법하므로 더하여진 것이라. 천사들을 통하여 한 중보자의 손으로 베푸신 것인데 약속하신 자손이 오시기까지 있을 것이라." 그런 후 21절에서 묻습니다. "그러면 율법이 하나님의 약속들과 반대되는 것이냐?" 그리고 대답합니다. "결코 그럴 수 없느니라! 만일 능히 살게 하는 율법을 주셨더라면 의가 반드시 율법으로 말미암았으리라." 달리 말하면, 하나님이 모세를 통해 주신 율법은 생명을 줄 수 없다는 것입니다.

왜일까요? 계명이 악해서가 아닙니다. 바울은 로마서 7장 12절에서 "율법은 거룩하고 계명도 거룩하고 의로우며 선하도다"라고 말했습니다. 또한 신실하게 법을 지키는 것이 생명을 주는 방식이 아니기 때문도 아닙니다. 그것은 하나님이 아담에게 주셨던 방식입니다. 창세기 2장 16-17절입니다. "여호와 하나님이 그 사람에게 명하여 이르시되, '동산 각종 나무의 열매는 네가 임의로 먹되 선악을 알게 하는 나무의 열매는 먹지 말라 네가 먹는 날에는 반드시 죽으리라' 하시니라." 여기에서 "명하여"라는 단어에 주목하십시오. 네가 생명을 원한다면 나를 믿고 계명을 지키라는 것입니다. 계명을 지키는 것이 생명에 이르는 길이었습니다. 악한 길이 아니었습니다. 하나님의 영광을 훼손하는 길이 아니었습니다.

하지만 문제는 이것입니다. 아담과 하와가 죄에 빠진 이후로 우리는 모두 죄인이 되었고, 생명으로 가는 본래의 길(신실하게 법을 지키는 것)은 우리 같은 죄인에게 막혀 버렸습니다. 그래서 바울은 갈라디아서 3장 21절에서 하나님이 우리에게 율법을 주실 때 "율법이 생명을 줄 수 없다"고 말합니다. 그렇다면 율법을 왜 주셨을까요?

바울은 여기에 여러 가지 답을 줍니다. 1) 로마서 3장 20절에서는 이렇게 말합니다. "율법으로는 죄를 깨달음이니라." 우리는 율법과 그 율법이 우리에게 하는 일로 인해 죄를 지식적으로나, 경험적으로 압니다. 2) 그런 다음 로마서 5장 20절에서 바울은 말합니다. "율법이 들어온 것은 범죄를 더하게 하려 함이라." 율법이 얼마나 다양한 방법으로 죄를 더하게 하는지요! 첫째, 자기 위에 있는 권위는 도무지 인정하지 않으려는 사람들의 마음속에 반항심을 불러일으킵니다. 둘째, 세부적인 금지 사항을 통해 어렴풋했던 죄를 구체적인 죄악으로 바꿔 줍니다. 셋째, 종교적인 사람들에게 두 가지 실수를 저지르게 합니다. 하나는 자기 힘으로 율법을 지키는 것으로 생명의 길을 삼고자 애쓰는 것이고, 다른 하나는 하나님의 능력 안에서 율법을 지키는 것으로 생명의 길을 삼고자 애쓰지만 구원자이신 그리스도는 없는 상황입니다. 율법에 이런 식으로 반응하면 죄를 더할 뿐입니다. 모세가 준 율법은 생명을 주지 못합니다.

율법의 결과가 무엇인지에 대해서는 로마서 3장 19절에 정리되어 있습니다. "우리가 알거니와 무릇 율법이 말하는 바는 율법 아래에 있는 자들에게 말하는 것이니 이는 모든 입을 막고 온 세상으로 하나님의 심판 아래에 있게 하려 함이라." 율법은 생명을 줄 수 없습니다. 도리어 우리의 입을 막고 모든 사람을 하나님의 심판 아래 있게 합니다. 우리는 율법을 지켜서 생명(영생)을 얻는 것이 아니라 우리 대신 율법의 저주를 짊어진 누군가로 인해 얻습니다. 우리는 마땅히 저주를 받아야 하지만, 예수 그리스도가 우리는 할 수 없는 방법으로 율법을 지키십니다. 모든 인간에게는 예수님의 보혈과 의가 필요합니다.

율법은 이런 모든 부정적 결과들에도 불구하고 결국에는 우리를 그리스도께로 이끕니다. 자기 의존적인 율법 준수는 틀렸으니 이제는 하나님을 의지하는 율법 준수를 생명의 길로 제시하려는 것이 아닙니다. 결코 그렇지 않습니다. 우리가 당면한 문제는 이보다 훨씬 더 큽니다. 우리에게는 새로운 원동력이 필요한 게 아닙니다. 우리에게는 구원자가 필요합니다. 율법은 우리로 하여금 율법 준수가 아닌(그것이 자기 의존적이든 하나님 의존적이든) 그리스도라는 생명의 길로 이끌어 갑니다.

바울은 그에 대해 최소한 세 가지 방식으로 말하고 있습니다. 갈라디아서 3장 24절에서는 이렇게 말합니다. "이같이 율법이 우리를 그리스도께로 인도하는 '초등교사'가 되어 우리로 하여금 믿음으로 말미암아 의롭다 함을 얻게 하려 함이라." 로마서 10장 4절에서는 이렇게 말합니다. "그리스도는 모든 믿는 자에게 의를 이루기 위하여 율법의 '마침'[목표]이 되시니라." 그리고 로마서 8장 2-3절은 이렇게 말씀합니다. "이는 그리스도 예수 안에 있는 '생명의 성령의 법'이 죄와 사망의 법에서 너를 해방하였음이라. 율법이 육신으로 말미암아 연약하여 할 수 없는 그것을 하나님은 하시나니 곧 죄로 말미암아 자기 아들을 죄 있는 육신의 모양으로 보내어 육신에 죄를 정하사."

달리 표현하면, 율법이 우리를 위해 할 수 없는 일을 누군가가 해내야 했다는 말입니다. 비록 우리는 죄인이고 영원한 죽음을 당해야 마땅하지만, 그럼에도 영생을 얻고자 한다면, 우리가 스스로를 위해 할 수 없고 율법도 우리를 위해 할 수 없는 일을 대신 해줄 구원자이자 구세주가 필요합니다. 우리가 받아야 할 율법의 저주를 대신 감당하고, 우리가 할 수 없는 율법의 요구를 대신 충족시킬 누군가가 필요합니다.

그래서 우리에게는 그리스도가 필요합니다. 예수님이 오셔서 하신 일이 바로 그것입니다. 로마서 8장 3절입니다. "율법이 육신으로 말미암아 연약하여 할 수 없는 그것을 하나님은 하시나니." 어떻게 하십니까? "곧 죄로 말미암아 자기 아들을 죄 있는 육신의 모양으로 보내어 육신에 죄를 정하사." 그분이 우리의 죄를 짊어지셨다는 말입니다. 그분은 우리의 죄를 대신해 죽으셨습니다. 우리가 받아야 할 징계를 대신 받으셨습니다. 갈라디아서 3장 13절은 이를 이렇게 표현합니다. "그리스도께서 우리를 위하여 저주를 받은 바 되사 율법의 저주에서 우리를 속량하셨으니, 기록된 바 나무에 달린 자마다 저주 아래에 있는 자라 하였음이라."

아담이 타락한 이후로 우리는 아담 안에서 죄인이 되었으며, 영생으로 향하는 길은 구원자, 구세주, 대속자를 통하는 길뿐입니다. 그리스도는 우리가 마땅히 받아야 했던 율법의 저주와 정죄를 대신 받고, 우리가 감당할 수 없는 구속을 완성하심으로써 대속자가 되셨습니다.

그리고 우리를 위해 그리스도께서 행하신 모든 일, 즉 우리를 율법의 정죄에서 구원하시고 자기 의를 우리에게 주신 일(롬 10:4, 5:19; 고후 5:21; 빌 3:9)은, 우리의 행위가 아니라 오직 믿음으로 값없이 선물로 받는 것입니다. 우리는 오직 믿음으로 모든 죄를 용서받고 그리스도의 의로 옷 입습니다. 로마서 3장 28절입니다. "그러므로 사람이 의롭다 하심을 얻는 것은 율법의 행위에 있지 않고…"(롬 5:1; 갈 2:16 참조).

현재의 삶은 어떠한 모습이어야 하는가?

그래서 바울이 로마서 12-16장에서 다루는 위대한 질문은 이것입니다. "오직 믿음으로 모든 죄를 용서받고 모든 정죄를 벗고, 그리스도 안에서 하나님의 모든 의가 자기 의가 된 것을 아는 사람은 어떻게 살아야 할까요?" 우리는 그리스도인으로서 어떤 삶을 살고 있습니까? 무엇을 좇습니까? 무엇에 초점을 두고 있습니까?

"오직 믿음으로 죄 용서를 받고, 오직 믿음으로 그리스도의 의를 전가받았으며, 오직 믿음으로 성령을 내 안에 모시고 있으니, 이제부터 다시 율법(십계명과 그 외 다른 계명[롬 13:9])으로 돌아가서 하나님이 주신 새로운 능력으로 모든 계명을 준수해 보겠다"는 생각이 듭니까?

그래서는 안 됩니다. 이것은 바울이 인도하는 길이 아닙니다. 제 생각에 그는 이런 대답을 듣고 싶어 할 것입니다. "저는 오직 믿음으로 죄 용서를 받고, 오직 믿음으로 그리스도의 의를 전가받았으며, 오직 믿음으로 성령을 내 안에 모시고 있으니, 이제부터 매일 예수 그리스도께만 초점을 맞추고 내 영혼이 갈망하는 모든 것을 위해 그분만 바라보겠습니다. 그리스도와 연합하고, 그리스도를 나의 위대한 구원자요 능력의 주요 영원한 보화로 초점을 두며 거기에서 힘을 얻어 사람들을 사랑하겠습니다. 그리스도만이 나의 초점이 되실 것이고, 사랑이 그 열매가 될 것입니다."

왜 바울은 이러한 대답을 듣기 원하는가?

바울이 후자의 대답을 듣기 원한다고 제가 생각하는 이유가 무엇일까요? 이유는 아주 많지만(가령, 갈 5:22, 5:6, 3:5; 롬 7:6; 고후 3:6; 롬 13:8, 8:4 등), 한 가지만 살펴보고 마무리하겠습니다. 그 한 가지는 로마서를 설교하는 내내 제 삶에 가장 귀하고 강력한 힘으로 작용했습니다.

로마서 7장 4절입니다. "그러므로 내 형제들아, '너희도' 그리스도의 몸으로 말미암아 율법에 대하여 죽임을 당하였으니." 즉, 그리스도가 율법의 저주를 대신 지기 위해 죽으셨을 때, 율법의 요구를 완성하기 위해 죽음으로 순종하셨을 때, 우리도 그분 안에서 순종했다는 말입니다. 율법은 더 이상 우리의 관심사가 아닙니다. "누가?"라는 질문으로 시작한 뒤 하반절에서 놀라운 대답이 등장합니다. "그리스도의 몸으로 말미암아 율법에 대하여 죽임을 당하였으니 이는 다른 이 곧 죽은 자 가운데서 살아나신 이에게 가서."

바울은 율법이 있던 그 자리에, 죽음에서 살아나신 그리스도를 두었습니다. 우리는 한때는 율법에 대해 살아 있었지만, 이제는 그리스도께 속해 있습니다. 율법 대신에 위대한 구원자요 능력의 주요 영원한 보화이신 그분이 계십니다. 이제 매일, 매 순간 우리의 초점은 그분, 즉 그분의 구원, 도우심, 인도하심, 사랑과 의와 능력과 지혜와 진리의 아름다움, 그리고 그분을 알아 가는 모든 기쁨에 둡니다.

이렇게 그리스도와 연합하면 우리에게 어떤 일이 생깁니까? "… 이는 다른 이 곧 죽은 자 가운데서 살아나신 이에게 가서 우리가 하나님을 위하여 열매를 맺게 하려 함이라"(롬 7:4). 열매가 맺힙니다. 어떤 열매가 맺힙니까? 사랑의 열매입니다(갈 5:22, 5:6; 딤전 1:5). 그리고 그 사랑이 율법을 완성합니다. 완전하지는 않지만*(오직 그리스도만이 하실 수 있는 일이 있기 때문에), 우리 삶이 그리스도 안에서 새로운 영과 새로운 열정과 새로운 방향을 가지고 있기 때문에 그렇습니다.

간략한 답변

지금까지는 왜 바울이 율법에 직접 초점을 두는 대신 율법을 완성하는 방법으로 사랑을 요구하는지에 대해 길게 답변을 드렸습니다. 이것을 요약하면 이렇습니다. 바울은 그리스도가 우리의 죄를 지시고, 우리에게 의를 주시며, 믿음만으로 사랑을 가능하게 하시는 분으로 영광을 받으시기를 원하기 때문입니다. 그러므로 사람들을 사랑하는 것 외에 다른 것으로 아무에게든지 아무 빚도 지지 마십시오. 그리고 그것을 위해 그리스도를 우리의 모든 것으로 삼으십시오.

*"탐내지 말라"는 계명을 들으면, 우리 안에는 탐심에 대한 기준이 생기고 우리가 죽을 때까지 혹은 예수님이 다시 오실 때까지 항상 자리하게 된다. 그러므로 이생에서는 결코 완전하게 율법을 완성할 수 없다. 다만 진정한 율법의 완성은 있다. 불완전하지만 실질적인 완성은 구약성경의 여러 본문에도 이미 나와 있다(시 32:1-2, 11, 41:4, 12, 51:3, 7, 143:2, 11; 전 7:15, 20; 사 53:6, 11 등). 이들 본문에 나오는 사람들은 죄인들이지만, 삶의 여러 행위에도 불구하고 의롭다 함을 받은 자들이다. 그들은 율법을 어기는 자들이자 동시에 율법을 완성하는 자이다. 이들은 '의로운 불의한 자'인 것이다.

8장

주 예수 그리스도로 옷 입으라(1부)

로마서 13:11-14

또한 너희가 이 시기를 알거니와 자다가 깰 때가 벌써 되었으니 이는 이제 우리의 구원이 처음 믿을 때보다 가까웠음이라. 밤이 깊고 낮이 가까웠으니 그러므로 우리가 어둠의 일을 벗고 빛의 갑옷을 입자. 낮에와 같이 단정히 행하고 방탕하거나 술 취하지 말며 음란하거나 호색하지 말며 다투거나 시기하지 말고 오직 주 예수 그리스도로 옷 입고 정욕을 위하여 육신의 일을 도모하지 말라. _롬 13:11-14

13장 11-14절과 그 앞 본문 사이의 연결 관계는 11절 처음에 나오는 "또한"(Besides this)이라는 단어만큼 불분명합니다. 헬라어로는 단순하게 "그리고 이것은(을)"(And this)이라는 의미입니다. 바울은 여러 번 이런 방식으로 문장을 연결시킵니다.

예를 들어, 고린도전서 6장 6절을 봅시다. "형제가 형제와 더불어 고발할 뿐더러, [또한, and this] 믿지 아니하는 자들 앞에서 하느냐?"

이 구절은 "… [또한] 그들이 심지어 믿지 않는 사람들 앞에서 그렇게 한다는 말이냐?"는 의미입니다. 빌립보서 1장 28절도 마찬가지입니다. "이것이 그들에게는 멸망의 증거요 너희에게는 구원의 증거니, 이는(and this) 하나님께로부터 난 것이라." 이 구절은 "… [또한] 이러한 너희 구원의 증거는 하나님에게서 난 것이라"는 말입니다.

로마서 13장 11절에도 동일한 연결 관계가 있습니다. "피차 사랑의 빚 외에는 아무에게든지 아무 빚도 지지 말라. … '또한'(and this) 너희가 이 시기를 알거니와 …"(NASB와 NIV에서는 이 부분이 올바르게 나와 있습니다). 달리 말해, 11절 상반절의 이 표현은 8-10절 내용의 동기를 가리키려는 의도로 보입니다. 단순히 사랑을 행하라는 명령에서 그치는 것이 아닙니다. 그렇다면, 이렇게 풀어볼 수 있습니다. "사랑이 율법을 완성한다는 동기 외에도, 여기 또 다른 동기가 있는데, 여러분이 '이 시기'를 알고 있다는 것입니다."

바울이 말하는 바를 다시 풀이해 보겠습니다. "나는 두 장에 걸쳐 사랑의 빚 외에는 아무에게든지 아무 빚도 지지 말아야 한다고 말했습니다. 만일 누군가에게 빚을 졌다면, 그것이 무엇이든 사랑의 행동으로 갚으십시오. 여러분은 모든 것을 사랑 안에서 행해야 합니다(고전 16:14). 12장 9절에서는 사랑에 거짓이 없게 하라고 말했습니다. 10절에서는 형제를 사랑하여 서로 우애하라고 말했습니다. 14절에서는 여러분을 박해하는 자를 축복하라고 했고, 17절에서는 아무에게도 악을 악으로 갚지 말라고 했으며, 19절에서는 여러분이 친히 원수를 갚지 말라고 했고, 20절에서는 원수가 주리거든 먹이고 목마르거든 마시게 하라고 했습니다. 13장 8절에서는 피차 사랑의 빚 외에는 아무에게든지 아무 빚도 지지 말라고 했습니다. 그리고 지금 말하고 싶은 것이 있는데, 또한(and this) — 이 모든 것을 사랑으로 행하되 — 여러분이 그 시기를 알기 때문이라는 것입니다."

사랑에 대한 동기를 부여하는 '시기'란 무엇인가?

오늘 저의 주된 목표는 '사랑을 행하기 위한 동기를 부여하는 '시기'(the time)란 무엇인가?' 하는 질문에 답하는 것입니다. 11절에 '시기'라는 단어가 나옵니다. "또한 너희가 이 시기를 알거니와 자다가 깰 때가 벌써 되었으니 이는 이제 우리의 구원이 처음 믿을 때보다 가까웠음이라." 여러분은 그 시기를 알고 있으니 사랑 외에는 어떠한 빚도 지지 말라는 의미입니다.

먼저 11-14절의 단락 구조를 살펴보겠습니다. 그런 후에는 바울이 대체 어떤 시기에 대해 말하고 있는지 질문해 보겠습니다. 그런 다음 '시기를 아는 것이 서로를 사랑하고 원수를 사랑하는 데 어떤 도움이 되는가?'라는 질문에 초점을 맞추겠습니다.

11-14절의 단락은 두 부분으로 나뉘는데 하나님이 허락하신다면 두 번에 걸쳐서 설교 시간에 다루도록 하겠습니다. 첫 번째 부분은 사랑의 동기를 부여하는 시기를 묘사하고, 두 번째 부분은 사랑하는 삶의 모습이 어떠한지를 묘사합니다.

11절과 12절 상반절이 첫 번째 부분입니다. "또한 너희가 이 시기를 알거니와 자다가 깰 때가 벌써 되었으니 이는 이제 우리의 구원이 처음 믿을 때보다 가까웠음이라. 밤이 깊고 낮이 가까웠으니." 두 번째 부분은 이러한 시기를 살아가는 실천적이고 영적이며 도덕적인 의미에 대해 말합니다. 12절 하반절에서 14절까지입니다. "그러므로 우리가 어둠의 일을 벗고 빛의 갑옷을 입자. 낮에와 같이 단정히 행하고 방탕하거나 술 취하지 말며 음란하거나 호색하지 말며 다투거나 시기하지 말고, 오직 주 예수 그리스도로 옷 입고 정욕을 위하여 육신의 일을 도모하지 말라."

오늘은 첫 번째 부분을 다루고(11-12절 상반절), 다음 시간에는 두 번째 부분을 다루도록 하겠습니다(12절 하반절-14절).

11절에서 바울이 말하는 시기란 무엇인가?

11절에서 바울은 어떤 시기를 말하고 있습니까? "또한 너희가 이 시기를 알거니와 …." 사랑이 모든 율법을 완성한다는 사실을 알면 사랑을 위한 동기부여가 되고, 또한 자신이 살고 있는 시기가 어떤 시기인지 알면 동기부여가 된다는 말입니다.

그렇다면 어떤 시기입니까? 로마서 12장 2절의 시작 부분을 보기 바랍니다. "너희는 이 세대[문자적으로 '세대'는 시기에 관한 단어입니다]를 본받지 말고 오직 마음을 새롭게 함으로 변화를 받아 하나님의 선하시고 기뻐하시고 온전하신 뜻이 무엇인지 분별하도록 하라." 바울은 지금 세대가 타락하고 어두우며 악하고 사탄("이 세상의 신"이라 불리는 존재[고후 4:4; 요 12:31; 엡 2:2; 요일 5:19])의 지배를 받고 있으므로, 우리는 이에 순응하지 말고 변화를 받아야 한다고 말하고 있습니다. 따라서 로마서 12장 2절은 현 시기의 실상은 악하며, 그로 인해 우리가 그 악을 따르지 않도록 행동에 유의해야 한다고 말합니다.

하지만 13장 11-12절을 보면 이 논의가 그다지 단순한 것은 아님을 알게 됩니다. 현 시기는 부정적이기만 하지 않고 긍정적으로 생각할 부분도 있습니다. 11절입니다. "또한 너희가 이 시기를 알거니와 자다가 깰 때가 벌써 되었으니 이는 이제 우리의 구원이 처음 믿을 때보다 가까웠음이라." 이제 잠에서 깨어 일어날 때입니다. 그리고 12절은 이렇게 말합니다. "밤이 깊고 낮이 가까웠으니." 그래서 우리는 깨어나야 하는 것입니다. 낮이 밝아 옵니다. 낮에는 잠자지 않습니다. 잠은 밤에 잡니다. 그래서 바울은 12-13절에서 이렇게 말합니다. "어둠의 일을 벗고 빛의 갑옷을 입자. 낮에와 같이 단정히 행하고." 따라서 바울에게 이 시기는 그저 밤이 아니라는 사실을 우리는 알 수 있습니다. 또한 낮이기도 합니다. 적어도 다음 날이 밝아오는 새벽입니다.

그러면 바울은 지금 어떤 이야기를 하고 싶은 걸까요? 바울은 데살로니가전서 5장과 동일한 표현을 사용함으로써 자기가 무엇을 말하는지(초기 그리스도인들에게 가르쳤던 것) 알려 줍니다. 바울은 이렇게 말했습니다. "주의 날이 밤에 도둑같이 이를 줄을 너희 자신이 자세히 알기 때문이라"(살전 5:2). 그리스도가 재림하시는 날입니다. 데살로니가의 그리스도인들과 로마의 그리스도인들은 주의 날이 밤에 도둑같이 임한다는 사실을 "충분히 인식하고" 있습니다. 그들은 그렇게 배웠습니다. 그래서 바울이 로마서 13장 11절에서 이렇게 말할 수 있는 것입니다. "너희가 이 시기를 알거니와." 모든 그리스도인이 그리스도가 하늘에서 이 땅으로 다시 오실 것이며 그 일이 속히 임할 것을 배웠습니다. 그리고 바울은 데살로니가전서 5장 2절에서 마치 밤에 도둑이 갑자기 침입하듯 그날도 갑자기 임할 것이라고 말합니다.

하지만 그리스도인들에게는 그렇지 않을 것이라고 말합니다. 왜 그럴까요? 그는 4절부터 다음과 같이 설명합니다.

"형제들아, 너희는 어둠에 있지 아니하매 그날이 도둑같이 너희에게 임하지 못하리니, 너희는 다 빛의 아들이요 낮의 아들이라. 우리가 밤이나 어둠에 속하지 아니하나니. 그러므로 우리는 다른 이들과 같이 자지 말고[로마서 13장 11절과 연결됩니다] 오직 깨어 정신을 차릴지라. 자는 자들은 밤에 자고 취하는 자들은 밤에 취하되[로마서 13장 13절과 연결됩니다] 우리는 낮에 속하였으니 정신을 차리고 믿음과 사랑의 호심경을 붙이고 구원의 소망의 투구를 쓰자[로마서 13장 12절에서 바울이 "빛의 갑옷"으로 언급하고 있는 부분입니다]. 하나님이 우리를 세우심은 노하심에 이르게 하심이 아니요 오직 우리 주 예수 그리스도로 말미암아 구원을 받게 하심이라"(살전 5:4-9).

따라서 바울은 시기(우리가 살고 있는 시기)에 대해 말할 때 밤이나 어둠, 악, 죽음, 마귀의 영향력, 침투 등의 부정적인 단어만을 쓰고 있지 않습니다. 죄와 고통과 죽음이 횡행하는 것은 사실이지만 더 이상 그것이 주된 진리는 아닙니다. 그리스도인에게는 분명 주된 진리가 아닙니다. 바울은 낮이 밝았음을 생각하고 있습니다. 우리는 밤이나 어둠에 속하지 않습니다. 우리는 새로운 날에 속해 있습니다. "너희는 어둠에 있지 아니하매!" 즉, 이런 의미입니다. '너희는 가장 어두운 세대, 어둡고 악한 시기를 살고 있다. 하지만 너희가 그리스도인이라면 그것이 전부가 아니다. 새로운 날이 임했다. 빛이 임했다. 그리스도께서 임하셨다.'

저는 여기서 곧장 14절로 넘어가고 싶은 유혹을 받습니다. 거기서 바울은 12절에서 사용했던 "빛의 갑옷을 입자"는 말을 이렇게 바꾸었습니다. "오직 주 예수 그리스도로 옷 입고." 그리스도는 세상의 빛이십니다. 그리스도는 오래도록 고대했던 메시아이십니다. 그리스도는 악한 세대의 구원자이고, 장차 임할 세대의 명백한 중심이십니다. 그분은 이미 임하셨습니다. 그리고 장차 임하실 것입니다. 우리는 초림과 재림 사이의 시기에 살고 있습니다. 그분은 우리를 구원하셨고 지금도 구원하고 계시며 장차 구원하실 것입니다. 하나님이 "우리를 세우심은 노하심에 이르게 하심이 아니요 오직 우리 주 예수 그리스도로 말미암아 구원을 받게 하심이라."

그러므로 그리스도로 옷 입으십시오. 그리스도로 무장하십시오. 그리스도로 몸을 가리지 않고는 다니지 마십시오. 우리가 입는 옷처럼 그리스도와 아주 가깝게 지내십시오. 그것이 바로 지난 주에 말씀드린 바, 사랑하고 율법을 완성하는 열쇠입니다. 이번 주에 드리는 마지막 대답 역시, 매일 그리스도를 충만하게 받아들이는 것이 사랑의 열쇠라는 것입니다.

지금 우리는 어떤 시기를 살고 있는가?

그런데 제가 좀 앞서 가고 있는 것 같습니다. 다음 주에 살펴볼 내용인데 말입니다. 오늘의 질문은 이것입니다. '지금 우리는 어떤 시기를 살고 있는가? 그것이 어떻게 우리가 사랑하도록 돕는가?'

우리가 살고 있는 시기에 대해 말할 수 있는 열쇠는 우리가 현재의 악한 세대와 장차 올 의의 세대 사이에서 서로 겹치는 시간대에 살고 있다는 것입니다. 우리는 이 세대와 하나님의 나라 사이에서 살고 있습니다. 죽을 인생과 영원한 생명 사이에서 살고 있습니다. 기독교의 핵심은 예수 그리스도가 오셨을 때 오랫동안 고대하던 시대가 왔고 하나님나라가 도래했으며 영원한 생명이 임했다는 사실입니다. 바울은 고린도전서 10장 11절에서 구약의 사건이 "말세를 만난 우리를 깨우치기 위하여 기록되었느니라"고 말했습니다. 즉, 이 세대와 장차 올 세대 사이의 연결점이 바로 예수님이라는 것입니다. 바울은 고린도후서 5장 17절에서 이렇게 말했습니다. "그런즉 누구든지 그리스도 안에 있으면 새로운 피조물이라. 이전 것은 지나갔으니 보라 새 것이 되었도다." 그렇게 새로운 피조물이 탄생했습니다. 바울은 골로새서 1장 13절에서 말했습니다. "그[하나님]가 우리를 흑암의 권세에서 건져내사 그의 사랑의 아들의 나라로 옮기셨으니." 그렇게 메시아의 나라가 왔습니다. 예수님이 말씀하신 그대로입니다. "때가 찼고 하나님의 나라가 가까이 왔으니"(막 1:15).

달리 말하면 그리스도가 "때가 차매" 오셨을 때, 장차 올 세대가 임했고 하나님의 나라가 도래했으며 새로운 피조물이 탄생했습니다. 히브리서 9장 26절입니다. "[그리스도가] 이제 자기를 단번에 제물로 드려 죄를 없이 하시려고 세상 끝에 나타나셨느니라." 히브리서 6장 5절에서는 우리가 "내세의 능력을 맛볼" 수 있게 되었다고 말합니다.

하지만 하나님나라가 도래했음에도, 죄악과 고통과 죽음의 시대가 끝나지 않았다는 것이 하나님나라의 신비입니다. 장차 올 시대와 의로 다스리는 하나님나라, 새로운 피조물, 영생, 이 모든 것이 언젠가 모든 죄와 고통과 죽음을 쓸어버리게 될 것입니다. 하지만 이미 여기에 존재하고 실제적임에도 불구하고 죄와 고통과 죽음이 여전한 타락한 시대와 겹쳐져 있다는 것은 신비입니다.*

이것이 우리가 살고 있는 시기입니다. 또한 바울이 로마서 13장 11절에서 언급하는 시기이며, 그리스도의 초림과 재림 사이의 시기입니다. 죄와 고통과 죽음이 있는 이 세대와, 의와 기쁨과 생명이 있는 장차 올 세대가 서로 겹쳐 있습니다. 또한 흑암의 다스림과 그리스도의 나라가 서로 겹치는 시기이기도 합니다.

이 시기가 어떻게 사랑에 대한 동기를 부여하는가?

그렇다면 이 시기가 사랑에 대한 동기를 부여한다는 말은 어떤 뜻일까요? 바울은 11절에서 말했습니다. "또한 너희가 이 시기를 알거니와 자다가 깰 때가 벌써 되었으니 이는 이제 우리의 구원이 처음 믿을 때보다 가까웠음이라." 바울은 이 시기가 어떻게 우리의 사랑을 불러일으키게 되는지에 관해 최소한 세 가지를 언급합니다.

1. 밤이 깊고 낮이 가까이 왔다

12절입니다. "밤이 깊고 낮이 가까웠으니." 이는 고통받는 그리스도인에게 소망을 주는 말씀입니다. 자기의 죄를 미워하고 죄의 문제를 완전히 해결하고 싶은 그리스도인, 최후의 원수인 사망이 정복되고 불못에 던져지기를(계 20:14) 간절히 원하는 그리스도인에게 소망

*장차 올 시대의 도래에 대한 더 많은 본문을 보려면 다음을 참조하라. 히 1:1-2; 벧전 1:20; 행 2:17; 엡 1:21; 마 12:32, 24:3; 막 10:30; 눅 16:8; 18:35; 20:34-35.

을 주는 말씀입니다.

'밤'은 어두운 이 세대와 이 세대 가운데 있는 모든 죄악과 불행, 그리고 사망을 상징합니다. 그러면 바울은 이에 대해 무엇이라고 말할까요? "밤이 깊고." 죄와 불행과 사망의 세대가 거의 다 끝나 간다는 뜻입니다. 물론 낮이 가까웠다고 바울이 말한 지 2천 년이나 지나지 않았느냐고 반문할지도 모르겠습니다. 어떤 면에서는 그렇습니다. 그래서 우리는 "주님, 언제까지입니까? 얼마나 더 있어야 합니까?"라고 부르짖습니다. 이에 대해 우리는 서로 다른 두 가지 방식의 성경적인 사고를 해야 합니다.

첫째, 예수 그리스도 안에서 낮이 밝아 오고 있습니다. 예수님은 이 타락한 세대의 종결자가 되십니다. 그분은 죄와 고통과 죽음과 사탄을 물리치셨습니다. 결정적 전투는 끝났습니다. 하나님의 나라가 임했습니다. 영생이 임했습니다. 이사야 60장 1-3절의 예언이 이 세상에 파고들어 왔습니다. "… 여호와의 영광이 네 위에 임하였음이니라. 보라 어둠이 땅을 덮을 것이며 캄캄함이 만민을 가리려니와 오직 여호와께서 네 위에 임하실 것이며 그의 영광이 네 위에 나타나리니, 나라들은 네 빛으로, 왕들은 비치는 네 광명으로 나아오리라." 동이 트면(예수님의 초림 때도 그랬듯이) 어느 누구도 낮이 오는 것을 의심할 수 없습니다. 2천 년에 걸쳐 동이 튼다 해도 날이 밝는다는 사실은 분명합니다. 누구도 해가 뜨는 것을 막을 수 없습니다.

둘째, 하나님의 시간 계산법과 우리의 계산법은 같지 않습니다. 베드로는 이렇게 말했습니다. "사랑하는 자들아, 주께는 하루가 천 년 같고 천 년이 하루 같다는 이 한 가지를 잊지 말라"(벧후 3:8). 밤이 깊고 낮이 가까이 왔습니다. 우리에게 이러한 소망이 없다면(죄와 불행과 사망의 날은 깊고, 이제는 의와 기쁨과 생명의 날이 가까이 왔다는 소망이 없다면) 모든 것을 잃으면서도 사랑할 수 있는 원천을 어디서 얻겠습니까?

2. 처음 믿었을 때보다 구원이 우리에게 가까이 왔다

이 '시기'가 우리로 하여금 서로 사랑하도록 도울 수 있는 이유에 대해 바울은 11절에서 이렇게 말합니다. "이는 이제 우리의 구원이 처음 믿을 때보다 가까웠음이라." 불완전한 우리의 구원을 보며 고통스러워하는 우리에게 소망이 되는 말씀입니다. 물론 우리의 죄는 이미 용서받았고 소멸되었으며, 우리는 의롭다 함을 받았고(롬 5:1) 정죄도 사라졌습니다. "그러므로 이제 그리스도 예수 안에 있는 자에게는 결코 정죄함이 없나니"(롬 8:1).

하지만 구원은 이것보다 훨씬 더 많은 것을 포함합니다. 죄 문제를 해결합니다. 질병의 문제를 해결합니다. 낙담과 우울도 해결합니다. 죄 짓는 문제도 해결합니다. 무엇보다도 오직 희미하게 거울로 그리스도를 보는 문제도 해결합니다. 구원은 마침내 그분의 얼굴을 대면하여 온전히 보도록 합니다. 그리고 바울은 우리가 날마다 신음하는 동안에도 세상에서 가장 위대한 분이신 그리스도에게로 점점 가까이 가게 된다고 말합니다. 우리의 최종적인 구원은 그리스도입니다. 매일 그분께 가까워지고 있습니다.

이 소망이 날마다 좌절과 상실과 고통을 겪는 우리로 하여금 서로 사랑하고 원수도 사랑할 힘을 줍니다.

3. 잠에서 깨어날 시기가 된 것을 너희가 안다

바울은 11절에서 이렇게 말합니다. "너희가 이 시기를 알거니와 자다가 깰 때가 벌써 되었으니." 죄와 불행과 사망의 밤은 깊고, 사랑과 기쁨과 생명의 낮이 가까웠습니다. 바울은 잘 때가 아니라 깨어날 때라고 말합니다. 잠이란 이 세대에서 잃어버린 바 된 사람들이 행하고 있는 것들입니다. 그들은 잠든 채 걸어다닙니다. 요란함, 과시, 외모, 뽐냄, 똑똑함, 과학적 업적, 예술, 군사력, 비즈니스 등은 영광스러운 그리스도의 날에 누릴 삶과 비교하면 몽유병과 같습니다.

여러분은 이 요란한 세대에서 잠이 든 채로 인생을 보내기 원합니까? 아니면 그리스도와 그분의 백성이 기쁨과 사랑, 공의와 창조성이 충만한 채 살게 될 장차 올 세대의 새벽빛을 보며 깨어나기 원합니까? 그곳에서는 우리가 이 세대를 살면서 위대하다고 생각했던 모든 것이 그저 우주 속 유치원 정도에 불과할 것입니다.

그리고 이것 역시 사랑에 대한 큰 동기가 됩니다. 사도 요한은 요한일서 2장 8절에서 아주 분명하게 말합니다. "다시 내가 너희에게 새 계명[사랑]을 쓰노니 그에게와 너희에게도 참된 것이라. 이는 어둠이 지나가고 참 빛이 벌써 비침이니라." 사실상 바울과 요한은 이렇게 말하고 있는 것입니다. '피차 사랑의 빚 외에는 아무에게든지 아무 빚도 지지 말라. 이는 너희가 그 시기를 알기 때문이다.'

어둠이 사라지고 있다면, 그리고 참 빛이 이미 비추고 있다면, 또한 하나님 사랑의 임재이신 예수 그리스도가 참 빛이 되신다면, 불신이라는 꿈속 세상에서 깨어나 빛 가운데로 다니는 자들은 서로를 사랑할 뿐 아니라 원수도 사랑하게 될 것입니다.

9장

주 예수 그리스도로 옷 입으라(2부)

로마서 13:11-14

또한 너희가 이 시기를 알거니와 자다가 깰 때가 벌써 되었으니 이는 이제 우리의 구원이 처음 믿을 때보다 가까웠음이라. 밤이 깊고 낮이 가까웠으니 그러므로 우리가 어둠의 일을 벗고 빛의 갑옷을 입자. 낮에와 같이 단정히 행하고 방탕하거나 술 취하지 말며 음란하거나 호색하지 말며 다투거나 시기하지 말고 오직 주 예수 그리스도로 옷 입고 정욕을 위하여 육신의 일을 도모하지 말라. _롬 13:11-14

바울은 로마서 1-11장을 기록한 뒤, 복음으로부터 비롯되는 삶에 대해 펼쳐 놓기 시작합니다. 그 복음은 하나님의 아들 예수 그리스도가 우리를 위해 율법이 할 수 없는 일, 즉 하나님 앞에서 우리의 죄책과 정죄를 없애기 위해 이 세상에 오셨다는 것입니다. 그래서 12장과 13장에서는 우리가 그리스도를 구세주요 주님이자 인생의 가장 귀한 보화로 받아들이면 어떠한 인생을 살게 될지를 설명했습니다.

이러한 삶, 즉 그리스도를 받아들이고 복음에 의지하는 삶은 사랑으로 드러납니다. 12장 전체에서 이를 살펴보았고, 13장에서도 피차 사랑의 빚 외에는 아무에게든지 아무 빚도 지지 말라는 내용을 통해 살펴보았습니다. 우리의 모든 의무와 책임과 일은 사랑의 행동이 되어야 합니다. 우리가 정말로 그리스도가 사랑하시는 방식으로 사랑하면, 모든 율법을 완성하게 됩니다. 율법을 요약하면, 서로 사랑할 뿐 아니라 원수를 사랑하라는 것입니다.

바울은 우리가 살아가는 이 '시기'를 알기 때문에 그 어떤 것보다 사랑을 행하라고 말합니다(11절). 시기를 아는 것은 우리가 마땅히 해야 할 방식으로 사람들을 사랑하는 데 큰 도움이 됩니다. 이 시기라는 것은 무엇입니까? 앞서 살펴본 내용입니다. 짧게 정리하면, 그리스도의 초림과 재림 사이의 시기입니다. 우리는 겹쳐진 시기를 살고 있습니다. 2천 년 전에 예수님이 오시면서, 용서와 의와 생명과 화평과 순결과 생명력과 빛과 기쁨의 시대가 도래했습니다. 하지만 범죄와 죄와 죽음과 다툼과 질병과 어둠과 불행은 여전히 남아 있습니다. 우리는 두 시대가 겹쳐진 시기를 살고 있습니다. 그리스도 안에서 용서받고 용납받았으며, 거룩함과 사랑을 행할 힘을 얻었지만, 아직 지구상에서 완전한 것은 없습니다. 우리는 여전히 죄와 싸우고 있고 질병에 걸리며 죽음을 맞습니다.

하지만 바울이 본문에서 강조하는 것은 밤이 깊어 간다는 데 있는 것이 아니라 이미 낮이 가까웠다는 데 있습니다. 정해진 때에 의와 기쁨과 완전한 화평의 태양이 지평선 위로 떠오를 것이라는 사실을 강조하는 것입니다.

우리가 살고 있는 시기

바울은 우리가 살고 있는 시기에 대해 어떻게 말합니까? 12절입니다. "밤이 깊고 낮이 가까웠으니." 어둠이 얼마나 오래 지속되는가에 마음을 두지 마십시오. 그리스도가 두 번째로 나타나실 낮(해가 뜨는 것)이 가까웠다는 진리에 마음을 두십시오. 그리스도가 처음 오셨을 때 이미 동이 텄기 때문입니다. 어둠의 권세는 무너졌습니다. 어둠이 의의 태양 앞에 온전히 굴복하는 것은 시간 문제일 뿐입니다.

11절 하반절에서는 이렇게 말합니다. "이제 우리의 구원이 처음 믿을 때보다 가까웠음이라." 죄로부터 자유하고, 완전한 건강을 누리며, 그리스도를 온전히 즐거워할 수 있는 능력을 얻게 될 날이 날마다 가까워지고 있습니다. 이 죽을 몸에서 탄식이 나올 때마다 우리는 영광에 가까이 다가갑니다.

또한 바울은 11절 상반절에서 이렇게 말합니다. "자다가 깰 때가 벌써 되었으니." 지금은 꿈속을 걸어 다닐 때가 아닙니다. 주의하십시오. 그리스도 안에서 믿음으로 깨어 있게 하지 못하는 세상의 것들은 모두 우리를 잠들게 만듭니다. 세상 대부분의 사람들은 깊이 잠들어 있는 상태인데도 자신은 깨어 있다고 생각합니다. 예수님을 최고의 보화로 삼지 않고 순간의 재미에 젖어 사는 사람들은 자신의 손끝에서 시속 200킬로미터의 바람이 스쳐 지나는데도 그것이 끝내주게 스릴 있다고 생각하는 스카이다이버와도 같습니다. 하지만 낙하산을 매고 있지도 않고, 밑에서는 중력이 하나님의 진노의 바닥으로 가차 없이 끌어당기고 있는 상황인데 말입니다. "아들을 믿는 자에게는 영생이 있고 아들에게 순종하지 아니하는 자는 영생을 보지 못하고 도리어 하나님의 진노가 그 위에 머물러 있느니라"(요 3:36).

지금은 깊은 잠에 빠져 꿈 같은 스카이다이빙이나 할 때가 아닙니다. 이제는 잠에서 깨어 옷을 입고 이웃을 나 자신처럼 사랑해야 할 때입니다. 우리 각자가 머무는 곳에서 말입니다.

잠에서 깨어나면 무엇을 입고 어떻게 살아야 하는가?

그러면 오늘 본문의 마지막 부분으로 돌아가서, 불신의 잠에서 깨어나 그분의 임재와 능력의 빛으로 들어가게 되면 무엇을 입어야 하고 어떻게 살아야 하는지에 대해 살펴보겠습니다. 12절에서 시작하겠습니다. "밤이 깊고 낮이 가까웠으니 '그러므로' 우리가 어둠의 일을 벗고 빛의 갑옷을 입자." "그러므로"라는 단어를 보십시오. 이 단어에는 우리가 무엇을 입고 어떻게 살아야 하는지에 대해 이제부터 말하겠다는 의미가 담겨 있습니다. 낮이 가까웠으니, 그러므로 잠옷을 벗으라는 말입니다. 치명적인 몽유병에 걸렸을 때 입었던 옷을 벗고 다른 옷을 입으라는 말입니다. 무엇을 입어야 합니까?

바울은 그리스도인의 삶이 단순히 잠에서 깨어 있는 삶일 뿐 아니라 깨어 전투를 치르는 삶이라는 사실을 알리기 위해 신중하게 단어를 선택합니다. "그러므로 우리가 어둠의 일을 벗고 빛의 갑옷을 입자." 그리스도라는 실체에 무지한 채 불신 속에서 잠들어 있는 동안, 우리는 어둠 속을 걸어 다녔고 "어둠의 일"을 옷 입었습니다. 이제 하나님이 우리를 불신의 몽매함에서 깨우시면, 우리는 그리스도를 구세주이자 주님이요 인생의 보화로 삼고 전투를 위한 '갑옷'을 입습니다. 그리스도인의 삶은 전쟁이기 때문입니다. 깨어 있다는 것은 전쟁을 치른다는 말입니다.

바울은 14절에서 "입는다"는 표현을 다시 사용합니다. "오직 주 예수 그리스도로 옷 입고." 그래서 우리는 빛의 갑옷과 주 예수 그리스도 사이에 어떤 연관이 있는지 질문해야 합니다. 12절에서 빛의 갑옷을 입는 것과 14절에서 주 예수 그리스도로 옷 입는 것 사이에 차이가 있다면 무엇일까요?

하나님의 자녀답게 옷을 입고, 살며, 싸우라

그 전에 먼저 명확히 해둘 부분이 있습니다. 우리의 전쟁은 아직 승리를 얻지 못해서 이기려고 애쓰는 단계가 아니라는 점입니다. 우리는 이미 그리스도께 속해 있는 낮의 자녀입니다. 우리는 이미 어둠에서 벗어나 빛으로 나왔습니다. 우리는 이미 어둠의 지배에서 그리스도의 왕국으로 옮겨 왔습니다. 우리는 이미 그리스도 안에서 새로운 피조물입니다. 우리는 이미 하나님의 자녀입니다. 우리에게 남은 일은 그에 걸맞게 옷을 입고, 살며, 싸우는 것입니다. 옷이나 싸움이 우리를 빛의 자녀로 만들어 주는 것은 아닙니다. 단지 우리가 빛의 자녀임을 보여 줄 뿐입니다.

로마서의 흐름을 보면 명확합니다. 1-11장이 12, 13장에 우선합니다. 먼저 우리는 그리스도께서 행하신 일을 믿음으로 하나님과 화목하게 되었습니다. 그런 후에는 빛의 백성처럼 옷을 입고, 살며, 전쟁을 치릅니다. 바울이 신자들이 입는 옷에 대해 말한 다른 두 본문을 보면 더욱 명확해집니다. 골로새서 3장 12절에 귀를 기울여 보십시오. "그러므로 너희는 '하나님이 택하사 거룩하고 사랑받는 자처럼'

긍휼과 자비와 겸손과 온유와 오래 참음을 옷 입고." 우리는 '이미' 하나님의 택하심을 입은 자요, 하나님의 거룩한 자요, 하나님의 사랑을 받는 자입니다. 이제 바울은 이 새로운 정체성을 드러내는 성품으로 옷 입으라고 말합니다.

"그리스도로 옷 입는 것"이라는 표현이 나오는 신약의 또 다른 본문에서 바울은 이것을 '이미' 이루어진 일로 언급하고 있습니다. 갈라디아서 3장 27절입니다. "누구든지 그리스도와 합하기 위하여 세례를 받은 자는 그리스도로 옷 입었느니라." 세례란 믿음으로 회심했을 때 일어난 일을 고백하는 행동입니다. 그때 일어난 일이란, 단번에 영원히, 그리스도로 옷을 입는 일이었습니다. 따라서 그리스도로 옷을 입으라는 명령은 그리스도를 입은 사람 본연의 모습이 되라는 부르심입니다.

그래서 다른 주제로 넘어가기에 앞서 우리 마음에 다시금 새기기를 바랍니다. '빛의 갑옷을 입으라'(12절)나 '그리스도로 옷 입으라'(14절)는 말은 그리스도인이 되기 위한 지침이 아닙니다. 바울은 우리가 이미 그리스도 안에 있으므로 그 모습대로 살아가라고 말하는 것입니다. 우리는 빛의 자녀이고 낮의 자녀입니다. 이제는 그에 합당하게 옷을 입고, 살며, 싸우십시오.

빛의 갑옷은 무엇이며, 그리스도로 옷 입는 것과 어떤 관련이 있는가?

그렇다면 12절에 나오는 빛의 갑옷은 무엇일까요? 빛의 갑옷을 입는 것은 14절에 나오는 주 예수 그리스도로 옷 입는 것과 어떤 관련이 있을까요?

그 답은 데살로니가전서 5장 7-8절에 있습니다. 지난번 이 본문을 보았을 때 바울이 로마서 13장 11-14절에서 하는 말과 아주 유사하다고 말씀드린 것을 기억하실 겁니다. 바울은 거의 동일한 단어를 사용하면서 동일한 주제를 언급하고 있습니다. "자는 자들은 밤에 자고 취하는 자들은 밤에 취하되, 우리는 낮에 속하였으니 정신을 차리고 [여기에 '빛의 갑옷'이 나옵니다] 믿음과 사랑의 호심경을 붙이고 구원의 소망의 투구를 쓰자."

바울은 갑옷의 두 부분, 즉 호심경과 투구를 언급하면서 각각 의미하는 바를 정의합니다. 그가 의미하는 호심경은 믿음과 사랑입니다. 그리고 투구는 구원의 소망을 의미합니다. 따라서 빛의 갑옷은 믿음과 소망과 사랑입니다.

로마서 13장 12절로 다시 돌아갑니다. "그러므로 우리가 어둠의 일을 벗고 빛의 갑옷을 입자." 이제 이 구절은 믿음과 소망과 사랑으로 옷 입자는 뜻임이 명확해졌습니다. 모두가 잠들어 있는 이 세상 어디로 가든 우리의 가슴과 머리(감정과 의지와 이성)를 조준하는 어둠의 무기가 있습니다. 이 세상 무기의 목표는 우리를 겁주려는 데 있지 않습니다. 오히려 그 반대입니다. 우리를 잘 달래어 세상 재미에 흠뻑 빠진 채 잠들게 하려는 것입니다.

바울은 우리가 반드시 이러한 잠에서 깨어 일어나 우리 앞에 놓인 전투를 치러야 한다고 말합니다. 우리는 반드시 빛의 갑옷을 입어야 합니다. 반드시 믿음과 소망과 사랑으로 옷 입어야 합니다. 그래야만 깨어 있을 수 있습니다. 그래야만 TV, 광고, 성, 술, 성공, 사람의 찬사라는 수면제의 힘을 깨뜨릴 수 있습니다.

그런데 이런 말은 너무 애매합니다. 빛의 갑옷은 믿음과 소망과 사랑이라는 식으로 말하는 것으로 끝내면 너무 모호합니다. 무엇에 대한 믿음입니까? 무엇에 대한 소망입니까? 무엇에 대한 사랑입니까? 14절의 병행 구절을 살펴보겠습니다. 14절에서는 주 예수 그리스도로 옷 입으라고 말합니다. 12절에서는 빛의 갑옷을 입으라고 말합니다. 그리고 이 둘 사이의 연결고리는 믿음과 소망과 사랑입니다. 그래서 14절의 말씀은 최소한 이런 의미로 볼 수 있습니다. "오직 주 예수 그리스도 안에서 믿음으로 옷 입고, 주 예수 그리스도 안에서 소망으로 옷 입으며, 주 예수 그리스도 안에서 사랑으로 옷 입으라."

날마다 '그리스도로 옷 입으라'는 말은 예수님을 어떤 부담이나 짐처럼 여기라는 말이 아닙니다. 예수님을 보호자로 옷 입고 —즉 그분을 신뢰하고— 예수님을 내 모든 필요를 채우는 공급자로 옷 입고 —즉 그분을 소망하고— 최고의 보화로서 옷 입으라 —즉 사랑하라— 는 의미입니다.

'예수 그리스도로 옷 입으라'는 말은 적의 후방에 침투해 고공낙하할 때 필요한 낙하산을 입으라는 의미입니다. 마귀의 폭탄을 제거할 때 필요한 방호복을 입으라는 의미입니다. 지옥의 불길에서 죄인들을 건져 낼 때 필요한 방화복을 입으라는 의미입니다. 죄와 불신의 총구에 직면할 때 필요한 방탄조끼를 입으라는 의미입니다.

주 예수 그리스도로 옷 입는 것은 그분의 뜻을 준행하는 데 필요한 하늘의 모든 자원을 받게 해주는 배지를 단 것과 같습니다. 우리가 세상 어느 누구보다 사랑하고 우리에게 필요한 모든 것이 되시는 그분과 지속적으로 교통할 수 있게 해주는 최고의 통신 장비를 단 것과 같습니다. 주 예수 그리스도로 옷 입는 것은 그분을 믿고 그분 안에서 소망하며 이 모든 것을 주신 그분을 귀하게 여기는 것입니다.

그래서 밤이 깊고 낮이 가까웠으니 죄의 잠옷을 벗어던지고 빛의 갑옷을 입어야 합니다. 그리스도인의 삶은 그저 잠에서 깨는 것이 전부가 아닙니다. 전쟁입니다. 빛의 갑옷은 믿음과 소망과 사랑입니다. 그러므로 예수님에 대한 믿음과 예수님에 대한 소망과 예수님에 대한 사랑의 옷을 입으십시오. 그것이 주 예수 그리스도로 옷 입으라는 의미입니다.

어떻게 주 예수 그리스도로 옷 입을 것인가?

그러면 어떻게 그렇게 할 수 있을까요? 믿음과 소망과 사랑의 속성을 알면 간단하게 이 질문에 답할 수 있습니다. 믿음은 들음에서 나기에, 그리스도에 대한 하나님의 말씀을 들음으로써 그리스도로 옷 입으십시오. 소망은 약속에서 오기에, 그리스도의 약속을 기억함으로써 그리스도로 옷 입으십시오. 사랑은 그리스도의 사랑에서 오기에, 그분의 사랑을 마음에 새김으로써 그리스도로 옷 입으십시오.

그리스도로 옷 입는 방법과 관련하여 본문을 보면 이렇게 답하는 것이 옳다는 것을 확인할 수 있습니다. 14절입니다. "오직 주 예수 그리스도로 옷 입고 정욕을 위하여 육신의 일을 도모하지 말라." 여기서 '도모'(provision)라는 말은 문자적으로 '숙고'(forethought)라는 뜻이므로, 문장 전체를 이렇게 해석할 수 있습니다. "오직 주 예수 그리스도로 옷 입고 네 머릿속 생각이 정욕(정욕에 따르는 재미뿐 아니라 정욕 그 자체)으로 이끌리게 하지 말라."

우리 모두는 남녀노소를 불문하고 이것이 어떤 식으로 이루어지는지 압니다. 어떤 상상을 하면 정욕이 일어나는지 압니다. 바울은 정욕의 세 가지 범주와 그 열매가 무엇인지 제시합니다. 여기 몇 가지 예가 있습니다. 13절입니다. "낮에와 같이 단정히 행하고 1) 방탕하거나 술 취하지 말며, 2) 음란하거나 호색하지 말며, 3) 다투거나 시기하지 말고."

1) 술 마시는 것에 대한 과도한 욕망, 혹은 약물 남용(알코올, 마약, 담배, 카페인 등)으로도 말할 수 있습니다. 2) 성에 대한 과도한 욕망(간음이나 간통, 근친상간, 수간, 포르노)이 여기 해당합니다. 3) 주목받고 우위를 점하고 지배하고 싶은 욕망이 다툼과 시기를 만들어 냅니다.

그리고 14절 하반절("정욕을 위하여 육신의 일을 도모하지 말라")의 핵심은 "네 머릿속에 죄악된 정욕을 불러일으키는 어떤 생각도 허용하지 말라"는 것입니다.

지루하거나 외롭거나 지치거나 낙담하거나 절망을 느낄 때 술이나 약물로 풀려고 생각하지 마십시오. 이것은 단지 우리를 '잠'에 빠지게 만들 뿐이며, 잠자는 자들을 부추겨 바울이 말한 어둠의 일을 하게 만듭니다. 마치 잠옷을 입은 채 몽유병으로 걸어 다니는 것과 같습니다. 이러한 생각은 머릿속에 들어오지도 말게 하십시오.

애정을 표현할 줄 모르고 부드럽지도 않으며 자신이 고민하는 문제를 함께 이야기하기도 쉽지 않은 남편을 보며, 실망만 가득한 아내도 있을 것입니다. 하지만 완벽한 다른 남자와의 낭만적 사랑을 꿈꾸지 마십시오. 그런 생각은 머릿속에 아예 들어오게도 하지 마십시오.

나를 받아 주는 여자는 왜 없는지, 왜 내 여자는 나를 살갑게 대하지 않는지 의아해하며 실망이 가득한 남편이나 독신 남성들이여, 부정(不貞)한 생각이 머릿속에 들어오지 않도록 하십시오. 환상 속에라도 부정한 생각을 집어넣지 말고, 컴퓨터 속에도 그런 것들을 두지 마십시오. 전체 인터넷 웹사이트의 약 12퍼센트가 포르노입니다. 전체 검색 엔진의 25퍼센트가 포르노와 연결되어 있습니다. 인터넷 포르노를 통해 발생하는 수입이 한 해(2005년)에만 2조 5천억 원에 달합니다. 이 흑암의 세계로 들어가지 마십시오. 밤이 깊고 낮이 가까웠습니다. 그리스도로 옷 입으십시오. 정욕을 일으키는 생각은 머릿속에 집어넣지 마십시오.

다툼과 시기는 어떻습니까? 혹 누가 내게 잘못한 일이나(어쩌면 30년 전에) 인정받지 못했거나 무시당했거나 오해받았거나 버림받은 일에 대한 생각이 자신의 머릿속에 들어오지 않게 하십시오. 그것은 육신의 일을 도모합니다. 미움과 분노, 질투와 탐욕, 시기를 불러일으킵니다. 그러한 생각이 머릿속에 들어오지 않게 하라고 주님이 말씀하십니다.

어떻게 그럴 수 있습니까? 때로는 저항하려 애쓰면 오히려 더 생각이 납니다. 단칼에 거부하라는 말이(중요하긴 하지만) 핵심적인 답은 아닙니다. 정욕으로 이끄는 생각이 일어나면 우선은 단호히 거부해야 합니다. 하지만 여기서 주된 답은 주 예수 그리스도로 옷 입으라는 것입니다. 즉, 예수님에 대한 믿음을 더욱 일깨우는 하나님의 말씀을 마음에 새기고, 예수님에 대한 소망을 더욱 일깨우는 하나님의 약속을 마음에 새기고, 예수님에 대한 사랑을 더욱 일깨우는 그분의 아름다움을 마음에 새기는 것입니다. 이것이 제가 말씀드린 것을 확증합니다.

'주 예수 그리스도로 옷 입는 것'은 육신의 일을 도모하는 것 대신 다른 무언가를 '선택'하는 것이 아닙니다. 주 예수 그리스도로 옷 입을 때, 그것 자체가 육신의 일을 도모하는 것에서 우리를 지켜줍니다. 주 예수 그리스도로 옷 입는 것 자체가 죄악 된 생각을 죽이고 그 생각이 머릿속에 떠오르지 않도록 하는 길입니다. 매일(혹은 매 시간) 그리스도에 대한 새로운 믿음과 소망과 사랑으로 빛의 갑옷을 입을 때, 어둠의 일이 우리에게 들러붙지 않게 됩니다. 어둠은 빛에 밀려 나갑니다. 우리의 눈이 선하다면(그리스도를 우리의 보화로 바라본다면) 몸 전체가 빛으로 가득하게 됩니다.

피차 사랑의 빚 외에는 아무에게든지 아무 빚도 지지 말라

본문 전체가 "피차 사랑의 빚 외에는 아무에게든지 아무 빚도 지지 말라"는 8절의 명령에 대한 이야기로 계속 이어진다는 점을 다시금 상기시키면서 마무리 지을까 합니다. 이는 우리가 어떻게 사람들을 사랑하는가에 대한 답변입니다. 또한 화평과 기쁨과 의의 날이 밝았고, 우리는 밤의 자녀가 아니라 낮의 자녀라는 사실을 알 때 생기는 동기부여에 관한 내용입니다. 그리고 사라져 가는 어둠과 밝아 오는 빛 속에서 사랑이 어떠해야 하는가에 관한 것입니다.

13절에서(그리고 앞에서 다룬 세 가지 죄의 범주에서) 구체적으로 알 수 있는 것은, 사랑은 하나님이 우리의 유익을 위해 함께 묶어 놓으신 것을 떼어 놓지 않는다는 점입니다. 하나님이 우리의 유익을 위해 몸과 마음을 묶어 놓으셨습니다. 우리의 유익을 위해 몸과 결혼 언약을 묶어 놓으셨습니다. 그리고 우리의 유익을 위해 용서의 공동체들을 묶어 놓으셨습니다.

우리가 술을 탐하고 약물에 빠지면 우리 마음이 몸의 행동을 성실하게 지도하는 역할을 멈추게 되고, 하나님이 우리의 유익을 위해 하나로 묶어 놓으신 몸과 마음을 스스로 떼어 버리는 것이 됩니다. 그것은 사랑의 행동이 아닙니다.

우리가 성적으로 자극이 되는(생각으로든 몸으로든) 일을 결혼으로 관계를 맺은 배우자가 아닌 다른 상대와 하게 되면, 하나님이 우리의 유익을 위해 함께 묶어 놓으신 것을 갈가리 찢는 것이 됩니다. 그것은 사랑의 행동이 아닙니다.

우리가 우월 의식이나 특권 의식, 혹은 남을 통제하는 일에 재미를 느끼고, 남이 내게 잘못했던 일을 곱씹을 때 싸움과 시기와 불협화음을 일으키게 되며, 공동체를 갈라놓는 것이 됩니다. 사랑은 그런 일을 행하지 않습니다.

도리어 사랑은 그 반대의 일을 행합니다. 그리스도로 옷 입고 자기 몸을 다스림으로써 마음을 정결하게 지킵니다. 사랑은 그리스도와 교회의 관계에서처럼 결혼으로 맺은 언약 관계를 정결하게 하며, 그렇게 몸을 다스립니다. 사랑은 그리스도의 공동체를 피로 값 주고 사신 축복으로서 정결하게 지키며, 그리스도로 옷 입음으로써 시기와 다툼을 가라앉힙니다.

그것이 13절에 나오는 "낮에와 같이 단정히 행하고"에 담긴 의미입니다. 그러니 베들레헴교회 성도들이여, 단정히 행하십시오. 밤이 깊고 낮이 가까웠습니다. 단정히 행하십시오. 사랑으로 행하십시오. 오늘 오후 주변에 가까이 지내는 사람들에게 가서 그리스도의 빛을 나누는 일이야말로 우리가 행해야 하는 사랑의 일입니다.

10장

연약한 형제를 어떻게 받을 것인가?

로마서 14:1-6

믿음이 연약한 자를 너희가 받되 그의 의견을 비판하지 말라. 어떤 사람은 모든 것을 먹을 만한 믿음이 있고 믿음이 연약한 자는 채소만 먹느니라. 먹는 자는 먹지 않는 자를 업신여기지 말고 먹지 않는 자는 먹는 자를 비판하지 말라. 이는 하나님이 그를 받으셨음이라. 남의 하인을 비판하는 너는 누구냐? 그가 서 있는 것이나 넘어지는 것이 자기 주인에게 있으매 그가 세움을 받으리니 이는 그를 세우시는 권능이 주께 있음이라. 어떤 사람은 이 날을 저 날보다 낫게 여기고 어떤 사람은 모든 날을 같게 여기나니 각각 자기 마음으로 확정할지니라. 날을 중히 여기는 자도 주를 위하여 중히 여기고 먹는 자도 주를 위하여 먹으니 이는 하나님께 감사함이요 먹지 않는 자도 주를 위하여 먹지 아니하며 하나님께 감사하느니라. _롬 14:1-6

위대한 교리들을 다룬 로마서 1-11장에 이어, 적용 부분을 다루는 세 번째 장을 맞이했습니다. 로마서 14장이 새롭게 시작되지만 주제는 12-13장과 동일합니다. 네 이웃을 네 자신과 같이 사랑하라는 것입니다. 하지만 이번 장에서 구체적으로 다룰 사안은 교회 지체들 중 일부가 다른 사람들과 너무 다를 때 교회가 어떻게 하나가 될 수 있는가 하는 문제입니다. 바울은 어떤 지체들은 믿음이 연약한 반면, 다른 어떤 지체들은 믿음이 강하다는 식으로 말하면서 그 차이를 설명합니다.

1절에서 언급한 바를 보시기 바랍니다. "믿음이 연약한 자를 너희가 받되 그의 의견을 비판하지 말라." 로마서 15장 1절에도 나옵니다. "믿음이 강한 우리는 마땅히 믿음이 약한 자의 약점을 담당하고." 14장 도입부와 15장 도입부 사이에는 또 하나의 유사점이 있습니다. 로마서 14장 1절을 보면 서로 "받으라"는 명령이 나옵니다("믿음이 연약한 자를 너희가 받되"). 그리고 로마서 15장 7절에서도 동일한 표현을 찾을 수 있습니다("그러므로 그리스도께서 우리를 받아 하나님께 영광을 돌리심과 같이 너희도 서로 받으라."). 따라서 14장 전체는 15장 일부(1-13절)의 내용까지 더해, 믿음이 연약한 자와 강한 자 사이의 차이(다름)에서 발생할 수 있는 교회 분열의 위험성을 다루고 있습니다.

그래서 믿음이 연약한 것과 강한 것의 의미가 무엇인지 이해하는 것이 무척이나 중요합니다. 우리가 생각하는 것과 똑같지는 않을 것입니다. 저도 본문의 내용을 보며 놀랐습니다. 그러니 믿음이 연약한 것과 강한 것의 의미가 무엇인지 질문하면서 말씀을 살펴봅시다. 그런 뒤에, 서로 차이가 있더라도 우리가 서로를 어떻게 대해야 하는지 살펴보겠습니다. 이어서 서로를 사랑으로 대하기 위해 필요한, 바울이 제시하는 놀라운 기초를 살펴보겠습니다.

1. 믿음이 연약하다는 것은 무슨 의미인가?

연약한 형제는 고기와 포도주를 먹지 않는다

먼저 믿음이 연약한 형제는 고기를 먹지 않고 포도주도 마시지 않는다는 것에 주목하십시오. 2절입니다. "어떤 사람은 모든 것을 먹을 만한 믿음이 있고 믿음이 연약한 자는 채소만 먹느니라." 여기서의 논란은 고기인데, 21절에서는 이 논란의 목록에 포도주가 하나 더 포함됩니다. "고기도 먹지 아니하고 포도주도 마시지 아니하고 무엇이든지 네 형제로 거리끼게 하는 일을 아니함이 아름다우니라." 따라서 바울은 믿음이 강한 자에게 이렇게 말합니다. 고기를 먹지 않고 포도주를 마시지 않는 연약한 자를 위해 때로는 스스로 고기와 포도주를 거절해야 할 때가 있다고 말입니다. 이것이 믿음이 연약한 자와 강한 자에 관련한 첫 번째 내용입니다. 연약한 자는 고기와 포도주를 피하고, 강한 자는 무엇을 먹고 마시든 자유롭습니다.

연약한 형제의 행동은 죄가 아니라 하나님을 높이는 행위다

둘째, 고기와 포도주를 피하는 것(연약한 자의 행동)은 죄가 아니라 하나님을 높이는 행위입니다. 1절에서 그들에게 믿음이 없다고 하지 않고 "믿음이 연약"하다고 말하는 것이 그 첫 번째 증거입니다. 연약한 자의 행동은 믿음을 좇아 행한 것입니다. 바울은 23절 하반절에서 이렇게 말합니다. "믿음을 따라 하지 아니하는 것은 다 죄니라." 하지만 연약한 자를 보며 죄가 있다고 정죄하지는 않습니다. 연약하긴 하지만, 그들은 믿음으로 행동하고 있습니다. 믿음은 하나님을 중심에 두고 하나님을 높이는 마음의 틀입니다.

연약한 자가 먹지 않는 행동이 하나님을 높이려는 행위라는 두 번째 증거는 6절에서 찾을 수 있습니다. "날을 중히 여기는 자도 주를 위하여 중히 여기고 먹는 자도 주를 위하여 먹으니, 이는 하나님께 감사함이요, 먹지 않는 자도 주를 위하여 먹지 아니하며 하나님께 감사하느니라." 고기를 먹지 않고 포도주도 마시지 않는 연약한 형제들을 바울이 얼마나 많이 인정하는지 주목하십시오. "먹지 않는 자도 주를 위하여 먹지 아니하며 하나님께 감사하느니라." 그의 행위는 하나님을 향해 있으며, 먹는 것을 거부하면서도 분노가 아닌 깊은 감사를 느끼고 있습니다. 따라서 이 연약한 형제는 믿음으로 행하고 있고, 하나님을 중심에 두고 있으며, 하나님께 넘치는 감사를 드리고 있습니다. 이것이 여러분이 생각하는 연약한 모습입니까?

연약한 형제는 율법주의자가 아니다

셋째, 연약한 형제는 고기와 포도주를 거부함으로써 자기가 의롭다 여김을 받거나 혹은 그렇게 해야 하나님께서 자기를 받아 주실 것이라고 믿지 않습니다. 연약한 형제는 할례가 하나님께 용납받는 길이라고 믿었던 갈라디아 지역의 유대주의자들과 같지 않습니다(갈 5:1-3). 바울이 갈라디아 교회에 거짓 복음이 퍼진 것에 대해서는 화를 냈지만(갈 1:6-9), 이 연약한 형제들에 대해서는 어떠한 비난도 하지 않는 것을 보면 알 수 있습니다. 그들은 율법주의자가 아닙니다. 먹지 않는다고 해서 하나님께 용납받는다든가 의롭다 여김을 받는다고 생각하지 않습니다.

연약한 형제는 고기와 포도주를 '깨끗하지 않은 것'이나 '속된 것'으로 여긴다

한 가지 더 살펴볼 것은 연약한 자가 고기와 포도주를 거부하면서, 그것들을 '깨끗하지 않은 것' 혹은 '속된 것'으로 여긴다는 것입니다. 14절입니다. "내가 주 예수 안에서 알고 확신하노니 무엇이든지 스스로 속된(코이논) 것이 없으되 다만 속되게 여기는 그 사람에게는 속되니라." 본 상황과 관계가 없었다면 바울은 이 말을 꺼내지 않았을 것입니다. 이것이 연약한 자의 관점입니다. 그들이 보기에 고기와 포도주는 "속된 것"입니다.

2. 바울은 왜 그들을 연약하다고 부르는가?

그러면 이제 이런 질문이 생깁니다. 그들이 고기와 포도주를 거부하는 것과 관련해서 무엇이 연약하다는 말일까요? 바울은 왜 이를 연약하다고 말할까요? 앞서 살펴본 대로, 그들의 행동은 믿음에 기반하고 있습니다. 하나님을 높이려는 행위입니다. 자기만족이 아니라 하나님께 드리는 감사의 표현입니다. 율법주의도 아닙니다.

그런데 어떻게 연약하다는 말일까요? 우리 스스로 이런 질문을 해보면 좋겠습니다. 나는 강한 자의 범주에 들어가는가? 연약한 자의 범주에 들어가는가? 혹은 양쪽 모두 자격이 안 될 수도 있겠지요. 바울이 이 연약한 자들에게 꽤 감동하고 있다는 사실을 우리가 함께 느꼈으면 합니다. 바울은 그들로 인해 감사하고 있습니다. 바울은 자기가 설교한 대로 행동하고 있습니다. 연약한 자를 받아들이고(1절) 그들을 업신여기지 않습니다(3절).

그렇다면 그들의 연약함은 무엇일까요? 그에 대한 답은, 제가 볼 때는, 그들이 고기와 포도주를 "속된 것"으로 보는 이유와 일맥상통합니다. 우리가 그것을 이해했다면 바울이 그들을 연약하다고 보는 이유도 알 것입니다. 이 질문에 대한 저의 답변은 이렇습니다. 연약한 자들이 고기와 포도주를 속된 것으로 여기는 이유는 고기를 먹고 포도주를 마시는 것이 이를 거부하는 것만큼 하나님을 영화롭게 하지 않을 것이라고 믿기 때문입니다. 고기를 먹고 포도주를 마시는 것이 하나님을 영화롭게 하지 못한다고 생각하는 데는 고기와 포도주에 그렇게 생각하게 만드는 무언가가 있기 때문입니다.

저는 그 근거를 6절에서 찾습니다. "먹지 않는 자도 주를 위하여 먹지 아니하며 하나님께 감사하느니라." 달리 말하면, 연약한 사람은 자기가 믿는 바 주님께 최고의 영광이 되고 감사의 표현이 된다고 생각하는 것에 기초하여 결정을 내립니다. 그들은 선하고 좋은 동기로 고기와 포도주에 대한 확신을 갖고 결정을 내립니다. 그들은 고기를 먹고 포도주를 마시는 자들은 하나님께 영광을 돌리고 있지 않다고(그것을 먹지 않는 것만큼) 믿는 것이 분명합니다. 왜 그들이 고기와 포도주에 대해 그런 확신을 갖게 되었는지 바울은 정확히 말하고 있지 않습니다.

우리가 알아야 할 중요한 사실은, 바울은 분명 그러한 확신에 대해서는 그들이 틀렸다고 생각했다는 점입니다. 고기와 포도주를 거부하는 것에는 그것을 먹는 것보다 하나님을 더 영광스럽게 하는 무언가가 있다는 확신은 잘못된 것입니다. 그들에게는 자신들의 믿음을 보강해 주고 자유롭게 풀어 줄 만한 지식이 부족했습니다. 몇몇 중요한 지식을 갖고 있지 않았기 때문에 고기를 먹거나 포도주를 마시는 거룩한 기쁨에 대해 신뢰할 수가 없었습니다. 그들은 하나님을 알았고, 하나님을 사랑했으며, 하나님을 신뢰했습니다. 하지만 이러한 특정한 면에 있어서는 자신들의 믿음을 굳게 해주는 어떤 사실들을 알고 있지 못했습니다.

그들에게는 어떠한 지식이 부족했을까요? 바울은 고린도전서 8장 6-7절에서 지식이 부족한 것과 연약한 것 사이의 연관성을 분명하게 설명하고 있습니다. 똑같지는 않지만 로마에 있는 어떤 이들이 관련된 것과 비슷한 상황을 다루고 있습니다. "그러나 우리에게는 한 하나님 곧 아버지가 계시니 만물이 그에게서 났고 우리도 그를 위하여 있고 또한 한 주 예수 그리스도께서 계시니 만물이 그로 말미암고 우리도 그로 말미암아 있느니라. 그러나 '이 지식은 모든 사람에게 있는 것은 아니므로' 어떤 이들은 지금까지 우상에 대한 습관이 있어 우상의 제물로 알고 먹는 고로 그들의 양심이 약하여지고 더러워지느니라." 즉, 만물이 하나님에게서 왔고 그리스도로 말미암았으며 하나님을 위해 있다는 지식입니다. 이 지식이 부족하면, 그들 나름으로는 특정 음식을 먹고 마시는 일은 하나님을 영화롭게 하지 못한다고 생각할 수도 있습니다.

바울은 고린도전서 10장 25-26절에서 다음과 같이 말합니다. "무릇 시장에서 파는 것은 양심을 위하여 묻지 말고 먹으라. 이는 땅과 거기 충만한 것이 주의 것임이라." 달리 말하면, 하나님의 영광을 위해 무언가를 먹을 수 있다는 믿음은 온 땅이 주의 것일 뿐 아니라 거기 충만한 것들도 다 주의 것이라는 충분한 지식에 기반하고 있습니다. 연약한 신자는 이러한 지식(분명 다른 지식도 역시)이 부족하기 때문에 그들의 믿음은 그러한 행위에 제한을 받습니다. 이런 의미에서 그들은 믿음이 연약합니다.

다른 한편으로 강한 사람은 하나님뿐 아니라 하나님과 세상과의 관계에 대해 좀 더 충분한 지식을 갖고 있고, 이러한 지식으로 자유로워져서 하나님을 영화롭게 하는 방식에 있어서 좀 더 많은 하나님의 "만물"을 수용합니다.

여기서 실수하지 않기를 바랍니다. 바울의 구분법이 얼마나 놀라운지 보십시오. 믿음이 연약한 사람들이 음식을 거부하는 데 있어서 자기를 높이지 않는 것처럼 믿음이 강한 사람들도 자유함에 있어서 방종하지 않습니다. 6절 하반절의 말씀이 매우 중요합니다. "먹는 자도 주를 위하여 먹으니 이는 하나님께 감사함이요, 먹지 않는 자도 주를 위하여 먹지 아니하며 하나님께 감사하느니라." 바울의 사고방식으로 볼 때 연약한 사람들과 강한 사람들은 모두 철저히 하나님 중심적인 사람들입니다. 그들은 깊이 감사할 줄 아는 사람들입니다. 차이라면 어떤 행위가 "속된" 것인가에 대한 확신이 다르다는 점입니다. 즉 어떤 행위가 하나님께 보다 영광이 되는가에 대한 확신이 다르다는 점입니다.

그리고 이것에 대한 두 관점의 차이는 비본질적인 것에 속합니다. 두 번째 질문을 보면 그 사실을 알 수 있습니다. 즉, 바울은 서로에게 이런 차이가 있을 때 어떻게 대해야 한다고 말합니까?

3. 서로에게 이런 차이가 있을 때 어떻게 대해야 하는가?

바울은 1절에서 이를 긍정적으로 말하고 있고, 3절에서는 부정적으로 말하고 있습니다. 1절입니다. "믿음이 연약한 자를 너희가 받되 그의 의견을 비판하지 말라." 달리 말하면, 연약한 형제들을 용납하고, '분열을 일으키는 질문'(디아크리세이스 디알로기스몬)은 최소화하라는 것입니다. 저는 이를 고기와 포도주와 절기 등에 관한 질문이라고 추론합니다. 따라서 강한 자와 연약한 자가 서로를 대하는 모습에 있어 바울이 주는 긍정적인 지시는 첫 번째로, 서로를 받아들이고 용납하라는 것입니다. 비본질적인 문제로 "분열을 일으키는 질문"을 해서 공연히 벽을 쌓지 말아야 합니다.

이에 대해 3절은 부정적인 방식으로 말하고 있습니다. "먹는 자는 먹지 않는 자를 업신여기지 말고, 먹지 않는 자는 먹는 자를 비판하지 말라. 이는 하나님이 그를 받으셨음이라." 대체적으로 강한 사람은 연약한 사람을 "업신여기고" 싶은 유혹을 받기 마련입니다. 우쭐대고 싶은 마음에서 남을 무시하는 것입니다. 하지만 바울은 14장에서 그런 모습을 보이고 있지 않으며 우리 역시 그래서는 안 됩니다.

그뿐 아니라 연약한 사람도 대체적으로 강한 사람을 판단하고픈 유혹을 받습니다. 무언가를 신중하게 거부하는 연약한 사람들에게 있어서 강한 사람들은 영적으로 부주의하게 보이기 때문입니다. 그래서 연약한 사람들은 혹 넘어짐(영적 타락)으로 이끌지도 모를 부주의한 행위를 지적하고 싶은 것입니다. 달리 말하면, 그들은 율법주의자처럼 '그렇게 하면 구원을 받지 못한다'고 말하는 것은 아니고, '그렇게 영적으로 부주의하면 세상에 휩쓸려 갈지도 모른다'고 말하는 것입니다.

그래서 바울은 서로 업신여기지도 말고 판단하지도 말며, '분열을 일으키는 질문'이나 '의견에 대한 다툼'으로 서로의 관계를 세워 가지 말라고 부정적인 표현들을 사용해 말하는 것입니다. 그보다는 서로를 용납하고 고기와 포도주와 절기에 대한 확신보다 훨씬 더 중요한 것 위에 서로의 삶과 관계를 세워 가라고 말합니다. 그러면 무엇 위에 세워 가야 할까요? 그에 대해서는 3-4절에서 설명하고 있습니다.

바울은 차이점을 지닌 상대방을 받아들이는 것에 있어 견고하고 영광스런 기반이 되는 위대한 진리 세 가지를 언급합니다.

3.1. 하나님은 예수 그리스도 안에서 우리를 받아주셨다

3절 하반절입니다. "이는 하나님이 그를 받으셨음이라." 하나님이 우리를 받아 주셨기에 강한 자와 연약한 자도 서로를 받아야 합니다. 바울은 로마서 15장 7절에서 다시 말합니다. "그리스도께서 우리를 받아 하나님께 영광을 돌리심과 같이 너희도 서로 받으라." 우리가 서로를 참아 내야 하는 위대한 근거는 하나님이 우리를 예수 그리스도 안에서 받아 주셨다는 사실에 있습니다. 연약한 자와 강한 자 모두 그들을 위해 죽으신 예수님을 믿습니다. 그들은 그리스도 안에서 하나님께 받아들여졌습니다. 우리도 차이점을 가진 상대방을 받아 주어야 합니다.

3.2. 하나님이 우리의 판단자가 되신다

4절입니다. "남의 하인을 비판하는 너는 누구냐? 그가 서 있는 것이나 넘어지는 것이 자기 주인에게 있으매." 서로를 참으며 받아 주어야 하는 두 번째 위대한 근거는 우리가 장차 천국에 계신 주님께 모든 것을 직고해야 한다는 데에 있습니다(롬 14:12). 우리 각자에게는 주인이신 예수 그리스도가 계십니다. 남편들이여, 아내들이 장차 그분께 모든 것을 사실대로 말하게 될 것입니다. 아내들이여, 남편들이 장차 그분께 모든 것을 사실대로 말하게 될 것입니다. 목회자들은 더 심각하게 그분께 모든 것을 사실대로 말하게 될 것입니다. 스스로 자신을 판단자의 자리에 내세울 필요가 없습니다. 그 자리를 하나님께 내어드리십시오.

서로를 받아들이라는 말씀의 첫 번째 근거는 하나님이 우리를 받아 주셨기 때문이고, 두 번째 근거는 하나님이 우리의 판단자가 되시므로 판단은 우리가 할 일이 아니기 때문입니다.

3.3. 하나님이 마지막 날에 우리를 세우신다

4절 하반절입니다. "그가 세움을 받으리니 이는 그를 세우시는 권능이 주께 있음이라." 여기서 바울은 믿음 있는 자들이 천국에서 심판을 받게 되리라는 것 그 이상을 말하고 있습니다. 바울은 지금 믿음을 지킨 모든 자가 심판 날에 세움을 받는다고 말합니다. 믿음 있는 모든 자는 마지막 날에 흔들림 없이 서서 인정을 받을 것입니다. 우리가 아는 가장 연약한 자조차도 믿음이 있다면, 마지막 날에 영광스럽게 회복되고 사랑받고 용서받고 의롭게 되고 인정을 받으며 굳게 서게 될 것입니다.

결론

그러므로 베들레헴교회 성도 여러분, 서로를 받아들여 용납하고 사랑으로 하나 되며 조화를 이루어 교제를 누리십시오. 비본질적인 것에 대해 "분열을 일으키는 질문"을 던지기보다 하나님이 우리와 너무나 다른 사람들도 받아들이셨다는 영광스러운 진리에 기반을 두기 바랍니다. 나도 너도 아닌 오직 하나님만이 최종 심판자가 되십니다. 그리고 보호하시는 은혜를 주권적으로 베푸시는 하나님은 (렘 32:40-41), 모든 신자들이 그 믿음을 지키고 마지막 날에 심판자 앞에서 충만한 기쁨으로 흔들림 없이 서도록 친히 역사하실 것입니다. 이 위대한 진리에 머무르십시오. 그리고 비본질적인 것에서 서로 다른 견해를 가진 상대방을 받아주시기 바랍니다.

11장

각각 자기 마음으로 확정할지니라

로마서 14:1-9

믿음이 연약한 자를 너희가 받되 그의 의견을 비판하지 말라. 어떤 사람은 모든 것을 먹을 만한 믿음이 있고 믿음이 연약한 자는 채소만 먹느니라. 먹는 자는 먹지 않는 자를 업신여기지 말고 먹지 않는 자는 먹는 자를 비판하지 말라. 이는 하나님이 그를 받으셨음이라. 남의 하인을 비판하는 너는 누구냐? 그가 서 있는 것이나 넘어지는 것이 자기 주인에게 있으매 그가 세움을 받으리니 이는 그를 세우시는 권능이 주께 있음이라. 어떤 사람은 이 날을 저 날보다 낫게 여기고 어떤 사람은 모든 날을 같게 여기나니 각각 자기 마음으로 확정할지니라. 날을 중히 여기는 자도 주를 위하여 중히 여기고 먹는 자도 주를 위하여 먹으니 이는 하나님께 감사함이요 먹지 않는 자도 주를 위하여 먹지 아니하며 하나님께 감사하느니라. 우리 중에 누구든지 자기를 위하여 사는 자가 없고 자기를 위하여 죽는 자도 없도다. 우리가 살아도 주를 위하여 살고 죽어도 주를 위하여 죽나니 그러므로 사나 죽으나 우리가 주의 것이로다. 이를 위하여 그리스도께서 죽었다가 다시 살아나셨으니 곧 죽은 자와 산 자의 주가 되려 하심이라. _롬 14:1-9

오늘은 로마서 14장 5-9절을 살펴보겠습니다. 1-4절에서 가장 충격적인 사실 한 가지는 바울이 작은 교회의 논란을 최소화하기 위해 거대한 신학적 진리를 사용했다는 것이었습니다. 2절에서 논란이 된 내용은 이것입니다. "어떤 사람은 모든 것을 먹을 만한 믿음이 있고 믿음이 연약한 자는 채소만 먹느니라." 따라서 고기를 먹는 자들과 채소만 먹는 자들 사이에는 긴장감이 있습니다. 논란이 된 것은 영양소 여부나 동물 사랑이 아니라, 그 고기가 제사를 지내는 것과 같은 죄악된 행위와 연관되어 있는가의 여부였습니다. 어쨌든 일부 그리스도인은 고기를 먹는 것에 대해 자유함을 느꼈고(바울은 이들을 강한 자라고 부릅니다), 어떤 그리스도인은 그러지 못했습니다(바울은 이들을 연약한 자라고 부릅니다). 그리고 바울은 "먹는 자는 먹지 않는 자를 업신여기지 말고 먹지 않는 자는 먹는 자를 비판하지 말라. 이는 하나님이 그를 받으셨음이라"(3절)고 부정적인 표현으로 말합니다. 그리고 긍정적인 표현으로는 그러한 문제가 있더라도 서로를 용납하고 받아들이라고 말합니다(1절). 그것이 당시의 상황에 대한 바울의 권면이었습니다.

논란을 해결할 적합한 틀을 제공하는 거대한 신학적 진리

지금이라면 그다지 문제될 일은 아닙니다. 고기를 먹을지 말지 하는 문제라니요! 하지만 이런 일로 인해 섭섭한 감정과 관계의 단절, 교회의 분열이 일어나고, 예수님의 이름에 크게 누가 될 수도 있는 상황이 옵니다. 논란 자체는 큰 문제가 아닙니다. 하지만 올바른 사고의 틀이 없으면 끔찍한 결과를 낳을 수 있습니다. 그래서 바울은 올바른 틀을 제공하기 위해 거대한 신학적 진리를 사용합니다. 로마서 14장 전체가 이것을 다룹니다.

바울은 이 문제를 다루기 위해 세 가지 큰 진리를 끌어왔습니다.

1) 3절에서 바울은 우리가 이런 일로 형제를 판단하지 말아야 한다고 말합니다. 왜냐하면 "하나님이 그를 받으셨[기]" 때문입니다. 그리스도인이 된다는 것은 믿음으로 의롭다 여김을 받았다는 의미입니다. 하나님이 그 형제의 믿음을 보시고 의롭다 여기셨습니다. 하나님이 받아들이시고 의로운 자로 세우셨습니다. 그러므로 우리가 그 형제를 달리 대하지는 않는지 주의하십시오. 2) 바울은 4절 상반절에서 이렇게 말합니다. "남의 하인을 비판하는 너는 누구냐? 그가 서 있는 것이나 넘어지는 것이 자기 주인에게 있으매." 바울이 사용하는 두 번째 진리는 형제가 그 주인 앞에서 자기 삶에 대해 직고하게 될 것이라는 점입니다. 형제가 우리에게 해명할 일이 아닙니다. 심판의 날이 다가오고 있습니다. 우리는 자기가 어떤 모습으로 살아가는지에만 주의하는 편이 낫습니다. 3) 4절 하반절에서 바울은 성도들(서로 의견이 맞지 않고 불완전하기까지 한 성도들)이 심판대에 서는 날까지 하나님이 은혜로 보호하실 것이라는 강력한 견해를 표명합니다. 우리는 심판대에 서게 될 것입니다. 그리고 "그가 세움을 받으리니 이는 그를 세우시는 권능이 주께 있음이라." 믿음 있는 성도의 미래는 누구나 차지할 수 있는 것이 아닙니다. 하나님이 우리를 지키시고 마지막 날에 세워 주셔야 합니다.

바울이 이렇듯 거대한 세 가지의 신학적 진리를 사용해 성도들 사이에 존재하는 비본질적이지 않은 작은 차이를 다루려고 '사고의 틀'을 제공하는 이유는 하나님을 중심으로 생각하지 않을 경우 교회가 큰 상처를 입을 것이기 때문입니다.

바울은 5-9절에서도 동일한 작업을 행합니다. 성도들 사이에 존재하는 사소한 차이들을 끄집어내고, (비록 서로 다르더라도) 우리의 마음으로 확정하라고 말한 뒤, 그 사소한 문제를 삶과 죽음이 걸린 거대한 상황 속에서 다룹니다. 작은 문제 때문에 교회가 망가지는 것을 막기 위해 바울이 사용하는 해결책은, 정말 중요한 문제를 정면으로 마주하고 우리 삶의 중심에 두는 것임을 이해할 수 있습니다.

특정한 날들과 특정한 음식에 관한 의견 충돌

5절입니다. "어떤 사람은 이 날을 저 날보다 낫게 여기고 어떤 사람은 모든 날을 같게 여기나니 각각 자기 마음으로 확정할지니라." 이것이 첫 번째 논란입니다. 특정한 날들에 대해 어떻게 생각해야 하고 그날 무엇을 해야 하는가를 놓고 서로의 생각이 일치하지 않습니다. 다음 주에는 이 구절과 관련해 안식일을 지키는 것과 주일에 관한 논란을 다루도록 하겠습니다. 오늘은 절기 축제에 대한 사람들의 충돌에 대해 폭넓게 살펴보겠습니다.

제가 아는 그리스도인 중에도 종교적인 이유로 성탄절과 부활절, 그리고 생일 등을 기념하는 것을 거부하는 이들이 있었습니다. 바울은 갈라디아교회와 골로새교회에서 벌어지는 이러한 논란 전반을 다뤄야 했습니다. 갈라디아서 4장 10-11절입니다. "너희가 날과 달과 절기와 해를 삼가 지키니, 내가 너희를 위하여 수고한 것이 헛될까 두려워하노라." 골로새서 2장 16-17절입니다. "그러므로 먹고 마시는 것과 절기나 초하루나 안식일을 이유로 누구든지 너희를 비판하지 못하게 하라. 이것들은 장래 일의 그림자이나 몸은 그리스도의 것이니라." 바울이 5-9절에서 다루는 첫 번째 논란은 특정한 날들에 대한 판단과 실천을 놓고 교회 안에서 일어나는 의견 충돌입니다.

그밖에 다른 논란은 특정 음식을 먹어도 되는가 안 되는가와 관련된 꽤나 오래된 주제입니다. 6절 하반절에 나옵니다. "먹는 자도 주를 위하여 먹으니 이는 하나님께 감사함이요 먹지 않는 자도 주를 위하여 먹지 아니하며 하나님께 감사하느니라."

각각 자기의 마음으로 확정하라

본문에서 그리스도인들 사이에 두 가지 의견 충돌이 일어났음을 알 수 있습니다. 특정한 날들과 특정한 음식을 놓고 벌어지는 논란입니다. 1-4절에서 볼 때, 먼저 바울은 서로 업신여기거나 판단하지 말라고 조언합니다. 하나님이 그 형제를 받으셨고, 내가 아닌 주께서 그의 심판자가 되시며, 하나님이 그 형제를 세우실 것이기 때문입니다.

여기서 바울은 다소 다른 이야기를 합니다. 그는 5절 하반절에서 이렇게 말합니다. "각각 자기 마음으로 확정할지니라." 이는 조금은 놀라운 해결책입니다. 이렇게 하면 문제를 개선시키기보다는 악화시키는 것 같아 보이기 때문입니다. 자세히 살펴보겠습니다. 5절입니다. "어떤 사람은 이 날을 저 날보다 낫게 여기고 어떤 사람은 모든 날을 같게 여기나니 각각 자기 마음으로 확정할지니라."

제가 기대했던 바는 아닙니다. 바울은 그냥 인정하겠다는 투로, 사람마다 자기만의 확신이 있을 수 있다고 말하는 것이 아닙니다. 그는 각자가 자기만의 확신을 가져야 한다고 말합니다. 이것은 허용이 아니라 명령입니다. "각각 자기 마음으로 확정할지니라(플레로포레이스토).” 로마서 4장 20-21절에서는 아브라함이 “믿음으로 견고하여져서 하나님께 영광을 돌리며, 약속하신 그것을 또한 능히 이루실 줄을 확신하였[다](플레로포레테이스)”고 말합니다. 로마서 14장 23절에서도 동일한 생각을 볼 수 있습니다. “의심하고 먹는 자는 정죄되었나니 이는 믿음을 따라 하지 아니하였기 때문이라. 믿음을 따라 하지 아니하는 것은 다 죄니라.” 달리 말해, 부수적인 문제라 할지라도 연약한 믿음이나 어설픈 확신으로 다루어서는 안 된다는 것입니다. 여기에는 분명한 믿음과 온전한 확신이 필요합니다.

문제를 개선시키기는커녕 악화시키는 것이 아닌가?

제가 기대했던 바가 아니라고 했던 이유는 그런 조언이 문제를 개선시키기보다는 악화시키는 것 같아 보이기 때문입니다. 만일 우리 교회 안의 여러 그룹에서 어떤 날이 거룩한지, 그날에 무엇을 해야 하는지, 어떤 음식은 금해야 하는지에 관해 의견 충돌이 일어났다고 합시다. 각자 그 부분에 대해 열심을 내면서 이런저런 말을 하고 행동하기 시작하는데 이렇게 하다간 관계가 깨어질 것 같습니다(업신여기고, 판단하며, 서로를 받아들이지 않는 상황이 빚어집니다).

그런데 바울은 이 상황에서 “들어 보십시오. 이런 일은 별것 아니니 자기 확신을 고집할 필요가 없습니다”라고 말하는 대신, 이렇게 말하고 있습니다. “각자 자기 마음에 확정하십시오.” 처음에 제가 보기엔 마치 불난 집에 부채질을 하는 것 같아 보였습니다. “자, 그런 중요하지도 않은 문제로 다투는 이들이여, 다들 분명한 확신을 가지십시오! 여기서 모호하게 말하는 건 안 됩니다. 중립도 없습니다. 미적거리는 것도 안 됩니다. 다들 분명한 확신을 가져야 합니다! 원하는 위치에 서세요!"

그래서 저는 바울의 이야기에서 다음과 같은 결론을 내립니다. 서로 의견이 다른 그리스도인들이 진리를 높이고 그리스도를 높이면서 함께 잘 지내는 방법은 오히려 부수적인 주제에 대해서 우유부단한 태도를 보이지 않는 것입니다. 남을 판단하고 업신여기고 수용하지 않는 문제를 해결하려면, 무엇을 해야 하는가를 놓고 주저하거나 갈팡질팡하거나 우유부단하거나 확신이 약해져서는 안 됩니다. 그렇게 하면 어떤 식으로든 평화는 이루어질지 모릅니다. 의견이 명확하지 않은 사람들은 그럭저럭 잘 어울리는 경향이 있습니다. 하지만 바울은 우리가 매사에(심지어 부수적인 사안에서) 흐리멍덩하게 반응하는 것이 그리스도인의 의견 충돌에 대한 해결책은 아니라고 믿고 있습니다. 바울은 매사에 분명한 확신이 없는 사고방식이 가져올 위험과 사소한 문제에도 분명한 확신을 갖는 사고방식이 가져올 위험을 비교하면서, 후자가 더 낫다고 판단합니다. "각각 자기 마음으로 확정할지니라."

그렇다면 비본질적인 문제에 대해 서로 다른 확신을 가진 그리스도인들 사이의 긴장은 어떻게 해결해야 합니까? 사소한 일에 대한 강한 확신 탓에 분열되는 일이 없도록 하기 위해 바울은 어떻게 합니까?

무엇을 확정하는가?

우리가 온전히 확신하는 것이 무엇인지를 확인하는 데에서 첫 번째 대답이 나옵니다. "각각 자기 마음으로 확정할지니라." 무엇을 확정합니까? 제가 생각하는 대답은 이렇습니다. 내가 관심을 쏟는 일이 1) 죄가 아니고, 2) 그리스도를 영화롭게 하며, 3) 주어진 상황에서 가능한 최선의 방법이라는 확신을 갖는 것입니다. 이는 부분적인 해결책입니다. 왜냐하면 바울은 "우리의 방법이 하나님을 영화롭게 하거나 죄를 피하는 '유일한' 길이라는 확신을 가져야 한다"고 말하지 않기 때문입니다. 다만 이것은 지금 우리가 할 수 있는 최선의 방법입니다.

바울이 다시 언급하는 세 단계의 위대한 진리

하지만 이것은 대답의 일부분에 불과합니다. 비록 이론적으로는 우리가 스스로 선택한 것 외에 다른 가능성에 대해서는 마음을 열려고 노력한다 해도, 다른 의견에 담긴 심각한 결점을 보면서 서로를 판단하거나 업신여기거나 분열되지 않는 것은 대단히 어렵기 때문입니다. 그래서 바울은 이 문제에 대답하기 위해 하나님의 영광, 삶과 죽음, 그리고 십자가와 부활이라는 거대한 진리로 다시금 돌아가고 있습니다.

바울이 세 단계를 거치며 어떻게 설명해 가는지 보겠습니다. 이를 통해 하나님이 우리에게 원하시는 결과를 볼 수 있기를 바랍니다. 즉 부수적인 것에 있어서 나와 생각이 다른 사람들을 통해서도 그리스도께서 영광을 받으실 수 있고 그렇게 하실 거라는 믿음과 더불어 온전한 확신을 갖게 되는 것입니다.

1단계: 논란의 양쪽에 속한 진정한 그리스도인들은 자기가 하는 일을 통해 하나님을 영화롭게 하고 있다

첫 번째 단계에서, 바울은 6절에서 급진적인 주장을 펴고 있습니다. 논란의 양쪽에 속한 진정한 그리스도인들은 자기가 하는 일을 통해 하나님을 영화롭게 하고 있다는 것입니다. "날을 중히 여기는 자도 주를 위하여 중히 여기고 먹는 자도 주를 위하여 먹으니 이는 하나님께 감사함이요, 먹지 않는 자도 주를 위하여 먹지 아니하며 하나님께 감사하느니라." 우리로서는 믿기가 쉽지 않습니다. "이런 상황에서는 어떻게 하는 것이 주를 영화롭게 할까?"라는 질문을 무수히 던지며 지금의 확신을 다져 왔는데 말입니다. 이것은 마시지 않고 저것은 먹지 않겠다고 결심했으며, 이것은 하지 않고 저것은 입지 않으며 그런 곳은 가지 않겠다고 결심했는데, 우리가 "주의 영광을 위해" 선택한 행동과 정반대의 길을 선택한 사람들에 대해서도 예수님이 그 행위를 칭찬하신다니 믿기가 어렵습니다.

물론 우리가 하는 '모든' 일이 하나님의 영광을 위한다고는 할 수 없습니다. 즉, 살인이나 도둑질이 하나님의 영광을 위한다고는 할 수 없고, 간음이나 탐심, 그리고 교만이 하나님의 영광을 위한다고는 할 수 없습니다. 이런 것에 있어서는 의견이 다르지 않습니다. 하지만 하나님의 영광을 위하는 구체적인 방법에 있어서는 의견이 갈리는 일들이 상당히 많습니다. 그래서 바울은 답변의 첫 번째 단계로, 부수적인 문제에서 의견이 갈리더라도 양쪽 그리스도인들은 모두 하나님의 영광을 위해 그렇게 할 수 있다는 급진적인 주장을 폅니다. 하나님의 영광을 위해 먹을 수도 있고 거부할 수도 있습니다.

음식을 주신 하나님께 감사를 드리며 먹을 수도 있습니다. 먹지 않더라도 만족할 수 있게 하신 하나님께 감사드리면서 먹는 것을 거부할 수도 있습니다.

2단계: 먹느냐 안 먹느냐, 죽느냐 사느냐와 같이 정반대의 일들도 모두 주님을 영화롭게 할 수 있다

이제 바울은 두 번째 단계에서 조금 더 놀라운 일을 합니다. 믿기 힘들어 보이는 사실, 즉 먹느냐 안 먹느냐와 같이 서로 반대되는 일이 모두 주님을 영화롭게 하는 일이라는 사실을 믿을 수 있도록 도와줍니다. 심지어 바울은 7-8절에서 죽느냐 사느냐의 문제를 꺼냅니다. "우리 중에 누구든지 자기를 위하여 사는 자가 없고 자기를 위하여 죽는 자도 없도다. 우리가 살아도 주를 위하여 살고 죽어도 주를 위하여 죽나니." 이처럼 죽고 사는 문제를 제기하는 이유가 무엇일까요? 제 생각에는 삶과 죽음의 문제야말로 먹고 안 먹는 일과는 차원이 다른, 궁극적인 문제처럼 보이기 때문입니다.

우리가 살아 있으면 몸을 입은 채 삶의 기쁨(음식, 음료, 운동, 성, 시원한 가을바람 등)을 누릴 수 있습니다. 하지만 죽으면 몸은 무덤에 있으면서 먹지도 마시지도 운동을 하지도 성을 누릴 수도 시원한 가을바람을 느낄 수도 없습니다. 죽음(부활하기까지 잠시 동안)은 세상이 주는 모든 것을 궁극적으로 단절합니다. 그래서 바울은 궁극적인 것, 즉 삶과 죽음을 언급합니다. 그리스도인은 "주를 위해" 한쪽만이 아니라 양쪽 모두를 경험하는 존재입니다. 즉, 주의 영광을 위해 그렇게 할 수 있습니다. 무한한 주님의 가치를 드러내기 위해 그렇게 할 수 있습니다. 그리고 핵심은 이것입니다. 삶과 죽음 같은 문제에서 생각이 다르다 못해 극단적으로 나뉘더라도 그것을 통해 그리스도의 위대한 가치가 드러날 수 있다면, 먹는 것과 절기 같은 부수적인 문제에서 생각이 다르다 해도 그리스도는 그것을 통해 충분히 영광을 얻으신다는 것입니다. 그리고 그렇게 하실 것입니다.

3단계: 그리스도의 부활을 통해, 살아 있는 자와 죽은 자 모두 그분의 주 되심이 얼마나 가치 있는지를 보여 줄 수 있다

그런 후에 바울은 세 번째 단계에서, 자기가 이런 확신을 갖게 된 심오한 기반을 제시합니다. 그는 8-9절에서 이렇게 말합니다. "그러므로 사나 죽으나 우리가 주의 것이로다. 이를 위하여 그리스도께서 죽었다가 다시 살아나셨으니 곧 죽은 자와 산 자의 주가 되려 하심이라." 몸을 가지고 살아 있으면서 세상의 좋은 모든 것을 누릴 수 있고 하나님께 감사드릴 수 있는 사람과, 몸이 무덤에 있으면서 먹지도 마시지도 누리지도 못하는 죽은 사람이 있습니다. 세상과 극단적으로 다른 관계를 갖고 있는 이 두 부류의 사람들이 어떻게 그리스도의 무한한 영광을 보여 줄 수 있을까요? 이러한 질문에 바울은 이렇게 대답합니다. 그리스도는 죽으셨지만, 죽음의 권세를 깨뜨리고 산 자와 죽은 자 모두를 자기 소유로 삼으시기 위해 죽은 자 가운데서 다시 살아나셨습니다. 그러므로 하나님의 영광을 위해 살아 있는 자들과 그분의 영광을 위해 죽은 자들이 있습니다. 살아 있는 자는 하나님의 영광을 위하여 만물을 어떻게 사용하는가를 통해 주님의 가치를 드러냅니다. 그리고 죽은 자는 만물을 통해 주시는 어떤 선물보다도 그리스도를 가장 가치 있는 분으로 알고 기뻐한 것을 통해 주님의 영광을 드러냅니다.

요약

이제 정리하겠습니다. 바울은 음식과 절기 같은 부수적인 문제를 놓고 벌어지는 의견 충돌에 대해 다루고 있습니다. 바울은 "사소한 것에 목숨 걸지 말라"든가 "그냥 털어 버리라"고 말하는 대신, "각각 자기 마음으로 확정하라"고 요청합니다. 분명한 확신을 갖고 선택할 때 따르는 위험이 확신 없이 선택할 때 따르는 위험보다 훨씬 낫다고 믿습니다.

많은 사람들이 '자기의 선택은 죄악된 것이 아니고, 하나님을 영화롭게 하며, 그 상황에서 가능한 최선'이라는 확신을 갖고 있을 때, 거기에서 일어나는 갈등의 위험성을 바울은 어떻게 다루고 있습니까? 그는 서로 배치되는 두 가지의 행위조차(먹든지 먹지 않든지) 그리스도를 영화롭게 할 수 있다고 담대히 주장합니다. 이러한 급진적인 선언을 뒷받침하기 위해 바울은 삶과 죽음이라는 궁극적으로 대비되는 상황에서도 이런 주장이 진실임을 언급합니다. 더 나아가 역사상 가장 위대한 사건까지 다룹니다. "이를 위하여 그리스도께서 죽었다가 다시 살아나셨으니 곧 죽은 자와 산 자의 주가 되려 하심이라."

살아 있는 자들은 하나님이 주시는 모든 좋은 선물을 누리면서 하나님의 주 되심과 무한한 가치를 드러냅니다. 죽은 자들은 비록 모든 것을 빼앗겼을지라도, 하나님이 주신 모든 좋은 선물보다 더 귀한 그분의 주 되심과 가치를 드러냅니다.

그러므로 저는 부차적인 것을 놓고 서로 다른 생각 때문에 갈등을 겪고 계시는 여러분께 "사소한 것에 목숨 걸지 말라"든가 "그냥 털어 버리라"고 말하지 않겠습니다. 그보다는 이렇게 말씀드리겠습니다. "부활하신 그리스도를 경외하십시오. 그리스도는 죽은 자와 산 자, 먹는 자와 먹지 않는 자, 그리고 절기를 지키는 자와 지키지 않는 자 모두에게서 영광을 받으실 것입니다. 예수 그리스도를 경외하십시오. 그리고 무엇을 하든지, 무엇을 먹고 무엇을 마시든지 다 그리스도의 영광을 위하여 하십시오"(고전 10:31 참조).

12장

'주의 날'은 있는가?

로마서 14:1-9

믿음이 연약한 자를 너희가 받되 그의 의견을 비판하지 말라. 어떤 사람은 모든 것을 먹을 만한 믿음이 있고 믿음이 연약한 자는 채소만 먹느니라. 먹는 자는 먹지 않는 자를 업신여기지 말고 먹지 않는 자는 먹는 자를 비판하지 말라. 이는 하나님이 그를 받으셨음이라. 남의 하인을 비판하는 너는 누구냐? 그가 서 있는 것이나 넘어지는 것이 자기 주인에게 있으매 그가 세움을 받으리니 이는 그를 세우시는 권능이 주께 있음이라. 어떤 사람은 이 날을 저 날보다 낫게 여기고 어떤 사람은 모든 날을 같게 여기나니 각각 자기 마음으로 확정할지니라. 날을 중히 여기는 자도 주를 위하여 중히 여기고 먹는 자도 주를 위하여 먹으니 이는 하나님께 감사함이요 먹지 않는 자도 주를 위하여 먹지 아니하며 하나님께 감사하느니라. 우리 중에 누구든지 자기를 위하여 사는 자가 없고 자기를 위하여 죽는 자도 없도다. 우리가 살아도 주를 위하여 살고 죽어도 주를 위하여 죽나니 그러므로 사나 죽으나 우리가 주의 것이로다. 이를 위하여 그리스도께서 죽었다가 다시 살아나셨으니 곧 죽은 자와 산 자의 주가 되려 하심이라. _롬 14:1-9

5절은 성경이 주의 날(Lord's Day)을 어떻게 보는지에 대한 중요한 질문을 제기합니다. 바울은 말합니다. "어떤 사람은 이 날을 저 날보다 낫게 여기고 어떤 사람은 모든 날을 같게 여기나니 각각 자기 마음으로 확정할지니라." 강한 그리스도인은 일주일 중 하루를 하나님이 따로 떼어 함께 예배드리게 하신 날로 여기지 않으며 그날을 주의 날로 거룩히 구별하지 않는다는 의미일까요? 오직 연약한 그리스도인들만 주를 위한 특별한 날로 하루를 거룩하게 구별해야 한다는 부담감을 느끼는 것일까요? 바울은 우리가 하루를 거룩하게 구별하든, 아니면 하나님의 영광을 위해 그렇게 하지 않든, 어떤 선택을 내려도 문제가 되지 않는다고 말하는 것일까요?

저는 이 질문에 답하기 위해 본문에서 뒤로 한 발짝 물러나 "주의 날"에 대해 성경이 생각하는 보다 큰 그림을 보려고 합니다. 전체 개요 형태로 간단하게 내용이 압축되어 있으면서도 책 한 권을 채울 만한 내용입니다.*

창조의 일주일

이런 관찰로 시작해 봅시다. 주(週)가 존재합니다. 이 사실을 당연하게 여겨서는 안 됩니다. 가령 하루(日)가 존재하는 것은 지구가 한 바퀴 도는 데 드는 시간이기 때문입니다. 한 달(月)이 존재하는 것은 달이 차고 기우는 데 드는 시간이기 때문이고, 일 년(年)이 존재하는 것은 지구가 태양 주위를 도는 데 드는 시간이기 때문입니다. 그런데

*D. A. Carson, *From Sabbath to Lord's Day: A Biblical, Historical and Theological Investigation*(Wipf &Stock Publishers, 2000); Joseph Pipa, *The Lord's Day*(Christian Publications, 1997); Paul K. Jewett, *The Lord's Day*(Eerdmans, 1971)을 참조하라.

한 주는 왜 존재할까요? 어떤 자연 현상과도 일치하지 않는데 말입니다. 답은 이렇습니다. 창세기 2장 2절 때문에 주(週)가 존재합니다. "하나님이 그가 하시던 일을 일곱째 날에 마치시니 그가 하시던 모든 일을 그치고 일곱째 날에 안식하시니라." 브리태니커 백과사전은 주(週)를 이렇게 설명합니다. "모세의 이야기를 부정하는 사람들은 크게 당황할 일이지만, 한 주의 기원이 여기에 있다는 데에는 상당한 개연성이 있다." 달리 말하면, 왜 일주일이라는 시간이 정해졌는지에 대한 다른 이유를 설명하려고 애써 봤지만 결국 거부하기 힘들었다는 말입니다. 이것은 성경의 창조 이야기로 거슬러 올라갑니다. 하나님은 6일 동안 일하셨고 7일째 되는 날 안식하셨습니다. 이것이 한 주의 형태를 형성하게 되었습니다.

십계명

십계명도 쉼의 날인 안식일과 연관되어 있습니다. "안식일을 기억하여 거룩하게 지키라. 엿새 동안은 힘써 네 모든 일을 행할 것이나, 일곱째 날은 네 하나님 여호와의 안식일인즉 … 아무 일도 하지 말라. 이는 엿새 동안에 나 여호와가 하늘과 땅과 바다와 그 가운데 모든 것을 만들고 일곱째 날에 쉬었음이라. 그러므로 나 여호와가 안식일을 복되게 하여 그날을 거룩하게 하였느니라"(출 20:8-11).

안식일에 대한 예수님의 가르침

메시아이자 하나님의 아들, 모든 율법과 선지자의 가르침을 완성하러 이 세상에 오신 예수님은 안식일과 관련하여 바리새인들과 충돌하셨습니다. 이는 사복음서 모두에 실린 중대한 사건입니다. 요한복음 5장 18절은 이렇게 말합니다. "유대인들이 이로 말미암아 더욱 예수를 죽이고자 하니 이는 안식일을 범할 뿐만 아니라 하나님을 자기의 친 아버지라 하여 자기를 하나님과 동등으로 삼으심이러라." 이는 예수님이 스스로를 가리켜 하나님이라 하신 것과 관련해서 아주 큰 사건이었고, 예수님은 우리가 주의 날을 기념하는 것에 대해 반드시 생각해야 할 방향이 될 만한 매우 급진적인 말씀을 하셨습니다. 마태복음 12장 1-14절을 살펴보겠습니다.

> 그때에 예수께서 안식일에 밀밭 사이로 가실 새 제자들이 시장하여 이삭을 잘라 먹으니, 바리새인들이 보고 예수께 말하되, 보시오 당신의 제자들이 안식일에 하지 못할 일을 하나이다. 예수께서 이르시되 다윗이 자기와 그 함께 한 자들이 시장할 때에 한 일을 읽지 못하였느냐? 그가 하나님의 전에 들어가서 제사장 외에는 자기나 그 함께 한 자들이 먹어서는 안 되는 진설병을 먹지 아니하였느냐? [같은 이야기를 기록한 마가복음 2장 27절은 이렇습니다. "또 이르시되 안식일이 사람을 위하여 있는 것이요, 사람이 안식일을 위하여 있는 것이 아니니."] 또 안식일에 제사장들이 성전 안에서 안식을 범하여도 죄가 없음을 너희가 율법에서 읽지 못하였느냐? 내가 너희에게 이르노니 성전보다 더 큰 이가 여기 있느니라. 나는 자비를 원하고 제사를 원하지 아니하노라 하신 뜻을 너희가 알았더라면 무죄한 자를 정죄하지 아니하였으리라. 인자는 안식일의 주인이니라 하시니라. 거기에서 떠나 그들의 회당에 들어가시니 한쪽 손 마른 사람이 있는지라. 사람들이 예수를 고발하려 하여 물어 이르되, 안식일

에 병 고치는 것이 옳으니이까? 예수께서 이르시되, 너희 중에 어떤 사람이 양 한 마리가 있어 안식일에 구덩이에 빠졌으면 끌어내지 않겠느냐? 사람이 양보다 얼마나 더 귀하냐? 그러므로 안식일에 선을 행하는 것이 옳으니라 하시고, 이에 그 사람에게 이르시되 손을 내밀라 하시니 그가 내밀매 다른 손과 같이 회복되어 성하더라. 바리새인들이 나가서 어떻게 하여 예수를 죽일까 의논하거늘.

본문에 대한 관찰 세 가지와 예수님이 말씀하신 다섯 가지를 보겠습니다.

세 가지 관찰

관찰 1. 제자들이 이삭을 잘라 먹어서 법을 어겼다며 바리새인들이 비난했을 때(2절), 예수님은 이삭을 잘라 먹는 것은 안식일을 범하는 것이 아니라고 딱 잘라 말씀하셨습니다. 예수님이 그들에게 대답하신 방식 자체가 사실상 율법에 반(反)하는 것이었습니다.

관찰 2. 예수님은 3-4절에서 다윗 왕과 그의 수하들에 대해 언급하시면서 그들이 하나님의 집에서 율법적으로 허용되지 않은 진설병을 먹은 적이 있다고 말씀합니다. 그리고 5절에서는 안식일에 성전에서 일하는 제사장들을 언급합니다. 달리 말해, 다윗의 수하들의 필요와 성전 봉사자들의 필요가 진설병과 안식일의 규례보다 우선한다는 것입니다.

관찰 3. 예수님은 원수들이 자기를 잡을 구실을 만들려 애쓰는 것을 아시면서도 안식일에 손 마른 사람을 고쳐 주십니다. 일부러 논쟁을 유발하신 겁니다.

다섯 가지 말씀

예수님은 자기가 하시는 일을 설명하기 위해 다섯 차례 말씀하셨습니다. 첫 번째 말씀. "성전보다 더 큰 이가 여기 있느니라"(6절). 그 말에 내포된 의미는 이렇습니다. '다윗보다 더 위대한 이가 여기에 있다. 다윗과 그의 수하들, 그리고 성전에서 섬기는 제사장들도 죄가 없으니, 내 제자들은 더욱 그러하지 않겠는가! 나는 다윗과 성전보다 더 위대하다.'

두 번째 말씀. "인자는 안식일의 주인이니라"(8절). 달리 말하면 이렇습니다. '나는 그저 다윗보다 나은 위대한 왕이 아니다. 나는 안식일을 만든 자요 주인이며 규례를 준 자다. 안식일은 내 것이다.'

세 번째 말씀. "나는 자비를 원하고 제사를 원하지 아니하노라"(7절). 이것은 호세아 6장 6절에서 인용한 말씀인데, 사랑이 예식에 관한 율법보다 우선한다는 의미입니다. 그러므로 구약성경 자체가 율법을 사랑으로 행하기 위한 지침을 제공한다는 사실을 배우라는 뜻입니다.

네 번째 말씀. "안식일이 사람을 위하여 있는 것이요 사람이 안식일을 위하여 있는 것이 아니니"(막 2:27). 안식일에 곤란에 처한 사람을 구하기 위해 땀을 흘릴지라도, 그것이 선을 행하는 것이면 안식일의 규례를 어기는 것이 아님을 다른 방식으로 말씀하신 것입니다. 이는 다섯 번째 말씀에서 분명하게 드러납니다.

다섯 번째 말씀. "그러므로 안식일에 선을 행하는 것이 옳으니라"(12절). 이 모든 말씀의 요지는 그리스도를 따르는 자들에게는 특별한 날이 존재하지 않는다는 것이 아니라, 안식일에는 분명 새로운 차원의 자유가 있고 허용되는 새로운 기준이 있다는 것입니다(호세아 6장 6절에 나타난 것처럼). 예수님은 제자들의 행동이 율법의 틀에 맞는지 아닌지에 대한 문제를 정리하려 들지 않으셨습니다. 오히려 그분은 논란을 새로운 차원으로 올려놓으셨습니다. 즉 안식일은 모세가 아니라 예수님의 규례와 권위를 드러내기 위해 있는 것입니다. 안식일은 그리스도를 예배하기 위해 있는 것입니다. 안식일은 사람에게 짐을 지우는 것이 아니라 사람을 살리기 위해 있는 것입니다. 안식일은 자비를 베풀고 선을 행하기 위해 있는 것입니다.

요한복음 5장 16-17절

예수님은 안식일에 38년 된 병자를 고쳐 주시며 이렇게 말씀하셨습니다. "일어나 네 자리를 들고 걸어가라"(요 5:8). 그 말씀 때문에 그 병자는 안식일에 자기 자리를 들고 가야 하는 큰 곤란에 빠졌습니다. 요한복음 5장 16절에서 요한은 이렇게 말합니다. "그러므로 안식일에 이러한 일을 행하신다 하여 유대인들이 예수를 박해하게 된지라." 이에 대해 17절은 이렇게 말합니다. "예수께서 그들에게 이르시되, 내 아버지께서 이제까지 일하시니 나도 일한다 하시매."

이것이 어떤 의미입니까? 제가 생각하는 의미는 이렇습니다. "아담이 범죄했을 때, 창조 후 안식하시던 하나님이 일어나 다시 일하기 —이번에는 창조가 아닌 구속의 일을— 시작하셨다. 새로운 창조, 새로운 인류를 얻기 위해서다. '내 아버지께서 이제까지 일하시니 나도 일한다.' 너희는 내가 무엇을 하고 있는지 이해하지 못한다. 나와 내 아버지는 새로운 세상, 새로운 인류를 창조하고 있다. 그리고 우리가 그 일을 완성하면 새로운 안식을 누리게 될 것이다."

구속과 새로운 창조의 일은 십자가에서 결정적으로 완성되었습니다. 그리고 사흘 뒤에 예수님은 그분이 이루신 승리를 기리고, 그분이 결정적으로 획득하고 시작하신 새로운 창조를 축하하기 위해 죽은 자 가운데서 일어나셨습니다. 이제 예수님은 아버지와 함께 온 우주의 보좌에 앉으시고 안식의 쉼으로 들어가실 수 있게 되었습니다.

초대교회와 한 주의 첫날

이것이 초대교회가 일곱째 날 대신 주(週)의 첫날을 예배하는 날로 삼은 이유입니다. 일곱째 날은 첫 창조의 승리를 상징했습니다. 첫째 날은 그리스도의 부활과 함께 이루어진 새 창조의 승리를 상징했습니다. 다음은 이에 관한 몇 가지 실마리입니다.

사복음서는 모두 예수님이 부활하신 날을 묘사할 때 그 주의 첫날을 매우 독특하게 표현하는 방식을 사용합니다. 그 말은 보통 "그 주의 첫날에"(on the first day of the week, 한글개역성경은 "안식 후 첫날"로 번역함)로 번역합니다(요 20:1; 눅 24:1; 막 16:2[데 데 미아 톤 삽바톤]; 마 28:1[에이스 미안 삽바톤]). 이를 문자 그대로 옮기면 "안식일의 첫 번째 수"(the number one of the Sabbath)일 것입니다. 다시 말해, 이는 "안식일이 결정하는 날들의 순서에서 처음인 날"을 뜻합니다.* 신약성경에서 '첫'(first)이라는 단어는 150회 넘게 등장하는데, 우리가 이런 특이한 용례를 발견하는 경우는 오직 부활하신 날을 가리키는 경우뿐입니다.

왜 이것이 의미가 있을까요? 복음서 외에, 주(週)의 첫날을 교회의 특별한 날로 언급한 부분은 성경에서 오직 두 군데뿐입니다. 사도행전 20장 7절입니다. "그 주간의 첫날에(엔 데 테 미아 톤 삽바톤) 우리가 떡을 떼려 하여 모였더니 바울이 이튿날 떠나고자 하여 그들에게 강론할 새 말을 밤중까지 계속하매." 고린도전서 16장 2절입니다. "매주 첫날에(카타 미안 삽바토) 너희 각 사람이 수입에 따라 모아 두어서 내가 갈 때에 연보를 하지 않게 하라."

이는 통계적으로도 놀랍습니다. '첫'이라는 단어가(심지어 한 주의 첫날을 언급하지 않는 '첫날'을 포함함. 마 26:17; 막 14:12; 행 20:18; 빌 1:5) 150회 이상 등장하는 데 비해, 그리스도인들이 모이는 날로서 주(週)의 첫날을 언급하는 경우 예수님이 죽은 자 가운데서 부활하신 때를 묘사하기 위해 사용된 일관되면서도 흔치 않은 구조가 나타납니다.

요지는 이것입니다. 교회가 예배드리는 날을 한 주의 일곱째 날에서 첫날로 바꾼 것은 그날이 주 예수 그리스도께서 죽은 자 가운데서 살아나신 날(아버지의 구속 사역을 완성했다고 선언하신 날, 새 창조, 새로운 인류를 피로 사시고 세우셨으되 완성되지는 않은 날)이기 때문입니다.

그리스도는 우리의 최종적인 안식일

최종적이고 영원하며 피로 값을 치르고 사신 안식일의 쉼은 이미 시

*Paul Jewett, *The Lord's Day*, 75쪽.

작되었습니다. 우리의 행위를 신뢰하기를 멈추고 그리스도와 그분이 십자가에서 우리를 위해 완성하신 사역을 신뢰하기 시작했을 때 우리는 안식으로 들어갔습니다. 이것이 안식일의 위대하고도 최종적인 의미입니다. 그리스도는 우리의 쉼이 되시고 안식이 되셨습니다. 히브리서 4장 9-10절도 이것을 말합니다. "그런즉 안식할 때가 하나님의 백성에게 남아 있도다. 이미 그의 안식에 들어간 자는(has entered) 하나님이 자기의 일을 쉬심과 같이 그도 자기의 일을 쉬느니라(has also rested)." 과거 시제입니다. 우리는 이미 들어갔습니다. 하지만 히브리서 기자는 11절에서 이렇게 덧붙입니다. "그러므로 우리가 저 안식에 들어가기를 힘쓸지니." 다시 말해, 우리는 이미 안식에 들어갔지만, 또한 반드시 들어가야 합니다. 구속은 이미 성취되었습니다. 이제는 반드시 적용되고 완성되어야 합니다. 우리의 영원한 안식은 시작되었지만 아직 완전히 임하지는 않았습니다.

그래서 초대교회는 일곱 날 중의 한 날을 특별히 주님께 속한 날로 정해 기념하는 일을 포기하지 않았던 것 같습니다. 요한계시록 1장 10절에서는 이를 "주의 날"이라 불렀습니다. "주의 날에 내가 성령에 감동되어." 그들은 최종적인 안식은 여전히 미래라는 사실을 알았습니다. 자기를 의지하고 자기에게 만족하는 세상을 향해, 우리의 행위가 우리를 구원하거나 규정하지 않으며 오직 그리스도만이 우리를 구원하신다고 증거하려면, 여전히 한 날이 필요했습니다.

그렇다면 바울이 골로새 교회에게 했던 이 말은 무슨 의미일까요? "그러므로 먹고 마시는 것과 절기나 초하루나 안식일을 이유로 누구든지 너희를 비판하지 못하게 하라. 이것들은 장래 일의 그림자이나 몸은 그리스도의 것이니라"(골 2:16-17). 제가 보기에 바울은 그리스도가 바로 우리의 최종적인 안식이 되신다는 의미를 전하려 했던 것 같습니다. "수고하고 무거운 짐 진 자들아 다 내게로 오라. 내가 너희를 쉬게 하리라"(마 11:28). 그리스도가 오셔서 우리의 안식을 값 주고 사셨습니다. 그리고 우리의 안식을 위한 처소가 되셨습니다. 우리 스스로를 구원하려던 무거운 짐은 옮겨졌습니다. 이제 우리의 심령을 위한 안식이 있을 뿐입니다.

하지만 그리스도께서 아직 돌아오지 않으셨으므로 그림자는 남아 있습니다. 언젠가 더 이상 일주일이 필요 없는 때가 올 것입니다. 그때는 밤이나 달이나 년이 더 이상 존재하지 않을 것이기 때문입니다. "주 하나님이 그들에게 비치"시기 때문에 해와 달이 더 이상 필요하지 않을 것입니다(계 22:5). 그때는 오직 안식일만 있을 뿐 다른 날은 없을 것입니다.

하지만 아직은 아닙니다. 우리는 그리스도를 믿을 때 그 최종적인 안식을 부분적으로 맛볼 뿐입니다. 그래서 초대교회는 안식일의 원리를 버리지 않았습니다. 지루한 이 세상 위로 여전히 그리스도의 그림자가 드리워져 있습니다. 즉 주(週)의 첫날, 곧 주(主)의 날이 있습니다. 그리고 그날의 의미는, 예수님이 다시 살아나시고 예수님이 주님이시며 예수님이 창조자시고 예수님이 구원자이시며 예수님만이 우리 영혼의 쉴 곳이라는 것입니다. 그날은 예수님을 예배하는 날입니다. 우리가 행한 일이나 수고해서 모은 돈이 아닌 예수님만이 우리의 보화요 의미가 되신다는 것을 우리의 행동으로 선포하는 날입니다. 주님을 높이고 영화롭게 하기 위한 특별한 날입니다. 긍휼을 위한 날이요, 사람을 위한 날입니다.

그러면 로마서 14장 5절은 주의 날을 언급하는가?

그러면 로마서 14장 5절에서 "어떤 사람은 이 날을 저 날보다 낫게 여기고 어떤 사람은 모든 날을 같게 여기나니 각각 자기 마음으로 확정할지니라"고 했을 때 그것이 주의 날을 언급한 것일까요? 폴 주잇의 글로 답해 드립니다. "로마서 14장 5절에 나온 바울의 말과 관련해서, 유대인인 [사도] 요한이 일주일 중의 한 날을 주의 날로 부르면서(계 1:10) 특별하게 만들었다고 주장하는 것은 … 설득력이 없다."* 폴 주잇은 요한의 확신을 사도의 권위가 있는 것으로 간주함으로써, 로마서 14장 2절에 나오는 '연약한' 사람 중에 속하지 않는다고 봅니다. 즉, 요한은 마치 많은 선택지 가운데 하나를 꼽듯이 일주일 중 한 날을 정해 "주의 날"로 부른 것은 아니라는 말입니다. 요한과 초대교회는 다른 모든 날 중에서도 그날을 특별하게 다루고 있으므로, 그 날을 "주의 날"로 부른 것입니다.

주의 날은 예수님이 다시 오실 때까지 남아 있을 것이며, 그리스도의 영광과 우리 영혼의 유익을 위해 따로 구별된 날이라는 명백한 증거를 저는 도저히 외면할 수 없습니다. 우리가 주의 날에 주님의 사역과 그분의 가치를 드러낼 때, 주님이 우리에게 지혜와 자유함과 기쁨을 주시기를 소망합니다.

*Paul Jewett, *The Lord's Day*, 78쪽..

13장

우리를 진실되게 하시는 그리스도

로마서 14:1-9

믿음이 연약한 자를 너희가 받되 그의 의견을 비판하지 말라. 어떤 사람은 모든 것을 먹을 만한 믿음이 있고 믿음이 연약한 자는 채소만 먹느니라. 먹는 자는 먹지 않는 자를 업신여기지 말고 먹지 않는 자는 먹는 자를 비판하지 말라. 이는 하나님이 그를 받으셨음이라. 남의 하인을 비판하는 너는 누구냐? 그가 서 있는 것이나 넘어지는 것이 자기 주인에게 있으매 그가 세움을 받으리니 이는 그를 세우시는 권능이 주께 있음이라. 어떤 사람은 이 날을 저 날보다 낫게 여기고 어떤 사람은 모든 날을 같게 여기나니 각각 자기 마음으로 확정할지니라. 날을 중히 여기는 자도 주를 위하여 중히 여기고 먹는 자도 주를 위하여 먹으니 이는 하나님께 감사함이요 먹지 않는 자도 주를 위하여 먹지 아니하며 하나님께 감사하느니라. 우리 중에 누구든지 자기를 위하여 사는 자가 없고 자기를 위하여 죽는 자도 없도다. 우리가 살아도 주를 위하여 살고 죽어도 주를 위하여 죽나니 그러므로 사나 죽으나 우리가 주의 것이로다. 이를 위하여 그리스도께서 죽었다가 다시 살아나셨으니 곧 죽은 자와 산 자의 주가 되려 하심이라. _롬 14:1-9

오늘 설교는 "존귀하신 예수" 시리즈 중 다섯 번째입니다. 이 시리즈에는 두 가지 목적이 있습니다. 먼저 우리의 마음을 존귀한 예수님으로 가득 채우는 것입니다. 그리스도인들이 다른 이들에게 예수님을 전하려고 할 때는 그리스도가 나에게 얼마나 존귀한 분인지에 따라 그 동기가 높아지기도 하고 낮아지기도 합니다. 그분이 우리에게 진정 존귀하다면 우리는 입을 다문 채 가만히 있지 못할 것입니다. 그분이 존귀하지 않다면 어떤 방법을 써도 우리의 입이 열리지 않습니다. "이는 마음에 가득한 것을 입으로 말함이라." 저는 우리가 가장 친한 친구보다 그분을 더 사랑하게 되고, 가장 좋아하는 취미 생활보다 그분을 더 기뻐하게 되기를 소원합니다.

두 번째 목적은 예수님의 진리와 가치에 대한 증거를 제시함으로써 믿지 않는 사람들이 예수 그리스도를 구원자요 주님으로 신뢰하도록 설득하는 것입니다. 우리의 믿음을 더욱 깊어지게 하는 예수님의 진리는 우리 마음에 맨 처음 믿음의 불을 지피는 진리와 동일합니다.

이번 시리즈는 '성경에서 말하는 예수님의 모습이 진실되다'는 것을 우리가 믿는 이유에 관한 두 번의 설교로 시작했습니다. 예수님을 존귀한 분으로 묘사하는 내용이 진실이 아니라면 우리가 믿을 만한 영구적인 가치도 없을 것이기 때문입니다. 세 번째 설교에서는, 예수님이 우리의 죄책을 제거하셨기에 존귀하시다는 것을 살펴보았습니다. 예수님은 죄책감이라는 보편적인 문제를 넘어 그보다 더 심각한 문제, 즉 의로우신 하나님 앞에서 우리가 죄인이라는 문제를 해결하십니다. 그다음 네 번째 설교에서는 예수님이 우리에게 영생을 주셨으므로 존귀하시다는 것을 살펴보았습니다. 예수님은 우리의 죽음 문제를 해결하십니다. 그리고 오늘은 예수님이 우리를 진실되게 하시기에 존귀하시다는 것을 살펴볼 계획입니다.

모든 사람이 갈망하는 진실성의 두 단계

저는 우리 시대의 모든 사람에게 내재한 근본적인 필요와 예외 없는 갈망은 바로 '진실한 사람이 되는 것'이라고 생각합니다. 우리가 '진실한 사람이 되고 싶다'는 필요를 느끼는 두 가지 단계가 있습니다.

첫 번째는 우리 내면의 모습과 밖으로 드러나는 우리 행실과의 관계에서 진실하기 원하는 단계입니다. 진실성이란 이 두 가지(내면과 행실)가 조화를 이루는 것입니다. 그리고 이 단계에서 진실성의 반대는 위선입니다. 우리 모두 한 번쯤은 다른 사람 앞에서 진짜가 아닌 자기 모습을 보이려 애쓴 적이 있을 것입니다. 속으로는 두렵지만 대담한 척하고, 떨리지만 덤덤한 척하고, 걱정스럽지만 평안한 척하고, 슬프지만 행복한 척하고, 싫증 났지만 열정이 있는 척하고, 아프지만 건강한 척하고, 잘 모르지만 아는 척하고, 무관심하지만 걱정해 주는 척하고, 냉랭하지만 신실한 척합니다.

이런 모습을 나열하려면 끝이 없습니다. 어떤 이들은 이런 면에서 다른 이들보다 훨씬 영리하게 행동합니다. 어떤 이들은 너무 오랫동안 이런 삶을 살아왔기에 위선의 노예가 되기도 합니다. 눈을 크게 뜨고 아무리 찾아보아도 그들의 말 속에는 진실한 사람이 보이지 않습니다.

하지만 우리가 때때로 이런 위선적인 모습을 보인다고 해도 실제로는 그렇게 행동하는 것을 좋아하지 않습니다. 우리의 진짜 모습이나 감정 혹은 생각을 감추고 다른 사람들을 속이는 데 성공했을지라도 그것 때문에 마음 깊은 곳에서 평안과 성취감을 느끼지 못합니다. 우리 안에는 위선이 아닌 진실에 대한 (하나님이 주신) 갈망이 있습니다. 심각한 자기기만의 노예가 되어 버린 사람들을 제외하고는, 우리는 모두 진실한 사람이 되기를 갈망하고, (폴 투르니에의 표현에 따르면) 내면의 인격과 가면을 쓴 인격 사이에 조화가 있기를 원합니다. 내면의 존재보다 밖으로 드러나는 모습에 우리의 에너지를 소비하면, 엄청난 스트레스와 죄책감이 생겨납니다. 그러니 그것을 좋아하지 않습니다. 바꾸고 싶어 합니다. 진실해지기를 원합니다.

저는 이런 면에서 사람들을 진실해지도록 도우려 애쓰는 심리학의 원리에 이견을 제시하지 않습니다. 심리학에서 말하듯, 사람들이 자신의 감정과 닿고, 자신이 누구인지 알며, 내면의 실체와 일치하는 모습을 밖으로 드러내도록 돕는 것은 좋은 일입니다. 하지만 진실성을 향한 우리의 갈망을 충족시키려는 비기독교적 심리 치료가 성공을 거둘 것인가에 대해서는 그다지 낙관적이지 않습니다. 세속 심리학이 간단히 다룰 수 없는 비진실성의 두 번째 단계가 있기 때문입니다. 우리 내면의 인격과 가면을 쓴 인격 사이에 조화를 이루려는 갈망에는 아무 잘못이 없습니다. 저도 그것을 갈망합니다. 단지 그것으로는 불충분할 뿐입니다. 우리 내면의 모습을 위선 없이 완벽하게 밖으로 드러내는 데 성공한다고 해서, 진실한 사람이 되고 싶다는 가장 깊은 갈망이 채워지는 것은 아닙니다. 진실성이 사라진 더 깊은 단계가 존재하기 때문입니다.

일상적인 외적 생활의 진실성이 진정한 내면의 인격과 조화를 이루어야 한다면, 내면의 인격의 진실성은 과연 무엇과 조화를 이루어야 할까요? 여기에서 세속 심리학자들은 더 이상 할 말이 없어집니다. 우리는 진실한 사람이 되기를 갈망하지만, 그러려면 단지 외면과 내면의 실체 사이에 조화를 이루는 것뿐 아니라 내면의 실체와 궁극적 실체 사이에도 조화가 필요합니다. 심리학은 여기에 더 이상 대답할 수 없고 오직 신학만 대답할 수 있습니다(심리학자 중에도 첫 번째 단계의 진실성을 뛰어넘어 두 번째 단계까지 가도록 사람들을 돕는 이들이 많은데, 이는 그들이 좋은 신학자이기 때문입니다).

자기 자신을 돌아보십시오. 만일 우리 내면의 자아가, 모든 진실성과 목적을 가늠하는 기준이 되고 종착지가 된다면, 그럼에도 우리 자아가 궁극적인 실체와는 멀리 떨어져 있을 때, 인생은 아무 의미가 없다고 마음이 가르쳐 주지 않습니까? 우리로 하여금 이 세상에서 어디에 있는지, 어디로 가야 하는지를 알게 하는 궁극적인 기준점이 없다면, 우리 내면이 제 아무리 외면의 삶과 조화를 이루더라도 우리의 내적 삶은 대양을 떠도는 거품에 불과할 것입니다.

우리가 갈망하는 진실성이란 어떤 궁극적인 실체와 우리가 완벽하게 어우러지는 것이 아닐까요? 우리의 내적 삶이 이리저리 흔들리고 떠다니면서 부딪히고 휩쓸리지 않는 것뿐 아니라, 어떤 궁극적인 실체에 뿌리를 박고 거기에서 형성된 가치를 통해 진실 되고 영구적인 자기 정체성을 갖게 되는 것이야말로 우리가 갈망하는 것이 아닐까요? 세속적 인본주의가 지닌 가장 큰 모순은 인간의 마음을 결코 채우지 못한다는 점입니다. 모든 것에 대한 의미를 부여하는 영원한 실체와 조화를 이루기 전까지는 스스로 진실하지 못하다고 우리 마음에 쓰여 있기 때문입니다.

오늘 제가 말하려는 요지는 예수님을 통해서만 진실성에 대한 우리의 갈망이 채워지기 때문에 그분이 존귀하시다는 것입니다. 그분은 단지 우리 내면의 모습을 자유함 가운데 밖으로 드러내도록 하실 뿐 아니라, 더욱 중요한 일, 즉 우리 내면을 하나님이 계획하신 본래의 모습이 되게 하십니다. 예수님은 우리가 우주에서 어떤 존재인지 찾아 헤매다 경험하는 좌절감에 종지부를 찍어 주십니다. 예수님은 거룩한 하나님이 계시고, 그분의 영광을 위해 우리를 창조하셨으며, 우리가 그분에게 죄를 범했기에 심판받아 마땅하지만, 사랑이신 하나님이 그리스도를 보내 우리 죄를 대신하여 죽게 하셨고, 그리스도를 구세주와 주로 믿으면 우리의 내면과 외면이 모두 하나님이 우리에게 목적하신 모습대로 변화된다는 사실을 보여 주심으로써 우리의 내면을 바꾸십니다.

판단을 멈추고 마음으로 확신하라

로마서 14장 1-9절은 우리가 갈망하는 진실성을 예수님이 어떻게 채워 주시는지 이야기합니다.

> 믿음이 연약한 자를 너희가 받되 그의 의견을 비판하지 말라. 어떤 사람은 모든 것을 먹을 만한 믿음이 있고 믿음이 연약한 자는 채소만 먹느니라. 먹는 자는 먹지 않는 자를 업신여기지 말고 먹지 않는 자는 먹는 자를 비판하지 말라. 이는 하나님이 그를 받으셨음이라. 남의 하인을 비판하는 너는 누구냐? 그가 서 있는 것이나 넘어지는 것이 자기 주인에게

있으매 그가 세움을 받으리니 이는 그를 세우시는 권능이 주께 있음이라. 어떤 사람은 이 날을 저 날보다 낫게 여기고 어떤 사람은 모든 날을 같게 여기나니 각각 자기 마음으로 확정할지니라. 날을 중히 여기는 자도 주를 위하여 중히 여기고 먹는 자도 주를 위하여 먹으니 이는 하나님께 감사함이요 먹지 않는 자도 주를 위하여 먹지 아니하며 하나님께 감사하느니라. 우리 중에 누구든지 자기를 위하여 사는 자가 없고 자기를 위하여 죽는 자도 없도다. 우리가 살아도 주를 위하여 살고 죽어도 주를 위하여 죽나니 그러므로 사나 죽으나 우리가 주의 것이로다. 이를 위하여 그리스도께서 죽었다가 다시 살아나셨으니 곧 죽은 자와 산 자의 주가 되려 하심이라.

본문의 배경은 2절과 5절에 나와 있습니다. "어떤 사람은 모든 것을 먹을 만한 믿음이 있고 믿음이 연약한 자는 채소만 먹느니라"(2절). "어떤 사람은 이 날을 저 날보다 낫게 여기고 어떤 사람은 모든 날을 같게 여기나니"(5절). 로마 교회의 그리스도인들은 먹는 것과 관련해 무엇이 옳은지, 혹은 어떤 날을 거룩한 날로 여겨야 하는지에 대해 의견의 일치를 보지 못했습니다. 바울은 이 문제를 다루면서 진실성으로 향하는 문을 보여 주고 있습니다.

그의 주된 요지는 3절에서는 부정적으로, 5절에서는 긍정적으로 언급되고 있습니다. "먹는 자는 먹지 않는 자를 업신여기지 말고 먹지 않는 자는 먹는 자를 비판하지 말라"(3절). "각각 자기 마음으로 확정할지니라"(5절). 무엇을 확정하라는 말일까요? 6절에서 답을 줍니다. "날을 중히 여기는 자도 '주를 위하여' 중히 여기고 먹는 자도 '주를 위하여' 먹으니 이는 하나님께 감사함이요 먹지 않는 자도 '주를 위하여' 먹지 아니하며 하나님께 감사하느니라." 그러므로 고기를 먹든 먹지 않든, 거룩한 날을 지키든 지키지 않든, 이 모든 것이 주를 위한 선택이라는 확신이 우리에게 있어야 한다는 것입니다. "너희가 먹든지 마시든지 무엇을 하든지 다 하나님의 영광을 위하여 하라." 바울은 고린도전서 10장 31절에서도 "다 하나님의 영광을 하라"고 말했습니다. 먹을 것과 마실 것과 거룩한 날에 대해 우리가 어떤 인간의 의견을 따라야 할 의무는 없습니다. 우리 마음이 정결하게 하나님에 대한 감사로 그분의 영광을 위해 행하는 것이 주님의 뜻이므로 그분에 대한 책임만 있습니다.

본문은 주되신 예수님에게로 갑작스레 시선을 모읍니다. 4절에 나오는 사례는, 채소만 먹는 그리스도인들이 고기를 먹는 그리스도인들을 판단하지 말아야 하는 이유에 대한 주장을 제시하고 있습니다. "남의 하인을 비판하는 너는 누구냐? 그가 서 있는 것이나 넘어지는 것이 자기 주인에게 있으매." 모든 그리스도인은 주되신 예수님 앞에서 각자 직고하게 될 것입니다. 그러므로 우리가 예수님의 자리를 대신 차지하고서 형제나 자매에 대해 마음대로 판단하려 들지 않는 것이 마땅합니다. 다른 점이 있더라도 서로 받아들여야 합니다.

이제 7-9절에서 바울은 아주 특별한 일을 해냅니다(그가 이렇게 해줘서 얼마나 좋은지요!). 그는 윤리라는 작은 돌들로 신학이라는 산을 쌓아 올립니다. 먹고 마시는 일을 살고 죽는 일로 옮겨 오고, 이를 다시 예수님의 죽음과 부활, 그리고 그에 대한 하나님의 계획이라는 절정으로 옮겨 갑니다. "우리 중에 누구든지 자기를 위하여 사는 자가 없고 자기를 위하여 죽는 자도 없도다. 우리가 살아도 주를 위하여 살고 죽어도 주를 위하여 죽나니 그러므로 사나 죽으나 우리가 주의 것이로다. 이를 위하여 그리스도께서 죽었다가 다시 살아나셨으니 곧 죽은 자와 산 자의 주가 되려 하심이라."

음식이나 성일이라는 부수적인 문제에 대해 논하다가, 전체 주제를 삶과 죽음이라는 심각한 주제로 바꾸어 버린 이유는 무엇일까요? 그 이유는 그리스도인들이 삶의 아주 사소한 일에서라도 진실해지기를 바랐기 때문이라고 생각합니다. 즉, 바울은 우리가 '하나님이 우리에게 원하시는 바'를 알고, 우리 삶에 깃든 하나님의 목적을 알기를 바랐습니다. 마음속 우리의 모습과 하나님이 창조하신 모습 사이에 일관된 조화가 있기를 바라는 것입니다.

그리스도의 주되심에 복종하기 위해 창조되다

9절은 하나님의 목적이 무엇인지 우리에게 말하고 있습니다. "이를 위하여 그리스도께서 죽었다가 다시 살아나셨으니 곧 죽은 자와 산 자의 주가 되려 하심이라." 그리스도를 보내 우리 죄를 위해 죽으시고 다시 살아나도록 하신 하나님의 목적은 죄의 지배 아래 노예로 살던 우리를 값 주고 사서 그리스도의 주되심 아래 종이 되게 하시는 것입니다(고전 6:20, 7:23; 벧전 1:18). 우리는 그렇게 그리스도의 종이 되도록 부르심을 받았습니다. 그런데 우리가 그분에 대한 복종과 충성을 거부한다면, 진실성은 더 이상 존재하지 않게 됩니다. 우리는 하나님의 아들 앞에 절하고 그분의 영광을 위해 살도록 창조되었습니다. 그렇게 되기 전까지 우리는 우주를 정처 없이 떠도는 것 같고 마음 깊은 곳에는 진실성이 전혀 없을 것입니다.

하지만 하나님의 부르심을 오해하지 않으려면 그리스도의 주되심을 말하는 본문에서 세 가지를 주의해야 합니다. 9절은 8절의 기반 내지 근거이며 그리스도의 주되심의 의미는 8절에 나와 있습니다. 8절 하반절을 보십시오. "그러므로 사나 죽으나 우리가 주의 것이로다." 주되심은 소유권을 의미합니다. 그리스도가 우리를 소유하십니다. 바울은 고린도전서 6장 20절에서 이렇게 말합니다. "값으로 산 것이 되었으니." 우리는 그리스도의 소유입니다. 그것은 말로 다 할 수 없는 특권입니다. 다른 본문에서 바울은 우리가 그리스도의 것이고 그리스도는 하나님의 것이므로, 만물이 다 우리의 것이라고 가르치기 때문입니다(고전 3:21-23).

그러므로 그리스도의 주되심은 단지 우리가 그분의 소유라는 사실뿐 아니라, 그분의 종된 우리에게 필요한 모든 것을 하나님이 공급하신다는 것도 의미합니다. 6절을 보십시오. "날을 중히 여기는 자도 주를 위하여 중히 여기고 먹는 자도 주를 위하여 먹으니, 이는 하나님께 감사함이요 먹지 않는 자도 주를 위하여 먹지 아니하며 하나님께 감사하느니라." 우리가 어떻게 그리스도를 주로 인정하고 그분의 영광을 위해 살아갈까요? 우리에게 필요한 것을 그분의 손에서 받고 하나님께 감사드림으로써 그렇게 합니다. 그러므로 그리스도의 주되심은 그분이 우리를 돌보시고 우리의 필요를 공급하신다는 의미입니다.

그리스도의 주되심이 의미하는 세 번째는 우리가 주님을 위하여 모든 것을 행한다는 것입니다. 8절입니다. "우리가 살아도 주를 위하여 살고 죽어도 주를 위하여 죽나니." 우리가 거룩한 날을 지켜도 주를 위해서 지킵니다. 지키지 않는다고 해도 주를 위해서 그렇게 합니다. 고기를 먹어도 주를 위해서 먹습니다. 고기를 거부해도 주를 위해서 거부합니다. 그리스도의 주되심 아래 살아간다는 것은 절대적으로 모든 일에서 하나님을 기쁘시게 하는 것이 목적이라는 의미입니다(고후 5:9). 그리고 우리는 그분의 영광을 위해 우리의 모든 일을 통해 그분을 기쁘시게 합니다(고전 6:20, 10:31; 벧전 4:11).

요약하면, 우리 삶을 다스리시는 그리스도의 주되심이란 그분이 우리를 '소유'하시고, 우리의 필요를 영원히 '공급'하시며, 우리는 그분을 '기쁘시게' 하고 그분의 영광을 위해 모든 일을 한다는 의미입니다. 그 목적을 위해 하나님은 그리스도를 이 땅에 보내 죽게 하시고 다시 살아나게 하셨습니다. 그리고 그것이 하나님이 원하시는 세상을 위한 운명이므로, 우리가 그리스도의 주되심에 항복하기 전까지는 진정한 진실성을 영원히 누리지 못할 것입니다. 우리는 독립적으로, 자기 보기에 좋은 것을 행하며 살아가도록 창조되지 않았습니다. 우리는 하나님을 위해 지어졌고 그분을 의뢰하며 그분의 힘으로 지탱하고 그분이 말씀하신 바를 행하며 살아가도록 창조되었습니다. 우리가 그분의 주되심에 항복할 때 우리에게 주시는 의와 성취와 자유와 진실성은 얼마나 놀라운지요!

이러한 진실성(하나님이 우리를 창조하신 목적 안에 머무르는 것)은 인간이 찾을 수 있는 것 중에 가장 존귀한 발견입니다. 그리고 그리스도가 죽으시고 다시 살아나신 것은 우리가 이 선물을 받도록 함이라는 사실을 본문은 가르쳐 줍니다. 그러므로 예수님은 참으로 존귀하시고 모든 신뢰와 충성을 받기 합당하십니다.

무엇을 하든지 주를 위하여 하라

본문에서 끌어내고 싶은 주제가 하나 더 있습니다. 우리가 갈망하는 진실성에는 두 가지 단계가 있음을 기억하시기 바랍니다. 우리가 그리스도의 주되심에 순종할 때 얻는 내면의 자아와 하나님의 궁극적 목적 사이의 조화뿐 아니라, 내면의 자아와 외적 삶 사이의 조화도 있습니다. 우리는 다른 사람이 생각하는 우리의 모습에 휘둘리면서 진실되지 않은 모습으로 가장하는 위선자가 되고 싶지 않습니다. 그리고 이 부분에 관해 우리에게 큰 도움이 될 만한 말씀이 5절에 나옵니다. "어떤 사람은 이 날을 저 날보다 낫게 여기고 어떤 사람은 모든 날을 같게 여기나니 각각 자기 마음으로 확정할지니라." 무엇에 대한 확신을 가지라는 말입니까? 우리가 내린 선택이 다른 사람들에게 큰 지지를 받을 것에 대한 확신을 말합니까? 그런 선택을 내린 우리가 똑똑하다거나 냉정하리만큼 사려 깊다는 확신을 말합니까? 아닙니다. 우리가 무엇을 하든 그것이 주를 위한 것이라는 확신을 가지라는 말입니다.

다른 사람들이 무슨 생각을 하든 관계없이, 우리의 생활 방식과 모든 대화와 습관이 주를 기쁘시게 하는 것이 되게 합시다. 바울은 갈라디아서 1장 10절에서 이렇게 말했습니다. "사람들에게 기쁨을 구하랴? 내가 지금까지 사람들의 기쁨을 구하였다면 그리스도의 종이 아니니라." 데살로니가전서 2장 4절에서는 이렇게 말했습니다. "우리가 이와 같이 말함은 사람을 기쁘게 하려 함이 아니요." 우리가 하는 일에 온전한 확신을 품고, 그리스도의 영광을 위해 온전히 그분께 의지하며 행하면, 위선은 사라질 것입니다. 그리스도의 통치 아래 살면서 누리는 진실성에는 놀라운 자유함이 있습니다. 우주의 창조자를 기쁘시게 한다면, 다른 사람이 우리에 대해 어떤 생각을 하는지는 아무 문제될 게 없습니다.

이제 결론을 내리겠습니다. 우리가 갈망하는 두 종류의 진실성은 모두 그리스도의 주되심에 대한 복종을 통해 얻을 수 있습니다. 깊은 단계에서는 우리의 내적 삶이 궁극적이고 영원한 목적과 일치하여 조화를 이루기를 갈망합니다. 예수님은 인류를 향한 하나님의 궁극적인 목적은 우리가 그리스도의 주되심 아래 엎드리는 것(그분의 소유가 기꺼이 되고, 그분의 공급하심에 의지하며, 그분의 영광을 목표로 삼는 것)이라고 하십니다.

따라서 우리가 반항을 회개하고 그리스도의 주되심에 복종할 때 하나님과 조화를 이루는 깊은 단계에서 진실한 사람이 됩니다. 두 번째 단계에서도 동일한 복종의 미덕을 통해 진실성을 얻습니다. 거기서 내적 삶과 외적 삶 사이의 조화가 일어나기 시작합니다. 우리가 그리스도의 소유가 될 때 우리는 어떤 인간에게도 종이 되지 않으며(고전 7:23), 그리스도의 공급하심을 신뢰할 때 어떤 인간도 두려워하지 않게 됩니다(히 13:5-6). 무엇보다 그리스도를 기쁘게 하는 것을 목표로 삼을 때 다른 사람들의 생각에 지배받지 않는다는 것을 발견합니다.

변함없이 진실한 사람으로 살아간다는 것은 영광스럽고 흥분되는 일입니다. 이는 우리를 위해 죽었다가 다시 살아나셔서 지금도 그리고 영원히 우리의 주가 되시는 예수 그리스도께서 우리에게 피 값으로 사 주신 선물입니다. 주되신 그리스도께 복종하십시오. 그러면 진실하게 될 것입니다. 그리스도의 왕국 주변을 배회하며 바라만 보는 분들이 있다면 오늘 아침에 안으로 들어오시기를 기도합니다. 공개적으로 그리스도께 자신을 의탁하고 그리스도를 주님으로 높이기 원하신다면, 우리가 함께 "주님의 뜻을 이루소서"라는 찬양을 부를 동안 강단 앞으로 나오시기 바랍니다.

14장

다양한 국내 사역과 해외 사역 간의 관계

로마서 14:1-13

믿음이 연약한 자를 너희가 받되 그의 의견을 비판하지 말라. 어떤 사람은 모든 것을 먹을 만한 믿음이 있고 믿음이 연약한 자는 채소만 먹느니라. 먹는 자는 먹지 않는 자를 업신여기지 말고 먹지 않는 자는 먹는 자를 비판하지 말라. 이는 하나님이 그를 받으셨음이라. 남의 하인을 비판하는 너는 누구냐? 그가 서 있는 것이나 넘어지는 것이 자기 주인에게 있으매 그가 세움을 받으리니 이는 그를 세우시는 권능이 주께 있음이라. 어떤 사람은 이 날을 저 날보다 낫게 여기고 어떤 사람은 모든 날을 같게 여기나니 각각 자기 마음으로 확정할지니라. 날을 중히 여기는 자도 주를 위하여 중히 여기고 먹는 자도 주를 위하여 먹으니 이는 하나님께 감사함이요 먹지 않는 자도 주를 위하여 먹지 아니하며 하나님께 감사하느니라. 우리 중에 누구든지 자기를 위하여 사는 자가 없고 자기를 위하여 죽는 자도 없도다. 우리가 살아도 주를 위하여 살고 죽어도 주를 위하여 죽나니 그러므로 사나 죽으나 우리가 주의 것이로다. 이를 위하여 그리스도께서 죽었다가 다시 살아나셨으니 곧 죽은 자와 산 자의 주가 되려 하심이라. 네가 어찌하여 네 형제를 비판하느냐? 어찌하여 네 형제를 업신여기느냐? 우리가 다 하나님의 심판대 앞에 서리라. 기록되었으되 주께서 이르시되 내가 살았노니 모든 무릎이 내게 꿇을 것이요 모든 혀가 하나님께 자백하리라 하였느니라. 이러므로 우리 각 사람이 자기 일을 하나님께 직고하리라. 그런즉 우리가 다시는 서로 비판하지 말고 도리어 부딪칠 것이나 거칠 것을 형제 앞에 두지 아니하도록 주의하라. _롬 14:1-13

이번 선교 주간을 보내면서 해외 선교라는 대의가 지역 교회의 다양한 국내 사역과 어떤 연관성이 있는지 깊이 생각해 보았으면 합니다.

두 사역의 특징과 연관성

제가 말하는 해외 선교란 복음을 들고 미전도 종족에게로 가서 지속적이고 토착화된 교회를 세움으로 그리스도의 사랑과 공의가 그 문화 속에 적용되도록 하는 지역 교회의 모든 수고를 의미합니다. 그리고 제가 말하는 국내 사역이란 그리스도의 사랑과 공의를 자기 문화 속에 적용하기 위한 지역 교회의 다양한 수고를 의미합니다. 해외 선교와 국내 사역의 목표에는 공통적으로 그리스도를 향한 개인의 인격적인 회심이 포함됩니다.

이 둘 사이에는 어떤 연관성이 있을까요? 혹은 조금 다르게 질문해 볼 수도 있습니다. 선교와 사역은 참으로 다양한 사람들이 참여하는 수고인데, 해외 선교를 특별히 부각시켜 강조하는 것은 교회 내의 엄청나게 다양한 사람들과 그들이 지닌 다양한 특성, 관심사, 재능 그리고 부르심과는 어떤 관계가 있는 것일까요? 모든 사람이 다 동일한 수준으로 해외 선교에 관심을 갖고 참여해야 할까요? 그렇지 않다면, 우리 각 사람은 선교라는 대의와 어떻게 관련되어 있을까요? 아니면 꼭 그렇게 관련되어야 하는 걸까요?

이 질문을 더욱 복잡하게 하는 것은, 해외 선교의 대의 안에서도 거대한 다양성이 있다는 사실입니다. 전 세계적으로 우리 침례교세계선교회 외에도 3,000여 개가 넘는 해외 선교회가 있습니다.

침례교세계선교회와 기타 선교 단체에 대한 우리의 헌신

다른 주제로 빠지고 싶지는 않지만, 침례교세계선교회에 대한 베들레헴교회의 헌신과 위클리프(Wycliffe), SIM(Serving in Mission), HCJB(Heralding Christ Jesus' Blessings), 미국세계선교센터(U.S. Center for World Mission) 같은 선교 단체에 대한 베들레헴교회의 헌신이 서로 어떤 관계에 있는지 여기서 간단히 언급하고 넘어가겠습니다.

1. 하나님의 뜻이라면, 베들레헴교회는 침례교세계선교회를 더욱 강력히 지원하고 활동할 것입니다.
2. 세계 선교라는 대의를 위해 베들레헴교회는 장차 활동 영역을 침례교세계선교회 그 이상으로 넓힐 것입니다.
3. 우리의 영향력을 침례교세계선교회 지경 너머로 넓힐수록, 우리의 총회 내 활동도 더욱 많아질 것입니다. 우리의 마음과 에너지가 우리 가정을 넘어설 만큼 넓어진다면, 우리의 가정도 선교를 위해 보다 큰 역할을 하게 될 것입니다.

이번 선교 주간을 버질 올슨 같이 노련한 침례교세계선교회장과 함께 시작하고, 미국세계선교센터장인 랄프 윈터와 함께 마무리하면서 우리 교회는 사실상 침례교세계선교회에 대한 헌신뿐 아니라 그 외의 복음주의 공동체 안에서 폭넓게 사역하는 것에 대해서도 이야기했습니다. 복음주의 공동체들은 선교에 큰 유익이 됩니다.

미국세계선교센터는 여느 다른 선교 단체와 경쟁하지 않습니다. 독립적인 교파별 선교 단체들과 긴밀한 협력 관계를 유지하고 있습니다. 그 사역이 중단된다면 우리 모두에게 손실이 됩니다. 그러므로 베들레헴교회가 본 센터와 전략적으로 협력하기를 소망합니다.

베들레헴교회는 지난 4년간 침례교세계선교회 후원금을 세 배나 늘렸습니다. 지난해에는 교단 내 800여 개 교회 중에 7번째로 후원을 많이 했습니다. 그리고 가장 촉망받는 네 명의 청년을 총회 소속으로 필리핀과 일본으로 파송했습니다. 침례교세계선교회에서는 내년 여름에 열리는 연중 수련회에서 파송되거나 귀환하는 선교사들을 위한 말씀을 전해달라고 제게 부탁을 해왔습니다.

정리하면, 우리 교회는 다음 세 가지 방면에서 선교를 위해 헌신하고 있습니다. 침례교세계선교회 사역을 위한 헌신, 폭넓은 복음주의 해외 선교의 대의를 위한 헌신, 그리고 이 모든 일로 경쟁하는 것이 아니라 서로를 세우는 사역을 하겠다는 다짐에 대한 헌신입니다.

로마서 14장, 해외 선교와 국내 사역

하지만 제가 오늘 말씀드리고 싶은 주제는 그것이 아닙니다. 저는 해외 선교에 대한 우리의 헌신과 (우리 교회에서 가능한) 다양한 국내 사역에 대한 우리의 헌신 사이의 관계에 대해 말하고 싶습니다. 이와 관련해서 확신을 얻을 수 있는 근거를 로마서 14장에서 찾을 수 있습니다.

로마 교회의 세 가지 다양성

먼저, 로마 교회에는 최소한 세 가지의 다양성이 존재한다는 사실에 유의하시기 바랍니다.

1. 음식

교회의 어떤 그리스도인은 무엇을 먹는 것에 대해 자유함을 느꼈습니다. 그래서 구약성경이 금한 음식이나 우상 앞에 제사를 드렸던 음식도 거리낌 없이 먹었습니다. 다른 그리스도인은 채소만 먹는 것에서 자유함을 느꼈습니다. 2절입니다. "어떤 사람은 모든 것을 먹을 만한 믿음이 있고 믿음이 연약한 자는 채소만 먹느니라."

2. 성일

교회 안에 존재하는 다양성의 두 번째 내용입니다. 어떤 그리스도인은 특정한 날을 정해서 지키려고 무척 애쓴 반면, 다른 그리스도인은 그리스도 안에서 모든 날이 거룩하므로 굳이 특별한 날을 정할 필요를 느끼지 못했습니다. 5절입니다. "어떤 사람은 이 날을 저 날보다 낫게 여기고 어떤 사람은 모든 날을 같게 여기나니."

3. 포도주

세 번째로, 교회의 어떤 그리스도인은 포도주 마시는 것에 자유함을 느낀 반면 다른 그리스도인은 하나님의 뜻이 아니라고 생각했습니다. 20-21절입니다. "만물이 다 깨끗하되 거리낌으로 먹는 사람에게는 악한 것이라. 고기도 먹지 아니하고 포도주도 마시지 아니하고 무엇이든지 네 형제로 거리끼게 하는 일을 아니함이 아름다우니라."

다양성에 관한 다섯 가지 원리

고기를 먹고 포도주를 마시고 성일을 지키는 것은 모두 로마 교회에 존재했던 다양성입니다. 그래서 바울은 다양성의 문제를 어떻게 다뤄야 하는지를 가르치기 위해 로마 교회와 우리에게 편지를 썼습니다. 저는 우리가 던진 질문에 간접적으로나마 적용할 수 있는 다섯 가지 원리를 발견했습니다.

1. 이해에도 다양성이 존재함

우리 삶을 향한 하나님의 뜻을 이해하는 데에는 다양성이 존재하며 앞으로도 교회에는 그러한 다양성이 계속 남아 있을 것입니다. 제가 이렇게 말씀드리는 이유는 바울이 그 차이를 없애기 위해 애쓰지 않기 때문입니다. 대신 그리스도를 위해 사랑 안에서 그 차이를 안고 어떻게 살아갈 수 있을까에 대한 지침을 줍니다.

모든 다양성을 선과 악의 견지에서 이해할 수는 없습니다. 즉, 무엇을 먹고 마실 것인가에 대한 확신과 성탄절을 거룩한 날로 지키겠다는 확신이 내게 있다고 해서 다른 사람이 지키는 다른 관습에 대해 나쁘다고 말할 수는 없다는 것입니다.

바울이 어떤 습관은 연약하고 어떤 습관은 강하다고 부른 것은 사실입니다. 하지만 갈라디아 교회에서 일어났던 불일치를 다룬 방식으로 이러한 다양성을 다루지는 않습니다. 갈라디아 교회에서는 구원하는 믿음의 본질이 문제였습니다. 하지만 바울은 로마 교회에서는 양쪽의 선택이 모두 구원하는 믿음에서 기인했다고 믿고 있습니다. 한 사람의 믿음은 스스로를 고기 먹는 일에서 자유하게 하는 반면, 다른 사람의 믿음은 하나님이 그 자녀에게 요구하시는 바를 보다 엄격하게 해석합니다.

개인적으로 바울은 자유하게 하는 믿음이 더 강하다고 생각하지만, 연약한 형제들의 행동을 비난하지는 않습니다. 양쪽의 선택이 모두 믿음에서 나왔으므로 그리스도의 주되심에 대한 표현입니다. 23절입니다. "의심하고 먹는 자는 정죄되었나니 이는 믿음을 따라 하지 아니하였기 때문이라. 믿음을 따라 하지 아니하는 것은 다 죄니라." 그래서 바울은 서로 의견이 일치하지 않는 양쪽을 죄와 연관시키지는 않습니다. 믿음에서 나오지 않는 것이 죄이기 때문입니다. 상대방을 죄인으로 공격하지 않으면서도 우리의 다양성에 대해 이야기할 수 있는 방법이 있습니다.

2. 다양성을 바라보는 우리의 태도

그러므로 우리는 하나님의 말씀이 단정짓지 않는 문제에 관해 하나님의 이끄심을 다르게 인식하는 형제자매들을 업신여기거나 정죄하지 말아야 합니다. 3-4절입니다. "먹는 자는 먹지 않는 자를 업신여기지 말고 먹지 않는 자는 먹는 자를 비판하지 말라. 이는 하나님이 그를 받으셨음이라. 남의 하인을 비판하는 너는 누구냐? 그가 서 있는 것이나 넘어지는 것이 자기 주인에게 있으매."

우리가 어떤 사람들과는 서로 다른 것을 선택할 때가 많지만 그것 때문에 그들을 정죄해서는 안 됩니다. 그 대신, 우리와 그들의 주관자이신 주님이 자기 이름을 위해 이 문제를 지혜롭게 해결해 주실 것을 신뢰해야 합니다.

3. 이해한 것에 대한 책임감

우리 모두는 자신의 선택이 하나님에 대한 진실한 신뢰의 표현이며 그분의 말씀에 대한 순종이라는 사실을 마음에 온전히 확신할 수 있을 때까지 하나님을 열심히 추구해야 합니다. 하나님은 백성이 잘못된 일을 행할지도 모른다는 두려움 때문에 이도 저도 못하게 되는 것을 바라지 않으십니다. 믿음이 연약하거나 강함에 따라 그런 결정을 내린다는 것은 바울의 생각이지만, 5절에서 그가 던지는 도전에 주목하시기 바랍니다. "어떤 사람은 이 날을 저 날보다 낫게 여기고 어떤 사람은 모든 날을 같게 여기나니 각각 자기 마음으로 확정할지니라."

4. 자기 마음으로 확정하기까지 기도함

바울은 '연약한 믿음으로 선택하지 않도록 주의해야 하며, 완벽하지 않으면 하지도 말라'고 말하지 않습니다! 오히려 이렇게 말합니다. '여러분이 때로는 서로 다른 것을 선택하리라는 것을 나도 압니다. 하지만 어떤 일이 있어도 자신이 선택한 것에 대해서는 확신을 가지십시오. 마음을 정하십시오. 이리저리 흔들리지 마십시오.' 바울은 결단을 내리지 못하는 것이 나쁜 거라고 생각합니다. 그에 대한 이유는 22-23절에 나옵니다. "네게 있는 믿음을 하나님 앞에서 스스로 가지고 있으라. 자기가 옳다 하는 바로 자기를 정죄하지 아니하는 자는 복이 있도다. … 믿음을 따라 하지 아니하는 것은 다 죄니라." 하나님이 우리에게 원하시는 일에 관해 온전히 확신하지 못하는 사람은 영원히 죄책감에 빠져 자기 양심과는 다른 행동을 할 위험에 늘 노출되며 결국 죄를 짓습니다. 따라서 네 번째 원칙은 자신의 행동 방침에 대해 확신이 생기기까지는 기도하고 공부하는 것입니다.

5. 모든 것에 대한 우리의 궁극적 목표

마지막으로, 모든 일을 그리스도의 영광을 위해서 하고 그분에 대한 넘치는 감사로 행하십시오. 6절입니다. "날을 중히 여기는 자도 주를 위하여 중히 여기고 먹는 자도 주를 위하여 먹으니 이는 하나님께 감사함이요, 먹지 않는 자도 주를 위하여 먹지 아니하며 하나님께 감사하느니라." 다시 말해, 하나님은 진실로 그리스도의 영광을 목표로 하고 감사의 마음에서 나온 것이라면 어떻게 순종할 것인지를 놓고 서로 다른 선택을 하더라도 용납하십니다.

요약

1. 교회에는 늘 다양한 의견이 있을 것인데, 심지어 어떤 행위가 하나님의 뜻에 맞는가에 대한 확신도 다양할 수 있습니다.

2. 이런 다양한 차이를 놓고 어느 것이 선하고 악한지를 구별해서는 안 됩니다. 죄는 믿음에서 나오지 않는 것을 말합니다. 우리는 서로 관점이 다르고 믿음의 수준도 달라서 그로 인해 서로 다른 선택을 하게 되지만 양쪽 모두 믿음으로 선택함으로써 그리스도를 영화롭게 할 수 있습니다.

3. 그러므로 우리의 형제자매들을 업신여기거나 정죄해서는 안 되며, 다만 그들과 우리의 주인이신 하나님이 지혜롭게 그분의 종들을 다뤄 주실 것을 믿어야 합니다.

4. 선택을 못 내려서 이도 저도 못하거나 죄책감에 전염되지 않기 위해서는 우리가 내리는 선택에 온전한 확신을 가져야 합니다.

5. 모든 것을 그리스도의 영광을 위해서 하고 그분께 대한 넘치는 감사로 해야 합니다.

베들레헴교회의 상황

잠시 본문에서 벗어나 이 다섯 가지 원리와 깊은 관련이 있는 베들레헴교회의 상황에 대해 설명하고자 합니다.

궁극적인 목표와 이를 성취하는 수단

우리는 이제 막 해외 선교에 대해 강조하는 선교 주간을 보내고 있습니다. 이 기간을 보내는 동안 많은 사람들이 교회의 궁극적인 목표는 선교라고 말합니다. 하지만 우리는 그렇게 말한 적이 결코 없습니다. 그것이 사실이 아니라고 믿기 때문입니다. 교회의 궁극적인 목표는 하나님의 영광과 가치를 드러내고 보여 주는 것입니다. 선교는 수단이지 목표가 아닙니다. 선교가 존재하는 것은 그곳에 예배와 순종이 존재하지 않기 때문입니다. 장차 올 세대에는 더 이상 선교가 존재하지 않을 것입니다. 선교는 우리의 궁극적인 목표가 아닙니다. 목표를 성취하는 수단입니다.

다양한 사람들만큼 다양한 수단들

하지만 이 목표를 성취하기 위한 다른 수단도 많습니다. 다양한 사람들만큼이나 수단도 다양하고 많습니다. 그리스도의 사랑에 마음이 사로잡히고, 하나님의 뜻을 깨달아 공의를 행하고 싶다면, 우리가 사는 병든 문화 속에 그 사랑과 공의를 적용할 방법은 엄청나게 많습니다. 해외 선교라는 방식이 아니더라도, 그밖에 다양한 방식들도 하나님을 영화롭게 하는 궁극적인 목표를 성취하는 데 매우 중요합니다.

몇 가지 예를 들어 보겠습니다. 힘들게 살아가는 도시 노숙자들이나 범죄의 피해자와 가해자들, 혹은 실직자와 구직이 어려운 사람들을 보면 그리스도의 사랑과 공의가 우리 마음에 부담으로 다가올 수 있습니다.

예수님이 우리 마음을 흔들어 놓으셔서 빈곤, 의료 보장, 기아, 낙태, 미혼모, 가출 청소년, 포르노, 가정 해체, 어린이 학대, 이혼, 위생, 교육, 약물 중독, 환경, 핵 확산, 평화 운동, 테러, 교도환경 개선, 언론, 혹은 경제 및 정치 분야의 도덕적 문제 등에 뛰어들게 하실 수도 있습니다.

주님이 우리를 기도 모임이나 성경 공부, 관계 전도 사역으로 이끌어 가실 수도 있습니다. 또한 교회 청소년 사역, 찬양 사역, 장애인 섬김 사역 등에 우리 삶을 쏟아붓도록 움직여 가실지도 모릅니다. 그리스도인이 하나님의 영광을 위해 그리스도의 사랑과 공의를 드러낼 수 있는 다양한 국내 사역은 상당합니다.

무엇이 가장 중요한가?

이러한 국내의 주요 사역과 해외 사역은 어떤 관계가 있을까요? 하나가 다른 것보다 중요할까요? 하나가 다른 것을 위한 수단이 될까요? 먼저 교회 전체와 관련해서 답한 후에 개인의 삶과 관련해서 답하도록 하겠습니다.

교회 전체와의 관계

먼저 교회 전체와 관련해서 볼 때, 국내 사역은 해외 선교를 위한 수단이자 목표라는 것이 저의 답입니다. 제 말의 의미는 이렇습니다. 지난 주일 밤에 랄프 윈터가 우리 집 식탁에 앉아서 창문 너머로 도시를 바라보더니 이렇게 말했습니다. "아시겠지만, 해외 선교를 위한 최선은 미니애폴리스를 새롭게 만드는 겁니다."

해외 선교를 위한 수단으로서의 국내 사역

그가 말한 의미는 미국이 다른 나라와 똑같이 부패한다면 미국에서 복음 메시지를 가져와 미전도 종족에 전하는 것이 매우 힘겨워진다는 말입니다. 교회가 자신이 속한 지역의 영적 전방을 변화시키는 일에 참여하면 복음과 함께 해외로 보내는 전도자들에게 필요한 신뢰성을 만들어 낼 수 있습니다. 이런 면에서 국내 사역은 해외 사역의 신뢰성을 확보하는 수단이 됩니다.

다음의 두 가지 면에서 국내 사역은 해외 선교를 위한 수단입니다. 1) 우리의 세상 직업이 국내 사역의 일환이라면(그 안에서 그리스도께 영광을 돌릴 수 있고 거기서 그분의 사랑과 공의를 적용할 수 있기 때문입니다) 우리의 직장 사역은 해외 사역의 수단이 됩니다. 선교사 파송에 꼭 필요한 돈을 벌기 때문입니다. 2) 국내 사역이 해외 선교의 수단이 되는 또 다른 이유는 국내 사역이 그리스도라는 대의를 위해 새로운 사람을 모을 수 있고 귀한 훈련을 받게 해주기 때문입니다.

그래서 국내 사역은 재정과 사람을 모으고, 해외 선교를 성공적으로 수행하도록 문화적 신뢰성을 쌓는 일로 해외 선교를 돕습니다.

국내 사역을 위한 수단으로서의 해외 선교

여기서 논의를 멈춘다면 오해가 남을 것입니다. 국내 사역의 목표가 해외 선교에 있는 것처럼 보입니다. 그렇다면 국내 사역은 해외 선교보다 하위에 있는 사역 정도로만 간주됩니다. 하지만 이것은 최선의 설명이 아닙니다.

해외 선교의 목표를 기억하십니까? 해외 선교는 교회가 복음을 가지고 미전도 종족에게 나아가서 현지 교회를 세워 그곳 문화에 그리스도의 사랑과 공의를 적용하는 일입니다. 해외 선교의 목표는 국내 사역입니다. 선교사의 목표는 그곳에 토착화된 교회가 시작되도록 도와서 장차 교회가 자기 문화 안에서 삶을 변화시키고, 문화를 변화시키는 국내 사역을 담당하게 되는 것입니다. 그것은 우리 교회가 여기서 반드시 해야 하는 일입니다.

이를 달리 설명하면, 해외 선교는 그리스도를 몰라서 아직 사역이 이루어지지 않는 지역의 사람들에게 국내 사역을 전해 주고 적응하도록 돕는 일입니다. 놀랍게도 해외 선교는 국내 사역의 종노릇을 한다는 것이 결론입니다.

좀 더 설명하자면, 해외 선교에 대해 큰 부담감을 가져야 하는 사람들은 국내 사역에 큰 관심과 마음을 품고 있는 사람들이라는 뜻입니다. 우리가 사는 도시의 주택 문제와 실업 문제, 기아 문제와 의료보건 문제를 보면서 그리스도의 사랑과 공의를 느끼는 사람들이, 그리스도인의 영향력이 거의 존재하지 않는 지역 사람들의 동일한 필요에도 부담감을 느끼게 마련입니다.

개인의 삶과의 관계

이를 우리 개인의 삶에 적용하면서 오늘 말씀을 마무리하겠습니다. 우리는 서로 비슷한 점도 많지만, 교회는 참으로 다양한 사람들로 이루어져 있습니다. 누군가를 따르는 사람과 이끄는 사람, 감정적인 사람과 냉철한 사람, 체계적인 사람과 직관적인 사람, 검소한 사람과 화려한 사람, 지적인 사람과 감정이 풍부한 사람, 표현을 잘 하는 사람과 과묵한 사람, 관계 중심적인 사람과 업무 중심적인 사람, 관조적인 사람과 활동적인 사람, 진지한 사람과 유쾌한 사람, 격식을 중시하는 사람과 격식을 차리지 않는 사람 등 말입니다. 우리는 참으로 다양합니다.

게다가 하나님은 대체로 우리를 각자에게 가장 알맞은 사역으로 부르셔서 그 안에서 만족을 누릴 수 있게 하십니다. 이 말은 국내 사역과 해외 선교 참여도 엄청나게 다양할 수 있다는 뜻입니다. 그리고 제 기도와 목표는 이러한 상관관계를 더욱 분명히 볼 수 있게 되어, 우리 모두가 자유롭게, 죄책감이나 방어적인 자세를 버리고 하나님이 부르신 일을 할 수 있게 되는 것입니다.

로마서 14장의 다섯 가지 원리 적용

로마서 14장의 다섯 가지 원리를 우리의 다양성에 적용해 보고 나아가 국내 사역과 해외 선교의 다양한 부르심에 적용해 보겠습니다.

1. 다양성을 긍정적으로 보고 기뻐하십시오. 우리는 방어적인 자세를 극복해야 합니다.

2. 어느 쪽은 좋고 어느 쪽은 나쁘다는 식으로 말하면서 이러한 차이점을 부각시키지 마십시오.

3. 우리가 하는 사역이나 선교에 부르심을 받지 않은 사람을 업신여기거나 비난하지 마십시오. 각자의 부르심이 그리스도의 거대한 목적 안에서 서로를 어떻게 보완하는지를 보려 애쓰십시오.

4. 각자의 마음에 확신을 품으십시오. 기도하고 공부하면서 자신을 헤아리십시오. 지금 이것이 내가 감당할 사역인지 하나님 앞에서 마음을 확정하고, 자신을 변명하거나 남을 비난하고 싶은 마음을 물리치십시오. 하나님은 우리가 겸손히 자신을 내려놓고 말씀 속에서 그분의 뜻을 구하며 그분을 위해 단호히 걸음을 옮길 때 그 어떤 결정도 받아 주십니다.

5. 모든 일을 그리스도의 영광을 위해 믿음으로 하되, 그분의 무한한 은혜에 넘치는 감사의 마음으로 하십시오.

15장

우리가 다 하나님의 심판대 앞에 서리라

로마서 14:10-13

네가 어찌하여 네 형제를 비판하느냐? 어찌하여 네 형제를 업신여기느냐? 우리가 다 하나님의 심판대 앞에 서리라. 기록되었으되 주께서 이르시되 내가 살았노니 모든 무릎이 내게 꿇을 것이요 모든 혀가 하나님께 자백하리라 하였느니라. 이러므로 우리 각 사람이 자기 일을 하나님께 직고하리라. 그런즉 우리가 다시는 서로 비판하지 말고 도리어 부딪칠 것이나 거칠 것을 형제 앞에 두지 아니하도록 주의하라. _롬 14:10-13

로마서 14장은 무엇을 먹고 마실까, 성일을 지킬 것인가에 대한 의견 불일치를 사랑으로 극복하는 문제를 다루는 것처럼 보이지만, 사실은 훨씬 더 큰 문제가 걸려 있습니다. 그런 것들은 표면적인 문제일 뿐입니다.

그에 대해서는 로마서 14장 1-2절에서 보았습니다. "믿음이 연약한 자를 너희가 받되 그의 의견을 비판하지 말라. 어떤 사람은 모든 것을 먹을 만한 믿음이 있고 믿음이 연약한 자는 채소만 먹느니라." 5절에 다시 나옵니다. "어떤 사람은 이 날을 저 날보다 낫게 여기고 어떤 사람은 모든 날을 같게 여기나니 각각 자기 마음으로 확정할지니라." 그리고 21절에 다시 나옵니다. "고기도 먹지 아니하고 포도주도 마시지 아니하고 무엇이든지 네 형제로 거리끼게 하는 일을 아니함이 아름다우니라."

질문: 무엇이 진짜 문제인가?

바울은 우리가 의견이 다른 것 때문에 서로를 판단하거나 업신여기지 말아야 한다는 부담감을 어느 정도는 가지고 있습니다. 3절입니다. "먹는 자는 먹지 않는 자를 업신여기지 말고 먹지 않는 자는 먹는 자를 비판하지 말라. 이는 하나님이 그를 받으셨음이라." 처음에는 다소 피상적이고 외적이고 부수적이고 중요하지 않은 고기나 채소, 성일, 포도주 이야기를 하는 것처럼 보입니다. 바울은 왜 이런 비본질적인 문제를 신경 써서 다루는 것일까요? 로마서가 점차 막바지로 가면서 바울이 아직 남아 있는 몇 가지 갈등 관계를 원만히 조정하려는 것일까요? 바울이 심각하게 여기는 진짜 문제는 무엇일까요?

여기까지 오면서 서로의 관계를 부드럽게 하는 것보다 더 중요한 문제가 걸려 있다는 몇 가지 실마리가 있었습니다. 바울은 하나님과 그리스도, 그리고 구원이라는 가장 무게 있는 진리들을 소개하는 방식으로 그 문제 전반을 비중 있게 다루었습니다. 3절에서는 서로 판단하지 말 것을 권면하면서 그 이유가 "하나님이 그를 받으셨기" 때문이라고 말합니다. 즉 고기와 채소를 먹는 것에 의해서가 아니라 믿음으로 의롭다 함을 받았기 때문이라는 교리를 말하고 있습니다. 4절에서는 이렇게 말합니다. "그가 서 있는 것이나 넘어지는 것이 자기 주인에게 있으매." 바울은 "서 있는 것이나 넘어지는 것"이라는 심상치 않은 표현을 사용하여 최후의 심판 교리를 언급하고 있습니다. 4절 하반절에서는 하나님의 보호하시는 은혜 교리를 덧붙입니다. "그가 세움을 받으리니 이는 그를 세우시는 권능이 주께 있음이라." 8절에서는 고기와 채소, 성일과 포도주에 관한 문제를 생명과 죽음, 그리고 그리스도의 죽으심과 부활이라는 문제와 연결시킵니다. "우리가 살아도 주를 위하여 살고 죽어도 주를 위하여 죽나니 그러므로 사나 죽으나 우리가 주의 것이로다."

답: 영생이 달린 문제다

바울은 왜 고기와 채소, 성일과 포도주에 대해 그토록 심각할까요? 그에 대한 답은 다소 충격적이고 논란을 일으킵니다. 바울이 생각하기에 로마서 14장에서 위기에 놓인 정말 중요한 문제는 '영생'입니다. 바울은 교회가 양심에 관련된 부수적인 문제에 있어서 서로를 사랑하는 법을 배우지 않으면, 믿음을 고백한 일부 그리스도인들이 무너질 가능성이 있다고 내다보았습니다.

오늘은 이 부분에 대해서만 언급하겠지만 하나님이 허락하시면 이후 두 번에 걸쳐 전반적으로 다루도록 하겠습니다. 바울이 본문에서 인식하고 있는 중대한 문제가 무엇인지 그 무게감을 우리도 느끼면 좋겠습니다. 잠시 20절을 보겠습니다. "음식으로 말미암아 하나님의 사업을 '무너지게'(destroy) 하지 말라." 23절입니다. "의심하고 먹는 자는 '정죄되었나니'(condemned)." 여기서 "무너지게", "정죄되었다니"는 모두 심각한 단어입니다.

우리가 상대방의 양심을 믿을 것이 못되는 양 취급해 버리면, 그 때문에 그들이 자기 양심에 거슬리는 행동을 하게 될 뿐 아니라 스스로 확신을 갖고 행동하는지에도 신경을 쓰지 않게 됩니다. 결국 우리는 그들이 영적으로 무감각해지다가 믿음을 저버리고 멸망하도록 이끌게 됩니다. 디모데전서 1장 19절에 나오는 바울의 염려도 이와 동일합니다. 여기서 바울은 디모데에게 "믿음과 착한 양심을 가지라"고 권면합니다. 그리고 아주 심각하게 덧붙입니다. "어떤 이들은 이 양심을 버렸고 그 믿음에 관하여는 파선하였느니라." 이것이 로마서 14장에서 바울이 심각하게 여기는 부분입니다.

여기서 제가 믿기로는, 우리 구원의 영원한 보증 문제가 제기됩니다. 그리스도의 십자가가 지닌 구원의 효력이 확실한지에 대한 질문이 나옵니다. 따라서 앞으로 몇 주간 저를 계속 잘 따라오시기 바랍니다. 비본질적인 문제에서 차이가 있을 때 서로를 어떻게 사랑하는가가 본질적인 문제입니다. 이것 때문에 한 사람이 천국에 갈 수도, 지옥에 갈 수도 있습니다.

오늘은 10-13절에서 바울이 이 중대한 사안을 어떻게 다루는지, 또한 중대하지 않은 문제는 어떻게 다루는지 보겠습니다. 바울은 부정적으로 명령하거나 권면합니다. 그런 후에는 이에 관해 논증하고, 이후 동일한 명령을 하되 긍정적인 내용과 부정적인 내용을 함께 말합니다. 이에 대해서는 세 단계로 살펴보겠습니다.

부정적인 명령: 형제를 판단하거나 업신여기지 말라

먼저 10절 명령입니다. "네가 어찌하여 네 형제를 비판하느냐? 어찌하여 네 형제를 업신여기느냐?" 물론 질문의 형태이지만 권면하려는 요지는 분명합니다. "네 형제를 비판하거나 업신여기지 말라"는 것입니다. 이에 대해서는 이미 3절에서 언급했습니다. "먹는 자는 먹지 않는 자를 업신여기지 말고 먹지 않는 자는 먹는 자를 비판하지 말라." 여기서 다루는 사안은 고기와 채소같이 비본질적인 것에 대한 불일치 때문에 서로를 비판하고 업신여기는 것입니다. 어떤 이들은 그리스도 안에서 무엇이든 먹을 수 있다고 믿지만, 다른 이들은 이에 동의하지 않습니다.

저는 '비판'("네가 어찌하여 네 형제를 비판하느냐?")이란 표현을 첫째로는 형제에 대한 사랑을 분명히 표현하지 않은 채 비판하지 말라는 의미로 받아들입니다. 다시 말해, 성경의 권면을 따라(딤후 2:25; 살전 5:14; 딤후 4:2) 서로를 바로잡고 충고하고 훈계하라는 것입니다. 둘째로는 비본질적인 문제 때문에 형제를 믿음이 없는 사람이라고 비판하지 말라는 의미로 받아들입니다.

그리고 '업신여김'("어찌하여 네 형제를 업신여기느냐?")이란 표현을 형제에 대한 사랑 없이 서로를 대하거나 업신여기지 말라는 의미로 받아들입니다. 그들이 마치 '믿음이 없는 사람'이라는 듯 대하지 말라는 것입니다. 10절에서 사용된 '형제'라는 단어는, 서로의 관계 속에서 반드시 드러나야 할 사랑이 있음을 깨닫게 합니다.

따라서 명령은 분명합니다. 형제를 마치 믿음 없는 자처럼 대하거나 형제에 대한 사랑 없이 비판하는 식으로 서로 판단하거나 업신여기지 말라는 것입니다. 달리 말해, 비판이 필요할 때는(바로잡고 충고하고 훈계하는 것 같은) 바울이 갈라디아서 6장 1절에서 권면하는 방식으로 해야 하고, 또한 마태복음 7장 5절에서 예수님이 명하신 대로 해야 합니다.

바울은 이렇게 말했습니다. "형제들아, 사람이 만일 무슨 범죄한 일이 드러나거든 신령한 너희는 온유한 심령으로 그러한 자를 바로잡고 너 자신을 살펴보아 너도 시험을 받을까 두려워하라"(갈 6:1). 예수님이 말씀하신 의미가 그대로 담겨 있습니다. "외식하는 자여, 먼저 네 눈 속에서 들보를 빼어라. 그 후에야 밝히 보고 형제의 눈 속에서 티를 빼리라"(마 7:5).

성경은 우리에게 선한 것과 악한 것, 옳은 것과 그른 것, 유익한 것과 유익하지 않은 것, 지혜로운 것과 어리석은 것, 친절한 것과 잔인한 것을 판단하라고 말합니다. 하지만 사랑 없이 비판하는 방식으로 이루어져서는 안 됩니다. 그래서 바울이 10절에서 '비판하거나 업신여기지 말라'고 명령하는 것입니다.

논증: 우리가 다 행한 일에 따라 하나님의 심판대 앞에 서리라

이를 지지하는 주장이 등장합니다. 10-12절입니다. "네가 어찌하여 네 형제를 비판하느냐? 어찌하여 네 형제를 업신여기느냐? [즉, 그렇게 하지 말라!] 우리가 다 하나님의 심판대 앞에 서리라. 기록되었으되 주께서 이르시되 내가 살았노니 모든 무릎이 내게 꿇을 것이요 모든 혀가 하나님께 자백하리라 하였느니라. 이러므로 우리 각 사람이 자기 일을 하나님께 직고하리라." 바울은 우리가 하나님의 심판을 받는다고 두 번이나 말합니다. 10절 하반절입니다. "우리가 다 하나님의 심판대 앞에 서리라." 12절입니다. "이러므로 우리 각 사람이 자기 일을 하나님께 직고하리라." 그리고 그 사이에 이사야 45장 23절을 인용하면서 이를 뒷받침합니다. "기록되었으되 주께서 이르시되 내가 살았노니 모든 무릎이 내게 꿇을 것이요 모든 혀가 하나님께 자백하리라 하였느니라."

바울은 이 구절에서 '모든'과 '각'이라는 두 단어를 강조합니다. 10절입니다. "우리가 '다' 하나님의 심판대 앞에 서리라"에서 '다'는 원문에서 문장의 앞부분에 위치해 강조하는 역할을 합니다. 또한 11절입니다. "'모든' 무릎이 내게 꿇을 것이요 '모든' 혀가 하나님께 자백하리라." 일부가 아니라 '모든' 입니다. 그리고 다시 12절에서 말합니다. "이러므로 우리 '각' 사람이 자기 일을 하나님께 직고하리라." 이는 하나님의 음성을 듣고 모든 사람이 저마다 하나님 앞에서 자신의 삶을 해명하게 된다는 의미입니다.

우리는 하나님의 '심판대' 앞에 서게 될 것입니다. 바울이 고린도에서 갈리오의 심판대 앞에 서고, 가이사랴에서 베스도의 심판대 앞에 섰듯이 저와 여러분도 우주를 창조하신 분의 심판대 앞에 서게 될 것입니다. 우리는 통계적으로 다루어지지 않습니다. 하나님은 우리를 한 개인으로서 목적을 갖고 창조하셨습니다. 우리는 이 땅에서 나를 향한 하나님의 목적(즉 하나님을 신뢰하고 사랑하며 순종하고 세상 속에 그분의 탁월하심을 드러내는 일)을 어떻게 성취했는지 말하게 될 것입니다. 각자의 이야기를 하나님께 고해야 합니다.

신약성경에는 최후의 심판에 대한 여러 가지 장면이 나옵니다.

기도하기는 그중 한 장면을 보면서 그 엄중함을 느끼기를 바랍니다. 바울이 기대한 효과가 있기를 바랍니다. 요한계시록 20장 12-15절입니다. 우리의 행한 일이 기록된 책이 있으며, 그리스도 안에 있는 사람의 모든 이름이 기록된 생명책(죽임을 당한 어린양의 책)도 있습니다(계 13:8).

> 또 내가 보니 죽은 자들이 큰 자나 작은 자나 그 보좌 앞에 서 있는데 '책'들이 펴 있고 '또 다른 책'이 펴졌으니 곧 생명책이라. 죽은 자들이 자기 행위를 따라 책들에 기록된 대로 심판을 받으니, 바다가 그 가운데에서 죽은 자들을 내주고 또 사망과 음부도 그 가운데에서 죽은 자들을 내주매 각 사람이 자기의 행위대로 심판을 받고, 사망과 음부도 불못에 던져지니 이것은 둘째 사망 곧 불못이라. 누구든지 생명책에 기록되지 못한 자는 불못에 던져지더라.

천국에는 모든 인류가 행한 일이 기록된 책이 있습니다. 우리는 모두 그 책에 따라 심판을 받습니다. 자기 이름이 어린양의 생명책에 있는 사람만이 불못을 피하게 됩니다. 그게 무슨 의미일까요? 첫째로, 이는 자신의 행한 일 때문에 구원받을 사람이 없다는 의미입니다. 그리스도께 속하지 않은 사람이라면(하나님의 아들이신 어린양의 보혈을 믿지 않는 사람이 그리스도 안에 있기 위해서는 그리스도의 의로 옷 입어야 합니다) 그 책은 정죄의 책입니다. 오직 정죄뿐입니다. 바울이 말한 대로입니다. "의인은 없나니 하나도 없으며"(롬 3:10). 어느 누구도 자신이 행한 일의 기록으로 구원받지 않습니다.

그렇다면 심판의 날이 올 때, 생명책에 이름이 기록된 사람들에게는 그 책이 아무 쓸모가 없다는 뜻일까요? 저는 그렇게 생각하지 않습니다. 바울이 로마서 2장 6절에서 "하나님께서 각 사람에게 그 행한 대로 보응하시되"라고 말할 때는 행위가 우리를 구원한다는 의미가 아닙니다. 하지만 행위는 우리가 구원받았음을 확인합니다. 열매가 나무를 선하게 만들지는 않습니다. 열매는 나무가 선함을 보여 줍니다. 생명책에 이름이 기록된 그리스도인에게, 다른 책들은 확인해 주는 책이지 정죄하는 책이 아닙니다.

그렇다고 그리스도인들을 위한 책에 무조건 선한 행위가 나쁜 행위보다 많을 거라는 의미는 아닙니다. 특히 십자가 위에서 죽었던 강도는 분명 그러할 것입니다. 이 말은 믿음의 실재 혹은 거듭남의 실재를 보여 주는 변화 같은 것이 기록되어 있다는 뜻입니다. 생명책에 기록된 이들의 거듭난 실재를 입증하기 위해 하나님이 공개적으로 보여 주실 만한 은혜의 증거도 충분히 있을 것입니다. 어느 누구도 자신의 행위를 근거로 구원받지 않지만 구원받은 사람은 모두 새로운 행위를 합니다. 완전하지 않지만 더 거룩해지고 싶은 겸손한 열망으로 그렇게 행합니다.

따라서 바울은 이렇게 말하고 있습니다. '형제를 비판하지도 말고 업신여기지도 마라. 네 행위에 따라서 장차 심판을 받을 것이기 때문이다. 네 형제를 대하는 모습이 책에 기록될 것이고, 마지막 날에는 그 기록들이 네가 거듭나 그리스도를 믿었는지의 여부를 보여 줄 것이다. 너는 비판적이었는가 아니면 자비로웠는가?'

야고보가 "긍휼을 행하지 아니하는 자에게는 긍휼 없는 심판이 있으리라. 긍휼은 심판을 이기고 자랑하느니라"(약 2:13)고 말할 때는 "긍휼히 여기는 자는 복이 있나니 그들이 긍휼히 여김을 받을 것임이요"(마 5:7)라는 말씀 그대로를 의미합니다. 또한 "우리가 우리에게 죄 지은 자를 사하여 준 것같이 우리 죄를 사하여 주시옵고"(마 6:12), "너희가 비판하는 그 비판으로 너희가 비판을 받을 것이요, 너희가 헤아리는 그 헤아림으로 너희가 헤아림을 받을 것이니라"(마 7:2)고 말씀하신 것 역시 그러합니다.

하나님이 그리스도 안에서 용서하시는 은혜가 우리 삶에서 다른 이들에게 전달되고 확장될 때, 그 모습이 우리가 정말 그리스도의 용서의 은혜를 받은 사람임을 설명해 줍니다(눅 7:47-50; 엡 4:32). 긍휼을 베푸는 자들은 심판 날에 긍휼을 얻게 되는데, 그것은 긍휼을 베풀어서가 아닙니다. 다른 이들을 그리스도의 긍휼로 대함으로써 자신이 그리스도의 긍휼을 받았고 신뢰했음을 보여 주었기 때문입니다.

하지만 우리가 형제애 없이 그리스도인을 판단하거나 업신여긴다면(즉 긍휼과 용납하는 마음으로 행하지 않는다면) 과연 자신의 이름이, 그리스도 안에 있는 믿음을 통해, 어린양의 생명책에 기록되어 있는지 두려워 떨며 확인해 보아야 할 것입니다.

저는 다시금 부정적인 명령과 긍정적인 표현을 동시에 말씀드리면서 말씀을 마무리 짓고자 합니다. 13절의 "그런즉 우리가 다시는 서로 비판하지 말고"는 10절의 부정적인 명령을 다시 언급한 말씀입니다. 이제 바울이 어떤 식으로 긍정적인 대안을 말하는지 보시기 바랍니다. "도리어 부딪칠 것이나 거칠 것을 형제 앞에 두지 아니하도록 [비판하지 말라는 의미] 주의하라."

긍정적인 명령: 네 형제를 사랑하라

바울은 '비판'(judge)이라는 단어를 다음과 같이 긍정적인 방식으로 사용하면서 그 의미를 바꾸어 놓습니다. "서로에 대해서는 비판(심판)하지 말되, 서로 관계를 맺는 과정에서 일어나는 일에 대해서는 비판(분별)할 수 있습니다. 그렇지만 형제를 넘어뜨려 천국 가는 길을 방해할 정도로 하면 안 됩니다."

간단히 말해, 형제를 사랑하되 심판하지 말라는 것입니다. 형제를 바로잡거나 충고하거나 훈계할 수는 있습니다. 하지만 형제애를 보이십시오. 그가 천국으로 가도록 도와야지 그 길을 힘겹게 만들지는 마십시오. 그리고 어떤 일을 하든 그를 무너지게 하지 마십시오. 이에 관해서는 다음 주에 보겠습니다.

성도 여러분, 이제는 고기, 채소, 성일, 포도주와 같은 비본질적인 문제로 인해 서로를 심판하는 자리에 서지 마십시오. 오히려 우리 모두 그리스도의 보혈로 말미암아 감당하지 못할 정도로 받은 긍휼과 은혜와 인내로 형제를 사랑하기로 결심(분별)하십시오. 형제가 가는 길을 막거나 넘어지게 해서는 결코 안 됩니다. 아멘.

16장

하나님의 사업을 무너지게 하지 말라

로마서 14:14-23

내가 주 예수 안에서 알고 확신하노니 무엇이든지 스스로 속된 것이 없으되 다만 속되게 여기는 그 사람에게는 속되니라. 만일 음식으로 말미암아 네 형제가 근심하게 되면 이는 네가 사랑으로 행하지 아니함이라. 그리스도께서 대신하여 죽으신 형제를 네 음식으로 망하게 하지 말라. 그러므로 너희의 선한 것이 비방을 받지 않게 하라. 하나님의 나라는 먹는 것과 마시는 것이 아니요 오직 성령 안에 있는 의와 평강과 희락이라. 이로써 그리스도를 섬기는 자는 하나님을 기쁘시게 하며 사람에게도 칭찬을 받느니라. 그러므로 우리가 화평의 일과 서로 덕을 세우는 일을 힘쓰나니 음식으로 말미암아 하나님의 사업을 무너지게 하지 말라. 만물이 다 깨끗하되 거리낌으로 먹는 사람에게는 악한 것이라. 고기도 먹지 아니하고 포도주도 마시지 아니하고 무엇이든지 네 형제로 거리끼게 하는 일을 아니함이 아름다우니라. 네게 있는 믿음을 하나님 앞에서 스스로 가지고 있으라. 자기가 옳다 하는 바로 자기를 정죄하지 아니하는 자는 복이 있도다. 의심하고 먹는 자는 정죄되었나니 이는 믿음을 따라 하지 아니하였기 때문이라. 믿음을 따라 하지 아니하는 것은 다 죄니라. _롬 14:14-23

로마서 14장은 모든 그리스도인, 그중에서도 특히 "강한 자"들을 향해 서로 사랑하라는 부르심입니다. 15절입니다. "만일 음식으로 말미암아 네 형제가 근심하게 되면 이는 네가 사랑으로 행하지 아니함이라." 이런 면에서 볼 때, 로마서 14장은 12-13장의 연결선상에 있습니다. 12-13장 역시 그리스도인의 사랑이 이 세상에서 어떤 모습이어야 하는가에 대한 실천적인 지침이었습니다.

14장에서 제기하는 사안은 2절에서 말하듯, "어떤 사람은 모든 것을 먹을 만한 믿음이 있고 믿음이 연약한 자는 채소만 먹[는다]"는 것입니다. 달리 말해, 어떤 그리스도인은 특정 음식을 먹는 것을 잘못된 것으로 믿는 반면, 다른 그리스도인은 그것을 먹어도 괜찮다고 믿습니다. 그리고 여기서 '이런 상황에서 어떻게 서로를 사랑할 것인가?'라는 질문이 제기됩니다.

바울은 1-13절에서 이미 그에 대해 여러 번 답했고, 우리는 지난 시간에 13절에서 그 답을 마무리 지었습니다. "그런즉 우리가 다시는 서로 비판하지 말고 도리어 부딪칠 것이나 거칠 것을 형제 앞에 두지 아니하도록 주의하라." 어느 누구든지 형제들이 천국으로 나아가는 길에 부딪칠 것이나 거칠 것을 두지 마십시오. 이 말이 너무 강하게 들릴 수도 있고 너무 심각하게 들릴 수도 있습니다. 그런데 정말로 그렇습니다. 먹을 것과 마실 것과 성일 같은 부수적인 문제에서 서로를 어떻게 대할 것인가 하는 문제는 매우 중요합니다.

모든 음식이 정결하다

바울은 14절에서 이 문제가 어떻게 중대한 사안이 될 수 있는지 설명하기 위해 이렇게 전제합니다. "내가 주 예수 안에서 알고 확신하노니 무엇이든지 스스로 속된 것이 없으되 다만 속되게 여기는 그 사람에게는 속되니라." 바울이 무엇을 설명하고 있는지 이해가 되실 겁니다. 그는 다음의 질문에 답하고 있는 것입니다. '모든 음식이 정결하다고 믿을 때, 먹고 마시는 것이 어떻게 중대한 문제가 될 수 있겠는가?' 모든 음식이 정결하다면, 그것을 먹든 먹지 않든 그다지 중요하지 않습니다. 그렇지 않습니까?

정결한 것이 어떻게 속된 것이 되는가?

그렇지 않습니다. 바울은 모든 음식이 정결하다는 데에는 동의하지만, 그런 후에는 정결한 것이 어떻게 속된 것이 될 수 있는지에 대해 설명합니다. "내가 주 예수 안에서 알고 확신하노니 무엇이든지 스스로 속된 것이 없으되." 그는 모든 음식이 정결하다는 데 동의하고 있습니다. 그 이유는 "땅과 거기 충만한 것이 주의 것이기 때문"입니다.

바울은 시장에서 파는 고기, 즉 우상에게 바쳤을지도 모르는 고기를 먹는 것에 대해 고린도전서 10장 25-26절에서 변론했습니다(“무릇 시장에서 파는 것은 양심을 위하여 묻지 말고 먹으라. 이는 땅과 거기 충만한 것이 주의 것임이라”). 바울은 아마도 예수님이 마가복음 7장 15절에서 "무엇이든지 밖에서 사람에게로 들어가는 것은 능히 사람을 더럽게 하지 못하되"라고 하신 말씀을 염두에 두었을 것입니다. 그리고 예수님이 마가복음 7장 19절에서 "이러므로 모든 음식물을 깨끗하다"고 하신 말씀을 해석하면서 그 말씀을 인용했을 수도 있습니다. 따라서 "깨끗한 자들에게는 모든 것이 깨끗하나"(딛 1:15)라는 말씀은 도둑질이

나 간음에 대한 것이 아니라 음식에 대한 것입니다.

그렇습니다. 깨끗한 자에게는 모든 음식이 깨끗합니다. 바울은 이 말에 동의했습니다. 하지만 깨끗한 것을 먹는 '방법'은 그다지 중요하지 않다는 말에는 동의하지 않습니다. 왜 그럴까요? 바울은 이렇게 답합니다. "내가 주 예수 안에서 알고 확신하노니 무엇이든지 스스로 속된 것이 없으되 다만 속되게 여기는 그 사람에게는 속되니라"(14절). 어떤 음식을 먹으면서 그것이 속되다고 느낀다면, 정결한 음식도 내게는 속된 것이 됩니다.

그 말이 의미하는 바가 무엇일까요? 바울은 22-23절에서 이것이 본질적으로 단순히 음식과 정결함의 문제가 아니라 믿음과 죄의 문제라고 말합니다. 22절입니다. "네게 있는 믿음을 하나님 앞에서 스스로 가지고 있으라." 달리 말하면, 모든 음식을 자유함 가운데 먹을 수 있게 해준 믿음에 대해 자랑하지 말라는 것입니다. 그 자유는 하나님과 나 사이에서만 누리십시오. 남에게 자랑하거나 내가 먹는 것을 남에게 강요하지 마십시오.

그런 후 바울은 22절 하반절에서 계속 말합니다. "자기가 옳다 하는 바로 자기를 정죄하지 아니하는 자는 복이 있도다." 어느 누구도 자기 양심이 정죄하는 것을 먹도록 강요받아서는 안 된다는 것이 이 말씀의 목표입니다. 이것은 누군가가 가는 길에 넘어질 것을 두는 것입니다. 그의 양심이 정죄하는 바를 행하도록 꾄다는 뜻입니다. 말씀의 목표는 이와 반대입니다. 틀렸다고 믿는 것을 결코 하지 않는 기쁨을 누리십시오.

이후 바울은 23절에서 양심과 믿음이 걸린 사안이라면 음식이나 음료와 같이 중요하지 않은 문제도 정말로 중요한 죄의 문제로 넘어갈 수 있음을 보여 줍니다. "의심하고 먹는 자는 정죄되었나니 이는 믿음을 따라 하지 아니하였기 때문이라. 믿음을 따라 하지 아니하는 것은 다 죄니라."

음식이 아니라 양심과 동기가 속되다

이제 14절에서 바울이 의미했던 바가 무엇인지 큰 그림을 그릴 수 있게 되었습니다. 바울이 "[정결한 것이] 다만 속되게 여기는 그 사람에게는 속되니라"고 말한 이유가 무엇인지 이해할 수 있습니다. "속된 것"은 음식에 있는 것이 아니라 양심과 동기에 있기 때문입니다. 정결한 음식을 먹는 일을 잘못된 것으로 만드는 유일한 길은 바로 '믿음으로 행하지 않는' 것입니다. 즉, 하나님 안에서 평안과 신뢰, 만족과 기쁨, 안식을 누리는 가운데 행하지 않는 것입니다. 하나님 안에서 평안을 누리고 있다면, 잘못되었다고 느끼는 일을 굳이 하려고 강렬하게 욕망하지 않습니다. 우리의 만족이 되시는 하나님 안에서 안식할 것입니다. 그리고 이렇게 말할 것입니다. "나는 그 일을 하지 않습니다. 그것이 올바른 일이라 믿지 않기 때문입니다. 하나님이 나의 분깃이므로 그 일을 해야 한다는 부담을 느끼지 않습니다."

하지만 스스로 옳지 않다고 생각하는 일에 중압감을 느끼면서 유혹에 굴복한다면, 사실상 이렇게 말하는 셈입니다. '누군가 이런 나를 인정해 줬으면 한다. 내게는 이 육체의 쾌락이 너무 간절해서 내 양심이 더러워지고 잘못되었다고 믿는 일조차도 하고 싶을 정도다.' 이는 믿음으로 행하는 것이 아니므로 순수하지도 않고 정결하지도 않습니다. 이는 '속된' 일입니다. 불신앙으로 행한 일입니다. 탐욕의 모습입니다. 무언가를 간절히 원한다는 것은 하나님 안에서의 평안이 흔들린다는 신호입니다. 하나님이 우리를 만족시켜 주지 못할 만큼 부족해서가 아닙니다. 우리가 그분 안에서 안식하지 못하는 것입니다. 그래서 옳지 않다고 믿는 일을 갈망하는 것입니다.

우리는 믿음으로 행하는가?

이 구절은 그리스도인의 행실과 도덕의 기준에 대해 매우 분명하게 보여 줍니다. 그리스도인의 행실에서 중요한 것은 단지 정결한 일을 하거나 고기를 먹고 안 먹는 것같이 특정한 일을 하고 안 하고에 있지 않습니다. 우리가 믿음으로 행하는지의 여부가 중요합니다. 우리의 행동은 우리의 마음에 대해 무엇이라 말합니까? 우리의 믿음은 무엇이라 말합니까? 우리의 마음이 하나님을 분깃과 만족과 충분함과 보화로 여기면서 그 안에서 안식하고 있다고 말해 줍니까? 아니면 우리의 행동은 믿음과 만족의 부재를 폭로하고 있습니까? 우리의 행동은 하나님을 귀하게 여기기보다 자신이 차마 인정할 수 없는 행위를 더 귀하게 여기고 있음을 드러냅니까? 그것이 죄입니다.

이제 우리는 바울이 로마서 14장에서 중요하다고 생각하는 내용을 제대로 들을 준비가 되었습니다. 여기서 중요한 일은 연약한 형제가 무너지는 것입니다. 우리가 그 과정에 있는지도 모릅니다. 바울은 형제가 양심상 먹기 싫어하는 것을 먹도록 유혹해서 형제를 '망하게' 하지 말라고 두 번이나 경고합니다. 15절입니다. "만일 음식으로 말미암아 네 형제가 근심하게 되면 이는 네가 사랑으로 행하지 아니함이라. 그리스도께서 대신하여 죽으신 형제를 네 음식으로 '망하게'(destroy) 하지 말라." 20절입니다. "음식으로 말미암아 하나님의 사업을 '무너지게'(destroy) 하지 말라." 이는 아주 강력한 단어이며, 대체로 지옥에서 최종적으로 영원한 멸망을 당하는 일을 언급할 때 쓰는 단어입니다.

달리 말해, 우리가 다른 사람의(혹은 자신의) 양심을 가지고 무책임한 짓을 하고 그들이 자기 양심을 거스르는 행동(믿음으로 행하지 않는 것)을 하게 만들면, 굳은 마음과 불신앙을 부추기는 셈이 됩니다. 그래서 회개하며 점검하지 않을 경우, 결국 멸망과 파멸의 길로 가게 된다는 말입니다. 바울은 디모데전서 1장 19절에서 디모데에게 "믿음과 착한 양심을 가지라. 어떤 이들은 이 양심을 버렸고 그 믿음에 관하여는 파선하였느니라"고 말합니다. 달리 말해, 선한 양심을 거부하면서 옳다고 알고 있는 바를 행하지 않는 것은 불신으로 행하는 일이며 스스로를 멸망으로 이끌 수 있습니다.

그래서 바울은 그런 일을 서로에게 하지 말라고 말합니다. 비판하거나 업신여기지도 말고, 천국으로 가는 형제의 여정에 부딪히는 장애물을 놓지 마십시오. 그보다는 히브리서 3장 13절에서 말한 대로, "오직 오늘이라 일컫는 동안에 매일 피차 권면하여 너희 중에 누구든지 죄의 유혹으로 완고하게 되지 않도록" 하십시오. 이런 식으로 서로를 사랑하십시오. 천국에 이르도록 서로를 도와주십시오. 믿음을 거슬러 행하게 하는 대신, 믿음을 따라 행하도록 서로를 도와주십시오.

연약한 형제를 위해 죽으신 그리스도를 기억하라

이 사랑을 더욱 장려하기 위해 바울은 그리스도가 연약한 형제를 위해 죽으셨음을 우리에게 상기시킵니다. 15절입니다. "만일 음식으로 말미암아 네 형제가 근심하게 되면[달리 말해, 그가 잘못되었다고 믿는 행동을 하도록 우리가 유혹한 결과로 그의 양심이 고통을 받는 상황이 되면] 이는 네가 사랑으로 행하지 아니함이라. '그리스도께서 대신하여 죽으신' 형제를 네 음식으로 망하게 하지 말라."

그리스도는 우리의 형제를 구하기 위해 자기 목숨을 포기하셨습니다. 그러니 고기를 먹는 약간의 자유를 포기함으로써 형제를 멸망에 이르게 하지 않고 도리어 구원하는 그리스도의 사역에 동참할 수 있지 않겠습니까? 그리스도는 형제를 하나님께로 이끌기 위해 피를 흘려 목숨을 희생하셨습니다. 그러니 약간의 음식을 희생함으로써 형제를 하나님께로 이끄는 그리스도의 사역에 동참할 수 있지 않겠습니까? 그리스도가 형제를 구하고자 무한한 자유와 권리를 포기하고 죽으셨다면, 우리는 약간의 자유와 권리를 포기하고서라도 형제를 하나님께로 이끄는 그리스도의 사역에 동참해야 하지 않겠습니까?

달리 말해, 바울이 그리스도의 죽으심을 언급하며 우리에게 깨닫게 하고 싶었던 것은, 그리스도의 죽으심으로 형제의 구원이 안전해졌으므로 우리는 그를 천국으로 이끌 필요도 없고 그를 멸망하게 할 수도 없다는 부분이 아니었습니다. 제가 생각하기에 바울은 우리가 이렇게 생각하기를 바라는 것 같습니다. 천국에 이르기 위해서는 어떤 방편들이 필요한데, 그리스도는 그 방편들이 우리의 형제와 자매들에게 효력 있게 하시기 위해 죽으셨습니다. 그 방편들로는 믿음으로 견디는 것("끝까지 견디는 자는 구원을 받으리라", 막 13:13), 죄와 싸우는 것("영으로써 몸의 행실을 죽이면 살리니", 롬 8:13), 그리고 죄와 불신앙에 빠지지 않도록 형제의 권면을 받는 것("매일 피차 권면하여 너희 중에 누구든지 죄의 유혹으로 완고하게 되지 않도록 하라", 히 3:13)이 포함되어 있습니다.

그리스도는 그 방편들을 값 주고 사실 뿐 아니라 그 방편들이 효력 있게 하기 위해 죽으셨습니다. 그리고 여러분 같은 강한 형제들도 그리스도가 관심을 두고 계시는 하나의 방편으로 이 본문에 나옵니다. 그리스도는 연약한 형제가 믿음으로 견디도록 돕는 일에 우리의 사랑이 효력 있게 하시려고 죽으셨습니다. 십자가는 연약한 자의 믿음만 값 주고 사는 것이 아니라 강한 자의 신실함도 값 주고 삽니다. 그리스도는 우리의 형제를 위해 돌아가셨습니다. 형제의 삶에 부어지는 우리의 사랑은 피로 값 주고 산 것입니다. 형제의 양심을 위해 자유를 포기한 우리의 희생 역시 피로 값 주고 산 것입니다. 그를 사랑하십시오. 그리고 그를 구원하는 십자가의 효력이 발휘되도록 애쓰십시오. 그리스도가 주신 사랑을 확장시킴으로써 그리스도가 그를 위해 돌아가셨음을 증명하십시오.

택하심을 받은 자는 멸망할 수 없다

제가 이런 식으로 말씀드리는 이유는 로마서 8장에서 그리스도가 위해서 죽으신 진정한 형제는 결코 멸망하지 않는다는 사실을 확증하고 있기 때문입니다. 로마서 8장 32-34절에서 바울은 이렇게 말합니다.

"자기 아들을 아끼지 아니하시고 우리 모든 사람을 위하여 내주신 이가 어찌 그 아들과 함께 모든 것을 우리에게 주시지 아니하겠느냐? [의미: 하나님의 아들이 우리를 위해 죽으셨다면 우리에게 다른 모든 것을 기꺼이 주실 것이다. 그 모든 것에는 구원도 포함되어 있다. 그리스도가 택하심을 받은 어떤 사람들을 위해 죽으셨다면 그들은 결코 멸망하지 않는다!] 누가 능히 하나님께서 택하신 자들을 고발하리요? [즉, 그들을 위해 자기 아들도 아끼지 않으셨으니 아무도 고발할 수 없다! 왜?] 의롭다 하신 이는 하나님이시니 누가 정죄하리요? [답: 아무도 할 수 없다! 왜?] 죽으실 뿐 아니라 다시 살아나신 이는 그리스도 예수시니 [다시 말해, 이 죽음은 택하신 자들을 정죄하지 못하게 한다]…."

따라서 바울이 "그리스도께서 대신하여 죽으신 형제를 … 망하게 하지 말라"고 말할 때 그가 의미한 바는 이것입니다. "그 사람을 그리스도 안에서 한 형제로 여기라. 즉 그리스도가 그를 위해 죽으셨음을 믿으라. 그러므로 그를[그리스도가 값 주고 사신 사람을] 망하게 하지 말라. 오히려 네 사랑을 실천함으로 그리스도가 피로 값 주고 사신 그의 구원을 위한 하나의 방편이 되어, 그가 그리스도 안에서 참된 형제임을 증거하라. 네가 사랑 없이 그를 대하여[그의 생명보다 네 자유를 우선시하여], 그리스도의 죽음이 너와 네가 망하게 한 형제에게 아무 쓸모없는 것처럼 만들어 버리면, 너희 둘 모두[강한 자와 약한 자] 믿음 안에 있지 않고 그리스도 안에 있지도 않다는 사실을 증거하게 될 뿐이다."

더 정확히는 양쪽 모두에게 이런 말씀을 하는 것입니다. "그들이 우리에게서 나갔으나 우리에게 속하지 아니하였나니 만일 우리에게 속하였더라면 우리와 함께 거하였으려니와 그들이 나간 것은 다 우리에게 속하지 아니함을 나타내려 함이니라"(요일 2:19).

그러나 하나님은 그분의 소유가 된 자들을 지키십니다. 4절 말씀을 기억하십시오. "그가 세움을 받으리니 이는 그를 세우시는 권능이 주께 있음이라." 하나님이 연약한 형제가 설 것이라 선포하신다면 그는 설 것입니다. 강한 형제는 마땅한 대로 사랑을 실천하게 될 것이고, 그리스도의 죽음은 승리를 얻을 것입니다. 우리 교회에서 이런 일이 일어나기를 간절히 바랍니다. 음식과 음료와 성일에 대한 우리의 자유보다 형제와 자매를 더욱 사랑하는 데 힘쓰십시오. 우리의 형제와 자매들이 천국에 이르도록 도움으로써 십자가에 못 박히신 그리스도께 동참하십시오.

17장

하나님의 나라는 성령 안에 있는 의와 평강과 희락이라

로마서 14:16-19

그러므로 너희의 선한 것이 비방을 받지 않게 하라. 하나님의 나라는 먹는 것과 마시는 것이 아니요 오직 성령 안에 있는 의와 평강과 희락이라. 이로써 그리스도를 섬기는 자는 하나님을 기쁘시게 하며 사람에게도 칭찬을 받느니라. 그러므로 우리가 화평의 일과 서로 덕을 세우는 일을 힘쓰나니. _롬 14:16-19

로마서 14장은 주로 연약한 자들을 사랑하라고 강한 자들에게 당부하는 말입니다. 하지만 그 반대의 경우도 마찬가지입니다. 예를 들어, 3절에서 바울은 이렇게 말합니다. "먹는 자는 먹지 않는 자를 업신여기지 말고 먹지 않는 자는 먹는 자를 비판하지 말라. 이는 하나님이 그를 받으셨음이라." 양심에 거리낌 없이 자유함으로 먹는 사람이나 그렇지 않은 사람 모두 서로를 사랑하는 법과, 서로를 비판하거나 업신여기지 않는 법을 배워야 합니다. 하지만 14장은 주로 자신의 자유를 과시하며 연약한 형제를 넘어뜨릴 수 있는 강한 자들을 향해 권고하는 내용입니다.

강한 자들에 대한 권고

그래서 14장에는 전반적으로 강한 자들에 대한 권고가 나옵니다. 13절입니다. "부딪칠 것이나 거칠 것을 형제 앞에 두지 아니하도록 주의하라." 15절 하반절입니다. "그리스도께서 대신하여 죽으신 형제를 네 음식으로 망하게 하지 말라." 20절입니다. "음식으로 말미암아 하나님의 사업을 무너지게 하지 말라." 21절입니다. "고기도 먹지 아니하고 포도주도 마시지 아니하고 무엇이든지 네 형제로 거리끼게 하는 일을 아니함이 아름다우니라." 22절입니다. "네게 있는 믿음을 하나님 앞에서 스스로 가지고 있으라."

저는 19절에서 매우 중요한 사실 하나를 남겨 두었습니다. 오늘 그 부분에 대해 마무리하고 싶기 때문입니다. 전체를 요약하는 긍정적인 권고의 말씀입니다. "그러므로 우리가 화평의 일과 서로 덕을 세우는 일을 힘쓰나니." 나중에 다시 이 말씀으로 돌아오겠습니다.

권고의 말씀에 순종해야 하는 이유

14장에는 주로 강한 자들에게 주는 권고의 말씀 외에도, 형제를 사랑하고 망하게 하지 말라는 권고에 순종해야 하는 이유에 대해 바울이 설명한 부분도 나옵니다. 예를 들어, 9절을 봅시다. 그리스도께서 죽은 자와 산 자의 주가 되시기 위해 죽었다가 다시 살아나셨으니 하물며 강한 자와 연약한 자들은 어떻겠습니까! 3절 하반절입니다. 우리는 형제를 비판하지 말아야 하는데, "이는 하나님이 그를 받으셨음이라." 10절입니다. 비판하지 말아야 하는 이유는, "우리가 다 하나님의 심판대 앞에 서리라." 6절 하반절입니다. 비판하지도 업신여기지도 말아야 하는 이유는 "먹는 자도 주를 위하여 먹으니 이는 하나님께 감사함이요 먹지 않는 자도 주를 위하여 먹지 아니하며 하나님께 감사하느니라."

오늘 본문에서 바울은 강한 자가 자신의 자유를 자랑하지 말고 연약한 자의 길에 거치는 돌을 놓지 말아야 하는 이유를 제시하고 있습니다. 16절에는 권고의 말씀이 나오고, 19절에는 이에 대한 긍정적인 표현이 나옵니다. 16절입니다. "그러므로 너희의 선한 것이 비방을 받지 않게 하라." 19절입니다. "그러므로 우리가 화평의 일과 서로 덕을 세우는 일을 힘쓰나니."

바울은 이 두 가지 권고(16절의 부정적 표현, 19절의 긍정적 표현) 사이에 앞서 언급하지 않았던 어떤 이유를 제시하는데, 사실 이것은 로마서 1-8장에 뿌리를 둔 내용입니다. 17절에서 바울은 말합니다. "하나님의 나라는 먹는 것과 마시는 것이 아니요 오직 성령 안에 있는 의와 평강과 희락이라." 그리고 18절에서는 그런 식으로 그리스도를 섬기는 것이 하나님의 나라를 드러내는 일이며, 그것이 하나님을 기쁘시게 하고 사람에게도 칭찬을 받는 일이라고 확증합니다. "이로써 그리스도를 섬기는 자는 하나님을 기쁘시게 하며 사람에게도 칭찬을 받느니라."

형제를 상하게 하는 일에 자신의 선한 것을 사용하지 말라

16절부터 시작해 보겠습니다. "그러므로 너희의 선한 것이 비방을 받지 않게 하라."

바울은 15절에서 이렇게 말했습니다. "만일 음식으로 말미암아 네 형제가 근심하게 되면 이는 네가 사랑으로 행하지 아니함이라. 그리스도께서 대신하여 죽으신 형제를 네 음식으로 망하게 하지 말라." 여기서 바울은 "그러므로 네가 선하다고 여기는 것이 악하다는 소리를 듣지 않게 하라"고 말합니다. 즉, 네 '선한' 믿음과 '선한' 자유와 '선하고' 정결한 음식을 취할 때, 형제를 근심하게 하고 심지어 망하게 하는 방식으로 사용한다면, 네 '선한' 믿음과 '선한' 자유와 '선하고' 정결한 음식이 칭찬받지 못할 것이라는 말입니다. 도리어 악하다는 말을 듣게 됩니다. 사실상 선한 것이 악한 것이 되면 우리는 더 이상 "사랑으로 행하지"(15절) 않은 것이 됩니다. 사랑 없음은 '필히' 악하다는 말을 듣게 됩니다.

따라서 바울은 16절에서 이런 의미로 말하는 것입니다. '그 일을 하지 말라. 그런 일이 벌어지지 않게 하라. 네 선한 믿음과 선한 자유와 선하고 정결한 음식을 그런 식으로 사용하지 말라. 왜 그 일을 하려 하느냐?'

그리고 17절에서는 왜 그런 일이 말도 안 되는지에 대해 새로운 이유를 제시합니다. '네 형제를 상하게 하는데도 네가 먹는 것과 마시는 것에 대한 자유가 그토록 중요하다고 생각하는 이유가 무엇이냐? 너는 하나님의 나라는 먹는 것과 마시는 것이 아니요 오직 성령 안에 있는 의와 평강과 희락이라(17절)는 사실을 모르느냐?'

바울이 말하는 '하나님의 나라'는 어떤 의미인가?

바울은 로마서 전체에서 오직 이곳에서만 '나라'(kingdom)라는 단어를 사용합니다. 하지만 다른 책에서는 이 단어를 여러 번 사용하고 있으므로 그가 말하는 "하나님의 나라"가 어떤 의미인지 알 수 있습니다. 네 가지 의미가 있습니다.

첫째, 하나님의 영토(realm)가 아니라 하나님의 통치(reign)를 의미합니다. 우리는 왕국을 장소적 의미로 생각하는 경향이 있습니다. 하지만 예수님과 바울에게 왕국은 그러한 의미가 거의 없습니다. 그보다는 하나님의 통치와 다스림을 의미합니다. 성령님이 의와 평강과 희락을 가져온 곳에는 하나님의 나라(즉 하나님의 통치)가 임한다는 사실에서 이를 확인할 수 있습니다.

둘째, 하나님의 나라는 만물을 아우르는 온전한 섭리라기보다는 구원하시는 통치를 의미합니다. 어떤 의미에서 하나님은 모든 것을 통치하십니다. 그래서 모든 것을 "하나님의 나라"로 부를 수도 있습니다. 하지만 여기서 바울이 이 단어를 사용하는 방식을 보면 그렇지 않습니다. 하나님의 나라는 하나님의 구속적 통치를 의미합니다. 구원의 통치입니다. 예수님이 기도를 가르치시면서, "이름이 거룩히 여김을 받으시오며 나라가 임하시오며 뜻이 하늘에서 이루어진 것같이 땅에서도 이루어지이다"(마 6:9-10)라고 하신 것은 천사들이 순종과 기쁨으로 그리했듯이 그분의 이름이 높임을 받고 그분의 뜻이 이루어지는 곳에서는 하나님의 나라가 임하여 하나님의 통치가 확장된다는 의미입니다. 따라서 하나님의 나라는 하나님의 통치이지 영토가 아닙니다. 그리고 하나님의 나라는 그분의 이름이 높임을 받고 기쁨으로 그분의 뜻을 행하게 되는 하나님의 구원과 구속의 통치입니다.

셋째, 하나님의 나라는 현재에는 부분적으로 이루어졌고, 그리스도가 다시 오실 마지막 때에 완성됩니다. 바울은 하나님의 나라를 유업으로 받지 못하는 불신자들에 대해 말하면서(고전 6:9), 하나님의 나라를 장래의 것으로 다루고 있습니다. 하지만 신자들에게는 "그가 우리를 흑암의 권세에서 건져 내사 그의 사랑의 아들의 나라로 옮기셨으니"(골 1:13)라고 말하면서 하나님의 나라가 이미 현재에 이루어진 것으로 다루고 있습니다.

넷째, 하나님의 나라와 그리스도의 나라는 동일합니다. 바울은 에베소서 5장 5절에서 이렇게 말합니다. "음행하는 자나 더러운 자나 탐하는 자 곧 우상 숭배자는 다 그리스도와 하나님의 나라에서 기업을 얻지 못하리니." 오직 한 나라, 즉 그리스도와 하나님의 나라밖에 없습니다. 따라서 하나님의 나라를 섬기는 것은 그리스도를 섬기는 것이고, 그리스도를 섬기는 것은 하나님의 나라를 섬기는 것입니다.

그래서 바울은 16절에서 너희의 선한 것(네 선한 믿음과 선한 자유와 선한 음식)이 남을 상하게 하는 일에 사용되지 않게 하라고 말합니다. 먹는 것과 마시는 것에 무게를 두지 마십시오. 그것은 중요하지 않습니다. 왜 그렇습니까? 바울은 17절에서 이렇게 대답합니다. "하나님의 나라는 먹는 것과 마시는 것이 아니요 오직 성령 안에 있는 의와 평강과 희락이라." 구원하고 구속하고 거룩하게 하시는 하나님의 통치(하나님의 나라)는 예수 그리스도 안에서 이 세상으로 침투했습니다.

그리고 우리의 삶 속에서 메시아(왕)가 다스리신다는 증거는 먹고 마시는 일에 있지 않습니다. 모든 것을 먹는 자유는 하나님의 나라에서 비롯된 것이라 생각할 수도 있습니다. 하지만 꼭 맞는 말은 아닙니다. 하나님의 나라에서 비롯된 것은 그보다 훨씬 깊고 크며, 모든 것을 먹는 자유를 사용하는 법을 다스립니다.

성령 안에 있는 의와 평강과 희락

"하나님의 나라는 … 오직 성령 안에 있는 의와 평강과 희락이라"는 말씀은 어떤 의미일까요? 여기서 바울은 최소 두 단어를 한 가지 이상의 의미로 사용하고 있으므로 본문을 곧바로 분명히 이해하기는 어렵습니다. '의'란 우리가 아직 죄인인데도 믿음을 통해 의롭다는 선언을 받았을 때(롬 4:5) 하나님이 우리에게 전가해 주신 의를 의미할 수 있습니다. 또한 그 의로움을 기반으로 우리 안에서 역사하기 시작하는 의를 의미하기도 합니다(롬 6:13, 16, 18, 19, 20). 그리고 '평강'이란 우리가 하나님과 누리고 있는 관계(롬 5:1)이거나 혹은 서로의 관계 속에 이루어지는(고후 13:11) 평강을 뜻할 수 있습니다.

저는 의와 평강의 두 번째 의미에 마음이 끌립니다. 즉, 하나님이 우리의 관계 속에서 일하시는 것 말입니다. 하지만 우리가 관계 속에서 행하는 실질적인 의와 평강은 오직 믿음으로 전가받은 완전한 의와, 하나님과 누리는 평강을 기반으로 한다는 사실 역시 기억해야 합니다.

제가 이렇게 말하는 이유는 로마서 5장 1-2절에서 의와 평강과 희락이 나오는 순서와 오늘 본문의 순서가 놀라울 만큼 유사하기 때문입니다. "그러므로 우리가 믿음으로 '의롭다' 하심을 받았으니 우리 주 예수 그리스도로 말미암아 '하나님과 화평'을 누리자. 또한 그로 말미암아 우리가 믿음으로 서 있는 이 은혜에 들어감을 얻었으며 하나님의 영광을 바라고 '즐거워'하느니라." 따라서 믿음을 통해 받은 의가 있고, 하나님과의 화평이 있으며, 하나님의 영광을 바라는 기쁨이 있습니다. 그래서 저는 바울이 로마서 14장 17절에서 의와 평강과 희락을 언급할 때 5장 1-2절의 이 세 가지를 염두에 둔 것은 아닌지 궁금해졌습니다.

그런데 바울이 여기서 언급한 의와 평강이, 전가된 그리스도의 의라기보다는 우리 삶을 통해 실제로 드러난 의요 서로의 관계에서 실제로 누리는 평강을 언급한다고 제가 생각하게 된 계기는 바로 "성령 안에"라는 구절 때문입니다. "하나님의 나라는 … '오직 성령 안에 있는' 의와 평강과 희락이라." 이 구절은 바로 지금 성령님이 이런 일들을 행하고 계신다는 의미로 생각하게 합니다. 그분은 우리가 더욱 의롭고 평강하며 기쁘게 살아가도록 우리 안에서 다스리고 계십니다. 그리스도인으로서 삶을 시작하는 순간에 대한 선언이 아니라 지금 맺히는 성령의 열매인 것 같습니다. 이 일은 이신칭의를 기반으로 이뤄집니다. 하지만 지금 성령님이 우리 안에서 의와 평강과 희락을 만들어 내시기도 합니다.

바울은 그것이 하나님의 나라라고 말합니다. 달리 말해, 성령이 역사하시는 것과 하나님의 나라가 임하는 것은 동일합니다. 이는 마태복음 12장 28절에 나온 예수님의 사역에서 본 것과 아주 유사합니다. "그러나 내가 하나님의 성령을 힘입어 귀신을 쫓아내는 것이면 하나님의 나라가 이미 너희에게 임하였느니라." 성령이 역사하시는 하나님의 나라가 임하는 것입니다. 다르게 표현하면, 성령을 통해 하나님의 통치가 이루어지는 것입니다.

따라서 성령님이 우리의 이기심과 교만을 다스리고 정복하셔서 그리스도를 닮은 의로움으로 바꿔 주실 때, 우리는 음식 따위로 형제를 슬프게 하거나 망하게 하지 않을 것입니다. 하나님의 성령(하나님의 나라)은 의와 평강과 희락을 창조하십니다. 그것이 하나님의 성령이 하시는 일입니다. 그분은 의와 평강과 희락을 창조하십니다. 우리에게 이것이 있다면 형제를 고통스럽게 하거나 망하게 하지 않습니다.

이로써 그리스도를 섬기는 자는 하나님을 기쁘시게 하며(18절)

이후 18절에서 바울은 방금 말한 내용이 실제로 하나님을 기쁘시게 하고 다른 사람에게 칭찬을 받는다는 사실을 설명하면서 이를 확증합니다. "이로써 그리스도를 섬기는 자는 하나님을 기쁘시게 하며." 즉, 17절의 방식으로 그리스도를 섬기는 사람은 누구든 하나님을 기쁘시게 합니다.

17절에서 무슨 이야기를 했습니까? "성령 안에서" 의가 임한다고 했습니다. 그리고 "성령 안에서"(혹은 성령으로) 의가 임한다면, 이는 바로 하나님의 나라가 임한 것입니다. 따라서 우리가 이와 같이 그리스도를 섬기면 하나님을 기쁘시게 하는 것입니다. 그게 어떤 의미입니까? 여기서 하나님을 기쁘시게 하는 것은 무엇입니까?

하나님을 기쁘시게 하는 것은 단순히 그리스도를 섬긴다는 사실 자체에 있는 것이 아니라, 어떤 특정한 방식으로 그리스도를 섬기는지에 따라 정해집니다. 17절을 보면 그 방식은 "성령 안에서"입니다.

그리스도를 섬긴다지만 결국 그분을 욕되게 하는 방식이 있습니다. 예수님이 마가복음 10장 45절에서 이렇게 말씀하신 이유이기도 합니다. "인자가 온 것은 섬김을 받으려 함이 아니라 도리어 섬기려 하고 자기 목숨을 많은 사람의 대속물로 주려 함이니라." 그리스도를 섬기는 방식에 있어서도 그리스도를 욕되게 하는 것이 있습니다. 그래서 바울은 사도행전 17장 25절에서 이렇게 말했습니다. "또 무엇이 부족한 것처럼 사람의 손으로 섬김을 받으시는 것이 아니니 이는 만민에게 생명과 호흡과 만물을 친히 주시는 이심이라."

그리스도와 하나님을 섬기면서도 욕되게 하는 방식이란 그리스도와 하나님이 나를 필요로 한다는 사고방식으로 섬기는 것입니다. 생명과 호흡과 대속과 다른 모든 것을 위해 내가 그분에게 매달리는 것이 아니라, 그분이 나에게 매달린다는 생각 말입니다. 하나님을 기쁘시게 하는 것은 그분을 섬길 때에 공급하는 이가 하나님이심을 드러내는 것입니다. 마치 내가 공급하는 자이고 하나님은 나를 필요로 하는 분인 듯 섬기게 되면 그분이 기뻐하지 않으십니다. 그런 행동은 하나님을 빈곤하고 의존적인 분으로 보이게 합니다. 하지만 하나님은 결코 그런 분이 아닙니다.

그래서 18절은 이렇게 말합니다. "이로써 그리스도를 섬기는 자는 하나님을 기쁘시게 하며 사람에게도 칭찬을 받느니라." 즉, 17절에 나오는 방식으로 그리스도를 섬기는 자는(그리스도께 순종하고, 그분이 명하신 의를 추구하는 자는) 하나님을 기쁘시게 합니다. 이는 자신이 추구하는 일에서 성령님을 의지하는 사람을 말합니다. 하나님이 늘 우리를 섬기고 계신다는 깊고 행복한 확신을 가지고 하나님을 섬기는 사람입니다. 하나님은 변함없이 언제나 공급하시는 분이십니다. 언제나 말입니다.

우리 베들레헴교회에서 섬길 때 우리가 다른 어떤 것보다 가장 많이 기도하는 말씀은 베드로전서 4장 11절일 것입니다. 베드로는 우리 모든 사람에게 권고합니다. "누가 봉사하려면 하나님이 공급하시는 힘으로 하는 것같이 하라. 이는 범사에 예수 그리스도로 말미암아 하나님이 영광을 받으시게 하려 함이니." 섬길 수 있는 힘이 하나님으로부터 온다는 기대감을 가지고 섬기십시오. 그러면 하나님이 모든 영광을 받으실 것입니다. 여러분은 자신의 섬김으로 하나님의 나라를 드러내기 바라십니까, 아니면 자신의 능력을 드러내기 바라십니까?

우리의 섬김이 성령의 열매일 때, 하나님을 기쁘시게 하고 사람들에게 인정을 받습니다. 그래서 히브리서 기자는 다음과 같은 축복의 기도로 히브리서를 마무리했습니다. "모든 선한 일에 너희를 온전하게 하사 자기 뜻을 행하게 하시고 그 앞에 즐거운 것을 예수 그리스도로 말미암아 우리 가운데서 이루시기를 원하노라. 영광이 그에게 세세무궁토록 있을지어다. 아멘"(히 13:21).

하나님은 그분이 기뻐하시는 일을 우리 안에서 행하십니다. 그분은 이런 일을 기쁨으로 행하십니다. 하나님의 나라는 먹는 것이나 마시는 것이 아닙니다. 하나님의 나라는 우리의 삶에서 성령님이 강력하게 역사하심으로 생겨나는 의와 평강과 희락입니다. 이런 방식으로(자신을 의지하지 않고 성령님의 역사를 의지하면서) 그리스도를 섬기는 사람은 하나님을 기쁘시게 하며, 교회 안에 하나님의 나라를 드러내고 세상에서 그분의 나라를 확장시킵니다.

그러므로 성도 여러분, 19절에서 말하는 것처럼, "화평의 일과 서로 덕을 세우는 일을" 힘씁시다. 자신의 자유를 자랑하지 말고 오히려 그 자유로 형제와 자매를 사랑하십시오. 그리고 자신의 힘이 아니라 성령 안에서 행하십시오. 그것이 하나님의 나라입니다. 그것이 우리 안에 계신 하나님의 통치입니다.

18장

믿음을 따라 하지 아니하는 것은 다 죄니라

로마서 14:23

의심하고 먹는 자는 정죄되었나니 이는 믿음을 따라 하지 아니하였기 때문이라. 믿음을 따라 하지 아니하는 것은 다 죄니라. _롬 14:23

다음은 구약성경(시 32:1-2)과 신약성경(롬 4:7-8)이 함께 동의하는 바입니다. "불법[허물]이 사함을 받고 죄가 가리어짐을 받는 사람들은 복이 있고 주께서 그 죄를 인정하지 아니하실 사람은 복이 있도다." 그러므로 그 허물이 하나님께 용서받지 못하고, 죄가 가려지지 않은 채 거룩하신 하나님 앞에 그대로 드러나며, 주께서 죄를 인정하시는 사람은 복이 없고 매우 불행한 사람이라고 이해할 수 있습니다.

이 세대에서는 회개하지 않고 용서받지 못한 죄인이 흥왕한다고 생각할지 모르나, 하나님의 말씀의 권위로 확신할 수 있는 것은 그는 장차 올 심판을 피하지 못할 것입니다. 로마서 2장 4-5절에 이렇게 기록되어 있기 때문입니다. "혹 네가 하나님의 인자하심이 너를 인도하여 회개하게 하심을 알지 못하여 그의 인자하심과 용납하심과 길이 참으심이 풍성함을 멸시하느냐? 다만 네 고집과 회개하지 아니한 마음을 따라 진노의 날 곧 하나님의 의로우신 심판이 나타나는 그날에 임할 진노를 네게 쌓는도다."

죄의 속임수

이것이 사실이라면, 그리고 무한하신 창조주의 진노가 쏟아 부어지는 장면이 아무리 끔찍하다 해도, 그것이 실제로 겪을 공포의 그림자에 불과하다면, 오늘 이곳에 계신 분들, 그리고 세상 모든 사람에게 가장 중요한 일은 자신의 죄를 인정하고 하나님 앞에서 용서받는 길을 찾는 것입니다.

하지만 죄의 특성 중 하나는 속인다는 것입니다. 히브리서 3장 12-13절은 말합니다. "형제들아 너희는 삼가 혹 너희 중에 누가 믿지 아니하는 악한 마음을 품고 살아 계신 하나님에게서 떨어질까 조심할 것이요. 오직 오늘이라 일컫는 동안에 매일 피차 권면하여 너희 중에 누구든지 죄의 유혹[속임수, deceitfulness]으로 완고하게 되지 않도록 하라."

모든 죄의 중심에는 거짓이 있습니다. 그 거짓은 죄 가운데 있는 우리 모두에게 이렇게 속삭입니다. '네가 지금 하는 행동, 지금 느끼는 욕망이나 태도는 그다지 나쁜 게 아니야. 이보다 더 나쁜 일이 얼마나 많아? 그리고 다들 똑같이 하고 있잖아? 너도 어찌 할 수 없는 일이니 그렇게 나쁜 일은 아니야. 혹 일이 잘못되더라도 하나님은 네가 연약하고 쉽게 넘어지는 걸 아시기에 네 죄를 용서하고 불쌍히 여기실 거야." 죄는 진리를 수천 번이나 왜곡시킨 이 거짓을 인간의 마음속에 집어넣습니다. 그래서 예레미야 선지자는 이렇게 부르짖습니다. "만물보다 거짓되고 심히 부패한 것은 마음이라 누가 능히 이를 알리요?"(17:9).

저는 때로 제 삶에 교묘하게 스며든 죄악을 보며 절망합니다. 죄가 얼마나 사실을 왜곡하고 눈을 가리는지, 그리고 얼마나 어리석고 악한 일에 뛰어들게 만드는지 모릅니다. 이 세상을 보면 주변의 작은 세계는 도적질과 술 취함과 성적 난잡함으로 가득하고, 큰 세계도 볼리비아의 독재자 가르시아 메사가 저지른 끔찍한 고문 이야기로부터, 아내를 죽이고 자기도 죽으려고 스스로에게 총을 쏘았으나 얼굴만 날아간 채 목숨을 건진 개리 헤이스팅스 이야기까지, 그 자체로 끔찍한 죄악으로 가득합니다. 그리고 내 삶 속에 죄가 얼마나 교묘하게 들어앉아 있는지, 또 죄의 속임수가 세상을 얼마나 강력하게 사로잡고 있는지를 보며 스스로 질문해 봅니다. 만일 우리가 죄를 회개하고 용서받지 못한다면, 눈이 열려 죄악의 추함을 보고 정죄가 얼마나 끔찍하고 두려운지 깨닫게 될 소망이 과연 있겠는가 하고 말입니다.

하지만 그럴 때면 히브리서 4장 12-13절에 나오는 하나님 말씀에 담긴 약속을 떠올립니다. "하나님의 말씀은 살아 있고 활력이 있어 좌우에 날선 어떤 검보다도 예리하여 혼과 영과 및 관절과 골수를 찔러 쪼개기까지 하며 또 마음의 생각과 뜻을 판단하나니 지으신 것이 하나도 그 앞에 나타나지 않음이 없고 우리의 결산을 받으실 이의 눈 앞에 만물이 벌거벗은 것 같이 드러나느니라."

하나님의 말씀만이 우리의 죄악을 그대로 드러냅니다. 다른 것으로는 불가능합니다. 하나님의 말씀은 기만의 짙은 안개를 걷어내고 우리에게 죄악의 실체를 보게 해줍니다. 죄악 속에 뒹구는 것이 아니라 거기서 빠져나올 수 있도록 말입니다.

그러므로 오늘 저의 목표는 하나님의 말씀을 통해 죄가 무엇인지, 왜 그것이 죄인지를 여러분에게 보여드리는 것입니다. 진단 없이 치료할 수 있는 질병은 흔치 않습니다. 제가 오늘 하려는 일은 죄라고 부르는 인간의 질병을 하나님 앞에서 진단받게 하는 것입니다. 그것이 무엇인지 모른다면, 죄는 우리에게 더욱 큰 권세를 부릴 것입니다. 하지만 우리가 그 실체를 안다면, 죄의 전문가인 최고의 의사에게 진료를 받고 질병을 막는 데 필요한 약을 처방받을 수 있게 됩니다.

무엇이 죄인가?

제가 알기로 성경에서 죄를 가장 예리하고 통렬하게 정의한 구절은 로마서 14장 23절의 마지막 부분입니다. "믿음을 따라 하지 아니하는 것은 다 죄니라." 이 말씀이 예리한 이유는 바울이 죄를 정의하면서 모든 죄악된 행동과 태도의 뿌리, 즉 하나님에 대한 불신으로 들어가기 때문입니다. 그리고 통렬한 이유는 설교에서부터 집안일까지 우리가 하는 일과 하지 않는 일 모든 것이 다 죄가 될 수 있다고 말하기 때문입니다. 원문에서는 우리가 읽는 성경보다 훨씬 강조되어 있습니다. "믿음에서 나오지 않는 모든 것이 죄니라." 사람들 앞에서는 아무리 도덕적으로 보인다 하더라도, 하나님에 대한 신뢰가 결여

된 데서 시작된 모든 행동과 태도는 어떤 것이든 죄입니다. 하나님은 마음을 보십니다.

로마서 14장에서 바울은 어떤 그리스도인은 고기를 먹는 것이 잘못되었다고 생각하고(채식주의자), 또 다른 그리스도인은 모든 음식이 정결하다고 여기는(그래서 모든 것을 먹는) 상황을 언급합니다. 어떤 그리스도인은 금욕주의자인 반면 다른 그리스도인은 포도주를 마셨습니다. 바울은 모든 것이 그 자체로 정결하다고 믿었던 사람들과 의견을 같이 했지만, 그에게는 로마의 그리스도인들이 고기를 먹고 포도주를 마시게 하는 것보다 더 중요한 것이 있었습니다.

바울은 양편의 그리스도인 모두가 사랑으로 행하고 다른 편 그리스도인의 믿음에 상처를 주는 행동은 하지 않기를 바랐습니다. 2-3절을 보십시오. "어떤 사람은 모든 것을 먹을 만한 믿음이 있고 믿음이 연약한 자는 채소만 먹느니라. 먹는 자는 먹지 않는 자를 업신여기지 말고 먹지 않는 자는 먹는 자를 비판하지 말라. 이는 하나님이 그를 받으셨음이라."

14-15절을 보십시오. "내가 주 예수 안에서 알고 확신하노니 무엇이든지 스스로 속된 것이 없으되 다만 속되게 여기는 그 사람에게는 속되니라. 만일 음식으로 말미암아 네 형제가 근심하게 되면 이는 네가 사랑으로 행하지 아니함이라. 그리스도께서 대신하여 죽으신 형제를 네 음식으로 망하게 하지 말라."

그리고 21절입니다. "고기도 먹지 아니하고 포도주도 마시지 아니하고 무엇이든지 네 형제로 거리끼게 하는 일을 아니함이 아름다우니라."

말하자면, 바울은 로마서 14장에서 사람들을 위해 다시금 죄를 정의합니다. 죄는 단순히 먹고 마시는 식의 행동으로는 적절히 정의하기 어렵습니다. 그런 행동이 비롯되는 뿌리로 정의 내려야 합니다. 즉 사랑에서 나온 행동인지의 여부에 따라(15절) 고기를 먹는 행동이 죄가 될 수도 있고 아닐 수도 있습니다.

하지만 사랑에서 비롯되었는가 아닌가 보다 훨씬 깊은 뿌리가 있습니다. 22-23절입니다. "네게 있는 믿음을 하나님 앞에서 스스로 가지고 있으라." 여기서 바울은 예를 들어, 우리가 믿음의 자유함 때문에 고기를 먹는 일에 죄책감을 느끼지 않는다 해도, 다른 사람에게 상처를 주면서까지 그 자유를 자랑할 필요는 없다는 것입니다.

바울은 계속 이어 갑니다. "자기가 옳다 하는 바로 자기를 정죄하지 아니하는 자는 복이 있도다." 달리 말해, 자기가 하기로 선택하거나 하지 않기로 선택한 일에 대해 죄책감을 느끼지 않고 깨끗한 양심을 갖는 것이 큰 기쁨이라는 것입니다. 그리고 바울은 이렇게 결론을 짓습니다. "의심하고 먹는 자는 정죄되었나니 이는 믿음을 따라 하지 아니하였기 때문이라. 믿음을 따라 하지 아니하는 것은 다 죄니라."

여기서 바울은, 고기를 먹는 것이 죄가 될 것이라 생각하면서도, 죄가 될지도 모르는 그 일을 피하는 대신 계속해서 고기를 먹는다면 정죄를 받게 될 거라고 말합니다. 바울이 이렇게 말하는 이유는 고기를 먹는 일이 믿음에서 나온 것이 아닐 경우, 믿음을 따라 하지 않는 것은 다 죄이기 때문입니다. 여기에는, 고기를 먹는 것이 잘못이라고 생각하면서도 계속 고기를 먹는다면, 그 일은 믿음에서 나온 행동이 아니라는 것이 전제로 깔려 있습니다. 왜일까요? 그렇게 먹는 행위가 믿음의 행위가 될 수 없는 이유는 무엇일까요?

구원하는 믿음의 본질

이 질문에 대답할 수 있다면 23절에서 바울이 의미하는 믿음이 무엇인지, 또한 죄의 본질에 대해서도 보다 분명히 알 수 있을 것입니다. 잘못되었다고 생각하는 일을 계속 행하는 것이 믿음의 행위가 아닌 이유는 무엇일까요? 조금 다른 질문을 해보면 곧바로 대답이 떠오를 것입니다. "잘못되었거나 남에게 해가 된다고 생각하면서도 계속 그 일을 행하는 이유는 무엇일까?"

혹 그 일을 하지 않으면 행복하지 않을까 봐 그런 거라는 생각이 들지 않으십니까? 우리는 어떤 일련의 행위가 기쁨을 줄 것 같으면, 다른 이를 아프게 하거나 잘못이라고 느끼는 일을 하면서까지 기꺼이 모험을 강행합니다. 그 일을 하면 인생이 더 재미있거나 최소한 그럭저럭 견딜 만해질 거라는 생각이 들기 때문입니다.

그렇다면 우리의 행동이 믿음에서 나오지 않는 이유에 대해서도 이해하기 쉬워집니다. 믿음은 우리의 행동이 초래할지도 모르는 잘못된 일이나 상처 줄 일의 가능성을 볼 수 있기에, 미래의 즐거움을 얻으려고 모험을 강행할 필요를 느끼지 않습니다. 믿음은 하나님이 우리를 위해 미래를 열어 가신다는 사실을 신뢰하고, 우리 스스로 만들어 내는 미래보다 하나님이 여시는 미래를 훨씬 선호합니다. 그러므로 잘못된 일이나 해를 주는 일을 하면서까지 스스로 미래의 행복을 만들어 내려 애쓸 때 이는 사실상 믿음으로 행하는 것이 아님이 분명해집니다. 믿음은 하나님이 우리를 위해 최선의 미래를 만들어 주시리라는 것을 알고 안식을 누리기 때문입니다.

여기서 바울이 의미하는 구원하는 믿음이 무엇인지 간단히 살펴보고, 진실한 믿음은 왜 항상 삶을 변화시킬 수밖에 없는지 보겠습니다. 23절에서 알 수 있는 바는, 믿음이란 하나님이 우리 삶의 모든 일 속에 역사하시므로 우리에게는 최선이 되는 일만 생길 거라는 확신입니다. 세우신 계획이 결코 실패하는 법이 없는 전능하신 하나님은 지금 제가 설교하는 이 시간에도 오늘 오후나 내일 우리의 가정과 직장에서 일어날 일이 우리에게 최선이 되게 하시려고 바쁘게 역사하실 것을 우리가 정말로 믿는다면, 우리 삶과 마음속에 정말로 엄청난 능력이 자리하게 될 것입니다!

오늘날 교회 안에서 벌어지는 중대한 실수는 '구원하는 믿음'을 말할 때 주로 하나님이 우리에게 행하지 않으실 일, 즉 우리에게 '우리 죄의 책임을 묻지 않으실 것'이라는 사실에만 초점을 맞춘다는 것입니다. 이는 아주 중대한 실수입니다. 구약성경과 신약성경에 나오는 믿음의 본질적인 요소는 하나님이 지금과 장래에 '우리를 위해 행하실 일'에 초점을 두고 있기 때문입니다.

구원하는 믿음은 하나님이 그리스도의 죽음을 통해 우리의 죄를 용서하셨다는 사실 뿐 아니라, 우리의 유익을 위해 모든 삶 속에서 지금도 역사하고 계신다는 사실에 대한 '확신'입니다. 로마서 8장 32절 말씀에 따르면 "자기 아들을 아끼지 아니하시고 우리 모든 사람을 위하여 내주신 이가 어찌 그 아들과 함께 모든 것을 우리에게 주시지 아니하겠느냐?"라고 반문합니다. 예, 분명히 그렇게 하실 것입니다. 구원하는 믿음은 이것에 대한 확신입니다. 여기서의 "모든 것"이란 온갖 종류의 시련을 포함해 우리에게 최선이 되는 모든 것을 의미합니다. 그래서 바울은 로마서 5장 3-4절에서 이렇게 말합니다. "다만 이뿐 아니라 우리가 환난 중에도 즐거워하나니 이는 환난은 인내를, 인내는 연단을, 연단은 소망을 이루는 줄 앎이로다." 구원하는 믿음은 주로 미래 지향적입니다. 그렇다고 단순히 천국 이후의 일을 말하는 것은 아닙니다. 바로 내일 아침에 하나님께서 걱정스런 상황을 해결하실 거라는 확신을 의미합니다.

아브라함은 믿음으로 의롭다 함을 얻었습니다. 그는 하나님 앞에서 정결한 자로 섰습니다. 그렇다면 그의 믿음은 무엇이었습니까? 로마서 4장 20-21절은 이렇게 말합니다. "믿음이 없어 하나님의 약속을 의심하지 않고 믿음으로 견고하여져서 하나님께 영광을 돌리며, 약속하신 그것을 또한 능히 이루실 줄을 확신하였으니." 구원하는 믿음은 하나님의 약속 안에 안식하는 것을 의미합니다. 무슨 약속입니까? 하나님이 그 사랑하는 자들을 위해 모든 것이 합력하여 선을 이루신다는 것을 포함한 모든 약속입니다(롬 8:28). 하나님은 우리 평생에 선하심과 인자하심으로 우리를 따라오실 것입니다(시 23:6). 하나님은 우리를 떠나거나 버리지 아니하실 것입니다(히 13:5).

구원하는 믿음은 하나님의 약속과 능력에 대한 확신입니다. 그러므로 미래를 두려워하지 않고 하나님의 말씀을 받아들여 기쁨과 평강을 누리는 것입니다. 그래서 바울은 로마서 15장 13절에서 이렇게 말합니다. "소망의 하나님이 모든 기쁨과 평강을 믿음 안에서 너희에게 충만하게 하사 성령의 능력으로 소망이 넘치게 하시기를 원하노라." 소망의 하나님을 믿을 때 기쁨과 평강이 옵니다. 그렇게 되는 이유는, 하나님이 바로 지금 그리고 내일도, 매일의 삶 속에서 역사하고 계시므로 우리에게 최선이 되는 것만 생길 것이라는 확신 있는 소망 때문입니다.

이것이 로마서 14장 23절 말씀의 배경이라고 믿습니다. 소망의 하나님에 대한 확신의 토양에서 나오지 않은 것은 행동이나 감정, 태도 그 어떤 것도 다 죄입니다. "믿음을 따라 하지 아니하는 것은 다 죄니라."

불신: 죄의 뿌리

이러한 죄의 정의에는 여러분과 함께 나누고 싶은 세 가지 함의가 담겨 있습니다.

첫째, 모든 죄에 만연해 있는 특성은 불신입니다. 여기서 혼동하지 마시기 바랍니다. 제가 말하는 불신이란 성경의 진리를 받아들이기 거부한다는 의미가 아닙니다. 우리는 하나님의 약속들을 지적으로 동의하는 것으로 구원을 받지 않습니다. 그 약속들을 마음으로 소망하는 것으로 구원을 받습니다. 하나님의 약속들을 마음으로 확신하지 못하고, 장래에 우리에게 필요한 것을 하나님이 공급하신다는 사실에서 기쁨을 누리지 못하는 것이 모든 죄의 뿌리이며 핵심입니다. 불신은 모든 죄악 된 행위 중에서도 하나님을 가장 슬프시게 하는 것입니다. 히브리서 11장 6절에서 말하는 것과 같습니다. "믿음이 없이는 하나님을 기쁘시게 하지 못하나니."

정말로 그렇습니다. 불신은 끔찍한 모욕이기 때문입니다. 친구가 우리에게 호의를 베풀 것을 자기 명예를 걸고 약속하는데, 우리가 그 제안을 거절하고서 "아니, 됐어. 더 이상 자네를 믿지 못하겠네"라고 말한다면, 즉 친구의 약속에 대해 이렇게 반응한다면, 우정은 그 날로 끝납니다. 우리가 친구의 인격을 모욕하고 명예를 깎아 내린 셈이 됩니다. 그로 인해 그의 마음에 우리에 대한 적개심이 일어납니다. 게다가 우리가 그 친구를 모욕한 만큼 그의 존귀함은 더욱 드러나게 됩니다. 달리 말해, 그의 지혜와 명예와 신뢰도가 높을수록 그의 말을 받아들이지 못한 우리의 무례는 더욱 추하고 변명의 여지가 없게 됩니다.

이렇게 생각하면 죄가 얼마나 무서운지 느끼는 데 조금이나마 도움이 될 것입니다. 하나님은 무한히 지혜로우시고 무한히 영광스러우며 무한히 의지할 만한 분입니다. 그분이 우리의 유익을 위해 이 모든 것을 우리에게 주시려고 무한한 값을 치르셨기 때문입니다. 모든 호흡 하나까지 하나님의 은혜에 온전히 의존하고 있는 참으로 작고 하찮은 인간으로서 참으로 용납되기 힘든 범죄는 자신의 행동으로 하나님께 이렇게 말하는 것입니다. "아무리 생각해도 나를 위해 더 나은 미래를 만들어 줄 만큼 믿음직스럽지 않으시네요. 나만의 방법을 따라 나름대로 해보는 게 더 낫겠습니다." 만일 계속 이러한 불신을 고집한다면 장차 심판이 임할 것입니다(다음 주에 말씀드릴 내용입니다). 하나님의 약속을 기뻐하고 신뢰하지 못하는 것은 하나님께 끼칠 수 있는 최대의 모욕이며, 모든 죄 중에 가장 중한 범죄입니다.

죄는 목록이 아니다

로마서 14장 23절에 담긴 두 번째 함의는 죄를 단순히 십계명을 어기는 것이나 해야 할 일과 하지 말아야 할 일의 목록을 위반한 정도로 보아서는 안 된다는 것입니다. "믿음을 따라 하지 아니하는 것은 다 죄니라." 교회에 오는 것이 죄가 될 수 있고 집에 그냥 있는 것도 죄가 될 수 있습니다. 스테이크를 먹는 것이 죄가 될 수도 있고 안 먹는 것도 죄가 될 수 있습니다. 자기 아내와 성관계를 하는 것이 죄가 될 수도 있고 성관계를 거부하는 것도 죄가 될 수도 있습니다. 사탄이 사용하는 가장 성공적인 거짓말 중의 하나는 죄에 대해 정의할 때 우리가 할 일, 하지 말아야 할 일처럼 손쉽게 다룰 수 있는 어떤 목록으로 정리된다는 것입니다. 이것이 악한 이유는 이로 인해 수많은 신자들이 하지 말아야 할 목록 몇 가지를 지키고 나서 그것 한두 개를 지켰다는 이유로 하나님과의 관계에 별 문제가 없다고 생각하기 때문입니다. 사실은 그 상태로 매일 하나님의 진노를 자초하면서 죄를 짓고 살아가고 있는데도 말입니다. 그들의 태도와 행동이 하나님의 약속에 대한 믿음에서 나오지 않기 때문입니다.

이런 일이 우리에게는 해당하지 않을 거라는 생각은 하지 마십시오. 바울은 데살로니가 교인들에게 이렇게 썼습니다. "이러므로 나도 참다 못하여 너희 믿음을 알기 위하여 그를 보내었노니, 이는 혹 시험하는 자가 너희를 시험하여 우리 수고를 헛되게 할까 함이니"(3:5). 사탄은 주로 교인들 사이에서 활동하며 그들의 생명력 있는 믿음을 단순한 도덕으로 바꾸는 일을 합니다. 그는 하나님에 대한 행복한 확신에서 흘러넘치는 생명을 취해 형식적인 종교 훈련으로 바꾸는 일을 너무나도 즐겨합니다. 그런 일은 결코 허용하지 마십시오! 종교를 비롯하여 "믿음을 따라 하지 않는 모든 것은 죄"이기 때문입니다.

인생의 진정한 전투는 생각이 행동으로 옮겨 가는 저지대 삼각주의 넘실대는 강에서 일어나는 것이 아니라 훨씬 접근하기 어렵고 높은 데 위치한 믿음의 샘에서 일어납니다. 강이 믿음의 샘에서 시작하지 않는다면 그것이 어디로 흐르는지는 그다지 중요하지 않습니다. 그것은 결국 죄악 속에서 흘러나오는 것이기 때문입니다. 잠언에서 말한 그대로입니다. "모든 지킬 만한 것 중에 더욱 네 마음을 지키라. 생명의 근원이 이에서 남이니라"(4:23).

믿지 않는 자에게는 모든 것이 죄다

로마서 14장 23절에 함축된 세 번째 의미는, 이 말씀이 죄를 용서받기 위해 그리스도를 구하지 않고 그분에게 소망을 두지 않은 사람들에게 경고하는 말씀이라는 것입니다. 여러분이 혹 이런 사람이라면 이렇게 말하지 마십시오. "내 죄야 별 것도 아닌데, 얼마 되지도 않아." 로마서 14장 23절에 따르면 그런 사람이 행하는 모든 것이 다 죄이기 때문입니다. 죄를 용서받기 위해 그리스도를 믿지 않고, 우리를 위해 매일 역사하시는 그분 안에서 안식하지 못한다면, 우리의 어떤 행위도(그것이 설령 가장 고상한 행위라 해도) 믿음에서 나오는 것이 아니므로, 무한히 의지할 하나님에 대한 죄악과 모욕일 뿐입니다. 아직 그리스도를 믿지 않고 그분의 용서와 소망을 받지 않았다면, 우리가 하는 모든 일이 하나님이 보시기에는 죄악일 뿐이라는 생각에 동의하기 어려울 것입니다. 하지만 믿음에서 나오지 않는 모든 것은 죄입니다.

아직 그리스도께 자신을 의탁하지 못하고 그분을 구원자요 인생의 주로 받아들이지 못한 분들에게 좋은 제안을 드리겠습니다. 지금 당장 그분을 받아들이십시오. 그러면 아무런 정죄 없이 이번 주를 보내실 수 있을 겁니다.

이제 제가 기도를 할 텐데 이곳에 있는 모든 분들이 함께 따라하시길 바랍니다. 이미 그리스도인이시라면 이 기도가 그 사실을 확정해 줄 것입니다. 아직 그리스도인이 아니지만 그렇게 되기를 바라는 분이 있다면 지금이 회심의 순간이 될 수 있습니다. 정말로 원하신다면 조용히 저를 따라 기도하시기 바랍니다.

> 전능하신 하나님, 저는 저를 찾으시는 주님을 떠나 피할 데가 없습니다. 주님이 저를 찾아내셨고 제 마음을 이끌어 주님을 믿게 하셨습니다. 저의 큰 죄를 고백합니다. 믿음이 없어서 하나님을 욕되게 했던 것이 정죄받을 일임을 알았습니다.
>
> 하지만 이제 저의 죄를 대신 지고 죽으신 하나님의 아들 예수님을 믿습니다. 또한 제가 새 생명을 얻고 영생을 누리며 살아갈 것을 믿습니다. 그리스도가 저의 유일한 소망이 되시며 저의 주님이 되실 것을 고백합니다. 저를 용서하시고 영원한 약속을 주시는 하나님 아버지께 감사드립니다. 끝날까지 악에서 저를 지켜 주시옵소서. 아멘

19장

소망 중에 즐거워하기 위해 영감된 말씀을 사용하라

로마서 15:1-4

믿음이 강한 우리는 마땅히 믿음이 약한 자의 약점을 담당하고 자기를 기쁘게 하지 아니할 것이라. 우리 각 사람이 이웃을 기쁘게 하되 선을 이루고 덕을 세우도록 할지니라. 그리스도께서도 자기를 기쁘게 하지 아니하셨나니 기록된 바 주를 비방하는 자들의 비방이 내게 미쳤나이다 함과 같으니라. 무엇이든지 전에 기록된 바는 우리의 교훈을 위하여 기록된 것이니 우리로 하여금 인내로 또는 성경의 위로로 소망을 가지게 함이니라. _롬 15:1-4

이번 설교와 지난 설교 사이에는 유사점이 있습니다. 지난번에는 기쁨을 위한 싸움에 필요한 '기도'의 역할에 대해 말씀드렸다면 이번에는 기쁨을 위한 싸움에 필요한 '성경'의 역할에 대해 말씀드리겠습니다. 기쁨을 위한 싸움에 대해서는 로마서 12장 12절이 잘 말하고 있습니다. "소망 중에 즐거워하며 환난 중에 참으며 기도에 항상 힘쓰며." 이를 위해 우리는 사랑으로 섬겨야 하며, 이것은 이 단락의 주제이기도 하다는 것을 앞서 살펴보았습니다.

그래서 로마서 12장 12절과 나머지 신약성경 전체의 내용을 근거로 할 때, 그리스도인의 삶은 다음과 같습니다. 즉 "이 타락한 세상에서 그리스도인으로 살면서 환난이 오는 것은 정상이라는(벧전 4:12; 롬 8:23) 것입니다." 이땅에 오신 그리스도가 우리의 죄와 슬픔을 십자가로 가져가시고 무덤에 들어가신 뒤, 죽음을 이기고 다시 살아나신 것은 우리가 고통 중에도(고통 대신이 아니라) 흔들리지 않는 소망을 품으며 그 소망 덕분에 기쁨이 솟아나도록 하기 위함입니다. 그래서 12절에서 "소망 중에 즐거워하라"고 말하는 것입니다.

이 기쁨이 우리 앞에 당한 어려움을 인내할 수 있게 합니다. 그래서 12절에서는 "환난 중에 참으며"라고 말합니다. 히브리서 12장 2절에서도 예수님이 십자가를 참으신 것은 "그 앞에 있는 기쁨" 덕분에 가능했다고 말합니다. 십자가야말로 그 어떤 것과도 비교할 수 없는 최고의 사랑의 행위이기 때문에, 우리는 기쁨의 인내가 사랑의 희생을 가능하게 했음을 깨닫습니다. 피로 값을 치르고 그리스도를 영화롭게 하는 소망은 누구도 꺾을 수 없는 기쁨을 가져다주며, 그로 말미암아 환난 중에 인내할 수 있게 되어, 결국 희생의 사랑도 감내하게 합니다.

기도: 소망을 낳고 지켜 주는 것

그래서 이런 질문이 가능합니다. 소망이 기쁨과 인내와 사랑의 근간이 된다면, 무엇이 우리의 소망을 지켜 줄까요? 우리가 그리스도를 계속 소망하도록 이끌어주는 것은 무엇일까요? "소망의 근거가 무엇인가?"라는 질문이 아닙니다. 소망의 근거는 물론 그리스도입니다! 그리스도가 우리를 대신하여 죽으시고 부활하셔서 온 세상을 주권적으로 다스리십니다. 그것은 흔들릴 수 없는 기초입니다. 결코 변하지 않습니다. 하지만 우리는 변합니다. 우리는 연약하고 깨어지기 쉬우며 변덕스럽고 감정이 불안정합니다. 그래서 여기서의 질문은 우리의 소망과 마음이 그리스도께 고정되도록 지켜 주는 것이 과연 무엇인가 하는 것입니다.

지난번에 살펴본 답은 기도였습니다. 에베소서 1장 18-19절에 나온 바울의 기도에서 이를 볼 수 있습니다. 바울은 구체적으로 세 가지를 놓고 기도했습니다. "[1] 그의 부르심의 소망이 무엇이며, [2] 성도 안에서 그 기업의 영광의 풍성함이 무엇이며, [3] 믿는 우리에게 베푸신 능력의 지극히 크심이 어떠한 것을" 알게 해달라고 구했습니다. 이는 우리를 위해 하늘에 간직한 것을 고대하는 소망을 지키기 위해서입니다(벧전 1:4-5).

기도의 역할 가운데 하나는 그리스도를 우리에게 그 무엇보다 귀한 분으로 볼 수 있게 함으로 우리의 소망이 되시게 하는 것입니다. 이런 일이 우리 자신과 자녀, 그리고 교회에게 일어나도록 기도하지 않는다면, 우리 마음이 서서히 멀어지다가 우리의 소망을 돈과 직장과 가족에 두게 되고, 어느새 그리스도와 경쟁하는 수백 가지 것들에 소망을 두게 된다고 해도 결코 놀라운 일이 아닙니다.

말씀: 소망을 낳고 지켜 주는 것

오늘 다시 한 번 질문합니다. 우리의 소망을 낳고 지켜 주는 것은 무엇일까요? 소망은 기쁨을 지켜 주고, 기쁨은 인내를, 인내는 사랑을 지켜 주며, 사랑은 바울의 모든 가르침의 목표이므로(딤전 1:5), 그리스도인에게 있어 최대의 전쟁은 그리스도 안에서 기쁨의 소망을 지키는 것입니다. 우리는 그분과 함께 하는 우리의 장래를 그 어떤 보화보다 귀하고 만족스러운 것으로 보아야 합니다. 그것이 "소망 중에 즐거워한다"는 뜻입니다. 즉 하나님이 그리스도 안에서 우리를 위해 예비하신(또한 예비하실) 모든 것으로 만족하는 것입니다.

그래서 '우리 안에 있는 기쁨의 소망을 낳고 지켜 내는 방법은 무엇인가'에 대한 우리의 답변은 '성경을 읽고 묵상하고 암송하는 것'입니다. 하나님은 소망을 낳고 지키는 데 있어 이 두 가지 방법(기도와 말씀 묵상)을 다른 무엇보다 중요한 것으로 지목하셨습니다. 기도를 등한시하면 그리스도에 대한 소망은 희미해집니다. 하나님의 말씀을 등한시할 때 우리의 소망이 어떻게 희미해지는지에 대해서는 이제부터 살펴보도록 하겠습니다.

말씀이 소망을 낳고 지켜 준다는 바울의 암시적 논증

바울은 이를 어떻게 보여 주고 있습니까? 암시적이면서도 명시적으로 설명하고 있습니다. 바울은 그리스도의 사도로서 글을 쓰면서, 이미 기록되어 있는 구약의 말씀을 인용하여 우리를 위해 신약 말씀을 기록함으로써 하나님 말씀의 무한한 중요성을 첫 번째로 보여 주고 있습니다.

로마서 12장 19절을 예로 들어 보겠습니다. 그는 우리에게 사랑할 것을 요청하면서 이렇게 말합니다. "내 사랑하는 자들아 너희가 친히 원수를 갚지 말고 하나님의 진노하심에 맡기라. 기록되었으되, '원수 갚는 것이 내게 있으니 내가 갚으리라'고 주께서 말씀하시니라." 그는 구약성경에 '기록되었다'고 말한 후에 신명기 32장 35절 말씀을 인용합니다. 바울은 약속의 말씀을 인용하고 있습니다. 하나님이 우리의 원한을 갚아 주겠다고 하십니다. 하나님은 공의로우시기에 악한 것들을 우주 밑바닥에 그저 숨겨 두지 않으십니다. 모든 원한을 갚아 주실 것입니다. 그것이 성경의 말씀입니다. 우리가 성경을 읽을 때 알게 되는 사실입니다.

이로써 어떤 효과가 있습니까? 복수에 대한 부담감이 덜어집니다. 우리가 직접 짊어질 필요가 없습니다. 하나님이 감당하실 것입니다. 우리에게 벌어진 악한 일이 결코 간과되지 않을 것이라고 약속하십니다. 혹 우리를 괴롭힌 자들이 회개하고 믿는다면 그 일은 십자가에서 값을 치를 것입니다. 그렇지 않으면 지옥에서 보응을 받게 될 것입니다. 우리 스스로 하나님이 되어 그 짐을 짊어질 필요가 없습니다. 우리는 하나님 안에서 소망할 수 있습니다. 장래에 공의가 실현될 것을 확신할 수 있습니다. 그리고 이러한 소망 안에서 기뻐하고 인내하고 심지어 우리를 괴롭히는 자들을 사랑할 수 있습니다(눅 6:28).

그래서 바울은 직접 성경을 사용하면서 우리에게 성경 사용법을 암시적으로 보여 줍니다. 성경을 읽고, 묵상하고, 암송한 후, 그 안에서 소망과 기쁨과 인내와 사랑을 얻으십시오. 그렇게 하지 않으면 이 세상을 따르게 될 것입니다. 하지만 매일 성경을 읽고 생각하고 기억하고 말씀으로 기도하는 일에 시간을 드린다면, 우리의 마음은 새로워지고 변화를 받아서, 오히려 고통 중에도 소망이 강해지고 기쁨은 흔들리지 않게 될 것입니다. 그것이 바울이 암시적으로 보여 주는 말씀의 중요성입니다.

말씀은 우리에게 소망과 기쁨과 사랑을 주고, 복수의 부담감에서 자유하게 해줍니다. 이제 로마서 15장으로 가서 바울이 어떻게 말씀으로 우리의 소망을 일깨우고 유지시키는가를 보겠습니다.

말씀이 소망을 낳고 지켜 준다는 바울의 명시적 논증

2-4절을 보시기 바랍니다. "우리 각 사람이 이웃을 기쁘게 하되 선을 이루고 덕을 세우도록 할지니라. 그리스도께서도 자기를 기쁘게 하지 아니하셨나니 기록된 바 주를 비방하는 자들의 비방이 내게 미쳤나이다 함과 같으니라. 무엇이든지 전에 기록된 바는 우리의 교훈을 위하여 기록된 것이니 우리로 하여금 인내로 또는 성경의 위로로 소망을 가지게 함이니라."

바울은 2절에서 다시금 우리에게 서로 사랑하라고 말합니다. "우리 각 사람이 이웃을 기쁘게 하되 선을 이루고 덕을 세우도록 할지니라." 사랑은 그런 일을 합니다. 이제 바울은 우리에게 놀랄 만한 일을 행합니다. 여기서 예수님을 예로 드는 것에 있어서는 그다지 놀랍지 않습니다. 그리스도는 우리에게 복을 주시기 위해 기꺼이 고난을 선택하셨습니다. 그래서 우리도 그렇게 행해야 합니다. 가령, 우리에게 멀쩡한 두 다리가 있다면, 교회 주차장에 주차하지 마십시오. 노약자와 방문객들에게 양보하십시오. 멀찍이 주차하십시오. 바울이 예수님의 자기희생을 본보기로 삼아 자신보다 이웃을 기쁘게 하라고 요청하는 것은 하나도 놀랄 만한 일이 아닙니다.

하지만 바울이 예수님의 자기희생을 설명하기 위해 찾아가는 지점이 놀랍습니다. 예수님이 사랑으로 행하신 생전의 수십 가지 사건을 가지고 설명할 수도 있었습니다. 그런데 바울은 어떻게 하고 있습니까? 그리스도가 오시기 수천 년 전에 기록된 구약 말씀을 인용합니다. 3절입니다. "그리스도께서도 자기를 기쁘게 하지 아니하셨나니. 기록된 바, [그런 뒤 다윗의 시편 69편 9절을 인용합니다] '주를 비방하는 자들의 비방이 내게 미쳤나이다' 함과 같으니라."

참으로 놀라운 일입니다. 바울이 자기를 부인하는 사랑으로 서로를 사랑하라고 말할 때, 예수님의 생애 중에 일어난 사례를 가져오는 대신(예수님이 제자들의 발을 씻는 부분[요 13:1-2]과 같이 중요한 부분이 있음에도) 구약 말씀을 인용해 예수님의 삶을 설명했습니다(3절). "기록된 바, '주를 비방하는 자들의 비방이 내게 미쳤나이다' 함과 같으니라." 예수님은 우리가 받을 비방을 다 받으셨습니다. 우리가 받을 징계도 그분의 것이 되었습니다.

예수님이 우리의 비방을 다 짊어지셨음을 아는 것이 우리에게 소망이 됩니다. 우리를 대신해 고난당하신 그리스도의 복음은 소망의 위대한 바탕입니다. 그리고 이 소망은 우리를 기쁨으로 채우고, 기쁨은 자기부인이라는 사랑의 행위를 가능하게 합니다. "우리 각 사람이 이웃을 기쁘게 하되 선을 이루고 덕을 세우도록 할지니라."

하지만 여기서 놀라운 사실은 기쁨의 소망을 위해 싸우는 일에 있어서 말씀이 가장 중요한 것으로 부각된다는 것입니다. 바울은 예수님이 행하신 사랑을 이야기를 하는 대신 구약에서 예수님에 대한 예언의 말씀을 인용합니다.

여기서 이렇게 질문하는 분들이 있을 것입니다(저라면 그랬을 겁니다). 바울이 기쁨의 소망을 위해 싸우는 일에서 말씀의 중요성을 강조한다는 것을 어떻게 알 수 있느냐고 말입니다. 본문에서 또 다른 놀라운 사실이 드러나는데 그것이 이 질문에 대한 답이 될 것입니다.

바울은 강한 자가 연약한 자를 어떻게 사랑해야 하는가에 대한 권면을 갑자기 멈추고 그리스도인의 삶에 있어서 말씀의 역할을 언급합니다. 이렇게 생각해 보십시오. 우리는 지금 14-15장에서 먹는 것과 마시는 것과 성일에 관해 첨예하게 대립하는 그리스도인들을 도우려 애쓰고 있습니다. 그러다가 이제 본격적으로 예수님이 대속 제물로 죽으신 부분을 중요한 동기로 다루려고 하는데, 예수님의 생애에 대한 이야기를 하는 대신 시편 69편 9절을 인용하는 것입니다. 게다가 왜 그런 권면을 하고 그렇게 언급했는가에 대한 이야기는 하지 않습니다.

4절입니다. 우리의 삶에 있어 성경의 역할에 관해 성경에서 언급한 가장 중요한 구절 중 하나입니다. 사실상 바울은 이렇게 말합니다. '그리스도의 사랑을 설명하기 위해 구약 말씀을 인용했습니다. 그런데 이상하다는 생각이 들지 않으십니까? 제가 말씀드리지요. 여기서 잠시 연약한 자와 강한 자 사이의 사랑이 어떠해야 하는지 이야기하던 것을 멈추고 왜 이 부분을 논하려는지 설명하겠습니다. 왜 구약 말씀으로 신약 말씀을 기록하는지 말씀드리지요. 바로 이것입니다.'

바울은 사랑을 떠받치는 인내, 인내를 떠받치는 기쁨, 기쁨을 떠받치는 소망, 그리고 그 소망을 일깨우고 지켜 주는 것이 성경이라고 명시적으로 언급하고 있습니다. 그는 이렇게 말합니다. "무엇이든지 전에 기록된 바는 우리의 교훈을 위하여 기록된 것이니[말씀을 인용한 이유에 대한 근거로 제시합니다] 우리로 하여금 인내로 또는 성경의 위로로 소망을 가지게 함이니라." 이제 바울이 그리스도의 사랑을 설명하기 위해 구약 말씀을 인용한 사실보다 훨씬 놀라운 것이 나옵니다. 이는 구약 전체를 아우르는 말씀이라 우리로 하여금 일 년 내내 성경을 열심히 읽고 싶도록 해줍니다. 바울은 성경의 모든 내용이 우리의 소망을 일깨우고 지켜 주기 위해 기록되었다고 말합니다.

다시 읽고 생각해 보십시오. "무엇이든지 전에 기록된 바는[구약성경 전체에 기록된 바는] 우리의 교훈을 위하여 기록된 것이니 우리로 하여금 인내로 또는 성경의 위로로 소망을 가지게 함이니라." 모든 말씀이 우리의 소망을 낳고 지켜 주기 위해 기록되었습니다.

하나님의 말씀과 기도

지난 시간에는 우리의 소망을 일깨우고 지키는 방법으로 하나님이 기도를 지목하셨음을 보았습니다. 그리고 오늘은 소망을 일깨우고 유지시키는 방법으로 하나님이 성경을 지목하셨음을 봅니다. 우리가 로마서 12장 12절처럼 "소망 중에 즐거워하며 환난 중에 참으며 기도에 항상 힘쓰라"는 말씀에 순종하고자 한다면, 반드시 말씀을 읽고 묵상하고 암송해야 합니다. 그것이 우리의 소망을 일깨우고 지키는 하나님의 방법입니다.

우리가 "오, 주님, 제 마음의 눈을 밝혀 주셔서 저에게 주신 부르심의 소망이 무엇이며 성도 안에서 그 기업의 영광의 풍성함이 무엇인지 알게 하소서"(엡 1:18)라고 기도할 때 하나님은 이렇게 말씀하십니다. "기도와 더불어 성경을 읽고 묵상하며 암송하거라. 그러면 내가 너의 소망을 일깨우고 지켜 주리라. 네 눈을 열어 나의 말씀 안에 있는 기이한 것을 보게 하리라. 그리고 그 기이한 것이 네 영혼 속에 소망을 일깨워 주리라."

따라서 저는 여러분의 영혼을 돌보는 목자 중 한 사람으로서, 또한 여러분이 환난 중에 소망과 기쁨과 인내와 사랑으로 살기를 바라는 마음으로 간절히 부탁드립니다. 올해 새로 시작하는 성경 읽기 프로그램에 참여하십시오. 지난 시간에 안내 책자를 나눠드렸는데, 교회에서나 온라인으로도 신청 가능합니다.

우리의 소망을 위해 하나님이 앞서 행하신 일을 생각해 보십시오! 성경에 기록된 모든 것이 우리의 소망을 일깨우고 지켜 주기 위해 기록되었습니다. "무엇이든지 전에 기록된 바는 우리의 교훈을 위하여 기록된 것이니 우리로 하여금 인내로 또는 성경의 위로로 소망을 가지게 함이니라."

특히 우리가 세상에 소망을 두고 싶은 유혹을 받는 즐거움의 순간에, 그리고 더 이상 하나님의 주권을 믿을 수 없다는 생각이 우리를 유혹해 소망의 근간이 흔들려 버리는 큰 환난의 시간에 우리에게는 하나님의 말씀이 필요합니다. 성경을 읽는 것은 우리의 소망을 지켜 내는 데에 큰 힘이 됩니다.

슬픔이 배가 되는 날들

쓰나미가 덮쳐온 이후(2004년 12월 26일) 우리의 슬픔은 배가 되었습니다. 가장 먼저 들려온 소식은 말로 할 수 없는 고통과 죽음이었습니다. 인도 타밀나두 지역 해안가에 위치한 교회 하나는 예배 중에 쓰나미로 완전히 무너져 버렸습니다. 교회 전체에서 오직 한 사람만 살아 남았습니다. 이런 이야기 하나 하나는 우리의 마음을 아프게 합니다.

그리고 두 번째 슬픈 소식은 일부 그리스도인을 포함한 전 세계의 종교인들이 이번 재난을 다루면서 하나님을 깎아내리는 말을 하는 것입니다. 〈월스트리트저널〉에 실린 어떤 기사에서는 "기독교인들은 하나님의 불가해한 섭리에 대해 혐오스러울 만큼 진부한 발언이나 아니면 모든 재난이 결국 하나님의 선한 뜻을 위해 신비하게 역사할 것이라는 식으로 신성모독적인 조언을 할 자격이 없다"*고 말했습니다. 이런 기사는 오히려 이번 재난에 엄청난 악을 더할 뿐입니다.

이런 재난 중에도 우리는 말씀을 통한 다른 여러 방법으로 성경적인 소망과 사랑을 지킬 수 있습니다. 중요한 것은 그리스도가 우리의 고난 속으로 들어와 그 고난조차 정복하셨으므로, 고난이 우리를 기다리는 마지막이 아니라는 것입니다. 재난으로 인해 하나님의 주권적인 지혜와 능력과 선함에 대한 소망을 잃어버리지 않으려면 얼마나 더 많은 말씀이 필요할까요? 성경을 읽고 성경을 믿는 사람

*David B. Hart, "Tremors of Doubt", 2004년 12월 31일자 〈월스트리트저널〉.

이라면 저런 기사 글에 어떻게 대답할 수 있을까요? 그는 기독교 신학자로서 그런 글을 썼는데 말입니다!

소돔과 고모라를 심판하신 하나님을 믿지 말아야 하는 것일까요? 창세기 19장 24절입니다. "여호와께서 하늘 곧 여호와께로부터 유황과 불을 소돔과 고모라에 비같이 내리사." 그리고 창세기 13장 10절입니다. "여호와께서 소돔과 고모라를 멸하시기…."

우리는 출애굽을 이루신 하나님을 믿지도 말고 예배하지도 말아야 할까요? 이집트에서 마지막 재앙이 있을 당시를 출애굽기 13장 15절은 이렇게 말합니다. "여호와께서 애굽 나라 가운데 처음 난 모든 것은 … 다 죽이셨으므로."

당시 하나님의 백성은 모세가 훗날 신명기에서 어떤 글을 남길지를 우리보다 훨씬 잘 알았습니다. "이제는 나 곧 내가 그인 줄 알라. 나 외에는 신이 없도다. 나는 죽이기도 하며 살리기도 하며 상하게도 하며 낫게도 하나니 내 손에서 능히 빼앗을 자가 없도다"(32:39).

여호수아의 하나님을 신뢰하지도 경배하지도 말아야 할까요? 여호수아 10장 11절은 아모리 족속이 이스라엘을 치러 모였을 때를 이렇게 말합니다. "그들이 이스라엘 앞에서 도망하여 벧호론의 비탈에서 내려갈 때에 여호와께서 하늘에서 큰 우박 덩이를 아세가에 이르기까지 내리시매 그들이 죽었으니 이스라엘 자손의 칼에 죽은 자보다 우박에 죽은 자가 더 많았더라."

다윗의 하나님 앞에서 두려워하지도 말고 예배하지도 말아야 할까요? 사무엘하 12장 15절은 다윗이 간음을 저질러 밧세바가 임신했을 때를 이렇게 말합니다. "우리아의 아내가 다윗에게 낳은 아이를 여호와께서 치시매 심히 앓는지라." 그리고 아이는 죽었습니다. 하나님은 모든 생명의 주인이십니다. 공의와 자비가 완벽히 균형을 이룬 그분의 지혜에 따라, 생명을 주기도 하고 가져가기도 하십니다. 그분에게 속하지 않은 인간의 생명이란 없습니다(욥 1:21).

성경에는 그분의 백성과 온 나라에 대한 하나님의 심판을 묘사하는 내용이 거듭 나옵니다. 예를 들어, 아모스 4장 10절은 하나님께서 이스라엘에게 행하신 일을 상기시키십니다. "내가 너희 중에 전염병 보내기를 애굽에서 한 것처럼 하였으며, 칼로 너희 청년들을 죽였으며 너희 말들을 노략하게 하며 너희 진영의 악취로 코를 찌르게 하였으나, 너희가 내게로 돌아오지 아니하였느니라, 여호와의 말씀이니라."

혹은 동시대에 이사야 37장 36절은 앗수르가 하나님의 백성을 대적하러 왔을 때 하나님이 산헤드립과 앗수르에게 하신 일을 묘사합니다. "여호와의 사자가 나가서 앗수르 진중에서 십팔만 오천 인을 쳤으므로 아침에 일찍이 일어나 본즉 시체뿐이라."

다음은 하나님이 진노하시는 마지막 날에 이 세상에 일어날 일과 관련해서 요한계시록에 나온 내용입니다. 예를 들어, 요한계시록 16장 9절을 보면 지구에 대한 큰 재앙이 묘사됩니다. "사람들이 크게 태움에 태워진지라. 이 재앙들을 행하는 권세를 가지신 하나님의 이름을 비방하며 또 회개하지 아니하고 주께 영광을 돌리지 아니하더라."

역설적이게도 구약과 신약성경에 나온 이러한 이야기들이 도리어 오늘날의 재앙 때문에 균형을 잃고 넘어지지 않도록 우리를 지켜 줍니다. 하나님의 주권이 우리의 소망에 든든한 기초가 되게 해줍니다. 그 이야기가 소망을 지탱하게 합니다. 마음을 후벼 파는 이 시대의 재앙은 새로운 일이 아니며 끝나지도 않습니다. 그 안에서 하나님이 행하시는 모든 일을 우리는 다 알지 못합니다. 하지만 하나님이 그 사건 안에 계시지 않으신다든가, 그분의 "측량치 못할 비밀" 따윈 없다든가, 이 고통은 "하나님의 선한 뜻을 위해 신비하게 역사하지 않을 것"이라고 말하는 것은 (예수님의 말을 사용하자면) "성경도, 하나님의 능력도 알지 못하는 고로 오해"했다(마 22:29)는 사실을 보여 줍니다.

올 한해 하나님이 우리의 마음을 주의 말씀으로 이끌어 주시기를 간절히 기도합니다. 우리 모두 성경을 통독하는 일에 참여가기를 바랍니다. 이 모든 말씀은 세계적인 재난과 개인적 재난 속에서도 우리의 소망을 지켜 주기 위해 기록되었습니다. 그리고 아침저녁으로 묵상하십시오. 또한 교회 프로그램에 참여해서 말씀을 매주 암송하십시오. 하나님이 우리의 소망을 붙잡아 주시고, 그 소망이 우리의 기쁨을 지키며, 기쁨은 인내를, 인내는 사랑의 희생을 가능케 함으로써, 우는 자들과 함께 울고 그들의 고통을 달래며, 우리 자신과 더불어 재물도 함께 내어줄 수 있기를 바랍니다.

20장

하나님이 중심 되시는 예배 속의 다양성

로마서 15:1-7

믿음이 강한 우리는 마땅히 믿음이 약한 자의 약점을 담당하고 자기를 기쁘게 하지 아니할 것이라. 우리 각 사람이 이웃을 기쁘게 하되 선을 이루고 덕을 세우도록 할지니라. 그리스도께서도 자기를 기쁘게 하지 아니하셨나니 기록된 바 주를 비방하는 자들의 비방이 내게 미쳤나이다 함과 같으니라. 무엇이든지 전에 기록된 바는 우리의 교훈을 위하여 기록된 것이니 우리로 하여금 인내로 또는 성경의 위로로 소망을 가지게 함이니라. 이제 인내와 위로의 하나님이 너희로 그리스도 예수를 본받아 서로 뜻이 같게 하여 주사 한마음과 한 입으로 하나님 곧 우리 주 예수 그리스도의 아버지께 영광을 돌리게 하려 하노라. 그러므로 그리스도께서 우리를 받아 하나님께 영광을 돌리심과 같이 너희도 서로 받으라. _롬 15:1-7

관찰 정리

베들레헴교회 성도들이 예배 형식에 대한 선호도가 서로 다르다는 측면에서 오늘 본문 말씀을 함께 살펴보고 싶습니다.

1. 강한 그리스도인과 약한 그리스도인

1-2절에 따르면, 교회 안에는 강한 그리스도인과 약한 그리스도인이 있습니다.

예를 들어, 로마서 14장 2절을 보면 무엇이든 먹을 수 있는 믿음을 가진 사람들이 있고 채소만 먹는 사람들도 있습니다. 로마서 14장 5절에는 특정한 날을 중요하게 여기는 사람들이 있는 반면, 무슨 날이든 동일하게 여기는 사람들도 있습니다.

2. 차이점은 해소될 수 없다

1-2절에서 바울은 이러한 차이점이 단순한 가르침이나 기도로 해소되지는 못할 것으로 여기고 있는 듯합니다. 그가 여기에서 서로의 차이점을 해소할 방법을 제시하는 대신 그것을 보듬어 안고 어떻게 살아갈 수 있는지를 제시하고 있기 때문입니다.

3. 덕을 세우고 자기를 부인하는 것

1-2절을 보면, 이러한 차이점을 보듬어 안고 살아갈 뿐 아니라 이를 뛰어넘어 나아가는 방법에 대해 말하면서, 서로 덕을 세우고 자기를 부인할 것을 장려합니다.

2절: 이웃을 기쁘게 하되 덕을 세우도록 힘써야 합니다. 즉 '어떻게 하면 이웃을 더욱 믿음으로 세우고 장래의 은혜에 대한 믿음으로 살아가도록 도울 수 있을까?'라는 측면에서 덕을 세우도록 힘써야 합니다. 이를 통해 약한 자는 강해지고 강한 자는 자기를 자랑하지 않도록 스스로를 지킬 수 있습니다.

1절: 따라서 자기를 기쁘게 하는 것이 우리의 우선순위가 되어서는 안 됩니다. 다른 사람의 유익을 위해 자기가 더 좋아하는 것을 내려놓는 일에서 더 큰 만족을 발견할 줄 아는 사람이 되십시오.

{ 참고. 이것은 교회 안의 다양성에서 비롯되는 문제를 해결하기 위한 사고방식이지, 어떤 음식을 먹고, 어떤 날을 기념하며, 어떤 음악을 연주하는지와 같은 문제를 해결하는 방법은 아닙니다. }

4. 그리스도는 우리의 모범이시며 영감을 주시는 분입니다

3절입니다. 그리스도는 두 가지 면에서 우리의 모범이시며 영감을 주시는 분입니다. 그리스도는 사람들에게 선을 이루시기 위해 자기를 기쁘게 하지 않으시고, 자기가 감당할 필요가 없는 비방을 받으셨습니다.

{ 참고. 그리스도는 이 세상에 변화를 일으키려 하셨습니다. 단순히 사람들의 부패한 선호도에 맞추어 그들을 달래려 하신 것이 아닙니다. 우리에게 다른 사람의 변화를 바라는 마음이 있는가 하는 것은 여기서 다루려는 요지가 아닙니다. 다만 우리의 전략이 그들을 위해 고통을 감내하는 것에 있다는 것입니다. }

5. 소망을 지켜 주는 성경

4절입니다. 자기를 부인하고 사랑을 행하다가 낙심하는 상황에서도 우리가 소망을 붙들 수 있게 하는 인내와 격려의 원천으로서 하나님은 우리에게 성경을 주셨습니다.

6. "한마음"을 위한 기도

5절입니다. 우리에게 한마음을 주시라고 하나님께 기도하는 것은 음식이나 주의 날, 혹은 음악 형식에 관해 똑같은 것을 선호하는 마음을 달라는 의미가 아니고, 이 본문에서 언급한 동일한 영적 가치관을 주시라는 의미입니다. "그리스도를 본받아"(according to Christ)라는 말은 3절에서 "그리스도께서도 자기를 기쁘게 하지 아니하"심으로 모범이 되셨다는 것, 즉 이러한 가치관의 모범이 되셨다는 것과 동일한 의미입니다. 주님은 다음과 같은 가치관을 보여 주셨습니다.

- 다른 이들의 믿음을 세우기 위해 모든 것을 행하는 가치관
- 그러한 사역을 하면서 자기를 부인하는 가치관
- 그럼으로써, 예수 그리스도를 통해 모든 만족을 주시는 성부 하나님의 가치를 높이는 가치관

7. 목표는 진정한 예배

6절입니다. 이렇게 믿음을 세우고 자기를 부인하는 공통된 가치를 위해 살아가는 목표는 마땅히 "우리 주 예수 그리스도의 아버지 하나님께 영광을 돌리게" 하는 예배를 드리고자 함입니다.

- "한마음." 이는 5절에 나오는 내적 연합을 말하며, 선호를 공유하는 것이 아니라 영적인 가치를 공유하는 것입니다.
- "한 입." 이는 공동체에서 나타나야 할 외적 연합의 형태입니다.

{ 참고. 그렇다고 모든 문화적 차이를 희석시켜 한 가지의 예배 형식이나 한 가지의 언어로 통일하라는 의미는 아니라고 생각합니다. 예를 들어, 언어가 서로 다른 부분은, 다른 경우와 마찬가지로, 따로

예배를 드리는 것으로 존중할 수 있습니다. 하지만 이전에 골로새서 3장 11절에서 본 것처럼, 여기서 말하고자 하는 것은 우리를 갈라놓는 비본질적인 것들을 극복하고 영적인 가치(특히, 주요 목표이자 모든 가치인 우리 주 예수 그리스도의 하나님께 영광을 돌리는 것)에서 연합을 이룸으로 이를 표현하고 경험하기 위해 수고하는 것입니다.}

하나님이 중심 되시는 예배 속의 다양성

이제 우리는 "하나님이 중심 되시는 예배 속의 다양성"을 중점적으로 살펴보고자 합니다. 사명/비전 선언문 소책자의 6쪽에 나온 "13가지 가치 선언문"의 관점에서 읽어 보겠습니다.

1. 하나님이 중심 되신다는 기초

우리가 함께 예배드리는 불변의 기초는 하나님이 중심 되신다는 것입니다. 우리의 사명 선언문인 "최고의 하나님을 위한 열정"에도 암시되어 있습니다. 우리는 처음부터 끝까지 이를 느껴야 할 뿐 아니라, 하나님이 우리에게 가장 위대한 최고의 존재가 되신다는 가치를 드러내고픈 열정, 그리고 완전하신 하나님의 모든 아름다움을 드러내고픈 열정에 이끌려 살아야 합니다.

2. 요지 1

• "집중된." 중립적인 마음과 산만한 생각 혹은 고삐 풀린 마음을 최대로 줄여야 합니다. 강렬하고 열정적으로 주님과의 교제에 참여하십시오. 생각과 감정을 그분께 맞추십시오.

• "자유로운." 아멘으로 화답하든, 손을 들든, 손뼉을 치든, 서거나 앉든, 찬송가를 보든, 앞의 화면을 보든, 무릎을 꿇든, 큰 소리로 기도하든, 기회가 주어지는 대로 하십시오.

• "머무는." 예배 방법을 이것저것 바꿔야 한다는 부담감을 느끼지 않고, 진리나 하나님을 만나는 순간을 지나치게 빨리 떠나지 않는 것입니다. 풍성하고 복잡한 성경 본문을 잘 음미하도록 단순한 곡조와 가사의 찬양을 사용합니다. 예를 들어, "나 같은 죄인 살리신" 찬양을 부를 때는 같은 곡조에다 "할렐루야"를 붙여서 반복하는 것입니다. 같은 노래를 두세 번 반복하는 이유는 가사와 곡조에 친숙해지고, 찬양 속에서 평안함을 느끼며, 가사와 음악에 신경 쓰지 않고 하나님과 연결되기 위해서 입니다.

• "임재 안에서." 우리의 예배를 받으시기 위해 가까이 계시는 주님을 느끼는 것입니다. 하나님에 대해 '서로' 말하기보다는(이것도 성경적으로 합당한 방법이긴 하지만) 하나님께 '직접' 말하는 것입니다.

3. 요지 2

"우리 교회의 회중과 문화의 다양성을 반영하라."

• 우리는 다양하며, 이 사실은 하나님을 만나는 데에 있어서 보다 풍성한 도움을 얻을 수 있습니다. 또한 우리가 서로 만날 수 있는 접촉점을 넓힐 수 있습니다.

• 그렇다고 이것이 우리가 매주 다양한 공연이나 예배를 준비해야 한다는 의미는 아니며, 새로 연합된 개인들이 모여 독특한 우리가 된다는 개념입니다. 이런 일이 이루어지는 과정에서 주로 다음과

같은 요인들이 영향을 미칠 수 있습니다. 1) 성령, 2) 성경, 3) 우리 교회가 성장해 온 역사의 필연적인 배경, 4) 사명/비전 선언문, 5) 책자에 나온 예배 및 음악 준비위원회의 실행력, 6) 진행되는 일에 대한 교인의 반응을 지속적으로 반영하기, 7) 새로운 예배 인도자의 은사와 특성, 음악적 역량 및 영성, 8) 담임 목회자.

• 문화는 중요합니다. 가령, 우리는 방콕이나 뉴기니 칸칸에서만 사용하는 악기를 사용하려고 하지는 않을 것입니다. 비록 우리 문화가 음악적으로 자연 공명이 부족한 것은 크게 신경쓸 바가 안 되지만, 하나님의 유일하심에 대한 감각이 부족해서는 안 됩니다. 우리는 이 둘 사이에서 균형을 잡으려고 노력할 것입니다.

4. 요지 3

"하나님 중심의 가치와 성도 사이의 개별 사역을 성령의 능력 안에서 잘 조화시키라."

예를 들어, 예배 시간에 특별 헌금 시간을 마련하고 선교사 가정을 위해 기도하기. 몇 달 전 큰 어려움을 당한 라슨 가족을 위해 기도하기. 소그룹 모임 때 특별 기도 제목을 놓고 함께 기도하기. 3주 전에 사람들을 초대해서 선교 기도회로 모이기. 예배 전이나 후에 예배당에서 사역별로 모이기. 예배에 참석한 사람들에게 하나님이 원하시는 말씀을 즉시 전할 수 있는 다양한 사역 행하기.

우리의 모든 것 되시는 그리스도가 열쇠가 되어 주실 것입니다.

21장

하나님께 영광을 돌리심과 같이 너희도 서로 받으라

로마서 15:1-7

믿음이 강한 우리는 마땅히 믿음이 약한 자의 약점을 담당하고 자기를 기쁘게 하지 아니할 것이라. 우리 각 사람이 이웃을 기쁘게 하되 선을 이루고 덕을 세우도록 할지니라. 그리스도께서도 자기를 기쁘게 하지 아니하셨나니 기록된 바 주를 비방하는 자들의 비방이 내게 미쳤나이다 함과 같으니라. 무엇이든지 전에 기록된 바는 우리의 교훈을 위하여 기록된 것이니 우리로 하여금 인내로 또는 성경의 위로로 소망을 가지게 함이니라. 이제 인내와 위로의 하나님이 너희로 그리스도 예수를 본받아 서로 뜻이 같게 하여 주사 한마음과 한 입으로 하나님 곧 우리 주 예수 그리스도의 아버지께 영광을 돌리게 하려 하노라. 그러므로 그리스도께서 우리를 받아 하나님께 영광을 돌리심과 같이 너희도 서로 받으라. _롬 15:1-7

신약성경에서 장과 절이 나뉜 것은 성경이 기록되고 몇 세기가 지난 후였습니다.* 따라서 현재의 장과 절 구분이 본문에서 가장 적절한 자리에 이루어졌다고 생각해서는 안 됩니다. 일례로, 15장의 시작 부분은 적절하게 구분된 것이 아니라는 데 대다수의 주석가들이 동의합니다. 로마서 15장 13절 이후에서 나뉘었더라면 훨씬 자연스러웠을 것입니다. 연약한 그리스도인과 강한 그리스도인(양심의 가책 없이 자유롭게 먹고 마시는 사람)에 대한 논란은 14장에서 시작해서 15장까지 이어집니다.

1-2절은 익숙한 논점입니다. "믿음이 강한 우리는 마땅히 믿음이 약한 자의 약점을 담당하고 자기를 기쁘게 하지 아니할 것이라. 우리 각 사람이 이웃을 기쁘게 하되 선을 이루고 덕을 세우도록 할지니라." 새로운 이야기가 아닙니다. 이전에도 보았습니다. 로마서 14장 15절입니다. "만일 음식으로 말미암아 네 형제가 근심하게 되면 이는 네가 사랑으로 행하지 아니함이라." 로마서 14장 19절입니다. "그러므로 우리가 화평의 일과 서로 덕을 세우는 일을 힘쓰나니." 로마서 14장 21절입니다. "고기도 먹지 아니하고 포도주도 마시지 아니하고 무엇이든지 네 형제로 거리끼게 하는 일을 아니함이 아름다우니라." 따라서 전체적인 요지는 연약한 형제를 넘어지게 하지 않고 그의 믿음을 세워 주려면, 고기와 음료와 성일에 관해 기꺼이 자신의 자유를 내세우지 않아야 한다는 것입니다.

우리 자신이 아닌 이웃을 기쁘게 하기

바울은 로마서 15장 1-2절에서 조금 다르게 말하고 있습니다. 바울

*현재 성경의 장 구분은 1205년에 스테판 랭턴이 작업한 것이다. 로버트 스테파누스는 1551년에 신약에 절을 달았다.

은 우리 자신을 기쁘게 하는 것에 대해서가 아니라 이웃에게 선을 이루어 믿음을 세움으로 그를 기쁘게 하는 것에 대해 말하고 있습니다. 우리 자신이 아니라 다른 사람을 기쁘게 하는 일이란 무엇인지 두 가지로 설명하겠습니다.

첫째, 다른 사람을 기쁘게 하는 일이 우리의 행동 지침으로 작용하는 때는 비본질적인 일들과 관련해서 문제가 생겼거나 다른 사람을 믿음으로 세워야 할 필요가 있을 때입니다.

여기에는 넘어서는 안 되는 한계가 있는데 갈라디아서 1장 10절에서 바울은 이렇게 말했습니다. "이제 내가 사람들에게 좋게 하랴? 하나님께 좋게 하랴? 사람들에게 기쁨을 구하랴? 내가 지금까지 사람들의 기쁨을 구하였다면 그리스도의 종이 아니니라." 달리 말해, 갈라디아 교회 안에서 복음의 내용이 가장 중요한 사안으로 부각되었을 때 바울은 "사람을 기쁘게 하기 위해" 복음을 바꾸지 않겠다고 했습니다. 왜 그렇습니까? 복음이 변질되면 사람이 망하기 때문입니다. 사람을 세우기 위해서라면 그들을 기쁘게 하는 것을 마다하지 않겠지만, 사람을 기쁘게 했다가 그로 인해 그들이 멸망한다면 우리는 그렇게 할 수 없습니다.

둘째, 1절 마지막 말씀을 사용하자면 "자기를 기쁘게 하지 않는 것"이란 우리가 다른 사람을 기쁘게 하는 것을 즐거워해서는 안 된다는 의미가 아닙니다. 물론 "자기부인"(여기서 바울이 말하는 내용입니다)은 해야 합니다. 바울이 여기에서 말하는 내용이 그것입니다. 예수님도 말씀하셨습니다. "이에 예수님께서 제자들에게 이르시되 누구든지 나를 따라오려거든 자기를 부인하고 자기 십자가를 지고 나를 따를 것이니라"(마 16:24). 그러므로 그리스도인의 삶에는 그 자체로는 유쾌하지 않고 고통스러운 많은 일들이 있을 것입니다. 바울은 당시 새롭게 생겨난 교회들에게 늘 이렇게 가르쳤습니다. "우리가 하나님의 나라에 들어가려면 많은 환난을 겪어야 할 것이라"(행 14:22). 하지만 바울은 또한 이렇게 말했습니다. "우리가 환난 중에도 즐거워하나니"(롬 5:3). 하나님을 섬기는 일이 힘들 때조차도 "기쁨으로 여호와를 섬기[라]"고 명령합니다(시 100:2).

그래서 "믿음이 강한 우리는 마땅히 믿음이 약한 자의 약점을 담당하고 자기를 기쁘게 하지 아니할 것이라"는 부분을 읽을 때, 우리는 사람들의 유익을 도모하고 믿음을 세우기 위해 그들을 기쁘게 하는 것으로 우리가 기쁨을 느끼는 것이 죄가 된다고 생각하지 말아야 합니다. 사실 다른 사람의 믿음을 세우는 일에서 기쁨을 느끼지 못한다면 그야말로 잘못된 것입니다.

그러므로 1-2절에는 짚고 가야 할 것이 최소한 두 가지 있습니다. 첫째, 다른 이들의 유익을 도모하고 믿음을 세우는 일이라면 자기보다 남을 기쁘게 하는 일을 목표로 해야 합니다. 하지만 그들을 기쁘게 하느라 사람들을 다치게 하고 복음을 어그러뜨린다면 하지 말아야 합니다. 둘째, 우리는 기독교 희락주의를 놓치지 말아야 합니다. 잠시 동안의 즐거움을 포기하는 대가를 치르고서라도 다른 사람의 믿음을 세우는 것을 기쁨으로 할 수 있다면 이는 악덕이 아닌 미덕이라 불러야 마땅합니다. 하나님은 억지로 내는 자가 아니라 즐거이 베푸는 자를 사랑하십니다. 그것이 돈이든 시간이든 고기를 먹지 않는 일이든 다른 어떤 희생을 이야기하더라도 말입니다(고후 9:7).

이 모든 것은 어디로 향하고 있습니까? 이는 6-7절에 분명하게 드러나 있습니다. 바울은 이 모든 일이 하나님의 영광을 향하고 있다고 두 번씩이나 말합니다. "한마음과 한 입으로 하나님 곧 우리 주 예수 그리스도의 아버지께 영광을 돌리게 하려 하노라. 그러므로 그리스도께서 우리를 받아 하나님께 영광을 돌리심과 같이 너희도 서로 받으라."

바울의 목표: 하나님께 영광을 돌리는 것

바울의 목표는 단순히 좋은 인간관계가 아닙니다(물론 '좋은 인간관계'가 하나님을 영화롭게 하고 그리스도를 높이는 관계라면 마땅히 추구해야 합니다). 그리스도와 바울의 궁극적인 목표는 하나님께 영광을 돌리는 것입니다. 하나님의 아름다우심, 하나님의 위대하심, 하나님의 완전하심을 드러내는 것입니다.

창조의 모든 것, 구속의 모든 것, 교회의 모든 것, 사회와 문화의 모든 것이 하나님의 영광을 위해 존재합니다. 그 어떤 것이나 어느 누구도 그 자체로는 목적이 되지 않으며 오직 하나님만이 그러하십니다. 모든 것이 "주에게서 나오고 주로 말미암고 주에게로 돌아감이라"(롬 11:36). 교회 예배, 주일학교, 유아부, 교회 위원회 모임, 소그룹, 전도 및 선교 … 이 모든 것이 존재하는 오직 한 가지 궁극적인 목표는 바로 하나님의 위대하심을 높이는 것입니다. 그것이 우리가 "최고의 하나님을 향한 열정"을 전하기 위해 존재한다고 말하는 이유입니다.

성도 여러분, 우리 교회 안에 이러한 분위기가 형성되도록 저와 함께 기도하지 않으시겠습니까? 우리 교회가 친근한 곳으로 알려진다 해도 우리는 성공했다고 볼 수 없습니다. 그리고 친근하지 않은 곳으로 알려진다 해도 성공했다고 볼 수 없습니다. 우리가 하나님의 영광을 위해 열심을 다한다고 알려질 때에만 진정한 성공으로 가게 될 것입니다. 우리 아이들이 하나님의 영광을 이야기한다면, 우리 청년들이 하나님의 영광을 그 어떤 스포츠나 음악이나 패션의 영광보다 더 사랑한다면, 우리 직장인들이 하나님의 영광을 경제적 성공이라는 영광보다 더 추구한다면, 우리의 노인들이 저 너머에 보이는 하나님의 영광을 소망하고 기뻐한다면 말입니다.

지금 우리 문화의 거의 모든 부분들은 이처럼 근본적으로 진지하고 하나님 중심의 열정으로 하나님의 영광(모든 면에서 드러나는 완전하심, 영원하심, 변치 않는 성품, 그분의 자존성, 자기 충족성, 거룩함, 무한한 능력, 지혜, 선함, 공의, 진노, 자비, 인내, 은혜, 사랑과 같은 그분의 위대하심과 아름다움과 가치)을 알고 맛보고 드러내려는 시도를 위협하고 있습니다. 거의 모든 문화가 우리의 헌신과 섬김과 생각과 마음을 얄팍하고 일시적이고 겉만 요란한 즐거움에 쏟아 붓도록 위협을 가하고 있습니다.

하나님이 우리를 흔들어 깨우시고 그분의 위대하심을 깨달을 수 있게 해주시도록 함께 기도합시다. 바울도 이것을 위해, 즉 "지혜와 계시의 영을 너희에게 주사 하나님을 알게"(엡 1:17) 해달라고 구했었는데 하나님이 바로 이것을 우리에게 주십니다. 하나님을 알고 그분의 놀라운 영광을 경험하는 것이 우리에게는 얼마나 필요한지요. 출애굽기 33장 18절에서 "주의 영광을 내게 보이소서"라고 했던 모세처럼 기도하시기 바랍니다.

우리는 바울이 본문에서 무엇을 목표하고 있는지 알게 되었습니다. "한마음과 한 입으로 하나님 곧 우리 주 예수 그리스도의 아버지께 영광을 돌리게 하려 하노라"(6절).

이제 바울은 우리가 그 목표를 이루도록 어떤 식으로 돕습니까? 이는 교회 프로그램이나 관계 훈련 및 기법에 관한 질문이 아닙니다. 바울의 의도는 분명합니다. 즉 우리가 어떻게 하면 자기를 부인하고 이웃을 기쁘게 하기 위해 자신의 정당한 자유를 희생하면서 한 마음과 한 목소리로 하나님께 영광을 돌리는 사람이 될 수 있는가 하는 것입니다. 우리는 어떻게 그런 사람이 될 수 있을까요?

그런 사람이 되도록 바울이 제안하는 다섯 가지

여기서 바울은 우리가 자기를 기쁘게 하기보다 이웃을 세우고 하나님을 영화롭게 하는 일에서 기쁨을 얻는 사람이 되도록 이끄는 최소한 다섯 가지 사항을 알려 줍니다. 저는 이를 간단히 언급한 뒤 마지막 사항을 중점적으로 살펴보겠습니다. 각 사항마다 책 한 권은 족히 쓸 정도로 중요합니다. 그러니 각 사항별로 깊이 살펴보시기 바랍니다.

첫째, 바울은 우리의 관심을 '그리스도에게' 집중시킵니다. 그러면서 한 가지 사례를 언급하는데, 그것은 단순 사례 이상의 의미를 담고 있습니다. 바울은 하나님의 진노로부터 우리를 구원하시는 행위를 가리킵니다. 3절입니다. "그리스도께서도 자기를 기쁘게 하지 아니하셨나니 기록된 바 '주를 비방하는 자들의 비방이 내게 미쳤나이다' 함과 같으니라." 달리 말해, 다른 사람을 이용하기보다 섬기는 것으로 즐거움을 얻는 사람이 되려 한다면 그리스도를 생각하라는 말입니다. 그리스도를 바라보십시오. 특히 죄를 짊어지고 십자가에서 대속하신 일을 바라보십시오. 우리는 다음과 같은 모습으로 변화될 것입니다. "우리가 다 수건을 벗은 얼굴로 거울을 보는 것 같이 주의 영광을 보매 그와 같은 형상으로 변화하여 영광에서 영광에 이르니 곧 주의 영으로 말미암음이니라"(고후 3:18). 그러므로 그리스도를 바라보십시오.

둘째, 바울은 자기를 부인하고 사랑으로 섬기는 사람이 되는 데는 '성경'이 필수라는 점을 지적합니다. 3절에서 시편 69편 9절을 인용한 후에 바울은 4절에서 이렇게 말합니다. "무엇이든지 전에 기록된 바는 우리의 교훈을 위하여 기록된 것이니." 바울이 우리에게 제시하는 그리스도의 모습은 성경으로부터 왔습니다. 우리에게 있는 복음과 그리스도의 모습은 우리를 변화시킬 만큼 강력합니다. 우리 자신을 말씀에 내어드리기만 한다면 말입니다.

셋째, 바울은 자기를 부인하고 다른 사람을 세우는 섬기는 사람이 되는 데 성경이 구체적으로 어떤 유익이 있는지 적시합니다. 성경은 인내와 용기를 만들어 냅니다. 4절입니다. "무엇이든지 전에 기록된 바는 우리의 교훈을 위하여 기록된 것이니, 우리로 하여금 '인내로 또는 성경의 위로로'…." 하나님은 우리가 성경을 잘 배우고 그 뜻에 순종할 때 "인내와 위로"를 얻도록 해놓으셨습니다. 혹 인내와 위로를 얻지 못한다면, 우리가 성경을 제대로 읽지 못한 것입니다. 우리가 비록 서로 다르더라도 한 목소리로 하나님께 영광을 돌리는, 자기를 부인하는 사람이 되려 한다면 성경을 제대로 읽고 배우고 그 뜻을 따라야 합니다.

넷째, 바울은 우리가 자기를 부인하고, 자기를 희생하는 사랑을 행하는 데 있어 우리에게 소망이 없다면 결코 성공하지 못할 것이라고 강조합니다. 다시 4절입니다. "무엇이든지 전에 기록된 바는 우리의 교훈을 위하여 기록된 것이니 우리로 하여금 인내로 또는 성경의 위로로 소망을 가지게 함이니라." 어떤 소망을 말합니까? 모든 것이 합력하여 우리에게 선을 이룰 뿐 아니라 우리 모두가 하나님과 함께 영생을 유업으로 얻게 되리라는 소망입니다. 예수님은 어떻게 겟세마네와 골고다를 견뎌 내셨을까요? 히브리서 12장 2절은 그것이 소망의 힘이라고 말합니다. "… 그 앞에 있는 기쁨을 위하여 십자가를 참으사." 그것이 사랑 안에서 인내할 수 있는 유일한 방법입니다. 바울은 골로새서 1장 4-5절에서 그 점을 분명하게 말했습니다. "이는 … 너희의 믿음과 모든 성도에 대한 사랑을 들었음이요, 너희를 위하여 하늘에 쌓아 둔 소망으로 말미암음이니…." 그리스도를 높이는 소망은, 다른 사람의 유익을 도모하기 위해 자기를 부인하고 자기를 희생하는 사랑을 행함으로 다른 사람을 기쁘게 하는 일에서 강력한 힘을 발휘합니다.

이제 바울이 제안하는 마지막 사항이 있습니다. 여기서도 한 가지 사례가 등장하는데, 이는 하나님이 우리 안에서 행하시는 일이므로, 우리는 반드시 이 일이 일어나도록 기도해야 합니다. 5-6절에서 바울은 가르침과 권면에서 기도로 옮겨 갑니다. "이제 인내와 위로의 하나님이 너희로 그리스도 예수를 본받아 서로 뜻이 같게 하여 주사, 한마음과 한 입으로 하나님 곧 우리 주 예수 그리스도의 아버지께 영광을 돌리게 하려 하노라." 바울은 여전히 사람들에게 말하고 있습니다. 하지만 꼭 그들에게만 말하는 것은 아닙니다. 이 대목에서 바울은 자신이 말과 글로 설득할 수 있는 능력의 한계에 다다랐습니다. 교회를 향한 바울의 갈망은 사람이 닿을 수 있는 한계를 넘어섭니다. 하나님이 하시지 않고서는 불가능한 일입니다.

반드시 하나님이 우리 마음을 이끌어 주셔야 우리가 그리스도를 바라보게 되고 눈을 열어 그분의 영광을 보게 됩니다(살후 3:5). 우리가 하나님의 말씀을 묵상하려면, 하나님이 우리 마음을 말씀으로 이끌어 주셔야 합니다(시 119:36). 우리가 인내와 위로를 얻으려면, 반드시 하나님이 말씀을 통해 우리에게 인내와 위로를 주셔야 합니다(살후 2:16). 우리가 소망 가운데 계속해서 사랑으로 섬기려면, 반드시 하나님이 성령을 통해 소망을 풍성하게 해주셔야 합니다(롬 15:13).

성도 여러분, 로마서 14장과 15장 말씀이 우리에게 현실이 되도록 하나님께 간절히 매달리려면, 존귀한 기도의 특권 앞에 자신을 드려야 합니다. 바울마저도 그의 가르침이 사람들을 변화시키는 모습을 보기 위해 기도해야 했다면, 우리는 오죽하겠습니까?

22장

그리스도는 왜 유대인의 종이 되셨는가?

로마서 15:1-9

믿음이 강한 우리는 마땅히 믿음이 약한 자의 약점을 담당하고 자기를 기쁘게 하지 아니할 것이라. 우리 각 사람이 이웃을 기쁘게 하되 선을 이루고 덕을 세우도록 할지니라. 그리스도께서도 자기를 기쁘게 하지 아니하셨나니 기록된 바 주를 비방하는 자들의 비방이 내게 미쳤나이다 함과 같으니라. 무엇이든지 전에 기록된 바는 우리의 교훈을 위하여 기록된 것이니 우리로 하여금 인내로 또는 성경의 위로로 소망을 가지게 함이니라. 이제 인내와 위로의 하나님이 너희로 그리스도 예수를 본받아 서로 뜻이 같게 하여 주사 한 마음과 한 입으로 하나님 곧 우리 주 예수 그리스도의 아버지께 영광을 돌리게 하려 하노라. 그러므로 그리스도께서 우리를 받아 하나님께 영광을 돌리심과 같이 너희도 서로 받으라. 내가 말하노니 그리스도께서 하나님의 진실하심을 위하여 할례의 추종자가 되셨으니 이는 조상들에게 주신 약속들을 견고하게 하시고 이방인들도 그 긍휼하심으로 말미암아 하나님께 영광을 돌리게 하려 하심이라. 기록된 바 그러므로 내가 열방 중에서 주께 감사하고 주의 이름을 찬송하리로다 함과 같으니라. _롬 15:1-9

바울은 로마서 14장에서 줄곧 사용했던 방법을 15장에서 그대로 이

어갑니다. 즉 가장 큰 성경적이고 교리적인 진리들을 사용해 가장 개인적이고 실천적인 행동들을 뒷받침합니다. 먼저 바울이 사람들에게 어떤 행동을 동기부여하기 원하는지 살펴보겠습니다. 그런 다음 이를 교리적으로 어떻게 뒷받침하는지 살펴보겠습니다.

바울이 동기를 부여하고 싶은 행동

바울이 7절에서 권하고 있는 행동은 이것입니다. "그러므로 그리스도께서 우리를 받아 하나님께 영광을 돌리심과 같이 너희도 서로 받으라." 바울이 로마의 성도들과 우리에게 실천하도록 권하는 행동은 서로 환대하고 받아들이며 용납하고 사랑하라는 것입니다.

바울 사도가 오늘 이곳에 있었다면 우리를 향해 이렇게 말했을 것입니다. "베들레헴교회 성도 여러분, 주위를 돌아보십시오. 여러분이 어디에 있든 서로를 환대하십시오. 기꺼이 받아줄 줄 아는 사람이 되십시오. 단지 교회에 처음 오는 사람들이나 가까운 사람들만 환대하지 마십시오. 서로 가정에 초대하십시오." "손 대접하기를 힘쓰는 것"은 그리스도인을 향한 성경적인 명령입니다(롬 12:13; 히 13:2; 벧전 4:9). 비본질적인 부분에서 서로 차이점(음식과 음료와 성일에 관한 불일치)이 있더라도 반드시 그렇게 해야 한다는 사실을 강조합니다.

그런데 오늘 우리는 여기서 한 단계 더 나아가야 합니다. 왜냐하면 바울이 1절에서 연약한 자와 강한 자에 대해 언급하다가 자연스럽게 8-9절에서 유대인과 이방인에 대한 이야기로 넘어가기 때문입니다. 1절입니다. "믿음이 강한 우리는 마땅히 믿음이 약한 자의 약점을 담당하고 자기를 기쁘게 하지 아니할 것이라." 8-9절입니다. "내가 말하노니 그리스도께서 하나님의 진실하심을 위하여 '할례'의 추종자 [유대인]가 되셨으니 이는 조상들에게 주신 약속들을 견고하게 하시고, '이방인'들도 그 긍휼하심으로 말미암아…." 바울은 약한 자와 강한 자에서 유대인과 이방인으로 이야기를 옮겨 가지만 양쪽 모두에게 권하는 사안은 동일합니다. 서로 받으라는 말입니다.

따라서 연약함과 강함에 관한 문제 이면에는 다소 뿌리 깊은 민족 갈등이 자리하고 있는 것으로 보입니다. 유대인들은 분명 음식에 대한 거리낌을 보였을 것이고 이방인들은 이에 대해 별로 개의치 않았을 것입니다. 그래서 바울이 7절에서 강조하고 있는 것은 단순히 서로를 받아들이라는 일반적인 명령이 아니라 민족과 인종이라는 경계를 넘어 서로를 받아들이라는 명령이라고 할 수 있습니다. 그래서 바울은 우리에게도 이렇게 말했을 것입니다. "더 많은 사람을 받아들이는 성도가 되십시오. 영역을 확장하십시오. 나와 같은 사람들만 환대하던 지경을 넓히십시오. 인종이라는 경계를 넘어가십시오. 서로의 삶에 깊이 들어가십시오. 이를 위해 기도하십시오. 이를 위해 움직이십시오."

그리고 7절 마지막에서는 이것이 그 자체로 우리의 최종 목표가 되어서는 안 된다는 것을 확인하고 있습니다. 이는 하나님의 영광을 위해서 하는 일입니다. 7절입니다. "그러므로 그리스도께서 우리를 받아 하나님께 영광을 돌리심과 같이 너희도 서로 받으라." 사람이 그 자체로 목적이 되지는 않습니다. 오직 하나님만이 목적이십니다. 우리가 사람이 아닌 오직 하나님을 최종 목표로 삼는다면 모든 사람은 하나님이 본래 의도하신 존재가 될 것입니다. 하지만 사람을 최종 목표로 삼는다면 그 존재 의미를 잃고 말 것입니다. 하나님은 영광을 받으시기 위하여 사람을 만드셨습니다. 그분의 영광을 위해 살 때라야 우리는 온전한 사람이 됩니다. 사람들의 공동체, 사람들의 결속체, 사람들의 사회 역시 하나님의 영광을 드러내는 것이 마땅합니다. 그러므로 사람들의 공동체가 하나님의 영광을 위해 살지 않으면 결국 무너지고 말 것입니다.

좀 더 구체적으로 말하면 사람의 생명과 공동체는 의식적으로 하나님께 영광을 돌리기 위해 구상되고 창조되었습니다. 우리는 무의식적으로 혹은 의도하지 않은 상태에서 하나님을 영화롭게 하는 관계로 지음받지 않았습니다. 산이나 새나 은하수가 그런 것처럼 말입니다. 이것들은 스스로 무엇을 하는지 의식하지 못하면서도 하나님을 놀라운 분으로 보이게 합니다.

여기서 바울이 의미하는 바는 그것이 아닙니다. 우리가 그저 의식하지 않은 채 서로 사랑하면 사람들이 그 안에서 하나님의 아름다우심을 보게 된다는 의미가 아닙니다. 6절을 보면 이를 알 수 있습니다. "'한마음과 한 입으로' 하나님 곧 우리 주 예수 그리스도의 아버지께 영광을 돌리게 하려 하노라." 목표는 하나님이 위대하고 영광스러우시다는 사실을 자발적이고 기쁘게, 진실로 입을 모아 선포하는 것입니다.

성도 여러분, 하나님의 영광을 위해 나와 같은 부류를 넘고, 지경을 넓히며, 마당을 넘고, 도시를 넘고, 인종이라는 경계를 넘어 서로를 받아들이십시오. 교회에서, 가정에서, 소그룹에서, 개인의 삶에서 그런 일이 일어나도록 기도하면서 고통과 기쁨을 맛보십시오.

바울의 열정을 지지하는 성경의 진리

이제 바울이 우리 삶에서 일어나길 간절히 소망하는 이런 실천적인 일들과 관련해 성경이 이를 어떻게 지지하는지 살펴보겠습니다. 바울의 주장을 요약하면 이렇습니다. 우리가 하나님의 영광을 위해 서로를 환대해야 하는 이유는 그리스도도 하나님의 영광을 위해 유대인에게 종이 되셨기 때문이라는 것입니다.

여기서 진도를 나가기 전에 바울의 생각을 먼저 자세히 살펴봐야 할 것 같습니다. 바울은 우리에게 환대하는 공동체가 되라고 촉구합니다. 메시아이신 예수 그리스도, 하나님의 독생자께서 하나님의 영광을 위해 유대 백성을 섬기시려고 유대인으로 역사 가운데 성육신하셨기 때문입니다.

구조적으로 볼 때 이것이 무엇을 의미하는지 이해하시겠습니까? 우리 삶에서 교리는 중요하지 않다고 말하는 사람들과 함께하지 마십시오. 바울은 서로를 환대하고 사랑하고 수용하는 공동체를 로마 교회 안에(그리고 이 교회 안에도) 세우기 위해 애쓰고 있으며, 이를 위해 우리를 더 큰 성경적 교리로 이끌어 가고 있습니다. 혹 나에게는 그런 교리가 필요치 않다고 말하는 분이 있다면, 하나님이 변화시켜 주시도록 간구할 필요가 있습니다. 하나님의 감동으로 된 말씀으로서 로마서 15장 8-9절의 교리는 성도들이 서로 환대하는 교회가 되도록 자극하는 기반이 됩니다.

이 기반이 무엇인지 보겠습니다. 연약하든 강하든, 유대인이든 이방인이든 서로를 환대하라고 하는 이유는 무엇일까요? 8-9절입니다. "내가 말하노니 그리스도께서 하나님의 진실하심을 위하여 할례의 추종자[즉, 유대인]가 되셨으니 이는 조상들에게 주신 약속들을 견고하게 하시고, 이방인들도 그 긍휼하심으로 말미암아 하나님께 영광을 돌리게 하려 하심이라."

여기에는 여섯 단계에 걸친 주장이 나옵니다. 하나씩 살펴보면서 바울이 주장하는 교리가 우리의 마음을 온전히 채우고 사고와 열정을 형성하도록 해봅시다. 이 세상을 본받지 말고 마음을 새롭게 함으로 변화를 받으십시오. 바울의 주장을 함께 살펴보는 동안, 어떻게 사람들을 환대하고 사랑할지에 대한 우리의 마음을 채우고 빚고 사고방식과 감정을 다듬어 가십시오.

1단계: 예수님은 유대인으로 성육신하셨다

첫 번째 단계입니다. 하나님의 아들이 유대인으로 성육신하셨습니다. 8절입니다. "내가 말하노니 그리스도께서 하나님의 진실하심을 위하여 할례의 추종자가 되셨으니." 갈라디아서 4장 4절에서도 이런 식으로 설명합니다. "때가 차매 하나님이 그 아들을 보내사 여자에게서 나게 하시고 율법 아래에 나게 하신 것은." 즉, 하나님이 그 아들을 이 세상에 유대인으로 보내셨다는 말입니다.

역사 속에서 유대인이 차지하는 중요성을 축소시키지 마십시오. 예수님은 유대 역사의 완성이십니다. 오늘날까지 유대인이 존재한다는 사실 자체가 참으로 놀라운 일입니다. 최근 30년간의 무신론자에서 벗어난 뱀파이어 전문 소설가, 앤 라이스는 그의 책 『어린 예수』(Christ the Lord)에서 이렇게 말했습니다. "나는 아무 대책도 없이 어떤 신비와 마주치고 말았다. 그 신비는 너무나 광대해서 이를 설명하려는 시도조차 포기해야 할 정도였다. 그 신비함 전체가 신념을 무력화시켰기 때문이다. 그 신비는 유대인의 생존이었다. … 그 신비로 인해 나는 하나님께 이끌리게 되었다."*

첫 번째 단계는 하나님의 영존하시는 아들이 유대인으로 성육신하신 일입니다.

2단계: 예수님은 유대인을 섬기기 위해 유대인이 되셨다

두 번째 단계입니다. 예수님은 유대인을 섬기기 위해 유대인이 되셨습니다. 유대인을 위한 종으로 오신 것입니다. 8절입니다. "내가 말하노니 그리스도께서 하나님의 진실하심을 위하여 할례의 추종자가 되셨으니." 예수님은 마가복음 10장 45절에서 이렇게 말씀하셨습니다. "인자가 온 것은 섬김을 받으려 함이 아니라 도리어 섬기려 하고 자기 목숨을 많은 사람의 대속물로 주려 함이니라."

그리스도가 유대인을 위해 스스로 허락하신 최고의 섬김은 유대인의 불순종에 대한 대가를 치러 그들이 하나님의 진노에서 구원받을 수 있게 하는 것이었습니다. 요한복음 3장 36절입니다. "아들을 믿는 자에게는 영생이 있고 아들에게 순종하지 아니하는 자는 영생을 보지 못하고 도리어 하나님의 진노가 그 위에 머물러 있느니라." 우리가 하나님의 진노에서 벗어나도록 그리스도가 값을 치르신 것

*Ann Rice, *Christ the Lord: Out of Egypt* (New York : Alfred A. Knopf, 2005), pp. 308-309.

은 그분을 믿는 모든 유대인이 구원을 받게 하기 위함입니다.

3단계: 예수님은 하나님의 약속을 확증하셨다

세 번째 단계입니다. 유대인을 섬기기 위해 오심으로써 그리스도는 하나님의 약속을 확증하셨습니다. 8절입니다. "내가 말하노니 그리스도께서 하나님의 진실하심을 위하여 할례의 추종자가 되셨으니 이는 조상들에게 주신 '약속들을 견고하게 하시고.'" 고린도후서 1장 20절에서는 이렇게 설명합니다. "하나님의 약속은 얼마든지 그리스도 안에서 예가 되니 그런즉 그로 말미암아 우리가 아멘 하여 하나님께 영광을 돌리게 되느니라." 또한 갈라디아서 3장 16절은 이렇게 말합니다. "이 약속들은 아브라함과 그 자손에게 말씀하신 것인데 여럿을 가리켜 '그 자손들'이라 하지 아니하시고 오직 한 사람을 가리켜 '네 자손'이라 하셨으니 곧 그리스도라."

아브라함에게 약속하신 모든 것이 그리스도 안에서 나타납니다. 그분이 치르신 죄 값은 단지 하나님의 진노를 피하게 할 뿐 아니라 하나님의 모든 약속들을 보장하고 확증했습니다. 그리스도의 피로 죄가 덮일 때, 하나님의 약속들이 현실로 이뤄지지 못하게 방해할 수 있는 것은 없습니다.

4단계: 예수님은 하나님의 진실하심을 입증하기 위해 그 일을 행하셨다

네 번째 단계입니다. 그리스도는 하나님의 진실하심을 입증하기 위해 이 약속을 확증하셨습니다. 8절입니다. "내가 말하노니 그리스도께서 '하나님의 진실하심을 위하여' 할례의 추종자가 되셨으니 이는 조상들에게 주신 약속들을 견고하게 하시고." 달리 말해, 바울은 특히 하나님의 영광을 위해 서로를 환대하고 섬기라고 말하는데, 이는 그리스도가 하나님의 진실하심을 드러내시고자 유대인을 섬기러 오셨기 때문입니다.

5단계: 예수님은 유대인을 섬기신 방법대로 이방인에게도 긍휼을 보이셨다

다섯 번째 단계입니다. 그리스도는 유대인을 섬기신 방법대로 이방인(우리 대다수)에게도 긍휼을 보이셨습니다. 9절은 그리스도가 유대인의 종이 되신 두 번째 이유를 보여 줍니다. 첫 번째 이유는 8절에 나옵니다. "내가 말하노니 그리스도께서 … 할례의 추종자가 되셨으니 이는 조상들에게 주신 약속들을 견고하게 하시고." 그리고 9절입니다. "이방인들도 그 긍휼하심으로 말미암아 하나님께 영광을 돌리게 하려 하심이라." 그리스도는 유대인을 섬기기 위해 성육신하시고 죄 값을 치르고 약속을 확증하신 바로 그 방법으로 이방인을 섬기고 긍휼을 보이셨습니다.

갈라디아서 3장 28-29절은 그것을 다음과 같이 설명합니다. "너희는 유대인이나 헬라인이나 … 다 그리스도 예수 안에서 하나이니라. 너희가 그리스도의 것이면 곧 아브라함의 자손이요 약속대로 유업을 이을 자니라." 우리 이방인들이 유대인의 메시아인 그리스도께 믿음을 두면, 아브라함의 자손이 되고 그 모든 언약의 상속자가 됩니다. 우리는 자격이 없었습니다. 모든 것이 긍휼입니다.

6단계: 예수님이 우리에게 긍휼을 보이신 것은 하나님께 영광을 돌리게 하기 위함이다

여섯 번째 단계입니다. 우리 이방인들이 이러한 긍휼을 받은 것은 하나님께 영광을 돌리게 하기 위함입니다. 9절입니다. "이방인들도 그 긍휼하심으로 말미암아 하나님께 영광을 돌리게 하려 하심이라." 우리가 긍휼을 받는 것이 구원의 궁극적인 목표는 아닙니다. 이를 통해 하나님이 영광을 받으시는 것이 궁극적인 목표입니다. 따라서 7절을 보면, 바울이 원래 의도한 목표에서 벗어나지 않았음을 알 수 있습니다. "그러므로 그리스도께서 우리를 받아 '하나님께 영광을 돌리심'과 같이 너희도 서로 받으라."

사랑하는 성도 여러분, 하나님의 영광을 위해 행하십시오. 하나님의 영광을 위해 서로 섬기십시오. 그리스도가 유대인의 종이 되셔서, 그들로 하나님의 진실하심으로 인해 영광을 돌리게 하고, 이방인들도 그분의 긍휼로 인해 하나님께 영광을 돌리게 하셨기 때문입니다. 그리스도가 하나님의 영광을 위해 오셔서 죽으셨으므로 우리도 하나님의 영광을 위해 서로를 받아 주어야 합니다.

왜 성탄절이 있습니까? 왜 그리스도가 이 땅에 오셨습니까? 그분의 긍휼로 인해 하나님께 영광을 돌리게 하려 하심입니다. 우리도 하나님의 영광을 위해 서로를 긍휼로 받아들여서 그것이 얼마나 귀한 일인지 보일 수 있어야 합니다.

23장

성경의 위로로 소망을 가지게 함이니라

로마서 15:4

무엇이든지 전에 기록된 바는 우리의 교훈을 위하여 기록된 것이니 우리로 하여금 인내로 또는 성경의 위로로 소망을 가지게 함이니라. _롬 15:4

이전 설교에서는 성도에게 소망을 주시는 하나님의 방법에 대해 다루면서 베드로전서 말씀을 중점적으로 살펴본 바 있습니다. "우리 주 예수 그리스도의 아버지 하나님을 찬송하리로다. 그의 많으신 긍휼대로 예수 그리스도를 죽은 자 가운데서 부활하게 하심으로 말미암아 우리를 거듭나게 하사 산 소망이 있게 하시며"(벧전 1:3).

이 본문에서 죄인을 새롭게 하시는 하나님의 목표는 그들에게 살아 있는 소망을 주기 위함이라고 배웠습니다. 하나님의 놀라운 긍휼하심으로 우리는 다시 태어나 살아 있는 소망을 갖게 되었습니다.

사람이 거듭날 때 일어나는 일

한 사람이 거듭날 때 생기는 일은 이렇습니다. 우리가 지금 여기 교회에 잃어버린 바 된 죄인으로 앉아 있다고 합시다. 뭔지 모를 불편함이 있습니다. 오후에 TV 시청과 맛난 식사도 할 예정이지만 불편함은 사라지지 않습니다. 종교를 그토록 심각하게 받아들이는 사람들이나, 노래하고 기도하면서 하나님을 향해 감정을 드러내는 사람들 옆에 있으면 다소 불편한 것이 사실입니다.

하지만 한편으로는 흥미롭기도 하고, 때로는 우리가 정말로 종교적인 사람(하나님에 대해 정말로 진지해져서 인생이 바뀌고 실제로 변화를 보이는 그런 사람)이 될 수 있을지 궁금합니다.

그리고 여기 교회에 앉아 있는 동안 모든 사람이 죄인이라는 하나님의 말씀을 듣습니다. 우리는 단지 하나님의 뜻에 반하는 행동만 하는 게 아니라 그런 행동을 너무 좋아합니다. 우리는 불순종의 노예이고, 본성적으로 하나님을 대적합니다. 그런데 어떤 이유에선지 이번에는 말씀을 듣는데 그것이 정말 사실로 다가옵니다. 여기에는 어떤 논쟁도 필요 없고, 양심이 증거합니다. '이것은 사실이다. 나는 죄인이고, 내 마음은 하나님을 철저히 거스른다.'

그런 후에 우리 죄의 값은 사망이라는 말씀을 듣습니다. 하나님을 불순종하고 그분의 아들을 거부하는 자들은 영생을 얻지 못하고 하나님의 진노를 받는다고 합니다. 그리고 생애 처음으로 이 말씀이 단순히 그럴 듯한 생각이 아니라, 사실을 말하는 것으로 느껴집니다. 그런 생각이 강하게 스치면서 하나님의 말씀이 불합리해 보이지 않습니다. 오히려 매우 공정하고 옳게 보이고, 양심의 가책이 일어나기 시작하면서 이번엔 모든 비상구가 닫혀 버립니다. 이제 하늘로부터 오는 양심의 사냥개에 둘러싸인 채 이리저리 뜯길 것입니다. 사실은 우리를 구해 내기 위해 덤비는 녀석들입니다.

점점 거세지는 양심의 가책과 절망감 속에서 예수 그리스도가 이 땅에 오신 것은 죄인을 구하기 위함이라는 메시지를 듣습니다. 즉 그분은 악한 죄를 덮고 취소하기 위해, 경건치 아니한 자들을 의롭다 하시기 위해, 부정한 자들을 정결하게 하시기 위해, 사기꾼과 창녀와 거짓말하는 자와 부유한 무신론자들을 용서하시기 위해 죽으셨다고 말입니다.

우리는 이제 말씀을 듣고서, 생애 처음으로 예수 그리스도가 어떤 분인지 이해가 되기 시작합니다. 조각들이 제자리를 찾기 시작합니다. 그리고 하나님은 그분에게 나아오는 모든 이들에게 풍성한 은혜를 베푸신다는 말씀을 듣습니다. 죄책감과 죄의 권세로부터 구원을 얻는 것은 값없이 주시는 은혜의 선물이고, 목마른 사람은 누구나(얼마나 오랜 기간 거부해 왔든, 세상적으로 얼마나 속된 즐거움을 누리며 지내 왔든 관계없이) 생명의 샘으로 와서 값없이 마시고 구원을 얻도록 초대 받았다는 말씀을 듣습니다.

그리고 갑자기, 전에는 인식조차 못했던 은혜의 기적이 일어납니다. 하나님의 성령이 말씀을 도구로 사용해 우리의 마음속에 새로운 영적 생명을 탄생시키며 살아 움직이게 합니다. 천둥이 울리지도 않고, 번개가 치지도 않으며, 심지어 감정의 동요도 없을 수 있지만, 단지 모든 저항감을 버리고 마음으로 예수 그리스도 앞에 겸손히 엎드리게 되는 것, 그리고 우리의 눈과 그분의 눈이 마주쳐 그분의 긍휼하심을 마음껏 받아들이는 일이 일어납니다.

그때 마음속에는 소망(확신에 찬 기대감)이 일어납니다. 나도 포함되었다는 확신, 그리고 그분의 초대가 나의 것이고, 약속도 나의 것이며, 용서도 나의 것이고, 나의 죄에도 불구하고 나를 받아 주셨다는 소망입니다. 그렇게 우리는 구원받습니다. 더 이상 단순한 죄인이 아닌 구원받은 죄인입니다. 더 이상 육신의 자녀가 아닙니다. 하나님의 자녀입니다. 다시 태어났습니다.

그리고 그 결과로 하나님 안에서 새로운 소망이 생깁니다. "우리 주 예수 그리스도의 아버지 하나님을 찬송하리로다. 그의 많으신 긍휼대로 예수 그리스도를 죽은 자 가운데서 부활하게 하심으로 말미암아 우리를 거듭나게 하사 산 소망이 있게 하시며!"

계속 경계하고 무장해야 할 필요성

우리는 이 시점에서 스스로 경계해야 합니다. 여기서 큰 실수를 범할 수 있습니다. 자기 몫 하나를 잃을 수 있음을 깨달은 사탄은 모든 기만을 동원하여 우리를 공격할 것입니다. 이때 가장 흔하게 사용하는 방법은 우리 속에 이런 생각을 심는 것입니다.

"그건 정말 놀라운 경험이었지. 절대로 잊지 못할 거야. 죄책감과 두려움과의 싸움에서 자유롭게 된다는 건 얼마나 좋은 일인가! 이제 평안하게 나의 일을 할 수 있겠구나."

그럴 듯하지 않습니까? 하지만 여기에는 거짓이 숨어 있습니다. 우리는 죄책감과 두려움과의 싸움에서 자유롭게 된 것이 아닙니다! 우리의 미래는 평안과 낭만이 가득하지 않습니다. 새로운 소망이라는 이 아름다운 경험은 벌써 위기에 직면합니다.

오늘 아침 드리는 말씀의 핵심은 우리가 거듭났을 때, 전쟁을 위해 새로 태어났다는 사실입니다. 이 전쟁은 끝까지 소망의 풍성함을 지키는 싸움(히 6:11)이며, 오직 하나님의 말씀으로만 싸우고 승리할 수 있는 싸움입니다.

다시 말씀드리겠습니다. 성령으로 다시 태어났을 때 우리는 전쟁을 위해 다시 태어났습니다. 이는 인내의 전쟁이고(막 13:13), 믿음의 고백을 굳게 붙들기 위한 전쟁이며(히 10:23), 복음의 소망에서 물러나지 않기 위한 전쟁입니다(골 1:23). 이 전쟁에서 이기고 마지막 날까지 소망의 풍성함을 지키는 유일한 길은 하나님의 말씀으로 절망과 싸우는 것입니다.

헨리 마틴의 전투

로마서 15장 4절로 넘어가기 전에 이와 관련된 한 가지 예를 말씀드리겠습니다. 헨리 마틴은 1800년대 초에 인도와 아라비아와 페르시아로 간 젊은 선교사였습니다. 그는 1806년에 약혼자인 리디아 그랜펠을 영국에 남겨 두고 떠난 후 다시는 만나지 못했습니다. 31세의 나이에 순교했기 때문입니다.

선교지로 가는 배 위에서 그는 하나님 말씀에 담긴 약속들을 붙잡고서 자기연민과 낙심과 싸웠습니다. 5월이 되어 인도 캘커타에 도착했고, 두 달 후에는 끔찍한 경험을 했습니다. 어느 고참 선교사가 헨리 마틴과 그가 전한 교리를 정면으로 반박하는 설교를 한 것입니다. 그는 헨리 마틴의 가르침을 일관성 없고 터무니없으며 불합리하다고 말했습니다. 그는 마틴이 그저 "자기 만족과 교만, 그리고 엄격함을 만족시키려" 애쓴다며 비난했습니다.

외로운 이 젊은이는 그런 매서운 경험을 어떻게 견뎌 냈으며 이후 6년의 시간을 인내하면서 신약성경을 힌두스탄어와 페르시아어, 아랍어로 번역할 수 있었을까요?

그의 일기 속에서 답을 찾을 수 있습니다. "괴롭고 복잡한 수많은 생각 속에서도 나는 내 앞에 자리 잡은 소망 안에서 강력한 위안을 발견했다. 인간은 가장 악한 일을 행하고, 나는 산산이 찢기고, 사랑하는 리디아는 내게서 떠나간다 해도, 혹은 50년의 세월을 냉소 속에서 한 명의 회심자도 없이 고생한다고 해도, 여전히 그것은 영원 속에서나 현재 속에서 내 영혼에 가장 끔찍한 일은 되지 않을 것이다. 현지인들은 사납게 날뛰고, 영국인들은 헛된 것들만 상상하지만, 이 모든 사건을 주관하시는 주 예수님은 나의 친구시며 나의 주인이시고 나의 하나님, 나의 모든 것이다."

헨리 마틴은 하나님의 말씀을 붙들고 낙담과 절망과 싸웠습니다. "예수님은 나의 친구시며 나의 주인이시고, 나의 하나님, 나의 모든 것이다!" 이것이 우리가 매일 싸워가는 방법입니다. 전쟁이 끝나고 대장이신 그분이 우리 머리에 승리의 면류관을 얹어 주시기까지는 결코 멈추지 않을 것입니다.

로마서 15장 4절이 말하는 세 가지 진리

이 전쟁에서 어떻게 싸울지를 알고 위로를 얻기 위해 로마서 15장 4절을 보겠습니다. "무엇이든지 전에 기록된 바는 우리의 교훈을 위하여 기록된 것이니 우리로 하여금 인내로 또는 성경의 위로로 소망을 가지게 함이니라."

이 구절에서 세 가지 진리에 초점을 맞추겠습니다.

1. 모든 성경은 우리의 교훈을 위한 것입니다.

2. 모든 성경은 하나님이 인내와 위로를 주시기 위해 기록되었습니다.

3. 모든 성경은 우리의 소망을 지켜 주려는 목적이 있습니다.

1. 모든 성경은 우리의 교훈을 위한 것이다

저는 첫 번째 진리에 초점을 맞추겠습니다. 우리는 이 단계를 짧게 지나가 버리는 경향이 있기 때문입니다. 거듭남을 경험한 사람들은 모두 성경이 주는 위로에 굶주려 있습니다. 그러므로 성경의 교훈를 받아야 하는 필요를 진득이 참지 못할 때가 많습니다. 포도원에서 일도 하지 않고 열매를 얻으려 할 때가 많습니다.

그래서 이 구절은 첫 번째로, 성경이 우리의 교훈을 위한 것이라는 사실을 말해 줍니다. 말 그대로 가르침을 위한 것입니다. 우연히 얻어 걸리는 위로의 말이나 자신의 생각과 욕망을 반영하는 말 대신 성경의 진리로 위로를 얻기 원한다면, 반드시 성경이 가르치는 바가 무엇인지 배우려는 마음이 있어야 합니다.

그렇다고 우리가 다들 학자가 되어야 한다는 것은 아닙니다. 반대로 사람들이 성경에 다가가지 못하게 해서도 안 됩니다. 기독교가 전파되는 곳이라면 어디든지 교회 이후에 세워지는 첫 번째 기관이 병원이고, 두 번째가 학교라는 사실은 우연이 아닙니다. 왜 그럴까요?

성경을 제대로 읽을 수 있게 될수록 그 가르침을 더욱 정확히 이해하게 되고 소망이라는 자원을 원하는 대로 가져올 수 있기 때문입니다. 그래서 우리는 이 가르침을 이해하는 데 힘써야 합니다.

프린스턴신학교의 위대한 교수 벤저민 워필드가 한번은 어느 무심한 성도에게서 이런 말을 들었습니다. "선생님이 책에 10시간을 투자하는 것보다 10분간 무릎을 꿇는 게 하나님에 대한 참된 지식에 더 가까이 가지 않겠습니까?" 이에 대한 워필드의 반응은 멋졌습니다. 그는 이렇게 말했습니다. "뭐라구요! 무릎을 꿇고 10시간 [이상] 책을 읽는다고요?"

또 다른 프린스턴신학교의 교수 필립 린제이는 신약 수업 시간에 동일한 요지로 이런 말을 했습니다. "죽음에 대한 최고의 준비는 헬라어 문법을 철저히 공부하는 것이다."

요지는 모두가 하루 10시간씩 책을 읽어야 한다거나 헬라어 신약성경의 대가가 되어야 한다는 것이 아닙니다. 물론 그렇게 해야 하는 사람도 있습니다! 우리는 그분들이 그 일을 하는 것에 기뻐해야 합니다. 하지만 우리 모두는 출근길에서나 잠자리에서 성경을 읽는 것뿐 아니라 그것을 제대로 이해하기 위해 최선을 다해야 합니다. 마지막까지 충만한 소망을 유지하기 위해 싸우려면, 체계적으로 말씀을 섭취해야지 하루에 겨우 몇 조각의 지식으로는 안 됩니다.

"무엇이든지 전에 기록된 바는 우리의 교훈을 위하여 기록된 것이니." 이것이 로마서 15장 4절의 첫 번째 요지입니다. 그런데 이 구절의 두 번째 요지는 결론적으로 이런 교훈이 머리를 위한 것이 아니라 마음을 위한 것임을 강조합니다.

2. 모든 성경은 하나님이 인내와 위로를 주시기 위해 기록되었다

"무엇이든지 전에 기록된 바는 우리의 교훈을 위하여 기록된 것이니 우리로 하여금 인내로 또는 성경의 위로로…"

성경의 교훈을 바르게 이해하고 나면 인내와 위로가 생깁니다. 여기서 인내(Steadfastness)란 참고 견디는 것을 의미합니다. 온갖 반대를 무릅쓰고 참담함을 느낄 때에도 순종의 길을 계속 걸어갈 수 있으려면 반드시 지녀야 하는 것입니다.

인내는 어디서 나옵니까? 성경에서 나옵니다. 성경은 참으로 실제적입니다! 이번 주 결혼 생활 리트릿을 진행하면서 우리 부부는 한 부부에게 개인적인 편지를 보냈습니다. 수년간 결혼 생활을 유지한 부부였는데, 매우 힘든 시간을 보내고 있어서 이를 인내할 수 있도록 큰 힘이 될 만한 성경 말씀을 나누었습니다. 고린도후서 4장 16-18절이었습니다.

"그러므로 우리가 낙심하지 아니하노니 … 우리가 잠시 받는 환난의 경한 것이 지극히 크고 영원한 영광의 중한 것을 우리에게 이루게 함이니. 우리가 주목하는 것은 … 보이지 않는 것이니 … 보이지 않는 것은 영원함이라."

성경은 어떤 일에 대한 하나님의 관점을 우리에게 몇 번이고 제시하며, 이런 성경적 관점은 우리가 겪고 있는 힘겨운 상황을 인내하도록 해줍니다. 성경을 주신 것은 힘겨운 시간에 우리가 위로를 얻고 인내할 수 있도록 하신 것입니다. 그 성경을 등한시한다면 얼마나 어리석은 일이 될까요?

복 있는 사람은
악인들의 꾀를 따르지 아니하며
죄인들의 길에 서지 아니하며
오만한 자들의 자리에 앉지 아니하고
오직 여호와의 율법을 즐거워하여
그의 율법을 주야로 묵상하는도다.
그는 시냇가에 심은 나무가
철을 따라 열매를 맺으며
그 잎사귀가 마르지 아니함 같으니
(시 1:1-3)

인내는 하나님의 말씀을 묵상하는 데서 나옵니다. 지속적인 힘을 얻고 싶다면, 대가를 치르고서라도 참고 견디며 순종의 길로 끝까지 나아가고 싶다면, TV를 끄고 말씀을 묵상하십시오.

3. 모든 성경은 우리의 소망을 지켜 주려는 목적이 있다

로마서 15장 4절의 마지막 요지는, 모든 성경은 우리의 소망을 지켜 주려는 목적이 있다는 것입니다. "무엇이든지 전에 기록된 바는 우리의 교훈을 위하여 기록된 것이니 우리로 하여금 인내로 또는 성경의 위로로 소망을 가지게 함이니라."

성경에는 인내의 이야기들이 가득합니다. 위로의 말씀도 있습니다. 이런 이야기와 말씀은 사실상 우리의 소망을 지켜 줌으로써 삶에서 변화를 만들어 냅니다. 그리스도인의 인내는 단순히 이를 악묻고 모든 역경을 견디는 의지력이 아닙니다. 우리는 소망으로 움직이고 소망으로 견뎌냅니다. 힘겨운 상황에서도 우리를 유지시켜 주는 것은 소망입니다.

윌 스테거와 그의 탐험대가 북극점이 있음을 믿지 않았다면 56일 동안 살을 에는 추위와 고통과 위험과 피로를 참아 내지 못했을 것입니다. 그리스도인도 마찬가지입니다. 면류관을 얻는 길로 가려면 고난의 빙원을 지나야 한다고 그리스도가 명령하십니다. 인내의 힘은 우리 앞에 있는 소망에서 나옵니다. 그리고 우리 앞에 있는 소망은 성경에서 나옵니다.

"고통 없이 영광 없다"(No pain, no gain)는 경구를 들어 보셨을 겁니다. 맞는 말입니다. 하지만 그 반대도 맞습니다. 영광이 있을 거라는 사실을 확신하지 못한다면 그리스도께 순종하는 고통을 참아 내지 못합니다. 하나님의 말씀이 절대적으로 필요한 지점이 여기입니다. 우리의 감정과 세상의 지혜는 끊임없이 우리에게 이렇게 말할 것이기 때문입니다.

- 목회자가 되는 것은 가치가 없다
- 아내가 되고 엄마가 되는 것은 가치가 없다
- 직장에서 정직한 것은 가치가 없다
- 저녁 시간을 사역으로 보내는 것은 가치가 없다
- 유아부 교사로 섬기는 것은 가치가 없다
- 청소년부 교사로 가르치는 것은 가치가 없다
- 건전한 정신으로 사는 것은 가치가 없다

장차 우리의 감정이 종종 우리에게 속삭이면서도 또한 세상이 던질 말이기도 합니다. 하지만 성경은 그렇게 말하지 않습니다.

성경은 이렇게 말합니다. "여호와께서 우리에게 이 모든 규례를 지키라 명령하셨으니 이는 우리가 우리 하나님 여호와를 경외하여 항상 복을 누리게 하기 위하심이며"(신 6:24).

"이스라엘아 네 하나님 여호와께서 네게 요구하시는 것이 무엇이냐 곧 네 하나님 여호와를 경외하여 그의 모든 도를 행하고 그를 사랑하며 마음을 다하고 뜻을 다하여 네 하나님 여호와를 섬기고, 내가 오늘 네 행복을 위하여 네게 명하는 여호와의 명령과 규례를 지킬 것이 아니냐"(신 10:12-13).

"내가 그들에게 복을 주기 위하여 그들을 떠나지 아니하리라 하는 영원한 언약을 그들에게 세우고 … 내가 기쁨으로 그들에게 복을 주되 분명히 나의 마음과 정성을 다하여 그들을 이 땅에 심으리라"(렘 32:39-41).

"나와 복음을 위하여 집이나 형제나 자매나 어머니나 아버지나 자식이나 전토를 버린 자는 현세에 있어 집과 형제와 자매와 어머니와 자식과 전토를 백 배나 받되 박해를 겸하여 받고, 내세에 영생을 받지 못할 자가 없느니라"(막 10:29-30).

순종은 언제나 가치가 있습니다. 세상은 북극점에 다다르고 기네스북에 등재되기 위해 인내하지만, 그리스도인은 내세와 영생과 그리스도의 임재와 영원하고 무한한 기쁨에 다다르기 위해 인내합니다. 하지만 그 어느 쪽도 소망 없이는 인내할 수 없습니다.

소망이 없으면 극복도 없다

그러니 "고통 없이 영광 없다"는 좌우명을 바꾸어 우리 식으로 만들어 봅시다. "소망 없이 극복 없다"(No hope, no cope).

불순종하고 싶고, 맡은 것을 포기하고픈 매일의 유혹을 극복하기 위한 싸움, 그리고 소망을 지속하기 위한 전쟁은 오직 성경이라는 무기로만 싸울 수 있습니다. 그것이 소망의 무기로만 싸울 수 있는 전쟁이라면, 로마서 15장 4절의 진리를 잊지 말아야 합니다.

"무엇이든지 전에 기록된 바는 우리의 교훈을 위하여 기록된 것이니 우리로 하여금 인내로 또는 성경의 위로로 소망을 가지게 함이니라."

24장
하나님의 말씀은 서리라

로마서 15:5-13

이제 인내와 위로의 하나님이 너희로 그리스도 예수를 본받아 서로 뜻이 같게 하여 주사 한마음과 한 입으로 하나님 곧 우리 주 예수 그리스도의 아버지께 영광을 돌리게 하려 하노라. 그러므로 그리스도께서 우리를 받아 하나님께 영광을 돌리심과 같이 너희도 서로 받으라. 내가 말하노니 그리스도께서 하나님의 진실하심을 위하여 할례의 추종자가 되셨으니 이는 조상들에게 주신 약속들을 견고하게 하시고 이방인들도 그 긍휼하심으로 말미암아 하나님께 영광을 돌리게 하려 하심이라. 기록된 바 그러므로 내가 열방 중에서 주께 감사하고 주의 이름을 찬송하리로다 함과 같으니라. 또 이르되 열방들아 주의 백성과 함께 즐거워하라 하였으며 또 모든 열방들아 주를 찬양하며 모든 백성들아 그를 찬송하라 하였으며 또 이사야가 이르되 이새의 뿌리 곧 열방을 다스리기 위하여 일어나시는 이가 있으리니 열방이 그에게 소망을 두리라 하였느니라. 소망의 하나님이 모든 기쁨과 평강을 믿음 안에서 너희에게 충만하게 하사 성령의 능력으로 소망이 넘치게 하시기를 원하노라. _롬 15:5-13

로마서 15장과 9장은 로마서 15장 8절과 9장 6절을 연결점으로 하여 서로 연결됩니다. 두 구절 모두 하나님의 말씀이 폐하여지지 않고 견고하게 서 있음을 확언합니다. 로마서 9장 6절은 이렇게 말합니다. "하나님의 말씀이 폐하여진 것 같지 않도다." 그리고 로마서 15장 8절은 이렇게 말합니다. "그리스도께서 … 조상들에게 주신 약속들을 견고하게 하시고." 하나님의 말씀(하나님의 약속)은 폐하여지지 않았고 견고하게 서 있습니다.

반면 이 두 본문의 차이점은 이것입니다. 로마서 9장에서 하나님의 말씀이 폐하여지지 않는 이유는 무조건적 선택이라는 진리에 기반을 두기 때문이고, 로마서 15장에서 하나님의 말씀이 폐하여지지 않는 이유는 그리스도가 이스라엘의 종으로서 행하신 대속 사역이라는 진리에 기반을 두기 때문이라고 말합니다.

로마서 9장 6절에서 바울은 이렇게 말합니다. "그러나 하나님의 말씀이 폐하여진 것 같지 않도다. 이스라엘에게서 난 그들이 다 이스라엘이 아니요." 달리 말하면, 이스라엘 안에 택하심을 입은 이스라엘이 있고, 이들은 구원을 받을 것이며, 하나님의 말씀(약속의 말씀)은 영원히 서서 하나님이 주권적으로 구원하기로 작정하신 이들을 결코 버리지 않으실 것이라는 말입니다. 다른 한편으로 로마서 15장 8절에서 바울은 이렇게 말합니다. "내가 말하노니 그리스도께서 하나님의 진실하심을 위하여 할례의 추종자가 되셨으니[즉 그리스도가 자기 백성을 섬기기 위해 유대인 메시아로 태어나셨으니] 이는 조상들에게 주신 약속들을 견고하게 하시고." 달리 말해, 그리스도가 이 세상에 오셔서 택하심을 입은 자들을 구원하기 위해 필요한 모든 일을 행하셨으므로 하나님의 말씀이 굳게 선다는 말입니다.

택하심과 예수 그리스도의 구원 사역

여기에서 제가 로마서 9장의 가르침을 함께 소개하는 분명한 이유가 있습니다. 그리고 이는 성탄절과 성 금요일과 부활절에서 우리가 잊지 말아야 할 부분이기도 합니다. 즉, 하나님의 무조건적 선택의 교리는 예수 그리스도의 구원 사역과 결코 분리되어서는 안 되기 때문입니다.

에베소서 1장 4절에서 이 중요한 단어를 찾아보십시오. "곧 창세 전에 그리스도 안에서 우리를 택하사." 디모데후서 1장 9절에도 있습니다. "하나님이 우리를 구원하사 거룩하신 소명으로 부르심은 우리의 행위대로 하심이 아니요 오직 자기의 뜻과 영원 전부터 그리스도 예수 안에서 우리에게 주신 은혜대로 하심이라." 에베소서 3장 11절에도 있습니다. "[하나님께서] 곧 영원부터 우리 주 그리스도 예수 안에서 예정하신 뜻대로 하신 것이라."

하나님은 세상의 기초를 놓으시기 전에 그리스도 안에서(그리스도와 그분의 구원 사역과 관련해서) 자기 백성을 선택하십니다. 세대가 시작되기도 전에 그리스도 안에서 은혜로 그들을 지명하십니다. 그리스도 안에서 영원한 선택이라는 목적을 수행하십니다. 우리는 무조건적 선택이라는 귀하고 영광스런 진리를 예수 그리스도와 십자가의 구원 사역과 별도로 생각해서는 절대 안 됩니다. 하나님은 그리스도로 말미암아 구원받도록 사람들을 선택하셨습니다. 예수 그리스도의 구원 사역은 나중에 계획한 일이 아닙니다. 성탄절과 성 금요일과 부활절은 세상이 창조되기도 전에 하나님이 그리스도 안에서 우리를 선택하시면서 마음으로 작정하신 것입니다.

그러므로 하나님의 약속이 견고하게 선 것은 단지 하나님이 구원받을 사람을 자유롭게 주권적으로 선택하셨기 때문만이 아니라(로마서 9장의 가르침), 그 아들 예수 그리스도가 이 땅에 오셔서 죽었다가 다시 살아나심으로써 역사 속에서 실제로 그들을 구원하는 일을 감당하시기 때문입니다(로마서 15장의 가르침). 오늘은 성탄절을 앞둔 주일이므로 로마서 15장 8-9절에 초점을 맞춰서 그리스도께서 하나님의 진실하심을 위해(on behalf of the truth of God) 이 땅에 오신 것이 좋은 소식인 이유에 대해 질문해 보겠습니다.

로마서 15장 8-9절을 다시 한 번 읽겠습니다. "내가 말하노니 그리스도께서 하나님의 진실하심을 위하여 할례의 추종자가 되셨으니 이는 조상들에게 주신 약속들을 견고하게 하시고, 이방인들도 그 긍휼하심으로 말미암아 하나님께 영광을 돌리게 하려 하심이라." 좀 더 자세히 읽으면서 문장의 구조를 보겠습니다.

"내가 말하노니 그리스도께서 … 할례의 추종자가 되셨으니." 이 말은 예수님이 유대인을 섬기기 위해 유대인이 되셨다는 의미입니다. 마가복음 10장 45절에서 하신 말씀을 되살려 봅시다. "인자가 온 것은 섬김을 받으려 함이 아니라 도리어 섬기려 하고 자기 목숨을 많은 사람의 대속물로 주려 함이니라." 많은 이들의 대속물이 되어 목숨을 잃게 되는 섬김입니다.

그런 후에 바울은 그리스도가 오신 이유에 대해 중대한 설명을 합니다. "내가 말하노니 그리스도께서 하나님의 진실하심을 위하여 할례의 추종자가 되셨으니…." 그리스도는 하나님의 진실하심을 세우기 위해 섬기러(목숨을 대속물로 주러) 오신 것입니다. 그런 다음 하나님의 진실하심을 입증하는 그리스도의 사역이 의도한 두 가지 목적이 나옵니다. 첫째, "이는 조상들에게 주신 약속들을 견고하게 하시고." 둘째, "이방인들도 그 긍휼하심으로 말미암아 하나님께 영광을 돌리게 하려 하심이라"(9절 초반).

그리스도가 유대인으로 성육신하신 이유는, 바로 사람을 섬길 뿐 아니라 하나님의 진실하심을 입증하기 위해서라는 것입니다. 8절입니다. "그리스도께서 하나님의 진실하심을 위하여 할례의 추종자가 되셨으니." 좀 더 자세히 말하면, 그리스도는 하나님의 진실하심을 입증함으로써 사람을 섬기기 위해 오셨습니다. 섬기는 일 따로, 하나님의 진실하심을 입증하는 일 따로가 아닙니다. 하나님의 진실하심을 입증하는 것이 사람을 섬기는 방법입니다.

성탄절이 좋은 소식인 이유는?

제가 본문에서 답을 찾아보고 싶은 질문이 하나 있습니다. 그리스도가 하나님의 진실하심을 입증하시는 것으로 우리가 섬김을 받아야 하는 이유는 무엇일까요? 그리스도가 하나님의 진실하심을 입증하실 때 우리에게 유익이 되는 것은 무엇입니까? 이렇게도 질문할 수 있겠습니다. 그리스도가 하나님의 진실하심을 입증하기 위하여 이 땅에 오셨다는 것이 성탄절의 의미라면, 어째서 성탄절이 좋은 소식이 될 수 있을까요?

그리스도가 하나님의 진실하심을 입증하기 위해 이 땅에 오신 것이 우리에게 유익이 되는 이유를 네 가지로 보겠습니다.

1. 그리스도가 하나님의 진실하심을 위해 오신 것이 우리에게 유익이 되는 이유는, 그리스도의 오심 자체가 무엇보다 하나님의 진실하심을 보여 주는 것이기 때문입니다.

바울이 8절에서 그리스도가 "하나님의 진실하심"을 입증하셨다는 사실과 그로 인한 결과와 목적은 "약속들을 견고하게" 하시기 위함이었다고 말하고 있음을 주목하십시오. 8절을 다시 한 번 읽어 보십시오. "내가 말하노니 1) 그리스도께서 하나님의 진실하심을 위하여 할례의 추종자가 되셨으니 이는 2) 조상들에게 주신 약속들을 견고하게 하시고." 하나님의 진실하심을 입증하는 것과 하나님이 하신 약속들을 견고하게 하는 것은 단지 동일한 내용을 두 가지로 나누어서 말한 것이라고 주장하는 사람도 있을 것입니다.

하지만 하나님의 진실하심에는 하나님의 약속을 지키는 것보다 훨씬 깊은 의미가 있습니다. 하나님은 약속을 주시기 전에 이미 진실하십니다. 하나님은 사람에게 말씀하시기 전에 이미 진리의 하나님이십니다. 우리가 이에 대해 생각해 보는 것은 중요합니다. 그렇지 않으면 우리는 그저 하나님을 우리와 연결시키다가, 마치 하나님의 속성이 우리와 상관이 없다고 생각되면 별 의미나 중요성이 없는 것처럼 보는 경향이 있기 때문입니다. 이는 너무 지나친 생각입니다. 무엇 하나도 부족한 게 없으신 하나님의 자기 충족성(self-sufficiency)이라는 진리를 손상시킬 위험이 있습니다. 그분은 우리와 별개로, 그리고 우리 없이도 영광스럽고 절대적인 하나님이십니다.

하나님과 진리의 연관성을 보며 우리는 하나님 스스로 진리가 되심을 떠올립니다. 그분은 진리이십니다. 예수님은 말씀하셨습니다.

"예수께서 이르시되 내가 곧 길이요 진리요 생명이니 나로 말미암지 않고는 아버지께로 올 자가 없느니라"(요 14:6). 그분이 이렇게 말씀하실 수 있었던 것은 그분이 아들이신 하나님이기 때문입니다. 하나님을 떠나서는 진리의 기준이 없습니다. 하나님이 그분 자체로 진리의 기준이 되시기 때문입니다. 하나님은 자기로부터 벗어난 어떤 잣대로도 자기 생각이나 언행을 평가하지 않으십니다. 오직 하나님 스스로 기준이 되시기 때문입니다. 그분이 진리이십니다. 그분이 만물의 척도가 되십니다. 모든 것은 하나님의 존재와 그분의 말씀에 합치된 정도에 따라 그 참됨이 결정됩니다.

이와 연관시켜 볼 때 하나님에 대한 가장 근본적인 속성은 그분이 단지 약속에 대해서만 진실하신 것이 아니라 그분 스스로 진실하시다는 데 있습니다. 바울은 디모데후서 2장 12-13절에서 이런 식으로 설명합니다. "우리가 주를 부인하면 주도 우리를 부인하실 것이라. 우리는 미쁨이 없을지라도 주는 항상 미쁘시니(faithful) 자기를 부인하실 수 없으시리라." 이것은 하나님에 관한 매우 근본적인 진리입니다. 하나님은 자기를 부인하실 수 없습니다. 그분의 가장 근본적인 신실하심은 먼저 우리를 향한 것이 아니라 그분 스스로를 향한 것입니다. 하나님이 진실함이나 진리의 의미에 대해 생각하실 때는 먼저 가장 높은 기준, 즉 하나님 자신을 돌아보시고 그 기준에 따라 진실하고 신실하게 행하십니다.

그래서 바울은 로마서 15장 8절에서 이렇게 말합니다. "그리스도께서 하나님의 진실하심을 위하여 할례의 추종자가 되셨으니…." 그리스도가 하나님의 가장 심오한 진리와 하나님의 가장 심오한 진실하심, 즉 하나님 스스로에 대한 진실하심을 확증하심으로 우리를 섬기셨다는 말입니다. 그리스도는 하나님이 스스로에게 온전히 헌신하셨음을 입증하심으로 우리를 섬기셨습니다. 하나님이 진실하시다는(하나님이 스스로에게 진실하시다는) 것을 확증하고 보여주심으로 우리를 섬기셨습니다.

그리스도가 그렇게 하신 것이 우리에게 유익합니다. 하나님이 하나님께 진실하시지 않다면(하나님이 가장 심오하고 근본적인 존중과 신실하심을 그러한 존중과 신실하심을 받을 가치가 없는 그 어떤 것이나 누구에게 바쳤다면) 하나님은 거짓이 되고, 진정한 하나님은 없는 것으로 드러납니다. 영원한 기쁨에 대한 우리의 소망은 사라지고 말 것이며, 우리에 대한 그분의 섬김은 의미가 사라집니다. 하지만 그리스도는 하나님의 진실하심을 입증하기 위해 오심으로써 우리를 섬기십니다.

2. 그리스도가 하나님의 진실하심을 위해 오신 것이 우리에게 유익이 되는 이유는, 이것이 하나님의 약속들을 견고하게 하기 때문입니다.

하나님이 가장 진실하신 첫 번째 대상은 하나님의 약속들이 아닙니다. 하나님은 가장 먼저 스스로에게 진실하십니다. 그리고 이러한 진실하심을 기반으로 그다음에 오는 것이 그분의 말씀, 그분의 약속입니다. 이에 대해서는 8절에서 명확히 볼 수 있습니다. "내가 말하노니 그리스도께서 하나님의 진실하심을 위하여 할례의 추종자가 되셨으니 이는 조상들에게 주신 약속들을 견고하게 하시고."

하나님이 하신 모든 약속들은 진실한데, 먼저 그분이 진실하시기 때문이고, 그 다음으로는 그리스도가 오셔서 그 약속들이 진실함을 확증하셨기 때문입니다. 그리스도가 값을 치르고 사셨습니다. 로마서 15장 8절 외에 이에 대해 아주 분명하게 설명하는 말씀이 고린도후서 1장 20절입니다. "하나님의 약속은 얼마든지 그리스도 안에서 예가 되니 그런즉 그로 말미암아 우리가 아멘 하여 하나님께 영광을 돌리게 되느니라."

성탄절이 전하는 좋은 소식은 무엇인가?

여기에 성탄절이 전하는 좋은 소식의 핵심이 있습니다. 하나님의 모든 약속들이 그리스도 안에서 예가 되기 위해(즉 하나님의 모든 약속들이 그리스도 안에서 확증되고 확실하게 되기 위해) 그리스도가 이 땅에 오셔서 죽었다가 다시 살아나셔야 했던 이유가 무엇일까요? 우리는 우리를 위해 주어진 선한 약속 가운데 어느 하나라도 받을 만한 가치가 없기 때문입니다. 죄악 속에 있는 우리가 마땅히 받아야 할 것은 형벌이지 약속이 아닙니다. 그런데 우리는 오직 믿음으로 말미암아, 형벌이 아닌 약속들의 성취를 받습니다.

그리스도가 섬김을 받으려 함이 아니라 오히려 섬기고, 많은 이들을 위해 자기 생명을 대속물로 주러 오신 이유가 바로 이 때문입니다(막 10:45). 그분이 우리를 사셨습니다. 우리를 대속하셨습니다. 그분이 우리를 위해 저주가 되심으로써 율법의 저주에서 우리를 구해 내셨습니다(갈 3:13). 친히 나무에 달려 그 몸으로 우리 죄를 담당하셨습니다(벧전 2:24). 왜 그렇게 하셨습니까? 우리는 비록 자격 없는 죄인이지만 하나님의 모든 약속들이 우리에게 이루어지도록 하기 위해서입니다.

그렇게 예수님은 십자가에서 피를 흘리심으로 우리를 위한 하나님의 모든 약속이 값으로 지불되고 확증되게 하셨습니다. 우리가 하나님의 약속들 붙들고 기도하는 이유도, 모든 기도를 "예수님의 이름으로 기도합니다. 아멘"으로 마무리하는 이유도 이것입니다. 이렇게 고백하는 것을 절대로 부끄러워하지 마십시오. 자녀 여러분, 이 단순한 요지에 귀를 기울이기 바랍니다. 우리가 기도를 마칠 때 "예수님의 이름으로 기도합니다. 아멘"이라고 하는 의미는 다음과 같습니다. "저는 제 기도의 응답을 받을 자격이 없지만 예수님은 자격이 있으십니다. 그래서 저는 제 이름이 아니라 예수님의 이름으로 간구합니다. 그분은 완전하시고 마땅히 그럴 가치가 있으시지만 저는 그렇지 않기 때문입니다."

따라서 그리스도가 하나님의 진실하심을 위해 이 땅에 오신 것이 우리에게 유익한 이유는, 우리와 같은 죄인을 구원하심으로 하나님의 약속을 견고하게 하기 때문입니다.

3. 그리스도가 하나님의 진실하심을 위해 오신 것이 우리에게 유익이 되는 이유는, 그분이 확증하고 값을 치르고 사신 약속들은 긍휼의 약속들이기 때문입니다.

'유대인으로 오신 그리스도'라는 축복이 예수님의 대위임령에 따라 이스라엘이라는 둑을 넘어 이방인(모든 나라)에게까지 흘러가는 것을 보면 알 수 있습니다. 8절과 9절 상반절을 다시 읽어 보시기 바랍니다. "내가 말하노니 그리스도께서 하나님의 진실하심을 위하여 할례의 추종자가 되셨으니, 이는 조상들에게 주신 약속들을 견고하게 하시고 이방인들도 그 긍휼하심으로 말미암아 하나님께 영광을 돌리게 하려 하심이라."

그리스도의 오심으로 말미암아 약속들이 확증되고 값을 치르고 사신 바 될 때, 축복은 이스라엘의 경계를 넘어 모든 나라로 흘러넘칩니다. 그리고 그 약속들은 긍휼과 함께 흘러넘칩니다. 구약과 신약의 성도들이 하나님의 긍휼을 얼마나 기뻐하기 원했는지요! 이번 주에 읽은 미가서 7장 18절에서, 미가 선지자는 이같이 말하며 기뻐하고 있습니다. "주와 같은 신이 어디 있으리이까? 주께서는 … 인애[긍휼]를 기뻐하시므로 진노를 오래 품지 아니하시나이다."

이것이 바로 우리의 교만을 깨뜨리고, 절망의 무기력을 치유하며, 힘겨운 시기에도 사랑할 용기를 주고, 새로운 노래를 부를 마음을 주는 진리입니다. 그래서 사무엘 데이비스는 미가서의 말씀을 찬양으로 만들었습니다.

위대하신 경이의 하나님,
주의 모든 길은 비길 데 없으며,
하나님께 합당하고 거룩합니다.
그러나 주의 은혜의 아름다운 영광은
더욱 하나님께 합당하고 비길 데 없이 찬란합니다.
누가 주와 같이 용서하시는 하나님이 되시겠습니까?
또 누가 그토록 풍성하고 값없는 은혜를 소유하겠습니까?

그러므로 그리스도가 하나님의 진실하심을 위해 오신 것이 우리에게 유익이 되는 이유는 그리스도가 확증하신 약속들이 긍휼(죄사함, 용서, 그리고 의의 선물)의 약속들이기 때문입니다.

4. 그리스도가 하나님의 진실하심을 위해 오신 것이 우리에게 유익이 되는 이유는, 하나님이 약속하신 긍휼의 본질은 그분의 선물에 있지 않고 그분 자체이기 때문입니다.

하나님의 선물은 말로 할 수 없을 만큼 귀하며 우리는 영원히 이를 찬양할 것입니다. 하지만 우리가 생각할 수 있는 가장 귀한 것은 선물 자체가 아닙니다. 이 선물들이 귀한 것은 우리를 하나님께로 인도하기 때문입니다. 예를 들어, 용서에 대해 생각해 보겠습니다. 그리스도가 대속물로서 우리의 종이 되셨을 때 그분은 율법의 저주를 제거하시고 믿는 모든 자를 위해 형벌의 위협을 제거하셨습니다. 그런데 그 목적이 무엇입니까? 형벌을 면제받은 후 죄를 즐기기 위해서입니까? 아닙니다. 우리는 대신 영원히 하나님을 즐길 수 있습니다! 용서가 귀한 것은 우리를 하나님의 집으로 인도하기 때문입니다.

사람들은 왜 용서받기를 원합니까? 혹 심리적 안정을 위해서나, 단지 지옥을 피하고 육체적 즐거움을 더 많이 누리려는 것이라면, 하나님은 영광을 받지 못하십니다. 하지만 로마서 15장 9절은 그리스도가 우리를 섬기시는 목적이 그분의 긍휼로 인해 이방인이 "하나님께 영광을 돌리게 하는 것"이라고 말합니다. 우리가 하나님의 긍휼을 받되 마음 놓고 죄를 즐기려는 면죄부로 이를 부당히 이용한다면, 하나님은 영광을 받지 못하십니다. 긍휼로 말미암아 우리가 자유로

이 그분을 바라보고 우주에서 가장 기쁜 존재로 즐거워할 때 하나님은 그분이 베푸신 긍휼로 인해 영광을 받으십니다.

그래서 그리스도가 하나님의 진실하심을 위해 오신 것이 우리에게 유익이 되는 것은 하나님이 약속하신 긍휼의 본질은 그분의 선물이 아니라 그분 자체이기 때문입니다.

그리스도가 하나님의 진실하심을 위해 오신 것이 우리에게 유익이 되는 이유는 다음 사실들을 확증하기 때문입니다.

1. 하나님이 그 무엇보다도 그분 스스로에게 진실하심을 보여 줍니다.
2. 하나님의 약속들을 확증합니다.
3. 하나님의 약속들이 긍휼의 약속들임을 확증합니다.
4. 하나님이 약속하신 긍휼의 본질은 그분 자신입니다.

이것이 그리스도가 오신 의미입니다. 이것이 성탄절의 의미입니다. 하나님이 우리의 마음을 일깨우셔서 우리가 죄인으로서 그분의 긍휼을 절실히 필요로 하는 존재임을 깨닫게 하시기를 바랍니다. 하나님이 우리의 마음을 위대한 구세주 예수 그리스도로 기쁘게 하시기를 바랍니다. 우리의 입술을 열어 그분을 찬양하고 우리의 손에서 그분의 긍휼이 더욱 빛나게 하시기를 바랍니다.

25장

모든 백성이 주를 찬양하게 하라

로마서 15:7-13

그러므로 그리스도께서 우리를 받아 하나님께 영광을 돌리심과 같이 너희도 서로 받으라. 내가 말하노니 그리스도께서 하나님의 진실하심을 위하여 할례의 추종자가 되셨으니 이는 조상들에게 주신 약속들을 견고하게 하시고 이방인들도 그 긍휼하심으로 말미암아 하나님께 영광을 돌리게 하려 하심이라. 기록된 바 그러므로 내가 열방 중에서 주께 감사하고 주의 이름을 찬송하리로다 함과 같으니라. 또 이르되 열방들아 주의 백성과 함께 즐거워하라 하였으며 또 모든 열방들아 주를 찬양하며 모든 백성들아 그를 찬송하라 하였으며 또 이사야가 이르되 이새의 뿌리 곧 열방을 다스리기 위하여 일어나시는 이가 있으리니 열방이 그에게 소망을 두리라 하였느니라. 소망의 하나님이 모든 기쁨과 평강을 믿음 안에서 너희에게 충만하게 하사 성령의 능력으로 소망이 넘치게 하시기를 원하노라. _롬 15:7-13

우리는 몇일 후에 '환희의 교육'(Education for Exultation)이라는 이름의 비전을 놓고 투표를 할 예정입니다. 이 비전에는 800만 달러에 달하는 건축 계획이 포함되어 있습니다. 빚 없이 재정을 모으려는 꽤나 급진적인 계획이고 향후 십여 년 간의 "성장 없이 성장하기"(growing without growing)를 위한 방법이기도 한데, 이를 위해서는 우리의 생각에 중대한 변화가 필요합니다. 이번 주일 설교와 바인더 자료와 소모임 자료 및 따로 우송한 내용물에 담긴 모든 자료는 우리의 장래에 대한 비전을 보다 명확히 이해하도록 도움이 될 것입니다.

여기서 제가 맡은 일은 이 비전에 관한 위대한 성경적 기초를 놓는 것입니다. 이런 기초가 없이는 모든 것이 헛수고입니다. 그래서 먼저 하나님으로 시작해서 이후에는 예수 그리스도에 대해 말씀드렸고, 이후 그리스도의 십자가 죽음, 그리고 그분 안에 있는 믿음의 생명에 대해 말씀드린 뒤, 지난주에는 하나님의 말씀에 대해 살펴보았습니다. 그러던 중에 우리는 릭 가마슈와 랜디 웨스트룬드와 그 가족들과 함께 리치필드 그레이스교회로 함께 갈 사람들을 모으면서 "성장 없이 성장하기" 비전의 본보기를 제시했습니다. 두 주 후에 그분들을 파송할 계획입니다.

열방의 기쁨

오늘 아침에는 '환희의 교육'을 위한 비전에 대해 한 걸음 더 깊이 들어가보면서, 즉 새로 지어질 건물에서 시작하게 될 교육에서 언급하는 '기쁨'(exultation)은 곧 열방(특히 전 세계 미전도 종족과 비기독교 국가들)의 기쁨이라는 사실을 보여드리는 데 주력하겠습니다.

1890년대, 올라와 미니 한슨 선교사가 활동했던 위대한 시절로부터 2000년까지(올해 말)의 2000프로젝트에 이르기까지, 베들레헴교회는 세계를 위한 선교 동원 교회로서 사역해 왔습니다. 우리는 예수 그리스도를 구세주로 알지 못하고 믿지도 않는 사람들이 결국 하나님의 심판 아래 멸망하게 되리라는 것을 아는 사람들입니다. 우리는 하나님의 아들 예수님을 예배하는 이들을 세상 모든 곳에서 불러 모으는 것이 하나님의 뜻임을 믿습니다. 그래서 아직 선교 대상이 되지 못한 종족에 대한 '여호수아 프로젝트 2000' 목록에도 주의를 기울이고 있습니다. 여기에는 단지 자체 문화 속에 기독교 교회가 없는 민족뿐 아니라 교회를 세우려는 목표를 가진 선교 단체나 교회가 없는 인구 1만 명 이상의 187개 종족들이 수록되어 있습니다. 이들은 복음에서 소외된 민족들입니다.

우리는 이 상황을 보며, 그들을 이렇게 내버려둘 수 없다고 말합니다. 예수님이 열방의 주인이시고 하나님을 위해 모든 족속과 방언과 백성과 나라 가운데에서 사람들을 피로 사셨다면(계 5:9), 그리고 하늘과 땅의 모든 권세를 갖고 계시고, 우리를 향해 모든 족속에게 가서 제자를 삼으라고 명령하셨을 뿐 아니라, 이 지상 최대의 명령을 수행하는 동안 세상 끝날까지 우리와 함께하겠다고 약속하셨다면, 그 사명이 이루어질 때까지 우리는 잠자코 머물러 있어서는 안 됩니다.

이 목표를 위해 우리는 교육할 것입니다. 열방의 기쁨을 위한 교육입니다. 이 비전과 건물은 전 세계 미전도 종족 가운데 임하시는 예수 그리스도의 영광과 관련되어 있습니다. 그것이 의미하는 바를 찾아보기 위해 로마서 15장 본문을 살펴보겠습니다.

교회 관계에서 열방 속 하나님의 영광으로

첫 번째로 말씀드릴 요지는 7절에서 8-12절까지 나타나는 흐름에서 찾을 수 있습니다. 이 흐름은 무엇일까요? 개인적이고 관계적인 것에서 시작해 무한하고 신학적이며 세계적인 것으로 흘러가고 있습니다. 신약 전체에서도 이런 흐름을 살펴볼 수 있는데, 이는 하나님의 깊은 관심이 담긴 책이기 때문입니다.

7절의 논점은 처음에는 매우 실천적이고 개인적인 것으로 보입니다. "그러므로 너희도 서로 받으라." 그리스도인은 서로를 받아야 합니다. 서로 환대하고 사랑하고 도와주고 지지해 주어야 합니다. 이는 참으로 현실적이고 실질적인 조언입니다. 그리고 참으로 개인적입니다.

하지만 7절에서 시작된 내용이 어떻게 흘러가다 바뀌는지 지켜봅시다. "그러므로 너희도 서로 받으라." 그런 후에 이렇게 이어집니다. "그리스도께서 우리를 받아." 그리스도인 간의 관계가 그리스도가 받으시는 방식으로까지 올라갑니다. 우리의 관계를 그리스도가 사람들과 맺으시는 관계를 기준으로 측정하라는 것입니다. 그래서 우리의 사소한 관계는 우리를 향한 그리스도와 그분의 사랑이라는 참으로 위대한 관계를 반영하는 거울이 될 정도로 확대됩니다.

하지만 바울은 여기서 멈추지 않습니다. 한 가지가 더 있습니다. 그는 특히 그리스도가 어떻게 우리를 받으셨는지 말하면서 "하나님께 영광을 돌리심과 같이"라고 말합니다. "너희도 서로 받으라. 그리스도께서 우리를 받아 하나님께 영광을 돌리심 같이." 이제 우리의 관계는 단순히 이 땅에 그리스도의 사랑을 드러내는 수준이 아니라, 온 우주의 위대한 실체이신 하나님의 영광까지 올라갔습니다.

하지만 아직 전부가 아닙니다. 바울은 8-12절에서 그리스도가 하나님의 영광을 위해 우리를 어떻게 받으시는지 예증합니다. 그분은 할례의 추종자, 즉 유대인 가운데서 유대인이 되심으로 우리를 받으셨는데, 이는 하나님의 진실하심과 구약성경의 약속들을 확증하기 위함입니다. 하지만 그것이 전부가 아닙니다. 그리스도는 유대인만을 위해 오시지 않고 또한 이방인(열방!)을 위해 오셨습니다. 그 부분이 매우 중요합니다. "이방인들도 그 긍휼하심으로 말미암아 하나님께 영광을 돌리게 하려 하심이라."

이제 9절과 7절의 말씀을 연결시켜 봅시다. 7절에서는 그리스도가 "하나님께 영광을 돌리기 위해" 우리를 받으셨다고 말합니다. 그리고 9절에서는 이방인이 "하나님께 영광을 돌리게" 하기 위해 그리스도가 오셨다고 말합니다. 따라서 그리스도가 하나님께 영광 돌리기 위해 사람들을 받고 용납하시는 방법 중 하나는 열방 가운데서 그들을 찾아내시는 것입니다. 그리고 9-12절에서 바울은 이방인들이 하나님을 찬양하는 것에 대한 구약성경의 다섯 구절을 인용하면서 이를 뒷받침합니다.

여기서 저의 첫 번째 요지는 이것입니다. 하나님께 영광을 돌리기 위한 바울의 생각의 흐름은, 교회가 그리스도와 맺는 실천적이고 개인적인 관계로부터 이제는 전세계 열방에 대한 관심으로 옮겨가고 있습니다. '환희의 교육'을 진행하는 우리가 교회에서 형성하는 실천적인 관계도 이와 동일한 방향으로 옮겨 가야 합니다. 우리의 모든 관계, 모든 조직, 모든 건물과 모든 교육은 하나님의 영광을 위하여 열방을 향해 목숨을 버리신 그리스도께로 흘러가야 합니다. 우리가 진행하는 '환희의 교육'은 열방 가운데 기쁨이 있게 하는 것이 되어야 합니다.

우리가 개인적인 관계나 건물이나 교육 전략에만 집착한 결과, 열방 가운데 하나님이 영광을 받으시게 하려는 열정을 잃어버린다면 우리에게 화가 미칠 것입니다! 저는 이를 설명하면서 제 개인적인 이야기와 함께 우리 교회의 선교 헌금과 관련된 부분을 말씀드리고자 합니다.

이제 제 사역이 20년을 넘어서면서(그중 최근 10년은 베들레헴교회에서 보내면서) 절실히 느끼는 것은 인생은 짧고 남은 시간은 많지 않다는 사실입니다. 하나님이 허락하신다면 앞으로 10년 동안 제 인생을 바치고 싶은 것이 무엇인지 생각해 보던 중, 평신도 선교회 총재인 캠벨 화이트의 말이 제 안에 아주 강하게 들어왔습니다.

> 대부분의 사람들은 자기 인생을 통해 나오는 지속적인 결과물에 만족하지 못합니다. 예수님이 자기 목숨을 버리면서까지 대속하려 하셨던 그 세상을 향한 그분의 목적을 따르지 않는 한, 그 어떤 것도 믿는 자들 안에 있는 그리스도의 생명을 만족시킬 수 없습니다. 세상의 그 어떤 명성, 즐거움, 부요함도 하나님의 영원한 계획을 이루기 위해 그분과 협력하는 무한하고 불변하는 기쁨과 비교해 본다면, 고작 껍데기와 잿더미에 불과합니다. 그리스도가 맡기신 일에 모든 것을 쏟아 붓는 사람은 인생에서 가장 달콤하고 값진 보상을 얻게 될 것입니다.

저도 이 말이 옳다고 생각합니다. 그리고 저는 열방 가운데 하나님의 영광을 위해 위대한 사명을 완수하는 전 세계적인 사역에 투신하고 싶습니다. 따라서 우리가 시작하는 '환희의 교육'이 온 열방과 전 세계 미전도 종족으로 향하지 않는 모습은 상상하기도 힘듭니다.

이러한 움직임(교회에서의 실천적인 관계와 건물과 교육으로부터 그리스도와 하나님의 영광, 그리고 열방으로 향하는 것)과 관련된 다른 실례는 교회의 선교 헌금과 관련이 있습니다.

건물 대신 선교에 헌금하자는 의견

이런 질문을 하는 분들이 계실 겁니다. '선교를 위해 800만 달러를 모금하는 것보다 800만 달러짜리 건물을 짓는 것이 더 좋은 계획이라고 말하는 것입니까?' 좋은 질문입니다. 하지만 그에 대한 답변은 쉽지 않습니다. 지금 우리가 사용하는 건물이 세계 선교를 위한 최선의 전략이었다는 것과 이제 지으려고 하는 건물이 선교를 증진하는 데 최선의 전략이 될 것이라는 점은 어떻게 확신할 수 있을까요? 우리가 예견하지 못할 수백 가지 변수가 있을 테니 이것이 최선인지는 잘 모르겠습니다. 하지만 제가 아는 것은 이것입니다. 하나님은 우리에 대한 긍휼하심으로 이 건물을 기꺼이 사용해 오셨고, 세계 선교를 위해 이 건물 안에서 진행되는 일도 사용하셨다는 사실입니다.

1987년 당시 우리는 이 건물(1991년에 완공된)에 관해 똑같은 고민을 했습니다. 지금 새 건물에 대해 고민하듯이 말입니다. 7번가에 있는 매스터웍스 사역 건물을 포함해 이 건물 전체가 380만 달러입니다. 그리고 우리는 그 돈을 지불했습니다. 교회는 빚을 지지 않았습니다. 이 건물을 짓지 말고 선교를 위한 모금에 더 힘써야 했을까요? 그래야 했을지도 모릅니다. 하지만 1987년부터 지금까지 선교 사역에(베들레헴교회 밖의 사역 전체) 사용한 전체 선교 예산을 합해 보니 660만 달러에 달했습니다. 이 건물을 짓기 전에는 25만 6천 달러였던 선교 예산이 올해에는 84만 달러로 늘었습니다.

돈이란 우리의 불완전한 수고에 하나님이 기꺼이 긍휼로써 복 주신다는 표지 중 하나일 뿐입니다. 현재 우리 선교사 양성 프로그램에 참여해 직업 선교에 대한 마음을 키워 가는 사람들이 50여 명입니다. 그리고 이미 몇 달 전부터 11개의 단기 전도팀이 구성되어 있으며, 앞으로 더 많은 사람들이 참여할 여러 단기 전도여행까지 생각하면 훨씬 더 많습니다. 건물을 짓는 것보다 나은 방법도 있겠지만 과거에도 그렇고 현재에도 확신하는 바, 우리가 지금 계획하는 일은 열방을 위한 매우 특별한 어떤 일의 한 수단입니다.

첫 번째 요지 안에 담긴 두 번째 요지

열방이 하나님 안에서 기뻐하도록 애쓰는 것은 우리의 안전지대를 벗어나야 하는 일입니다. 그리스도가 이 세상에 종으로 오신 목표는 "이방인들도 그 긍휼하심으로 말미암아 하나님께 영광을 돌리게 하려 하심"이었습니다. 8-9절입니다. "그리스도께서 … 할례의 추종자가 되셨으니 … 이방인들도 그 긍휼하심으로 말미암아 하나님께 영광을 돌리게 하려 하심이라."

"하나님께 영광을 돌린다"는 말씀이 다른 단어로 어떻게 표현되고 있습니까? "하나님 안에서 기뻐하기", 그리고 "기쁨"과 같은 표현을 주목하십시오. 그리스도는 열방이 하나님 안에서 기뻐할 수 있도록 성육신하셨습니다. 이것이 바로 그분이 종이 되셨을 때 추구하신 일입니다.

그러므로 두 번째 요지는 우리도 그러해야 한다는 것입니다. 어떤 교육을 하든지 우리의 목표는 안전지대와 '하늘'의 안락함(비유적으로 말해)을 떠나 종들로 하여금 열방 중에 하나님을 기뻐하는 일을 찾아가도록 하는 것이 되어야 합니다.

이 말에는 실제로 어떤 의미가 있을까요? 여러 가지가 있겠지만, '환희의 교육'을 하는 우리의 비전은 젊은이들이 기꺼이 미전도 종족을 위해 자신의 삶을 내려놓고 급진적으로 모험을 감수하며 그리스도를 높이는 자들이 되도록 새로운 관점으로 교육하는 일일 것입니다. 그들이 가는 자가 되든지, 아니면 보내는 자가 되든지 말입니다. 선택은 오로지 세 가지 뿐입니다. 가든지, 보내든지, 아니면 불순종하든지.

이는 우리 교회의 부모님들과도 직접 관련이 있습니다. 혹 우리 자녀들이 자라서 좋은 직장을 얻고 모든 안전과 안락함과 부요함이 보장된 전형적인 중산층의 삶을 살기를 바랄 뿐, 그들이 하나님의 부르심을 듣는 것을 원하지 않는다면, 그런 분들은 우리 교회의 정신과 환희의 교육이 지향하는 목표와 맞지 않을 것입니다.

새 건물과 이에 부합하는 모든 비전과 전략에서 우리가 목표하는 바는 부모들이 하나님의 위대한 목적을 위해 자녀들을 성결하게 구별하는 것입니다. 지금 그들의 모습이 어떠하든 상관없이 말입니다.

그리하여 부모들도 100여 년 전 남태평양의 뉴헤브리디스 제도에 선교사로 갔던 존 페이튼의 부모와 같이 되는 것입니다. 존 페이튼이 17년 전 두 명의 선교사가 몽둥이에 맞아 죽고 식인종에게 먹혔던 남태평양 군도로 갈지를 고민하는 위기 상황에서 그에게 최종 확신을 준 것은 그의 부모였습니다. 그들은 이렇게 말했습니다.

> 하나님이 너를 [우리에게] 주셨을 때 아버지와 어머니는 첫 아들인 너를 거룩히 구별하기 위해 제단에 놓았었단다. 하나님이 보시기에 네가 십자가의 선교사로 합당하다면 그렇게 사용하시도록 말이다. 그리고 네가 준비되고 자격을 갖추고 올바른 선택을 하도록 인도해 달라고 우리는 지금까지 늘 기도해 왔다. 주께서 너의 헌신을 받아 주시고, 오래도록 지키시고, 주를 알지 못하는 세계에서 너를 통해 많은 영혼들을 주시기를 우리는 마음을 다해 기도한단다.*

그것이 우리 '환희의 교육'이 키워내고자 하는 부모의 모습이자 젊은이의 모습입니다.

여기서 마지막 질문이 남습니다(세 번째 요지이기도 합니다). 첫 번째 요지는, 개인적이고 관계적이며 교육에 관련된 교회의 내부 사역은 우리의 마음과 생각을 그리스도와 하나님의 영광과 열방 가운데서 영

*James Paton, *John G. Paton: Missionary to the New Hebrides*, Edinburgh: The Banner of Truth Trust, 1965, orig. 1889, 1891. p. 57. 친형제가 편집한 자서전.

광을 받으시려는 하나님의 전 세계적인 목적으로 이끌어야 한다는 것이었습니다. 우리의 관심을 내부로만 집중시킨 나머지 열방 가운데 하나님이 영광을 받으시게 하려는 열정을 잃는다면 우리에게 화가 미칠 것입니다.

두 번째 요지는, 자신들과 자녀의 삶을 내려놓고 열방이 그리스도를 기뻐하게 하는 일에 헌신하고자 하는 자녀와 부모를 키워내는 것을 우리의 목표로 삼는 것과 관련된 일이었습니다.

기쁨!

이제 세 번째 요지는 한 마디로, 이 일을 해낼 능력은 하나님을 향한 불굴의 소망에서 온다는 것입니다. 13절입니다. "소망의 하나님이 모든 기쁨과 평강을 믿음 안에서 너희에게 충만하게 하사 성령의 능력으로 소망이 넘치게 하시기를 원하노라."

선교의 길은 고단할 것입니다. 질병과 박해가 산재한 길이 될지도 모릅니다. 그렇다고 기쁨이나 소망이 없는 길은 아닙니다. 환희의 교육을 통한 우리의 목표는 바로 '기쁨'입니다!

9-11절을 보십시오. "이방인들도 그 긍휼하심으로 말미암아 하나님께 영광을 돌리게 하려 하심이라. … 주의 이름을 찬송하리로다. … 또 이르되 '열방들아 주의 백성과 함께 즐거워하라' 하였으며, '모든 백성들아 그를 찬송하라' 하였으며."

선교의 메시지는 "열방이 기뻐하게 하라!"(Let the nations be glad)입니다(시 67:4). 그러므로 우리는 반드시 기뻐해야 합니다. 우리 자신의 마음을 기쁘게 하지도 못하고 지키지도 못하는 구원이나 하나님이라면 열방을 향해 기뻐하라고 외칠 수 없습니다. 따라서 우리의 비전은 '환희의 교육'을 통해 우리와 열방이 함께 기뻐하는 것입니다. 주님이 이 위대한 목적을 위해 우리가 하는 일에 형통함을 주시길 기도합니다.

26장

이새의 뿌리를 기뻐하는 이방인들

로마서 15:7-13

그러므로 그리스도께서 우리를 받아 하나님께 영광을 돌리심과 같이 너희도 서로 받으라. 내가 말하노니 그리스도께서 하나님의 진실하심을 위하여 할례의 추종자가 되셨으니 이는 조상들에게 주신 약속들을 견고하게 하시고 이방인들도 그 긍휼하심으로 말미암아 하나님께 영광을 돌리게 하려 하심이라. 기록된 바 그러므로 내가 열방 중에서 주께 감사하고 주의 이름을 찬송하리로다 함과 같으니라. 또 이르되 열방들아 주의 백성과 함께 즐거워하라 하였으며 또 모든 열방들아 주를 찬양하며 모든 백성들아 그를 찬송하라 하였으며 또 이사야가 이르되 이새의 뿌리 곧 열방을 다스리기 위하여 일어나시는 이가 있으리니 열방이 그에게 소망을 두리라 하였느니라. 소망의 하나님이 모든 기쁨과 평강을 믿음 안에서 너희에게 충만하게 하사 성령의 능력으로 소망이 넘치게 하시기를 원하노라. _롬 15:7-13

오늘 초점을 맞출 부분은 로마서 15장 9-13절입니다. 하지만 본문의 요지를 명확히 파악하기 위해 먼저 간단히 복습을 하겠습니다. 7

절에서 바울은 실천적인 권면을 합니다. "그러므로 그리스도께서 우리를 받아 하나님께 영광을 돌리심과 같이 너희도 서로 받으라." 강한 사람과 약한 사람, 유대인과 이방인 모두 서로를 받으십시오. 서로를 섬기십시오. 넓은 마음을 품으십시오. 두 팔을 벌려 사람들을 끌어안으십시오.

하지만 7절은 그 행위 자체가 최종 목표가 아니라고 말합니다. 하나님의 영광을 위해 그렇게 해야 합니다. "그리스도께서 우리를 받아 하나님께 영광을 돌리심과 같이 너희도 서로 받으라." 선하신 하나님이 선하신 분으로 드러날 수 있도록 서로를 받으십시오. 하지만 하나님의 영광을 위해 사람들을 받아들이라는 권면을 두고, 그렇게 되면 혹 사람들을 받는 것 자체가 아니라 사람들에게서 뭔가를 얻어 내려고 하는 것(사람들을 이용하고 사랑하지 않는 것)이 되지는 않을지 의구심을 품는 분이 있다면, 저는 그렇지 않다고 답하겠습니다. 사람을 사랑하는 것과 사랑을 통해 하나님께 영광을 돌리려는 목표 사이에는 어떤 충돌도 없습니다. 사람을 사랑한다는 것은 그에게 유익이 되는 방식으로 대하는 것을 의미하기 때문입니다. 그리고 하나님을 높이는 것이 사람에게는 항상 유익이 됩니다.

우리가 하나님의 영광을 위해 누군가를 용납할 때 우리의 받아들임이 그들과 우리 안에 하나님을 향한 더 많은 사랑을 불러일으켜서 결국 서로 더 깊은 우정을 나누게 되는 것입니다. 이는 사람을 이용하는 것이 아닙니다. 사람과 더불어 행하는 것입니다. 하나님의 영광을 위해 사람을 사랑하는 것이 사람을 사랑하는 유일한 방법입니다. 사람들이 하나님의 영광을 알고 맛보도록 돕는 것을 우리의 목표로 삼지 않는다면 우리는 사람을 사랑하는 것이 아닙니다.

따라서 7절에서는 "그리스도께서 우리를 받아 '하나님께 영광을 돌리심'과 같이 너희도 서로 받으라"고 명령합니다. 그리고 8-9절입니다. "내가 말하노니 그리스도께서 하나님의 진실하심을 위하여 할례의 추종자가 되셨으니 이는 조상들에게 주신 약속들을 견고하게 하시고, 이방인들도 그 긍휼하심으로 말미암아 하나님께 영광을 돌리게 하려 하심이라." 이 구절은 그리스도가 유대인에게 종이 되셨기에 유대인들이 하나님의 진실하심으로 인해 영광을 돌리게 되고, 이방인들은 하나님의 긍휼하심으로 인해 영광을 돌리게 된다는 사실을 우리에게 보여 주면서 서로 받을 것을 권합니다.

따라서 유대인과 이방인들이여, 놀라기 바랍니다. 이스라엘의 메시아인 예수 그리스도는 섬김을 받으러 오신 것이 아니라 자기 목숨을 유대인과 이방인 모두를 위해 대속물로 주고 섬기기 위해 오셨습니다. 구원은 하나이며, 새 언약도 하나이고, 하나님의 백성도(유대인이든 이방인이든, 9:24) 하나입니다(11:17-24 참조).

그리스도는 '섬김'으로써 이 구원을 성취하셨고, 하나님의 영광을 위해 그 일을 행하셨습니다. 따라서 8-9절은 우리가 (최소 두 가지 방식으로) 하나님의 영광을 위해 서로를 받아들이기 위한 동기를 제공하고 있습니다.

첫째, 그리스도는 우리가 어떻게 서로를 섬길지에 대한 본보기를 보여 주셨고, 우리는 우리가 경배하는 분을 닮기를 소망하고 있습니다. 그래서 그분이 하신 것처럼 우리도 감동을 입어 서로 섬길 수 있습니다. 둘째, 그리스도는 우리를 대신해 죽으심으로써 우리를 섬기셨습니다. 그로 말미암아 우리는 죄짐을 벗었고 기꺼이 환대할 줄 아는 사람이 되는 소망을 품게 되었습니다.

바울은 9-13절에서 우리 이방인에게 소망이 풍성해지도록 돕기 위해 애씁니다. 그것이 그의 목표입니다. 그래서 우리는 오늘 설교를 들으면서 우리 마음에 소망이 풍성해지기를 기대하고 기도해야 합니다. 본문의 목표와 제 설교의 목표는 우리의 소망이 깊어지고 강해지며 더욱 풍성해지도록 돕는 것입니다.

여기서 제게는 세 가지 질문이 있습니다. 1) 본문의 목표와 초점이 소망의 풍성함이라고 생각하는 이유는 무엇인가? 2) 누구에게 소망을 두며, 무엇을 소망하는가? 3) 소망은 어떻게 풍성해지는가?

1. 본문의 목표와 초점이 소망의 풍성함이라고 생각하는 이유는 무엇인가?

세 가지를 살펴보겠습니다. 첫째, 9-12절은 성경에서 인용한 네 개의 목록입니다. 9절 하반절부터 시작합니다. "기록된 바." 앞서 4절에서는 이렇게 말했습니다. "무엇이든지 전에 기록된 바는 우리의 교훈을 위하여 기록된 것이니 우리로 하여금 인내로 또는 성경의 위로로 '소망을 가지게 함'이니라." 바울은 모든 성경이 우리에게 소망을 주기 위한 것임을 말하는 성경 구절들을 본문 이곳저곳에 채워 놓고 있습니다.

둘째, 12절은 이사야 11장 10절을 인용하면서 이런 목표를 분명하게 밝히고 있습니다. "또 이사야가 이르되 이새의 뿌리 곧 열방을 다스리기 위하여 일어나시는 이가 있으리니 열방이 그에게 '소망을 두리라' 하였느니라." 바울은 단순히 성경을 인용만 하는 것이 아닙니다. 그가 인용하는 구절은 유대인만이 아닌 이방인도 메시아 안에서 소망을 갖게 되리라는 언약의 최고조에 이른 말씀입니다.

셋째, 13절은 바울의 목표가 우리가 풍성한 소망을 갖는 데 있음을 분명하게 진술하는 것으로 시작하고 또 그렇게 마무리합니다. "'소망의 하나님'이 모든 기쁨과 평강을 믿음 안에서 너희에게 충만하게 하사 성령의 능력으로 '소망이 넘치게' 하시기를 원하노라." 바울은 가장 먼저 평강의 하나님도, 기쁨의 하나님도, 사랑의 하나님도 아닌 소망의 하나님께 간구하고 있습니다. 그리고 하나님이 역사하셔서 우리 안에 "소망이 넘치게" 되기를 간구합니다. 이것은 소망이 풍성해져서 흘러넘치게 되는 것을 의미합니다. 소망은 절망, 우울, 두려움, 근심, 불평, 쓴뿌리 등 모든 부정적인 감정을 밀어냅니다. 소망은 이러한 감정과 함께하지 않습니다. 소망이 풍성하고 넘쳐흐를 때, 부정적인 감정은 밀려나갑니다.

따라서 오늘 본문으로부터 살펴본 바, 대강절을 보내는 우리에게 바울이 진심으로 바라는 것은 우리가 소망으로 풍성해지는 것임을 알 수 있습니다. 여러분도 이를 위해 계속 기도하시기 바랍니다.

2. 누구에게 소망을 두며, 무엇을 소망하는가?

두 번째 질문은 이것입니다. 누구에게 소망을 두며, 무엇을 소망합니까?

우리는 여러 가지 잘못된 이유로 잘못된 대상에게 소망을 품는 경우가 많습니다. 그러면 바울은 누구에 대한 소망을 말하고 있습니까? 본문에서 이에 대한 가장 명확한 답변은 이사야 11장 10절을 인용한 12절 말씀에 나옵니다. "또 이사야가 이르되 이새의 뿌리 곧 열방을 다스리기 위하여 일어나시는 이가 있으리니 열방이 그에게 소망을 두리라 하였느니라." 이새는 다윗 왕의 아버지였습니다. 다윗은 이스라엘의 가장 위대한 왕이었으며, 이스라엘이 소망을 두었던 메시아는 종종 "다윗의 자손"이라 불렸습니다. 메시아는 다윗 왕과 같은 분이며 오히려 더 위대한 분이어야 합니다.

예수님이 이 신비를 사용해 어떻게 자신의 신성을 짚어 주셨는지 기억해 보십시오. 마태복음 22장 42-45절에서 예수님은 바리새인들에게 물으셨습니다. "너희는 그리스도에 대하여 어떻게 생각하느냐? 누구의 자손이냐? 대답하되 다윗의 자손이니이다[달리 말하면, 이새의 뿌리라는 것입니다]. 이르시되 그러면 다윗이 성령에 감동되어[즉, 성령에 감동되어 시편 110편 1절을 썼다는 의미입니다] 어찌 그리스도를 주라 칭하여 말하되 주[하나님]께서 내 주[메시아]께 이르시되 내가 네 원수를 네 발 아래에 둘 때까지 내 우편에 앉아 있으라 하셨도다 하였느냐? 다윗이 그리스도를 주라 칭하였은즉 어찌 그의 자손이 되겠느냐 하시니." 여기에 한 마디라도 대답하는 자가 없었습니다.

핵심은 이것이었습니다. 예수님은 다윗의 자손이자 이새의 뿌리인 메시아이면서도, 단순히 다윗의 자손 이상입니다! 로마서가 어떻게 시작되는지 기억하십니까? "예수 그리스도의 종 바울은 사도로 부르심을 받아 하나님의 복음을 위하여 택정함을 입었으니, 이 복음은 하나님이 선지자들을 통하여 그의 아들[즉 하나님의 아들]에 관하여 성경에 미리 약속하신 것이라. 그의 아들에 관하여 말하면 육신으로는 다윗의 혈통에서 나셨고." 또 다시 나옵니다. 예수님은 하나님의 아들이고 또한 다윗의 자손입니다. 바울이 예수님을 "이새의 뿌리"로 언급할 때 그가 의미한 바가 그것입니다.

12절은 말합니다. "열방이 그에게[하나님의 아들이자 다윗의 자손인 분에게] 소망을 두리라." 그래서 "누구에게 소망을 두는가?"라는 질문에 대한 우리의 첫 번째 답은 예수 그리스도입니다. 이 말씀은 우리의 모든 소망의 근거로서 '그리스도'에 강조점이 있습니다. 소망의 근거는 우리 자신이나 우리의 지식이 아니며, 건강도, 돈도, 직업도, 명성도 아닙니다. 그 어떤 것도 우리의 소망을 지켜 주지 못합니다. 이것들은 순식간에 무너질 것들입니다. 하나님은 우리의 소망이 굳건하고 흔들리지 않도록 하기 위해, 자기 아들을 소망하도록 하셨습니다. 그 안에서 이방인도 소망을 갖게 됩니다. 삶의 모든 순간에 이렇게 말씀하십시오. "예수님이 저의 소망입니다." 주님이 제 구원의 소망이시고, 제 결혼 생활의 소망이시며, 자녀들에 대한 저의 소망이시고, 사역의 소망이시며, 제가 장차 제대로 잘 살고 죽을 것에 대한 소망이 되십니다. "열방이 그에게 소망을 두리라."

그리고 "무엇을 소망하는가?"라는 좀 더 구체적인 질문에 대해 로마서는 세 가지 답변을 제시합니다. 먼저, 로마서 5장 2절입니다. "하나님의 영광을 바라고 즐거워하느니라." 성경은 하늘이 하나님의 영광을 선포하고(시 19:1), 십자가에 못박히신 그리스도의 복음도 하나님의 영광을 드러낸다고(고후 4:4-6) 말합니다. 하지만 지금은 거울을 보듯 희미할 뿐이고 다만 나중에는 얼굴과 얼굴을 맞대고 보듯 선명할 것입니다(고전 13:12). 우리는 주님의 위대함과 아름다움을 알고 맛보도록 창조되었습니다. 하나님의 영광은 이 모든 것의 근원이자 총체입니다. 우리가 이땅에 살면서 위대하고 아름다운 어떤 것들을 통해 합당한 기쁨을 누릴 수 있을 텐데, 그런 기쁨은 장차 나타날 하나님의 영광을 미리 맛보는 것에 불과합니다.

둘째, 우리는 새 하늘과 새 땅을 소망합니다. 로마서 8장 20-21절입니다. "피조물이 허무한 데 굴복하는 것은 자기 뜻이 아니요 오직 굴복하게 하시는 이로 말미암음이라. 그 '바라는 것'은 피조물도 썩어짐의 종노릇한 데서 해방되어 하나님의 자녀들의 영광의 자유에 이르는 것이니라." 언젠가 피조물이 더 이상 지진과 홍수와 허리케인과 유행성 질병으로 고통을 당하지 않는 날이 올 것입니다.

바울이 로마서 15장 12절에서 인용한 말씀(이사야 11장 10절) 앞의 본문 이사야 11장 6-9절은 이렇게 말합니다. "그때에 이리가 어린양과 함께 살며 표범이 어린 염소와 함께 누우며 송아지와 어린 사자와 살진 짐승이 함께 있어 어린 아이에게 끌리며, 암소와 곰이 함께 먹으며 그것들의 새끼가 함께 엎드리며 사자가 소처럼 풀을 먹을 것이며, 젖 먹는 아이가 독사의 구멍에서 장난하며 젖 뗀 어린 아이가 독사의 굴에 손을 넣을 것이라. 내 거룩한 산 모든 곳에서 해 됨도 없고 상함도 없을 것이니 이는 물이 바다를 덮음 같이 여호와를 아는 지식이 세상에 충만할 것임이니라."

그리스도 덕분에 그날에 대한 우리의 소망은 견고하고 흔들림 없습니다.

셋째로, 우리는 고통도, 죽음도 없는 새로운 몸을 소망합니다. 로마서 8장 23-24절입니다. "… 성령의 처음 익은 열매를 받은 우리까지도 속으로 탄식하여 … 우리 몸의 속량을 기다리느니라. 우리가 '소망으로' 구원을 얻었으매." 단지 새 하늘과 새 땅이 아니라 새로운 몸으로 하나님의 영광을 기뻐하게 될 것입니다.

그래서 바울은 우리가 소망으로 충만해지도록 돕기 위해 이 글을 쓰고 있습니다. 그것은 예수 그리스도에 근거를 둔(이방인들도 그분에게 소망을 두게 되며) 소망이고, 하나님의 영광이 온전히 드러나기를 간절히 고대하는 소망이며, 새 하늘과 새 땅이 임하기를 간절히 고대하는 소망이고, 더 이상 눈물과 고통이 없는 새로운 몸이 임하기를 간절히 고대하는 소망입니다(계 21:4).

3. 소망은 어떻게 자라나는가?

마지막으로 묻습니다. 이러한 소망은 어떻게 자라날까요?

그에 대한 설명은 다음 시간을 위해 아껴 두겠습니다. 하지만 여러분이 미리 생각하고 기도하실 수 있도록 잠깐 언급하겠습니다. 13절입니다. "소망의 하나님이 모든 기쁨과 평강을 믿음 안에서 너희에게 충만하게 하사 성령의 능력으로 소망이 넘치게 하시기를 원하노라."

이 구절에서 언급된 소망을 전하는 두 가지 주체가 있습니다. 소망의 하나님이신 성령이 그 하나이고, 다른 하나는 믿음입니다. 이 둘은 서로 어떻게 역사합니까? 소망이 넘치게 하기 위해 우리는 무엇을 믿어야 합니까? 기쁨과 평강은 소망과 어떤 관련이 있습니까? 어떤 것이 다른 것의 원인이 됩니까? 혹은 두 가지가 서로 원인과 결과가 됩니까?

오늘은 다음과 같이 말하는 것으로 충분할 것입니다. 소망은 이방인인 우리도 하나님의 위대한 구원에 포함된다는 약속을 믿는 우리의 믿음을 통해 우리 안에서 행하시는 하나님의 역사입니다. “이새의 뿌리 곧 열방을 다스리기 위하여 일어나시는 이가 있으리니 열방이 그에게 소망을 두리라 하였느니라”(롬 15:12).

27장

약속의 말씀, 성령, 사람의 소망

로마서 15:7-13

그러므로 그리스도께서 우리를 받아 하나님께 영광을 돌리심과 같이 너희도 서로 받으라. 내가 말하노니 그리스도께서 하나님의 진실하심을 위하여 할례의 추종자가 되셨으니 이는 조상들에게 주신 약속들을 견고하게 하시고 이방인들도 그 긍휼하심으로 말미암아 하나님께 영광을 돌리게 하려 하심이라. 기록된 바 그러므로 내가 열방 중에서 주께 감사하고 주의 이름을 찬송하리로다 함과 같으니라. 또 이르되 열방들아 주의 백성과 함께 즐거워하라 하였으며 또 모든 열방들아 주를 찬양하며 모든 백성들아 그를 찬송하라 하였으며 또 이사야가 이르되 이새의 뿌리 곧 열방을 다스리기 위하여 일어나시는 이가 있으리니 열방이 그에게 소망을 두리라 하였느니라. 소망의 하나님이 모든 기쁨과 평강을 믿음 안에서 너희에게 충만하게 하사 성령의 능력으로 소망이 넘치게 하시기를 원하노라. _롬 15:7-13

지난 시간에 저는 로마서 15장 9-13절 말씀에서 소망을 일깨우고 소망을 강하게 하는 일이 어떻게 가능한지에 대해 질문했습니다. 제가 말씀드린 9-13절의 요지는 '교회 안에 소망이 흘러넘치게 하는 것'이었습니다. 이 소망은 이새의 뿌리이자 열방의 통치자인(12절) 예수 그리스도에게 근거를 둡니다. 그리스도에게 근거를 둔 이 소망은 하나님의 영광(5:2)과 새 하늘과 새 땅(8:20-21), 그리고 고통도 죄도 없는 새로운 몸(8:23)을 바라는 소망입니다. 이런 질문도 드렸습니다. 그 일은 어떻게 일어날까요? 하나님은 사도 바울을 통해 어떻게 넘치는 소망을 부어 주시는 것일까요? 이것이 오늘 살펴볼 내용입니다.

고난의 시기와 평안의 시기

저는 지난 금요일에 오늘 전할 설교를 준비하는 동안 우리 교회 안에 몇몇 사람들이 어려움을 겪고 있다는 내용의 이메일을 받고 따로 시간을 내 기도했습니다.

여섯 명의 자녀를 둔 엄마가 유방암으로 화학 치료를 받고 있고, 다른 엄마는 지난 수요일에 복부 수술을 받아 성탄절 내내 입원해야 할 상황이며, 어느 부부는 두 명의 자녀를 러시아에서 입양하려 하는데 여기에 수천 달러가 필요하다고 하고, 한 여성은 방사선 치료 후 집에서 요양 중이고, 한 젊은 주부는 몇 주 동안 이유 모를 고열에 시달렸으며, 어느 여성은 귀 안쪽에 쉽지 않은 수술을 받았고, 한 가정의 아들은 발작 증세로 1월에 수술을 받을 예정이며(병명이 같은 가정이 둘이나 있습니다), 92세 되는 한 성도는 폐렴으로 입원 중입니다. 이 밖에도 오늘 목록에는 오르지 않았지만 고통을 겪고 있는 사람들이 수백 명이나 됩니다.

소망에 대한 설교를 준비하면서 이 소식이 제게 더욱 가깝게 느껴

진 것은 저도 이번 주에 이틀간 아팠기 때문입니다. 열두 시간 동안 침대에서 바들바들 떨며 누워 있는 동안, 이런 비슷한 상황(특히 그런 증세가 몇 주, 몇 달, 몇 년이나 지속되는 상황)에 있는 사람들이나, 마지막 단계에 이른 병세로 더 이상 손을 쓸 수 없다는 진단을 의사에게 들은 분들에게 오늘 말씀이 어떤 위로를 줄 수 있을지 생각했습니다. 저는 꽤나 현실적이 되려고 노력했습니다. 이렇게 아픈 상황에서 어떻게 소망을 느낄 수 있을까요? 어떻게 마음에 소망을 키울 수 있을까요?

저는 몇 시간 동안 아무것도 읽을 수가 없었는데, 제가 할 수 있는 일이라고는 눈을 감고서 토하지 않으려고 애쓰는 것뿐이었습니다. 그래서 그 시간 동안에는 성경을 읽지 못했습니다. 아무것도 읽을 수 없었고 깊이 생각할 수도 없었습니다. 하지만 분명해진 몇 가지가 있습니다.

잠시 왔다가 사라지는 이런 질병을 겪으면서, 제게 육체적인 것이 아닌 감정적이고 영적인 어떤 변화가 생겼습니다. 신체적으로는 구역질이 나고 고열에 시달리고 비참한 상황이었습니다. 하지만 그리스도가 나를 위해 돌아가셨고 내 죄는 용서받았으며, 이러한 비참한 일은 하나님의 진노가 아니라는 것과 그리스도가 질병과 사탄을 다스리신다는 것, 하나님이 모든 것을 합력하여 선을 이루도록 하겠다고 약속하셨다는 것, 그리고 죽음조차 유익이 된다는 생각이 나의 믿음을 지켜 주었습니다. 그런 생각 때문에 몸이 나아진 것은 아니었습니다. 하지만 이러한 생각은 마치 닻이 되어 내가 (배멀미를 앓으며) 타고 있는 배가 절망의 바다에 휩쓸리지 않게 붙잡아 주었습니다. 저는 심연에 가라앉아 멸망하지 않으리라는 것을 알았습니다. 그 사실이 큰 변화를 일으켰습니다.

제가 이런 말씀을 드리는 이유는 하나님이 우리의 소망을 어떻게 충만케 해주시는지를 보여드릴 때, 여러분이 저를 세상 물정도 모르는 사람이라고 생각하지 않았으면 하기 때문입니다. 저는 우리에게 절실히 소망이 필요할 때는 성경을 읽을 만한 힘도 없을 때가 많음을 알고 있습니다만, 그럼에도 하나님의 말씀으로부터 소망을 이끌어내는 중요한 일을 행할 것입니다. 우리 같은 사람들을 위해 하나님은 평안의 시기도 주시고 고난의 시기도 허락하십니다. 평안의 시기에는 하나님이 주신 모든 방법을 사용해서 고난의 시기를 대비해야 합니다. 저는 평안의 시기 동안 하나님의 귀한 약속의 말씀을 맛본 적이 있기 때문에 고난의 시기에도 소망을 주는 생각을 할 수 있었습니다. 여러분도 그렇게 하시기를 소망합니다.

오늘 설교 말씀에서 저는 평안의 시기에 하나님의 방법을 잘 받아들인다면 고난의 시기에도 그 방법이 우리에게 소망을 준다는 사실을 보여드리려 합니다.

하나님이 소망을 주시는 방법: 여섯 단계

오늘 본문에는 하나님이 우리 삶에 소망을 주시는 방법을 설명하는 여섯 단계가 나옵니다.

1. 무엇보다 하나님은 소망의 하나님이시다

13절입니다. "소망의 하나님이 모든 기쁨과 평강을 믿음 안에서 너희에게 충만하게 하사 성령의 능력으로 소망이 넘치게 하시기를 원하노라." 모든 것이 하나님에서 출발합니다. 깊고 영원한 기쁨에 대한 소망이 있다면, 그 소망의 근거는 하나님일 것입니다. 그 외의 다른 근거는 모두 실패하고 맙니다.

하나님은 그분 자체로 소망의 하나님이십니다. 이 사실을 우리는 반드시 믿어야 합니다. 히브리서 11장 6절은 이렇게 말합니다. "믿음이 없이는 하나님을 기쁘시게 하지 못하나니 하나님께 나아가는 자는 반드시 그가 계신 것과 또한 그가 자기를 찾는 자들에게 상 주시는 이심을 믿어야 할지니라." 즉, 우리는 하나님이 계신 것과 그분이 소망의 하나님이심을 믿어야 합니다. 그것이 소망을 향해 나아가는 우선적이고 근본적인 단계입니다.

2. 소망의 하나님은 약속의 말씀을 주신다

9-12절에는 네 가지의 말씀이 나옵니다. 9절에서 바울은 그리스도께서 종이 되신 것은 이방인들도 그 긍휼하심으로 말미암아 하나님께 영광을 돌리게 하기 위함이라고 말한 후에, "기록된 바"라고 말하며 시편 18편 49절을 인용합니다. "기록된 바 그러므로 내가 열방 중에서 주께 감사하고 주의 이름을 찬송하리로다." 그런 후에 10절에서 신명기 32장 43절을 인용합니다. "열방들아, 주의 백성과 함께 즐거워하라." 이후 11절에서는 시편 117편 1절을 인용합니다. "모든 열방들아 주를 찬양하며 모든 백성들아 그를 찬송하라." 그리고 마지막으로 12절에서 이사야 11장 10절을 인용합니다. "이새의 뿌리 곧 열방을 다스리기 위하여 일어나시는 이가 있으리니 열방이 그에게 소망을 두리라."

여기에 인용된 네 가지 성경 말씀에서 놀라운 사실은 마지막 구절만이 분명한 약속이라는 점입니다. 12절은 이런 의미입니다. '이새의 뿌리가 오실 것이며, 그가 이방인들을 다스리기 위해 일어나신다. 그 안에서 이방인들은 소망을 품을 것이다.' 10절과 11절에 인용된 두 개의 성경 본문은 이방인들에 대한 명령 혹은 권고입니다. "주의 백성들과 즐거워하라. … 주를 찬양하며… 그를 찬송하라." 그리고 9절에 나오는 첫 번째 인용문은 유대인의 왕이 이방인들 사이에 서게 된다는 증거입니다. "내가 열방 중에서 주께 감사하고."

하지만 바울은 네 구절을 모두 우리에게 소망을 주기 위해 인용하고 있습니다. 하나님이 역사 가운데 행하실 일에 대한 큰 그림(이방인들을 언약 백성으로 포함시키는 것)을 아는 이상, 바울은 하나님이 그들에게 말씀을 증거하시고 구원을 베풀고자 하시는 곳 어디에서든 이방인을 위한 소망을 봅니다.

하지만 여기서 주목할 가장 중요한 사실은 바울이 성경 말씀을 인용한다는 점입니다. 교회 안에 소망이 넘치게 되기를 기도할 때 그는 먼저 하나님의 약속의 말씀으로 기도합니다. 이 점을 놓치지 마십시오. 네 번째 단계에서 이것이 절대적으로 중요하다는 점을 확실히 증거하도록 하겠습니다.

정리하자면, 첫 번째 단계는 소망의 하나님이고 두 번째 단계는 하나님의 약속의 말씀입니다.

3. 능력의 영이자 하나님의 영이신 성령

13절입니다. "소망의 하나님이 모든 기쁨과 평강을 믿음 안에서 너희에게 충만하게 하사 '성령의 능력으로' 소망이 넘치게 하시기를 원하노라." 그리스도를 기반으로 하고 하나님의 영광을 귀한 보화처럼 바라게 되는 소망은 인간 스스로의 힘과 의지로 만드는 것이 아닙니다. 만일 오늘 우리가 소망을 그리스도께만 두고, 돈과 건강과 친구와 기쁨과 권세에 두지 않는다면, 그것은 성령의 역사입니다. 그 소망은 우리 스스로 만들어 낸 것이 아닙니다.

본질상 우리의 의지는 하나님과 적대 관계에 있습니다. 우리는 패역한 채로 태어났습니다. 그리고 우리 패역함의 본질은 자기를 높이고 자기를 의지하며 자기 스스로 결정하는 것입니다. 그러므로 하나님의 영광이 우리가 바라는 최고의 보화가 된다면, 그리고 자기 의가 아닌 그리스도의 의를 기반으로 소망하게 된다면, 그것은 필시 우리가 성령의 능력으로 다시 태어났다는 증거입니다.

로마서 8장 6-7절은 (문자 그대로) 이렇게 말합니다. "육신의 생각은 사망이요 영의 생각은 생명과 평안이니라. 육신의 생각은 하나님과 원수가 되나니." 달리 말해, 우리는 본질적으로(육신적으로) 하나님과 원수 관계입니다. 오직 하나님의 영으로만 이를 바꿀 수 있습니다. 바울은 고린도전서 2장 14절에서 이것을 조금 다르게 표현했습니다. "육에 속한 사람은 하나님의 성령의 일들을 받지 아니하나니 이는 그것들이 그에게는 어리석게 보임이요, 또 그는 그것들을 알 수도 없나니 그러한 일은 영적으로 분별되기 때문이라." 에베소서 2장 5절에서는 또 다르게 말합니다. "허물로 죽은 우리를…."

그러므로 소망을 일깨우는 세 번째 단계는 능력의 영이신 성령입니다. 첫째, 소망의 하나님. 둘째, 약속의 말씀. 셋째, 능력의 영. 이 세

가지 단계 모두 우리 자신과는 너무나 동떨어진 객관적 실체입니다. 우리가 스스로 경험할 수 있는 바가 아니며, 하나님과 말씀과 성령은 우리가 행할 수 없는 것을 행하십니다.

그분들은 우리에게 의존하지 않으며, 오직 우리가 그분들께 의존합니다. 우리가 그분들을 만들지 않습니다. 그분들이 우리를 빚습니다. 이제 나머지 세 단계를 살펴볼 텐데, 그 세 가지는 모두 우리 안에서 경험적으로 진행되는 단계입니다.

4. 믿음

바울이 13절에서 간단하게 언급하듯이 저도 간단히 설명 드리겠습니다. 바울은 13절에서 이렇게 말하고 있습니다. "소망의 하나님이 모든 기쁨과 평강을 '믿음 안에서' 너희에게 충만하게 하사 성령의 능력으로 소망이 넘치게 하시기를 원하노라." 우리가 믿을 때에 소망의 하나님은 우리의 소망이 풍성해지도록 기쁨과 평강을 주십니다. 여기서 열쇠가 되는 질문이 있습니다. 성령의 능력은 어떤 식으로 우리를 하나님의 말씀과 연결시켜서 기쁨과 평강과 넘치는 소망을 주실까요? 믿음을 주심으로 그 일을 행하십니다.

이렇게 생각해 봅시다. 회심하기 전에 우리 마음은 영적으로 죽어 있습니다. 하지만 하나님의 은혜로 영적으로 죽은 우리 마음이 어떤 식으로든 약속의 말씀인 그리스도의 복음을 접하게 됩니다. 그러면 어떤 일이 벌어질까요? 어쩌면 아무 일도 없을지 모릅니다. 하지만 성령이 오셔서 우리 마음에 거듭남(새로운 생명, 새로운 영적 지각)을 주시면, 우리는 약속의 말씀 속에서 그리스도가 진실로 어떤 분인지 갑작스레 깨닫게 됩니다. 그리고 거듭난 우리 마음이 그리스도가 어떤 분인지 진실로 깨닫게 되면 믿음으로 그리스도를 받아들이고 영접하고 가까워지고 연결되고 연합하게 됩니다. 약속의 말씀 속에서 그리스도와 연결되고 연합되면 기쁨과 평강을 주는 약속의 능력은 그 연결을 통해 우리 안으로 흘러들어오기 시작합니다.

따라서 두 번째와 네 번째 단계 사이에 중요한 연결점이 있음을 알 수 있습니다. 약속의 말씀과 믿음입니다. 구원하고 소망을 주는 믿음은 성경에 대해 모호한 긍정적 태도를 보이지 않습니다. 믿음은 피로 값 주고 사신 하나님의 말씀에 온전히 집중하고 신뢰합니다. 우리가 12절 말씀을 읽을 때 성령님이 하나님 말씀의 진리와 아름다움과 실체와 가치를 깨닫게 해주시면서 일어나는 일입니다. "이새의 뿌리[그렇습니다. 왕되신 하나님이 오셨습니다!] 곧 열방을 다스리기 위하여[그렇습니다. 우리 왕께서 열방을 다스리십니다!] 일어나시는 이가 있으리니 열방이 그에게 소망을 두리라[그렇습니다. 저는 그분에게 소망을 둘 것입니다. 그분은 저의 구원자요 주시요 하나님이십니다!]." 이것이 약속의 말씀 속에서 믿음을 일깨우는 성령의 역사입니다.

5. 우리 마음에 일어나는 기쁨과 평강

13절입니다. "소망의 하나님이 '모든 기쁨'과 '평강'을 믿음 안에서 너희에게 충만하게 하사." 믿는 자의 영혼에 성령이 능력으로 믿음을 주시면 하나님의 말씀으로부터 기쁨과 평강이 흘러넘칩니다. 그리하여 깜짝 놀랄 만한 여섯 번째 단계로 이어집니다.

6. 소망의 풍성함

13절입니다. "소망의 하나님이 모든 기쁨과 평강을 믿음 안에서 너희에게 충만하게 하사 성령의 능력으로 '소망이 넘치게 하시기'를 원하노라." 이 말씀이 놀라운 이유는 소망이 기쁨과 평강을 이끌어내기 때문입니다. 우리가 약속의 말씀을 붙잡았을 때 '소망의 하나님'은 우리 안에 소망을 일깨우십니다. 소망은 기쁨과 평안을 일으킵니다. 하지만 지금 바울은 기쁨과 평강의 '결과'가 소망이라고 말하면서 마무리 짓습니다. 하나님이 우리를 믿음 안에서 기쁨과 평강으로 채우시는 것은 "… 소망이 넘치게" 하기 위함입니다.

여기서 요지는 분명합니다. 소망은 언제나 자라날 수 있고 더욱 더 풍성해질 수 있습니다. 소망의 풍성함에는 한계가 없습니다. 그리고 바울은 그것의 열매를 맛보면서 더욱 자라난다고 말합니다.

소망은 하나님의 약속 안에서 기쁨과 평강의 열매를 만들어 냅니다. 그리고 하나님의 약속에 대해 기하고 평강을 품을 수 있는 것은 우리가 다시 태어났다는 영광스런 증거이며, 우리가 다시 태어났다는 모든 증거는 더욱 소망을 불러일으키고(롬 5:3-5 참조), 더 많은 소망은 더 많은 기쁨과 평강을 일깨워서 하나님의 은혜가 지속적으로 더욱 더 충만해지는 것입니다.

성도 여러분, 약속의 말씀에 자신을 드리십시오. 소망의 하나님이 성령을 부어 주셔서 그리스도의 진리와 아름다우심과 존귀하심을 볼 수 있게 하시고 기쁨과 평강으로 채워 주셔서, 성령의 능력으로 소망이 풍성해지도록 기도하시기 바랍니다.

28장

열방을 향한 긍휼

로마서 15:8-9

내가 말하노니 그리스도께서 하나님의 진실하심을 위하여 할례의 추종자가 되셨으니 이는 조상들에게 주신 약속들을 견고하게 하시고 이방인들도 그 긍휼하심으로 말미암아 하나님께 영광을 돌리게 하려 하심이라. 기록된 바 그러므로 내가 열방 중에서 주께 감사하고 주의 이름을 찬송하리로다 함과 같으니라. _롬 15:8-9

선교 주간은 제게 있어서 일 년 중 가장 흥분되는 기간입니다. 성탄절이나 부활절 혹은 제 생일보다도 더 신날 정도입니다. 매년 선교 주간이 되면 이 땅에 하나님나라를 세우고 위대한 사명을 완수하기 위해 하나님이 세상 가운데 행하고 계시는 일들에 대해 진지하게 돌아보기 때문입니다. 그러고 나면 제 안에 소망과 위로가 늘 풍성해지면서 신이 납니다. 여러분도 모두 하나님이 행하시는 놀라운 역사들을 찾아 보았으면 좋겠습니다. 가까운 곳에서 일어나는 일들을 통해 세상 가운데 놀랍도록 역사하시는 크신 하나님의 작은 한 부분이라도 제대로 볼 수 있기를 바랍니다.

하나님이 세상에서 행하고 계신 일

하나님이 세상에서 행하고 계신 많은 일들을 알고 계십니까?

- 소비에트 연방은 작년(1988년)에 소련 교회 1,000주년을 기념하는 공식 축하 행사를 열었습니다.
- 소련은 사실상 종교적인 이유로 수감된 모든 죄수를 석방했습니다.
- 소련은 1989-1990년 동안 6백만 권의 성경 수입을 허용했습니다.
- 올해(1989년) 소련 안에서 새로 문을 연 신학교가 6개나 됩니다.
- 그뿐 아니라 지난 주 EFMA(Evangelical Foreign Missions Association) 회의 때 보고받은 바에 따르면 시베리아 지역의 어느 대도시에서는 24시간 내내 사람들에게 세례를 주었다고 합니다.

또한 하나님이 미전도 종족들을 숨은 곳에서 끌어내어 서구 도시들로 옮겨 오고 계심을 알고 있습니까? 예를 들어, 소비에트 연방에 있는 1천만 명의 카자흐 족을 찾아가기란 쉽지 않습니다. 하지만 독일 뮌헨에는 만 명의 카자흐 족이 살고 있습니다. 지난 주 선교 행사를 진행하는 동안 우리 도시에 라오스 평화교회가 있음을 알게 되었습니다. 우리 도시에 거주하는 6천 명의 라오스 종족에게 복음을 전하기 위한 매우 중요한 하나님의 역사입니다(하나님은 보잘 것 없는 겨자씨만한 사역을 통해서도 영광을 받으십니다!).

또한 1900년에 라틴 아메리카 지역의 개신교 신도 수는 겨우 5만 명이었음을 알고 있습니까? 오늘날에는 그 수가 3,500만 명입니다. 그리고 2000년까지 1억이 넘을 것으로 예측합니다. 이는 20,000퍼센트의 증가율입니다. 랄프 윈터 박사는 이렇게 말합니다. "숱한 고난을 겪은 중부 아메리카 지역에 복음주의 교회가 그토록 놀랍게 성장한다는 것은 가히 전설적이다!"

겨우 100년 전만 해도 한국 땅에는 기독교 교회가 하나도 없었다는 것을 알고 계십니까? 오늘날에는 서울에만 6,000개의 교회가 있습니다.

1900년에는 전체 복음주의 신도 한 명당 자칭 비그리스도인이라고 말하는 사람의 수가 27명이었지만, 오늘날에는 7명에 불과합니다. 심지어 그보다 더 놀라운 사실은 지난 9년간에 이룬 이러한 수치상의 증가는 교회 역사상 첫 900년 동안 이룬 일과 맞먹는다는 것입니다!*

1980년에는 각 미전도 종족 하나당 세계의 복음주의 교회는 160개였지만, 9년이 지난 지금은 400개입니다. 복음주의 교회의 10퍼센트만이라도 서로 협력하여 팀을 이룬다면 1991년 말까지 미전도 종족을 모두 '입양'하고, 1994년 말까지 선교사들이 들어가 '제자 훈련'을 할 수 있을 것입니다. 또한 하나님이 복 주신다면, 2000년까지 전 세계적으로 교회 개척 운동이 시작될 수 있을 것입니다.

*Ralph Winter, "Momentum Building in Global Mission", p. 11.

랄프 윈터 박사는 한 달 전에 이렇게 말했습니다. "가장 힘겨운 과업은 하나님이 우리 의사와 상관없이 역사하시는 사역들을 우리가 지속시키는 일입니다. 우리의 과업은 우리의 계획을 이루도록 하나님을 조정해 가는 것이 아니라 하나님의 계획에 우리를 맞추어 가는 것뿐입니다. 그분은 놀라운 일을 행하고 계십니다. 우리는 하나님의 역사가 우리의 마음을 움직여 가게 해야 합니다! 대사명의 끝이 우리 눈앞에 보입니다!"*

긍휼을 바라는 열방의 울음소리

하지만 우리가 도취감과 자기만족에 빠지지 않으려면 다음의 사실을 알아야 합니다. 우리가 살고 있는 세계에서 약 8억이 넘는 인구가(전체의 약 15%, 1989년 현재) 절대 빈곤 속에서 살아갑니다. 그리고 7천만 명이 아사 상태에 놓여 있습니다. 이들 절대 빈곤층의 자녀들 중 절반은 다섯 살 이전에 세상을 떠납니다. 매주 25만 명의 영아들이 간단한 의료 행위로 충분히 예방할 수 있는 질병으로 목숨을 잃습니다.

저개발국가 40개국의 평균 기대수명은 46세입니다. 이들 국가는 전체 인구의 45퍼센트가 15세 미만입니다. 성인 33퍼센트만이 글을 읽을 수 있습니다. 이 국가들 중 절반은 가장 복음화되지 않은 곳입니다. 나머지 국가에는 소수의 그리스도인들이 있습니다.

*Ralph Winter, "Momentum Building in Global Mission", p. 16.

그래서 다수의 미전도 종족과 예수님을 모르는 사람들이 또한 가장 빈곤하다고 일반화시켜 말할 수 있습니다. 그들이 이해할 만한 복음의 메시지를 들고 그들에게 찾아간다는 것은 우리가 누구인지를 지금껏 경험한 것보다 훨씬 잘 드러내게 될 것입니다.

스스로 그리스도인이라 말하는 사람들이 전 세계 수입의 68퍼센트를 벌고 있습니다. 그중 겨우 3퍼센트만 교회에 헌금으로 들어오는데, 또한 그 가운데에서도 3-5퍼센트만이 세계 선교에 투입되고 있는 상황입니다. 전 세계 사람들의 엄청난 필요에 대해 우리가 혹 무감각이라는 주사를 맞은 것은 아닌지 지속적으로 돌아보아야 할 것입니다.

오늘 아침의 본문은 이땅에 살았던 가장 위대한 선교사인 사도 바울에게서 듣는 참으로 중요한 말씀입니다. 이는 단순히 바울이 하는 말이 아니라 그에게 영감을 주신 하나님의 말씀입니다.

네 가지의 위대한 선교 진리

본문은 놀라울 만큼 평이하고 단순합니다. 오늘 본문에서 네 가지 진리를 도출하면서, 저는 하나님이 우리 안에 지상 대명령을 완수하는 데 도움이 되는 새로운 열심을 불어넣어 주시길 소망합니다.

첫 번째 진리

하나님의 영광을 향한 열심이 세계 선교를 향한 근본적인 동기입니다. 그래서 우리의 모든 재정과 노력을 지상 대명령을 완수하는 이 일에 쏟아 붓는 것입니다.

로마서 15장 8-9절에서 이것에 대해 찾아볼 수 있는데, 그리스도가 성육신하신 이유, 곧 이 땅으로 최초의 선교를 하러 오신 궁극적인 이유를 볼 수 있습니다.

1. 첫째, 본문 8절은 이렇게 말합니다. "그리스도께서 하나님의 진실하심을 위하여 할례의 추종자[즉 유대인]가 되셨으니…."

2. 둘째, 8절에서 계속 이어집니다. "이는 조상들에게 주신 약속들[하나님의 약속]을 견고하게 하시고."

3. 셋째, 9절에서는 이렇게 말합니다. "이방인들도 그 긍휼하심으로 말미암아 하나님께 영광을 돌리게 하려 하심이라…."

그리스도가 왜 오셨습니까? 하나님의 진실하심을 보여 주기 위해 오셨습니다. 하나님은 약속을 지키시는 분임을 보여 주기 위해 오셨습니다. 그리고 하나님께 영광을 돌리게 하기 위해 오셨습니다.

다른 식으로 표현하자면, 예수님은 하나님을 위해 이 세상에 오셨습니다. 그분은 하나님의 온전하심을 증명하기 위해 오셨습니다. 하나님의 말씀이 옳다는 것을 증거하기 위해 오셨습니다. 하나님의 영광을 극대화하기 위해 오셨습니다. 믿지 않는 자들에게 찾아오신 첫 번째 위대한 선교(하늘에서 주신 예수님의 사명)의 주된 동기는 하나님의 영광을 위한 그분의 열심이었습니다. 우리의 근본적인 동기 역시 그러해야 합니다.

올 여름 마닐라의 2차 로잔 대회에서 존 스토트 목사는 로마서를 설교했습니다. 첫 번째 설교에서 그는 로마서 1장 5절의 말씀을 바탕으로 그리스도를 통한 하나님의 영광과 그리스도의 영광은 선교에 있어서 우리의 근본적인 동기라고 크고 분명하게 소리를 높였습니다. 바울은 이렇게 말했습니다. "그[그리스도]로 말미암아 우리가 은혜와 사도의 직분을 받아 그의 이름을 위하여 모든 이방인 중에서 믿어 순종하게 하나니." 바울이 생각하는 선교사란 근본적으로 성부 하나님의 영광을 위해 예수님의 이름으로 나아가는 사람입니다.

그 말은 불신앙으로 말미암아 그리스도가 영광을 받지 못하는 것에 대해 우리가 슬퍼한다는 뜻입니다. 그리고 온 열방 가운데 예수님이 사랑과 경배와 찬양과 순종을 받으시는 것이 우리의 큰 기쁨이라는 말입니다. 그리스도와 성부 하나님이 열방 중에 높임을 받으시는 모습을 목도하는 것이 예수님의 마음과 바울의 마음을 품은 선교사들을 움직이는 동력입니다.

본문에서 살펴본 첫 번째 진리는 이것입니다. 하나님의 영광을 향한 열심이 세계 선교의 근본적인 동기입니다.

두 번째 진리

종의 영과 긍휼의 마음은 그리스도를 닮은 선교사를 움직이는 동기입니다.

본문뿐 아니라 우리가 살펴본 비슷한 구절에서도 분명하게 드러납니다. 8절입니다. "그리스도께서 하나님의 진실하심을 위하여 할례의 추종자[유대인]가 되셨으니 …." 그리고 9절입니다. "이방인들도 그 긍휼하심으로 말미암아 하나님께 영광을 돌리게 하려 하심이라."

마태복음 9장 36-38절에 나온 긍휼함과 선교의 연관성을 주의 깊게 보시기 바랍니다. "무리를 보시고 불쌍히 여기시니 이는 그들이 목자 없는 양과 같이 고생하며 기진함이라. 이에 제자들에게 이르시되 추수할 것은 많되 일꾼이 적으니, 그러므로 추수하는 주인에게 청하여 추수할 일꾼들을 보내 주소서 하라 하시니라."

왜 그들은 보내심을 받습니까? 예수님이 무리를 보시고 긍휼함을 느끼셨기 때문입니다. 말하자면, 긍휼의 마음이 그리스도를 닮은 선교사를 움직인다는 말입니다.

그리스도인의 선교는 전 세계에서 가장 긍휼이 풍성한 사업입니다. 그리스도가 없으면 열방은 자신들이 누구인지, 왜 존재하는지 알 수 없습니다. 그리스도가 없으면 그들의 죄를 용서받지 못합니다. 그리스도가 없으면 깨끗한 양심을 누릴 수 없습니다. 그리스도가 없으면 용납해 주시는 하나님 안에서 안식할 수 없습니다. 그리스도가 없으면 두려움과 기만의 속박과 속임수에서 벗어날 수 없습니다. 그리스도인의 선교는 온 열방에 그리스도를 전해 주므로, 모든 믿는 사람에게 의미와 용서와 깨끗한 양심과 하나님의 용납과 자유와 영생을 가져다줍니다. 한 집단의 사람들(혹은 사회)이 예수님의 영에 사로잡힐 때 거기에서 오는 모든 개인적·사회적 유익은 말할 것도 없습니다. 그러므로 선교는 세상에서 가장 긍휼이 풍성한 사업입니다. 그리고 긍휼의 마음이 없는 사람은 그리스도를 닮은 선교사가 될 수 없습니다.

이것이 두 번째 진리입니다. 종의 영과 긍휼의 마음은 그리스도를 닮은 선교사를 움직이는 동기입니다.

세 번째 진리

첫 번째와 두 번째는 하나의 진리입니다. 하나님의 영광을 향한 열심과 잃어버린 자들을 향한 긍휼의 마음은 하나이며 분리될 수 없습니다.

9절 말씀에서 이를 찾아볼 수 있습니다. 9절은 그리스도가 오신 (그리고 우리가 가야 할) 이유를 이렇게 말합니다. "이방인들도 … 하나님께 영광을 돌리게 하려 하심이라." 그렇습니다! 열방이 하나님의 영광을 사랑하고 찬양하는 것이 그리스도의 열정이고, 또한 우리의 열정이 되어야 합니다.

9절은 다음과 같이 이어집니다. "이방인들도 그 긍휼하심으로 말미암아 하나님께 영광을 돌리게 하려 하심이라." 하나님의 긍휼로 인해 사람들이 그분을 영화롭게 하는 일에 우리가 열심을 내야 한다면, 우리는 반드시 잃어버린 자들을 향해 긍휼과 연민을 느껴야 합니다. 하나님의 영광을 위한 우리의 열심은 하나님의 긍휼의 영광을 위한 열심이 되어야 합니다.

따라서 어떤 면에서 하나님의 영광을 향한 열심과 다른 사람을 향한 긍휼의 마음은 그리스도를 닮은 선교사들의 마음을 움직이는 동기이며 이는 서로 분리되어 있지 않습니다. 비록 어떤 면에서는 이 두 가지가 서로 긴장과 경쟁 관계에 있더라도 말입니다. 이 둘은 하나로 이어집니다. 하나님의 영광의 극치가 긍휼이기 때문입니다. 하나님의 모든 주권적 능력과 무한한 지혜는 긍휼의 강물 속에서 가장 풍성하고도 다채로운 모습으로 부각됩니다. 하나님의 영광을 향한 열심은 그분의 긍휼을 향한 열심이지, 선교사 개인의 열심이 아닙니다. 선교사 개인의 열심은 거룩한 열망이 아닙니다. 로마서 15장 9절은 선교의 목표는 열방이 하나님의 긍휼하심을 인해 그분을 영화롭게 하는 것이라고 말합니다.

하나님의 영광을 향한 열심과 긍휼의 마음이 그리스도를 닮은 선교사를 만듭니다. 이 둘은 반드시 함께 가야 합니다. 우리 안에 하나님의 영광을 향한 열심이 없다면, 우리의 긍휼은 아무 의미도 없는 피상적인 복지 사업이 돼버리고 맙니다. 그리고 우리 마음에 아무 긍휼함이 없다면 우리가 내세우는 하나님의 영광을 향한 열심은 위선일 뿐입니다(마 9:13). 하나님 영광의 극치는 열방 중에 잃어버린 죄인들을 향한 광대한 긍휼하심입니다.

네 번째 진리

하나님의 긍휼의 영광은 온 세상 모든 사람을 위한 것입니다.

9절 마지막 부분에서 바울은 이 사실을 증거하기 위해 구약의 네 구절을 인용합니다. 열방을 향한 하나님의 긍휼은 의심의 여지가 없으며, 유대인뿐 아니라 이방인에게도 긍휼을 베푸신다는 사실을 보여 줍니다. 이는 11절에서 가장 분명하게 드러나 있습니다. 바울은 시편 117편을 인용합니다.

> 모든 열방들아 주를 찬양하며
> 모든 백성들아 그를 찬송하라.

여기서 핵심이 되는 어구는 "모든 백성들"입니다. 각 개인을 말하는 것이 아닙니다. 온 족속과 방언과 백성과 나라(계 5:9)가 하나님의 긍휼하심의 영광을 위해 그분을 찬양해야 한다는 것이 핵심입니다.

아직 12,000개의 미전도 종족이 남아 있습니다. 이들은 전 세계 역사상 그 어느 때보다 더욱 드러나 있습니다. 미전도 종족 중에 규모가 가장 큰 150개 종족의 목록을 별도로 마련했습니다. 교회 사무실에서 가지고 가시기 바랍니다.

12,000개 종족 하나당 400개 이상의 복음주의 교회가 있습니다. 분명 끝낼 수 있는 사명입니다. 랄프 윈터 박사가 했던 말을 기억하시기 바랍니다. "우리는 하나님의 역사가 우리의 마음을 움직여 가게 해야 합니다! 대사명의 끝이 우리 눈앞에 보입니다!" 하나님의 긍휼하심으로 인해 온 열방이 그분에게 영광을 돌리는 것이 하나님의 위대한 목적일진대, 다른 어떤 일로 그 일을 가능하게 할 수 있겠습니까?

29장

성령은 어떻게 거룩하게 하시는가?

로마서 15:14-21

내 형제들아 너희가 스스로 선함이 가득하고 모든 지식이 차서 능히 서로 권하는 자임을 나도 확신하노라. 그러나 내가 너희로 다시 생각나게 하려고 하나님께서 내게 주신 은혜로 말미암아 더욱 담대히 대략 너희에게 썼노니 이 은혜는 곧 나로 이방인을 위하여 그리스도 예수의 일꾼이 되어 하나님의 복음의 제사장 직분을 하게 하사 이방인을 제물로 드리는 것이 성령 안에서 거룩하게 되어 받으실 만하게 하려 하심이라. 그러므로 내가 그리스도 예수 안에서 하나님의 일에 대하여 자랑하는 것이 있거니와 그리스도께서 이방인들을 순종하게 하기 위하여 나를 통하여 역사하신 것 외에는 내가 감히 말하지 아니하노라. 그 일은 말과 행위로 표적과 기사의 능력으로 성령의 능력으로 이루어졌으며 그리하여 내가 예루살렘으로부터 두루 행하여 일루리곤까지 그리스도의 복음을 편만하게 전하였노라. 또 내가 그리스도의 이름을 부르는 곳에는 복음을 전하지 않기를 힘썼노니 이는 남의 터 위에 건축하지 아니하려 함이라. 기록된 바 주의 소식을 받지 못한 자들이 볼 것이요 듣지 못한 자들이 깨달으리라 함과 같으니라. _롬 15:14-21

'성화'(sanctification)는 매우 낯선 단어지만, 그 단어가 가리키는 현실은 결코 우리와 무관하지 않습니다. 이 단어는 마치 수많은 의학 전문 용어 가운데 하나 같습니다. 의사가 아닌 이상 누구도 사용하지 않지만, 우리의 생명이 그 용어가 의미하는 실체와 밀접하게 결부되어 있기 때문입니다. '성화'는 두 개의 라틴어에서 유래했습니다. '거룩한'(holy)을 의미하는 'sanctus'와, '만들다'(make)는 의미의 'ficare'입니다. 따라서 '성화시킨다'(sanctify)는 것은 '거룩하게 하다'(make holy)는 의미입니다. 물론 '거룩한'(holy)이라는 말도 '성화'만큼 익숙하지 않습니다. 도리어 우리는 성경에서 가장 고귀하고 가치 있는 단어를 "holy mackerel, holy cow, holy buckets"('holy'라는 단어와 함께 쓰이는 일상적인 감탄사들—옮긴이) 등으로 사용하면서 그 의미를 훼손시켰습니다.

낯선 단어, 엄중한 현실

저는 '성화'처럼 오래 전부터 있어온 어떤 실체를 설명하기 위해 굳이 새로운 단어를 만들 이유는 없다고 생각합니다. 새로 만든 단어가 정착하기까지 시간이 오래 걸릴 뿐 아니라 그 새로운 단어가 사람들 사이에 자리잡았을 때 어쩌면 엉뚱한 의미로 사용되고 있을지도 모릅니다. 그보다는 성경 저자들이 "성화된다"고 말할 때 그것이 어떤 의미였는지를 우리가 알 때까지 그들의 생각을 깊이 파헤쳐보아야 한다고 생각합니다. 그런 다음, 우리가 그 단어를 사용하든 안 하든, 성화라는 단어 이면에 있는 실체가 무엇인지 확인해 봐야 합니다. 우리가 평소에는 '인슐린'이란 단어를 사용하지 않지만, 당뇨병에 걸리면 그 단어의 실체에 우리 생명을 의존해야 하는 것과 같습니다. 아직 '원시'(hyperopia)라는 말을 모를 수도 있지만, 시력 교정을 위해 안경을 쓰지 않고서는 글을 읽지 못할 날이 올 수 있습니다.

직장에서나 이웃과의 관계에서 '성화'라는 단어가 낯설 수 있습니다. 하지만 그 단어가 의미하는 실체는 너무나 엄중합니다. 현실과 결코 동떨어져 있지 않으며 우리 삶에 아주 밀접하게 연결되어 있습니다. 예를 들어, 우리가 소득 신고서를 작성할 때 소득액을 항상 속여 왔었다고 칩시다. 그런데 예수 그리스도를 구세주로 믿게 되면서 신고서에 사실을 그대로 기록하기 시작했다면 그것은 성화입니다. 혹 우리가 항상 남편의 일에 사사건건 참견하다가, 하나님의 말씀에 양심이 찔림을 받아 이제는 잔소리를 줄이고 존경을 표현할 방법을 찾기 시작한다면 그것은 성화입니다. 여자 친구와 잠자리를 하고 있었지만 예수님을 만나고 나서 용기를 내어 관계를 끊어 낸다면, 그것은 성화입니다.

'성화'가 시대에 뒤떨어진 개념이라고 사람들이 치부해도 오늘날 이 세상에는 성화를 그대로 보여주는 살아 있는 예들이 실제로 존재합니다. 영국 작가 말콤 머거리지는 테레사 수녀를 예로 듭니다.

> 나는 테레사와 같은 분이 이 세상에 온 건 우연이 아니며, 그녀는 가장 단순하고 순수하고 효과적으로 기독교 신앙을 빛내고 있다고 생각한다. 테레사 수녀는 버려진 아기들을 누구든 받아들이고 보살핀다. 목숨이 한 시간도 남지 않은 길거리의 죽어가는 사람들도 데려온다. 그들이 세상을 떠날 때 그 옆에는 그들을 거부한 사람들 대신 사랑으로 받아 준 그리스도인이 지켜 준다. 테레사 수녀는 이것이 충분히 가치 있는 일이

라고 말한다. 그녀는 이 세상의 영, 특히 낙태를 철저히 반대한다. 낙태는 그녀에게 있어 끔찍한 일이다. 그리고 그녀의 모든 마음의 태도는 이와 연관되어 있다.*

안전하고 안락한 중산층 출신의 젊은 서구 여인이 예수님께 순종해 캘커타로 가는 것은 성화이고, 이는 현실과 동떨어진 일이 아닙니다. 나는 이 단어와 아무 관련이 없다고 생각하지 마시기 바랍니다. 이 단어가 가리키는 현실은 너무나도 엄중합니다.

로마서 15:14-21에 대한 세 가지 질문

본문을 살피면서 다음의 세 가지 질문에 답해 보겠습니다.

1. 성화란 무엇입니까?
2. 왜 그토록 중요한 걸까요?
3. 어떻게 성화될 수 있을까요?

1. 성화란 무엇인가?

로마서 15장 16절에서 바울은 다음과 같이 말합니다. "이 은혜는 곧 나로 이방인을 위하여 그리스도 예수의 일꾼이 되어 하나님의 복음의 제사장 직분을 하게 하사 이방인을 제물로 드리는 것이

*Eternity, April 1984, p. 27.

'성령 안에서 거룩하게 되어'(sanctified by the Holy Spirit) 받으실 만하게 하려 하심이라."

바울이 선교 사역을 하는 목표가 성화에 있다는 사실에 주목하시기 바랍니다. 바울은 자신을 제사장으로 소개하고 있습니다. 제사장으로서 그의 사역은 복음을 전하는 것입니다. 그가 제사장으로서 하나님께 드리는 제물은 바로 이방인입니다. 그리고 하나님이 이들 이방인을 받으시는 이유는 그들이 거룩하게 되었기 때문입니다. 바울의 목표는 단순히 사람들을 회심시키는 것이 아니라 성화시키는 데 있습니다.

바울의 선교 사역의 목표가 성화라는 사실이 분명해졌으니 18절을 읽으면 성화가 의미하는 바도 분명하게 알 수 있습니다. "그리스도께서 '이방인들을 순종하게 하기 위하여' 나를 통하여 역사하신 것 외에는 내가 감히 말하지 아니하노라." 바울의 선교 사역의 목표는 무엇입니까? 좀 더 자세히 말해, 그리스도가 바울의 선교 사역을 통해 얻고자 하시는 바가 무엇입니까? 이방인들의 순종을 얻는 것이 그분의 목표입니다.

따라서 저는 이렇게 결론을 내리겠습니다. 16절에 나온 바울의 사역 목표는 '성화된' 이방인들을 하나님께 드리는 것이고, 18절에 나온 그리스도의 목표는 바울의 사역으로 이방인들의 '순종'을 얻는 것입니다. 따라서 성화란 그리스도에 대한 순종입니다. 예수님은 우리에게 선교 사역의 목표가 무엇이 되어야 하는지 직접 말씀하셨습니다. "그러므로 너희는 가서 모든 민족을 제자로 삼아 아버지와 아들과 성령의 이름으로 세례를 베풀고, 내가 너희에게 분부한 모든 것을 가르쳐 지키게 하라"(마 28:19-20). 기독교 선교의 목표는 사람들에게 새 계명을 지키게 하는 것입니다. 예수님의 말씀이 순종으로 이어지는 곳에서 성화는 일어납니다.

로마서 6장 17-19절을 보면 순종과 성화와 관련해서 우리의 해석이 바울의 생각과 같다는 사실을 확인할 수 있습니다. 17절입니다. "하나님께 감사하리로다. 너희가 본래 죄의 종이더니 너희에게 전하여 준 바 교훈의 본을 마음으로 순종하여." 그리고 19절 하반절입니다. "전에 너희가 너희 지체를 부정과 불법에 내주어 불법에 이른 것같이 이제는 너희 지체를 의에게 종으로 내주어 거룩함에 이르라." 17절을 19절 옆에 나란히 두면 로마서 15장의 내용과 똑같다는 사실을 보게 됩니다. 17절에 나온 그리스도의 교훈에 대한 순종은 19절에 나온 거룩함과 동일한 내용입니다. 그래서 거룩하게 되는 과정이란 지속적이고 열정적으로(로마서 6장 17절의 "마음으로 순종하여") 예수 그리스도께 순종하는 과정입니다(성화와 순종의 연계성은 베드로전서 1장 2절에도 나옵니다).

2. 성화가 왜 그토록 중요한가?

우리 베들레헴교회의 목표 중 하나는 사고방식에서나 삶의 태도에서도 늘 전시 상황에 준하여 살아가는 사람이 되는 것입니다. 봄날의 따스함과 아름다움을 보더라도 이 세상 대다수의 사람들과 많은 지역의 사람들의 마음은 불신앙 때문에 얼음장처럼 굳어 있다는 사실을 잊지 않는 사람, 그리고 일 년 사시사철 사탄이 복음의 군사들을 대적하고 어둠의 왕국을 확장시키기 위해 온 힘을 다해 싸우고 있다는 사실을 망각하지 않는 사람입니다. 하나님이 우리를 도우셔서 평상시의 안이한 사고방식으로 살아가는 사람이 되지 않기를 바랍니다. 수선화와 튤립 꽃망울과 사시나무 잎과 푸른 잔디를 보면서 평화의 시대가 도래했다고 생각해서는 안 됩니다.

세상은 한창 전쟁중입니다. 새로 돋아나는 신선하고 아름다운 잎사귀는 반항하는 세상을 향해 끊임없이 베푸시는 하나님의 사랑과도 같습니다. 짙푸른 하늘과 따스한 햇빛과 뭉게구름은 마지막 폭풍이 몰아치기 전에 회개하라는 은혜의 부르심입니다. 일상의 스포츠, 낚시 여행, 정원에서 보내는 소소한 시간, 호수에서 누리는 여유로운 오후, 이 모든 것이 사실은 충돌이 일어나는 현장입니다. 이런 곳에서 우리가 그리스도의 능력으로 악을 이기고 승리하는 많은 방법이 있습니다. 전시 상태의 마음가짐을 잃지만 않는다면 이번 여름에 우리가 일하고 쉬는 방법을 통해서도 그리스도의 대의를 실천하고 드높일 수 있습니다.

바울은 로마서 15장 16, 18절에서 성화가 무엇인지 정의를 내리고 이것이 전시 상황에서 꼭 필요한 부분이라는 사실을 알려 주고 있습니다. 성화란 바로 최고 사령관에게 순종하는 것입니다. 성화란 전시 상황에서 사용하는 단어입니다. 성화된 사람은 흔들리지 않고 그리스도께 헌신합니다. 성화된 사람은 타협하지 않고 최고 사령관과 동지들에게 충성합니다. 그래서 우리는 성화를 생각할 때마다 전시 상황의 임무와 특성을 떠올려야 합니다. 그것이 바울의 선교 전략의 목표였으며, 예루살렘에서 시작해서 일루리곤까지 복음을 전하는 목표를 성공시킨 그의 급진적인 순종이었습니다(롬 15:19).

3. 어떻게 성화될 수 있는가?

로마서 15장으로 돌아가 보면 성화가 어떻게 이루어지는지 알 수 있습니다. 15절 하반절부터 시작하겠습니다. 성화의 가장 우선되고 중요한 기초는 하나님의 은혜입니다. 16절 말씀에 따르면 하나님의 은혜가 바울을 그리스도의 사역자로 변화시켰습니다. 이 은혜에 감동받은 바울은 복음의 사역을 맡아, 죄인을 위해 죽으신 그리스도의 복음을 전파하고 복음을 믿는 사람들에게 영원한 기쁨을 전해 주었습니다. 16절을 보면 복음 전파의 결과로 이방인은 성령으로 거룩하게 되었습니다.

이 모습을 다음과 같이 그려 봅시다. 삼각형을 떠올리고 위쪽 꼭지점에 하나님의 은혜를 씁니다. 거저 주시는 하나님의 은혜가 모든 것의 기초입니다. 그리고 삼각형의 한 변에는 이 은혜가 바울이라는 사람에게 부어집니다. 그리하여 그의 삶 속에 혁명이 일어나 이방인에게 복음을 전하는 그리스도의 사역자가 됩니다. 삼각형 밑변의 한 점은 바울 사도입니다. 이제 바울은 믿지 않는 사람들에게 복음을 전하기 위해 다른 한 점으로 이동합니다. 그가 복음을 전하는 목표는 그리스도인의 성화입니다(16절).

하지만 그 사람이 성화되는 것은 복음 전파가 아닌 성령을 통해서 가능하다는 점을 16절은 말하고 있습니다. 따라서 삼각형의 꼭지점에서 다른 한 점으로 이어지는 변은 하나님의 은혜에서 흘러나와 사람의 마음을 열고 복음을 받아들이게 하시는 성령의 능력이 있습니다(행 16:14). 복음이 전파되고 성령이 사람의 마음에 능력으로 부어질 때 성화가 일어납니다.

30장

교회가 없는 곳에 계시하시는 하나님의 의

로마서 15:14-24

내 형제들아 너희가 스스로 선함이 가득하고 모든 지식이 차서 능히 서로 권하는 자임을 나도 확신하노라. 그러나 내가 너희로 다시 생각나게 하려고 하나님께서 내게 주신 은혜로 말미암아 더욱 담대히 대략 너희에게 썼노니 이 은혜는 곧 나로 이방인을 위하여 그리스도 예수의 일꾼이 되어 하나님의 복음의 제사장 직분을 하게 하사 이방인을 제물로 드리는 것이 성령 안에서 거룩하게 되어 받으실 만하게 하려 하심이라. 그러므로 내가 그리스도 예수 안에서 하나님의 일에 대하여 자랑하는 것이 있거니와 그리스도께서 이방인들을 순종하게 하기 위하여 나를 통하여 역사하신 것 외에는 내가 감히 말하지 아니하노라. 그 일은 말과 행위로 표적과 기사의 능력으로 성령의 능력으로 이루어졌으며 그리하여 내가 예루살렘으로부터 두루 행하여 일루리곤까지 그리스도의 복음을 편만하게 전하였노라. 또 내가 그리스도의 이름을 부르는 곳에는 복음을 전하지 않기를 힘썼노니 이는 남의 터 위에 건축하지 아니하려 함이라. 기록된 바 주의 소식을 받지 못한 자들이 볼 것이요 듣지 못한 자들이 깨달으리라 함과 같으니라. 그러므로 또한 내가 너희에게 가려 하던 것이 여러 번 막혔더니 이제는 이 지방에 일할 곳이 없고 또 여러 해 전부터 언제든지 서바나로 갈 때에 너희에게 가기를 바라고 있었으니 이는 지나가는 길에 너희를 보고 먼저 너희와 사귐으로 얼마간 기쁨을 가진 후에 너희가 그리로 보내주기를 바람이라. _롬 15:14-24

선교사들과 보내는 자들이 알아야 할 다섯 가지

로마서 15장은 신약성경에서 선교에 관한 말씀이 가장 풍성하게 펼쳐지는 장입니다. 세계 선교의 기초와 목표와 방법에 대해 수십 가지 내용을 짚어 낼 수 있을 정도입니다. 그 중에서 저는 분문 말씀에서 다섯 가지 내용을 선별해 보았습니다.

저의 목표는 우리 교회 안에(특히 새로 오신 분들과) 세계 선교에 대한 공통된 비전을 세우는 것입니다. 우리 교회의 사역에서 세계 선교가 그토록 중요한 이유는 무엇일까요? 우리가 말하는 세계 선교의 의미는 무엇일까요? 어떻게 그 일을 할 수 있을까요? 우리가 맡은 역할은 무엇일까요?

이렇듯 비전을 세우는 일에 있어서 제가 바라는 것은 이것입니다. 하나님이 오늘 말씀을 통해 우리 중 수백여 명 안에 그리스도의 복음을 미전도 종족들에게 전하고 싶은 저항할 수 없는 갈망을 일깨워 주시고, 또 다른 분들 안에도 그렇게 나아가는 이들을 위해 줄을 당겨 주는 일에 철저히 헌신하고자 하는 갈망을 일깨우시는 것입니다. 윌리엄 캐리가 인도로 가서 평생을 지내며 다시는 돌아오지 못하는 동안 뒤에서 그를 도왔던 앤드류 풀러처럼 말입니다.

그래서 우리 교회 안에 세계 선교의 비전을 세우기 위한 다섯 가지를 제시하고자 합니다. 기억하기 쉽게 모두 영어의 W자로 시작하는 단어입니다.

1. 세계 선교의 기초는 하나님의 말씀이다(Word)

로마서 15장 15절을 생각해 보십시오. "그러나 내가 너희로 다시 생각나게 하려고 하나님께서 내게 주신 은혜로 말미암아 더욱 담대히 대략 너희에게 썼노니."

세계 선교와 관련해 이 말씀에 담긴 힘을 이해하려면 15장을 전체적으로 보는 눈이 필요합니다. 예를 들어, 23-24절을 보겠습니다. "이제는 이 지방에 일할 곳이 없고 또 여러 해 전부터 언제든지 서바나로 갈 때에 너희에게 가기를 바라고 있었으니 이는 지나가는 길에 너희를 보고 먼저 너희와 사귐으로 얼마간 기쁨을 가진 후에 너희가 그리로 보내주기를 바람이라." 바울은 아직 로마에 간 적이 없습니다. 그런데 바울은 "너희가 그리로[서바나로] 보내주기를" 바랐습니다. 그래서 그들에게 이 편지를 쓰고 있습니다. 15절에서 하는 말이 바로 그 말입니다. "내가 너희로 다시 생각나게 하려고 … 담대히 대략 너희에게 썼노니." 로마서의 나머지 내용이 어떠하든, 이는 절대적으로 선교 후원을 요청하는 편지입니다. 바울의 스페인 선교를 위한 기초입니다.

마치 한 번도 만난 적이 없는 어떤 선교사가 인도의 한 종족을 대상으로 선교를 준비하며 베들레헴교회에 후원을 요청하는 것과도 같습니다. 그 선교사가 우리 교회를 방문하고 선교 위원회와 면담하기 전에 우리 교회를 준비시키려고 편지를 보내 온 것입니다. 그것이 바로 로마서의 내용입니다. 바울의 복음이자 설교이며 신학이고 교리입니다. 세계 선교를 하는 데 있어서 그들의 도움이 필요할 때 쓰는 선교 편지입니다. 바울이 복음의 불모지인 스페인에 그리스도의 복음을 전하러 가기 전, 그들의 후원이 필요해서 쓴 편지가 로마서입니다. 이것이 세계 선교의 기초입니다.

여기에는 매우 중요한 의미가 담겨 있습니다. 잠시 생각해 보십시오. 우리는 지난 2년이 넘는 기간 동안 로마서 중에서 네 장을 연구했습니다. 로마서는 중대한 교리가 실린 풍성한 책임을 우리는 알고 있습니다. 바울은 행위가 아닌 믿음으로 받는 칭의의 교리를 놀라울 만큼 자세하고도 길게 설명하며 정의하고 있습니다. 로마서는 실용적이기 전에 매우 신학적이므로, 실용적인 부분에서조차 단순히 도덕적인 훈계나 심리적 조언이 아니라 심오한 영적 권고를 제공합니다.

스스로에게 질문해 보십시오. 오늘날 세계 선교를 다룰 때, 이런 방식으로 다룬 적이 있었던가요? 믿음의 칭의 교리를 언급하면서 선교 요청을 하는 선교사를 몇 번이나 보셨습니까? 혹 이런 일에 어떤 교리를 제시하던가요? 하나님의 분명하고도 명료한 영광의 비전을 제시하던가요?

첫 번째 요지는 이것입니다. 우리는 하나님의 말씀 위에 선교의 비전을 세우는 교회가 되어야 합니다. 제가 말하는 것은 성경이 말하는 하나님과 그분의 구원 방법과 생명의 길에 대한 진리를 의미합니다. 교리를 의미합니다. 단순히 중요한 정도가 아니라, 성경의 가장 핵심적이고 중대한 교리 말입니다. 선교사를 파송할 때는 성경의 핵심 교리를 이해하면서 하나님에 대한 진리를 전파하고 가르칠 수 있는 사람을 세워야 합니다. 바울은 자신의 삶과 선교를 바로 이 위대한 진리 위에 세웠습니다. 그러니 우리도 그래야 합니다. 그래서 우리에게는 TBI(The Bethlehem Institute for Bible, Theology, and Missions)가 있습니다. 성경과 신학, 그리고 선교의 순서입니다.

첫 번째 요지는 하나님의 말씀이 세계 선교의 기초라는 것입니다. 바울은 교리를 선교 지원을 위한 기초로 삼았습니다. 우리도 그러해야 합니다.

2. 세계 선교는 하나님의 역사다(Work)

하나님이 우리 대신 선교하신다는 말이 아니라, 우리를 통해 그분이 선교하신다는 의미입니다. 하지만 사실상 하나님이 선교하십니다. 선교는 초자연적인 사역입니다. 참으로 하나님이 하시는 일입니다. 우리 안에서 우리를 통해 행하시는 하나님의 사역입니다.

15-19절에서 이를 볼 수 있습니다. 첫째, 15-16절의 '은혜'라는 말에 주의하십시오. "그러나 내가 너희로 다시 생각나게 하려고 하나님께서 내게 주신 은혜로 말미암아 더욱 담대히 대략 너희에게 썼노니 이 은혜는 곧 나로 이방인[=11절의 열방]을 위하여 그리스도 예수의 일꾼이 되어…" 하나님은 은혜로 바울을 부르셨고 준비시켜 보내셨습니다. 그래서 바울이 선교사가 된 것은 하나님의 역사입니다.

둘째, 바울이 하나님을 위해 열방을 모으는 선교사의 사역을 하고 이들을 준비시켜 하나님 앞에 제사장으로 드릴 때(16절의 말씀처럼), 이들을 하나님께 합당한 존재로 만드는 이는 대체 누구입니까? 16절입니다. "… 하나님의 복음의 제사장 직분을 하게 하사 이방인을 제물로 드리는 것이 성령 안에서 거룩하게 되어 받으실 만하게 하려 하심이라." 이방인을 도덕적으로 하나님이 받으실 만한 제물이 되게 만드는(거룩하게 만드는) 이는 성령이십니다. 선교사인 바울이 그 일을 하는 것이 아니라, 성령 하나님이 하십니다.

셋째, 바울은 18절에서 이렇게 말합니다. "그리스도께서 이방인들을 순종하게 하기 위하여 나를 통하여 역사하신 것 외에는 내가 감히 말하지 아니하노라. 그 일은 말과 행위로 … 이루어졌으며." 열방이 어떻게 우상과 죄를 버리고 하나님께 순종하게 될까요? 그 일은 선교사를 통해 예수 그리스도가 하십니다. 선교사 없이 하는 것이 아니라 선교사를 통해 하십니다. 선교사가 하는 일은 하나님의 말씀 앞에 신실하고 진실해지며, 자신의 삶을 드려 열방에 그리스도를 나타내는 것입니다. 하지만 결정적인 역사를 행하시는 이는 그리스도이십니다.

넷째, 계속해서 바울은 19절에서 자신의 사역이 "표적과 기사의 능력으로 성령의 능력으로" 이루어졌다고 말합니다. 따라서 여기 다시 한 번 선교 사역에서 결정적인 능력을 발휘하는 주체는 바울이 아니라 성령이라고 나옵니다.

제가 말씀 드리는 두 번째 요지는 선교가 인간의 사업이 아닌 하나님의 사업이라는 것입니다. 하나님의 말씀에 기초한 하나님의 역사입니다. 우리는 말하고 행합니다. 하지만 우리 안에서 우리를 통해 하나님이 말씀하시고 하나님이 행하십니다. 그렇지 않은 모든 것은 헛됩니다. 우리는 그분을 의지합니다. 우리가 하는 일은 그분께 순종하고 신실하며 신뢰하는 일입니다. 고린도전서 3장 6-7절에서 바울이 썼던 내용과 같습니다. "나는 심었고 아볼로는 물을 주었으되 오직 하나님께서 자라나게 하셨나니 그런즉 심는 이나 물 주는 이는 아무것도 아니로되 오직 자라게 하시는 이는 하나님뿐이니라" (고전 15:10, 골 1:29 참조).

3. 세계 선교의 목표는 하나님을 예배하는 것이다(Worship)

우주가 존재하는 이유는 피조물이 하나님을 예배하는 기쁨을 누리게 하기 위해서입니다. 그러므로 선교는 예배가 없는 곳에 존재합니다. 선교사는 하나님의 아들 예수 그리스도를 통해 살아계신 하나님께 경배하도록 일깨우는 일을 합니다. 본문 어디에서 이 내용을 찾아볼 수 있을까요?

바울이 16절에서 자신의 선교 사역을 어떤 식으로 묘사하고 있는지 보시기 바랍니다. 그는 자신의 사역을 제사장이 하나님께 드릴 제물을 준비하는 것과 같다고 말합니다. 이 은혜는 "곧 나로 이방인을 위하여 그리스도 예수의 일꾼이 되어 하나님의 복음의 제사장 직분을 하게 하사 이방인을 제물로 드리는 것이 성령 안에서 거룩하게 되어 받으실 만하게 하려 하심이라." 그래서 선교의 목표는 이 세상의 사람들 가운데 하나님이 받으실 만한 제물을 준비하는 제사장처럼 되는 것입니다. 이것이 어떤 의미일까요? 어떻게 이방인들이 하나님께 드릴 제물이 될까요?

로마서 12장 1절은 다음과 같이 설명합니다. "그러므로 형제들아 내가 하나님의 모든 자비하심으로 너희를 권하노니 너희 몸을 하나님이 기뻐하시는 거룩한 산 제물로 드리라. 이는 너희가 드릴 영적 예배니라." 이방인의 삶이 하나님께 드리는 예배가 될 때 그들은 하나님이 받으실 만한 제물이 됩니다.

그 사실을 확인하기 위해 굳이 15장을 벗어날 필요는 없습니다. 9절 말씀도 이 사실을 뒷받침합니다. 바울은 그리스도께서 (해외 선교사의 본보기로서) 이 세상에 오신 목적을 "이방인들도 그 긍휼하심으로 말미암아 하나님께 영광을 돌리게 하려 하심"이라고 말합니다. 그것이 선교의 목표입니다. 열방이 그 긍휼하심을 인해 하나님께 영광을 돌리게 하는 것입니다. 그것이 예배입니다. 그 어떤 것보다 하나님의 긍휼을 의지하고 귀하게 여김으로써 하나님의 영화로우심을 드러내는 일입니다. 그런 후에 바울은 9-11절에서 구약의 말씀 몇 가지를 인용하면서 이 사실을 뒷받침합니다. "기록된 바 그러므로 내가 열방 중에서 주께 감사하고 주의 이름을 찬송하리로다 함과 같으니라. 또 이르되 열방들아 주의 백성과 함께 즐거워하라 하였으며, 또 모든 열방들아 주를 찬양하며 모든 백성들아 그를 찬송하라 하였으며."

따라서 우리는 바울이 자기가 행하는 선교에 대해 어떻게 생각했는지 이해할 수 있습니다. 그는 선교가 이방인들(열방)이 그 어떤 기쁨보다도 하나님 안에서 기뻐하며 그분을 찬양하게 되리라는 구약의 말씀을 성취하는 것으로 보았습니다. 하나님을 예배하는 것이 선교의 목표입니다. 혹은 우리가 즐겨 말하듯이 "모든 백성들의 기쁨을 위해 모든 것 가운데서 최고의 하나님을 높이는 것"이라고 말할 수 있습니다.

4. 미전도 종족(unreached peoples)에게 가는 것이 세계 선교를 위한 방법이다(Way)

작년에 한 어린이가 제게 이렇게 물었습니다. "'종족'(peoples)이 단어예요?" 우리 교회의 사명 선언문인 "모든 백성들의 기쁨을 위해"에서 나오는 말입니다. 예, 단어가 맞습니다.

11절에서 다시 보시기 바랍니다. "또 모든 열방들아 주를 찬양하며 모든 백성들아(all the peoples) 그를 찬송하라 하였으며." 마닌카는 종족의 이름입니다. 카자흐도 종족입니다. 우즈베크도 종족입니다. 소말리도 종족입니다. 풀라, 월로프, 하우자, 카빌, 파시, 타지크, 튀르크도 모두 종족입니다. 이들은 문화와 언어에서 차이가 분명한 전 세계 수천의 종족들 중 하나입니다. 복음을 전하려면 그 장벽을 반드시 넘어야 합니다.

네 번째 요지는 이것입니다. 모든 종족에게 복음이 전해지고 하나님을 예배하는 지역민의 토착 교회가 세워지기까지, 우리는 이미 교회가 존재하는 종족들 안에 머물지 않고 미전도 종족에게 나아가야 합니다.

바울은 19-23절에서 이 점을 놀라운 방식으로 짚어 줍니다. 그는 자신이 이미 예루살렘에서부터 일루리곤까지(이스라엘에서 소아시아와 그리스를 지나 이탈리아 북부까지) 복음 전파를 완수했고 더 이상 이 지역에서는 할 일이 없다고 말합니다. 19절 하반절과 23절을 보십시오. "그리하여 내가 예루살렘으로부터 두루 행하여 일루리곤까지 그리스도의 복음을 편만하게 전하였노라. 또 내가 그리스도의 이름을 부르는 곳에는 복음을 전하지 않기를 힘썼노니, 이는 남의 터 위에 건축하지 아니하려 함이라. … 이제는 이 지방에 일할 곳이 없고…." 바울은 이제 스페인을 향하고 있습니다.

이 구절에서 세 가지 사실에 주의하시기 바랍니다. 1) 바울은 그가 예루살렘에서 일루리곤까지 복음을 편만하게 전했다(말 그대로 "완수했다")고 말합니다. 2) 그의 목표는 다른 사람이 다져 놓은 사역 위에 세우는 것이 아니라 그리스도의 이름을 부르지 않는 곳으로 가서 개척자가 되는 것입니다. 3) 그러므로 여기에는 더 이상 할 일이 없습니다. 아직 개종하지 않은 수만 명의 사람들이 사는 지역인데도 어떻게 복음 전파가 완수되었다고 말할 수 있었을까요? 이는 복음 증거의 임무가 아니라 개척 선교의 임무가 완수되었다는 말입니다.

이 말이 우리에게 의미하는 바는 이것입니다. 지상 최대의 명령을 마무리하려면 바울과 같은 선교사가 반드시 있어야 합니다. 이들은 더 많은 사람에게 복음을 전하는 것이 아니라 더 많은 종족에게 복음을 전하는 사람들이며, 그들의 수고로 그 안에 자생적인 교회가 세워지면 그들 스스로 자민족을 전도할 수 있게 됩니다. 우리는 이를 최전방 선교라 부릅니다. 이것은 우리 베들레헴교회의 사명과 비전에 있어서 최우선적인 사역이 되어야 합니다. 그 외 다른 선교 사역도 좋습니다만, 최전방 선교야말로 지극히 중요합니다. 최전방 선교 없이는 전 세계 복음화는 이루어질 수 없기 때문입니다.

복음 증거를 못 받은 사람이 아니라 미전도 종족에게 복음을 전하는 것이야말로 지상 대명령을 완수하는 열쇠입니다. 이것이 종족이라는 단어 속에 담긴 큰 차이점입니다!

5. 일부 사람들은 고향에서 이를 감독하는 선교 관리자로 부르신다(Warden)

W로 통일하기 위해 사용한 단어 "관리자"는 "보내는 자"를 말합니다. 24절을 보십시오. 바울은 자신의 목표가 스페인으로 가는 것이라고 말하는데, 우리가 아는 한 그 일은 아직 진행되지 않고 있었습니다. "이는 지나가는 길에 너희를 보고 먼저 너희와 사귐으로 얼마

간 기쁨을 가진 후에 너희가 그리로 보내주기를 바람이라."

여기서 우리는 바울이 언급하는 것과 언급하지 않는 것이 무엇인지 보아야 합니다. 그는 이렇게 말하지 않습니다. "지상 대명령에 순종하는 로마 교회 교인들은 모두 나와 함께 스페인에 가든지, 아니면 아직 복음이 전해지지 않은 다른 지역이나 다른 종족에게 가야 합니다."

그는 이렇게 말했습니다. "나는 여러분들이 나와 함께 교제를 나눈 뒤 내가 스페인 선교를 하도록 도와주기를 바랍니다." 달리 말하면, 그는 로마 교회에게 선교의 관리자, 즉 보내는 자가 되어 달라고 합니다. 그의 선교에 있어서 동역자요 후원자가 되어 주기를 바라고 있습니다.

그래서 세계 선교에 있어서 우리에게 주어진 선택은 세 가지라고 말씀드리고 싶습니다. 가는 자가 되든지, 보내는 자가 되든지, 아니면 불순종하는 것입니다. 성경은 모든 사람이 가야 한다고 말하지 않습니다. 하지만 가지 않는 자는 가는 자를 돌보고 후원하며 기도하고, 이들을 지원하는 줄을 굳게 잡아야 한다고 말합니다. 바울은 여러 교회들과 연계가 되어 있었고, 교회들은 지속적으로 바울에게 후원금을 보냈습니다. 우리 베들레헴교회와 모든 선교사들도 그렇게 해야 합니다.

요약

지금까지 다룬 내용을 정리하겠습니다.

1. 세계 선교의 기초는 하나님의 말씀입니다(Word). 우리는 사람들

에게 하나님이 누구신지, 어떻게 역사하시는지, 천국으로 가는 길은 무엇인지 설명할 수 있는 선교사들을 보내야 합니다.

2. 세계 선교는 하나님의 역사입니다(Work). 우리는 가르치고 전파하고 사랑할 뿐, 회심과 성화를 주시는 분은 하나님이십니다.

3. 세계 선교의 목표는 하나님을 예배하는 것입니다(Worship). "모든 열방들아 주를 찬양하며 모든 백성들아 그를 찬송하라"(롬 15:11).

4. 미전도 종족에게 가는 것이 세계 선교를 위한 방법입니다(Way). 이미 복음이 전파된 종족에게 전도하는 것은 최전방 선교가 아닙니다. 그리스도의 이름을 부르지 않는 곳에 사는 종족에게 복음을 전하는 것이 최전방 선교입니다.

5. 일부 사람들은 고향에서 이를 감독하는 선교 관리자로 부르십니다(Warden). 우리는 가는 사람이 되든지, 보내는 사람이 되어야 합니다. 그렇지 않으면 불순종하는 자가 됩니다.

우리는 무엇을 갈망합니까? 하나님은 우리가 한 가지, 즉 거룩한 열망이자 우리 삶의 의미를 찾으려는 열정을 품기 원하십니다. 하나님은 그분의 말씀을 통해 우리 안에 불꽃을 일으키기 원하십니다. 이것이 20-21절에 나오는 모습입니다.

바울에게는 거룩한 열망이 있었습니다. "또 내가 그리스도의 이름을 부르는 곳에는 복음을 전하지 않기를 힘썼노니 이는 남의 터 위에 건축하지 아니하려 함이라. 기록된 바 주의 소식을 받지 못한 자들이 볼 것이요 듣지 못한 자들이 깨달으리라 함과 같으니라."

무엇이 이러한 부르심과 열심을 붙들어 주었을까요? 하나님의 말씀입니다. 그다음 절(21절)에서 바울은 이사야 52장 15절을 인용합니다. "기록된 바 주의 소식을 받지 못한 자들이 볼 것이요 듣지 못한 자들이 깨달으리라 함과 같으니라."

이것이 앞으로 우리 다수에게 일어날 일입니다. 우리는 오늘 아침 하나님의 말씀을 들었고, 그 말씀은 하나님으로부터 오는 갈망을 우리 안에 일깨우고 확증했습니다. 그 갈망에 불붙이십시오. 그리고 『교회는 당신의 생각보다 큽니다』(The church is bigger than you think)라는 패트릭 존스톤의 책을 읽으십시오. 하나님의 확증과 도움을 간절히 구하십시오. 베들레헴교회 안에 있는 양육 프로그램과 소그룹에 참여해서 선교에 대한 불꽃을 계속 피워 나가십시오. 그리고 갈 수 있는 곳으로 가십시오. 하나님의 약속을 신뢰하십시오.

31장

그리스도의 이름을 부르지 않는 곳에 임하는 표적과 기사

로마서 15:14-21

내 형제들아 너희가 스스로 선함이 가득하고 모든 지식이 차서 능히 서로 권하는 자임을 나도 확신하노라. 그러나 내가 너희로 다시 생각나게 하려고 하나님께서 내게 주신 은혜로 말미암아 더욱 담대히 대략 너희에게 썼노니 이 은혜는 곧 나로 이방인을 위하여 그리스도 예수의 일꾼이 되어 하나님의 복음의 제사장 직분을 하게 하사 이방인을 제물로 드리는 것이 성령 안에서 거룩하게 되어 받으실 만하게 하려 하심이라. 그러므로 내가 그리스도 예수 안에서 하나님의 일에 대하여 자랑하는 것이 있거니와 그리스도께서 이방인들을 순종하게 하기 위하여 나를 통하여 역사하신 것 외에는 내가 감히 말하지 아니하노라. 그 일은 말과 행위로 표적과 기사의 능력으로 성령의 능력으로 이루어졌으며 그리하여 내가 예루살렘으로부터 두루 행하여 일루리곤까지 그리스도의 복음을 편만하게 전하였노라. 또 내가 그리스도의 이름을 부르는 곳에는 복음을 전하지 않기를 힘썼노니 이는 남의 터 위에 건축하지 아니하려 함이라. 기록된 바 주의 소식을 받지 못한 자들이 볼 것이요 듣지 못한 자들이 깨달으리라 함과 같으니라.. _롬 15:14-21

오늘은 같은 본문으로 두 번째 설교를 하게 되었습니다. 간단하게 이전 설교를 요약한 후에 제가 다루지 않았던 다른 관점에서 이 본문을 살펴보겠습니다.

핵심 요지는 바울이 사도로서 가졌던 목표와, 우리가 목회자로서 갖는 목표에 대한 것이었습니다. 사람들을 믿음으로 인도하고 그리스도의 뜻에 순종하게 하는 우리의 사역은 결국 궁극적으로는 아버지 하나님과 성령 하나님, 그리고 성자 하나님이 우리 안에서 우리를 통해 행하시는 일입니다. 이 진리를 기뻐하는 것이 우리의 목표입니다. 앞으로 나아가기에 앞서 그 점을 분명하게 이해합시다. 잠시 후에 보겠지만, 목회자가 아니더라도 이는 우리 모두에게 참으로 중요한 사실입니다.

우리 안에서 우리를 통해 일하시는 성부, 성자, 성령 하나님

먼저 바울은 로마서 15장 15-16절에서 다음과 같이 말합니다. "그러나 내가 너희로 다시 생각나게 하려고 하나님께서 내게 주신 은혜로 말미암아 더욱 담대히 대략 너희에게 썼노니 … 곧 나로 이방인을 위하여 그리스도 예수의 일꾼이 되어."

"하나님께서 내게 주신 은혜로 말미암아 … 그리스도 예수의 일꾼이" 되었다는 말에 주의하십시오. 바울은 사도직을 자신의 소명으로 선택하지 않았습니다. 하나님이 그를 선택하시고 불러서 그 일에 적합하게 만드셨습니다. 바울은 그리스도인을 죽인 살인자를 이방인의 선교사로 불러주신 하나님의 놀라운 은혜를 결코 부정하지 않았습니다.

둘째, 16절을 보겠습니다. "하나님의 복음의 제사장 직분을 하게 하사 이방인을 제물로 드리는 것이 성령 안에서 거룩하게 되어 받으실 만하게 하려 하심이라." 바울만이 하나님의 은혜의 역사가 아니고, 그의 사역에 의한 열매로 사람들이 거룩하게 변화되는 것도 역시 하나님의 역사입니다. 성령 하나님에 대해 분명하게 언급한 곳은 여기가 유일합니다. "이방인을 제물로 드리는 것이 '성령 안에서 거룩하게' 되어…." 이방인의 믿음과 순종을 위해 바울이 수고하고 있지만, 이들의 변화를 결정적이고 궁극적으로 이루시는 분은 성령님이십니다.

셋째, 18절입니다. "그리스도께서 이방인들을 순종하게 하기 위하여 나를 통하여 역사하신 것 외에는 내가 감히 말하지 아니하노라." 여기서 다시 한 번 바울은 자기 사역의 열매(이방인들의 순종)는 하나님이 하신 것이라 고백하고 있는데, 이번에는 하나님의 아들 예수 그리스도께서 하신 일이라고 말합니다. "그리스도께서 … 나를 통하여 역사하신 것 외에는 내가 감히 말하지 아니하노라."

15절에서는 하나님 아버지께서 은혜로 바울에게 이방인을 위한 사역을 허락하셨다고 말하고, 16절에서는 성령 하나님이 이방인 안에 결정적인 변화를 이루신다고 말하며, 18절에서는 죽음에서 살아나신 성자 하나님 예수 그리스도께서 이방인을 순종하게 하셨다고 말합니다.

따라서 핵심은 이것입니다. 하나님은 사도들을 통해, 그리고 말씀을 맡은 모든 사역자들을 통해 구원과 성화의 사역을 행하신다는 의미입니다. 그러므로 사역을 맡은 자들은 절대 자기를 자랑하지 말고 그리스도를 자랑해야 합니다. 우리는 바울과 함께 이렇게 고백해야 합니다. "그리스도께서 나를 통하여 역사하신 것 외에는 내가 감히 말하지 아니하노라."

달리 말해, 본문의 목표는 세 가지입니다. 목회자와 선교사들이 마음 깊이 겸손함을 품는 것, 그리고 하나님이 우리의 어설픈 시도도 사용하실 거라는 담대함을 갖는 것, 또한 우리의 모든 사역 속에서 결정적이고 궁극적으로 역사하시는 하나님께 영광을 돌리는 것입니다.

서로 복음을 가르치는 그리스도인

그런데 14절의 놀라운 말씀을 보십시오. "내 형제들아 너희가 스스로 선함이 가득하고 모든 지식이 차서 능히 '서로 권하는'(able to instruct) 자임을 나도 확신하노라." 그렇다면 하나님께 순종하는 사람들을 제물로 드릴 준비를 하는 이들은 누구입니까? 여기에는 사도들과 목회자와 교사들이 포함됩니다.

하나님은 사도들과 목회자와 교사들 안에서, 또한 그들을 통해 역사하십니다. 또한 14절에서 볼 수 있는 사실은 모든 그리스도인(하나님께 드리려고 준비된 거룩한 제물)은 서로 하나님의 말씀을 가르쳐야 한다는 것입니다. "내 형제들아 너희가 스스로 선함이 가득하고 모든 지식이 차서 능히 서로 권하는 자[또는 훈계하는 자]임을 나도 확신하노라."

이 말씀이 목회자들에게 의미하는 바는 이것입니다. 그리스도를 기뻐할 뿐 아니라 그리스도가 우리를 통해 일하시기를 기뻐하는 것이 우리의 목표가 되어야 합니다. 목회자들은 어떻게 사역을 감당합니까? 14절에서처럼, 스스로 선함이 가득하고 모든 지식이 차서 서로 권면하고 훈계하고 가르치고 경계하듯, 그와 같은 방식으로 그리스도의 복음을 가르치고 전파하고 적용하고 위하여 기도함으로 사람들이 순종하는 제물로 준비되도록 하는 일이 바로 목회자들이 감당할 몫입니다. 그리고 그 모든 과정에서 그리스도가 우리를 통해, 그리고 우리 안에서 일하시기를 기뻐하는 것이 목회자들의 목표입니다.

이번 주일에 있을 목자 모임에 참석하실 때 이것이 우리의 부르심이라는 사실을 기억하기 바랍니다. 우리 모두의 부르심입니다. 우리 중 누군가는 소그룹을 인도하고, 모든 사람이 선함과 지식으로 서로를 가르치는 이 사역에 함께하자는 것이 이전에 전한 설교의 내용이었습니다.

이제 본문의 남은 부분(18-21절)은 그리스도가 바울을 통해 "이방인들을 순종하게" 하기 위해 사용하시는 방법을 말하고 있습니다. 이 방법은 도구와 전략을 의미합니다. 그리스도가 사용하시는 도구에 대해서는 18-19절 상반절에 설명되어 있고, 전략은 19절 상반절에서 21절에 나와 있습니다. 그리고 앞으로 22절에서 살펴보겠지만 바울이 이렇듯 자서전적인 글을 상세히 써나가는 이유는 바울이 더 일찍 로마 교회를 방문하지 못하는 이유를 설명하고 그가 로마에 당도했을 때 그들에게 바라는 것이 무엇인지 이해시키기 위해서입니다. 이번 주에는 그 도구가 무엇인지 살펴보고, 하나님이 허락하시면 다음번에는 그 전략에 대해 보겠습니다.

바울의 선교에서 드러난 그리스도의 도구: 말과 행위

이제 바울의 선교에서 그리스도가 사용하시는 도구가 무엇인지 보겠습니다. 18-19절입니다. "그리스도께서 이방인들을 순종하게 하기 위하여 나를 통하여 역사하신 것 외에는 내가 감히 말하지 아니하노라. '그 일은 말과 행위로 표적과 기사의 능력으로 성령의 능력으로' 이루어졌으며…." 이방인들을 순종하게 하기 위해 그리스도가 사용하시는 도구에 대한 세 가지 진술이 나옵니다. 일반적인 내용에서 보다 특별한 내용으로 이어지고 있습니다.

첫째, 가장 일반적인 내용입니다. 그리스도는 바울을 통해 "말과 행위로" 순종하게 하십니다(18절). 달리 말해, 바울이 말하고 행동했다는 것입니다. 그리고 그리스도는 바울을 통해 말씀하시고 행동하셨습니다. 둘째, 바울은 그가 염두에 두었던 특별한 종류의 행위에 대해 말합니다. 19절입니다. "표적과 기사의 능력으로." 그 행위는 바로 바울이 행한 기적이었습니다. 셋째, 바울은 표적과 기사 이면에 있는 능력의 주체가 누구인지 말합니다. 19절입니다. "성령의 능력으로."

복음의 중심성

이 말과 행동이 무엇인지 그리고 이것들이 서로 어떻게 연결되는지 살펴본 다음, 오늘날에는 어떻게 적용되는지 질문해 보겠습니다. 하나님의 영은 사람들을 살리고 이들이 말과 행동으로 순종하며 따르는 자들이 되도록 변화시킵니다. 본문에서는 '말'(word)이 강조되고 있습니다. 19절입니다. "그리스도의 '복음'을 편만하게 전하였노라."

20절에도 나옵니다. "내가 그리스도의 이름을 부르는 곳에는 '복음'을 전하지 않기를 힘썼노니." 21절 상반절에도 나옵니다. "주의 '소식'을 받지 못한 자들이 볼 것이요." 21절 하반절에도 나옵니다. "듣지 못한 자들이 깨달으리라." 이는 "믿음은 들음에서 나며 들음은 그리스도의 말씀으로 말미암았기" 때문입니다(롬 10:17).

행위는 뒷받침하는 역할을 합니다. 말처럼 직접 사람을 살리는 방법은 아닙니다. 행위는 구원의 의미가 담긴 그리스도의 죽음과 부활에 대한 이야기를 해주지 못합니다. 오직 말로만 할 수 있습니다. 따라서 행위는 말을 확증해 주는 역할을 할 때만이 가치가 있습니다. 누가가 사도행전 14장 3절에서 말과 행위의 관계를 설명한 바가 그와 같습니다. 바울과 바나바가 이고니온에 있었을 당시를 누가는 이렇게 말합니다. "두 사도가 오래 있어 주를 힘입어 담대히 말하니[말] 주께서 그들의 손으로 표적과 기사를 행하게 하여 주사 자기 은혜의 말씀을 증언하시니[행위]." 하나님은 (표적과 기사를 행하게 하여 주사) 은혜의 말씀을 증거하셨습니다. 그것이 행위의 기능이었습니다. 행위는 말씀의 진리와 가치를 증거합니다.

바울은 자신이 생각하는 행위를 설명하면서 "표적과 기사"라고 부르는데, 이를 다른 말로 하면, '무엇인가를 알려 주는(표적) 기적(기사)'이라는 의미입니다. 바울과 바나바가 예루살렘 공회에서 보고했을 당시를 사도행전 15장 12절은 이렇게 말합니다. "온 무리가 가만히 있어 바나바와 바울이 하나님께서 자기들로 말미암아 이방인 중에서 행하신 표적과 기사에 관하여 말하는 것을 듣더니."

사도행전 16장에도 두어 가지 예가 나옵니다. 빌립보에 사는 한 소녀가 귀신이 들려 바울은 사역이 거의 불가능해질 만큼 방해를 받았습니다. 그래서 바울은 18절에서 이렇게 말합니다. "예수 그리스도의 이름으로 내가 네게 명하노니 그에게서 나오라." 그러자 당장 귀신이 나갔습니다. 귀신 들린 소녀를 이용하던 남자는 화가 나서 바울이 체포되도록 선동했습니다. 그래서 바울과 바나바는 매를 맞고 옥에 갇히게 되었습니다. 26절은 그날 밤 자정에 지진이 일어나 옥터가 움직이고 옥문이 열렸다고 말합니다.

그 결과 간수가 구원을 받았습니다. 그런데 그는 어떻게 구원을 받았습니까? 누가는 다음과 같이 설명했습니다. 간수는 말씀을 듣고 믿음으로 구원을 받았습니다. 사도행전 16장 30-32절입니다. "선생들이여, 내가 어떻게 하여야 구원을 받으리이까?" 바울과 바나바가 말했습니다. "주 예수를 믿으라. 그리하면 너와 네 집이 구원을 받으리라." 그리고 그들은 주의 말씀을 간수와 그 집에 있는 모든 사람에게 전했습니다. 이 일은 바울의 사역을 통해 이뤄졌습니다. 복음의 말씀이 그것을 확증하는 행위와 함께 어우러진 것입니다(행 19:11, 20:9과 비교).

복음을 확증하는 오늘날의 기적

오늘날은 어떻습니까? 오늘날에도 우리의 복음 증거가 동일한 기적으로 확증되기를 기대해야 합니까? 사도들이 경험했던 능력 만큼의 기적 수준은 아니지만, 저는 그것을 기대해야 한다고 말씀드립니다. 제가 그렇게 말씀드리는 것은 신약을 아무리 살펴보아도 하나님이 기적을 더 이상 베풀지 않겠다고 선언하실 만한 이유를 찾을 수 없기 때문입니다. 고린도전서 12장 8-10절에는 교회를 위한(단지 사도를 위한 것이 아닌) 기적적인 은사 목록이 나옵니다. 그래서 저는 하나님이 오늘날에도 자기 백성을 그분의 말씀과 기적(자연법칙을 뛰어넘는 하나님 능력의 특별한 역사)으로 복 주기 원하신다고 생각합니다.

하지만 당시에 사도들이 경험한 만큼은 아니라고 말씀드린 이유는 이것입니다. 초기에는 교회의 기초를 다지면서 그리스도의 신성과 사도의 권위를 증명해야 했으므로 기적이 아주 현저하게 드러났다는 증거가 있기 때문입니다. 예를 들어, 요한복음 5장 36절에서 예수님은 이렇게 말씀하셨습니다. "내게는 요한의 증거보다 더 큰 증거가 있으니 아버지께서 내게 주사 이루게 하시는 역사 곧 내가 하는 그 역사가 아버지께서 나를 보내신 것을 나를 위하여 증언하는 것이요." 따라서 예수님의 기적에는 하나님의 아들이 이곳에 계심을 확증해야 하는 특별한 기능이 있음을 볼 수 있습니다.

그리고 바울이 자기를 통해 일어난 기적을 사도직에 대한 특별한 자격 증명으로 보았다는 증거도 있습니다. 예를 들어, 고린도후서 12장 12절에서 그는 이렇게 말합니다. "사도의 표가 된 것은 내가 너희 가운데서 모든 참음과 표적과 기사와 능력을 행한 것이라." 따라서 바울은 자기를 통해 일어난 특별한 일들이, 하나님이 사도직의 증표로서 표적과 기사를 행하신 것이라고 본 것 같습니다. 하나님이 단지 기적을 행하기 위해 사도들을 사용하신 것은 아니고, 사도를 세우시는 방법에 있어서 뭔가 특별한 것이 있었습니다.

그래서 저는 예수님이 하늘로 다시 올라가시고 사도들이 신약에서 교회의 기초를 세우고 역사의 뒤안길로 떠날 때, 기독교가 초자연적 능력을 상실한 종교가 되었다고는 생각하지 않습니다. 결코 그렇지 않습니다! 성령이 부어졌고 성령은 지금도 표적과 기사를 온전히 행하십니다. 오히려 우리는 하나님의 말씀, 곧 복음에 초점을 맞추어 왔습니다. 구원을 위한 모든 핵심적인 행위는 이제는 역사 속에 있고 과거에 있었던 하나님의 구원 행위를 우리와 연결시키는 것은 말씀이기 때문입니다.

복음에 집중하고 기적을 위해 기도함

오늘날에는 일부 그리스도인이 응당 그래야 하는 것보다 더 많은 기적을 기대하고 있다는 점을 말씀드려야 할 것 같습니다. 예를 들어, 그들은 하나님께서 자녀들이 병드는 것을 결코 원치 않으시기에 항상 기적적인 치유를 받아야 한다고 생각합니다. 이는 그리스도인들이 속으로 탄식하며 몸의 속량을 기다린다는 로마서 8장 23절 말씀을 거스르는 생각입니다.

그런데 한편으로 우리 베들레헴교회와 연관시켜 본다면 일부 그리스도인들은 너무 기적을 기대하지 않습니다. 마귀든 성령이든 거의 우리와 아무 연관이 없다는 자연주의적 사고방식에 빠져 있습니다. 그래서 기도할 때 하나님께 기적적으로 직접 고쳐 주시라고 간구하기를 두려워합니다. 우리가 하나님이 기뻐하시는 일을 하기 위해 하나님의 자유와 주권적인 선하심에 온전히 복종하는 한, 저는 우리가 정기적으로 하나님의 기적적인 역사를 위해 기도해야 한다고 생각합니다. 그리고 우리는 이 부분에 성령의 은사를 가진 사람들이 일어나 다른 이들보다 풍성한 열매를 맺기를 기대해야 합니다.

우리가 하나님의 말씀을 중심 자리에 올바로 두는 한, 하나님은 우리가 사도행전 4장 29-30절의 초대교회처럼 기도하는 것을 기뻐하시리라고 저는 생각합니다. 여기서 그들은 이렇게 말했습니다. "주여, 이제도 그들의 위협함을 굽어보시옵고 또 종들로 하여금 담대히 하나님의 말씀을 전하게 하여 주시오며[사도행전 1장 8절과 비교], 손을 내밀어 병을 낫게 하시옵고 표적과 기사가 거룩한 종 예수의 이름으로 이루어지게 하옵소서." 우리는 하나님이 우리 안에서 언제 어떠한 기적을 얼마나 자주 베푸실지 알 수 없습니다. 하지만 제가 보기에 기적을 간구하지 않는 것은 성경적이기보다 세속적이고 자연주의적입니다.

오늘날 기적의 필요성

우리가 믿지 않는 사람들과 함께 생활하며 그들이 구원받기를 간절히 소망하면 할수록, 영적으로든 육체적으로든, 하나님이 역사하시는 초자연적인 돌파구를 갈망하게 될 것입니다.

바로 어제 우리 선교사들 중 한 명에게서 이메일을 받았습니다. 그분의 이름이나 사역지는 공개하지 않겠습니다. 다음은 그분이 부탁한 내용을 아주 간략하게 정리한 글입니다.

> 저를 위해 기도해 주십시오. 이곳은 기이한 주술이 판치고 있습니다. … 제 친구가 몇 가지 비밀을 털어 놓았습니다. … 저는 그 친구의 이야기를 믿습니다. 그리고 친구가(또한 저 역시) 위험에 처할 수 있다는 것과 친구의 남편이 지금 분명 위험한 상황에 있다고 생각합니다. 저는 지난 몇 달

동안 이 여인과 남편을 구원해 달라고 주님께 기도해 왔습니다. 이 사람들을 너무나도 사랑하기에 이들이 하나님과 영원히 멀어지리라 생각하면 마음이 (말 그대로) 고통스럽습니다.

누군가를 구원하는 데는 기적이 필요합니다. 하나님은 분명 우리의 본성을 초자연적으로 바꾸셔야 합니다. 우리가 구원받았다면 바로 그러한 기적 때문에 가능했던 것입니다. 이를 거듭남이라고도 부릅니다(요 3:3). 마귀는 이를 너무나도 싫어하고, 새로 태어난 그리스도인을 혐오합니다. 그러므로 마귀는 잃어버린 영혼들의 눈을 가려 말씀을 보지 못하게 하고, 그리스도인들을 무기력하고 열매 없는 자로 붙들어 놓기 위해 온갖 종류의 무기를 동원합니다. 그가 사용하는 무기 중 일부는 정욕과 탐욕, 권세와 미움, 중독과 질병 같은 자연적인 것입니다. 이러한 무기는 우리의 영혼과 몸을 공격합니다.

그리고 어떤 무기는 초자연적입니다. 이것은 사람들이 아직 세속화되지 않은 선교 현장에서 매우 극명하게 드러나지만, 우리가 사는 이곳에도 분명히 있으며 세속화가 많이 진행된 서구권에서는 노골적인 이교도로 되돌아가는 현상으로 나타나기도 합니다. 신명기 18장 10-12절에는 그 구체적인 목록이 나옵니다. 여기서 모세는 이렇게 말합니다. "그의 아들이나 딸을 불 가운데로 지나게 하는 자나 점쟁이나 길흉을 말하는 자나 요술하는 자나 무당이나 진언자나 신접자나 박수나 초혼자를 너희 가운데에 용납하지 말라. 이런 일을 행하는 모든 자를 여호와께서 가증히 여기시나니 이런 가증한 일로 말미암아 네 하나님 여호와께서 그들을 네 앞에서 쫓아내시느니라."

이들은 모두 현실에 존재합니다. 이런 것을 심심풀이처럼 생각하거나 사용하지 마십시오. 결코 그렇지 않습니다.

예수님을 가까이하고 십자가로 나아가기

인생을 살다 보면 표적과 기사가 필요한 순간이 옵니다. 저는 여러분에게 예수님을 가까이하고 십자가로 나아가라고 권면합니다. 그렇지 않으면 원수에게 완전히 무장해제당할 수 있습니다. 다음 글은 제가 그 선교사에게 답장을 드린 내용입니다. 이 글을 읽은 후 여러분을 위해 기도하면서 마무리하겠습니다.

> 선교사님의 상황을 보면서 제 마음에도 위급함이 느껴집니다. 선교사님은 생생하게 체감하지만 현지 사람들은 못 느끼는 그 땅의 전투를 우리도 어느 정도 이해하고 있습니다. 저는 하나님께서 선교사님에게 모든 정사와 권세와 어둠의 세상 주관자들과 하늘의 악한 영들을 다스리는 하나님의 절대적 주권에 대한 깊은 평강을 주시기를 기도합니다. 하나님의 전신 갑주를 입으십시오. 그러면 악한 자의 모든 불화살을 대항해서 서게 될 것입니다. "우리 형제들이 어린양의 피와 자기들이 증언하는 말씀으로써 그를 이겼으니, 그들은 죽기까지 자기들의 생명을 아끼지 아니하였도다"(계 12:11). … 온 우주에서 가장 위대한 소식 중 하나는 그리스도가 죽으실 때 사탄과 그의 모든 군대를 무장해제시키셨다는 사실입니다(골 2:13-16). 저는 그 말씀을 그리스도가 우리에 대한 원수의 모든 참소를 십자가에 모두 못 박았기 때문에 원수가 그의 치명적인 무기(용서받지 못한 죄)를 빼앗겼다는 의미로 받아들입니다. 그 말은 사탄이 우리를

거칠게 대할 수는 있으나 저주할 수는 없다는 의미입니다. 원수의 위협을 가볍게 보지는 않지만 그렇다고 그것이 결정적이라고 생각하지도 않습니다. 그러한 위협에는 한계가 있습니다. 선교사님은 항상 이렇게 고백할 수 있습니다. "예수님은 모든 능력에 탁월한 분이시다. 그 예수님이 자기 백성을 위해 죽으셨으므로 누구도 그분의 백성을 고소할 수 없다."

고소자, 사기꾼, 살인자, 사탄의 정체는 드러났습니다. 그는 이빨이 뽑혔습니다. 잇몸으로 물어 상처를 입힐 수는 있겠으나 독은 사라졌습니다. 우리는 죽을 수 없습니다. 독생자의 죽음과 부활을 무기 삼아 우리를 위해 싸우시는 하나님이 계시므로 전쟁에서 패할 수가 없습니다. 하늘과 땅의 모든 권세가 예수님께 있습니다. 그분께 온전히 내려놓으십시오. 다스리시는 그분의 이름을 부르십시오. 그분의 능력과 긍휼과 보혈과 의를 온전히 신뢰하십시오.

우리도 기도의 끈을 놓지 않겠습니다. 사랑합니다.

함께 서로를 붙든 끈을 부여잡고 그리스도를 알지 못하는 사람들이 있는 절벽으로 내려갑시다. 그에 대해서는 다음 주에 살펴보겠습니다.

32장

거룩한 백성을 하나님께 제물로 드리는 목회자

로마서 15:14-21

내 형제들아 너희가 스스로 선함이 가득하고 모든 지식이 차서 능히 서로 권하는 자임을 나도 확신하노라. 그러나 내가 너희로 다시 생각나게 하려고 하나님께서 내게 주신 은혜로 말미암아 더욱 담대히 대략 너희에게 썼노니 이 은혜는 곧 나로 이방인을 위하여 그리스도 예수의 일꾼이 되어 하나님의 복음의 제사장 직분을 하게 하사 이방인을 제물로 드리는 것이 성령 안에서 거룩하게 되어 받으실 만하게 하려 하심이라. 그러므로 내가 그리스도 예수 안에서 하나님의 일에 대하여 자랑하는 것이 있거니와 그리스도께서 이방인들을 순종하게 하기 위하여 나를 통하여 역사하신 것 외에는 내가 감히 말하지 아니하노라. 그 일은 말과 행위로 표적과 기사의 능력으로 성령의 능력으로 이루어졌으며 그리하여 내가 예루살렘으로부터 두루 행하여 일루리곤까지 그리스도의 복음을 편만하게 전하였노라. 또 내가 그리스도의 이름을 부르는 곳에는 복음을 전하지 않기를 힘썼노니 이는 남의 터 위에 건축하지 아니하려 함이라. 기록된 바 주의 소식을 받지 못한 자들이 볼 것이요 듣지 못한 자들이 깨달으리라 함과 같으니라. _롬 15:14-21

월요일에 시작하는 목회자 컨퍼런스에 1,200여 명의 목회자가 참석

할 예정입니다. 오늘 이 자리에도 많이 와 계십니다. 저는 이번 주에도 우리 교회가 지난 8년간 배우고 있는 로마서 말씀을 본문으로 삼기로 했습니다. 로마서 15장 14-18절을 보니 바울의 사역 목표가 모든 목회자의 목표이기도 하기 때문에 그렇습니다. 모든 그리스도인에게 적용되는 말씀이지만, 저는 특별히 하나님의 말씀을 맡은 자들에게 우리의 부르심이 무엇인지 그리고 우리가 어떻게 함께 참여할 수 있는지를 명확히 함으로써 도움을 드리고자 합니다.

예수 그리스도를 자랑하는 이유

따라서 먼저 본문의 핵심 구절로 가서 목회자의 목표가 무엇인지 본 다음, 본문의 나머지 부분은 그에 관해 어떻게 풀어 가는지 살펴보겠습니다. 논리적으로 볼 때 14-18절의 핵심은 17절입니다. 그리고 나머지 구절이 이를 뒷받침하고 있습니다. "그러므로[앞에서 전한 이야기에 근거해서] 내가 그리스도 예수 안에서 하나님의 일에 대하여 자랑하는 것이 있거니와." 앞에 나온 내용이 이 구절을 뒷받침하고 이 구절로 이끌어간다는 것을 볼 수 있습니다. 그것이 17절에서 '그러므로'가 말하고 있는 바입니다.

그런 다음 18절은 "왜냐하면"으로 시작하면서 17절에 대한 근거(논거, 기초)를 제시하고 있습니다(개역개정역에는 이 부분이 생략됨—옮긴이). "그러므로 내가 그리스도 예수 안에서 하나님의 일에 대하여 자랑하는 것이 있거니와 [왜냐하면] 그리스도께서 이방인들을 순종하게 하기 위하여 나를 통하여 역사하신 것 외에는 내가 감히 말하지 아니하노라." 따라서 14-18절만 살펴본다면 바울의 사고 흐름에 있어서 핵심은 17절입니다. 그 앞에 나오는 내용과 뒤에 나오는 내용도 이를 뒷받침합니다. 말하자면 16절과 18절은 17절을 떠받치고 있는 셈입니다.

그렇다면 17절이 말하는 바는 무엇일까요? "그러므로 내가 그리스도 예수 안에서 하나님의 일에 대하여 자랑하는 것이 있거니와." 17절의 요지는 단순히 바울에게 자랑할 무엇이 있다는 말이 아니라 그가 모든 것을 "예수 그리스도 안에서" 자랑한다는 말입니다. 바울은 말합니다. "그러므로 내가 '그리스도 예수 안에서' 하나님의 일에 대하여 자랑하는 것이 있거니와." 바울이 "그리스도 예수 안에서" 자랑하는 데는 두 가지 이유가 있습니다.

첫째, 하나님 보시기에 교만은 추한 것이므로 바울은 스스로 이렇게 말하고 있습니다. "자랑하는 자는 주 안에서 자랑할지니라"(고후 10:17). 또한 이렇게도 말합니다. "내게는 우리 주 예수 그리스도의 십자가 외에 결코 자랑할 것이 없으니"(갈 6:14). 로마서에서는 이렇게도 말합니다. "그런즉 자랑할 데가 어디냐? 있을 수가 없느니라"(롬 3:27).

17절에서 바울이 자랑한다고 할 때 그것이 "예수 그리스도 안에서" 자랑하는 것임을 분명히 알아야 할 첫 번째 이유입니다. 자랑 그 자체는 죄입니다. 얼마나 미묘한지요! 자랑은 단순한 말의 문제가 아닙니다. 목회자는 하나님을 높이는 단어로 자신과 사역에 대한 말을 늘어 놓으면서 자기 자랑을 할 수 있습니다. 그러므로 바울은 17절에서 이러한 위험을 감수하면서도, 그리스도 안에서 자랑한다는 표현을 사용합니다. 로마서가 얼마나 하나님 중심적인지 생각할 때 우리는 나쁜 쪽의 의미라고 생각할 수가 없습니다.

바울이 "예수 그리스도 안에서" 자랑하는 두 번째 이유는, 그가 전하는 본문 전체가 하나님이 사람들을 통해 은혜롭게 역사하신다는 진리를 기반으로 하기 때문입니다. 그러면 사역이 번창할 때 그리스도의 영을 통해 그 일을 이루신 이가 하나님임을 알게 되기 때문입니다. 이 내용은 잠시 후에 살펴보겠습니다.

따라서 목회자로서 바울의 목표와 또한 우리의 목표는 동일합니다. 모든 사역에 있어 예수 그리스도 안에서 자랑해야 한다는 점입니다. 즉, 우리의 목표는 그리스도가 영광을 받으실 방법으로 사역하는 것이어야 합니다. 바울이 17절에서 "내가 그리스도 예수 안에서 하나님의 일에 대하여 자랑[한다]"고 말할 때 그가 의미한 바는 "그리스도가 나를 위해 그리고 내 안에서 나를 통해 역사하셨기에, 나의 사역이 그분의 사역이 되고 사역에 대한 자랑이 그리스도에 대한 자랑이 되었다"는 것입니다. 그것이 평생 사역자로 살아가는 동안 우리의 목표가 되어야 합니다.

받으실 만한 거룩한 제물

하지만 이것은 너무 일반적인 이야기입니다. 바울의 사역과 우리 사역의 목표는 다음 구절에서 보다 정확하게 규정됩니다. 그래서 우리는 바울의 목표를 좀 더 구체적으로 보기 위해(그리고 무엇을 우리의 목표로 삼을지 살펴보기 위해) 앞에 나온 16절과 뒤에 나온 18절을 볼 필요가 있습니다. 두 구절 모두 표현은 다르지만 동일한 목표를 언급합니다. 두 구절을 읽어 보고 하나의 공통된 목표를 찾아낼 수 있는지 보겠습니다.

15-16절입니다. "그러나 내가 너희로 다시 생각나게 하려고 하나님께서 내게 주신 은혜로 말미암아 더욱 담대히 대략 너희에게 썼노니 이 은혜는 곧 나로 이방인을 위하여 그리스도 예수의 일꾼이 되어 하나님의 복음의 제사장 직분을 하게 하사 이방인을 제물로 드리는 것이 성령 안에서 거룩하게 되어 받으실 만하게 하려 하심이라." 여기서 바울의 목표는 이방인을 성령 안에서 거룩하게 하고 받으실 만한 제물로 하나님께 드리는 것입니다. 바울은, 하나님의 손 안에서 도구가 되어 사람들을 하나님이 받으실 만한 거룩한 제물로 준비시키는 것이 자기의 사역이라고 믿고 있습니다.

18절입니다. "그리스도께서 이방인들을 순종하게 하기 위하여 나를 통하여 역사하신 것 외에는 내가 감히 말하지 아니하노라." 여기서 바울의 목표는 이방인을 순종하게 하는 것입니다. 그는 하나님의 손에서 도구가 되어 사람들을 하나님께 순종하게 하는 것이 자기의 사역이라고 믿었습니다.

이 두 가지 목표를 함께 보겠습니다. 16절의 목표는 성령 안에서 거룩하게 되고 받으실 만한 사람들입니다. 18절의 목표는 예수 그리스도를 통해 하나님께 순종하는 사람들입니다. 성령으로 거룩하게 된 사람들과 예수 그리스도를 통해 순종하는 사람들. 제 생각에는 이 두 가지 모두 본질적으로 동일한 목표입니다. 거룩한 사람들과 순종하는 사람들은 하나님의 거룩하심을 본받으며, 하나님의 뜻을 따릅니다.

그래서 이제 우리는 본문의 요지를 구체적으로 말할 수 있습니다. 17절에서 바울에게 최고의 경험은 그리스도뿐 아니라 그리스도가 바울의 사역을 통해 이루신 일을 기뻐하는(또는 자랑하는) 것입니다. 그리고 16, 18절은 그분이 행하신 일, 즉 바울이 사람들을 하나님께 제물로 드릴 수 있게 그들을 거룩하고 순종하게 하신 것을 언급합니다.

그래서 우리는 핵심 요지를 이렇게 말할 수 있습니다. 바울에게 있어 최고의 경험은, 바울을 통해 거룩하고 순종하는 사람들을 하나님께 제물로 드릴 수 있게 준비시키시는 그리스도와 그분의 사역을 기뻐하는(또는 자랑하는) 것입니다.*

하나님이 하신 일을 기뻐함

목회자의 부르심도 이와 다르지 않다고 생각합니다. 우리의 목표는 우리를 통해 하나님께 드려질 거룩하고 순종하는 사람들을 준비시키시는 그리스도와 그분의 사역을 기뻐하는 것입니다.

이런 질문을 하는 사람도 있을 겁니다. "그냥 하나님께 드릴 거룩하고 순종하는 사람을 준비시키는 것이 우리의 목표라고 말하면 안 되나요? 왜 굳이 '우리를 통해' 거룩하고 순종하는 사람을 준비시키시는 그리스도와 그분의 사역을 자랑하고 기뻐하는 게 우리의 목표라고 하는 것인지요? 우리를 통해 역사하시는 그리스도를 기뻐하고 자랑하는 게 목표라고 강조하는 이유는 무엇입니까?"

여기에는 두 가지 답변이 가능합니다. 하나는 오늘 본문이 하나님

*데살로니가전서 2장 19절을 참고하라. "우리의 소망이나 기쁨이나 자랑의 면류관이 무엇이냐? 그가 강림하실 때 우리 주 예수 앞에 너희가 아니냐?" 우리도 그렇지 않은가?

과 그리스도와 성령께서 우리를 통해 하나님의 사람들을 거룩하고 순종하는 자들로 만들어 가신다는 진리에 기초하고 있기 때문입니다. 이를 충분히 설명하면서 우리의 목표를 언급할 필요가 있습니다.

그리고 다른 이유는 하나님의 사람들을 거룩하고 순종하는 자들로 변화시키는 것은 참으로 흥분되는 일이기 때문입니다. 참으로 영광스러운 일입니다. 기적과 같은 일입니다. 심오한 기쁨과 만족을 주는 일입니다. 사람들이 열심을 다해 예수님께 순종하며 성장해 가는 모습을 지켜보는 것, 이들이 세상에 대한 사랑을 버리고 그리스도의 사랑에 빠지는 모습을 보는 것, 이들이 하나님나라를 먼저 구하고 물질적인 것은 신경 쓰지 않는 모습을 보는 것, 담대히 복음을 전하고 가난한 자들에게 긍휼을 베풀고 인종적 다양성을 존중하며 성적 순결을 지키기 위해 애쓰고, 세계 선교에 헌신하고, 전시 상황의 생활방식을 고수함으로써 세상에서 그리스도를 높이기 위한 자원을 극대화하는 모습을 보는 것, 게다가 이런 일들이 예수 그리스도를 통해 우리의 사역 안에서 일어나는 것을 보는 것은 목회자들에게 일어날 수 있는 최고의 일입니다.

이것이 바로 바울이 17절에서 단지 "그리스도 예수 안에서 내 사역이 풍성해졌다"라고 말하지 않는 이유입니다. 그의 말을 다시 보십시오. "그러므로 내가 그리스도 예수 안에서 하나님의 일에 대하여 자랑하는 것[기뻐하는 이유, 자랑할 이유, 영광 돌릴 이유]이 있거니와." 이는 영혼의 깊은 경험에서 나오는 말입니다. 그러므로 목회 사역의 목표는 단순히 하나님께 드릴 거룩하고 순종하는 사람들을 준비시키는 것에서 그치지 않습니다. 또한 그분 안에서 기뻐하고 자랑하고 영광을 돌리는 것도 포함됩니다. 우리가 사역 안에서 하나님의 영광스러운 일을 보며 크게 기뻐하지 않는다면, 하나님은 우리 사역을 통해 영광을 받지 않으실 것입니다.*

우리의 모든 사역 안에서 역사하시는 하나님

이제 본문 전체를 관통하는 기본 진리를 살펴보겠습니다. 즉, 우리의 모든 사역 안에서 역사하시는 하나님으로 인해, 우리는 기뻐하고, 자랑할 때도 그분 안에서 기뻐하고 자랑해야 한다는 사실이 그것입니다. 이에 관해 언급하는 구절이 최소 네 곳입니다. 다시 앞으로 거슬러가면서 마지막 14절에서 하나님께 드리기 위해 준비되는 사람들에 대한 적용으로 마무리하도록 합시다.

먼저 18절에 아주 분명하게 나와 있습니다. "그리스도께서 이방인들을 순종하게 하기 위하여 나를 통하여 역사하신 것 외에는 내가 감히 말하지 아니하노라." 바울이 말하려는 오직 한 가지는 그리스도가 자신을 통해 행하신 일입니다. 여기서 두 가지에 주의하십시오. 첫째, 바울은 일했습니다. 둘째, 그를 통해 일하고 계신 이는 그리스도였습니다. 하나님은 이런 식으로 우리에게 존재 의미를 부여하시면서 모든 영광을 취하십니다. 고린도전서 15장 10절입니다. "내가 모든 사도보다 더 많이 수고하였으나 내가 한 것이 아니요 오직

*로마서 6장 17절의 권고를 참고하라. "하나님께 감사하리로다. 너희가 본래 죄의 종이더니 너희에게 전하여 준 바 교훈의 본을 마음으로 순종하여."

나와 함께 하신 하나님의 은혜로라." 그리고 로마서 11장 36절입니다. "이는 만물이 주에게서 나오고 주로 말미암고 주에게로 돌아감이라. 그에게 영광이 세세에 있을지어다. 아멘." 그래서 우리는 하나님께 드릴 제물을 준비하는 모든 사역 속에서 역사하는 이가 하나님이심을 봅니다.

이제 16절입니다. 핵심 구가 하반절에 나옵니다. "성령 안에서 거룩하게 되어." 이 말은 하나님을 위해 거룩한 사람들을 준비시키는 일에 있어서 성령님이 결정적인 역할을 하신다는 뜻입니다. 하나님이 직접 하나님을 위한 사람들을 준비하고 계십니다.

하지만 바울이 그 일에 도구로 사용되고 있음은 그가 자기의 역할을 "하나님의 복음의 제사장 직분을 하게 하사 이방인을 제물로 드리는 것이 성령 안에서 거룩하게 되어 받으실 만하게 하려 하심"이라고 설명하는 데에서 드러납니다. 이 말은 바울이 복음을 사용하는 것(복음을 가르치고 선포하고 기록하고 설명하고 적용한 것)이 하나님께 제물로 드려지는 이들을 거룩하게 하는 일에 매우 중요하다는 의미입니다. 성령은 그리스도의 복음과 별개로 성화를 행하시는 것이 아닙니다(요 16:14). 성령은 그리스도를 높이기 위해 오셨습니다. 성령은 그리스도가 높임을 받는 곳에서 사람들을 거룩하게 하는 일을 행하십니다. 따라서 하나님께 드릴 제물을 준비하는 우리의 모든 사역 안에서 실제로 일하시는 분은 하나님이심을 다시금 볼 수 있습니다.

그리고 15절에서 바울은 이렇게 말합니다. "그러나 내가 너희로 다시 생각나게 하려고 하나님께서 내게 주신 은혜로 말미암아 더욱 담대히 대략 너희에게 썼노니." 여기서 바울은 거룩하고 순종하는 이들을 하나님께 드릴 준비를 하기 위해 적극적으로 일하고 있습니다. 어떻게 하고 있습니까? 바로 로마의 교회에 보내는 긴 편지를 쓰면서 그 일을 하고 있습니다. 하지만 바울은 입을 열 때마다 이 편지를 쓰는 것도 오직 "하나님이 내게 주신 은혜로 말미암아" 가능하다고 말합니다. 달리 말해, 바울은 자기의 권위나 힘으로 쓰는 것이 아닐 뿐 아니라, 사람들을 하나님께 제물로 준비시키는 그의 모든 사역에서도 그 일을 행하시는 이가 하나님이시라는 고백을 하고 있습니다.

마지막으로 14절에서 바울은 이렇게 말합니다. "내 형제들아 너희가 스스로 선함이 가득하고 모든 지식이 차서 능히 서로 권하는 자임을 나도 확신하노라." 이 말은 다른 구절들과 동떨어져 보이는 것 같습니다. 마치 길고 어려운 바울의 가르침과 권면을 순화하는 하나의 방법인 것처럼 말입니다. "편지가 좀 길고 어려웠다는 것은 저도 압니다만, 여러분이 약하거나 어리석기 때문에 그렇게 썼던 건 아닙니다."

하지만 이 구절에는 그 외에도 다른 내용이 있습니다. 이 부분을 주의 깊게 보십시오. 만약 그 사람들이 모두 "선함이 가득하고 모든 지식이 차 있는" 상태라면 서로를 권할(즉, 훈계할) 필요가 있을까요? "내 형제들아 너희가 스스로 선함이 가득하고 모든 지식이 차서 능히 서로 권하는 자임을 나도 확신하노라." 어느 쪽입니까? 그들은 모두 선함과 지식이 풍성한 이들입니까? 아니면 선함과 지식에 자라도록 서로 훈계해야 할 사람들입니까?

저는 바울이 이런 의미로 말했으리라고 생각합니다. '지금까지 내가 쓴 글을 읽어 봐서 알겠지만 가득하다(fullness)는 건 완전하다(perfection)는 의미가 아닙니다. 그렇다면 서로에게 요구하거나 가르칠 필요가 없을 것이기 때문입니다. 가득하다는 의미는 하나님이 여러분에게 선함과 지식을 넘치게 주셨기에 서로를 향해 훈계하고 권고하고 가르치고 경고하고 격려할 만큼 흘러넘쳐서, 한 사람이 부족하면 다른 사람이 채워 주면서 함께 거룩과 순종을 완성하기까지 나아가는 것과 같습니다. 이 모든 것이 하나님이 직접 공급하시는 충만하심으로 이뤄집니다.'

놀라운 반전

오늘 설교는 목회자와 교인들에게 충격적인 반전으로 마무리 될 것입니다. 지금까지 우리의 목표는, 우리를 통해 거룩하고 순종하는 사람들을 준비시키시는 하나님의 역사와 그리스도를 자랑하는 것이라고 말했습니다. 이 목표를 뒷받침하는 성경적 기초는 하나님께 제물로 드릴 사람들을 준비시키는 우리의 모든 사역 안에서 하나님이 직접 일하신다는 사실이었습니다.

그런데 놀랍게도 14절을 보면 사람들은 자체적으로(우리가 하나님께 드리려고 준비하는 제물 그 자체로) 어느 정도의 선함과 지식이 있어서, 서로를 훈계하기 위해 그것을 사용하고 있다는 것도 알게 됩니다. 달리 말해 그들은 서로를 대상으로 사역하면서, 하나님께 드릴 거룩하고 순종하는 제물로 '스스로를 준비하는' 아주 중대한 일을 한다는 것입니다.

이 말은 우리 목회자에게 있어서 이제 우리의 목표가 이렇게 달라져야 한다는 의미입니다. 우리는 설교와 가르침과 기도와 그리스도의 복음을 적용함으로써, 우리를 통해 거룩하고 순종하는 사람들을 준비시키시는 그리스도와 그분의 일하심 안에서 기뻐하되, 사람들 스스로가 선함과 지식으로 가득해져 서로를 훈계하고 가르치고 권면하고 경고하고 격려할 수 있는 방법으로 그렇게 해야 합니다.

그리고 이러한 목표의 기저에는 하나님만을 높이는 위대한 진리가 있습니다. 즉 우리의 모든 사역(그들의 모든 사역) 안에서 역사하시는 이는 하나님이시라는 진리입니다. 모든 영광이 그분에게서, 그분을 통해, 그분에게로 영원히 있을 지어다. 아멘.

33장

바울의 열망과 베들레헴교회의 사명

로마서 15:18-21

그리스도께서 이방인들을 순종하게 하기 위하여 나를 통하여 역사하신 것 외에는 내가 감히 말하지 아니하노라. 그 일은 말과 행위로 표적과 기사의 능력으로 성령의 능력으로 이루어졌으며 그리하여 내가 예루살렘으로부터 두루 행하여 일루리곤까지 그리스도의 복음을 편만하게 전하였노라. 또 내가 그리스도의 이름을 부르는 곳에는 복음을 전하지 않기를 힘썼노니 이는 남의 터 위에 건축하지 아니하려 함이라. 기록된 바 주의 소식을 받지 못한 자들이 볼 것이요 듣지 못한 자들이 깨달으리라 함과 같으니라. _롬 15:18-21

서론: 사명 선언문은 성경적인가?

오늘 아침에는(1995년 9월 24일) 사명 선언문이라는 개념을 성경적인 틀 안에 넣어 보는 작업으로 시작하겠습니다. 사명 및 비전 선언문을 작성하기 위해 씨름하며 지난 8개월을 소비한 일은 성경적이면서도 하나님을 영화롭게 하는 일이었을까요? 먼저 로마서 15장 18-21

절을 보겠습니다. 바울은 자신의 사역, 즉 선교, 혹은 자기 삶을 향한 하나님의 부르심이라는 비전에 대해 이야기하고 있습니다.

"그리스도께서 이방인들을 순종하게 하기 위하여 나를 통하여 역사하신 것 외에는 내가 감히 말하지 아니하노라. 그 일은 말과 행위로…."

바울은 그리스도께서 자기를 통해 역사하신 것이 곧 자기의 사역임을 줄기차게 강조하고 있습니다. 바울의 선교는 자기 스스로 시작한 일도, 직접 계획한 일도, 자기 힘으로 유지하는 일도 아닙니다. 그리스도께서 바울을 통해 지속적으로 직접 역사하시는 일입니다. 그는 19절에서도 같은 맥락으로 말합니다. "… 표적과 기사의 능력으로 성령의 능력으로 이루어졌으며, 그리하여 내가 예루살렘으로부터 두루 행하여 일루리곤까지 그리스도의 복음을 편만하게 전하였노라."

바울은 자기의 사명이 자기 능력으로 되지 않는다는 점을 계속 강조합니다. 표적과 기사를 행하시는 이는 하나님이십니다. 그에게 예루살렘에서 보스니아까지 복음을 편만하게 전하도록 힘주신 이는 성령이십니다.

이번에는 바울이 선교에 있어서 자기 역할에 대해, 즉 하나님이 계획하시고 성령이 지속하게 하시는 선교에서 바울이 세운 계획과 의도는 어떤 역할을 하는지, 그에 대해 무엇이라고 말하는지 보겠습니다. 20-21절입니다.

"또 내가 그리스도의 이름을 부르는 곳에는 복음을 전하지 않기를 힘썼노니 이는 남의 터 위에 건축하지 아니하려 함이라. 기록된 바 주의 소식을 받지 못한 자들이 볼 것이요 듣지 못한 자들이 깨달으리라 함과 같으니라."

두 가지에 유의하십시오. 하나는 바울은 사역을 수행할 때 분명한 목표를 가지고 있었습니다. 매일 아침 벌떡 일어나 "주여, 오늘의 사역이 무엇인지 잘 모르겠으니 말씀해 주소서"라고 말하지 않았습니다. 그에게는 "그리스도의 이름을 부르지 않는 곳에 복음을 전한다"는 열망(사명 선언)이 있었습니다. 그것이 그의 목표였습니다. 그 목표에 따라 전략을 수립했고 인생의 의미를 다졌습니다. 복음을 한 번도 들어 보지 못한 백성들에게 그리스도를 알리는 것이 그의 열망이었습니다.

두 번째로, 바울은 성경 말씀에 자기 사명의 기반을 세웠습니다. 21절은 이사야 52장 15절을 인용한 말씀입니다. "기록된 바 주의 소식을 받지 못한 자들이 볼 것이요 듣지 못한 자들이 깨달으리라 함과 같으니라."

바울은 메시아와 그리스도의 사역을 언급한 성경 말씀을 택했고, 하나님이 맡기신 일을 자신의 상황에서 어떻게 적용할지를 그 말씀 안에서 찾았으며, 그 말씀 위에 자신의 사명을 세웠습니다.

바울이 이 성경을 가지고 행한 일을 모든 사람이 따라서 해야 한다는 부르심을 받지는 않았습니다. 디모데는 에베소에 머물면서 목회 사역을 했습니다. 디도는 크레데 섬에 머물러 있으라는 부르심을 받았습니다. 하지만 바울에게는 자기만이 감당해야 하는 목표와 부르심과 사명이 있었기에 "나에게는 그리스도의 이름을 한 번도 부르지 않은 곳에서 복음을 증거하고픈 열망이 있다"고 말할 수 있었던 것입니다.

성경의 이러저러한 실례들을 보면서 저는 이렇게 결론 내립니다. 사명 선언문에 대해 기도하고 고민하면서 이것을 작성하는 일은 성경적인 일입니다. 그리고 이 작업은 반드시 성경 말씀에 기초를 두어야 하며 온전히 성령께만 의지하고 행해야 합니다. 그럴 때 우리는 이렇게 말할 수 있습니다. "나를 통하여 역사하신 것 외에는 내가 감히 말하지 아니하노라."

전략 수립 과정 정리

우리 베들레헴교회의 전략 수립팀이 하고 싶은 말, 그리고 해야 하는 말은 "우리의 수고를 통해 역사하시는 이는 그리스도"라는 고백이리라고 믿습니다.

지난 10월부터 우리 중에 20명쯤 되는 사람들이 격주로 한 번씩 만나 함께 기도했습니다. 우리 교인들은 어떤 사람들이고, 어떤 생각을 하는지, 그리고 하나님이 교회 가운데 하시려는 말씀은 무엇인지에 대해 연구했습니다. 그리고 우리가 사는 지역의 사람들을 분석했습니다. 우리는 함께 성경 말씀을 찾았습니다. 우리 교회의 역사도 돌아보았습니다. 우리의 장점과 단점을 살펴보았습니다. 그리고 교회 사역자들과 프로그램도 검토했습니다. 하나님이 원하시는 것과 교인들이 원하는 것, 우리의 마음이 원하는 것이 무엇인지에 대해서도 짚어 보았습니다. 그리고 모두의 심장이 공통적으로 뛰는 것은 무엇인지도 보면서, 우리는 우리에게 주시는 하나님의 특별한 말씀을 분별할 만큼 그분께 가까이 간 듯한 느낌을 받았습니다.

우리는 함께 이야기하고 토론하고 의논하며 계획을 세웠고, 다시 이야기하고 토론하고 의논하며 다시 계획을 세웠으며, 또다시 이야기하면서 계획을 세웠습니다. 함께한 모든 이들 가운데 강한 확신이 생기고 모두 하나가 된 듯한 느낌이 들 때까지 계속했습니다.

여러분이 지금 손에 들고 계시는 이 책자는 이런 식으로 거의 일 년에 거쳐 진행했던 일의 열매입니다. 이제 우리가 기도하는 것은 먼저 교회 전체가 이에 대한 공동의 이해를 가지는 것입니다. 급하게 승인하거나 아무 생각 없이 확증하고 싶지 않습니다. 우리는 인내와 정직함과 기도로 이것이 과연 성경적인지 확인하고 이해하기 원합니다. 이를 위해 이번 가을에는 사명 및 비전과 관련된 주제로 설교하려고 합니다. 또한 함께 기도하고 싶은 것이 있습니다. 즉 하나님이 우리 안에 역사하심으로 우리 교회가 한 뜻으로 기쁨과 열정을 품고, 이 비전이 담고 있는 내용과 정신에 있어서 놀라운 연합을 이루어 주시는 것입니다. 설교와는 별도로 여러분이 집에서 보실 수 있도록 가이드북도 준비하려고 합니다. 이번 주 자료는 예배당 밖에 있는 책상에 두었습니다. 매일 묵상 시간에 활용하거나 보조 자료로 사용하셔도 됩니다. 가족끼리는 한 번도 함께 활용해 본 적이 없는 분들이 계실 겁니다. 다음 주에는 좀 더 속도를 낼 수 있도록 이번 주에 매일 이 자료로 해보는 것은 어떻습니까?

우리 교회는 회중 교회입니다. 머리 되신 그리스도 아래에 있는 당회가 장로들과 사역자들에 대한 최종 발언권이 있습니다. 장로들은 당회를 통해 법적으로 교회를 지도하도록 임명받았습니다. 장로들은 교인들을 대신해서 자신들을 돕기 위해 전략 수립팀을 구성했습니다. 전략 수립팀은 장로들에게 이 책자를 제출했고 장로들은 이를 진심으로 지지했습니다. 이 책자는 하나님이 우리를 어디로 부르고 계시는가에 대한 목회자들과 장로들, 그리고 전략 수립팀의 믿음을 보여 줍니다. 우리는 여러분에게 우리를 억지로 따르게 하거나 이것만이 정답이라고 장담하지는 못합니다. 우리에게 오류가 전혀 없을 수는 없기 때문입니다. 이것은 성경이 아닙니다. 하지만 지금 우리는 성경을 충실하게 적용하고 있다고 저는 믿습니다. 만일 하나님이 하시는 일이라면, 그분이 이 선언문을 작성한 20명의 지도자들에게 행하셨던 것처럼 우리 가운데서도 행하시리라 믿습니다. 하나님이 그분의 영광을 위해 행하시기를 기도합니다.

베들레헴교회의 사명/비전 선언문

오늘 아침에 소개드리고 싶은 것은 우리 교회의 사명/비전 선언문입니다. 제가 너무나도 흥분해 있는지라 스스로 자제하지 않으면 오늘 해야 할 말을 다 못할 것 같습니다.

여러분 손에 들어 보십시오. 매주 지니고 다니십시오. 아주 특별한 자료입니다. 파격적인 자료입니다. 아주 길고 신학적이며 단어 선택에도 신중을 기했고(심지어 각주도 있습니다!) 열정적입니다. 한 마디로 이것은 베들레헴교회입니다. 단지 우리가 하는 말로만이 아니라 이것 자체가 우리가 누구인지 규정하고 있습니다. 이것에 대한 구상이 시작되고 완성되는 방법 자체가 우리 교회의 정체성을 상당 부분 말해 주고 있습니다.

이 책자가 목적하는 바도 그것입니다. 우리가 누구인지 어디로 가고 있는지 깨닫도록 우리를 도와줄 수 있어야 합니다. 우리를 움직이게 하는 것은 무엇입니까? 무엇이 우리의 열정입니까? 무엇이 우리의 가치입니까? 무엇이 큰 목표입니까? 우리가 원하는 분위기와 정신은 무엇입니까?

이 책자는 단순히 특별한 계획을 나열한 책이 아닙니다. 청사진도 아닙니다. 계획을 어떻게 세우고 청사진을 어떻게 그릴지에 대한 지침을 주는 개념적 설계입니다. 이를 위해 17명의 새로운 전략 수립팀이 결성되었습니다. 이들은 장로들에게서 부탁을 받고 작업을 맡았습니다. 여러분도 각자의 영역에서 이 비전이 어떻게 성취될 수 있을지에 대해 기도하며 생각해 보시기 바랍니다. 그리고 앞으로 세 달 후에 어떤 계획이든 마련해 가져오시면 장로들이 이를 함께 고려한 후 내년 초에 실제로 실행하는 것도 가능합니다.

여하튼 우리는 성경과 교회와 사회와 세상에 대한 분석으로부터 시작해, 이제는 여러분 손에 들린 이 비전으로 옮겨 왔습니다. 앞으로 6개월간 여러 가지의 계획을 수립하고, 내년 봄쯤에는 자원을 발굴해서 위임하는 데까지 나아갈 것입니다. 그런 후에 하나님이 우리에게 은혜를 주신다면, 다듬고 성장하고 실행하고 사역하고 사랑하는 전반적인 과정을 밟아갈 것입니다.

먼저 잠시 전체를 개관해 보겠습니다. 이 책자는 다섯 부분으로 나뉩니다.

1. 첫 번째 페이지는(앞 표지) "우리의 사명"입니다.

2. 두 번째 페이지는(표지 안쪽) "우리의 사명을 이끌어가는 영적 동력"입니다.

3. 세 번째 페이지는 "우리 사명의 당면한 미래를 위한 새로운 시도"입니다.

4. 네 번째, 다섯 번째, 여섯 번째 페이지는 "우리의 사명을 드러내주는 가치"입니다.

5. 일곱 번째 페이지는 "우리의 사명에 집중하기 위한 비전 재확인"입니다.

이것이 전체 구조입니다. 이제 각각의 내용에 대해 이야기하면서, 그 의미와 조합에 대해 살펴보겠습니다.

우리의 사명

첫 페이지에서, 교회인 "우리의 사명"은 다음과 같이 정의됩니다.

> 모든 백성의 기쁨을 위해 모든 것 가운데서 하나님의 탁월하심을 향한 열정을 널리 전파하는 것.

제가 다음 주에 설교할 내용입니다. 이번 주에 나눌 매일 성경 공부 책자의 내용도 이것입니다. 우리가 존재하는 궁극적 이유를 표현하는 말이기도 합니다. 혹 우리가 왜 이 문구를 선택했는지, 대체 어디서 나온 글인지 궁금한 분이 계시다면 그에 대한 답은 매우 단순합니다. 이것은 하나님의 사명 선언문이기 때문입니다. 저는 우리가 그 문구를 써도 되는지 하나님께 여쭈어 보았습니다. 하나님은 "모든 백성의 기쁨을 위해 모든 것 가운데서 하나님의 탁월하심을 향한 열정을 전파하기 위해" 존재하십니다. 이 문구는 전체 책자의 일부이지만 우리는 베들레헴 교인들 모두가 이를 마음으로 깨닫기를 소망합니다. 몇 개 안 되는 단어로 이루어진 짧은 문장이지만, 매우 선동적인 문장입니다(사람들의 마음에 불꽃을 일으키고, 빛과 열기와 힘을 발산하는 화염으로 타오를 수 있을 만큼 폭발력이 있다는 의미입니다).

혹 여기 모인 분들 중에 자기 삶을 위한 사명 선언문이 없다면, 바로 이 위대한 목적을 위해 살아가는 꿈을 가지십시오. 그보다 더 위대한 일은 없습니다. 과연 누가 이 특별하고 성경적이며 기도로 세운 인생 목표에 담긴 능력을 측정할 수 있을까요? 다음 주일에는 하나님이 우리의 평범한 삶을 궁극적 목적을 실현하는 삶으로 빚으시기 위해 우리 모두를 부르신다는 사실에 대해 깊이 생각해 보겠습니다.

영적 동력

두 번째 페이지는 "우리의 사명을 이끌어가는 영적 동력"입니다.

> 우리는 하나님 영광의 탁월하심을 극대화하시려는 성부 하나님과 함께 합니다. 그 일은 우리 주 예수 그리스도를 통해, 성령 하나님의 능력 안에서만 가능합니다. 또한 그 일은 하나님의 하나님 되심을 드러내는 모든 것을 존귀히 여기고, 하나님이 사랑하시는 모든 사람을 사랑하며, 하나님이 뜻하시는 모든 목적을 위해 기도하고, 하나님의 모든 말씀을 묵상하며, 하나님의 모든 은혜에 지속적으로 의지함으로써 가능합니다.

이 말은 어떤 의미이고 왜 여기에 자리하는 것일까요? 저는 이것을 "기독교의 기본 진리"라고 부르고 싶습니다. 그리스도인의 삶을 살아가는 방식이나 방법, 혹은 전략에 해당합니다. "베들레헴교회에서는 그리스도인이 된다는 것의 의미를 어떻게 봅니까? 어떻게 해야 기본이 된 그리스도인(a basic Christian)이 되는 겁니까?"라는 질문을 받을 때 그 사람에게 설명해 줄 말이기도 합니다. 우리는 아들이신 예수님을 통해, 성령님의 능력으로, 하나님을 높이기 위해 살아갑니다. 이를 행하는 방법은 그분을 신뢰하고 존귀하게 여기며 사람들을 사랑하고 기도하고 성경을 읽고 온전히 주권적으로 자유로이 내려 주시는 은혜에 의지하는 것입니다.

어떤 사람들은 이 말씀을 비전 선언문에서 필히 빼야 한다고 말합니다(우리에게는 당연한 말씀인데 말입니다). 하지만 우리는 그렇게 할 수 없었습니다. 기독교의 기본 진리(믿음, 사랑, 기도, 말씀, 은혜, 예수, 성령)는 이 세대에서 교회를 어떻게 운영할 것인가에 대한 우리의 하찮은 전략적 조정보다 만 배나 더 중대합니다. 이 책자의 다른 부분이 다 수정된다 해도 이 페이지는 우리 발밑에서 든든한 반석이 되어 줄 것입니다. 영적 동력을 배제하는 것은 마치 결혼 서약 없는 결혼식과도 같습니다. 저는 이번 페이지에 대한 내용으로 네 번의 설교를 하려 합니다.

새로운 시도

세 번째 페이지는 "우리 사명의 당면한 미래를 위한 새로운 시도"입니다. 이제 이 시점에서 이 책자에 변화가 있습니다. 지금까지는 사명과 영적 동력이 오랜 시간 우리를 지탱해 왔던 위대하고 오래 지속되며 소중하고 흔들리지 않는 진리를 효과적으로 명시해 주었습니다. 어떤 면에서는 성경적 기독교에 있어 결코 타협할 수 없는 부분입니다.

그런데 이번 페이지부터는 오래되지 않은, 그렇다고 단순히 새로운 것도 아닌, 옛 것에 대한 새로운 적용이 나옵니다. 지난 가을에 우리는 이에 대해 가슴이 뛰는 것을 확인했고, 말씀과 기도로 하나님의 마음도 살펴보았으며, 우리의 마음도 살피며 귀를 기울였는데, 이 페이지는 우리가 당시 느꼈던 그대로를 전하고 있습니다. 너무나 놀란 나머지 우리 마음을 빼앗겨 버렸습니다. 하나님이 이미 우리 안에서 새로운 방법으로 그 일을 행하고 계셨기 때문입니다. 그건 마치 달리는 기차에 올라타는 것과도 같았습니다. 하나님은 우리가 모든 것을 다 깨닫기까지 기다리지 않으셨습니다. 하나님은 새로운 힘과 새롭게 조정된 경로, 그리고 새로운 강조점과 달라진 마음을 일으키셔서 베들레헴교회를 움직이고 계십니다. 여러분과 함께 읽겠습니다.

> 우리의 사명과 영적 동력은 모든 것을 만족시키는 하나님의 탁월하심이, 기쁨이 가득한 사랑으로 이루어지는 희생적인 행동을 통해 가장 밝게 빛난다는 사실을 선언합니다. 우리 마음속에 계시는 성령님은 사랑으로 형성된 관계에 중점을 두고 새롭게 마음을 다잡으라고 외치십니다.
>
> 그러므로 우리는 교인들이 서로에게, 그리고 새 신자와 이웃을 향해 사랑을 눈앞에 드러나 보이도록 새롭게 베풀라는 하나님의 부르심을 적극 받아들입니다. 앞으로는 교인들에게나 새로운 사람들에게 열린 마음과 적극적인 모습으로 대하면서, 정죄하기보다는 이해하고, 잘못을

찾아내기보다는 참아 주고 획일성이 아닌 성경적 연합을 중요하게 여길 것입니다.

1. 관계의 가치. 친밀하고 깊이 있으며 서로를 지지하고 믿음을 세우는 사랑의 관계야말로, 하나님 사랑의 탁월하심을 드러내려는 우리의 열정을 표현하는 매우 가치 있는 일이라는 분위기를 조성하기 위해 우리는 새롭고 실천적인 방안들을 발전시켜 나갈 것입니다.

2. 도시와 교외의 협력 관계. 우리는 도시와 농촌의 풍성한 상호 협력 관계를 조성하기 위해 애쓸 것입니다. 그 관계 속에서 인종이나 교육 수준, 혹은 경제적으로 다양한 부류의 사람들이 서로 편하게 느낄 수 있고 하나님의 탁월하심에 대한 열정이 자라게 될 것입니다.

3. 인종 간의 화해. 우리 지역에서 날로 커져 가는 무관심과 소외와 적대감을 거부하고 개인과 공동체에서 인종간 화해를 위한 새로운 방안들을 모색하기 위해 하나님 사랑의 탁월하심을 더욱 힘있게 보듬을 것입니다. 또한 그것이 우리 공동체와 교회 안에서 가시적으로 드러나게 할 것입니다.

4. 하나님 중심의 다양한 예배. 주일 아침 예배는 하나님의 탁월하심을 향한 우리의 열정을 함께 표현하는 시간입니다. 우리는 하나님께서 이러한 열정을 날마다 새로운 방법으로 표현하도록 이끄신다고 생각합니다. 그런 새로운 시도들은 1) 하나님의 임재 안에서 그분의 사랑에 더욱 집중하게 할 뿐 아니라 그 사랑을 누리게 하고 2) 우리 회중과 대도시 문화의 다양성이 음악에도 반영되도록 하며 3) '하나님의 중심되심'의 가치들이, 성령의 능력 안에서, 서로를 향한 개인적인 사역과 서로 조화를

이루게 할 것입니다.

5. 가난한 자를 위한 복음. 모든 것을 만족시키는 탁월하신 하나님의 사랑과 공의를 가난한 이들에게 선포할 수 있는 새로운 전략을 개발할 것입니다. 그 일은 1) 개인적인 참여를 통해, 2) 보다 환대하는 분위기 조성을 통해, 3) 도시 제자훈련 프로그램의 지역 선교화 전략을 통해 4) 도심 내 전도 대상자들을 위한 선교사 양육훈련을 통해 이루어질 것입니다.

6. 교회와 사회에 진리로 도전하기. 우리는 모든 만족을 주시는 하나님의 탁월하심에 대한 성경적 진리를 가지고 우리가 사는 사회와 기독교 운동에 새로운 방식으로 도전을 줄 것입니다. 세속화된 세상 속에서 그리스도인다운 말과 행동을 격려함으로써 그 일을 할 것입니다.

이러한 시도를 실행하기 위한 구체적인 계획을 세우기도 전에, 우리 앞에는 엄청난 도전거리가 산재해 있습니다. 문제는 이것입니다. 일단 우리가 그 계획을 이해한다면, 성령 하나님이 우리 안에 그것을 위해 살고자 하는 열정을 주실까요? 이것이 영적으로 강하고 아름다운 교회(예배당 건물이 아닙니다)가 가져야 할 비전이라고 우리를 설득하실까요? 그리고 우리는(이미 우리 중 여러 사람들이 그러하지만) 그 여섯 가지 시도가 성령이 우리 가운데 불어넣어 주시는 숨결이라고 느끼게 될까요? 그것이 우리가 당면한 문제입니다. 시간을 두고 이 내용을 찬찬히 읽으며 곰곰히 생각해 보십시오.

가치

세 장 분량으로 기록된 "우리의 사명을 드러내 주는 가치"에 대해 이야기할 시간이 충분하지는 않습니다. 그래서 우리의 사명을 드러내주는 '가치'에는 최소 네 가지 기능이 있다는 사실만 잠시 언급하고 지나가겠습니다.

첫 번째 기능은 그 가치들로부터 새로운 시도들이 파생된다는 것입니다. 예를 들어, 기도라는 주전자에서 70여 개의 가치들을 끓였을 때 맨위에 끓어오른 것이 바로 새로운 시도였습니다. 두 번째 기능은 우리가 새로운 시도를 감행할 때 지침과 경계선을 제공합니다. 새로운 시도를 감행할 때는 우리의 가치와 모순을 일으켜서는 안 됩니다. 가치의 세 번째 기능은 교회인 우리가 관심사를 어디까지 확장할지와 관련해 큰 그림을 그릴 수 있게 돕습니다. 어떤 이가 "교회에서 관심을 갖고 하는 일이 무엇인지 간단히 말씀해 주세요"라고 물을 때 대답할 수 있는 내용이기도 합니다. 마지막으로, 가치는 우리가 보다 다양한 사역을 할 수 있는 가능성을 제공합니다. 가치는 언제든 하나님의 우선순위가 되어 우리 사역에서 결코 피할 수 없는 중대한 일로 추진되기도 합니다. 이 부분 전체를 다 읽을 시간은 없습니다. 여러분 각자가 읽으시기 바랍니다.

비전의 재확인: 2000년까지 2000선교사

마지막으로, 일곱 번째 페이지에서 전략 수립팀과 장로들은 "우리의 사명에 집중하기 위한 비전 재확인" 부분을 실어 놓았습니다.

> 모든 백성의 기쁨을 위해 모든 것 가운데서 하나님의 탁월하심을 향한 열정을 널리 전파하기 위해, 우리는 새로운 열정으로 '2000년까지

2000선교사'라는 목표를 기꺼이 받아들여 사람들을 파송하고 추수하는 데 힘쓴다.

이 목표에 대한 구체적인 내용은 10쪽에 나와 있습니다. 하나님은 우리를 부르고 계시고, 우리는 2000년이 끝날 때까지 2000명의 선교사를 파송할 것입니다(1995년 9월 현재까지 467명 파송). 이 지역에서 2000명의 우리 선교사들이 믿음을 증거하며 고백하는 모습을 떠올리도록 하나님이 우리를 부르고 계십니다.

우리 교회 안에 있는 미혼자들과 여러 가정들이 매년 선교사로 헌신하여, 복음이 전파되지 않은 곳에 복음을 전하려는 바울의 열망에 동참하라는 하나님의 부르심에 반응하는 것이 얼마나 놀라운 특권인지요. 지금도 놀라운 숫자이지만, 하나님 없이는 이룰 수 없는 그 목표까지 늘어가게 되기를 소망합니다.

'2000년까지 2000선교사'는 말로만 그치지 않을 것입니다. 우리는 사명 선언문을 결코 가볍게 다루지 않습니다. 모든 백성의 기쁨을 위해 모든 것 가운데서 하나님의 탁월하심을 향한 열정을 널리 전파하려는 우리의 사명은, 장차 재정과 인원과 기도 등 여러 면에서 시험을 받게 될 것입니다. '2000년까지 2000선교사' 그 자체가 시험입니다.

그뿐 아니라 '2000년까지 2000선교사' 비전은 앞서 언급한 여섯 가지의 새로운 시도가 세계적으로 확산되도록 박차를 가할 것입니다. 어떤 의미에서 그 여섯 가지의 새로운 시도는 '2000년까지 2000선교사'를 위한 지역에 국한된 프로그램을 재조정 내지는 재무장하는 시도가 될 것입니다.

또한 우리가 그것들의 가치들을 좁고 편협한 시각에서 보는지 아니면 세계적이고 광대한 시각에서 보는지를 증명할 것입니다. 혹 여기 있는 72가지를 단지 우리만을 위한 것으로 여긴다면, 어떻게 진정한 그리스도인이라 할 수 있겠습니까? 지구상의 미전도 종족들과 우리 도시 안의 잃어버린 사람들을 생각한다면 어떻게 그리스도인이라면서 그것을 우리만을 위한 것으로 여길 수 있겠습니까?

이제 제 개인 간증을 나누며 사명 선언문에 관한 첫 번째 설교를 마무리하도록 하겠습니다. 저는 교회의 사명 선언문의 내용이 너무나도 좋습니다. 예배당 안에서 크게 외치고 싶을 정도입니다. "모든 백성의 기쁨을 위해 모든 것 가운데서 하나님의 탁월하심을 향한 열정을 널리 전파하는 것"을 사명으로 삼은 교회(성도들)를 섬기는 것이 제 인생에 있어 얼마나 엄청나고 기쁜 특권인지 모릅니다. 이것은 저의 사명 선언이기도 합니다.

지난 한 해 동안 전략 수립팀과 함께하는 동안 하나님은 저를 다시금 만나 주셨고 복 주셨으며 가르쳐 주시고 새롭게 하시고 소망도 주셨습니다. 그리고 오늘 이 새로운 비전 안에서 여러분과 함께 손잡고 동참하기를 간절히 원합니다. 앞으로 제 목회 활동이 대략 15년 정도 남았습니다. 저는 이 책자를 읽으면서 기도하고 묵상하는데, 이 비전은 제 평생을 바치고 싶은 비전입니다. 여러분도 저와 함께 동참하시기를 소망합니다.

34장

그리스도를 부르지 않는 곳에서 복음을 전하려는 거룩한 열망

로마서 15:18-24

그리스도께서 이방인들을 순종하게 하기 위하여 나를 통하여 역사하신 것 외에는 내가 감히 말하지 아니하노라. 그 일은 말과 행위로 표적과 기사의 능력으로 성령의 능력으로 이루어졌으며 그리하여 내가 예루살렘으로부터 두루 행하여 일루리곤까지 그리스도의 복음을 편만하게 전하였노라. 또 내가 그리스도의 이름을 부르는 곳에는 복음을 전하지 않기를 힘썼노니 이는 남의 터 위에 건축하지 아니하려 함이라. 기록된 바 주의 소식을 받지 못한 자들이 볼 것이요 듣지 못한 자들이 깨달으리라 함과 같으니라. 그러므로 또한 내가 너희에게 가려 하던 것이 여러 번 막혔더니 이제는 이 지방에 일할 곳이 없고 또 여러 해 전부터 언제든지 서바나로 갈 때에 너희에게 가기를 바라고 있었으니 이는 지나가는 길에 너희를 보고 먼저 너희와 사귐으로 얼마간 기쁨을 가진 후에 너희가 그리로 보내주기를 바람이라. _롬 15:18-24

오늘 본문에서 우리가 관심을 갖고 살펴봐야 할 것이 세 가지 있습니다. 그 세 가지 모두 우리 삶에 직접 관련이 있으며(비록 우리가 인식하지 못해도), 하나님과 그분이 21세기에 이루시고자 하는 목적과도 긴밀하게 연결되어 있습니다. 첫째는 거룩한 열망이고, 둘째는 측량할 수 없는 필요이며, 셋째는 세계화 전략입니다. 이제부터 하나씩 살펴보면서 이 세 가지가 서로 어떻게 연결되는지, 오늘날 이 세상을 살아가는 우리와 어떤 관련 있는지 알아보겠습니다.

1. 거룩한 열망

먼저, 20절을 보겠습니다. "또 내가 그리스도의 이름을 부르는 곳에는 복음을 전하지 않기를 힘썼노니, 이는 남의 터 위에 건축하지 아니하려 함이라."

바울은 거룩한 열망에 매여 있었습니다. 제가 '매여 있다'고 표현하는 것은 22절의 말씀 때문입니다. "그러므로 또한 내가 너희에게 가려 하던 것이 여러 번 막혔더니." 그리고 바울은 23절 끝부분에서 이렇게 말합니다. "여러 해 전부터 … 너희에게 가기를 바라고 있었으니."

여러 해 동안 무언가를 하려고 간절히 원했는데도 하지 못했다면, 무언가가 혹은 누군가가 그것을 하지 못하도록 막고 반대로 제어하는 것이 분명합니다. 바울을 막아 로마로 가지 못하게 한 것은, 예루살렘에서 일루리곤(오늘날 알바니아)에 이르는 지역에서 아직 다 이루지 못한 그의 열망이었습니다. 하지만 마침내 바울은 23절에서 말합니다. "이제는 이 지방에 일할 곳이 없고." 그런 다음 24절에서 말합니다. "서바나로 … 지나가는 길에 너희를 보고."

다른 말로 하면, 바울은 예루살렘에서 일루리곤에 이르는 지역에서 예수님의 이름을 듣지 못한 사람들에게 복음을 전하려는 열망에 매여 있었다는 것입니다. 바울은 이 열망이 완전히 충족될 때까지 포기할 수 없었습니다. 하지만 마침내 이 지역에서 사역이 완수되었기에 이제는 그의 열망이 그를 스페인으로 이끌어 갑니다. 결국 수년 동안 바라던 일, 즉 로마에 있는 교회를 방문해서 잠시나마 그들과 교제를 나눌 수 있게 되었습니다.

거룩한 열망에 매여 움직이는 것은 좋은 일입니다. 여러분도 거룩한 열망에 매여 움직이십니까? 제가 '거룩하다'고 부르는 이유는 그 열망의 목표가 거룩하기 때문입니다. 그것은 예수님에 대해 듣지 못한 모든 백성들 안에서 그분을 믿고 순종하며 죄와 하나님의 진노에서 구원받는 이들의 모습을 보고 싶은 열망입니다. 또한 제가 '거룩하다'고 부르는 이유는 잠시 후 살펴보겠지만 그 열망이 하나님과 그분의 거룩한 말씀으로부터 나온 것이기 때문입니다. 거룩한 열망에 매여 움직이는 것은 바르고 좋은 일입니다.

우리에게는 거룩한 열망이 있습니까? 모든 사람이 바울과 동일한 열망을 가질 필요는 없습니다. 심는 사람이 있는가 하면 물을 주는 사람도 있는 법입니다(고전 3:6-8). 모든 사람은 저마다의 은사가 있습니다(고전 7:7). 각 사람이 서 있는 것이나 넘어지는 것은 그 주인의 손에 달렸습니다(롬 14:4). 하지만 하나님은 자녀들이 저마다 거룩한 열망을 품기 원하신다고 저는 생각합니다.

어린이를 위한 거룩한 열망

어린이 여러분, 잠시만 귀 기울여 보십시오. 여러분에게 "거룩한 열망"이라는 말은 생소하기도 하고 평소에 쓰지도 않는 말이라는 걸 압니다. "거룩한 열망"이란 하나님이 여러분에게 하기를 원하시는 것으로, 여러분이 정말로 하고 싶어 하는 무언가를 의미합니다. 여러분이 너무 간절히 원해서 그것을 하느라, 그 외에 정말 하고 싶은 다른 일을 못하게 되는 그런 일입니다. 수년 동안 바울은 정말 로마에 가고 싶었습니다. 하지만 그보다 더 간절히 원하는 일이 있어서 그렇게 할 수 없었습니다. 우리는 그러한 간절함을 '열망'이라고 부릅니다. 그리고 하나님도 우리가 그 일을 하기 원하신다면 우리는 그것을 "거룩한 열망"이라 부릅니다.

여러분에게도 이런 거룩한 열망이 있습니까? 아직은 어려서 없을지도 모릅니다. 하지만 언젠가 더 이상 어린아이가 아닐 때가 옵니다. 그리고 어린이와 어른의 차이 중 하나는, 그리스도인으로 성장하면서 거룩한 열망을 품게 된다는 점입니다. 대부분의 소녀는 인형을 가지고 놀기를 좋아합니다. 좋은 일입니다. 하지만 어린 소녀 여러분, 언젠가는 인형을 갖고 노는 즐거움은 잊고 아이를 키우며 돌보는 데서 더 큰 기쁨, 더 나은 기쁨을 얻게 되는 날이 올 것입니다. 그리고 어쩌면 먼 나라에 사는 배고픈 아기들이나 엄마 아빠가 없는 외로운 아기들을 돌보는 사역을 감당하게 될지도 모릅니다. 여러분 중에는 이것이 거룩한 열망이 될 사람도 있을 것입니다.

소년 여러분, 잘 들어 보십시오. 여러분도 제가 어린 시절에 그랬던 것처럼 공이나 장난감 총이나 트럭을 가지고 놀고, 누군가와 어울려 노는 것을 좋아할 겁니다. 저는 한 번도 진짜 총을 가져본 적이 없습니다만, 장난감 카우보이 총으로 악당들을 엄청 많이 해치웠습니다. 친구들과 미식축구도 하고, 장난감 트럭이 지나가도록 도로를 가로질러 길도 파고, 눈에 안보일 만큼 잽싸게 총을 빼는 기술도 있었습니다. 무척이나 즐겁고 좋은 시간이었습니다.

하지만 어느 순간이 되면 더 이상 소년이 아닙니다. 어린 소년과 어른의 차이점 중 하나는, 그리스도인으로 성장하면서 거룩한 열망을 품게 된다는 점입니다. 그 말은 총싸움, 자동차 놀이, 공놀이는 시들해지는 반면, 정의와 구원을 위해 싸우는 것에 점점 더 관심을 갖게 된다는 것을 의미합니다. 어른으로 성장한다는 것은 성령의 검을 힘있게 휘두르고 도움이 필요한 이들에게 사랑을 가득 실어다 주며 예수님의 이름으로 사탄의 엉덩이를 걷어차고 싶은 거룩한 열망을 지닌다는 의미입니다.

부모이든 독신이든, 남녀노소를 불문하고 그리스도인이라면 누구나 거룩한 열망을 품어야 합니다. 하나님의 영광을 위해 정말 하고 싶은 것이 있어야 한다는 말입니다. 여러분을 붙잡아 움직이게 하는 그런 것 말입니다. 그 거룩한 열망 덕분에 여러분은 아직은 "로마"로 가지 못하겠다고 결정하게 될 것입니다.

거룩한 열망의 근원

거룩한 열망은 어디서 오는 것일까요? 20절과 21절이 연결되는 지점에서 이 질문에 대한 결정적인 내용이 나옵니다. "또 내가 그리스도의 이름을 부르는 곳에는 복음을 전하지 않기를 힘썼노니 이는 남의 터 위에 건축하지 아니하려 함이라. 기록된 바 [여기서 바울은 이사야서 52장 15절을 인용합니다] 주의 소식을 받지 못한 자들이 볼 것이요 듣지 못한 자들이 깨달으리라 함과 같으니라."

바로 여기에 우리를 위한 놀라우면서도 연관성 있는 사실이 숨어 있습니다. 사도행전 9장, 22장, 26장에 보면 바울이 다메섹 도상에서 부활하신 그리스도의 부르심을 받는 장면이 나옵니다. 예수님은 사도행전 26장 17-18절에서 바울에게 사명을 주셨습니다. "이스라엘과 이방인들에게서 내가 너를 구원하여 그들에게 보내어 그 눈을 뜨게 하여 어둠에서 빛으로, 사탄의 권세에서 하나님께로 돌아오게 하고 죄 사함과 나를 믿어 거룩하게 된 무리 가운데서 기업을 얻게 하리라." 이처럼 바울은 부활하고 살아계셔서 모든 것을 다스리시는 예수 그리스도로부터 이방인의 빛이 되도록 직접 부르심을 받았습니다.

하지만 로마서 15장 21절에서 바울은 이 경험을 말하지 않습니다. "나에게는 그리스도를 알지 못하는 민족에게 빛이 되겠다는 열망이 있습니다. 예수님이 다메섹 도상에서 나를 불러 그렇게 말씀하셨기 때문입니다"라고 말하지 않습니다. 그는 오히려 이렇게 말합니다. "나에게는 그리스도의 이름이 불리지 않는 곳에서 복음을 전하고 싶은 열망이 있습니다. 이사야 52장 15절에서 '주의 소식을 받지 못한 자들이 볼 것이요 듣지 못한 자들이 깨달으리라'고 말씀하셨기 때문입니다."

바울이 왜 이렇게 말했다고 생각하십니까? 제 생각은 이렇습니다. 예수님이 다메섹 도상에서 바울을 불러 복음을 듣지 못한 이방인에게 복음을 전하라고 하셨을 때, 바울은 자신이 받은 소명이 하나님의 전체 구원 계획에 어떻게 들어맞는지를 보려고 성경(오늘날 "구약"이라고 불리는)으로 돌아가 이 소명을 확증하고 설명해 줄 무언가를 찾았을 것입니다. 그리고 그것을 찾아냈습니다.

여기서 바울이 굳이 자기 경험이 아닌 성경 말씀을 근거로 들어 말하는 이유는 우리를 위해서입니다. 우리에게는 바울이 다메섹 도상에서 주님을 만난 것과 같은 경험이 없을 것이기 때문입니다. 대신 바울과 우리가 공통적으로 가지고 있는 하나님의 기록된 말씀을 언급합니다. 그리고 바울은 그 하나님의 말씀을 자기 열망의 근거로 삼은 것입니다.

그래서 거룩한 열망은 어디에서 오는가 하는 질문에 대한 저의 답은 이렇습니다. 거룩한 열망은 살아계신 그리스도와의 개인적인 만남(다메섹 도상에서의 사건처럼 반드시 극적일 필요는 없습니다)에서 생겨나고, 하나님의 기록된 말씀에 의해 그 모양이 드러나고 알려지며 능력을 덧입게 된다는 것입니다. 하나님의 율법을 주야로 묵상할 때(시 1:2 참조), 즉 하나님의 말씀에 깊이 잠길 때 하나님은 그 말씀의 진리들로 우리의 마음에 불을 붙이시고 거룩한 열망으로 채우십니다. 아직 이런 경험을 하지 못했다면, 하나님의 말씀을 깊이 묵상하면서 하나님께 간구하십시오.

2. 측량할 수 없는 필요

하나님은 우리를 모호한 열망으로 이끌지 않으십니다. 무엇을 원하는지 구체적으로 알지 못할 때 삶의 마지막 순간에 후회하게 될 것이기 때문입니다. 세상에는 거룩한 열망에 의해 충족되어야 하는 필요가 늘 존재합니다. 거룩한 열망은 자기를 드러내고 높이는 일에는 관심이 없습니다. 거룩한 열망은 늘 사랑이라는 모습으로 나타납니다. 거룩한 열망은 언제나 다른 사람의 필요를 채워 줍니다.

이 본문에서 바울이 언급하는 측량할 수 없는 필요란 무엇일까요? 20절입니다. "또 내가 그리스도의 이름을 부르는 곳에는 복음을 전하지 않기를 힘썼노니 이는 남의 터 위에 건축하지 아니하려 함이라." 이 말은 바울이 그리스도의 이름을 한 번도 들어 보지 못하고, 심지어 예수라는 이름도 모르는 사람들에게 복음을 전하기로 굳게 다짐했다는 의미입니다.

아무도 핑계할 수 없다

여기서 한 가지 질문이 생깁니다. 이 사람들이 예수라는 이름조차 모른다면, 구원 받기 위해 예수님을 믿어야 한다는 점에서 그들에게 책임을 물을 수 있을까요? 만일 그들에게 책임이 없다면, 차라리 예수님을 모르도록 그냥 놔두는 게 더 낫지 않을까요? 그리고 그들은 어차피 예수님에 대해 들어 본 적도 없으니, 하나님이 긍휼을 베푸셔서 구원해 주실 거라고 믿는 게 더 낫지 않을까요? 왜 바울은 굳이 예수라는 이름을 듣지도 못한 사람들에게 복음을 전하려고 그토록 애쓰는 것입니까?

바울은 그 이유를 로마서 1장 18-23절에 기록했습니다. 저와 함께 이 말씀을 천천히 읽으면서 바울이 그렇게 할 수밖에 없었던 일의 심각성을 느껴 보기를 바랍니다. 이 말씀은 예수님의 이름을 들어 보지도 못해서 바울이 거룩한 열망을 품고 달려가고자 하는 모든 족속과 나라들에 대한 내용이 기록돼 있습니다.

하나님의 진노가 불의로 진리를 막는 사람들의 모든 경건하지 않음과 불의에 대하여 하늘로부터 나타나나니 이는 하나님을 알 만한 것이 그들 속에 보임이라. 하나님께서 이를 그들에게 보이셨느니라. 창세로부터 그의 보이지 아니하는 것들 곧 그의 영원하신 능력과 신성이 그가 만드신 만물에 분명히 보여 알려졌나니 그러므로 그들이 핑계하지 못할지니라. [바울이 간파한 측량할 수 없는 필요를 단정적으로 보여 주는 말입니다. 예수님의 이름을 듣지 못한 민족들도 심판날에 핑계를 댈 수 없다는 절박한 필요입니다] 하나님을 알되 하나님을 영화롭게도 아니하며 감사하지도 아니하고 오히려 그 생각이 허망하여지며 미련한 마음이 어두워졌나니 스스로 지혜 있다 하나 어리석게 되어 썩어지지 아니하는 하나님의 영광을 썩어질 사람과 새와 짐승과 기어다니는 동물 모양의 우상으로 바꾸었느니라.

바울은 로마서 2장 12절에서 이렇게 말합니다. "무릇 율법 없이 범죄한 자는 또한 율법 없이 망하고 무릇 율법이 있고 범죄한 자는 율법으로 말미암아 심판을 받으리라." 율법 없이 살았든 율법을 가지고 있었든 관계 없이, 모든 사람은 그들에게 합당한 잣대로 심판을 받게 될 것입니다. 그리고 복음을 듣지 못한 모든 사람은 멸망할 것입니다. 그들 모두가 진리를 막고 하나님을 거스르는 반항 가운데 살았기 때문입니다. 소망은 오직 하나뿐입니다. 예수 그리스도의 복음을 듣고 믿는 것입니다.

예수님의 이름을 알지 못하는 열방의 필요는 측량할 수 없는 필요입니다. 무한한 필요입니다. 우리가 상상할 수 있는 최고의 필요는, 열방이 예수 그리스도의 복음을 듣고 믿어야 하는 필요입니다. 예수님의 복음은 "모든 믿는 자에게 구원을 주시는 하나님의 능력"이기 때문입니다(롬 1:16). 예수님의 복음 없이 구원 받을 사람은 하나도 없습니다.

모든 사람이 바울처럼 살도록 부름 받지는 않습니다. 하지만 이 위대한 필요를 채우기 위해 사랑으로 자기 삶을 바치지 않아도 되는 사람은 없습니다.

3. 세계화 전략

하지만 우리 중에는 개인적으로나 직업적으로 바울처럼 이 특별한 세계화 전략에 동참하도록 하나님의 부르심을 받은 사람이 있습니다. 여기에 전략이 있습니다. 매우 놀라운 전략입니다. 베들레헴교회에 오신 지 얼마 안 되셨다면 우리가 사명을 어떻게 이해하고 있는지 귀 기울여 들어 보시기 바랍니다. 바울이 말하는 놀라운 선언을 들어 보십시오.

먼저 19절 하반절입니다. "내가 예루살렘으로부터 두루 행하여 일루리곤까지 그리스도의 복음을 편만하게 전하였노라." 바울은 예루살렘에서 위로는 시리아를 거쳐 소아시아(터키)를 가로지르고, 동편으로는 그리스 아래까지, 서편으로는 현재의 알바니아인 북 이탈리아까지 복음을 전했습니다. 바울은 그 지역에서 복음을 편만하게 전했다고 말합니다. 그리고 23절에서 "이제는 이 지방에 일할 곳이 없[다]"고 아주 놀라운 선언을 합니다. 그런 뒤 24절에서 이렇게 말합니다. "서바나(스페인)로 갈 때에."

예루살렘에서 일루리곤에 이르기까지 더 이상 일할 곳이 없다는 그의 말은 도대체 무슨 의미일까요? 이 지역에는 아직 복음을 들어야 할 사람이 수십만 명은 있었을 것입니다. 바울이 에베소(바로 이 지역에 속하는 곳입니다)에 있던 디모데에게 쓴 편지만 봐도 이를 알 수 있습니다. 바울은 디모데에게 "전도자의 일을 하[라]"고 명령합니다(딤후 4:5). 달리 말해 복음을 들어야 할 사람이 있다는 것입니다. 그런데도 바울은 이 지역에서 자기 일을 다 했다고 말합니다.

우리는 이 말씀을 이런 의미로 이해합니다. 바울은 지역 전도자가 아닙니다. 최전방 선교사이자 개척 선교사입니다. 즉, 그의 부르심과 열망은 교회가 이미 세워진 곳에서 복음을 전하는 것이 아니라는 말입니다. 그것은 개척하여 세워진 지역 교회가 해야 할 일입니다. 바울의 부르심과 열망은 복음을 전할 교회가 없는 곳에서 복음을 전하는 것입니다. 그리스도인이 없는 곳 말입니다. 예수님의 이름조차 모르는 사람들이 있는 곳 말입니다.

선교, 복음 전도, 그리고 거룩한 열망

용어는 중요하지 않습니다. 제대로 구분하는 것이 중요합니다. 최전방 혹은 개척 선교사가 있고, 복음 전도자가 있습니다. 선교사는 문화를 넘어 새로운 언어를 배웁니다. 그리고 최전방 선교사는 만왕의 왕이시며 세상의 구원자이신 예수님을 알지 못하는 사람들을 수천 년간 지배해 온 어둠과 사탄의 권세를 "말과 행위로 표적과 기사의 능력으로 성령의 능력으로"(롬 15:18-19) 깨뜨리기 위해 삶을 바칩니다.

이것이 바울의 열망이었습니다. 모든 족속으로 제자를 삼으라는 지상명령은 아직도 유효하고 오늘날에도 복음을 알지 못하는 사람들이 있습니다. 그러므로 모든 교회는 하나님이 수많은 개척 선교사를 세워 주시고 우리를 복음 전도자로 만들어 주시기를 기도해야 합니다.

저는 앞으로 10년 안에 여러분 가운데 열 명 정도는 미전도 종족에게 가서 고국에 이런 편지를 보낼 거라는 상상을 합니다. 아니, 기도합니다. "복음을 듣지 못한 사람들에게 복음을 전하기 위해 저는 지금 이곳에 와 있습니다. 로마서 15장 20절에서 '또 내가 그리스도의 이름을 부르는 곳에는 복음을 전하지 않기를 힘썼노니 이는 남의 터 위에 건축하지 아니하려 함이라'고 말하고 있기 때문입니다. 2006년 8월 베들레헴교회에서, 하나님이 이 말씀을 제 마음속에서 불타오르게 하셨고 저의 거룩한 열망이 되게 하셨습니다."

주님, 그렇게 행하시옵소서. 아멘.

35장

그리스도를 부르지 않는 곳에 그리스도의 주권을 전하려는 열심

로마서 15:20

또 내가 그리스도의 이름을 부르는 곳에는 복음을 전하지 않기를 힘썼노니 이는 남의 터 위에 건축하지 아니하려 함이라. _롬 15:20

오늘(1996년 11월 3일)은 하나의 본문이 아니라 선교라는 주제와 관련이 있는 성경의 여러 본문으로 설교하겠습니다. 몇 달 전 톰 형제와 제가 선교 주간에 대해 이야기를 나누면서 충격적으로 깨달은 사실은, 우리 교회가 처음 선교에 대한 확신을 가지고 움직이기 시작할 당시에 참여했던 사람들이 지금은 소수에 불과하다는 것입니다. 아마도 1983년에 "기독교 희락주의 전투의 함성"(Battle Cry of Christian Hedonism)이 울려 퍼졌을 때나 1984년에 해외 선교를 위한 "미션 인 맨스"(Missions in the Manse)가 처음 열렸을 때 여기 계셨던 분은 채 10

퍼센트도 안 될 것입니다. 그리고 "90년까지 90선교사" 목표를 처음 계획하고 시작할 때 계셨던 분은 조금 더 많고, 1985년에서 1988년 사이에 마닌카 종족을 입양하고 1990년에 "2000년까지 2000선교사" 목표를 세웠을 때 계셨던 분들은 조금 더 많이 있습니다. 하지만 여러분들 대다수가 비교적 새로 오신 분들이고, 오래 계셨던 분들도 가끔씩 재교육을 받고 있습니다.

제가 1980년에 부임하기 전부터 베들레헴교회는 선교의 비전을 품은 교회였습니다. 100여 년 전에 이미 올라 핸슨은 버마(오늘날의 미얀마)의 카친으로 들어가 교회를 개척했습니다. 그리고 1940년대 중반에는 BGC(Baptist General Conference)에서 자체적으로 선교단체를 세웠고, 베들레헴교회 성도들과 쉘룬트 목사가 당시 활발히 사역했습니다.

하지만 저는 우리 교회의 최근 16년간의 선교 현황에 대해 누구보다 잘 알고 있습니다. 지난 16년을 돌아보면서 하나님의 은혜와 선교에 대한 우리의 확신이 어떤 열매를 맺게 했는지를 살펴보면 좋겠다는 생각을 했습니다. 말로 하는 건 쉽고 재정 장부를 봐야 그 말의 가치를 제대로 알 수 있다고 합니다. 그러니 잠시 베들레헴교회의 재정을 살펴보도록 합시다.

1981년에 선교 예산은 전체 예산의 22퍼센트인 62,270달러였습니다. 1996년에는 대략 그 7배인 439,661달러였고, 이는 전체 예산의 32퍼센트였습니다. 좀 더 자세히 말하면, 같은 기간 사례비로 지출한 예산은 52퍼센트에서 46퍼센트로 떨어졌습니다. 달리 말해, 국내 지출을 줄이고 선교비에 더 많이 사용하고 있으며, 이는 바람직

한 일입니다.

그런데 우리 안에서 가치의 변화가 일어나고 있음을 훨씬 더 명확히 보여 주는 통계가 있습니다. 1981년에 주일 아침 예배에 참석하는 사람들의 매주 일인당 평균 선교 헌금은 2.5달러였는데, 오늘날은 8.9달러입니다. 연중 선교 헌금을 주일 예배 참석자의 평균으로 나누고 이를 다시 52주로 나누면 지난 15년 동안 356퍼센트나 성장했습니다.

여기서 드러난 본질은 헌금이나 사람의 증가가 아니라, 가치의 변화입니다. 우선순위가 새롭게 정립되었다는 말입니다. 3주 후에 교회의 부채가 다 청산되고 나면 베들레헴교회의 선교에 있어서 괄목할 만한 새로운 성장기가 시작될 것으로 믿는 사람들이 많습니다. 이것이 우리가 '미래 준비'(Freeing the Future) 사역을 시작한 목표입니다.

무엇이 비전을 이끌어가는가?

따라서 우리는 이런 질문을 해봐야 합니다. 베들레헴교회 성도들을 그토록 놀랍게 선교에 헌신하도록 이끌어 가는 것은 무엇일까요?

톰 형제와 저는 이번 선교주간이 가능한 많은 분들이 선교에 대한 확신을 안고 동참하게 하는 계기가 되어야 한다고 생각했습니다. 그 일환으로 지난 수요일에는 마닌카 종족 입양을 다시 한 번 선포했습니다. 또한 지난 금요일에는 예배와 선교를 연합하는 시도를 했습니다. 그리고 오늘 아침에는 우리 교회 안에 선교 원동력이 되어줄 확신에 대해 말씀드리고 있습니다.

최근 몇 년 간 우리가 선교에 헌신할 수 있게 해주었던 일곱 가지 확신이 있습니다. 우리 지도자들도 이에 대해 알고 있고 무척이나 흡족해 하고 있습니다. 베들레헴교회의 성도라면 이에 대해 알 필요가 있습니다. 저는 하나님께서 여러분 안에 이 확신을 채워 주시고 세상에서 가장 위대한 일을 행하려는 새로운 열망을 부어 주시기를 바랍니다. 세계 선교에 있어서는 오직 세 부류의 그리스도인이 있을 뿐입니다. 열정을 품고 직접 가는 사람, 열정을 품고 보내는 사람, 그리고 불순종하는 사람입니다. 하나님께서 우리를 불순종의 자리에서 이끌어 내시길 소망합니다!

확신 1: 하나님은 자기 이름을 위해 맹렬히 헌신하신다. 하나님의 궁극적인 목표는 그 이름이 온 세상의 모든 사람에게 알려지고 찬양받는 것이다.

로마서 9장 17절에서 바울은 하나님의 목표에 대해 말하면서 이스라엘을 구속하심으로 "내 이름이 온 땅에 전파되게 하려 함이라"고 하셨습니다. 이사야 66장 19절에서 하나님은 그분의 사자를 언급하시면서 "나의 명성을 듣지도 못하고 나의 영광을 보지도 못한 먼 섬들로 보내리니 그들이 나의 영광을 뭇 나라에 전파하리라"고 약속하셨습니다. 우리는 세계 선교에 대한 핵심 명령이 이사야 12장 4절이라고 믿습니다. "그의 행하심을 만국 중에 선포하며 그의 이름이 높다 하라."

사도 바울은 선교사로서 자기의 사역이 "그[그리스도]의 이름을 위하여 모든 이방인 중에서 믿어 순종하게 하나니"라고 말했습니다(롬 1:5).

사도 요한은 선교사를 가리켜 "주의 이름을 위하여 나가는" 사람이라고 말했습니다(요삼 7). 예수님의 동생 야고보는 선교를 "이방인 중에서 '자기 이름을 위할' 백성을 취하시려고 그들을 돌보는 것"이라고 말했습니다(행 15:14). 예수님은 선교사를 "또 '내 이름을 위하여' 집이나 형제나 자매나 부모나 자식이나 전토를 버린 자"라고 묘사하셨습니다(마 19:29).

1980년대 중반으로 돌아가 보면, 하나님은 선교사의 신학은 곧 하나님 중심의 신학이 되어야 한다는 점을 우리에게 납득시키셨습니다. 하나님의 영광을 사랑한다고 말하는 사람의 진정성을 확인하려면 그가 세상 모든 민족에게 하나님의 영광을 전파하는 일을 기뻐하는지를 보아야 합니다. 혹은 예배야말로 선교의 동력이요 목표라고 말하는지 보아야 합니다. 하나님은 모든 민족에게 자기 이름을 알리고 그들로부터 영광을 받으며 경배받기를 원하십니다.

확신 2: 세상 모든 민족에게 자기 이름을 알리고 그들로부터 찬양받기 원하시는 하나님의 열심은 결코 이기적인 것이 아니며 오히려 사랑에서 비롯된 것이다.

자기를 높이는 일이 궁극적으로 사랑의 행위가 되는 존재는 온 우주에 하나님뿐입니다. 우주에서 인간의 마음을 영원토록 온전히 만족시킬 수 있는 유일한 실재는 하나님의 영광(예수님 안에서 우리에게 주시는 하나님의 모든 아름다우심)이기 때문입니다. 그러므로 하나님이 우리의 영원한 기쁨을 위해 그분의 영광을 높이고 드러내고 극대화하지 않으신다면 그분은 사랑의 하나님이 아닙니다. 하나님이 그 영광의 무한한 가치를 포기하거나 더럽히거나 멸시한다면 그분은 사랑의 하나님이 아닙니다.

하나님의 이름을 높이려는 그분의 열심이 이기적인 것이 아니라 사랑의 표현임을 알 수 있는 최고의 방법은 아마도 그 영광의 정점에 하나님의 긍휼이 자리하고 있음을 목격하는 것입니다. 긍휼은 하나님이 다른 모든 것보다 먼저 존중을 받기 원하시는 그분의 성품입니다. 그리스도가 세상에 오신 것은 "이방인들도 그 긍휼하심으로 말미암아 하나님께 영광을 돌리게 하려 하심"이라고 말했던 로마서 15장 9절을 통해 그 사실을 알 수 있습니다.

"그 긍휼하심으로 말미암아 하나님께 영광을 돌리게 하려 하심"이라는 짧은 문구가 첫 번째와 두 번째 확신 모두를 포함하고 있습니다. 하나님은 영광을 받으시고 우리는 긍휼을 얻습니다. 하나님은 찬양을 받으시고 우리는 구원을 받습니다. 하나님은 높임을 받으시고 우리는 기쁨을 얻습니다. 하나님은 그분의 충만하심으로 영광을 받으시고, 우리는 그분의 긍휼하심으로 만족을 얻습니다.

첫 번째와 두 번째 확신을 정리해 보면 이 세상에는 두 가지 근본 문제가 있습니다. 하나님은 모욕을 당하시고 사람들은 멸망해 간다는 것입니다.

첫 번째 확신이 말하는 바는, 하나님께서 그 이름이 훼손되는 것을 그냥 보고 계시지만 않고, 그 이름을 증거하고 열방 가운데 영화롭게 하시기 위해 권능으로 일하시리라는 것입니다. 두 번째 확신이 말하는 바는, 하나님이 자기 이름을 위하여 능력으로 역사하시기 위해 계획하신 방법은, 아들 예수님의 죽음을 통해 멸망해 가는 사람들을 구원하고, 이들을 하나님의 영광을 기뻐하는 예배자로 만드신다는 것입니다. 따라서 선교에서 열방의 구원과 하나님의 영광은 함께 일어납니다. 서로 상반되는 것이 아닙니다. 하나님의 영광을 이런 식으로 추구하는 것이 바로 사랑의 발로입니다.

확신 3: 모든 민족 가운데 찬양을 받으시려는 하나님의 목적은 결코 실패하지 않는다. 절대적이며 확정적인 약속이므로 반드시 이루어진다.

마태복음 28장 18절에서 예수님이 지상 명령을 주셨을 때, 그에 대한 성공 확신을 뒷받침하는 엄청난 근거도 알려주셨습니다. "이르시되 하늘과 땅의 모든 권세를 내게 주셨으니, 그러므로 너희는 가서…." 달리 말하면 아무것도 그분을 멈추게 할 수 없다는 말입니다. "내가 이 반석 위에 내 교회를 세우리니 음부의 권세가 이기지 못하리라"(마 16:18). "이 천국 복음이 모든 민족에게 증언되기 위하여 온 세상에 전파되리니 그제야 끝이 오리라"(마 24:14).

저는 지난 주 휘튼대학에 갔을 때 세계기독교선교회(World Christian Fellowship)에 참석한 학생들에게 하나님의 선교가 결국 세상에서 승리하게 될 것을 우리가 절대적으로 확신할 수 있는 네 가지 이유를 나누었습니다.

첫째, 예수님의 말씀이야말로 하늘과 땅의 그 어떤 것보다 확실합니다(마 24:35). 둘째, 하나님이 택하신 모든 사람을 위한 죄 값이 모두 지불되었고 하나님은 그 아들의 피가 헛되지 않게 하셨습니다(계 5:9). 셋째, 하나님의 영광이 위태로운 상황에 있지만 결국 하나님은 다른 누구와도 영광을 나누지 않으실 것입니다(사 48:9-11). 넷째, 하나님은 최고의 주권자시며 모든 일을 행하실 수 있고, 그 어떤 것도 그분의 목적을 훼방할 수 없습니다(욥 42:2).

스티브 세인트의 아버지 네이트 세인트는 1956년에 에콰도르에서 아우카 인디언에게 살해 당하여 순교했습니다. 스티브는 1996년 9월 16일자 〈크리스채너티 투데이〉에서 자신의 아버지 네이트 세인트와 동료 선교사 짐 엘리어트, 로저 유드리안, 에드 맥컬리, 피트 플레밍을 살해했던 인디언 종족이 말하는 그날의 뒷얘기를 들으며 새롭게 발견한 사실에 관한 기사를 썼습니다. 순교한 선교사의 자녀가 쓴 글 중에 내가 읽어본 하나님의 주권에 관한 가장 놀라운 글이었습니다.

> (살인자들이) 그날의 일을 회상하며 설명하는 동안, 나는 팜 비치에서 벌어졌던 살인 사건이 도무지 믿어지지가 않았다. 너무 이례적이어서 하나님의 간섭이 아니고서는 그날의 일을 결코 설명할 수가 없다.

왜 다섯 명의 젊은이가 죽어야 했는지에 대한 설명은 하나밖에 없습니다. 하나님이 간섭하셨습니다. 어느 누구도, 결코 어느 누구도 열방을 향한 선교 계획을 성취하시려는 하나님의 계획을 좌절시킬 수 없다는 측면에서 하나님의 주권을 보여줍니다. 우리가 고통 가운데 가장 어두운 순간을 지날 때 하나님은 적진 가장 깊숙한 곳에 강력한 폭발물을 감춰 놓고 계십니다.

확신 4: 최전방 선교의 목표는 국내 사역이다.

네 번째 확신은 절대적으로 도움이 필요한 자기 문화권 안에서 사역하고 싶은 열정과 어떤 사역도 접하기 힘든 지역에 복음을 전하려는 급진적인 복음 전파의 열정을 놓고, 선교 지향적인 교회에서 일어날 수 있는 어떠한 긴장을 언급하고 있습니다.

제가 의미하는 국내 사역이란 우리 문화권 안에 있는 사람들에게 행하는 모든 사역을 뜻합니다. 예를 들면, 전도에 관한 사역이나, 극빈자, 의료, 실업, 기아, 낙태, 원치 않는 임신, 가출 자녀, 포르노, 가정 해체, 어린이 학대, 이혼, 다양한 수준의 교육, 약물 남용과 알코올, 환경 문제, 테러, 교도소 개선, 미디어와 비즈니스와 정치 분야의 도덕성 문제 등과 관련한 사역을 말합니다.

한편 최전방 선교는 미전도 종족에게 복음을 전해 지속적이고 자립적인 토착 교회를 세우기 위해 애쓰는 교회의 사역입니다. 그러므로 최전방 선교는 실행 가능한 국내 사역을 예수님의 이름으로 미전도 종족 가운데로 들여보내는 것입니다.

여기서 잠시 멈추고 이 말에 대해 생각해 보시기 바랍니다. 왜 최전방 선교사와 국내 사역자 사이에 긴장이 생길까요? 최전방 선교사는 국내 사역자의 사역을 해외 선교지에도 도입할 가치가 있다는 사실을 인정함으로써 그들을 존중하면 되고, 국내 사역자는 최전방 선교사가 도입한 사역이 국내에서도 가치가 있다는 사실을 확인하면서 그들을 존중하면 됩니다.

확신 5: 선교사의 직무는 각 개인이 아닌 민족에게 초점이 맞춰져야 하며, 그래야 완수가 가능하다.

그저 어떤 곳에서든 최대한 많은 사람을 그리스도에게로 인도하는 것이 선교의 의미라고 받아들이는 사람이 많습니다. 하지만 그렇지 않습니다. 그것은 복음전도라고 부릅니다. 여기서 우리는 복음전도와는 다소 상반되는 선교의 독특한 직무가 무엇인지를 봅니다. 선교는 교회가 없는 종족 안으로 들어가 교회를 개척하는 것입니다.

요한계시록 5장 9절은 그리스도의 죽음이 선교와 어떻게 연관되는지를 보여 줍니다. "두루마리를 가지시고 그 인봉을 떼기에 합당하시도다. 일찍이 죽임을 당하사 각 족속과 방언과 백성과 나라 가운데에서 사람들을 피로 사서 하나님께 드리시고." 교회가 온 세상 모든 민족 안에 교회를 세우고 "각 족속과 방언과 백성과 나라 가운데서" 택하심을 받은 자들이 모두 나아오면, 그제서야 지상 최대의 명령이 완수될 것입니다. 그때 선교는 완수될 것입니다. 선교의 임무는 모든 사람이 아닌 모든 민족 안에 교회를 세우는 것입니다.

확신 6: 지금은 바울형 선교사가 많이 필요한 시기이며, 때로는 디모데형 선교사의 수로 인해 그 중요성이 가려진다.

디모데는 고향인 루스드라를 떠나(행 16:1) 낯선 에베소에서 교회 사역자가 되었습니다(딤전 1:3). 그곳에는 장로들도 있었고(행 20:17) 복음전도도 필요했습니다(행 19:10). 이는 디모데형(Timothy-type) 선교사가 어떤 모습으로 일하는지 보여 줍니다. 교회가 어느 정도 정착된 먼 곳으로 가서 사역을 합니다. 하나님이 부르신다면 이미 말씀이 전해진 곳에서 그런 사역을 하는 것은 좋은 일입니다.

하지만 바울의 부르심은 그것이 아니었습니다. 그의 열정은 세상의 모든 미전도 종족에게 하나님의 이름을 알리는 것이었습니다. 그는 "그리스도의 이름을 부르는 곳에는 복음을 전하지 않기를 힘쓰는" 것을 자신의 열망으로 삼았습니다(롬 15:20). 바울이 했던 말 중에 가장 놀라운 내용이 로마서 15장 19, 23절에 나옵니다. "내가 예루살렘으로부터 두루 행하여 일루리곤까지 그리스도의 복음을 편만하게 전하였노라. … 이제는 이 지방에 일할 곳이 없고." 마침내 그 말에 담긴 의미가 무엇인지 깨달았을 때 저는 무척이나 놀랐습니다.

바울이 보기에 예루살렘과 그리스 북부 사이에는 더 이상 일할 곳이 없었습니다! 여전히 믿지 않는 자들이 많은데도 불구하고 그의 사역이 다 이루어졌다고 본 것입니다. 그리고 지금은 스페인으로 가려고 합니다. 바울은 어떻게 그런 말을 할 수 있었을까요? 그는 단순한 해외 선교사가 아니라 최전방 선교사였기 때문에 그렇습니다. 그는 토착민에게 복음을 전할 교회가 없는 미전도 종족에게 가도록 부르심을 받았습니다.

오늘날 대다수 그리스도인이 모르는 사실은 전 세계적으로 디모데형 선교사가 바울형(Paul-type) 선교사보다 열 배는 많다는 사실입니다. 아직도 자기 문화 권에서 복음을 전할 교회가 없는 수천 개의 미전도 종족(특히 무슬림, 힌두교, 불교, 소수민족)이 남아 있습니다.

그러므로 저는 우리 교회가 최전방 선교사(바울형 선교사)를 일으키고 파송하는 데 우선순위를 두기를 기도합니다. 디모데형 선교사의 귀한 헌신을 무시하려는 것이 아니라, 전 세계적으로 매우 중요하고 독특한 선교사가 필요하다는 것, 즉 아직 예수님의 구원을 모르는 수천의 종족에게 맨처음으로 복음을 전할 선교사의 필요를 이해해야 한다는 것입니다. 바울형 선교사만이 그들에게 나아갈 수 있습니다. 우리가 반드시 최우선 순위에 두어야 합니다. 복음 없이는 모든 것이 헛됩니다.

확신 7: 우리가 하나님 안에서 최고의 만족을 누릴 때 하나님은 우리 안에서 최고의 영광을 받으신다. 그분 안에서 누리는 우리의 만족은 다른 이들에게로 확장되어 그들을 품을 때 극대화된다.

선교사 중 누구보다 많은 고통을 겪은 이들이 오히려 복되고 기쁨이 가득한 고백을 할 수 있다는 사실이 놀랍습니다. 예수님이 하신 말씀부터 보겠습니다. "무리와 제자들을 불러 이르시되 누구든지 나를 따라오려거든 자기를 부인하고 자기 십자가를 지고 나를 따를 것이니라. 누구든지 자기 목숨을 구원하고자 하면 잃을 것이요 누구든지 나와 복음을 위하여 자기 목숨을 잃으면 구원하리라"(막 8:34-35).

우리는 복음을 위해 목숨을 버릴 때 구원을 받습니다. 그것이 바로 바울이 "우리가 잠시 받는 환난의 경한 것이 지극히 크고 영원한 영광의 중한 것을 우리에게 이루게 함이니"(고후 4:17)라고 말한 의미입니다. "생각하건대 현재의 고난은 장차 우리에게 나타날 영광과 비교할 수 없도다"(롬 8:18).

무슬림들의 선교사였던 사무엘 즈웨머는 50년 동안의 선교 사역 끝에(북아프리카에서 어린 두 자녀를 잃기도 했습니다) 이렇게 말했습니다. "선교의 순전한 기쁨이 회복되었다. 감사하게도 그 일을 다시 시작하게 되었다." 중국 내지 선교사인 허드슨 테일러와 아프리카의 데이비드 리빙스턴도 극한 고난과 상실을 겪고 나서 이렇게 말했습니다. "나는 결코 희생한 적이 없습니다."

극심한 고통을 겪은 사람들이 이렇게 고백할 때 그들의 하나님이 높임을 받으십니다. 하나님이 그들의 영혼에 만족을 주셔서 고통조차 심오한 기쁨으로 들어가는 단계가 되는 경험을 한다면, 하나님은 세상 그 어떤 것보다 훨씬 놀라운 분이신 것입니다. 시편 63편 3절은 분명 진실입니다. "주의 인자하심이 생명보다 나으므로."

지금까지 다룬 내용이 베들레헴교회가 선교에 확신을 갖고 임할 수 있게 하는 말씀입니다. 하나님이 우리 마음을 열어 주신다면, 위대한 지상 명령을 완수하기 위해 전시 상황처럼 살아가는 것만큼 우리 존재와 우리가 가진 모든 것을 극대화하는 최선의 방법은 없음을 깨달을 것입니다. 이를 통해 하나님이 영광을 받으시고, 우리는 만족을 얻으며, 열방이 사랑을 받기 때문입니다.

다시 말하지만, 세계 선교에 있어서는 오직 세 가지 부류의 그리스도인만 있습니다. 열정적으로 가는 사람, 열정적으로 보내는 사람, 그리고 불순종하는 사람입니다. 어떤 사람이 되시겠습니까?

부록: 선교 비전에 확신을 주는 말씀들

1. 기도는 인터폰이 아니라 전시에 사용하는 무전기다.

요한복음 15장 16절. "너희가 나를 택한 것이 아니요 내가 너희를 택하여 세웠나니 이는 너희로 가서 열매를 맺게 하고 또 너희 열매가 항상 있게 하여 내 이름으로 아버지께 무엇을 구하든지 다 받게 하려 함이라."

야고보서 4장 2-4절. "너희가 얻지 못함은 구하지 아니하기 때문이요, 구하여도 받지 못함은 정욕으로 쓰려고 잘못 구하기 때문이라. 간음한 여인들아 세상과 벗된 것이 하나님과 원수 됨을 알지 못하느냐? 그런즉 누구든지 세상과 벗이 되고자 하는 자는 스스로 하나님과 원수 되는 것이니라."

마태복음 6장 9-10절. "그러므로 너희는 이렇게 기도하라. 하늘에 계신 우리 아버지여 이름이 거룩히 여김을 받으시오며 나라가 임하시오며 뜻이 하늘에서 이루어진 것 같이 땅에서도 이루어지이다."

데살로니가후서 3장 1절. "끝으로 형제들아, 너희는 우리를 위하여 기도하기를 주의 말씀이 너희 가운데서와 같이 퍼져 나가 영광스럽게 되고."

2. 우리는 세계 복음화를 위해 전시와 같은 생활을 하도록 부르심을 받았다. 2차 세계 대전을 훨씬 능가하는 황폐함과 위급함 속에 전쟁이 계속되고 있기 때문이다.

누가복음 14장 33절. "이와 같이 너희 중의 누구든지 자기의 모든 소유를 버리지 아니하면 능히 내 제자가 되지 못하리라."

마가복음 10장 28-30절. "베드로가 여짜와 이르되, 보소서 우리가 모든 것을 버리고 주를 따랐나이다. 예수께서 이르시되, 내가 진실로 너희에게 이르노니 나와 복음을 위하여 집이나 형제나 자매나 어머니나 아버지나 자식이나 전토를 버린 자는 현세에 있어 집과 형제와 자매와 어머니와 자식과 전토를 백배나 받되 박해를 겸하여 받고 내세에 영생을 받지 못할 자가 없느니라."

빌립보서 3장 7-11절. "그러나 무엇이든지 내게 유익하던 것을 내가 그리스도를 위하여 다 해로 여길 뿐더러 또한 모든 것을 해로 여김은 내 주 그리스도 예수님을 아는 지식이 가장 고상하기 때문이라. 내가 그를 위하여 모든 것을 잃어버리고 배설물로 여김은 그리스도를 얻고 그 안에서 발견되려 함이니 내가 가진 의는 율법에서 난 것이 아니요 오직 그리스도를 믿음으로 말미암은 것이니 곧 믿음으로 하나님께로부터 난 의라. 내가 그리스도와 그 부활의 권능과 그 고난에 참여함을 알고자 하여 그의 죽으심을 본받아 어떻게 해서든지 죽은 자 가운데서 부활에 이르려 하노니."

3. 예배는 선교의 목표이며 동력이다.

목표 : 열방이 하나님을 예배하러 나아오게 하는 것

시편 86편 9절. "주여 주께서 지으신 모든 민족이 와서 주의 앞에 경배하며 주의 이름에 영광을 돌리리이다."

시편 22편 27절. "땅의 모든 끝이 여호와를 기억하고 돌아오며 모든 나라의 모든 족속이 주의 앞에 예배하리니."

동력 : 열방을 향해 "하나님을 기뻐하라"고 진정으로 선포하려면 우리가 먼저 하나님을 기뻐해야 한다.

시편 67편 1-4절. "하나님은 우리에게 은혜를 베푸사 복을 주시고 그의 얼굴 빛을 우리에게 비추사 주의 도를 땅 위에, 주의 구원을 모든 나라에게 알리소서. 하나님이여 민족들이 주를 찬송하게 하시며 모든 민족들이 주를 찬송하게 하소서. 온 백성은 기쁘고 즐겁게 노래할지니 주는 민족들을 공평히 심판하시며 땅 위의 나라들을 다 스리실 것임이니이다."

4. "그리스도의 남은 고난을 온전히 채우기 위해"(즉 우리의 고난을 통해, 예수님이 위하여 죽으신 사람들에게 그분의 고난을 직접 보여 주는 일) 고통을 받는 것은 지상 명령을 완수하는 방법이다.

골로새서 1장 24절. "나는 이제 너희를 위하여 받는 괴로움을 기뻐하고 그리스도의 남은 고난을 그의 몸 된 교회를 위하여 내 육체에 채우노라."

빌립보서 2장 29-30절. "이러므로 너희가 주 안에서 모든 기쁨으로 그를 영접하고 또 이와 같은 자들을 존귀히 여기라. 그가 그리스도의 일을 위하여 죽기에 이르러도 자기 목숨을 돌보지 아니한 것은 나를 섬기는 너희의 일에 부족함을 채우려 함이니라."

바울에게 드려진 섬김은 한 몸된 빌립보 교회가 주는 선물이었습니다. 그것은 사랑으로 드리는 희생 제물이었습니다. 바울과 교회에 모두 감사한 일이기는 했지만, 교회의 모든 사람마다 이 제물을 드리기에는 부족했습니다. 불가능한 일이었으므로 바울은 부족함을 채우기 위해 에바브로디도를 세워 사랑과 열정으로 사역하도록 합니다.*

*Marvin Vincent, I.C.C., *Epistle to the Philippians and to Philemon*, p. 78.

지난 5월에 선교 책자 작업을 하던 중에 저는 오스왈드 샌더스의 말씀을 듣게 되었습니다. 고난에 대한 그분의 설교가 아주 깊이 다가왔습니다. 그분은 89세의 나이에도 여전히 세계 곳곳을 다니며 설교를 하십니다. 70세에 접어 든 이후로도 매년 한 권의 책을 쓸 정도입니다! 은퇴한 후 죽음을 맞이할 때까지 자기 마음대로 대충 살겠다는 생각을 접고 복음을 위해 인생을 쏟아 붓는 헌신 가운데 기쁨을 누리고 있습니다.

오스왈드 샌더스는 맨발로 이 마을 저 마을을 찾아다니며 복음을 전하는 인도의 어느 현지인 전도자에 대한 이야기를 했습니다. 그는 많은 고초를 겪었습니다. 하루 종일 아무런 열매도 없이 수십 킬로미터를 걸어온 그가 어느 마을에 도착해서 복음을 전하려 하자 사람들은 그를 마을에서 끌어내며 거부했습니다. 그래서 그는 낙심한 채 마을 한 어귀로 가서 나무 아래 지쳐 잠이 들었습니다.

잠에서 깨어났을 때 주변에는 사람들이 서성이고 있었고, 마을 전체가 그의 이야기를 들으러 모여 있었습니다. 마을 이장이 설명하기를 그가 잠들어 있는 동안 사람들이 그를 살펴보러 왔다고 했습니다. 그러다 그의 물집 잡힌 발을 보고는 그가 성스러운 사람이 분명하며 그를 거부하는 것은 악한 짓이라는 결론을 내렸다는 것입니다. 마을 사람들은 미안해하면서 전도자가 그토록 고통을 감내하며 들려주기 원했던 그 이야기에 귀를 기울였습니다.

그 전도자는 자신의 물집 잡힌 아름다운 발로 그리스도의 남은 고난을 채웠습니다.

36장

예루살렘까지 수천 킬로미터를 돌아서 간 이유

로마서 15:20-28

또 내가 그리스도의 이름을 부르는 곳에는 복음을 전하지 않기를 힘썼노니 이는 남의 터 위에 건축하지 아니하려 함이라. 기록된 바 주의 소식을 받지 못한 자들이 볼 것이요 듣지 못한 자들이 깨달으리라 함과 같으니라. 그러므로 또한 내가 너희에게 가려 하던 것이 여러 번 막혔더니 이제는 이 지방에 일할 곳이 없고 또 여러 해 전부터 언제든지 서바나로 갈 때에 너희에게 가기를 바라고 있었으니 이는 지나가는 길에 너희를 보고 먼저 너희와 사귐으로 얼마간 기쁨을 가진 후에 너희가 그리로 보내주기를 바람이라. 그러나 이제는 내가 성도를 섬기는 일로 예루살렘에 가노니 이는 마게도냐와 아가야 사람들이 예루살렘 성도 중 가난한 자들을 위하여 기쁘게 얼마를 연보하였음이라. 저희가 기뻐서 하였거니와 또한 저희는 그들에게 빚진 자니 만일 이방인들이 그들의 영적인 것을 나눠 가졌으면 육적인 것으로 그들을 섬기는 것이 마땅하니라. 그러므로 내가 이 일을 마치고 이 열매를 그들에게 확증한 후에 너희에게 들렀다가 서바나로 가리라. _롬 15:20-28

지난 시간, 우리는 로마서 15장에서 놀라운 두 가지 사실을 살펴보았습니다. 하나는 바울이 19절 하반절에서 말한 내용입니다. "그리하여 내가 예루살렘으로부터 두루 행하여 일루리곤까지 그리스도의 복음을 편만하게 전하였노라." 이는 팔레스타인 남쪽에서 시리아를 지나고 터키를 거쳐 그리스로 내려와 알바니아에까지 이르는 지역을 말합니다. 바울은 그 지역에서 그의 복음 사역을 완수했습니다. 이 사실을 강조하기 위해 바울은 23절에서 이렇게 말합니다. "이제는 이 지방에 일할 곳이 없고." 아직도 그 지역에는 복음을 들어야 하는 비그리스도인들이 엄청나게 많았습니다. 바울이 에베소에 있는 디모데에게 "너는 … 전도자의 일을 하며 네 직무를 다하라"(딤후 4:5)고 썼기 때문입니다.

이 말씀을 통해 우리는 바울의 부르심이 최전방 선교사, 개척 선교사라는 결론을 내렸습니다. 그가 맡은 일은 교회가 전혀 없는 지역에 교회를 개척하고 그 교회가 자체적으로 복음 전도의 사역을 감당하면 다른 곳으로 옮겨 가는 것이었습니다.

또한 바울은 23절 하반절에서 이렇게 말합니다. "여러 해 전부터 언제든지 … 너희에게 가기를 바라고 있었으니." 하지만 22절에서 바울은 예루살렘에서 일루리곤까지 복음을 편만하게 전하려는 거룩한 열망으로 인해 정작 그가 하고 싶었던 다른 일을 못했다고 말합니다. "그러므로 또한 내가 너희에게 가려 하던 것이 여러 번 막혔더니." 이처럼 거룩한 열망은 우리가 좋아하는 수백 가지 다른 일들을 하지 못하게 막고 그 거룩한 열망을 계속 좇아가게 함으로써 우리 삶이 일관되고 초점이 분명하며 의미 있게 합니다.

수천 킬로미터를 우회하다?

15장에서 우리가 볼 수 있는 세 번째 놀라운 사실이 있습니다. 바울은 진심으로 로마에 가고 싶었으나("여러 해 전부터 언제든지 … 너희에게 가기를 바라고 있었으니," 롬 15:23), 그의 마음이 예루살렘에서 일루리곤까지 온전히 복음을 전하려는 거룩한 열망으로 가득 차 있었기에(19, 23절), 아직 로마에 가지 못하는 상황이었습니다. 그 대신 수천 킬로미터를 돌아서 예루살렘으로 갑니다. 대다수 학자들이 동의하는 바는 바울이 아마도 고린도에서 로마서를 기록했다는 것입니다. 그가 정말 로마에 가기 원했다면 예루살렘은 그야말로 수천 킬로미터나 잘못된 방향입니다.

바울은 과연 정말 로마에 가고 싶었을까요? 23절 하반절에 기록된 그의 말을 살펴보겠습니다. "여러 해 전부터 언제든지 … 너희에게 가기를 바라고 있었으니." 그의 말에 따르면 그가 원하는 곳으로 가지 못하는 이유가 예루살렘에서 일루리곤까지 복음을 편만하게 전하고 싶은 그의 헌신 때문이라고 했습니다. 그렇다면 이렇게 결론 내릴 수 있습니다. 예루살렘으로 향하는 이 우회로는 매우 중요하다고 말입니다. 생각해 보십시오. 바울은 이 우회하는 여정 때문에 스페인으로 가는 것을 보류하고 있습니다. 예루살렘으로 향하는 우회로는 거룩한 열망에 이끌려 최전방 선교사가 가려고 하는 곳과는 완전히 엉뚱한 방향입니다.

이런 질문을 던질 수 있습니다. 바울이 그 일을 예루살렘에 있는 사람에게 맡기고 나서 재빨리 서쪽 로마와 스페인으로 가지 못할 만큼 그 일이 그토록 중요한 이유는 무엇입니까? 예루살렘으로의 우회는 예수님의 이름을 들어본 적 없는 사람들에게 복음을 전하겠다는 그의 헌신과 비교해 꼭 필요한 중요한 일이었을까요? 아니면 예루살렘으로 우회하는 것이 그의 이방인 선교의 성공을 좌우하는 핵심적인 일이었을까요? 우리 앞에 있는 핵심 구절을 살펴보겠습니다. 25-28절입니다.

> 그러나 이제는 내가 성도[예루살렘에 사는 유대 그리스도인들을 지칭합니다. 바울은 평소 그리스도인들을 '성도'라고 불렀습니다. 8:27과 비교]를 섬기는 일로 예루살렘에 가노니 이는 마게도냐와 아가야[바울이 교회 개척을 했고 지금 이 편지를 쓰고 있는 그리스 남북부 지역] 사람들이 예루살렘 성도 중 가난한 자들을 위하여 기쁘게 얼마를 연보하였음이라. 저희가 기뻐서 하였거니와 또한 저희는 그들에게 빚진 자니 만일 이방인들이 그들의 영적인 것을 나눠 가졌으면 육적인 것으로 그들을 섬기는 것이 마땅하니라. 그러므로 내가 이 일을 마치고 이 열매를 그들에게 확증한 후에 너희에게 들렀다가 서바나로 가리라.

네 가지 기본 사실

여기서 네 가지 사실들을 정리할 수 있습니다.

첫째, 바울은 여전히 로마에 가고자 하는 마음이 있으며 그다음에는 스페인으로 가려고 합니다. 28절입니다. "너희에게 들렀다가 서바나로 가리라." 로마를 거쳐가려고 하는 바울의 목적은 24절에 분명히 나옵니다. "이는 지나가는 길에 너희를 보고 먼저 너희와 사귐으로 얼마간 기쁨을 가진 후에 너희가 그리로 보내 주기를 바람이라." 바울은 그들과 교제하면서 쉼을 누린 후 그들의 후원을 받기를 소망하고 있습니다. 어떤 면에서 로마서는 선교 후원 편지입니다. 이런 내용입니다. "여기 이 편지에는 제가 믿고 설교했던 내용이 그대로 담겨 있습니다. 그리고 제가 스페인으로 복음을 전하러 가는데 저를 후원해 주시겠습니까?"

둘째, 예루살렘에는 가난한 그리스도인들이 있습니다. 성경에서는 사도행전 11장 28절에서 그 사실을 알 수 있고, 성경 이외의 자료로는 유대 역사가인 요세푸스의 기록(Antiquities iii. 15. 3; xx. 2. 5; 5. 2)에서 볼 수 있습니다. 그의 기록에 따르면 주후 44년에서 48년에 유대 지역에 기근이 있었습니다. 그것은 예루살렘에 거주하던 그리스도인들이 간절한 필요에 처하게 된 이유 중 하나로 보입니다.

셋째, 마게도니아(빌립보와 그 주변)와 아가야(고린도와 그 주변)에 사는 그리스도인들이 예루살렘의 그리스도인들을 위해 헌금을 모았습니다. 26절입니다. "이는 마게도냐와 아가야 사람들이 예루살렘 성도 중 가난한 자들을 위하여 기쁘게 얼마를 연보하였음이라." 바울은 고린도후서 8-9장에서 이에 관해 기록하고 있습니다.

넷째, 바울은 다른 사람에게 맡기는 대신 예루살렘의 가난한 성도들을 위한 헌금을 직접 전해 주려고 합니다. 28절입니다. "그러므로 내가 이 일을 마치고 이 열매를 그들에게 확증한 후에 너희에게 들렀다가 서바나로 가리라."

왜 우회하는가?

지금까지 기본적인 사실들을 살펴보았습니다. 이제 다음 질문을 해

봅시다. 예루살렘으로 우회하는 것이 바울에게 그토록 중요한 이유는 무엇일까요? 미전도 종족에게 가려는 그의 사명에서 잠시 멀어질 뿐 아니라 스페인으로 가고 싶다는 바람을 편지에 적고 있지 않습니까?

여기에는 네 가지 답이 있는데, 다음과 같은 표제로 아주 간단히 다루도록 하겠습니다. 1) 복음의 명성, 2) 가난한 자를 위한 그리스도인의 헌신, 3) 민족적 경계, 특히 유대인과 이방인의 구분을 뛰어넘는 교회의 연합, 4) 사랑으로 체험하는 거룩한 기쁨. 이 네 가지를 하나씩 살펴보고 우리 삶에 적용되는 부분을 찾아보겠습니다.

1. 복음의 명성

본문을 보면서 이런 생각이 들었습니다. 바울이 다른 사람에게 맡기지 않고 직접 예루살렘에 돈을 전하러 가려 한 이유는 자신이 직접 모금한 돈을 누군가에게 맡겼다가 사고가 생겨 그의 사역과 복음에 누가 되는 일을 방지하고자 했기 때문이라고 말입니다.

본문이 그렇게 말하고 있지는 않습니다. 그런데 고린도후서 8장과 9장으로 가면 바울이 예루살렘을 위한 헌금에 대해 설명할 때, 헌금을 복음과 분명하게 연결시키고 있습니다. "이 직무로 증거를 삼아 너희가[이방인이] '그리스도의 복음을 진실히 믿고 복종하는 것'과 그들[예루살렘의 가난한 성도들]과 모든 사람을 섬기는 너희의 후한 연보로 말미암아 하나님께 영광을 돌리고."

달리 말해, 가난한 사람을 위해 헌금을 마련하면서 중요한 것은 복음이 사람들에게 어떻게 드러나는가 하는 것이었고, 사람들도 그것을 위해 기쁘게 헌금을 했습니다. 돈에 대한 사랑에서 그들을 자유롭게 해준 것입니다. 그런데 이렇게 모은 돈을 예루살렘으로 전달하는 중에 혹 그리스도인들이 횡령한다면 복음이 훼방을 받을 수 있습니다. 바울은 이런 일이 일어나지 않도록 경계했습니다. 복음에 대한 사랑 때문에 스스로 위험을 감수하고 직접 돈을 전달할 만큼 경계하고 있습니다.

여러분은 각자의 삶에서 재물을 사용할 때 복음이 가장 빛나게 드러나도록 조심하고 있습니까?

2. 가난한 사람을 위한 그리스도인의 헌신

바울은 가난한 사람을 위한 사역의 중요성을 강조하기 위해 예루살렘의 가난한 성도들에게 전할 헌금을 직접 가지고 갑니다. 다른 사람을 통해 보낼 수도 있었습니다. 하지만 엄청난 대가를 지불하고서라도 직접 가지고 갑니다. 사람들은 그가 박해를 받고 투옥될 수도 있음을 알았기 때문에 가지 말라고 경고했고, 실제 바울은 2년동안 감옥에서 지냈습니다.

하지만 여러분은 베드로와 바울이 예루살렘에서 만난 이후로 서로 어떤 이야기를 나누었는지 기억하실 겁니다. 바울은 갈라디아서 2장 9-10절에서 그가 사도로 부르심 받은 것을 설명하기 위해 예루살렘에서 베드로와 야고보, 그리고 요한을 만났을 당시에 일어난 일을 이야기합니다. "야고보와 게바와 요한도 … 나와 바나바에게 친교의 악수를 하였으니 우리는 이방인에게로 … 가게 하려 함이라. 다만 우리에게 가난한 자들을 기억하도록 부탁하였으니 이것은 나도 본래부터 힘써 행하여 왔노라." 이들이 만나던 당시 이미 예루살렘에는 위기가 닥쳐 많은 그리스도인들이 극한 어려움을 당하고 있었는지도 모릅니다. 그리고 베드로는 이렇게 말했을 것입니다. "바울 형제, 자네가 어디 출신인지 잊지 말게. 자네와 같은 동포들을 잊지 말게. 가난한 자들도 잘 부탁하네." 바울은 베드로에게 오른손을 내밀며 다짐했을 것입니다. "잊지 않겠습니다."

우리 베들레헴교회가 행하는 모든 사역이 가난한 사람들, 그 중에서도 특별히 그리스도 안에서 형제자매가 된 극빈자를 구제하기 위한 구체적인 실천이 되기를 기도합니다. 바울은 갈라디아서의 마지막 부분인 6장 10절에서 이렇게 말합니다. "그러므로 우리는 기회 있는 대로 모든 이에게 착한 일을 하되 더욱 믿음의 가정들에게 할지니라." 어느 한쪽만이 아니라 양쪽 모두입니다. 가난한 비그리스도인들과 가난한 그리스도인 모두를 말합니다.

3. 민족적 경계, 특히 유대인과 이방인의 구분을 뛰어넘는 교회의 연합

로마서 15장 27절은 민족에 관하여 매우 도발적인 언급을 합니다. "저희[마게도니아와 아가야의 이방인 그리스도인]가 기뻐서 하였거니와 또한 저희는 그들[즉, 예루살렘에 있는 가난한 유대 그리스도인]에게 빚진 자니 만일 이방인들이 그들의[유대인들의] 영적인 것(spiritual blessings)을 나눠 가졌으면 육적인 것으로 그들을 섬기는 것이 마땅하니라."

바울이 사람들의 관심을 예루살렘에 있는 가난한 유대인에게로 향하게 한다는 점에서 매우 도발적입니다. 여기서 바울은 앞선 11장과 동일한 방식으로 논증합니다. 그가 앞에서 말한 내용을 되살려 봅시다. 우리 이방인들은 참감람나무의 풍성한 뿌리, 즉 이스라엘과 맺은 언약에 접붙여진 돌감람나무 가지와 같습니다. 우리는 메시아에게 속하면서 그것을 통해 유대인이 되었으므로 우리에게는 영적인 생명과 소망과 복이 있습니다. 우리는 유대인의 뿌리에 접붙여졌습니다.

우리가 누리고 있는 영적인 복, 즉 죄를 용서받고 믿음으로 의롭다 함을 받으며 하나님과 화목을 이루어 지옥에서 벗어나고, 모든 것이 합력하여 우리의 영원한 선을 이루고, 하나님의 영광에 참예할 소망을 갖게 되는 것은 모두 아브라함의 자손인 예수 그리스도와 연합되었기 때문에 가능한 일입니다(갈 3:16). 예수님은 요한복음 4장 22절에서 이렇게 말씀하셨습니다. "구원이 유대인에게서 남이라." 우리의 구세주는 유대인의 메시아이십니다.

바울은 이방인들이 그 사실을 잊지 않기를 바랐습니다. 로마서 11장 17-18절에서 이렇게 말합니다. "또한 가지 얼마가[즉, 예수님을 메시아로 받아들이지 않은 유대인들] 꺾이었는데 돌감람나무인 네가[이방인, 지금 예배당에 앉아 있는 대부분의 우리] 그들 중에 접붙임이 되어 참감람나무 뿌리의 진액[바울이 로마서 15장 27절에서 말하는 '영적인 축복'을 의미]을 함께 받는 자가 되었은즉 그 가지들을 향하여 자랑하지 말라. 자랑할지라도 네가 뿌리를 보전하는 것이 아니요 뿌리가 너를 보전하는 것이니라."

마음 같아서는 11장으로 다시 돌아가서 설명하고 싶지만 모든 자료를 찾아볼 수 있으므로 그냥 진행하도록 하겠습니다. 바울은 지금 그 부분을 언급할 필요가 없었습니다. 그가 굳이 이방인과 유대인에 대해 언급하지 않더라도, 사람들을 향한 순수한 사랑으로 가난한 자들에게 관대함을 베풀도록 마음을 일으킬 수 있었을 것입니다. 하지만 바울이 그 부분을 언급했으므로 우리는 거기에 귀를 기울이고 받아들여야 합니다. 바울은 유대인과 이방인이 그리스도 안에서 하나가 되고, 유대인은 자신들의 영적 축복이 예수 그리스도를 통해 이방인에게 흘러갔음을 깨닫게 되며, 이방인은 이스라엘과 맺으신 하나님의 언약이 그들 생명의 근원임을 깨달아야 한다는 부담감을 안고 있습니다.

이 두 가지 사실이 민족적 우월감의 뿌리를 끊습니다. 이방인은 감히 유대인을 보며 자랑해서는 안 되고 유대인의 구원을 간구해야 하며, 예수님을 영접한 유대인과 하나가 되는 것을 기뻐해야 합니다. 그리고 유대인은 자신의 영적 유산을 특권처럼 자랑해서는 안 됩니다. 메시아가 그분을 믿는 모든 이에게 값없이 주시기 때문입니다. 성도 여러분, 민족적 우월감과 편견을 경계하십시오. 교회의 하나 됨과 민족적 다양성을 사랑하십시오.

4. 사랑으로 체험하는 거룩한 기쁨

바울이 수천 킬로미터를 돌아가게 된 마지막 이유는 헌금의 밑바탕에 있는(사랑의 근원이 되는) 거룩한 기쁨을 보이기 위해서입니다. 26-27절을 자세히 보시기 바랍니다. "이는 마게도냐와 아가야 사람들이 예루살렘 성도 중 가난한 자들을 위하여 '기쁘게'[이것이 핵심 단어이며 27절에서도 반복해서 말합니다. 이 말은 그들이 헌금하기를 원했다는 뜻이고, 바울이 굳이 강요할 필요가 없었다는 의미입니다] 얼마를 연보하였음이라. 저희가 기뻐서 하였거니와[반복됩니다] 또한 저희는 그들에게 빚진 자니."

조심성 없이 툭 던지는 말이 아닙니다. 왜냐하면 바울이 고린도후서 8장 2절에서 마게도니아 사람들의 헌금에 대해 설명할 때, 이렇게 강조하기 때문입니다. "환난의 많은 시련 가운데서 그들의 '넘치는 기쁨'과 극심한 가난이 그들의 풍성한 연보를 넘치도록 하게 하였느니라." 로마서 15장 26-27절에서 그들이 '기쁘게 했다'는 말과 같습니다. 그들은 그렇게 하기를 기뻐했습니다. 사실 그들이 그 일을 간청했다고 바울은 말합니다(고후 8:4).

그런 다음 바울은 27절에서 이렇게 덧붙입니다. "또한 저희는 그들에게 빚진 자니." 그 일은 빚이고 의무였습니다. 달리 말해 예루살렘의 가난한 유대 그리스도인에게 베푸는 것은 의무이자 기쁨이라는 말입니다. 빚진 일이지만, 자유롭게 드렸습니다.

바울은 두 가지 오류 사이에서 위태롭게 걷고 있습니다. 한편으로 이방인이라면 이렇게 생각할 수 있습니다. '그들에 대해선 의무감 같은 것도, 갚아야 할 빚 같은 것도 없어.' 또한 다른 한편으로 예루살렘의 가난한 성도들은 이렇게 느낄 수 있습니다. '빚을 갚는 마음으로 했구나. 바울이 그들에게 엄청나게 부담을 주어서 필히 돈을 내야 했으니 기쁨도 사랑도 없었을 거야.' 바울은 이 두 가지 오류를 일축하면서, 그들도 많이 가난했지만 풍성한 기쁨으로 기꺼이 드렸다고 말했습니다. 또 그렇게 하는 것이 그들의 의무였습니다. 하지만 의무와 기쁨 사이에 갈등은 없었습니다. 여러분도 자신이 마땅히 해야 할 일을 사랑으로 기쁘게 할 수 있습니다. 여러분의 삶에서 반드시 그러한 기쁨을 좇아야 합니다.

바울은 자신이 이 같은 일을 사랑하며 기쁨으로 감당한다는 사실을 분명하게 보이기 위해 수천 킬로미터 길을 마다하지 않고 달려갔습니다. 그래서 저는 다음과 같이 권고의 말씀을 드리며 마무리할까 합니다.

1. 복음의 명성을 위해 깨어 있으십시오.

2. 가난한 사람을 돌아보십시오. 그러한 마음을 달라고 하나님께 간구하십시오.

3. 교회의 하나 됨과 민족적 다양성을 사랑하고, 하나님의 백성이 둘이 아닌 하나라는 사실에 기뻐하십시오.

4. 하나님의 영으로 거듭나고 우리를 위해 죽으신 그리스도를 그 어떤 것보다 귀하게 여길 때, 우리가 변화되기 시작한다는 영광스런 진리를 받아들이십시오. 마땅히 해야 할 일을 기쁘게 감당하고, 자원함으로 그 일을 행하십시오. 그것이 거룩한 기쁨이며 영원히 지속되는 기쁨입니다.

37장

그리스도를 위한 싸움과 안식

로마서 15:28-33

그러므로 내가 이 일을 마치고 이 열매를 그들에게 확증한 후에 너희에게 들렀다가 서바나로 가리라. 내가 너희에게 나아갈 때에 그리스도의 충만한 복을 가지고 갈 줄을 아노라. 형제들아 내가 우리 주 예수 그리스도와 성령의 사랑으로 말미암아 너희를 권하노니 너희 기도에 나와 힘을 같이하여 나를 위하여 하나님께 빌어 나로 유대에서 순종하지 아니하는 자들로부터 건짐을 받게 하고 또 예루살렘에 대하여 내가 섬기는 일을 성도들이 받을 만하게 하고 나로 하나님의 뜻을 따라 기쁨으로 너희에게 나아가 너희와 함께 편히 쉬게 하라. 평강의 하나님께서 너희 모든 사람과 함께 계실지어다. 아멘. _롬 15:28-33

우리 교회에서는 '건강한 성경적 교리'가 '사랑이 풍성한 인간 관계'와 어떻게 조화를 이루는지(바른 신학이 사람을 사랑하는 것과 어떻게 연관되는지)에 대해 많은 생각을 하고 대화도 자주 나눕니다. 하나님은 그분의 섭리 가운데 이번 주 로마서 본문을 정확히 우리 상황에 들어맞게 해 주셨습니다. 그리하여 베들레헴교회에서 이루어지는 소그룹 사역과 성도간의 관계가 어떻게 섬김을 실천할 수 있을지에 대해 살펴볼 수 있게 인도하셨습니다.

교회의 장로로서 우리가 기대하는 것이 있습니다. 교회에서 소그룹 사역을 시작하고 성장시키고 감독하는 일이 하나님이 주신 명령, 즉 모든 양떼를 위해 삼가라(heed)(행 20:28)는 명령을 성취하는 데 필요한 가장 중요한 일 중의 하나임을 여러분이 아셨으면 합니다. "성도를 온전하게 하여 봉사의 일을 하게"(엡 4:12) 한다는 말씀은 우리가 감당해야 할 일을 잘 설명해 준다고 믿습니다. 달리 말해, 우리가 맡은 책임 가운데 하나는 양떼가 양떼를 잘 돌보도록 돕는 것을 통해 하나님의 양떼를 돌보는(heed) 일입니다.

오늘 설교는 그런 측면에서 잘 들어 보시기 바랍니다. 오늘 말씀은 장로들을 향해 모든 양떼를 잘 돌보라고 하신 하나님의 명령에 대한 저의 순종의 일환이기도 합니다. 제가 순종하는 방법은 하나님의 도우심과 말씀으로 사람들에게 동기를 부여해서 올 한 해 소그룹에 들어가게 하는 것입니다. 하나님이 오늘 설교를 통해 여러 가지 다른 일들도 하시기를 기도합니다(교회 안에 필요한 사역들이 많기 때문입니다). 하지만 소그룹 안에서 관계를 경험하도록 여러분을 이끄는 일이야말로 오늘의 주된 기도 제목입니다. 서로를 돌아보고 그리스도를 높이며 말씀에 충만한 사람들과 연결될 때 우리 삶에서 얼마나 많은 필요들이 채워지는지요!

로마서에 등장하는 관계

먼저, 로마서의 큰 그림을 그린 후 15장 본문으로 돌아오겠습니다. 로마서의 첫 시작 부분인 1장과 (16장의 문안 인사를 제외하면) 마지막 부분인 15장에서 바울은 로마 교회 성도와의 개인적이면서도 사랑이 넘치는 관계에 대한 갈망을 표현합니다. 바울은 아직 로마에 간 적이 없습니다. 그곳 사람들을 잘 모릅니다. 하지만 바울이 하는 말에 귀를 기울여 보십시오. 과연 전혀 모르는 사람에 대한 감정과 말과 행동인지 헤아려 보십시오. 로마서 1장 9-15절입니다.

> 내가 그의 아들의 복음 안에서 내 심령으로 섬기는 하나님이 나의 증인이 되시거니와 항상 내 기도에 쉬지 않고 너희를 말하며, 어떻게 하든지 이제 하나님의 뜻 안에서 너희에게로 나아갈 좋은 길 얻기를 구하노라. 내가 너희 보기를 간절히 원하는 것은 어떤 신령한 은사를 너희에게 나누어 주어 너희를 견고하게 하려 함이니, 이는 곧 내가 너희 가운데서 너희와 나의 믿음으로 말미암아 피차 안위함을 얻으려 함이라. 형제들아 내가 여러 번 너희에게 가고자 한 것을 너희가 모르기를 원하지 아니하노니 이는 너희 중에서도 다른 이방인 중에서와 같이 열매를 맺게 하려 함이로되 지금까지 길이 막혔도다. 헬라인이나 야만인이나 지혜 있는 자나 어리석은 자에게 다 내가 빚진 자라. 그러므로 나는 할 수 있는 대로 로마에 있는 너희에게도 복음 전하기를 원하노라.

이 말씀에서 드러나는, 바울이 로마 교회와 나누기 원하는 관계가 그에게 얼마나 중요하고 소중한지 놓쳐서는 안 됩니다.

- 항상 내 기도에 쉬지 않고 너희를 말한다.

- 내가 너희 보기를 간절히 원한다.
- 신령한 은사를 너희에게 나누어 주어 너희를 견고하게 하기 원한다.
- 여러 번 너희에게 가고자 하였지만 지금까지 길이 막혔다.
- 나는 너희 중에서 열매를 맺는 일로 하나님께 쓰임을 받고 싶다.
- 나는 빚진 자다. 나는 너희의 종이다.

바울은 편지의 거의 끝부분인 로마서 15장 22-24절에서도 로마서 1장 13절에서 언급했던 말, 즉 가고자 했지만 길이 막혔다는 점을 다시 언급합니다.

그러므로 또한 내가 너희에게 가려 하던 것이 여러 번 막혔더니 이제는 이 지방에 일할 곳이 없고 또 여러 해 전부터 언제든지 서바나로 갈 때에 너희에게 가기를 바라고 있었으니 이는 지나가는 길에 너희를 보고 먼저 너희와 사귐으로 얼마간 기쁨을 가진 후에 너희가 그리로 보내주기를 바람이라.

여기서 바울은 로마 교회와 더불어 선교 지향적이고 개인적이며 사랑이 가득한 관계를 맺기 원한다고 다시금 분명히 강조합니다.

- 여러 해 전부터 너희에게 가기를 바라고 있었다.
- 스페인에 갈 때 너희에게 가기를 바라고 있었다.
- 너희가 나를 돕고 선교에 동참하기를 소망한다.
- 잠시 동안 너희와 함께 교제 나누기를 원한다.

마지막 말을 놓치지 마시기 바랍니다. '저는 여러분과 함께 지내면서 우정과 믿음과 사역을 함께 하며 풍성한 기쁨을 누리고 싶습니다.' 바울은 하나님으로 인한 충만한 기쁨의 일부가 바로 하나님을 사랑하는 하나님의 자녀와의 관계를 통해서도 온다는 사실을 거침없이 말하고 있습니다. 그렇습니다. 우리는 하나님의 사람들과 교제를 나눌 때, 하나님을 더 많이 보고, 더 많이 알고, 더 많이 즐거워하게 됩니다. 혼자만의 신앙생활을 고수하려 애쓰다 보면, 불필요한 왜곡과 낙담이 찾아옵니다. 그것은 하나님이 우리를 위해 계획하신 방법이 아닙니다.

사람들의 의지를 바꾸는 기도의 능력

이제 로마서 15장 마지막 본문으로 돌아가겠습니다. 28-33절입니다. 이 본문에 대해서는 수년 전에 설교했는데, 그때는 바울이 믿지 않는 사람들에게서 보호받고 믿는 자들에게 용납받을 수 있도록 기도 부탁을 했던 부분에 중점을 두었습니다.

30-31절입니다. "형제들아 내가 우리 주 예수 그리스도와 성령의 사랑으로 말미암아 너희를 권하노니 너희 기도에 나와 힘을 같이하여 나를 위하여 하나님께 빌어, 나로 유대에서 순종하지 아니하는 자들로부터 건짐을 받게 하고 또 예루살렘에 대하여 내가 섬기는 일을 성도들이 받을 만하게 하고." 오늘은 사람들의 의지를 바꾸는 기도의 능력에 중점을 두겠습니다. 기도를 통하여, 믿지 않는 이들의 박해 의지가 꺾일 수 있고, 믿는 자들의 의지도 제한받아 바울이 전하는 선물을 받아들일 수 있게 됩니다.

그래서 저는 이러한 기반에서 벗어나지 않되, 오늘은 소그룹과 관련해서 단순하면서도 놀라운 두 가지 사실에 초점을 두도록 하겠습니다. 지금 바울은 소그룹의 일원으로 로마 교회와 관계하고 있는 것이 아닙니다. 그는 로마에서 멀리 떨어져 있으며 로마 교회의 구성원 대부분을 잘 모릅니다. 저는 지금 이런 관계가 소그룹 안에서만 가능하다고 말하려는 게 아닙니다. 오히려 바울이 로마 교회와 누리기 소망하는 관계가, 오늘날에는 오히려 소그룹 안에서 보다 풍성하게 경험되어야 한다는 것을 말하고 싶습니다. 바울이 로마 교회 성도들을 잘 모르면서도 그런 관계를 소망했다면, 우리는 더더욱 소그룹 안에서 그런 관계를 경험하게 될 것을 소망해야 하지 않겠습니까.

바울이 간절히 바라는 두 가지

제가 지금 무슨 이야기를 하고 있습니까? 바울이 로마의 신자들과 누리기 바라는 놀라운 두 가지는 무엇입니까? 로마서 15장 30-32절을 읽으면 알 수 있습니다.

"형제들아 내가 우리 주 예수 그리스도와 성령의 사랑으로 말미암아 너희를 권하노니 너희 기도에 '나와 힘을 같이하여'[혹은 '나와 함께 싸워'] 나를 위하여 하나님께 빌어, 나로 유대에서 순종하지 아니하는 자들로부터 건짐을 받게 하고 또 예루살렘에 대하여 내가 섬기는 일을 성도들이 받을 만하게 하고, 나로 하나님의 뜻을 따라 '기쁨으로' 너희에게 나아가 너희와 함께 '편히 쉬게' 하라."

바울이 로마의 성도들에게 바라는 두 가지가 있습니다. 그는 성도들이 그와 더불어 '함께 싸우고' '함께 안식하기' 원합니다. 싸움과 안식입니다. 그가 로마 성도와의 관계에서 바라는 모든 것을 한두 가지로 간단히 정리하면, 바울이 예루살렘에서 안전하도록 함께 싸워 달라는 것과 하나님이 허락하신다면 로마에 가서 그들과 함께 기쁘게 안식하고 싶다는 것입니다. 싸움의 동료, 안식의 동료를 원합니다.

이 점을 분명하게 인식하시기 바랍니다. 정말 같은 본문에 있는 말씀이 맞나 싶을 정도입니다. 30-31절입니다. "너희 기도에 나와 힘을 같이하여[함께 싸우고 씨름하며 분투하고 애쓰며] 나를 위하여 하나님께 빌어 나로 유대에서 순종하지 아니하는 자들로부터 건짐을 받게 하고." 그리고 32절입니다. "나로 하나님의 뜻을 따라 기쁨으로 너희에게 나아가 너희와 함께 편히 쉬게 하라." 위기를 겪게 될 바울이 로마의 성도들에게 가서 그들과 더불어 함께 쉴 수 있도록 기도해 달라는 말입니다.

그러니 싸움과 안식이라는 두 가지를 경험할 수 있도록 함께 기도합시다. 먼저 이것은 하나님이 우리에게 주시는 부르심이라는 사실을 분명하게 알아야 합니다. 바울만 유별난 것이 아닙니다. 예수님을 따르는 모든 이들에게 필요한 삶의 모습입니다. 그런 후 결론적으로 예수님과 바울의 가르침에 집중해 봅시다. 우리는 싸움과 안식을 함께 누려야 합니다. 어느 한 가지가 아니라 둘 다입니다.

싸움과 안식으로의 부르심

첫째, 싸움과 안식은 정상적인 그리스도인의 삶입니다. 예수님도 이에 대해 분명히 보여 주십니다. 누가복음 13장 24절에서 이렇게 말씀하십니다. "좁은 문으로 들어가기를 힘쓰라." '힘쓰라'는 말은 사실상 바울이 로마서 15장 30절에서 사용한 단어와 똑같습니다. "너희 기도에 나와 '힘을 같이하여' 나를 위하여 하나님께 빌어." 그리고 예수님은 왜 힘써야(싸워야) 하는지 그 중요성을 마태복음 7장 13-14절에서 설명하십니다. "좁은 문으로 들어가라. 멸망으로 인도하는 문은 크고 그 길이 넓어 그리로 들어가는 자가 많고, 생명으로 인도하는 문은 좁고 길이 협착하여 찾는 자가 적음이라."

그래서 예수님은 힘쓰고 싸우는 것이 생명으로 인도하는 길의 특징이라고 말씀하시는 것입니다. 두 주 전에 요한복음 12장 25절에서 보았던 말씀과 같습니다. "자기의 생명을 사랑하는 자는 잃어버릴 것이요. 이 세상에서 자기의 생명을 미워하는 자는 영생하도록 보전하리라." 생명으로 인도하는 길은 자신을 포기하는 길입니다. 사실 죄인으로서 우리의 욕망은 영적 자살과 같을 때가 많습니다. 그래서 삶은 전쟁입니다. 그리고 승리하려면 싸워야 합니다. 생명으로 인도하는 좁은 길에서 마음대로 무단이탈을 하면 영혼이 위태로워지고 맙니다.

하지만 이것이 전부는 아닙니다. 예수님은 또한 마태복음 11장 28-30절에서 이렇게 말씀하셨습니다. "수고하고 무거운 짐 진 자들아 다 내게로 오라. 내가 너희를 쉬게 하리라. 나는 마음이 온유하고 겸손하니 나의 멍에를 메고 내게 배우라. 그리하면 너희 마음이 쉼을 얻으리니, 이는 내 멍에는 쉽고 내 짐은 가벼움이라 하시니라." 여러분의 영혼을 위해 안식하십시오. 멍에는 쉽습니다. 짐은 가볍습니다. 그것이 예수님을 따른다는 의미입니다. 안식하십시오. 싸움과 안식은 그리스도인의 삶을 말하는 두 가지 설명입니다.

- 좁은 문으로 들어가도록 힘쓰라. 삶은 전쟁이다. 선한 싸움을 싸우라. 애쓰라.
- 내게 오라, 피곤하고 지친 자여, 와서 쉬어라. 가벼운 멍에와 쉬운 짐을 찾으라.

어떻게 이 두 가지가 모두 가능할까요?

싸움과 안식, 두 가지 모두

오늘 설교의 요지는 아니지만 짧게나마 답해 드리려고 합니다. 싸움과 안식 두 가지 모두가 필요한 이유는, 우리 마음은 하나님이 예수님 안에서 우리에게 주시는 모든 것 안에서 자연스레 안식하지 못하기 때문입니다. 그래서 예수님이 아닌 다른 것으로 안식하라고 우리를 끌어당기는 모든 것에 맞서 싸워야 합니다.

돈은 돈으로 살 수 있는 것으로 안식하라고 우리에게 손짓합니다. 성은 그것이 주는 쾌락 안에서 안식하라고 우리에게 유혹합니다. 힘과 명예는 그것이 주는 것 안에서 안식하라고 손짓합니다. 건강과 음식, 운동과 가정, 친구와 취미, 교육과 외모, 그리고 성공도 각자 그것만이 줄 수 있는 것에 안식하라며 우리에게 손짓합니다.

하지만 예수님은 말씀하십니다. "내게 와서 네 영혼의 안식을 찾으라." 안식을 제공한다는 안식처들이 참 많습니다. 다른 멍에가 더 쉬워 보입니다. 다른 짐이 더 가볍게 느껴집니다. 하지만 이 모든 것은 다 허상입니다. 결국 그것들은 우리를 노예로 삼고 파괴합니다. 오직 예수님만이 깊고 영원한 안식과 기쁨을 주십니다. 오직 예수님만이 그분이 주시는 짐을 지지해 주십니다. 오직 예수님만이 멍에를 사용하여 그분의 황소들을 일으켜 주십니다.

또다른 종류의 싸움이 있습니다. 로마서 15장에서 바울이 요청했던 싸움입니다. 때로 믿지 않는 사람들이 그리스도를 훼방하려고 모의합니다. 우리의 복음 전파 계획을 위협할 뿐 아니라 심지어 우리 목숨까지 위협합니다. 하나님의 말씀이 널리 퍼지고 승리하기 원하는 우리로서는 이러한 일들이 닥칠 때 영혼이 괴롭고 힘겹습니다. 그래서 우리는 그리스도를 섬기는 일꾼들의 안전을 위해 기도에 힘씁니다. 복음을 위한 많은 문이 열리고 복음이 담대히 선포되기를 위해 기도에 힘씁니다. 그리고 이러한 전투의 한가운데서 우리는 예수님 안에서 누리는 안식을 놓치지 않습니다.

> 우리는 주를 의지합니다. 우리 방패와 요새시여!
> 우리 홀로 원수를 향해 나아가지 않으렵니다.
> 주의 능력 안에 강하고, 주의 보호 안에 안전하니,
> 우리는 주를 의지하며 주의 이름으로 나아갑니다.

그러므로 우리는 예수님이 아닌 다른 것 안에서 안식하게 하는 모든 유혹에 맞서 싸워야 합니다. 그리고 복음 전파를 훼방하는 인간과 사탄의 모든 시도를 총이나 칼이나 폭탄이 아닌 기도로 막아서서 싸워야 합니다. 이 모든 과정 속에서, 우리의 싸움은 안식의 대체물이 되지 않고 안식으로 가는 수단이어야 합니다.

짧게 정리합니다. 싸움과 안식, 이 두 가지 모두는 타락한 세상에

서 정상적인 그리스도인이 살아가는 자연스런 모습입니다. 우리는 안식을 파괴하는 것에 대항하여 늘 싸우게 될 것이기 때문입니다.

싸움과 안식은 함께 간다

특별히 오늘은 싸움과 안식이 함께 있기를 바라는 바울의 소망과 관련해서, 소그룹의 중요성에 대해 언급하는 것으로 마무리를 짓겠습니다. 바울이 30절에서 호소하는 내용을 기억하십시오. "너희 기도에 '나와 힘을 같이하여' 나를 위하여 하나님께 빌어." 나와 힘을 같이 하라. 나와 힘을 같이 하라.

날마다 여러분을 위해 힘을 함께 할, 소그룹으로 된 사람들이 주위에 있습니까? 저도 여러분께 간청하고 권고하고 요청하겠습니다. 이와 같은 관계 속에 들어가십시오. 베들레헴교회의 모든 성도에게 매일 곁에서 함께 싸워 줄 형제자매들이 생기기를 소망합니다.

마지막으로 32절 말씀을 기억하십시오. "나로 하나님의 뜻을 따라 기쁨으로 너희에게 나아가 너희와 함께 편히 쉬게 하라." 여러분도 소그룹 공동체 사람들과 기쁨으로 함께 모여 편히 안식하시기를 소망합니다. 비록 전쟁의 한가운데서라도 함께 안식할 수 있습니다. 하나님은 자기 백성들이 자기 백성들을 통해 새힘을 얻는 것을 기뻐하십니다.

바울은 그 일이 어떻게 일어나는지 말하고 있습니다. 바울은 로마서 1장 12절에서 로마 교회 성도들을 만나기 원하는 이유를 "내가 너희 가운데서 너희와 나의 믿음으로 말미암아 피차 안위함을 얻으려 함이라"고 말했습니다. 하나님은 어떤 이들의 믿음으로 인해 다른 사람의 영혼이 쉼을 누릴 수 있도록 하셨습니다. 여러분 삶에서 나타나는 가장 작은 승리일지라도 그것이 저에게, 그리고 다른 사람에게 그리스도를 보여줍니다. 그 승리를 자기 혼자서만 가지고 있지 마십시오.

따라서 저는 다시금 권면합니다. 소그룹 모임에 들어가십시오. 이 권면을 통해 하나님은 여러분에게 선을 행하고 계십니다. 그분은 이렇게 말씀하십니다. “나는 네 짐을 다른 사람에게 나눠 주어 그 짐을 반으로 덜게 해주겠다. 그리고 네 기쁨을 다른 사람에게도 나눠 주어 모든 기쁨이 배가 되게 해주겠다.” 아멘.

38장

기도로 싸우라

로마서 15:30

형제들아 내가 우리 주 예수 그리스도와 성령의 사랑으로 말미암아 너희를 권하노니 너희 기도에 나와 힘을 같이하여 나를 위하여 하나님께 빌어. _롬 15:30

시작하는 말

오늘은 로마서 15장 30절을 집중해서 보겠습니다. 저는 오늘 설교 제목을 "기도로 싸우라"고 정했습니다. 본문의 요지는 바울이 예루살렘의 가난한 그리스도인들에게 전할 헌금을 가지고 방문할 때에 로마의 그리스도인들이 그를 위해 하나님께 기도로 "힘쓰고", "분투하고", "싸우도록"(모두 강한 단어입니다. 단순히 기도하는 것이 아니라 힘쓰고 분투하고 싸우라고 말합니다) 동기를 부여합니다. 31절에서 바울은 하나님이 사람들의 기도에 응답하여 구체적으로 무엇을 해주시기를 바라는지 말합니다. 그에 대해서는 다음 주에 다루겠습니다.

오늘 30절에서는 바울이 예루살렘에서 사역하는 동안 로마의 그리스도인들이 그를 위해 기도로 함께 싸우기 위한 동인(動因) 두 가지에 대해 살펴보겠습니다. 첫 번째는 "주 예수 그리스도"이십니다. "형제들아 내가 우리 주 예수 그리스도 … 로 말미암아 너희를 권하노니." 두 번째는 "성령의 사랑"입니다. "형제들아 … 성령의 사랑으로 말미암아 너희를 권하노니."

이 문단의 기본 구조는 단순합니다. 바울은 사람들에게 기도로 동참해 줄 것을 호소합니다. 어쩌다 생각날 때 편안하고 느긋하게 기도해 달라는 요청이 아니라, 기도로 애쓰고 분투해 달라는 호소입니다. 그런 뒤에는 이 호소에 응답하는 사람들을 위한 두 가지 동인을 언급합니다. 그는 "주 예수 그리스도로 말미암아" 그리고 "성령의 사랑으로 말미암아" 기도해 달라고 호소합니다. 이제 다음 세 가지를 묵상해 봅시다.

1. 사역을 위해 기도로 함께 싸워 달라는 호소
2. "주 예수 그리스도로 말미암아" 기도하라는 권고
3. "성령의 사랑으로 말미암아" 기도하라는 권고

하지만 그 전에 먼저, 오늘 본문 말씀을 우리 교회의 상황과 연결지어 보고 싶습니다. 오늘은 1996년 기도 주간이 시작하는 날이고, (몇 시간 후면) 기도와 사역을 위한 새로운 한 해가 시작합니다. 하나님이 저를 통해 우리의 사역에 관련해서 오늘 본문 말씀을 들려주기 원하시는 것 같습니다.

성도 여러분, 우리 주 예수 그리스도와 성령의 사랑으로 권합니다. 저와 힘을 같이 하여 하나님께 간구하되, 저를 위해서뿐 아니라 교회의 모든 선교와 사역을 위해 기도해 주십시오.

싸우듯 금식하기

싸우고 애쓰는 기도를 이해하려면 그중 하나인 금식을 떠올리면 됩니다. 금식은 기도를 더욱 격렬하게 만들고, 육체의 굶주림을 통해 하나님이 역사하실 것에 대한 갈망을 드러냅니다. '주님의 능력이 임하기를 이만큼이나 갈망합니다. 사람들의 마음속에서 하나님의 영광이 나타나기를 이만큼이나 갈구합니다. 멸망으로 향해 가는 친구들이 회심하기를 이만큼이나 열망합니다.' 이번 주에는 여러분도 특별한 의미를 부여한 금식을 시도해 보셨으면 좋겠습니다.

하지만 제가 요청하는 기도가 얼마나 중대한지 제대로 느끼지 않고서는 금식할 수는 없을 것입니다. 그래서 제가 어제 묵상한 내용에 대해서 말씀드리고자 합니다. 저는 주님께 이렇게 여쭈었습니다. 우리가 금식을 할 만한 장래의 기도 제목은 무엇인지요? 올해, 우리의 분투와 금식을 통해 알려 주기 원하시는 부르심과 꿈, 그리고 가능성은 무엇입니까? 올해 제가 금식을 해야 하는 이유는 무엇입니까? 어떤 제목으로 사람들에게 기도로 싸우라고 요청해야 합니까?

제 내면에 기도에 대한 긴급한 필요를 더욱 절실히 느끼게 하고, 이번 주뿐 아니라 올 한 해 동안 하나님을 더 많이 붙들어야 할 필요를 느끼게 한 답이 여기에 있습니다.

올해를 위해 어떻게 기도하고 금식할 것인가?

하나님이 허락하신다면, 올해는 목회자들의 사역이 재편될 예정입니다(그렉은 교회 개척팀으로 옮기고, 조앤은 어린이 제자 사역팀에서 나가며, 짐 블룸은 토샤빔과 소그룹 지도자 자리에서 이너체인지의 도시 사역으로 옮깁니다). 사역을 누가 어떤 식으로 지속시켜 나가는지는 매우 중요합니다. 앞으로 몇 주, 몇 달간 이에 대한 결정을 내릴 것이며 이는 매우 중대한 일입니다. 그러니 한 주간 기도로 애쓸 만한 일이 아니겠습니까?

그리고 하나님이 허락하신다면, 새로운 예배 인도자를 세울 예정입니다. 참으로 감사하게도 1994년에는 돈 랜딘 형제가, 1995년에는 그렉 던버거 형제가 임시 예배 인도자로 기꺼이 도와주었습니다. 하지만 예배 위원회에서 애쓴 결과 이제는 정식으로 예배 인도자를 맞이할 준비가 되었으며, 개인적으로 기대하고 바라기는 이번 가을까지 인도자를 찾고자 합니다.

개인적으로는 이 일만으로도 하나님의 은혜로운 부르심을 들을 때까지 간절히 기도하고 금식해야 할 동기가 충분합니다. 여러분 중에도 저처럼 이를 기도의 부담으로 여기는 분들이 많을 것으로 믿습니다. 이를 위해 저와 더불어 기도와 금식으로 싸워 주시기를 간절히 호소합니다.

올해 하나님이 허락하신다면, 모든 성도의 섬김과 소그룹을 통한 교회 양육 및 돌봄에 대한 새로운 비전을 확립하고, 교회 사역자와 장로들이 영적으로 교회를 감독하는 길에 대해 모색해볼 것입니다. 그러면 온 교회가 사역자의 역할과 장로직의 중요성, 그리고 교회 회중의 제사장 역할 같은 부분에서 전반적이고 극적인 영향을 미칠 것이라 생각합니다. 이는 매우 흥분되는 성경적인 영향력이라 할 수 있습니다! 침례교회가 지난 400년 간 지켜온 역사적, 성경적 가치 중 하나는 성도의 제사장직이기 때문입니다(벧전 2:5, 9; 계 1:6; 엡 4:12).

올해(1995년)는 2000선교사 비전으로 새로워진 2000년까지, 2000년 12월 31일을 향해 전진할 것입니다. 우리는 2000년까지 2000명의 선교사를 보내고, 2000년까지 2000명을 주님께로 이끈다는 비전을 위해 기도하라는 부르심을 받았다고 믿습니다. 올해 우리 교회에서 파송을 준비하는 몇몇 선교사 가정이 있습니다. 이들이 과연 갈 수 있을까요? 아직 그리스도를 구세주로 믿지 않고 그리스도 없이 죽어가는 이웃과 친구와 동료와 이방인들이 많습니다. 하나님께서 우리에게 그들을 마땅히 사랑하고 복음을 전할 힘을 주실까요? 그리고 그들의 마음을 열어 복음에 귀를 기울이게 해주실까요? 이것 자체로 하나님의 응답과 역사를 바라는 간절한 열망이 우리 마음에 가득 채워집니다. 구원이 필요한 많은 이들의 이름과 얼굴을 우리는 알고 있습니다. 그래서 기도로 싸워야 하는 것입니다.

올해 하나님이 허락하신다면, 건물 융자금 완납을 위한 새로운 재원 마련 계획을 수립할 것입니다. 그리고 3월에는 모두 함께 헌금도 하면서 동참하게 될 것입니다. 과연 하나님께서 우리에게 힘을 주셔서 남은 6년의 융자 기간을 반으로 줄이고 수십만 달러의 이자를 아껴서 선교와 사역 확장에 사용할 수 있도록 해주실까요? 이러한 가능성을 놓고 건축 헌금 주일까지 남은 11주 동안 기도로 싸울 만한 가치가 있습니다.

올해 하나님이 허락하신다면, 베들레헴교회 안에서 사랑의 교제를 나누고, 도시 선교와 빈민 사역을 하며, 낙태 방지에 힘쓰고, 쉼터 사역을 시작하고자 합니다. 하지만 우리가 하나님 앞에 기도로 싸우지 않는다면 결코 실현되지 못할 꿈으로 남고 말 것입니다.

또한 하나님의 뜻이 있다면, 이 모든 사역을 지원하기 위해 적절한 시설을 갖춘 새 주차장을 서쪽에 완공할 것입니다. 하나님이 놀랍게 역사하셔서 몇 달 전 이웃의 협조로 그쪽 건물을 모두 철거할 수 있었습니다. 그러면 새신자들이 교회에 오기에 훨씬 편해지지 않겠습니까? 이처럼 기도로 싸우면 변화가 일어납니다.

그리고 여기에 더해 예배당 건물 동편에 교회를 알리는 새로운 간판을 세우려고 합니다. 평소 교회 건물 지붕에 달린 현수막 때문에 의아해하시던 분들은 이제 이 건물이 예배당인 것을 알 수 있을 겁니다. 여기에는 돈이 들겠지만 그다지 중요한 문제는 아닙니다. 어떻게 그 일이 가능하게 될까요? 반드시 그렇게 해야 하는 걸까요? 그에 대한 응답으로 기도가 놀라운 변화를 만들어 낼 것입니다.

중대한 필요를 인식할 때 기도로 싸우다

이런 것들은 이번 주와 올 한 해 동안 금식하며 기도로 싸워야 하는 개인적인 부르심과 긴급성을 떠올리면서 어제 하루 동안 묵상했던 내용입니다. 제가 이 말씀을 드리는 이유는 기도에 대한 부담감이 난데없이 불쑥 생기지는 않기 때문입니다. 중대한 필요와 함께 큰 소망을 보아야 기도에 대한 부담이 생기는 법입니다. 필요를 못 느끼면 굳이 기도로 싸울 마음이 들지 않습니다. 하지만 여러분의 삶이 일정 정도 교회와 긴밀히 연결될 때, 그리고 "모든 백성의 기쁨을 위해 모든 것 가운데서 하나님의 탁월하심을 향한 열정을 널리 전파하는" 사명에 동감할 때 여러분은 기도할 필요를 절실히 느끼게 될 것입니다.

여러분이 그리스도인이라면, 모두 기도로 싸워본 경험이 있거나 앞으로 기도로 싸우게 될 것입니다. 우리 중 몇몇은 기도에 대한 부담감을 느끼고, 기도로 날마다 그 일을 감당하고 있습니다. 물론 어떤 분들은 이 본문을 나누면서도 바울과 제가 호소하는 바가 무엇인지 감을 잡지도 못할 것입니다. 하지만 언젠가 우리 모두 힘써 기도할 날이 오리라 기대합니다.

1974년 12월 16일에 매형의 전화를 받았습니다. 버스 사고로 우리 어머니가 돌아가시고 아버지는 심하게 다쳐 위독하시다는 소식이었습니다. 저는 침실로 가서 무릎을 꿇고 삼십 분간 '기도로 싸운다'는 것이 무엇인지 체험했습니다. 제 말이 무슨 의미인지 아실 겁니다. 여러분이라도 똑같이 하셨을 겁니다. 어머니를 위한 기도가 아니었습니다. 죽은 사람을 위해 기도하는 것은 성경적이지 않습니다. 저는 아버지가 돌아가시지 않도록 힘써 기도했습니다. 그리고 정말 살아나셨습니다. 기도로 힘써 싸울 때 할 수 있는 일입니다. 소그룹 안에서도 이렇게 기도할 수 있습니다. 기도로 힘써 싸우도록 서로 격려할 수 있습니다. 저는 우리 교회 장로님들이 믿음에서 떠난 사람이나 심각하게 아픈 성도를 위해 힘을 다해 기도로 싸운다고 들었습니다. 기도로 싸울 때 모든 기도가 똑같은 맹렬함을 지닌 것은 아닙니다. 하지만 아주 맹렬한 기도가 있습니다. 기도의 부담감이 클수록 맹렬해집니다.

원수에 맞서 싸우는 맹렬한 기도

여기에 대해서는 어떻게 이해할 수 있을까요? 30절에서 바울은 우리가 무엇에 대항하고 누구를 대항해서 싸우는지 말하고 있지 않습니다.

- 우리의 기도를 방해하는 인생의 죄악을 대항해서 싸우고 있습니까? "내가 나의 마음에 죄악을 품었더라면 주께서 듣지 아니하시리라"(시 66:18).
- 기도할 때 우리 믿음을 위협하는 불신앙에 대항하여 싸우고 있습니까? "내가 믿나이다. 나의 믿음 없는 것을 도와주소서 하더라"(막 9:24).
- 그 자체로 악한 것은 아니지만 기도에 집중하는 것을 심각하게 방해하는 것을 대항하여 싸우고 있습니까? "만물의 마지막이 가까이 왔으니 그러므로 너희는 정신을 차리고 근신하여 기도하라"(벧전 4:7).
- 사탄과 정사와 권세에 대항하여 싸우고 있습니까? "우리의 씨름은 혈과 육을 상대하는 것이 아니요 통치자들과 권세들과 이 어둠의 세상 주관자들과 하늘에 있는 악의 영들을 상대함이라"(엡 6:12).

그렇습니다. 모든 원수의 방해물에 맞서 싸워야 합니다. 기도할 때 왜 그리 힘든지 궁금하십니까? 적이 너무 많기 때문입니다. 원수가 전원을 끊고 보급로를 차단한다면 군대 전체가 힘을 잃고 아무것도 할 수 없게 됩니다.

기도로 하나님과 싸우다

기도로 하나님과 싸우는 것에 대해서는 조금 다르게 생각해 볼 수 있습니다. 물론 이 말은 우리가 하나님을 원수 대하듯 싸우고 이겨야 한다는 의미가 아닙니다. 그분을 우리의 유일한 소망으로 바라보면서 간절히 그분을 붙잡고 우리에게 복 주시지 않고는 못 떠나시게 하는 것을 의미합니다. 그에 대한 예는 이러합니다.

- 반항하는 이스라엘을 대신하여 하나님과 싸우는 모세(신 9:24-29).
- 아들을 달라고 하나님과 싸우는 한나(삼상 1:10, 12).
- 겟세마네에서 하나님과 싸우며 땀을 피같이 흘렸던 예수님(눅 22:44).
- 유대 동족을 위해 자신을 희생하겠다는 열망으로 기도한 바울(롬 9:1-3, 10:1).

위의 모든 경우에서는 바울이 로마서 15장 30절에서 말한 맹렬함과 긴급함과 간절함과 열망과 열심이 나타났습니다. 그 기도가 어떠한지 들어 보고 싶다면 다음의 실례에 귀를 기울이기 바랍니다. 이 기도는 다니엘이 70년의 포로 기간이 끝나고 자기 백성이 바빌론의 포로 신분에서 해방되기를 하나님께 간절히 부르짖는 내용입니다. 그의 기도는 이렇게 소개됩니다(단 9:3). "내가 금식하며 베옷을 입고 재를 덮어쓰고 주 하나님께 기도하며 간구하기를 결심하고." 기도로 하나님과 싸우는 구체적인 모습을 볼 수 있습니다. 이제 이 기도가 어떻게 마무리되는지 들어보겠습니다(단 9:18-19).

나의 하나님이여 귀를 기울여 들으시며 눈을 떠서 우리의 황폐한 상황과 주의 이름으로 일컫는 성을 보옵소서! 우리가 주 앞에 간구하옵는 것은 우리의 공의를 의지하여 하는 것이 아니요 주의 큰 긍휼을 의지하여 함이니이다. 주여, 들으소서! 주여, 용서하소서! 주여, 귀를 기울이시고 행하소서! 지체하지 마옵소서! 나의 하나님이여 주 자신을 위하여 하시옵소서! 이는 주의 성과 주의 백성이 주의 이름으로 일컫는 바 됨이니이다.

다니엘은 맹렬함으로 하나님께 탄원하고 있으며 하나님의 영광을 위한 하나님의 열심을 기도의 근거로 삼아 싸우고 있습니다.

그래서 저는 이렇게 결론짓습니다. 하나님은 때로 우리를 싸움의 자리로 부르시는데, 우리 중 어떤 사람을 기도의 용사로 부르셔서 기도로 분투하고 싸우고 견디고 이겨내도록 부르십니다. 이것이 바로 우리의 생활 중에 교회로서 당면하고 있는 큰 문제들을 놓고 이번 주 동안 함께 힘써 기도로 싸우자는 저의 권면입니다.

로마서 15장 30절의 기도로 싸우게 하는 두 동인

바울은 로마서 15장 30절에서 로마의 그리스도인들을 향해 기도의 동기를 부여하는 두 동인에 대해 말합니다. "형제들아 내가 1) 우리 주 예수 그리스도와 2) 성령의 사랑으로 말미암아 너희를 권하노니 너희 기도에 나와 힘을 같이하여 나를 위하여 하나님께 빌어." 한 번에 하나씩 살펴보겠습니다.

"우리 주 예수 그리스도로 말미암아"

바울은 "우리 주 예수 그리스도로 말미암아" 기도로 싸울 것을 요청합니다. 이 말이 무슨 의미일까요? 이것이 어떻게 기도로 싸우는 데 힘이 될까요? 예수님은 우리가 기도에 매진하도록 너무나 많은 일을 행하십니다. 예를 들어보겠습니다.

- 예수님은 우리가 기도하고 낙담하지 말라고 명하셨습니다(눅 18:1).
- 예수님은 자기 이름을 우리가 기도할 수 있는 기반으로 삼으셨습니다(요 14:13, 15:16).
- 예수님은 기도 응답을 포함해 구원의 모든 은덕을 우리에게 주시려고 피를 흘려 값을 지불하셨습니다(롬 8:32).
- 예수님은 주기도문이라 부르는 기도의 본보기로 우리에게 기도를 가르쳐 주셨습니다(마 6:9-13).
- 예수님은 온 밤을 새워 기도하면서 기도하는 본을 보이셨습니다(눅 6:12).

이 중에서 바울이 생각하고 있는 것은 무엇일까요? 혹 다른 것이 있는 걸까요?

"성령의 사랑으로 말미암아"

바울이 언급한 두 번째 동인은 어떻습니까? "형제들아 내가 … '성령의 사랑'으로 말미암아 너희를 권하노니 너희 기도에 나와 힘을 같이하여 나를 위하여 하나님께 빌어." 이 말은 성령이 우리 안에 서로를 위한 사랑을 부어주셔서 서로를 위해 기도하고 싶은 마음이 생긴다는 의미일까요(갈 6:22)? 아니면 성령이 우리를 향해 사랑을 품으심으로, '성령이 우리가 기도할 수 있도록 도우실 거'라는(롬 8:26) 확신을 가질 뿐 아니라, '성령이 우리의 기도에 응답하시려고 사랑으로 일하실 거'라는(행 4:31, 8:15) 확신을 갖게 하신다는 의미일까요?

바울의 생각

모두 맞는 말입니다. 그렇기 때문에 우리 안에 기도하고 싶은 마음이 생깁니다. 하지만 그 두 동인에 대해 바울이 의미하는 바를 자세히 알고 싶다면 그 다음 구절에 단서가 있습니다. 그에 대해서는 다음 주에 보도록 하겠습니다. 대신 오늘은 간단하게 살펴보고 가겠습니다. 31절은 바울이 원하는 기도의 목표를 말합니다. 바울은 로마 교인들이 바울과 더불어 기도로 함께 싸우기를 바라며 이렇게 말합니다. "나로 유대에서 순종하지 아니하는 자들로부터 건짐을 받게 하고 또 예루살렘에 대하여 내가 섬기는 일을 성도들이 받을 만하게 하고."

두 가지 기도 요청을 합니다. 첫 번째 요청은 대적자들을 막아 주셔서 바울을 해치지 못하도록 기도하는 것입니다. 그 다음은 예루살렘에 있는 그리스도인들이 그의 사역에 호의를 보이고 비난 대신 인정해 주도록 기도하는 것입니다. 저는 30절에 나오는 두 동인이 31절에 나오는 두 가지 요청과 상응한다고 생각합니다.

대적을 극복하고 저지해서 바울을 해치지 못하게 막으려면 세상 모든 권세를 다스리는 '주님'(Lord)의 권세를 갖고서 강력하고 주권적으로 개입하시는 분이 필요합니다. 이것이 "우리 주 예수 그리스도로 말미암아"라는 동인과 상응합니다. 그러면 이 본문 말씀을 이렇게 표현해 볼 수 있습니다. "예루살렘에 있는 로마인 권세자들과 유대인 권세자들로부터 제가 건짐을 받도록 여러분이 힘써 기도해 주시기를 간청합니다. 제가 이렇게 호소할 수 있는 이유는, 예수 그리스도는 주님이시고 그분은 군대와 통치자들과 황제까지도 원하시는 대로 움직일 권세를 갖고 계시기 때문입니다. 하늘과 땅의 모든 권세가 예수님께 있다는 확신을 가지고 기도하십시오"(마 28:18).

마지막으로, 두 번째 요청은 예루살렘의 그리스도인들이 바울의 사역에 대해 의심하고 비난하기보다는 호의를 가져주기를 바라는 내용이었습니다. 달리 말해, 바울은 사람들이 그를 친절하고 부드럽고 사랑으로 대해 주기를 원합니다. 이는 두 번째 동인인 "성령의 사랑으로 말미암아"와 상응합니다. 바울은 로마의 그리스도인들이 예수님의 이름으로 아버지께 간구한다면, 성령님이 예루살렘 교인들의 마음속에 사랑과 능력으로 역사하셔서 바울을 환대하고 그의 사역을 거부하는 대신 돕게 될 만큼 풍성한 사랑을 주시리라 믿고 있습니다.

결론: 베들레헴교회를 위한 간절한 기도 요청

그래서 이번 기도 주간을 앞두고 여러분께 간절히 요청합니다. 저를 위해서만이 아니라 하나님이 이때에 우리 교회 안에 세우시는 모든 비전을 위해 저와 함께 기도로 싸우지 않겠습니까? 교회의 사명과 비전과 새로운 사역을 위해 기도해 주십시오. 나가실 때 나눠 드릴 푸른색 표지의 책자를 참고하시면 됩니다. 이 모든 일을 뒷받침할 영적 대각성과 부흥이 있도록 기도하십시오. 아침마다 기도하시고, 수요일 저녁마다 스티브 니콜슨 형제가 이끄는 부흥 기도회 때도 기도하시고, 금요일 철야 때도 기도하십시오.

무엇을 하든 올해를 기도 없이 보내지 마십시오. 기도는 모든 사명과 비전과 사역이 이루어지도록 하나님의 능력과 이어 주는 끈입니다. 저와 함께 기도로 싸웁시다. 우리 주 예수 그리스도와 성령의 사랑으로 여러분께 간절히 요청합니다.

39장

기도가 사람의 의지를 바꾼다

로마서 15:30-31

형제들아 내가 우리 주 예수 그리스도와 성령의 사랑으로 말미암아 너희를 권하노니 너희 기도에 나와 힘을 같이하여 나를 위하여 하나님께 빌어 나로 유대에서 순종하지 아니하는 자들로부터 건짐을 받게 하고 또 예루살렘에 대하여 내가 섬기는 일을 성도들이 받을 만하게 하고. _롬 15:30-31

오늘은 31절로 넘어가기 전에 30절에 나오는 기도에 대해 두 가지 질문을 던지며 시작하겠습니다.

1. 왜 명령이 아닌 동인을 말하는가?

바울은 로마의 그리스도인들에게 그냥 기도하라고 말하는 대신 기도하기 위한 동인(動因)을 말하고 있을까요? 두 가지 동인을 기억해 봅시다. 1) "우리 주 예수 그리스도로 말미암아 … 권하노니", 2) "성령의 사랑으로 말미암아 … 권하노니." 바울은 명령하는 대신 왜 동인에 대해 말할까요? 단순히 "나를 위해 기도해 달라!"고 말하지 않는 이유는 무엇일까요?

하나님은 일반적으로 생각을 통해 의지를 움직이신다

그 이유는 이렇습니다. 하나님이 우리의 의지(will)를 움직이실 때는 통상적으로 우리의 생각(mind)을 통해 그렇게 하십니다. 즉, 우리의 생각에 진리를 보여 줌으로써 의지를 움직이게 하시는 방법입니다. 오늘 말씀과 같은 경우, 하나님은 바울을 통해 로마의 그리스도인들이 기도하고 싶은 의지를 품도록 하십니다. 단순히 기도하려는 생각 정도가 아니라 격렬하게 그렇게 하고픈 의지가 생기도록 하십니다. 바울은 이를 기도에 "힘쓴다(싸운다)"고 부릅니다. 따라서 격렬하게 기도하고 싶은 의지를 일깨우고 이를 역동적인 행동으로 이끌어내기 위해 바울은 그들의 생각 속에 하나님이 중심의 두 가지 진리를 집어넣습니다. 1) 예수 그리스도는 주님이시다("우리 주 예수 그리스도로 말미암아"). 2) 성령은 사랑의 영이시다("성령의 사랑으로 말미암아").

지난주에 저는 이 두 가지 동인이 31절의 두 가지 기도 요청에 상응한다고 말씀드렸습니다. 예수님은 주님이시므로 유대에서 순종하지 아니하는 자들로부터 바울을 건지시는 권리와 권세와 능력이 그분께 있다는 확신을 가지고 기도할 수 있습니다. 그리고 하나님의 영은 사랑의 영이시므로 그분이 예루살렘에 있는 성도들을 바울에 대한 기꺼운 사랑으로 채워 주셔서 그의 사역이 환영받고 원망을 받지 않을 것이라는 확신을 가지고 기도할 수 있습니다.

따라서 우리가 여기서 알 수 있는 사실은, 하나님은 우리가 하나님 중심의 위대한 진리 —예수님이 온 우주의 주인이시고 성령이 사랑으로 충만하시다는 진리— 에 대한 반응으로 열정적이고 격렬하게 기도하기 바라신다는 점입니다. 왜 하나님은 이렇듯 우리에게 단지 무엇을 하라고 말씀하지 않으시고, 그 일을 하기 위한 동인을 제시하는 방법을 사용하실까요?

하나님은 하나님에 대한 바른 관점으로 영광을 받기 원하신다

그 이유는 분명합니다. 하나님이 우리에게 행동을 강요하시면, 우리가 하는 행동을 통해 영광을 받지 못하시기 때문입니다. 하나님은 이 세상에서 하나님 아들의 가치와 성령의 능력과 하나님의 이름이 영광을 받도록 일하십니다. 하나님은 우리가 그것을 알기 원하십니다. 하나님은 우리가 그것을 알고 그에 대해 생각한 끝에 결정을 내리고 기도하고 싶은 마음이 들도록 의식적으로 영향을 미치십니다.

혹 우리가 "왜 기도하고 있습니까?"라는 질문을 받을 때 "모르겠네요. 그냥 그래야 할 거 같아서요"라고 대답한다면 하나님이 마땅히 받으셔야 할 영광을 받지 못하십니다. 만일 우리가 그 질문에 이렇게 말한다면 어떨까요? "예수님은 주님이시고, 기도에 응답하셔서 인간의 계획도 주관하실 능력이 있기 때문이지요. 성령이 사랑의 영이시기 때문에 기도합니다. 그분은 긍휼로 제 기도를 들어주실 거니까요."

하나님은 우리의 생각을 하나님을 높이는 진리로 채워 주셔서 그것이 우리의 기도와 삶에 자극이 되도록 하십니다. 우리는 강압이나 채찍 때문에 움직여서는 안 됩니다. 하나님 중심으로 이끄는 지식으로 인해 움직여야 합니다. 그래서 우리가 성경을 읽는 것입니다. 그래서 주일 모임이 있고 여러 신앙 훈련이 있는 것입니다. 그래서 제가 설교를 하고 저술을 하는 것입니다. 우리 마음을 하나님에 대한 진리로 흔들어놓아, 그로써 행동에 옮기게 될 때 하나님이 영광을 받으시도록 말입니다.

2. 바울은 왜 혼자 기도하지 않았는가?

30절에서 제기되는 두 번째 질문은 이렇습니다. 바울은 자신도 로마의 그리스도인들과 같은 제목으로 기도하고 있다고 말합니다. "형제들아 내가 우리 주 예수 그리스도와 성령의 사랑으로 말미암아 너희를 권하노니 너희 기도에 '나와' 힘을 같이하여 나를 위하여 하나님께 빌어." 그가 기도하고 있다면 굳이 다른 사람의 기도까지 필요한 이유는 무엇일까요? 바울 혼자서 그 두 가지 제목을 놓고 기도했다면 왜 굳이 로마 그리스도인들의 기도에까지 의지하려는 걸까요?

우리 중에는 이런 생각을 하는 분이 있을 겁니다. '왜 기도 모임을 하는가? 왜 오늘밤도 다 같이 교회에 모여 기도해야 하는가? 24시간 연속 기도나 기도팀이 왜 필요한가? 하나님이 참된 하나님이시고, 그분이 기도에 응답하셔서 능히 변화를 일으키실 수 있다면 그토록 많은 사람들이 매달려 간청할 이유가 무엇인가?'

만일 제 아들 하나가 저한테 부탁을 해서 도서관으로 아내 노엘을 태우러 가야 한다면, 아들 넷 모두가 부탁한다고 해서 뭐가 달라지겠습니까?

이에 대한 한 가지 답은 이렇습니다. 한 가지 기도 제목을 놓고 더 많은 사람이 기도할수록, 하나님이 기도에 응답하실 때 더 많은 감사와 영광을 받으시게 됩니다. 고린도후서 1장 10-11절에서 그 사실을 볼 수 있습니다. "… 이 후에도 건지시기를 그[하나님]에게 바라노라. 너희도 우리를 위하여 간구함으로 도우라. 이는 우리가 '많은 사람의 기도'로 얻은 은사로 말미암아 많은 사람이 우리를 위하여 감사하게 하려 함이라."

두 가지 질문에 대한 대답 이면에는 기도의 거룩한 목적이 '하나님의 위대하심을 극대화하는 것'에 있다는 전제가 깔려 있습니다. 기도는 하나님의 영광을 위해 존재합니다. 예수님은 요한복음 14장 13절에서 이렇게 말씀하셨습니다. "너희가 내 이름으로 무엇을 구하든지 내가 행하리니 이는 아버지로 하여금 아들로 말미암아 영광을 받으시게 하려 함이라." 기도의 목표는 예수님을 통해 아버지가 영광을 받으시는 것입니다.

그래서 무언가를 위해 기도하고 하나님의 긍휼과 능력을 의지하는 사람이 많아질수록, 기도 응답이 올 때 더 많은 사람들이 하나님께 감사를 드리고 영광을 돌리게 됩니다.

하나님은 기도에 대한 응답으로 사람들의 의지를 바꾸신다

이제 30절에서 비롯된 두 가지 질문을 바탕으로 31절에서 교훈을 찾을 수 있습니다. 30절에서 살펴본 대로, 성경이 말하는 기도의 목표와 우리를 기도로 이끄는 두 동인을 보면, 우주의 중심이 하나님이심을 알게 될 뿐 아니라 하나님 중심의 시각으로 우주를 바라보게 됩니다. 기도는 하나님의 영광을 목표로 하고 우리를 기도로 이끄는 두 동인은 하나님 중심적이므로, 우리 마음이 이러한 동인에 이끌려 움직일 때 우리는 곧 하나님의 방식으로 행하게 되는 것이 분명해집니다.

31절도 동일한 세계관을 전제로 하고 있습니다. 이 구절의 요지는 그 함축된 의미가 매우 단순하면서도 광범위합니다. 기도가 사람의 의지를 바꾼다는 것입니다. 더 정확히 말하면 하나님이 기도에 대한 응답으로 사람들의 의지를 변화시키신다는 것입니다.

다음 구절에서 그 점을 살펴보겠습니다. 31절은 바울의 두 가지 요청이 나옵니다. "1) 나로 유대에서 순종하지 아니하는 자들로부터 건짐을 받게 하고, 2) 또 예루살렘에 대하여 내가 섬기는 일을 성도들이 받을 만하게 하고."

바울에게는 두 가지 관심사가 있었습니다. 유대의 비그리스도인들이 그를 해치고 사역을 훼방할지 모른다는 것과 유대의 그리스도인들이 그의 사역을 비판할지도 모른다는 것입니다. 그래서 바울은 예루살렘에서 수천 킬로미터 떨어져 있는 로마의 그리스도인들에게 그런 일이 일어나지 않도록 하나님께 간구해 달라고 요청합니다.

여기에 담긴 의미는 바울을 해치려고 하는 믿지 않는 사람들과 바울의 사역을 비판하는 믿는 자들의 의지 모두를 하나님의 능력으로 바꿀 수 있다는 것입니다. 하나님이 그 일을 하실 수 없다면 그런 기도를 할 이유가 없을 것입니다. 두 가지 모두 인간의 의지가 관련된 일이고 그 기도에 대한 응답은 그들의 의지를 바꾸는 하나님의 능력과 관련된 일일 것입니다. 하나는 악한 의지를 가진 비그리스도인들이 제지를 당하는 것이고, 다른 하나는 그리스도인이 선한 의지를 갖게 되는 것입니다.

300년 전 매튜 헨리는 이렇게 설명했습니다. "하나님께 원수의 악한 의지를 제어해 주시도록 반드시 간구해야 하듯이, 친구의 선한 의지를 더해 주시고 지켜 주시는 것 또한 간구해야 한다. 그들 모두의 마음이 하나님의 손에 놓여 있기 때문이다."

그것이 31절의 의미입니다. 사도행전으로 가서 하나님이 기도에 응답하시는 모습을 지켜보면서 그 일이 어떻게 이뤄지는지 보겠습니다.

사도행전에서 하나님은 어떻게 기도에 응답하시는가?
첫 번째 기도 요청은 바울이 유대의 불순종하는 자들에게서 건짐을 받는 것입니다. 하나님이 어떻게 응답하셨습니까?

유대의 비그리스도인에게서 건짐받다

사도행전 21장에서 바울은 예상했던 대로 매우 적대적인 도시로 갑니다. 30절입니다. "온 성이 소동하여 백성이 달려와 모여 바울을 잡아 성전 밖으로 끌고 나가니 문들이 곧 닫히더라." 군중의 폭행은 쉽사리 진정되지 않습니다. 그렇다면 바울은 어떻게 목숨을 건졌을까요?

바울은 세상 관원의 의지를 통해 목숨을 건졌습니다. 31-32절입니다. "그들이 그를 죽이려 할 때에 온 예루살렘이 요란하다는 소문이 군대의 천부장에게 들리매, 그가 급히 군인들과 백부장들을 거느리고 달려 내려가니 그들이 천부장과 군인들을 보고 바울 치기를 그치는지라." 여기서 기도에 대한 응답을 발견합니다.

첫째, 누군가 의지적으로 달려가 천부장에게 소요가 일어났음을 알렸습니다. 둘째, 천부장은 의지적으로 그 일을 심각하게 받아들이고 가서 살펴봅니다. 셋째, 나머지 구절에서 이렇게 말합니다. "… 그들이 천부장과 군인들을 보고 바울 치기를 그치는지라." 그래서 그들의 악한 의지가 억제되고 바울을 때리는 일을 즉각 멈추었습니다. 2천여 킬로미터 넘게 떨어진 로마의 그리스도인들이 드린 기도가 응답받았습니다. 하나님은 누군가의 의지에 영향을 주어 천부장에게 알리게 하셨고, 천부장의 의지와 군중들의 의지도 움직이셨습니다. 그리고 바울은 목숨을 건졌습니다.

하지만 그가 당한 위험은 여기서 끝이 아닙니다. 23장에서 바울은 옥에 갇히고 원수들 중 몇몇은 바울이 가이사랴로 이송될 때 그를 암살할 모의를 꾸밉니다. 그들은 바울이 죽을 때까지 먹지 않기로 맹세까지 합니다. 이제 하나님은 로마의 그리스도인들의 기도에 어떻게 응답하실까요? 하나님은 바울의 조카인 한 청년의 의지를 움직여 그 모의를 엿듣는 장소에 있게 하셨고, 이후 그에게 용기를 주어 바울에게 이 사실을 알리게 하셨습니다. 16절입니다. "바울의 생질이 그들이 매복하여 있다 함을 듣고 와서 영내에 들어가 바울에게 알린지라."

그리고 17-22절 말씀입니다.

> 바울이 한 백부장을 청하여 이르되, 이 청년을 천부장에게로 인도하라.

그에게 무슨 할 말이 있다 하니 천부장에게로 데리고 가서 이르되, 죄수 바울이 나를 불러 이 청년이 당신께 할 말이 있다 하여 데리고 가기를 청하더이다 하매 천부장이 그의 손을 잡고 물러가서 조용히 묻되, 내게 할 말이 무엇이냐? 대답하되, 유대인들이 공모하기를 그들이 바울에 대하여 더 자세한 것을 묻기 위함이라 하고 내일 그를 데리고 공회로 내려오기를 당신께 청하자 하였으니, 당신은 그들의 청함을 따르지 마옵소서. 그들 중에서 바울을 죽이기 전에는 먹지도 않고 마시지도 않기로 맹세한 자 사십여 명이 그를 죽이려고 숨어서 지금 다 준비하고 당신의 허락만 기다리나이다 하니 이에 천부장이 청년을 보내며 경계하되 이 일을 내게 알렸다고 아무에게도 이르지 말라 하고 백부장 둘을 불러 이르되 밤 제 삼 시에 가이사랴까지 갈 보병 이백 명과 기병 칠십 명과 창병 이백 명을 준비하라 하고.

하나님은 조카의 의지에 영향을 미쳐 적절한 시간에 적절한 장소에 있게 하시고 바울에게 용기 내어 말하게 하셨습니다. 하지만 이뿐 아니라 백부장의 의지도 움직이셔서 청년을 천부장에게 데려가게 하셨고, 또한 천부장의 의지도 움직이셔서 청년의 말을 심각하게 받아들여 바울을 피신시킬 계획을 세우게 하셨습니다. 그리고 바울은 로마서 15장 31절에서 기도를 요청했듯이 다시 한 번 예루살렘의 비그리스도인들에게서 목숨을 건졌습니다.

예루살렘 성도들이 받아들일 만한 사역

그렇다면 믿는 자들은 어떻습니까? 로마서 15장 31절에 나오는 기도의 응답으로 사람들은 바울에게 어떤 식으로 반응했습니까? 바울의 사역이 성도들에게 받아들여졌습니까? 사도행전 21장 17-20절에 답이 있습니다.

"예루살렘에 이르니 형제들이 우리를 기꺼이 영접하거늘 그 이튿날 바울이 우리와 함께 야고보에게로 들어가니 장로들도 다 있더라. 바울이 문안하고 하나님이 자기의 사역으로 말미암아 이방 가운데서 하신 일을 낱낱이 말하니 그들이 듣고 하나님께 영광을 돌리고."

바울이나 그의 사역을 비판하는 교회의 이야기는 나오지 않습니다. 하나님이 로마 교인들의 간절한 기도를 들으셨고 역사하신 것입니다. 성령의 열매인 사랑과 기쁨을, 바울은 예루살렘 교회에서 맛보았습니다. 하나님이 성령의 사랑으로 들으시고 응답하셨습니다.

저는 매튜 헨리의 말이 옳았다는 말로 결론을 내리겠습니다. 우리는 하나님께 원수의 악한 의도를 제어해 주시도록 기도하고, 친구의 선한 의도를 더해 주시고 지켜 주시도록 간구합니다. "그들 모두의 마음이 하나님의 손에 놓여 있기" 때문입니다.

간단히 말해서, 기도에 대한 응답으로 하나님은 사람들의 의지를 바꿔 주십니다. 이는 우리가 매주 수요일 모임에서 배우는 하나님의 섭리에 관해 가장 핵심까지 들어가는 이야기입니다. 따라서 저는 하나님의 주권과 인간의 책임에 따르는 결과에 대해 조금 더 말씀드릴까 합니다.

세 가지 의미

기도에 대한 응답으로 하나님은 사람의 의지를 바꿔 주십니다. 여러분 스스로 기도에 대한 이 단순하고도 강력한 진리를 정말로 믿는지 자문해 보시기 바랍니다. 하나님이 우리의 의지를 움직이셔서 이 사실을 믿게 되기를 기도합니다! 이를 믿고 있다면 다음의 세 가지 의미를 생각해 보시기 바랍니다.

1. 그리스도의 주되심을 경외하라

하나님과 그 아들 예수님의 주되심을 경외하십시오. 바울은 이렇게 말했습니다. "내가 우리 주 예수 그리스도 … 로 말미암아 너희를 권하노니 너희 기도에 나와 힘을 같이하여." 이제 우리는 예수님이 주님이시라는 사실을 더욱 명확하게 봅니다. 그분은 백부장과 천부장과 군중과 청년의 의지를 주관하시는 주님이십니다. 하늘과 땅의 모든 권세가 그분에게 있습니다. 그러니 우리 주 예수님을 경외하십시오. 그분을 예배하십시오. 그분을 신뢰하십시오. 그분을 따르십시오. 그리고 사람들의 변화를 바라는 간절함이 있다면, 우리를 도우시는 그분을 의지하십시오.

2. 사랑의 영이신 성령을 즐거워하라

성령이 사랑의 영이신 것을 기뻐하고 즐거워하십시오. 바울은 이렇게 말했습니다. "내가 … 성령의 사랑으로 말미암아 너희를 권하노니 너희 기도에 나와 힘을 같이 하여." 예루살렘 성도들이 "기쁘게 그를 영접하기"를 기대하며 그곳을 향하던 바울에게 있어서 그 말이 과연 어떤 의미를 지니고 있는지 생각해 보십시오. "형제들이 우리를 기꺼이 영접하거늘." 성령의 사랑이 다른 그리스도인에게서 우리에게로 흘러올 때 그것은 얼마나 놀라운지요. 이런 하나님을 기뻐하십시오. 온 우주의 주인이 사랑의 영이신 것을 기뻐하십시오. 하나님께는 강력한 독생자와 사랑 많은 성령이 계심을 기뻐하십시오. 이 둘이 연합할 때 무한한 능력과 넘치는 사랑이 흘러 나가며, 어떤 일이 닥쳐도 우리의 유익을 위한 하나님의 뜻만 이루어집니다.

3. 기도를 가벼이 여기지 말라

마지막으로, 세상에서 기도를 통해 끼칠 수 있는 놀라운 영향력을 무시하지 마십시오. 하나님은 그분의 역사를 이루는 일에 우리를 부르셔서 기도로 동참하게 하십니다. 기도로 우리는 대통령들과 왕들과 의원들과 통치자들과 시장들의 의지에 영향을 미쳐야 합니다(딤전 2:1-2). 기도로 우리는 교수들과 작가들과 예능인들과 편집자들과 목회자들과 장로들과 선교사들의 의지에 영향을 미쳐야 합니다. 기도로 우리는 친구와 원수의 의지에 영향을 미쳐야 합니다. 우리는 기도로 자녀와 남편과 아내와 부모와 형제자매와 이웃과 동료와 같은 반 학생들에게 영향을 미쳐야 합니다.

우리가 기도로 선하게 바꿀 수 있는 분량은 헤아릴 수 없습니다. 하나님이 우리 손에 쥐어 주신 이 위대한 역사를 가벼이 여기지 마십시오. 올해는 사람들을 그리스도께로 이끌기 위해 우리의 도구를 꼭 사용합시다. 진리로 사람들의 생각을 바꾸고 기도로 사람들의 의지를 바꾸는 일을 합시다.

40장

그리스도를 위해 위험을 감수하는 자들을 칭찬하고 환대하라

로마서 16:1-7

내가 겐그레아 교회의 일꾼으로 있는 우리 자매 뵈뵈를 너희에게 추천하노니 너희는 주 안에서 성도들의 합당한 예절로 그를 영접하고 무엇이든지 그에게 소용되는 바를 도와줄지니 이는 그가 여러 사람과 나의 보호자가 되었음이라. 너희는 그리스도 예수 안에서 나의 동역자들인 브리스가와 아굴라에게 문안하라. 그들은 내 목숨을 위하여 자기들의 목까지도 내놓았나니 나뿐 아니라 이방인의 모든 교회도 그들에게 감사하느니라. 또 저의 집에 있는 교회에도 문안하라. 내가 사랑하는 에배네도에게 문안하라. 그는 아시아에서 그리스도께 처음 맺은 열매니라. 너희를 위하여 많이 수고한 마리아에게 문안하라. 내 친척이요 나와 함께 갇혔던 안드로니고와 유니아에게 문안하라. 그들은 사도들에게 존중히 여겨지고 또한 나보다 먼저 그리스도 안에 있는 자라. _롬 16:1-7

로마서 16장에는 여러 사람의 이름이 나열되어 있습니다만, 단순한 목록 그 이상의 의미가 있습니다. 여기에는 신학과 교회론, 그리고 윤리학이 결정체로 녹아 있습니다. 하지만 겉으로 확연히 드러나지는 않고 암시적입니다. 명백한 주장으로가 아니라 단어들 안에 함축돼 있습니다. 예를 들면 이렇습니다. 주, 그리스도, 예수, 교회, 자매, 형제, 성도, 사도, 이방인, 선택, 거룩, 사랑받는, 처음 맺은 열매, 일꾼, 그리스도 안에서 인정함을 받은…. 모두 하나님 중심의 단어들입니다. 하지만 바울은 이에 대해 설명하기보다는 (모두가 알고 있다는 듯) 당연하게 말하고 있습니다. 지금은 설명하는 시간이 아닙니다. 인사를 나누는 시간입니다. 그런데 그 인사를 통해 우리가 얼마나 많은 것을 배울 수 있는지 모릅니다!

먼저 큰 그림을 그린 후에 바울이 언급한 사람들 중에 세 사람을 주목해 보겠습니다. 1-16절까지의 인사말에서 일반적으로 여섯 가지 관찰이 가능합니다.

로마서 16장의 큰 그림: 관찰

1. 이름들에 주목하십시오. 스물일곱 명의 이름입니다. 더 많은 이들에게 인사를 보내지만 이름이 나온 사람은 스물일곱 명입니다. 그 중 스물여섯 명은 로마에 있고 뵈뵈(가장 처음 언급된 사람)는 로마로 가는 길입니다. 여기 나온 이름들이 중요하다는 사실을 우리는 알아야 합니다.

저는 제가 여러분의 이름을 다 알고 부를 수 있었으면 좋겠습니다. 예수님은 그러하십니다. 요한복음 10장 3절을 보십시오. "양은 그의 음성을 듣나니 그가 자기 양의 이름을 각각 불러 인도하여 내느니라." 서로의 이름을 알도록 애쓰시기 바랍니다. 바울은 여기서 자기를 스페인 선교사로 파송해 주기를 기대하는 교회와 관계를 다져 가는 중입니다. 단 한 번 가본 적도 없는데 그곳 사람들의 이름을 이렇게 많이 알고 있다니 놀라울 따름입니다. 우리도 바울의 이런 부분을 닮아야겠습니다.

2. 여러 사람들의 인척 관계와 동역자 관계에 주목하십시오. '자매, 형제, 일꾼, 성도, 보호자, 동료 사역자, 교회, 처음 맺은 열매, 친척, 동료 수감자, 사랑하는, 그리스도 안에서 인정함을 받은, 선택, 내 어머니' 등등 바울이 그들 및 다른 사람들과의 관계를 설명하기 위해 사용하는 단어가 범상치 않습니다. 무릇 관계란 더 많은 사람들과 연결될수록 그 사람들을 통해, 혹은 서로에게서 흘러나오는 복은 더욱 다양하고 풍성해집니다.

3. 얼마나 그리스도로 충만한 관계인지 주목하십시오. 2절입니다. "너희는 주 안에서 … 그를 영접하고." 3절입니다. "그리스도 예수 안에서 나의 동역자들인…." 5절입니다. "그리스도께 처음 맺은 열매니라." 7절입니다. "그들은 … 나보다 먼저 그리스도 안에 있는 자라." 8절입니다. "주 안에서 내 사랑하는." 9절입니다. "그리스도 안에서 우리의 동역자인." 10절입니다. "그리스도 안에서 인정함을 받은 아벨레." 11절입니다. "주 안에 있는 자들에게 문안하라." 12절, "주 안에서 수고한", "주 안에서 많이 수고하고 사랑하는…." 13절입니다. "주 안에서 택하심을 입은…."

단순한 안부 인사가 아닙니다. 그리스도로 충만한 사람이 그의 친구들에 대해 이야기하는 방식입니다. 우리가 가족이나 친구들에게 편지를 쓸 때나 전화로 이야기를 나누거나 이메일을 보낼 때, 그리스도가 그곳에 이렇게 함께하십니까? 전에 누군가 "굳이 종교성을 드러내며 살고 싶지 않다"고 말하는 걸 들었는데, 혹 여러분도 그런 생각이라면 조심하십시오. 지금 다루는 사안은 종교성에 관한 게 아닙니다. 우리의 입에 관한 것입니다. 예수님이 이렇게 말씀하셨기 때문입니다. "마음에 가득한 것을 입으로 말함이라"(마 12:34). 그리스도가 우리의 대화 가운데 계시고 이메일 안에 계신다면, 이는 단순한 종교성 문제가 아니고(성격 문제나 도덕 문제, 혹은 가족 문제가 아니고) 마음의 문제입니다. 로마서 16장에 나오는 바울처럼 예수님으로 충만한 교회가 됩시다.

4. 이 사람들은 로마에 있는 여러 교회에 흩어져 있음을 주목하십시오. 5절은 브리스가와 아굴라를 언급하고 있습니다. "저의 집에 있는 교회에도 문안하라." 바울이 브리스가와 아굴라를 통해 한 교회의 모든 성도들에게 인사를 전합니다. 그런 뒤에 여러 이름이 나옵니다. 14절을 보십시오. "아순그리도와 블레곤과 허메와 바드로바와 허마와 및 그들과 함께 있는 형제들에게 문안하라." 바울이 언급한 이 형제들이 함께 모이는 교회를 의미하는 것 같습니다. 15절도 유사합니다. "빌롤로고와 율리아와 또 네레오와 그의 자매와 올름바와 그들과 함께 있는 모든 성도에게 문안하라." 이곳에는 다른 모임들도 있는 것 같습니다. 그래서 로마 교회는 사실상 로마에 있는 여러 교회들이었음을 알 수 있습니다. 마찬가지로 미니애폴리스의 교회란 미니애폴리스에 있는 여러 교회들을 지칭하는 것이 됩니다. 하나님이 우리 도시 안에 성경을 믿고 그리스도로 충만한 교회들을 배가시켜 주시기를 기도합니다!

5. 가장 많이 등장하는 명령이 '문안하라'임을 주목하십시오. '문안하라'가 1절부터 16절까지 무려 13번 나옵니다. 지금 바울은 누구한테 말하고 있을까요? 이 편지는 로마의 모든 그리스도인에게 쓴 것 같습니다. 로마서 1장 7절입니다. "로마에서 하나님의 사랑하심을 받고 성도로 부르심을 받은 모든 자에게." 제가 케니 스톡스 형제에게 말하고 있다면 굳이 "케니 스톡스에게 안부를 전해 주세요"라고 말하지는 않을 겁니다. 따라서 바울은 로마의 교회 지도자들이 이 편지를 전달하고 읽고 가르치기를 기대하고 있는 것 같습니다. 바울은 지도자들에게 말하고 있는 것입니다. 자기가 이름을 언급한 스물여섯 사람뿐 아니라 그들이 대표하고 있는 모든 교회들에 인사를 전하라는 것입니다.

6. 로마서 16장 곳곳에 스며 있는 사랑을 주목하십시오. 바울은 '사랑하는'이라는 단어를 네 번이나 사용합니다. "내가 사랑하는 에배네도"(5절), "주 안에서 내 사랑하는 암블리아"(8절), "나의 사랑하는 스다구"(9절), "사랑하는 버시에게 문안하라"(12절). 이런 내용도 있습니다. "너희를 위하여 많이 수고한 마리아에게 문안하라"(6절). 그리고 브리스가와 아굴라에게는 "내 목숨을 위하여 자기들의 목까지도 내놓았[다]"(4절)고 할 정도입니다. 사랑이 담긴 말입니다. 지난주에 설교한 싸움과 안식에 대한 말씀을 통해 우리도 이러한 관계로 나아가길 기도합니다.

뵈뵈

이제 로마서 16장 앞부분으로 가서 바울이 뵈뵈와 브리스가와 아굴라에 대해 하려는 말이 무엇인지 살펴보겠습니다. 먼저 1-2절에 나온 뵈뵈입니다.

"내가 겐그레아 교회의 일꾼으로 있는 우리 자매 뵈뵈를 너희에게 추천하노니, 너희는 주 안에서 성도들의 합당한 예절로 그를 영접하고 무엇이든지 그에게 소용되는 바를 도와 줄지니 이는 그가 여러 사람과 나의 보호자가 되었음이라."

뵈뵈는 16장 초반에 등장하는 인물로서 로마에 거주하고 있지는 않습니다. 조만간 로마에 갈 예정이므로 바울은 주 안에서 성도로서 마땅히 뵈뵈를 잘 영접하고 필요한 것을 채워 달라고 교회에 부탁합니다. 2절입니다. "너희는 주 안에서 성도들의 합당한 예절로 그를 영접하고 무엇이든지 그에게 소용되는 바를 도와줄지니 이는 그가 여러 사람과 나의 보호자가 되었음이라." 바울은 뵈뵈를 추천하고 있습니다. 바울이 이렇게 추천한 사람은 뵈뵈뿐입니다. 뵈뵈를 추천하는 이유는 무엇일까요?

(증명할 수는 없지만) 이에 대해 가장 단순하게 생각할 수 있는 설명은, 뵈뵈가 아마도 지금 바울이 고린도에서 쓰고 있는 이 편지를 로마까지 가져가 전달하려고 한다는 것입니다. 세 가지 근거가 있습니다.

첫째, 뵈뵈는 바울이 유일하게 추천하는 사람이고, 편지가 도착한 이후에 뵈뵈가 오는지 아니면 동시에 오는지는 언급되어 있지 않습니다. 만일 뵈뵈가 편지와 함께 도착하고 편지에 추천된 유일한 사람이라면, 그녀가 지금 편지를 전달하고 있다는 것이 가장 자연스러운 결론이 됩니다.

둘째, 뵈뵈는 겐그레아에서 옵니다. 대다수 학자들은 바울이 고린도에서 겨울을 보내며 로마서를 썼다고 믿는데, 겐그레아는 고린도의 동부 항구입니다.

셋째, 뵈뵈는 재력가로 보입니다. 2절에 나온 보호자(patron)라는 표현이 그러한 암시를 줍니다("그가 여러 사람과 나의 보호자가 되었음이라"). 그녀는 바울을 포함해 많은 이들의 보호자가 되어 주었습니다. 그래서 뵈뵈를 성공한 사업가로 볼 수 있습니다(사도행전 16장의 루디아와 같이). 여러 항구를 거치며 여행할 수 있었으므로 바울이 로마 교회에 부치는 편지를 그녀에게 맡길 수 있었던 것입니다.

하지만 뵈뵈와 관련한 이런 내용의 확실성 여부와 상관없이 우리가 분명히 알 수 있는 사실도 있습니다. 바울이 뵈뵈를 어떤 식으로 추천하고 있는지 하는 것입니다. 바울은 많은 여성뿐 아니라 모든 사람이 알 수 있도록 세 가지를 말하고 있습니다.

1. 뵈뵈는 우리의 자매다

먼저 바울은 뵈뵈를 자매라고 불렀습니다. 1절입니다. "내가 겐그레아 교회의 일꾼으로 있는 '우리 자매' 뵈뵈를 너희에게 추천하노니." 단지 나의 자매가 아니라 우리(너와 나 모두의) 자매입니다. 한 번도 뵈뵈를 만나본 적은 없지만 뵈뵈가 그들의 가족이라고 말하는 것입니다. 물론 이는 비유입니다. 바울의 원래 의도를 넘어가서는 안 됩니다. 자매라는 표현을 쓴다고 해서, "그리스도인 여성은 자매(즉 한 식구)이기 때문에 그리스도인 남성이 그리스도인 여성과 결혼해서는 안 되고, 성경도 자매와 결혼하는 것은 옳지 않다고 말한다"는 식으로 받아들여서는 안 됩니다. 비유는 그런 식으로 풀어서는 안 됩니다.

이런 질문을 해봐야 합니다. 왜 바울은 '자매'라는 표현을 사용해서 말하고 싶었을까요? 가장 분명한 신학적인 대답은 뵈뵈와 우리 모두 동일한 하늘 아버지를 모시고 있고, 함께 동일한 영생의 기업을 향해 나아가고 있기 때문입니다. 문맥상으로 볼 때 가장 직접적인 의미는 뵈뵈를 보살펴 달라는 것입니다. 뵈뵈에게는 머물 곳과 음식과 사람들과의 관계가 필요한데, 그녀는 로마 그리스도인들의 자매이므로 가족으로서 잘 보살피라는 의미입니다.

한 가지 다른 곳에서 가져온 예를 들면, 바울은 디모데에게 쓴 첫 번째 편지에서도(딤전 5:1-2) 젊은 그리스도인 여성을 디모데의 자매라고 부르면서 그가 의도하는 바를 명백히 드러내고 있습니다. "젊은이에게는 형제에게 하듯 하고 늙은 여자에게는 어머니에게 하듯 하며 젊은 여자에게는 온전히 깨끗함으로 자매에게 하듯 하라." "온전히 깨끗함으로 하라!" 이를 종합해 볼 때 바울이 뵈뵈를 가리켜 자매라고 부르는 것은, 이런 의미를 담고 있습니다. "그리스도인 형제들에게 그리스도인 여성이나 소녀들과의 성적인 부도덕함은 단순한 간음이 아닌 근친상간입니다. 그녀는 우리의 자매입니다. 그러니 로마 교회의 지도자들이여, 들으십시오. 뵈뵈는 우리의 자매이므로, 온전히 깨끗함으로 대하십시오."

2. 뵈뵈는 일꾼이다

둘째로, 바울은 뵈뵈가 겐그레아 교회의 일꾼(servant)이라고 말하며 그녀를 추천합니다. 1절입니다. "내가 겐그레아 교회의 일꾼으로 있는 우리 자매 뵈뵈를 너희에게 추천하노니." 일꾼이라는 단어는 우리가 '집사'(deacon)로 번역하는 단어와 동일합니다. 뵈뵈는 그 교회에서 공식적으로 집사로 일했을 것입니다. 디모데전서 3장에 나온 자격을 읽어볼 때 여성이 집사가 되지 못할 이유는 찾을 수 없었습니다. 장로는 남자이고 교회를 다스리고 가르칠 책임이 있지만(딤전 2:12, 3:2, 5:17), 집사 직분은 모두가 같은 책임을 맡지는 않습니다. 집사는 긍휼 사역을 맡습니다. 마태복음 25장 44절을 예로 들면 배고픈 자를 먹이고, 쉴 곳을 제공하고, 헐벗은 자를 입히고, 병든 자를 돌보고, 갇힌 자를 찾아가는 일입니다. 이 모든 것이 "집사의 일"입니다. 그리고 물론 더 많은 일도 있습니다. 바울이 2절 하반절에서 뵈뵈에 대해 설명하는 내용과 꼭 들어맞습니다. "그가 여러 사람과 나의 보호자[조력자, 일꾼]가 되었음이라."

3. 뵈뵈는 사역의 보호자이며 동역자다

바울이 뵈뵈에 대해 말하는 세 번째 내용은 그녀가 "여러 사람과 나의 보호자"라는 것입니다. 달리 말해, 뵈뵈는 바울을 돌보고 그의 필요를 채워 주고 있으며, 다른 여러 사람에게도 그러하니 바울을 위해 뵈뵈를 환대하라고 말합니다.

사역에서의 상호 보완성

기독교 교회 초기부터 여성은 남성과 더불어(기혼자든 미혼자든) 사역에서 매우 중대한 동역자 역할을 해왔습니다(뵈뵈에게 남편이 있는지에 대한 언급은 없습니다). 이름이 나열된 목록에서도 최소한 7명이 여성입니다. 이들은 보조 역할에 머물러 있지 않습니다. 선교 역사에서 여성의 역할과 용기를 보면 가히 놀라울 따름입니다. 하나님이 남성을 불러 교회를 가르치고 다스리는 장로로서 교회를 이끌게 하셨다는 사실은, 장기적으로 볼 때 그리스도를 섬기는 여성을 강하게 세우고 자유하게 하며 기뻐할 수 있게 해줍니다.

저는 베들레헴교회에 계시는 여성도들도 무엇을 행함에 있어 제한을 받고 있다는 생각을 하지 않으시리라 봅니다. 저는 여러분이 그저 TV 드라마나 보면서 인생을 허비하는 것을 혐오하고, 대신에 가정, 교회, 이웃, 도시, 열방을 위한 사역에 헌신하라는 하나님의 부르심으로 계속 도전받게 되기를 소망합니다. 혹 여러분 중에 '하나님이 교회 장로로 남자들을 지목하셨다면 나는 대체 뭘 하지?' 하며 의아해할 분이 계시다면 제가 쓴 "여성을 위한 도전"(A Challenge for Women)이라는 글이나 저의 책 『남자와 여자, 무엇이 다른가?』(What's the Difference?)를 참고하시기 바랍니다.

거기에서 하나님이 축복하고자 하시는 여성의 헌신적인 사역 80가지를 소개했습니다. 몇 년 전에 우리 교회 여성들에게 제시했던 도전의 말씀인데, 5장에서 절정의 내용을 담고 있습니다. 저는 아직도 그 말씀을 믿습니다. 하나님 앞에서 우리 모두가 동등하지만(equality), 하나님이 만드신 남자와 여자로서 각각의 특성과 부르심과 역할에는 차이가 있다는 사실을 기뻐할 때, 하나님이 우리에게 힘주셔서 무의미하고 비성경적인 평등주의(egalitarianism)의 조류를 헤치고 나아갈 수 있게 하실 것을 믿습니다.

브리스가와 아굴라

3-5절에 나오는 또다른 여성과 그의 남편인, 브리스가(브리스길라 라고도 함. 행 18:2, 18, 26)와 아굴라에 대해 간단히 살펴보며 마무리 짓도록 하겠습니다.

"너희는 그리스도 예수 안에서 나의 동역자들인 브리스가와 아굴라에게 문안하라. 그들은 내 목숨을 위하여 자기들의 목까지도 내놓았나니 나뿐 아니라 이방인의 모든 교회도 그들에게 감사하느니라. 또 저의 집에 있는 교회에도 문안하라."

뵈뵈는 미혼이었다고 가정합시다. 남편에 대한 언급이 없기 때문입니다. 그리고 뵈뵈는 겐그레아에서 로마까지 여행할 수 있는 엄청난 자유를 누리고 있는 것 같습니다. 그러니 미혼 여성들이여, 오늘날 뵈뵈를 여러분의 도전으로 삼으십시오.

이제 저는 결혼한 부부들에게도 도전을 드립니다. 브리스가와 아굴라라는 부부의 세 가지 놀라운 특징에 대해 말씀드리고 싶습니다. 이 세 가지를 통해 하나님이 여러 부부들을 그동안 꿈꿔 왔던 사역의 자리로 이끌어 주시기를 소망합니다.

1. 그들은 이동하는 사람들이다

우리는 사도행전과 로마서와 디모데후서를 통해 아굴라가 원래는 본도(터키 북부, 행 18:2) 출신이고, 이들 부부는 주후 49년에 클라우디우스 황제의 명으로 모든 유대인들과 함께 쫓겨나기(행 18:2) 전까지 로마에서 살았고, 이후 고린도에서 바울을 만났으며(행 18:2), 나중에는 에베소로 건너가 자리를 잡고 가정 교회를 이끌었음을(행 18:26, 고

전 16:19) 알 수 있습니다. 로마서 16장 13절에 따르면 이들 부부는 로마로 돌아가 가정 교회를 세웠습니다. 하지만 디모데후서 4장 19절을 보면 결국 이들은 다시 에베소로 돌아가게 됩니다. 그것이 우리가 그들에 대해 듣는 마지막 기록입니다.

우리가 아는 몇 가지 정보로 볼 때, 그들은 본도와 로마, 고린도, 에베소 등을 옮겨다니며 생활했습니다. 그것은 결코 쉬운 삶이 아닙니다. 좋은 말로 해서 단기 체류자이고, 흡사 망명자와 다름없었을 것입니다. 그들은 그리스도를 따랐습니다. 그리고 어디를 가든 집에서 교회를 개척한 것 같습니다. 그들은 그리스도와 함께 움직였던 사람들입니다. 여러분 중에도 그렇게 살도록 부르심을 받은 사람이 있지 않습니까?

2. 그들은 동역자다

3절입니다. "너희는 그리스도 예수 안에서 나의 동역자들인 브리스가와 아굴라에게 문안하라." 그들은 어디로 가든 그리스도를 섬긴다는 관점으로 옮겨 갔습니다. 그들은 직업 선교사가 아니었습니다. 천막제조업자였습니다(행 18:3). 하지만 그들은 자신들의 직업도 모두 사역으로 바꾸었습니다. 바울이 그들을 "그리스도 예수 안에서 나의 동역자"라고 말하기 때문입니다.

저는 이 구절을 좋아합니다. 어떤 사람은 군대에서 일합니다. 의료계에서 일하는 사람도 있습니다. 정치계에서 일하는 사람도 있습니다. 3M에서 일하는 사람도 있습니다. 바울은 브리스가와 아굴라가 그리스도 예수 안에서 일했다고 말했습니다. 그들이 텐트를 만들든지, 집에서 50명을 모아 예배드릴 계획을 세우든지, 그들이 했던 모든 일의 주된 맥락은 바로 그리스도 예수였습니다. 그들은 모든 일을 그분 안에서, 그분과 관련되어 행했습니다. 이곳에 계신 여러 부부들 중에 그리스도로 더욱 충만한 삶을 살라는 하나님의 부르심을 받은 분은 없습니까?

3. 그들은 목숨을 내놓았다

4절입니다. "그들은 내 목숨을 위하여 자기들의 목까지도 내놓았나니." 뵈뵈는 자기의 모든 재산을 사도들을 위해 내어놓은 것 같습니다. 그녀는 가진 모든 것으로 교회를 섬겼습니다. 바울은 그로 인해 뵈뵈를 아꼈고 또한 신뢰했습니다. 그래서 아마도 바울 자신에게 가장 중요했을, 로마의 교회로 보내는 편지를 맡겼을 것입니다.

그런데 브리스가와 아굴라에 관해서는 더욱 놀라운 사실을 언급합니다. 그들이 바울의 목숨을 구하기 위해 자신들의 목까지 내놓았다는 것입니다. 어떤 일이 있었는지 우리는 모릅니다. 하지만 두 사람은 자기 목숨까지 내놓고서 바울을 구한 것 같습니다. 바울이 "나뿐 아니라 이방인의 모든 교회도 그들에게 감사하느니라"고 말하기 때문입니다. 즉, 바울은 브리스가와 아굴라가 자기를 위해 목숨을 내놓았기 때문에 지금 이렇게 살아 있다는 말입니다.

제가 결혼한 부부들에게 강조하고 싶은 것은 그들이 부부로서 그 일을 감당했다는 사실입니다. 바울은 아굴라가 남자여서 그렇게 했다고 말하지 않습니다. 두 사람 모두가 그렇게 했다고 말합니다. 두 사람은 그 일에 함께했습니다. 그들은 함께 죽을 준비가 되어 있었습니다. 베들레헴교회의 부부들이여, 여러분은 복음을 위해 함께 죽을 준비가 되었습니까?

로마서 16장은 얼마나 놀라운지요! 이 얼마나 귀한 동역의 관계를 보여줍니까! 뵈뵈가 얼마나 놀라운 여성이었는지! 브리스가와 아굴라가 얼마나 놀라운 부부였는지! 그들이 섬긴 주님이 얼마나 위대한 구원자요 주인이신지! 우리도 그들의 사역에 동참합시다. 우리도 그들과 같이 됩시다.

41장

사랑하는 자들에게 나의 사랑을 전하라

로마서 16:5-16

또 저의 집에 있는 교회에도 문안하라. 내가 사랑하는 에배네도에게 문안하라. 그는 아시아에서 그리스도께 처음 맺은 열매니라. 너희를 위하여 많이 수고한 마리아에게 문안하라. 내 친척이요 나와 함께 갇혔던 안드로니고와 유니아에게 문안하라. 그들은 사도들에게 존중히 여겨지고 또한 나보다 먼저 그리스도 안에 있는 자라. 또 주 안에서 내 사랑하는 암블리아에게 문안하라. 그리스도 안에서 우리의 동역자인 우르바노와 나의 사랑하는 스다구에게 문안하라. 그리스도 안에서 인정함을 받은 아벨레에게 문안하라. 아리스도불로의 권속에게 문안하라. 내 친척 헤로디온에게 문안하라. 나깃수의 가족 중 주 안에 있는 자들에게 문안하라. 주 안에서 수고한 드루배나와 드루보사에게 문안하라. 주 안에서 많이 수고하고 사랑하는 버시에게 문안하라. 주 안에서 택하심을 입은 루포와 그의 어머니에게 문안하라. 그의 어머니는 곧 내 어머니니라. 아순그리도와 블레곤과 허메와 바드로바와 허마와 및 그들과 함께 있는 형제들에게 문안하라. 빌롤로고와 율리아와 또 네레오와 그의 자매와 올름바와 그들과 함께 있는 모든 성도에게 문안하라. 너희가 거룩하게 입맞춤으로 서로 문안하라. 그리스도의 모든 교회가 다 너희에게 문안하느니라. _롬 16:5-16

5-16절에는 숨은 의도가 조금도 보이지 않습니다. 바울이 로마의 수신자들로부터 이득을 취하기 위해 수를 쓰고 있다는 증거는 아무 데도 없습니다. 우리가 여기에서 바울이 하고 있는 명백한 일 이면에서 뭔가를 찾아내려 애쓴다면 실수하는 것이라 생각합니다. 그리고 그럴 필요도 없는 것 같습니다. 왜냐하면 이 본문 자체로도 매우 아름답고 심오하며 로마서 1-11장에서 말한 복음에 깊이 뿌리박고 있을 뿐 아니라, 오늘날 교회 안에서 반드시 필요한 내용이기 때문입니다.

바울은 열두 개의 구절 안에서 13번이나 문안을 전하고 있습니다. 이 부분을 충분히 살펴보겠습니다. 우리가 문안을 전해 달라고 말할 때는 최소 세 부류의 사람이 연루됩니다. 이 경우에는 바울이 있고, 그가 편지를 쓰는 대상이 있으며, 그의 문안을 전달하는 사람이나 공동체가 있습니다. 이 삼자들(바울, 문안을 전하는 자, 문안을 받는 자)의 관계 안에서 어떤 일이 일어나고 있을까요?

문안 인사를 통해 전하는 사랑

바울은 매개자를 통해 제 삼자에게 어떤 소식을 전하고 있습니다. 그 사람이 무엇을 전하고 있을까요? 그렇습니다. 문안 인사입니다. 인사의 핵심은 무엇입니까? 인사는 그냥 말일 뿐입니다. 하지만 바울이 전하려는 주된 내용은 그게 아니라는 것을 우리는 압니다. 그가 전하고자 하는 것은 사랑입니다. 그는 네 번씩이나 분명하게 말합니다. 5절입니다. "내가 사랑하는." 8절입니다. "내 사랑하는." 9절입니다. "나의 사랑하는." 12절입니다. "사랑하는." 바울이 사람들을 사랑하는 것이 본문에 그대로 표현되어 있습니다. 본문의 핵심은 이것입니다. 나는 이 사람들을 사랑하고, 그들에 대한 내 사랑을 당신들이 전해 주면 좋겠다. 내 사랑의 말을 그릇에 담아 그 사랑을 그들의 삶에 흘려보내줄 수는 없겠는가?

본문을 읽으면서 우리가 무엇을 배우고 경험하든 가장 분명하면서도 중요한 이것만은 놓치지 않아야 하겠습니다. 그리스도인의 마음에 있는 존귀함 말입니다. 그래서 저는 그리스도인의 마음에서 그리스도인이 존귀한 자로 여겨진다는 이 진리를 가지고 세 가지를 말씀드리겠습니다.

첫째, 거룩한 입맞춤으로 서로에 대한 존귀함을 표현하는 것에 대해 생각해 봅시다. 둘째, 이것은 그리스도의 죽음 및 그리스도와 우리의 연합을 기반으로 하고 있음을 기억합시다. 셋째, 그리스도인이 서로를 더욱 귀하게 여기게 되는 것, 즉 그 존귀함을 강화시키는 것에 대해 생각해 봅시다.

사랑의 거룩한 입맞춤

먼저 16절에 나오는 거룩한 입맞춤을 생각해 보겠습니다. "너희가 거룩하게 입맞춤으로 서로 문안하라." 문안하라는 말을 13번이나 한 후에 바울은 이제 문안하는 방법에 대해 권고하고 있습니다. 우리는 이 "거룩한 입맞춤"(고전 16:20; 고후 13:12; 살전 5:26; 벧전 5:14)에 대해 어떻게 생각해야 할까요? 다음의 다섯 가지 관찰이 도움이 될 것입니다.

1. 입맞춤은 일반적인 관례였다

교회 밖에서는 친구와 손님에게 입을 맞추는 것이 당시 널리 퍼져 있던 관례였습니다. 바리새인 시몬이 예수님을 저녁 식사에 초대했을 때 그는 예수님께 입을 맞추지 않았지만, 한 여인은 그분의 발에 기름을 붓고 입을 맞추었습니다. 예수님은 시몬에게 말씀하셨습니다. "너는 내게 입 맞추지 아니하였으되 그는 내가 들어올 때로부터 내 발에 입 맞추기를 그치지 아니하였으며"(눅 7:45). 참으로 괜찮은 관례였습니다. 그래서 유다가 예수님께 입을 맞추었을 때 이상하지 않았던 것입니다(눅 22:48). 그것은 일반적인 인사였습니다.

2. 거룩한 입맞춤이었다

바울은 그리스도인에게 해야 할 입맞춤은 거룩해야 한다고 말했습니다. 그리고 이를 거룩한 입맞춤이라 불렀습니다. 거룩하지 않게 입맞춤하는 법도 있을 것입니다. 유다가 했던 배신의 입맞춤은 분명 거룩하지 않았습니다. 간음이나 간통의 입맞춤은 거룩하지 않습니다. 동성애의 입맞춤은 거룩하지 않습니다. 유혹의 입맞춤은 거룩하지 않습니다. 저는 바울이 이렇게 말했으리라 확신합니다. "그런 식의 입맞춤밖에 못한다면 차라리 하지 마라." 하지만 그런 식 말고 다른 입맞춤이 있습니다. 순전하고 거룩하고 심오하고 피로 값을 치른 사랑으로 하는 거룩한 입맞춤입니다.

3. 가족 간의 사랑이었다

그 사랑은 가족 간의 사랑이지 연애 감정이 아닙니다. 어릴 적에 복음을 전하러 가시는 아버지를 보낼 때나 돌아오시는 아버지를 맞이할 때 제가 수백 번이나 입을 맞췄던 그런 느낌의 사랑입니다.

4. 실질적인 표현이었다

거룩한 입맞춤은 말로만이 아닌 실질적으로 사랑을 표현하는 행위입니다. 건강한 가족은 서로에게 닿는 것을 두려워하지 않습니다. 무의식적인 안정감과 사랑과 따뜻함의 표시입니다. 지난 8월에 우리 교회에 처음 방문하신 어느 여성분이 야외 예배 때 저를 찾아와서 이렇게 말했습니다. "이 교회 남자 분들 모습이 보기 좋네요. 서로 안아주는 모습이 참 자연스럽고 남자다워 보여요."

5. 문화적 조건이 조성되어 있었다

"사랑의 입맞춤"(벧전 5:14)이 언제 어디서나 모든 그리스도인에게 보편적으로 요구되는 필수 행위라고 말해도 되는지는 의심스럽습니다. 바울은 입맞춤을 피조물로서의 의무라거나 복음적이라 설명하지 않았습니다. 그 문화 안에 있는 것을 취하여 "거룩하게 만들라"고 했습니다. 입맞춤을 통해 바울이 바라는 사랑을 전할 수 없는 문화나 상황도 있을 것입니다. 안아 주는 것이나 악수도 그렇습니다. 하지만 바울이라면 아마 이렇게 말했을 겁니다. "그리스도인 사이에 가족 사랑을 의미 있게, 실질적으로 표현하지 못하는 것보다는 문화적 원리에 따라 거룩한 입맞춤을 하는 것이 더 낫다." 달리 말해 우리에게 가족 사랑을 표현할 더 좋은 문화적 표현이 없다면 거룩한 입맞춤으로 돌아가야 한다는 말입니다.

이상이 우리가 처음 살펴본 내용입니다. 바울은 로마의 그리스도인들(그리고 우리들)이 단지 말로만 인사하지 말고, 그리스도 안에서 형제인 당신이 내게 소중하다는 마음을 표현하며 인사 나누기를 바라고 있습니다.

사랑의 기초

두 번째로 이러한 사랑의 기초는 그리스도의 죽음과 그분과 우리의 연합이라는 점을 기억하시기 바랍니다. 이 내용을 세 가지 핵심 중 하나로 삼은 이유는 바울이 이에 대해 여덟 번이나 주의를 집중시키고 있기 때문입니다. 바울은 '그리스도 안에서', 혹은 '주 안에서' 귀한 친구라는 점을 여덟 번이나 언급합니다. 7절입니다. "그리스도 안에." 8절입니다. "주 안에서." 9절입니다. "그리스도 안에서." 10절입니다. "그리스도 안에서." 11절입니다. "주 안에 있는." 12절입니다(두 번). "주 안에서… 주 안에서." 13절입니다. "주 안에서."

그리스도 안에서 혹은 주 안에서 매우 귀한 친구라는 말을 그렇게 자주 언급하는 것의 요지는 무엇일까요? 그런 말은 엄청난 대가를 치르면서 극심하고 오랜 고통을 겪은 후 목숨을 건지고 지극히 안전하고 행복한 장소에 함께 거하게 되었을 때 느끼는 강렬한 감정에서 나옵니다. 로마서 5장 9절의 말씀을 들어봅시다. "그러면 이제 우리가 그의 피로 말미암아 의롭다 하심을 받았으니 더욱 그로 말미암아 진노하심에서 구원을 받을 것이니." 그리고 로마서 8장 1절입니다. "그러므로 이제 그리스도 예수 안에 있는 자에게는 결코 정죄함이 없나니." 우리는 무한한 고통, 즉 하나님의 진노에서 구원을 받았습니다. 무한히 큰 대가, 그리스도의 피로 값을 치르고 구원을 받았습니다. 그런 후에는 무한히 안전하고 행복한 장소인 '그리스도 예수 안에' 함께 거합니다.

혹시 TV에서 광부들이 수일 동안 지하 수백 미터 아래 갱도에 갇혀 있고 그 가족들은 지상에서 뜬눈으로 지새우다가 마침내 구조되는 광경을 본 적이 있습니까? 광부들이 밖으로 나오면 그들만 끌어안고 입 맞추는 게 아닙니다. 모든 사람이 끌어안습니다. 일촉즉발의 상실과 영광스런 구조, 지상으로의 무사 귀환을 경험한 가족들에게는, 세상의 모든 금으로도 바꿀 수 없는 깊은 유대가 있습니다.

복음을 거듭 경험하다

이들을 향한 바울의 깊은 사랑의 기초는 이것입니다. 즉 바울은 자신이 지옥이라 불리는 하나님의 진노의 벼랑 끝에 그들과 함께 서 있었음을 압니다. 바울과 그들은 지금 마땅히 지옥에 있어야 하겠지만, 하나님의 아들을 통해 벼랑을 벗어나 안전한 곳으로 구출되었습니다. 그리고 든든한 반석이신 그리스도 안에서 기쁨에 겨워 서로를 감싸 안은 채 서 있습니다. 그래서 그는 그리스도 안에서, 주 안에서를 여덟 번이나 말한 것입니다. 바울이 그들과 함께 살아가는 곳이 바로 '그리스도 안'이기 때문입니다.

우리는 함께 매우 위급한 상황에 처해 있었습니다. 그런데 지금은 그리스도 안에서 함께 안전한 상태에 있습니다. 바울에게는 이것이 너무나 생생해서 아직도 지옥의 불길 냄새를 맡을 수 있을 정도였습니다. 하나님의 진노의 지옥 끝에 서서 내려다보면 오금을 저리게 하는 얼음장 같은 냉랭함도 여전히 느낄 수 있었습니다. 그리고 이제는 그리스도로 구원을 받아 그리스도 안에서 살아갑니다. 이런 사실을 안다면 어느 누구도 더 이상 예전과 같을 수 없습니다. 그리스도 안에 있는 모든 사람은 피로 값을 치르고 안전해졌습니다.

그리스도 안에서 서로에 대한 떨림이나 깊은 애정을 느끼지 못한다면, 아마도 우리 자신이 마땅히 지옥에 갈 존재임을 못 느끼고 우리의 구원에 놀라움을 느끼지 못해서일 겁니다. 그래서 우리가 함께 누리는 이 안전감을 그다지 귀하게 여기지 못하는 것이지요. 마치 지하 갱도에 갇힌 사람 따윈 관심 없다는 것만 같습니다. 그들은 밤새 뜬눈으로 가슴을 찢는 기도를 해본 적이 없는 사람들입니다. 승강기를 타고 밖으로 나오는 형제, 아버지, 남편을 본 적이 없습니다. 그래서 서로 얼싸안을 리도 만무합니다. 16장에 나온 바울의 관계 속에 있는 따뜻함과 존귀함을 이해하고 경험하고 싶다면, 그리스도의 피로 진노에서 목숨을 건지고 그리스도 안에서 영원히 안전하다는 것이 어떤 의미인지 다시금 함께 경험해야 합니다.

사랑을 강화시키는 것

마지막으로, 그리스도인이 서로에 대한 사랑을 키우고 귀하게 여기도록 하는 것이 무엇인지 생각해 보겠습니다. 제가 이 질문을 제기하는 것은, 바울이 본문에서 모든 사람을 일일이 언급하는 이유가 바로 그것이라고 생각하기 때문입니다. 바울은 단지 로마의 성도들에게 사람들을 추천하기 위해 이 말을 하고 있는 것이 아닙니다. 그들은 이미 로마 교회에 속한 사람들이고 잘 알려져 있습니다. 바울은 여기서 그 사람들에 대해 알고 있는 바를 자기 마음에 일깨워 이들에 대한 사랑을 강화시키려는 것 같습니다. 이에 대해 네 가지로 말씀드리겠습니다.

1. 그리스도 안에서 택함받다

바울은 때로는 형제가 하나님의 택하심을 입었다는 단순한 사실로도 그 형제에 대한 깊은 사랑을 표현합니다. 13절입니다. "주 안에서 택하심을 입은 루포." 이렇게 말하는 사람도 있을 것입니다. "모든 사람이 다 택함받았는데 왜 굳이 루포만 택하심을 받았다고 부르나요?" 아마도 같은 이유로 26명 중에 네 사람만 '사랑하는' 이라고 불렀을 것입니다. 바울은 사람들을 세세하게 나누고 있지 않습니다. 단지 그들에 대한 귀한 마음이 있었기에 바울은 멀리서라도 그들을 사랑하고 있습니다. 그리고 이유야 어찌 되었든 바울은 루포를 언급하면서 하나님이 그를 택하셨다는 사실을 상기하고 있습니다.

아마도 바울과 루포는 택하심에 대해 긴 이야기를 나눴을지도 모르겠습니다. 그러다 결국 루포는 하나님이 세상이 창조되기도 전에 무조건적으로 그를 택하셨기에 하나님의 주권적 은혜를 찬양하지 않을 수 없다는 진리의 말씀을 사랑하게 되었는지도 모릅니다. 혹은 바울 자신을 제외하고 바울이 알고 있는 가장 심각한 죄인이 루포였으므로, 하나님이 그를 택하셨다는 사실이야말로 하나님의 자유로운 은혜에 대한 가장 위대한 증거였는지도 모릅니다. 무엇이 진실인지 우리는 알 수 없습니다. 우리가 아는 것은 바울이 루포를 사랑한다고 표현할 때, 그가 하나님의 택하심을 입은 사람이라는 것을 떠올렸다는 점입니다.

여러분도 그것을 다른 그리스도인을 사랑하는 이유로 삼으십시오. 하나님이 그들을 택하셨습니다. 주위를 돌아보십시오. 하나님이 이들 한 사람 한 사람을 택하셨습니다. 그들이 태어나기도 전에, 선악을 구별하기도 전에 말입니다. 하나님의 택하심을 입은 사람들이 어찌 존귀하지 않을 수 있겠습니까?

2. 그리스도 안에 머문 시간의 길이

어떤 그리스도인은 그들이 주님과 동행한 시간 때문에 바울의 사랑을 받고 있습니다. 먼저 5절 후반입니다. "내가 사랑하는 에배네도에게 문안하라. 그는 아시아에서 그리스도께 처음 맺은 열매니라." 그리고 7절입니다. "내 친척이요 나와 함께 갇혔던 안드로니고와 유니아에게 문안하라. 그들은 사도들에게 존중히 여겨지고 또한 나보다 먼저 그리스도 안에 있는 자라."

에배네도의 회심은 소아시아 지역(터키 서부) 선교를 시작할 당시로 거슬러 올라갑니다. 그리고 안드로니고와 유니아는 바울보다 먼저 회심했습니다. 우리가 그리스도 안에 있다는 사실이 무엇보다 소중할 때는, 다른 사람들이 어떻게 그리스도인이 되었으며 그리스도인이 된 지는 얼마나 되었는지 함께 이야기하는 것만큼 즐거운 것이 없습니다. 이런 것들이 그리스도 안에서 우리 마음을 하나로 이어 줍니다. 바울은 아마도 이렇게 회상했을 겁니다. '에배네도는 소아시아에서 그리스도께로 이끈 첫 번째 사람이다. 내가 어찌 잊겠는가. 안드로니고와 유니아는 나보다도 오랜 세월 그리스도와 동행한 사람들이다. 내가 아직 예수님을 배척하며 저주를 내뿜을 당시 그리스도가 그들을 구원하셨다. 내 친 에배네도와 안드로니고와 유니아에게 주신 하나님의 은혜를 생각하는 것이 얼마나 좋은지.'

3. 그리스도 안에서 동역자 됨

복음을 위해 함께 수고하는 동역자가 되었다는 사실을 생각할 때 친구들에 대한 바울의 사랑은 더욱 강해집니다. 6절입니다. "너희를 위하여 많이 수고한 마리아에게 문안하라." 9절입니다. "그리스도 안에서 우리의 동역자인 우르바노 … 에게 문안하라." 12절입니다(두 번). "주 안에서 수고한 드루배나와 드루보사에게 문안하라. 주 안에서 많이 수고하고 사랑하는 버시에게 문안하라."

저는 우리 교회 동료 목회자들이 여러분과 자녀들을 위해 삶을 쏟아 붓는 모습을 보며, 바울과 동일한 마음을 느낍니다. 밤늦은 시간 갑작스레 일어나는 사건과 힘겨운 갈등, 가정의 스트레스와 사역에 대한 끝없는 준비, 그리고 다루기 힘든 사람들에 대한 변함없는 인내로 수고하는 모습을 보면서 이렇게 말하게 됩니다. "톰, 데이비드, 샐리, 척, 샘, 케니, 브래드, 에릭, 잭, 매리, 켄, 크레이그, 댄, 질, 조이스, 벤, 릭, 존, 여러분 모두 주 안에서 저와 동역해 왔습니다. 저는 여러분의 노고를 인해 더욱 여러분을 사랑합니다."

동일한 목적을 안고 하나의 비전으로 오랜 시간 함께 사역하려면 매우 깊은 애정이 필요합니다. 바울은 그들이 그리스도 안에서 얼마나 힘겹게 고생했는지 생각하면서 이들에 대한 사랑이 불일듯 일어났습니다.

4. 그리스도 안에서 고난을 함께하다

마지막으로 친구들에 대한 바울의 사랑은 고난을 함께 겪으면서 강화되었습니다. 안드로니고와 유니아는 본문에서 가장 많이 주목받고 있습니다. 그 이유는 바울과 함께 고난을 당했기 때문입니다. 7절입니다. "내 친척이요 나와 함께 갇혔던 안드로니고와 유니아." 이런 기억들이 사랑을 얼마나 일으키는지 상상이 가십니까? "나와 함께 갇혔던." 우리 모두에게도 그렇습니다. 어려운 시간을 보낼수록 더 깊은 우정이 형성됩니다. 용접공의 불꽃이 가장 하얗고 뜨겁게 타오를 때 그 불꽃 속에서 가장 강력한 접합이 이뤄집니다.

복음의 경이

정리하겠습니다. 하나님이 아들의 피 값으로 우리를 진노에서 구원하셨고, 그리스도 안에서 영원한 안전을 누리도록 그리스도께로 모아 주셨기 때문에, 우리는 기쁨에 겨워 서로를 바라보며 이렇게 말하는 것입니다. "믿을 수 있나요? 우리가 여기에 있다니! 우리가 여기에 있다구요! 그리스도 안에요! 갱도에 앉아 있는 게 아니라구요! 끝도 없는 지옥의 불길 속에 있지 않아요. 사실 우린 마땅히 그곳에 있어야 하는데, 지금 여기에 있어요! 택함받고 사랑받고 용서받았습니다. 영원히 함께 말입니다."

요한은 이렇게 말했습니다. "우리는 형제를 사랑함으로 사망에서 옮겨 생명으로 들어간 줄을 알거니와"(요일 3:14). 주님, 사망에서 옮겨 생명으로 들어가는 그 경이를 우리도 경험하게 해주소서.

42장

진리에서 떠나게 하는 자를 조심하라

로마서 16:17-20

형제들아 내가 너희를 권하노니 너희가 배운 교훈을 거슬러 분쟁을 일으키거나 거치게 하는 자들을 살피고 그들에게서 떠나라. 이 같은 자들은 우리 주 그리스도를 섬기지 아니하고 다만 자기들의 배만 섬기나니 교활한 말과 아첨하는 말로 순진한 자들의 마음을 미혹하느니라. 너희의 순종함이 모든 사람에게 들리는지라. 그러므로 내가 너희로 말미암아 기뻐하노니 너희가 선한 데 지혜롭고 악한 데 미련하기를 원하노라. 평강의 하나님께서 속히 사탄을 너희 발 아래에서 상하게 하시리라. 우리 주 예수님의 은혜가 너희에게 있을지어다. _롬 16:17-20

예전에 큰 선교 단체의 지도자 한 분과 '교리를 충실하게 수호하는 것'에 관해 이야기를 나눈 적이 있습니다. 그분은 이런 취지의 말씀을 하셨습니다. "교리는 매우 중요합니다. 하나됨도 중요하지요. 어떤 사람은 이것을 중시하고 다른 사람은 저것을 중시합니다. 우리 단체에는 두 부류의 사람들이 있습니다. 순수파와 연합파지요." 연합파는 자연스레 사람의 관계를 중요시하면서 진리에 대한 강조는 소홀히는 경향이 있습니다. 순수 교리파는 자연스레 진리의 중요성을 강조하면서 관계를 다지는 일은 간과하는 경향이 있습니다.

오늘날 복음주의라고 부를 수 있는 교파와 교회와 단체와 성도들도 이런 범주에서 분류할 수 있습니다. 교리의 순수성을 강조하는 부류가 있고 관계와 연합을 강조하는 부류도 있습니다.

사람을 사랑하는 것과 진리를 사랑하는 것

이 설명을 듣고 여러분이 불편함을 느끼셨으면 좋겠습니다. 여러분 안에 선한 충동이 일어 이렇게 말할 수 있었으면 좋겠습니다. "둘 중에 하나를 선택해야 합니까? 두 가지 모두 선택할 수 없나요? 진리와 사랑을 둘 다 좋아할 수 없습니까?" 다음과 같이 생각한다면 훨씬 더 성경적인 충동이라 볼 수 있습니다. "진리를 사랑하지 않으면서 어떻게 사람을 사랑할 수 있습니까? 절대 선에 대한 강한 확신이 없는데 어떻게 사람을 위한 궁극적인 선을 행할 수 있습니까?"

역사를 돌아보면, 사람들과 교회, 교파와 학교뿐 아니라 심지어 모든 시대가 이 두 가지 중에 어느 한 쪽으로 기울었다는 사실을 부정할 수 없습니다. 지금 우리 시대에는 진리를 사랑하는 자로 살기가 쉽지 않습니다. 만일 우리가 중요한 진리를 수호하면서 다른 이들도 이를 믿도록 종용한다면, 가장 흔히 듣게 될 말은 거만하다는 비판일 것입니다. 그런 거만함은 사랑과는(고전 13:4) 반대되는 것이므로 관계를 파괴한다고 말입니다.

오늘날과 같이 다원화된 세계에서 평화로운 관계를 유지할 유일한 방법은 모든 이들이 믿어야 할 진리를 주장하지 않는 것이라 생각하는 사람들이 많습니다. 겉으로 볼 때는 그럴 듯합니다. 자기가 믿는 바를 다른 사람에게 주장하는 사람이 없다면 다들 평화롭게 살 수 있을 겁니다. 평화로운 다원주의와 진리에 대한 완화된 주장은 서로 조화를 이루는 것 같습니다.

하지만 실제로는 그렇지 않습니다. 모든 사람이 믿어야 할 진리가 없을 때, 우리의 서로 다른 욕망을 중재할 방법은 오직 힘밖에 없습니다. 옳은 것이 무엇인지 진리가 정의해 주지 않으면, 힘이 옳은 것이 됩니다. 그러면 힘이 약한 사람은 자기 목숨을 희생해야 하는 상황이 올지 모릅니다. 보편적인 진리가 사라질 때 우리가 얻는 것은 평화로운 다원주의나 사랑의 관계가 아니라 강제 수용소입니다.

연합을 위해 순수성 지키기

저는 우리가 연합파가 되기 위해서는 순수파가 되어야 한다는 중요성을 성경을 통해 이해했으면(뼛속까지 느꼈으면) 좋겠습니다. 본문 말씀이 오늘날 우리 문화와 얼마나 들어맞지 않는지 보고 느끼기 바랍니다. 본문이 보여 주는 사고방식과 생활방식은 오늘날 대다수의 사람들이 보기에는 공격적이고 사랑이 부족하며 근본주의처럼 보이고 구닥다리 같습니다. 본문은 주로 순수성과 관련되어 있으며 진리와 교리의 수호를 요구합니다. 하지만 그뿐만이 아닙니다. 놀랍게도 본문은 연합에 대해서도 말하고 있습니다. 올바른 가르침을 수호하는 목적은 그리스도를 낮추고 자기를 높이는 분쟁을 피하기 위함입니다.

그래서 오늘 저는 17-18절의 말씀으로, 진리를 폄하하는 우리 시대의 무지와 얽매임에서 우리를 자유롭게 풀어 주는 설교를 하고자 합니다. 이 자유로 말미암아 원수를 사랑하는 것이 무엇인지 알게 되고, 그 사랑을 드러낼 때마다 그리스도를 높일 줄 아는 새로운 힘을 복음으로부터 얻게 되기를 기도합니다.

로마서 16장 17-18절

로마서 16장 17-18절을 다시 읽어 봅시다. "형제들아 내가 너희를 권하노니 너희가 배운 교훈을 거슬러 분쟁을 일으키거나 거치게 하는 자들을 살피고 그들에게서 떠나라. 이 같은 자들은 우리 주 그리스도를 섬기지 아니하고 다만 자기들의 배만 섬기나니 교활한 말과 아첨하는 말로 순진한 자들의 마음을 미혹하느니라."

17절은 서로 모순이 되는 듯한 두 가지 명령을 하고 있지만 다른 구절을 통해 그 둘이 서로 모순되지 않는 이유를 설명하며 조화를 이루게 합니다. 18절에서 그 두 명령이 중요한 두 가지 이유를 설명합니다. 먼저 17절의 명령을 살펴봅시다.

분쟁을 일으키는 사람들을 살피라

17절에 나오는 첫 번째 명령은 분쟁을 일으키고 거치는 것을 만들어 내는 사람들을 살피라는 것입니다. "형제들아 내가 너희를 권하노니 너희가 배운 교훈을 거슬러 분쟁을 일으키거나 거치게 하는 자들을 살피고." 이 명령을 보면, 바울이 연합을 중요하게 여긴다는 사실이 분명해집니다. 바울은 연합을 증진시키기 원합니다. 분쟁을 일으키는 사람을 주의하십시오. 그들은 하나됨의 적입니다. 그들을 살피십시오. 저는 그들이 우리에게 영향을 미치는 것을 원치 않습니다.

그들을 피하라

17절에 나오는 두 번째 명령은 그런 사람들을 피하라는 것입니다. "그들에게서 떠나라." 그들에게서 멀리 떠나십시오. 이 두 명령이 서로 모순되어 보인다고 말씀드린 이유는 첫 번째 명령이 하나됨에 대한 열망을 가지라는 것이기 때문입니다. 분쟁을 일으키는 사람들을 살피라는 명령입니다. 두 번째 명령은 사실상 나누어짐을 요구합니다. 분쟁을 일으키는 사람을 발견할 때 그 사람과 분리되십시오. 그를 피하십시오.

교리의 구별선

그렇다면 이 두 가지가 사실상 모순되지 않는다는 것을 이해할 수 있도록 두 명령 사이에 무엇이 자리합니까? 바울이 언급하는 것은 교리입니다. 17절입니다. "형제들아 내가 너희를 권하노니 '너희가 배운 교훈'을 거슬러 분쟁을 일으키거나 거치게 하는 자들을 살피고." 14장에서 바울이 비본질적인 것에 대해 서로 확신이 다른 문제를 다뤘던 것과는 사뭇 다릅니다. 14장 5절에서는 바울이 이렇게 말했습니다. "각각 자기 마음으로 확정할지니라." 14장에서는 사람을 피하라는 말이 없습니다. 전체 요지는 강한 그리스도인과 연약한 그리스도인이 상호 존중과 이해로 함께 살아가게 돕는 것이었습니다.

하지만 여기 로마서 16장 17절에서는 접근법이 극적일 만큼 다릅니다. 여기서 바울은 그들을 피하고 떠나라고 말합니다. 왜일까요? 그들은 자신들이 배웠던 것과 전혀 다른 교리를 만들어 내고 있기 때문입니다. 이에 대해 바울이 이렇게 반응할 수도 있었습니다. "모든 진리를 소유하고 있는 사람은 없으며, 다들 그 진리의 일부를 소유하고 있을 뿐입니다. 연합은 진리보다 중요하므로 나뉘지 마십시오." 그러면 우리는 이렇게 말했을 겁니다. '그다지 나쁜 말은 아니야. 하나됨은 좋은 것이기도 하고 바울이 중요하게 여기는 것이기도 하니 말이야. 게다가 '분쟁을 일으키는 자들을 살피라'고 명령했지 않은가!"

진리에 기초한 연합을 위해 진리에 기초해 나뉨

하지만 이 상황에서 바울은 그렇게 하지 않았습니다. 오히려 하나됨을 위해(즉 진리에 근거한 연합) 진리에 근거한 나뉨을 요구합니다. 그들을 피하라고 말합니다. 바울이 교리와 연합을 서로 연결짓는 것이 이렇게 분명한 경우가 또 없을 정도입니다. 바울에게 교리는 연합의 기초가 됩니다. 그들이 배운 공통된 교리 없이 그리스도인의 연합은 있을 수 없습니다. 그래서 바울은 진리에 기초한 연합을 위해 기꺼이 진리에 기초한 분열을 요구하고 있습니다("그들을 피하라", "그들에게서 나뉘라").

달리 말해, 누군가 사도들이 가르친 교리에서 떠날 때, 바울은 그런 사람을 그냥 두는 것이 그런 사람을 피함으로써 분열이 일어나는 것보다 연합에 더 큰 위협이 된다고 보았습니다. 어떻게 그럴 수 있습니까? 교회 안에서 일어난 거짓 교사를 분리시키는 것이 어떻게 연합을 증신할 수 있습니까? 이 질문에 대한 답은 이것입니다. 교회의 진정한 연합은 사도들의 공통된 가르침에 기초할 때만 가능합니다. 거짓 교사를 고립시키는 것(그들을 피하는 것)이 참된 가르침에 근거한 연합을 지키는 바울의 전략입니다.

진리 안에서 기뻐하는 것이 먼저다

바울이 두 가지 명령을 준 이유를 18절에서 살펴보기 전에 잠시 쉬어 가겠습니다. 먼저, 두 가지 명령과 이와 연결된 교리에 대해 명확히 언급하고 싶습니다.

첫째, "너희가 배운 교훈을 거슬러 분쟁을 일으키거나 거치게 하는 자들을 살피라"는 명령과 관련해서 너무 극단으로 나갈 가능성이 있습니다. 저는 이 말씀이 오늘날 대다수 교회나 그리스도인에게 유혹거리가 되리라 생각하지 않기 때문에 굳이 말할 필요가 있을까 싶지만, 극단으로 나가는 교회나 사람들이 생길 가능성도 있습니다.

가령 교리상의 오류를 찾아내는 데 너무 집착한 나머지, 교리상의 진리 안에서 기뻐할 힘마저 잃어버릴 수 있다는 말입니다. 그런 사람들은 마치 냄새로 마약을 찾아내도록 철저히 훈련받은 공항의 마약견과도 같아서 업무가 끝난 후에도 사람들을 그런 식으로 대합니다. 사람을 받아들이고 환대할 줄 모릅니다.

로마서는 그런 잘못을 저지르지 않습니다. 바울은 교리적으로나 윤리적으로나 오류를 범하지 않도록 주기적으로 경고를 합니다. 하지만 로마서의 대부분은 그리스도가 우리를 위해 우리 안에서 행하신 일의 영광을 보여 주고 있습니다. 그러니 이 부분에서 올바른 균형을 잡도록 주님께 도움을 간구합시다. 우리는 반드시 "배운 교훈을 거슬러 분쟁을 일으키거나 거치게 하는 자들을 살펴야" 합니다. 하지만 그것이 우리가 하는 주된 일은 아닙니다. 오류를 감시하는 것은 필요한 일이지만 진리 안에서 기뻐하는 것이 더 중대한 일입니다.

교리의 중심 확립

둘째, 교리와 관련해서 놓치지 말아야 할 분명한 사실은 교리의 중심을 거스르는 사람이 있을 수 있다는 것입니다. 17절입니다. "너희가 '배운 교훈'을 거슬러 분쟁을 일으키거나 거치게 하는 자들을 살피고 그들에게서 떠나라."

우리에게는 교리에 따른 기준이 있습니다. 우리로 하여금 갈라서게 하는 지점이 있습니다. 바울은 이에 관해 여러 번 언급합니다. 로마서 6장 17절에서 바울은 이를 '교훈의 본'이라 부릅니다. "너희가 본래 죄의 종이더니 너희에게 전하여 준 바 '교훈의 본'을 마음으로 순종하여." 디모데후서 1장 13-14절에서는 '바른 말, 부탁한 아름다운 것'이라 부릅니다. "너는 그리스도 예수 안에 있는 믿음과 사랑으로써 내게 들은 바 '바른 말'을 본받아 지키고, 우리 안에 거하시는 성령으로 말미암아 네게 '부탁한 아름다운 것'을 지키라." 사도행전 20장 27절에서는 하나님의 뜻으로 부릅니다. "이는 내가 꺼리지 않고 '하나님의 뜻'을 다 여러분에게 전하였음이라."

그래서 건강한 교리에는 중심과 기준과 형태가 있습니다. 물론 성경의 수백 개 구절에 대한 부수적 의견을 죄다 이런 범주로 걸러서 어떠한 불일치도 용납하지 않게 되는 일은 없도록 주의해야 합니다(빌 3:15 비교). 건강한 교리의 형태는 구속의 역사, 인간의 본질과 상태,

그리스도의 본질과 행하신 일, 성령의 본질과 말씀, 그리고 성부 하나님의 본질과 행하신 일에 관한 성경의 핵심을 충실히 정리한 것이어야 합니다.

그러므로 하나됨에 대한 요구에서 가장 큰 도전 중 하나는 바울이 누군가 교리를 떠나는 경우 그를 피하라고 말할 때 교리의 중심에 무엇이 있어야 하는지를 결정하는 일입니다. 작년 한 해 동안 우리 교회 장로님들이 세례 문답서를 작성하면서 했던 일이기도 합니다. 지금도 여전히 작업 중입니다.

원수 사랑을 위한 여지를 남기라

셋째, 17절 끝에 나온 두 번째 명령("그들에게서 떠나라")에 관해서 확실히 해둬야 할 것은 로마서 12장의 가르침을 순종하기 위한 여지를 남겨야 한다는 사실입니다. 12장은 우리에게 "너희를 박해하는 자를 축복하라"(14절)고 했고, "할 수 있거든 너희로서는 모든 사람과 더불어 화목하라"(18절)고 했습니다.

그 사람을 피하라는 것은 그 사람에 대한 마음을 비우거나 기도하기를 멈추거나, 심지어 말도 하지 말라는 의미가 아닙니다. 베드로가 갈라디아서 2장에서 복음과 반대되는 행동을 했을 때 바울이 제일 먼저 한 일은 베드로를 피하는 것이 아니었습니다. 그는 베드로를 되돌리려는 생각으로 그를 대면했습니다. 그런 식의 만남은 금지되지 않았습니다. 바울이 그들에게서 떠나라고 명령한 것은 전혀 만나지 말라는 말이 아니라, 평소처럼 삶을 나누는 식의 만남을 피하라는 것입니다. 그렇게 만날 수는 없습니다. 자칭 그리스도인이라면서도 사도들이 가르친 교리에서 떠나 있는 사람과는 평소처럼 쉽사리 같이 어울릴 수 없습니다.

거짓 교사는 좋은 사람 같아 보인다

마지막으로, 교리를 수호하는 것이 중요하다고 바울이 말한 두 가지 이유를 18절에서 살펴보겠습니다. "이 같은 자들은[즉, 교리를 떠난 자들] 우리 주 그리스도를 섬기지 아니하고 다만 자기들의 배만 섬기나니 교활한 말과 아첨하는 말로 순진한 자들의 마음을 미혹하느니라."

두 번째 이유를 먼저 살펴보겠습니다. 18절 후반입니다. "교활한 말과 아첨하는 말로 순진한 자들의 마음을 미혹하느니라." 아첨하는 말이란 간단히 말해 축복하는 말입니다. 교활한 말이란 반드시 드러내 놓고 칭찬하는 말을 의미하지는 않습니다. 듣기 좋고 그럴 듯한 말을 의미합니다. 그래서 우리가 성경적인 교리를 주의해서 지켜야 하는 이유는 교리에서 떠난 자들이 듣기 좋고 그럴 듯한 축복의 말로 순진한 자들을 미혹하기 때문입니다. 거짓 교사들은 거칠고 가혹한 모습으로 추종자를 만들어 내지 않습니다. 보기 좋은 모습으로 사람들을 따르게 합니다.

역사적으로 두 사람을 예로 들어 보겠습니다. 그리스도의 신성을 부인했던 아리우스(336년 사망)와 소치니(1604년 사망)입니다. 파커 윌리엄슨은 아리우스에 대해 다음과 같이 묘사했습니다.

여기 총명하고 원기 넘치고 매력적인 사람이 있었으니, 그는 로터리 클럽

> 에서 손을 들고 환영할 만한 부류의 사람이었다. 부둣가 선술집에서 뱃노래를 부르며 수요일 밤마다 성경 이야기를 신실하게 가르치는 그야말로 유명한 사람이었다. 그의 이야기를 들으면 이단은 우리에게 믿음을 억지로 강요하지 않는다는 말이 생각난다. 우리는 미혹당한다.*

다른 작가는 소치니에 대해 이렇게 묘사했습니다.

> 그는 신사였다. 그의 도덕성은 어느 누구도 나무랄 데 없었으며, 결코 흐트러지지 않는 예의범절로 눈에 띄는 사람이었다. 얼마나 예의가 발랐던지 위대한 개신교 지도자인 루터와 칼뱅조차 대적들과 논쟁을 벌이면서 길거리 욕설을 내뱉던 시절에도 흐트러짐이 없었다.

이는 교회 안에서 거짓 교사들을 거부하는 경우가 그다지 흔한 일은 아닐 거라는 의미입니다. 거짓 교사들은 축복의 말과 매력 넘치는 화술로 거의 언제나 환영을 받기 때문입니다. 그들은 점잖은 신사들입니다. 그래서 바울은 순진한 자들이 미혹을 받는다고 말합니다. 그래서 바울은 이렇게 말합니다. "그들을 살피고 그들을 피하라."

거짓 교사들은 자기 배만 섬긴다

교리를 수호하는 일이 그토록 중요한 또 다른 이유는 바울이 말하

*Parker T. Williamson, *Standing Firm: Reclaiming the Chastain Faith in Times of Controversy* [Lenoir, North Carolina: PLC Publications, 1996], p. 31.

듯 "이 같은 자들은 우리 주 그리스도를 섬기지 아니하고 다만 자기들의 배만 섬기기"(18절 초반) 때문입니다. 말 그대로 자기 배를 섬기는 것입니다. 달리 말해, 거짓 가르침은 단순히 지식적인 실수의 문제가 아닙니다. 그럴 듯한 말과 부드럽고 점잖은 품행 뒤에는 우상숭배가 있으며, 그의 우상은 배(음식이나 성이나 사람의 찬사에 대한 욕망)입니다. 심각한 거짓 가르침 뒤에는 단순한 지적 오류가 있을 뿐 아니라 세상적인 열망에 종처럼 붙들린 마음이 있습니다.

살피라

그래서 저는 주의하라는 말씀으로 마무리하려고 합니다. 큰 교회를 목회하면서 말만 번지르르한 사람, 많은 책을 쓴 사람, 큰 사역을 인도하는 사람을 주의하고, 그들이 이룬 세상적인 업적을 하나님의 뜻보다 높이는 일은 없어야 합니다.

43장

평강의 하나님이 속히 사탄을 너희 발아래 상하게 하시리라

로마서 16:17-20

형제들아 내가 너희를 권하노니 너희가 배운 교훈을 거슬러 분쟁을 일으키거나 거치게 하는 자들을 살피고 그들에게서 떠나라. 이 같은 자들은 우리 주 그리스도를 섬기지 아니하고 다만 자기들의 배만 섬기나니 교활한 말과 아첨하는 말로 순진한 자들의 마음을 미혹하느니라. 너희의 순종함이 모든 사람에게 들리는지라. 그러므로 내가 너희로 말미암아 기뻐하노니 너희가 선한 데 지혜롭고 악한 데 미련하기를 원하노라. 평강의 하나님께서 속히 사탄을 너희 발아래에서 상하게 하시리라. 우리 주 예수님의 은혜가 너희에게 있을지어다. _롬 16:17-20

지금까지 로마서를 지나오면서 바울이 마귀에 대해 언급한 적은 한 번도 없었습니다(로마서 8장 38절에서 "천사들이나 권세자들이나 그리스도 안에 있는 하나님의 사랑에서 우리를 끊을 수 없다"고 말할 때 간접적으로 언급한 것을 제외하고는). 바울이 로마서 3-5장에서 칭의의 진리를 다룰 때나 6-8장에서 그리스도인의 삶을 다룰 때를 생각해 보면, 사탄에 대해서 침묵했던 것은 우리가 믿음의 싸움을 싸우는 일에서 마귀를 그리 대단하게 생각하지 말라는 경고라고 생각합니다.

로마서에서 유일하게 언급된 사탄의 모습은 멸망할 자

그리스도인의 모든 싸움은 언제나 마귀와 직접 대면하여 벌이는 전쟁이 될 것이라고 생각하는 사람들이라면 바울이 1-15장에서 구원과 그리스도인의 삶에 대해 기록하면서도 사탄에 대해 일언반구가 없다는 사실에 분명 의아해할 것입니다. 지금까지 바울이 아무 말이 없었던 것은 사탄이 그다지 중요하지 않다거나 넉넉히 맞서 싸울 만하다는 의미가 아닙니다. 오히려 사탄을 늘 염두에 두고서 정면으로 맞서기보다 주로 간접적으로 처리해야 한다는 의미입니다(딤후 2:24-26 참조).

하지만 서신의 끝에 이르러 바울은 16장 20절에서 마침내 사탄을 언급합니다. 오늘 제가 이야기하고 싶은 주제입니다. 바울이 마침내 사탄을 언급할 때 그가 말하고 싶었던 것은 한 가지입니다. 마르틴 루터의 말을 빌자면, "그의 성냄도 우리가 견딜 수 있는 것은 그가 분명 멸망하기 때문이다." 바울은 16장에서 사탄에 대해 한 문장으로 표현합니다. 20절입니다. "평강의 하나님께서 속히 사탄을 너희 발아래에서 상하게 하시리라." 그게 전부입니다. 단 한 번 언급합니다. 그것은 이런 의미입니다. "그는 멸망한다. 너희 발 아래서 으스러질 것이다."

뿔 달린 탐욕스런 사기꾼을 피하라

이에 대해 자세히 언급하기 전에, 이 선언이 이제까지 이어진 바울의 생각과 일치하는지 보겠습니다. 18절에서 바울은 사도들이 가르친 교리에서 벗어나 사람들을 미혹하는 이들을 주의하라고 말했습니다. 그들을 피하라고 말하기도 했습니다. 19절에서 그에 대한 이유를 제시합니다. 거짓 교사들은 그럴 듯한 말과 축복의 말을 하기 때문에 간파하기가 쉽지만은 않습니다. 그들은 순진하고 쉽게 잘 믿는 사람을 미혹하기 때문에 더욱 위험합니다. 이 모든 것 이면에는 그저 순수한 의도에서 비롯된 지적인 실수가 아닌 육신의 욕망에서 비롯된 깊은 속박이 있습니다. 하지만 말만 번지르르한 그들은 자신의 내밀한 삶에서 뿔 달린 탐욕자의 정체를 드러냅니다.

널리 알려진 로마 교회 성도들의 순종

19절에서 바울은 로마 교회 성도들의 순종을 칭찬하면서, 그러한 순종으로 말미암아 바울은 물론 기쁘지만 그들은 더욱 교리적 오류에 주의해야 한다고 말합니다. 바울은 이렇게 말합니다. "너희의 순종함이 모든 사람에게 들리는지라." 다시 말해, 그들의 순종이 널리 알려져 있기 때문에, 만일 거짓 교사들이 그들 가운데 득세하게 된다면 그리스도의 이름이 더욱 모욕을 받게 될 것이라는 말입니다. 그들의 순종이 널리 알려질수록, 혹시 그들이 거짓 가르침에 빠질 경우 그 피해는 더욱 막심할 수 있다는 말입니다. 그러니 "너희의 순종함이 모든 사람에게 들리므로" 더욱 주의하라고 합니다. 그들에게는 큰 책임감이 있다는 겁니다.

그리고 바울은 그들의 순종 때문에 자신이 무척 기쁘다는 사실도 알기를 바랍니다. 19절입니다. “너희의 순종함이 모든 사람에게 들리는지라. 그러므로 내가 너희로 말미암아 기뻐하노니.” 바울은 그 교회를 세우지 않았고 그곳에 가본 적도 없습니다. 그럼에도 교회가 예수님께 순종한다는 소문을 듣고 그 때문에 기뻐하는 것입니다. 우리가 어떤 교회를 보면서 기뻐하는 때는 언제입니까? 그 교회의 규모가 크거나 세련된 음악을 사용해서 그렇습니까? 아니면 예수님의 급진적인 명령에도 기꺼이 순종하기 때문입니까?

선한 일에는 전문가가 되고, 악한 일에는 초보자도 되지 말라

그런 후에 바울은 다시금 17절에서 했던 것과 유사한 경고를 합니다. 그들이 기본적으로 순종하는 사람들이고 그들의 순종을 보며 바울이 기뻐한다 하더라도, 다시금 그들에게 분명히 경고하고 싶다는 것입니다.

19절 후반입니다. “너희가 선한 데 지혜롭고 악한 데 미련하기를 원하노라.” 바울은 고린도 교회에도 이와 비슷한 말을 했습니다. “형제들아 지혜에는 아이가 되지 말고 악에는 어린 아이가 되라. 지혜에는 장성한 사람이 되라”(고전 14:20). 바울은 이런 가르침을 예수님의 말씀에서 가져왔습니다. 예수님은 이렇게 말씀하셨습니다. “보라 내가 너희를 보냄이 양을 이리 가운데로 보냄과 같도다. 그러므로 너희는 뱀 같이 지혜롭고 비둘기 같이 순결하라”(마 10:16).

이리 가운데 있는 양, 이 비유는 로마서 본문과 흥미로운 연관성이 있습니다. 여기서 바울은 양의 옷을 입은 이리(양처럼 축복하는 말을 하는 듯하지만 교리에서 벗어나 우리 주 그리스도를 섬기지 않는 자들)를 주의하라고 경고합니다. 그들은 순진한 양을 삼켜 버릴 준비가 된 이리입니다. 지혜(거짓 가르침과 파괴적인 행위를 일삼는 자를 분별하는 일)에 대해서는 순진해서는 안 됩니다. 지혜롭고 성숙해야 합니다. 하지만 악한 일(오류투성이고 파괴적인 교리와 욕망을 숭배하는 일)에 대해서는 순전해야 합니다. 악한 일은 시작도 하지 않겠다는 의미에서 어린 아이와 같이 되십시오. J. B. 필립스는 로마서 16장 19절을 이렇게 바꿔서 표현했습니다. "선한 일에는 전문가가 되고 악한 일에는 초보자도 되지 말기를 바라노라."

그러니 성도 여러분, 우리는 이렇게 되어야 하겠습니다. "너희가 선한 데 지혜롭고 악한 데 미련하기를 원하노라." 악한 일은 아예 시작조차 할 필요가 없습니다. 젊은이들이여, 악한 일을 아예 시작조차 하지 않으면 얼마나 많은 고통에서 벗어나는지 아십니까? 우리 마음속에 있는 악함은 그리스도가 충분히 다뤄 주실 수 있습니다만, 굳이 더 많은 죄악으로 그분께 짐을 드릴 필요는 없습니다.

악의 우두머리 사탄은 제거될 것이다

이제 20절로 왔습니다. 여기서의 핵심은 이것입니다. '어떤 악한 것(거짓 가르침, 욕망의 속박)에게도 속아 넘어가지 말고 미혹되지 말라. 악의 가장 큰 우두머리인 사탄이 괴멸될 것이기 때문이다. 사탄의 일에 결코 말려들지 않도록 주의하라. 그는 분명 멸망할 것이기 때문이다. 모든 거짓과 파괴적인 것에 대항하여 용기를 갖고 계속 싸우라. 모든 거짓과 파멸의 아비가 분명 멸망할 것이기 때문이다.'

저는 20절 상반절의 말씀을 사탄을 누르고 승리하는 교회에 대한 포괄적이고 일반적이고 영광스러운 약속으로 받아들입니다. "평강의 하나님께서 속히 사탄을 너희 발아래에서 상하게 하시리라." 저는 이 말씀이 로마 교회가 당면한 특정 사건에 대해 언급하는 것은 아니라고 생각합니다. 바울은 곧 대두될 어떤 위기 상황에 대해 언급한 적이 없습니다. 그가 묘사하는 문제들은 앞으로도 계속 존재하는 것들입니다. 그러므로 우리는 마지막 날까지 거짓 교사들을 주의해야 합니다. 이 말씀은 당면한 사건이 아니라 역사의 마지막에 사탄이 괴멸되어 무저갱에 던져지고(계 20:2-3) 불못에 던져질 때(계 20:10) 일어날 가장 큰 사건을 언급하고 있습니다. 악은 장차 멸망할 것이므로 가까이하지 말라는 경고입니다. 그리고 모든 거짓의 근원도 언젠가 멸망할 것이므로 깨어 있어 거짓 가르침에 주의하라는 격려이기도 합니다.

사탄의 패배에 대한 큰 그림

여기서 잠시 뒤로 물러나 신약성경이 사탄의 패배에 대해 말하는 좀 더 큰 그림을 살펴보겠습니다. 창세기 3장 15절에서, 하나님은 여자의 후손이 뱀의 머리를 부술 것이라 약속하셨습니다. "여자의 후손은 네 머리를 상하게 할 것이요 너는 그의 발꿈치를 상하게 할 것이니라." 그리고 그 약속을 성취하기 위해 예수님이 오셨습니다. 요한일서 3장 8절은 이렇게 말합니다. "하나님의 아들이 나타나신 것은 마귀의 일을 멸하려 하심이라." 따라서 사탄을 멸하시는 그리스도의 사역을 세 단계로 정리할 수 있습니다.

1. 그리스도의 죽으심과 부활로 사탄은 결정적으로 패배했다.

바울은 골로새서 2장 14-15절에서 다음과 같이 설명합니다. “[그리스도가] 우리를 거스르고 불리하게 하는 법조문으로 쓴 증서를 지우시고 제하여 버리사 십자가에 못 박으시고, 통치자들과 권세들을 무력화하여 드러내어 구경거리로 삼으시고 십자가로 그들을 이기셨느니라.”

우리의 죄를 십자가에 못 박으심으로써 그리스도는 마귀의 손에서 모든 파멸의 무기를 빼앗으셨습니다. 이제 마귀가 우리를 향해 분노할 수는 있으나 정죄할 수는 없습니다. 하나님이 의롭다 하셨는데, 누가 정죄하겠습니까?(롬 8:33-34, 다음 구절도 참조. 히 2:14-15; 요일 3:8; 엡 1:22; 요 12:21, 16:11).

2. 하나님의 말씀을 믿고 선포하며 하나님의 전신 갑주를 입은 그리스도인을 통해 사탄은 지금도 그리스도에게 패하고 있다.

에베소서 6장 12-13절입니다. “우리의 씨름은 혈과 육을 상대하는 것이 아니요 통치자들과 권세들과 이 어둠의 세상 주관자들과 하늘에 있는 악의 영들을 상대함이라. 그러므로 하나님의 전신 갑주를 취하라. 이는 악한 날에 너희가 능히 대적하고 모든 일을 행한 후에 서기 위함이라”(계 12:11, 고후 4:4-6 참조).

오늘 우리는 마귀와의 싸움에서 믿음으로 그리스도의 승리를 받아들이고 적용합니다. 그것은 주로 하나님의 말씀을 믿고 그 말씀을 무기로 사용하는 것으로 이루어집니다(딤후 2:24-26 비교).

3. 사탄은 마지막 날에 완전히 제압되어 불못에 던져질 것이고 다시는 세상을 속이거나 고통스럽게 하지 못할 것이다.

바울은 고린도전서 15장 25절에서 이렇게 말합니다. “그가[그리스도] 모든 원수를 그 발아래에 둘 때까지 반드시 왕 노릇 하시리니.” 이미 사탄은 십자가와 부활로 인해 결정적으로 패배했지만 장차 그리스도가 모든 것을 공개적으로 그분의 발아래 두실 때에는 마지막 일격을 당하게 될 것입니다. 로마서에서는 사탄이 우리 발아래에 있을 것이라고 말합니다. “평강의 하나님께서 속히 사탄을 너희 발아래에서 상하게 하시리라.” 그 이유는 우리가 그리스도 안에 있고 그분의 승리는 곧 우리의 승리이기 때문입니다.

그리스도가 이미 이 땅에 오셔서 죽으시고 살아나셨듯이 그 일도 분명히 일어날 것입니다. 그래서 에베소서 1장 22절은 모든 만물이 이미 그리스도의 발아래 있다고 말합니다. “만물을 그의 발아래에 복종하게 하시고 그를 만물 위에 교회의 머리로 삼으셨느니라.”

로마서 16장 20절은 마치 악이 득세하고 사탄이 세상을 집어 삼키는 듯이 보이는 시간과 장소에 포위된 성도에게 전하는 영광스러운 약속입니다. 결코 포기하지 말고 악의 편에 서지 말라는 경고이기도 합니다. 기만과 우상숭배를 계속 경계하고 “선한 데 지혜롭고 악한 데 미련하라”는 격려입니다.

전투를 위한 은혜

그러는 동안(마지막 승리가 임하고 사탄이 정복되기 전까지) 기나긴 전투를 위한 은혜가 있을 것입니다. 20절 후반입니다. “우리 주 예수님의 은혜가 너희에게 있을지어다." 우리가 당면하는 전투에 꼭 필요한 만큼 그 은혜가 매일 우리에게 임합니다. 아침마다 새롭습니다. 그분의 신실하심이 크십니다.

주여, 언제까지입니까?

여기서 마지막 질문이 나옵니다. 주여, 언제까지입니까? 승리가 임할 때까지 얼마나 기다려야 합니까? "하나님이여 대적이 언제까지 비방하겠으며 원수가 주의 이름을 영원히 능욕하리이까?"(시 74:10). 바울은 대답합니다. "평강의 하나님께서 속히 사탄을 너희 발아래에서 상하게 하시리라." 로마서 13장 12절에서는 이렇게 말하기도 했습니다. "밤이 깊고 낮이 가까웠으니 그러므로 우리가 어둠의 일을 벗고 빛의 갑옷을 입자."

바울이 이 말을 하고 나서도 2천 년이 지났습니다. 그리스도의 재림과 승리가 속히 올 것이라고 했지만 벌써 2천 년이 지나 버린 이 말씀을 오늘날 우리는 어떻게 이해해야 할까요?

이 문제를 정면으로 다루고 있는 신약의 책이 바로 베드로후서입니다. "말세에 조롱하는 자들이 와서 자기의 정욕을 따라 행하며 조롱하여 이르되, 주께서 강림하신다는 약속이 어디 있느냐? 조상들이 잔 후로부터 만물이 처음 창조될 때와 같이 그냥 있다 하니 … 사랑하는 자들아 주께는 하루가 천 년 같고 천 년이 하루 같다는 이 한 가지를 잊지 말라. 주의 약속은 어떤 이들이 더디다고 생각하는 것 같이 더딘 것이 아니라. 오직 주께서는 너희를 대하여 오래 참으사 아무도 멸망하지 아니하고 다 회개하기에 이르기를 원하시느니라”(벧후 3:3-4, 8-9).

예수님이 오시는 날이 늦어지는 것을 놓고 사람들이 질문을 던질 때 바울이 대처하는 방법은 시간과 하나님의 특별한 관계에 주목시키는 것입니다. “주께는 하루가 천 년 같고.” 그래서 베드로후서의 말씀을 신호로 삼아 오늘은 바울과 로마서 집필을 지도하시는 주님 사이에 일어나는 가상 대화로 마무리할까 합니다.

바울: 주님, 언제까지입니까? 마침내 원수가 제거되고 교회의 모든 환난이 끝나는 날은 언제입니까?

주님: 네가 알 바가 아니다. 때와 시기는 아버지께서 자기의 권한에 두셨다. 그분은 무한히 지혜로우시고 무한히 선하시다.

바울: 주님, 얼마나 오래 걸릴까요? 수백 년, 어쩌면 수천 년이 걸릴까요?

주님: 천 년이 되든 2천 년이 되든 무슨 상관이 있느냐? 그것이 그토록 긴 시간이냐? 내게는 천 년이 하루와 같다.

바울: 주님, 그렇다면 제가 장차 임할 승리에 대해 어떻게 말해야 합니까? 시간에 대해서는 뭐라고 말해야 할까요?

주님: 내가 진실하듯 너도 내 앞에서 진실하여라. 그리고 사람들이 내가 올 것을 준비하는 데 도움이 되는 말을 해주어라. 내가 지체하는 것에 대해 마음대로 생각하게 해서는 안 된다. 그렇게 하다가는 무관심의 조류에 휩쓸리다가 한순간에 멸망하고 말 것이다.

바울: 그렇다면 주님, 그 날이 곧 올지 잘 모르면서도 주님이 곧 오신다고 말해야 합니까? 그렇게 말하는 건 잘못이 아닙니까?

주님: 잘못이 아니다. 그렇게 말하라. 어떤 이는 내가 했던 다른 말들과 마찬가지로 이 말로 인해 넘어지게 될 것이다. 조롱하는 자가 와서 내 약속을 비웃을 것이다. 나는 그것을 알고 있다. 하지만 그 일이 속히 이뤄지지 않으리라는 인상을 준다면, 진리와 사람들의 영혼에 더욱 해를 입히게 될 것이다. 차라리 시간을 초월하는 시급함 속에서도 진실함을 지키고, 사람들이 소망을 가득 품고 늘 준비할 수 있도록 도와주는 편이 낫다.

바울: 주님, 천 년, 2천 년이 지나도 주님이 오시지 않으면 그때 이 말씀을 읽는 주의 백성들은 무슨 생각을 해야 합니까? 수천 년이 오고 갔지만 주께서 속히 오실 것 같은 기척도 보이지 않고, 주께서 오신다고 해서 자신들의 삶이 방해받을 이유가 없다고 생각하지 않을까요?

주님: 그들은 주의 날이 밤에 도적같이 임할 것임을 반드시 기억해야 한다. 그날은 아무도 기대하지 않은 날 갑작스레 임할 것이다. 세상은 평상시와 다름없이 돌아가고 있을 것이다(눅 17:26-31). 그리고 갑작스런 종말이 그들에게 임할 것이다. 바울아, 그들이 속히 온다는 말씀 때문에 넘어지지 않도록 그들을 위해 기도하라. 그날이 나를 위해 속히 임할 것이고 그들을 위해 갑작스레 임할 것임을 그들이 깨닫도록 기도하라. 그날이 속히 임할 것을 기대하는 것이 무관심의 조류에 휩쓸리다가 한순간에 멸망하지 않는 최고의 방법임을 그들이 이해할 수 있도록 기도하라.

바울: 주님, 감사합니다. 제가 살아 있는 동안 주님이 다시 오심을 제가 얼마나 사모하는지 아시지요. 제 몸이 사망으로 갈가리 찢기

기보다 생명으로 옷 입기를 원합니다. 주 예수여, 어서 오시옵소서.

주님: 내 사랑하는 종, 바울아. 나를 향한 너의 열정과 속히 내가 오기를 바라는 너의 마음이 내게 큰 영광이 되는구나. 나는 네가 그 외에 다른 것을 원하지 않기를 바란다. 로마 교회에 보내는 이 편지를 마무리하고, 네 이후에 올 사람들도 너와 동일한 열망을 갖도록 기도하라. 그리고 그때까지 반드시 잊지 말아라. 사람들이 잊지 않게 하라. 내가 다시 올 때 사탄을 네 발아래 부셔버리겠다. 내 은혜가 너와 함께 있을 것이다.

이 땅에 마귀 들끓어 우리를 삼키려 하나
겁내지 말고 섰거라 진리로 이기리로다
어둠의 권세자 패망한 원수를 두려워 말아라
우리는 견디어 말씀으로 이기리로다

온 세상 권세 이기신 주 말씀 안에 거하라
성령의 은사 주시고 우리의 편이 되신다
친척과 재물과 명예와 생명을 다 빼앗긴대도
진리는 살아서 그 나라 영원하리라.

44장

영감된 성경을 주신 하나님께 감사하라

로마서 16:21-23

나의 동역자 디모데와 나의 친척 누기오와 야손과 소시바더가 너희에게 문안하느니라. 이 편지를 기록하는 나 더디오도 주 안에서 너희에게 문안하노라. 나와 온 교회를 돌보아 주는 가이오도 너희에게 문안하고 이 성의 재무관 에라스도와 형제 구아도도 너희에게 문안하느니라. _롬 16:21-23

제가 로마서 16장 21-23절의 설교의 제목을 "영감된 성경을 주신 하나님께 감사하라"고 정한 이유가 궁금하실 겁니다. 그 이유는 이렇습니다. 여러 사람들에게 보내는 문안 인사에서 우리가 무엇을 주목해야 할지 묵상하던 중, 바울의 비서(학자들은 그 사람을 바울의 구술을 기록하는 대필자라 부릅니다)가 22절에 자기 개인 인사를 집어넣은 것이 여기서 가장 이상하고 눈에 띄는 대목이라는 생각이 들었습니다. 21절에서는 바울 자신의 목소리로 말합니다. "나의 동역자 디모데와 나의 친척 누기오와 야손과 소시바더가 너희에게 문안하느니라." 여기서 '나'는 바울을 가리킵니다. 우리는 더디오의 손을 빌려 로마 교회에 편지를 쓰는 바울의 목소리를 듣고 있습니다.

그런데 22절에서 갑자기 다른 목소리가 들립니다. "이 편지를 기록하는 나 더디오도 주 안에서 너희에게 문안하노라." 그리고 23절에서는 다시 바울의 목소리로 돌아갑니다. "나[바울]와 온 교회를 돌보아 주는 가이오도 너희에게 문안하고." 그런 식으로 계속 이어집니다. 참으로 유별난 일이라(바울의 서신서 그 어느 곳에서도 대필자가 자신을 드러내는 일은 없습니다) 저는 여기서 잠시 멈추고 깊이 생각에 잠겼습니다. 그래서 이와 관련된 몇 가지를 살펴본 후 오늘 주제로 넘어가겠습니다.

더디오의 인사말에 대한 다섯 가지 관찰

1. 바울은 정기적으로 비서를 통해 편지를 기록했습니다. 그 사실을 알 수 있는 것은 바울이 편지 말미에서 자신이 직접 손으로 썼다고 말하며 마무리한 것이 최소 네 번인데, 이는 나머지 글은 비서가 기록했다는 암시가 되기 때문입니다(고전 16:21; 갈 6:11; 골 4:18; 살후 2:17).

2. 그럼에도 불구하고 로마서는 바울의 편지이고 그의 목소리와 그의 생각이 담겨 있습니다. 그래서 바울은 매번 편지를 쓸 때마다 그가 대필자를 두고 있음을 알게 해주는 말로 시작합니다. "바울과 … 고린도에 있는 하나님의 교회에게"(고전 1:1,2). "바울은 … 갈라디아 여러 교회들에게"(갈 1:1,2). "바울과 … 골로새에 있는 성도들 곧 그리스도 안에서 신실한 형제들에게"(골 1:1,2). "바울은 … 로마에서 하

나님의 사랑하심을 … 받은 모든 자에게"(롬 1:1,7). 바울은 비록 비서를 통해 편지를 쓴다고 해서 그것 때문에 자기의 말이라는 사실이 달라지지는 않는다고 생각했습니다.

3. 더디오가 로마서 16장 22절에서 "이 편지를 기록하는 나 더디오도 주 안에서 너희에게 문안하노라"고 기록했을 때 이 부분에서는 바울이 말한 게 아니라는 의미가 아닙니다. 아마 이렇게 진행되었을 겁니다. 바울은 이렇게 구술합니다. "나의 동역자 디모데와 나의 친척 누기오와 야손과 소시바더가 너희에게 문안하느니라. 이 편지를 기록하는 더디오도 주 안에서 너희에게 문안하노라." 그러다 갑자기 멈추고 미소를 지으며 말합니다. "자네가 직접 인사하는 것이 어떤가?" 그래서 더디오는 이렇게 기록합니다. "이 편지를 기록하는 나 더디오도 주 안에서 너희에게 문안하노라." 더디오가 바울의 뜻을 어기고 마음대로 기록했다고 생각할 이유는 전혀 없습니다.

4. 사실 저는 이 문장이 단어의 배열 순서대로 제대로 번역되었는지에 대해서는 잘 모르겠습니다. 헬라어에서 단어의 순서만으로는 무엇이 무엇을 수식하는지 결정적이지 않습니다. 하지만 수식어가 양쪽 모두를 수식 가능한 경우, 단어의 순서는 중요해집니다.

예를 들어, 22절에서 헬라어 단어를 순서대로 나열하면 이렇게 됩니다. "나는 문안하노라, 나 더디오는, 이 편지를 기록하는 자로서, 주 안에서"(I greet you, I Tertius, the one who wrote the letter in the Lord). 헬라어에서는 결코 "주 안에서"가 "너희에게 문안하노라"를 수식하지 않습니다. 그런데 사실상 모든 번역본에서 "주 안에서 … 문안하노라"(I … greet you in the Lord)고 나옵니다. 헬라어에서 "주 안에서"는

"기록하는"이란 말을 수식할 수 있습니다. 말하자면 "주 안에서 이 편지를 기록하는 나 더디오"인 것이지요(16장 2, 8, 13절에서 "주 안에서"가 수식하는 방식과 로마서 16장 3, 9, 10절에서 "그리스도 안에서"가 수식하는 방식을 보면 이를 알 수 있습니다).

그래서 더디오는 자신의 기록(구술 대필)이 단순한 인간의 일이 아닌 "주 안에서" 혹은 "주님으로 말미암아" 하는 일이라는 것을 분명하게 말하는 구절이라고 볼 수 있습니다. 주님께 감독을 받고 주님을 의지함으로 행하고 주님을 통해 감당합니다. 더디오는 바울이 그에게 개인 인사를 건네도록 자유를 허용할 때 "주 안에서"라는 말을 사용함으로써 사도 바울의 구술과 자신의 기록이 "주 안에서" 이루어졌다는 전반적 관계에 대한 인식을 강조하려 한 것인지도 모릅니다. 이는 단순한 인간의 일이 아닙니다.

5. 성경의 영감(inspiration)에 관한 우리의 교리에서 생각해 볼 때 바울과 더디오의 관계는 하나님과 바울의 관계와도 같다는(똑같지는 않지만 핵심적인 면에서는 동일하다는) 결론에 이릅니다. 비록 더디오가 기록하긴 하지만 여전히 바울의 글과 생각입니다. 그와 마찬가지로 바울이 구술하지만 그 글과 생각은 하나님의 것입니다. 그렇다고 문자 그대로 한 글자도 다르지 않게 똑같이 기록하는 것이 하나님이 성경 저자들에게 영감을 주시는 유일한 방법이라는 의미는 아닙니다. 다만 하나님이 어떤 방식으로 인도하시든지 결국 기록되는 것은 하나님의 말씀이라는 뜻입니다. 그래서 성경은 가장 귀중한 책이고 세상에서 가장 고귀한 유산입니다. 하나님의 영감이 담긴 말씀이기 때문입니다.

이 설교의 출발점

오늘 설교가 지금의 모습으로 정리되기까지 제 머릿속에 떠오른 두 가지가 있습니다. 하나는 오늘이 추수감사절을 앞둔 주일라는 사실이고, 다른 하나는 영감 교리의 기초에 대해 강론한 지 한참이 지났다는 사실입니다. 그래서 성경의 영감에 대한 우리 신앙의 큰 기초로 다시 돌아가 살펴본 다음, 하나님의 영감된 말씀인 성경이 얼마나 소중한 책인지 감사하는 마음으로 마무리하자고 생각했습니다.

예수님으로 시작하라

예수님으로 시작하겠습니다. 그분의 관점에서 볼 때 우리가 구약성경이라 부르는 히브리 성경은 하나님의 영감된 말씀으로서 무오한 권위를 가지고 있습니다. 우리가 제대로만 이해한다면, 구약성경은 결코 오류가 없으며 우리를 엉뚱한 길로 이끌지도 않습니다. 사두개인들이 자신들이 믿지 않는 죽은 자의 부활을 놓고 예수님을 논쟁에 끌어들이려고 했을 때, 예수님은 이렇게 대답하셨습니다. "너희가 성경도, 하나님의 능력도 알지 못하는 고로 오해하였도다[너희가 틀렸다, 너희가 실수를 저질렀다]"(마 22:29). 성경을 제대로 알면 그런 실수는 저지르지 않습니다.

왜 그럴까요? 예수님이 요한복음 10장 35절에서 말씀하셨던 것과 같기 때문입니다. "성경은 폐하지 못하나니." 예수님은 사역 초반에 이렇게 말씀하셨습니다. "내가 율법이나 선지자를 폐하러 온 줄로 생각하지 말라. 폐하러 온 것이 아니요 완전하게 하려 함이라. 진실로 너희에게 이르노니 천지가 없어지기 전에는 율법의 일점일획도 결코 없어지지 아니하고 다 이루리라"(마 5:17-18). 그리고 사역 말미에는 이렇게 말씀하셨습니다. "내가 너희와 함께 있을 때에 너희에게 말한 바 곧 모세의 율법과 선지자의 글과 시편에 나를 가리켜 기록된 모든 것이 이루어져야 하리라"(눅 24:44). 이 말씀이 '반드시' 이루어져야 하는 이유는 이것이 하나님의 말씀이기 때문이고 하나님의 말씀은 결코 바닥에 떨어지지 않기 때문입니다.

예수님은 구약성경을 귀하게 여기신다

예수님이 구약성경의 모든 말씀을 하나님의 말씀으로 여기신, 아주 사소하지만 강력한 사례가 있습니다. 바리새인들이 "어떤 이유로든 아내와 이혼하는 것이 적법한가?"라는 질문으로 예수님을 시험했을 때 예수님이 대답하신 말씀입니다. 예수님은 모세가 기록한(모세가 하나님의 말씀을 직접 인용한 것이 아닌 모세가 기록한) 창세기 2장 24절 말씀을 언급하시며 답하셨습니다. "이러므로 남자가 부모를 떠나 그의 아내와 합하여 둘이 한 몸을 이룰지로다."

예수님은 바리새인들의 질문에 다음과 같이 대답하십니다. "사람을 지으신 이가 본래 그들을 남자와 여자로 지으시고 말씀 … 하신 것을 읽지 못하였느냐?"(마 19:4-5). 여기서 "말씀하신"의 주체가 누구입니까? 그들을 남자와 여자로 만드신 하나님입니다. 하나님께서 이렇게 말씀하셨다는 예수님의 말씀 속에 함축된 의미가 무엇인지 다시금 살펴보겠습니다. "사람을 지으신 이가 본래 그들을 남자와 여자로 지으시고 말씀하시기를[그런 다음 창세기 2장 24절에서 모세가 했던 말을 인용하십니다], '그러므로 창조 때로부터 사람을 남자와 여자로 지으셨으니 이러므로 사람이 그 부모를 떠나서 그 둘이 한 몸이 될지니라.'" 다시 말해, 예수님은 성경에 나와 있는 어떤 말씀이든(창세기 2장 24절처럼 모세가 쓴 글도) 택하셔서는 "하나님이 말씀하셨다"고 하신다는 말입니다.

그래서 "성경은 결코 폐하여질 수 없다"는 것입니다. 예수님이 구약성경의 영감과 권위를 인정하셨음을 보여 주는 예들은 이 외에도 많습니다.

예수님도 동일한 권위로 말씀하신다

예수님도 당연히 동일한 권위로 말씀하십니다. 예수님은 영감으로 기록된 구약성경을 존중하시며, 또한 당신의 말씀에도 동일한 권위가 있음을 주장하십니다.

요한복음 14장 10절에서 이렇게 말씀하셨습니다. "내가 아버지 안에 거하고 아버지는 내 안에 계신 것을 네가 믿지 아니하느냐? 내가 너희에게 이르는 말은 스스로 하는 것이 아니라 아버지께서 내 안에 계셔서 그의 일을 하시는 것이라." 요한복음 8장 28절입니다. "[나는] 오직 아버지께서 가르치신 대로 이런 것을 말하는." 요한복음 12장 49절입니다. "내가 내 자의로 말한 것이 아니요 나를 보내신 아버지께서 내가 말할 것과 이를 것을 친히 명령하여 주셨으니." 예수님은 당시 권위 있는 전통 관념을 수정하시면서 재차 이렇게 말씀하셨습니다. "옛 사람에게 말한 바 … 하였다는 것을 너희가 들었으나, 나는 너희에게 이르노니…"(마 5:21-48).

예수님은 사도들의 권위도 인정하신다

예수님은 구약성경의 영감과 권위를 인정하신 후에 자신의 권위를 확증하셨을 뿐 아니라, 장차 교회의 기초가 될 복음서와 서신서를 쓰게 될 사도들의 시대를 기대하셨고, 교회에 이 기초를 세우는 데 필요한 하나님의 영감을 그들에게 주겠다고 약속하셨습니다.

예를 들어, 요한복음 14장 26절에서 이렇게 말씀하셨습니다. "보혜사 곧 아버지께서 내 이름으로 보내실 성령 그가 너희에게 모든 것을 가르치고 내가 너희에게 말한 모든 것을 생각나게 하리라." 그리고 요한복음 16장 13절에서는 이렇게 말씀하셨습니다. "그러나 진리의 성령이 오시면 그가 너희를 모든 진리 가운데로 인도하시리니 그가 스스로 말하지 않고 오직 들은 것을 말하며 장래 일을 너희에게 알리시리라."

바울의 권위

지금까지 우리가 로마서를 살펴보았으므로 여러 사도 중에 바울을 예로 들어 보면, 바울이 자신을 가리켜 했던 말과 베드로가 바울에 대해 했던 말 역시 옳다는 것이 명확해집니다.

베드로는 먼저 베드로후서 1장 21절에서 구약성경의 영감된 말씀을 다음과 같이 묘사합니다. "오직 성령의 감동하심을 받은 사람들이 하나님께 받아 말한 것임이라." 다시 말해, 하나님의 영감이란 사람들이 성경을 기록할 때 "성령의 감동하심"을 받았음을 의미합니다. 그로 인해 예언의 말씀이 확실해지며 신뢰할 만해지는 것입니다(벧후 1:19). 그것이 베드로가 보는 성경의 영감과 권위입니다.

이후 베드로후서 3장 15-16절을 보면, 베드로는 바울의 글을 동일한 범주에 포함시키고 있습니다. "우리가 사랑하는 형제 바울도 그 받은 지혜대로 너희에게 이같이 썼고, 또 그 모든 편지에도 이런 일에 관하여 말하였으되 그 중에 알기 어려운 것이 더러 있으니 무식한 자들과 굳세지 못한 자들이 '다른 성경과 같이' 그것도 억지로 풀다가 스스로 멸망에 이르느니라." 베드로는 바울의 글을 성경의 일부로 간주합니다. 바울 역시 성경을 기록하는 동안 "성령의 감동하심"을 받은 것입니다.

사실 이에 대해서는 바울이 자신의 경험으로도 기록하고 있습니다. 디모데후서 3장 16절에서 바울은 베드로처럼 모든 성경이 "하나님의 감동으로 된 것으로 교훈과 책망과 바르게 함과 의로 교육하기에 유익하[다]"고 말할 뿐 아니라, 고린도전서 2장 12-13절처럼 자신의 경험을 설명하기도 합니다. "우리가 세상의 영을 받지 아니하고 오직 하나님으로부터 온 영을 받았으니 이는 우리로 하여금 하나님께서 우리에게 은혜로 주신 것들을 알게 하려 하심이라. 우리가 이것을 말하거니와 사람의 지혜가 가르친 말로 아니하고 오직 '성령께서 가르치신 것으로' 하니 영적인 일은 영적인 것으로 분별하느니라."

이 영감이 바울에게 권위를 주었습니다. 그러므로 바울이 고린도전서 14장 37-38절에서 이렇게 말한 것은 교만으로 인한 것이 아닙니다. "만일 누구든지 자기를 선지자나 혹은 신령한 자로 생각하거든 내가 너희에게 편지하는 이 글이 주의 명령인 줄 알라. 만일 누구든지 알지 못하면 그는 알지 못한 자니라."

바울이 로마서에서 일련의 생각들을 숙고한 뒤 더디오가 기록할 수 있도록 생각을 말로 표현했을 때, 그의 생각은 세상의 지혜가 아닌 하나님의 지혜이며, 그 말은 성령께서 가르치신 것이었습니다. 더디오가 표현한 대로 로마서는 '주 안에서' 기록되었습니다. 다른 모든 성경의 말씀처럼 성령의 감동으로 기록된 하나님의 말씀이므로, 오류가 없으며 권위가 있습니다.

성경과 같이 하나님의 감동으로 기록되고 오류가 없고 권위를 지닌 책은 없습니다. 성경 안에는 온 우주의 창조자요 구원자의 말씀이 그대로 담겨 있습니다.

윌리엄 틴데일이 치른 대가

지난 목요일에는 워싱턴에서 윌리엄 틴데일에 대한 강의를 했습니다. 틴데일은 1526년에 원어로 된 신약성경을 영어로 맨 처음 번역했습니다. 그는 이 번역을 위해 자신의 목숨을 바쳤습니다. 42세의 나이에 그는 목이 졸린 채 기둥에 묶여 화형을 당했습니다. 저는 기대하지 않은 부분에서 깊은 감동을 받았습니다. 우리 교회에서 사용하는 ESV(English Standard Version)판 성경으로 본문을 정리하던 중이었습니다. 이 성경의 근원은 RSV(개정표준역)판을 거쳐 ARV(미국 개정역)판, 그리고 KJV(흠정역)판, 제네바 성경, 커버데일 성경, 그리고 윌리엄 틴데일 성경까지로 거슬러 올라갑니다.

저는 민수기 6장 24-26절에 나온 복에 대한 말씀을 보면서 우리가 매주 예배를 마무리할 때 이 구절을 사용한다는 것을 깨달았습니다. "여호와는 네게 복을 주시고 너를 지키시기를 원하며, 여호와는 그의 얼굴을 네게 비추사 은혜 베푸시기를 원하며, 여호와는 그

얼굴을 네게로 향하여 드사 평강 주시기를 원하노라 할지니라." 그리고 제가 깨달은 것은 지금 읽고 있는 이 말씀, 이 구절이 바로 500여 년 전 윌리엄 틴데일이 번역했던 말씀이고(thee는 you로, '자비'는 '은혜'로 바뀐 것 정도의 자그마한 수정이 있었습니다), 이를 번역하기 위해 그는 목숨을 바쳤다는 사실이었습니다.

영감의 성경을 주심에 감사

제가 목요일 강의 때 청중에게 전했던 말을 여기서도 해야겠습니다. 이 고귀한 말씀을 결코 가볍게 여기지 맙시다. 성경은 하나님의 말씀입니다. 이를 확증하고 죄인들도 말씀을 이해하고 받아들일 수 있게 하시려고 그리스도가 목숨을 바치셨습니다. 그리고 오늘날까지 성경을 보존하기 위해 수천 명의 사람들이 목숨을 잃었습니다. 영감된 성경을 주신 하나님께 감사를 드립시다.

45장

복음으로 우리를 능히 견고하게 하시는 하나님

로마서 16:25-27

나의 복음과 예수 그리스도를 전파함은 영세 전부터 감추어졌다가 이제는 나타내신 바 되었으며 영원하신 하나님의 명을 따라 선지자들의 글로 말미암아 모든 민족이 믿어 순종하게 하시려고 알게 하신 바 그 신비의 계시를 따라 된 것이니 이 복음으로 너희를 능히 견고하게 하실 지혜로우신 하나님께 예수 그리스도로 말미암아 영광이 세세무궁하도록 있을지어다. 아멘. _롬 16:25-27

오늘은 역사상 가장 위대한 편지인 로마서의 마지막 단락을 시작합니다. 적어도 몇몇 분들은 이렇게 질문하실 것 같습니다. '이제 로마서는 거의 다 끝난 건가요?' 여러분 중 대부분은 1998년 4월 26일에 로마서 강해를 시작했을 때 여기 계시지 않았습니다. 그때가 7년 반 전입니다(이 설교는 2006년 11월 26일에 전했음—편집주). 대부분은 로마서 강해가 진행되는 도중에 베들레헴교회에 오셨습니다. 이제 끝이 보이고 있습니다. 모든 긴장감을 제거하고 다른 본문으로의 전환을 준비할 수 있도록, 앞으로의 계획을 말씀드리겠습니다.

느리지만 점진적인 결말

마지막 단락(롬 16:25-27)은 이 편지의 수많은 중요한 주제들을 한 군데 모아서, 느리지만 점진적으로 결말에 이르게 하고 있습니다. 우리는 지난 7년간의 싸움을 급하게 마무리 짓지 않을 것입니다. 이는 마치 거대한 제트기와 같아서 수직으로 착륙하지 않습니다. 저는 오늘 본문의 세 구절을 5주 동안 설교하려고 합니다. 따라서 12월 24일 성탄절 전날에 로마서 강해를 마치게 되기를 희망합니다. 성탄절 전날은 이를 끝마치기에 잘 들어맞는 클라이맥스입니다. 저와 함께 기도해 주시기 바랍니다. 하나님이 앞으로 5주 동안의 대강절을 그리스도를 높이는 데 가장 효과적인 시기가 되게 해주시도록, 그리고 사람들이 회심하여 믿음에 이르고 그리스도 안에서 견고하게 세워지도록 기도해 주시기 바랍니다.

하나님의 영광으로 이끄는 송영

로마서의 마지막 세 구절은 통상 송영(doxology)이라고 부릅니다. 송영이라는 표현은 '영광'이라는 뜻의 헬라어 'doxa'와 '말씀'이라는 뜻의 헬라어 'logos'에서 나왔습니다. 따라서 송영은 하나님께 영광을 돌리는 말입니다. 신약에 등장하는 송영 뒤에는 만물이 하나님께 영광을 돌리기 위하여 존재하며, 모든 것이 하나님의 영광을 위해 일어난다는 확신이 있습니다. 송영이 항상 설교나 편지에서 절정의 순간에 그리고 마지막 순간에 등장하는 이유가 바로 그것입니다. 기도하기는, 바울의 경우도 그랬듯, 제가 지금까지 말씀드린 모든 내용이 하나님께 영광을 돌리는 데 드려지는 것입니다.

바울은 25절에서 로마서를 마치는 송영을 시작합니다. 바울은 하나님께 영광을 돌리는 송영으로 마지막 말을 전하겠다는 생각이 있지만, 단지 "이제 그에게 영광이 있을지어다"와 같은 간단한 표현으로 끝마치려 하지는 않습니다. 대신 그는 성부 하나님에 관해 몇 마디를 추가하고, 더불어 16장에 걸쳐 기록해 온 복음에 대해서도 몇 마디를 덧붙이고 있습니다. 그러고나서 로마서 전체의 마지막 대목인 27절에서 다시 송영으로 돌아가 하나님께 영광을 돌립니다. "지혜로우신 하나님께 예수 그리스도로 말미암아 영광이 세세무궁하도록 있을지어다. 아멘."

바울은 로마서 다른 곳에서도 송영을 사용했습니다. 로마서의 내용이 1장부터 11장까지 이어지다가 절정에 다다른 11장 36절에서 송영이 등장합니다. 바울은 열한 장에 걸쳐 그가 가르쳤던 내용을 12장에서 보다 심도 있게 적용하는 가르침을 전하기 직전에 송영을 드렸습니다. "이는 만물이 주에게서 나오고 주로 말미암고 주에게로 돌아감이라. 그에게 영광이 세세에 있을지어다. 아멘"(빌 4:20; 엡 3:20-21 참고).

바울 외에도 송영을 사랑한 사람이 있습니다. 베드로는 베드로전서 4장 11절에서 이렇게 말합니다. "그에게 영광과 권능이 세세에 무궁하도록 있느니라. 아멘." 요한 사도는 요한계시록 1장 5-6절에서 말했습니다. "우리를 사랑하사 그의 피로 우리 죄에서 우리를 해방하시고 그의 아버지 하나님을 위하여 우리를 나라와 제사장으로 삼으신 그에게 영광과 능력이 세세토록 있기를 원하노라. 아멘." 그리고 주님의 형제 유다는 가장 유명한 송영을 썼습니다(유 1:24-25). "능히 너희를 보호하사 거침이 없게 하시고 너희로 그 영광 앞에 흠이 없이 기쁨으로 서게 하실 이 곧 우리 구주 홀로 하나이신 하나님께 우리 주 예수 그리스도로 말미암아 영광과 위엄과 권력과 권세가 영원 전부터 이제와 영원토록 있을지어다. 아멘."

그러므로 송영이 선포되거나 노래로 불려질 때, 우리는 이 송영이 "만물이 하나님께 영광을 돌리기 위하여 존재한다"는 가장 중요하고 포괄적인 진리에 근거해서 말하는, 성경적이고 사도적인 형태의 선언이라는 사실을 알게 됩니다.

앞으로 다섯 주 동안 우리가 다룰 것이 바로 이 송영입니다. 송영치고는 상당히 길고 하나님과 복음에 대한 진리를 가득 담고 있습니다. 바울이 그의 가장 길고 위대한 편지를 마치면서 그저 몇 마디를 무심코 던지는 것이 아님을 알 수 있습니다. 여기 나오는 모든 단어가 중요합니다. 로마서에서 바울이 전하는 마지막 말들이니까요. 그러므로 주의해서 듣기 바랍니다. 이 송영에서 말하고 있는 다섯 가지 측면을 짚어 보겠습니다.

하나님은 신자들을 견고하게 하시기 위하여 복음을 사용하신다

오늘 저는 주로 하나님이 복음을 통해 자기 백성들을 견고하게 하신다는 사실에 초점을 맞추려고 합니다. 26-27절입니다. "이 복음으로 너희를 능히 견고하게 하실 지혜로우신 하나님께…." 바울은 이 구절에서 복음이 신자들을 견고하게 한다고 말합니다. 견고하게 하는 이 복음이란 "예수 그리스도를 전파"(25절)하는 것입니다. 예수님은 복음의 중심이 되십니다. 이 복음은 "영세 전부터 감추어졌던 … 신비의 계시에 따른" 것입니다(25, 26절). 여기서 신비란, 이방인, 즉 모든 민족이 예수님을 믿는 믿음으로 말미암아 유대인 신자들과 더불어 천국 시민이 되는 것입니다(엡 3:6).

이 좋은 소식이 "이제는 나타내신 바"(26절) 되었습니다. 비록 지난 세대에는 감추어져 있었지만, 바울이 "모든 민족"(26절)에게 이 신비를 나타내기 위하여 사용한 것이 다름 아닌 구약성경의 "선지자들의 글"(26절)입니다. 그리고 모든 민족을 위한 이 좋은 소식은 "영원하신 하나님의 명"(26절)이었으며 믿어 순종하게 하려는 목표가 있습니다.

신자들이 믿음의 순종을 지속하며 오직 하나님의 영광을 구하는 삶을 영위해갈 수 있도록, 견고하게 하시기 위하여 하나님은 이 복음(25절)을 사용하십니다.

이 놀라운 사실에 집중하시기 바랍니다. 로마서의 마지막 부분에 이르러, 마지막 송영을 외치면서 하나님에 대해 말할 때, 바울 사도는 하나님이 그분의 '복음'으로 성도를 견고하게 하실 수 있다는 사실을 강조합니다. 하나님의 영광에 우리의 관심을 집중시키면서도, 바울은 '복음'을 믿는 자기 백성을 강건하게 하시는 데서 하나님의 영광이 가장 밝게 드러난다고 말하고 있습니다.

하나님은 자기의 영광을 위하여 신자들을 견고하게 하신다

여기에는 결코 지나칠 수 없는 매우 놀라운 무언가가 있습니다. 분명한 것에서 덜 분명한 것으로 점차 옮겨 가며 말하겠습니다. 분명한 사실은 다음과 같습니다. 바울이 하나님의 영광에 우리의 관심을 집중시키기 위해 선택할 수 있었던, 하나님이 행하시는 혹은 행하셨던 많은 일들과 역사가 있었을 것입니다. 하지만 바울은 그 많은 것 중에 단 한 가지를 강조합니다. "이 복음으로 너희를 능히 견고하게 하실 지혜로우신 하나님께 … 영광이 세세무궁하도록 있을지어다."

바울은 지혜로우신 하나님이 오랜 세월 동안 무언가를 감추셨다가 모든 민족을 위하여 마침내 계시하셨는데, 이 모든 것이 그분의 영원한 명령에 따른 것이라고 합니다. 하지만 바울이 이 송영을 써내려 간 방식을 보면, 이 모든 것이 단 하나의 핵심을 설명하고 뒷받침하기 위한 것으로 보입니다. 그것은 "하나님은 우리를 견고하게 하신다"는 것입니다. "이 복음으로 너희를 능히 견고하게 하실 지혜로우신 하나님께 … 영광이 세세무궁하도록 있을지어다."

명료함은 덜하지만 확실하게 우리의 관심을 끄는 사실이 있습니다. 역사상 많은 왕들이나 오늘날의 독재자들은 모두 영광에 굶주려 있습니다. 그들은 강하고 부유하고 지혜롭다고 알려지기 원합니다. 어떻게 그렇게 합니까? 그들은 자기 백성을 약하게 하고 가난하게 만들고 교육받지 못하게 함으로써 그렇게 만듭니다. 교육받은 사람들은 독재자에게 위협이 됩니다. 중산층의 확산은 독재자에게 위협이 됩니다. 강한 사람들은 독재자의 강함에 위협이 됩니다. 따라서 그들은 백성을 약한 상태에 방치함으로써 자신의 권력을 안전하게 합니다. 그들은 백성의 등골이 휘게 함으로써 영광을 담보합니다. 우즈베키스탄의 이슬롬 카리모프 정권을 보십시오. 그 밖에 많은 왕들의 경우를 보아도 이를 알 수 있습니다.

복음 안에 나타난 하나님의 영광은 성도들을 견고하게 한다

하지만 이제 바울이 하나님의 영광을 주목하는 방법을 보십시오. 왕이나 독재자가 영광을 얻는 방법과 뚜렷하게 대조가 됩니다. 반역하는 사람들을 짓밟음으로써 자신의 영광을 나타낼 권리가 있는 왕이 있다면, 그분은 바로 하나님이십니다. 하지만 하나님은 어떻게 하셨나요? 하나님은 자기 백성들을 견고하게 하심으로써 자기의 영광을 나타내셨습니다. "이 복음으로 너희를 능히 견고하게 하실 지혜로우신 하나님께 예수 그리스도로 말미암아 영광이 세세무궁하도록 있을지어다."

하나님은 그분의 복음으로 우리를 견고하게 하심으로써 자기의 영광을 높이십니다. 우리가 강해진다고 해서 하나님이 그것 때문에 두려움을 느끼지는 않으십니다. 오히려 우리가 예수 그리스도의 복음으로 말미암아 믿음과 소망과 사랑 안에서 더욱 강해질수록, 하나님은 더 위대한 분으로 드러나십니다. 하나님은 자기 백성을 약한 상태에 내버려 두심으로써 자기의 강함을 지켜내려는 분이 아닙니다. 하나님은 자기의 백성을 강하고 견고하게 하심으로써 그 능력의 영광을 더 크게 드러내십니다.

그러므로 바울이 그의 모든 편지 중에서 가장 위대한 편지인 로마서를 끝맺으면서 하나님 영광의 탁월한 가치에 주목하게 할 때, 하나님의 영광이 복음의 궁극적인 목표임을 밝힐 때, 그것은 우리에게 결코 나쁜 소식이 아닙니다. 우리가 자기 영광을 구하려 하지만 않는다면 그것은 좋은 소식입니다. 왜 우리에게 좋은 소식입니까? 하나님은 도저히 자격 없는 백성을 강하게 하심으로써 자기의 영광에 주목하게 하시기 때문입니다. 하나님의 영광이 클수록, 우리를 강하게 만드시는 자원도 많아집니다. 하나님의 영광이 더 다채롭고 놀라울수록, 우리 강함의 근원도 다채롭고 놀라워집니다.

복음 안에 있는 강력

하나님이 우리에게 주시는 힘은 어떤 종류입니까? 하나님은 그분이 원하기만 하면 우리에게 어떤 것이라도 허락하십니다. "내 하나님을 의지하고 담을 뛰어넘나이다"(시 18:29). 하지만 여기서 바울이 의미하는 것은, 로마서 1장 11-12절에서 이야기하는 것과 같은 견고하게 하는 힘입니다. "내가 너희 보기를 간절히 원하는 것은 어떤 신령한 은사를 너희에게 나누어 주어 너희를 견고하게[16장 26절에서 쓰인 것과 같은 단어] 하려 함이니 이는 곧 내가 너희 가운데서 너희와 나의 믿음으로 말미암아 피차 안위함을 얻으려 함이라." 이 힘의 실체는 예수 그리스도에 대한 믿음입니다.

복음 안에는 여성을 위한 힘이 있다

이것은 세상이 알지 못하고 줄 수도 없는 힘입니다. 여성들이여, 십대 여학생들이여, 여러분은 강한 여성이 된다는 것이 어떻게 되는 것이라고 생각합니까? 어린 소녀들이여, 강한 여성이 된다는 것은 어떻게 되는 것을 말할까요? 이것을 명확히 하는 것은 매우 중요합니다. 왜냐하면 하나님은 여성이 강해지기를 원하시지만, 동시에 성경과 우리의 경험은 어떤 면에서는 여성이 연약한 그릇이라고 말하고 있기 때문입니다(벧전 3:7). 말하자면 성인 남성의 95퍼센트가 육체적 힘에 있어서 성인 여성보다 강합니다. 그렇다면 강한 여성이란 과연 어떤 사람이 되는 것을 의미할까요?

세상은 여성이 강해지기 위해 세 가지를 추구하라고 말합니다. 첫째, 섹시하게 되고, 섹시하게 입고, 섹시하게 행동하라고 합니다. 남성이 그것을 좋아하므로, 섹시해지면 남성 위에 서는 권력을 얻을 수 있다는 것이지요. 둘째는, 자기주장을 강하게 하고, 단호한 사람이 되고, 공격적이 되고, 자신감으로 충만해지라고 말합니다. 그리고 셋째는, 똑똑해지고 권력을 얻고 영향력을 행사할 수 있는 자리로 가는 길을 잘 살펴서 그러한 자리를 확보하라는 것입니다. 하지만 바울이 말하고 있는 힘이나 견고함은 이런 것들과는 관련이 없습니다.

바울은 베드로전서 3장 5-6절에서 말했던 여성의 내면적인 강함을 염두에 두고 있는 것 같습니다. 베드로는 여기에서 여성들이 사라처럼, 거룩한 부녀가 되어야 한다는 권면을 하고 있습니다. "사라가 아브라함을 주라 칭하여 순종한 것 같이 너희는 선을 행하고 아무 두려운 일에도 놀라지 아니하면 그의 딸이 된 것이니라." 잠언 31장 25절도 여성의 내면적 강함에 대해 말씀하고 있습니다. "능력과 존귀로 옷을 삼고 후일을 웃으며."

다시 말하면, 위의 성경 구절들은 여성, 그리고 여학생들이 온 우주의 왕이신 하나님의 딸로서, 하나님 안에서 확신을 얻고 하나님 안에서 자신을 발견하라고 말하고 있습니다. 하나님이 예수 그리스도 안에서 여러분에게 무엇을 행하셨는지 그리고 장차 무엇을 행하시며 무엇이 되어주기로 약속하셨는지 기억하면서 하나님 외에는 아무것도 두려워하지 말고 어떤 일이 닥치든 장래의 때를 웃으며 맞이하라고 말하는 것입니다.

반면에, 여러분이 섹시함(제가 장담하건대, 언젠가 이것도 사라질 것입니다)을 통해 얻은 남자는 여러분이 진정으로 원하는 그런 남자가 아닐 것입니다. 자기 주장을 강하게 하는 것 역시 여러분 주변의 좋은 사람들을 하나둘 잃어버리게 될 것입니다. 권력을 얻는 일은 풀과 같습니다. 바람이 불면 말라 시들어 버립니다. 하지만 하나님께서 복음을 통해 주시는 힘은 영원히 머무릅니다. "이 복음으로 너희를 능히 견고하게 하실 지혜로우신 하나님께 예수 그리스도로 말미암아 영광이 세세무궁하도록 있을지어다."

복음 안에는 남성을 위한 힘이 있다

남성, 그리고 소년들이여, 여러분은 어떻습니까? 강해지기를 꿈꿀 때 무엇을 생각합니까? 말할 수 없이 강해 보이고 싶습니까? 운동경기에서 최고가 되고 싶습니까? 유능한 주식 중개인이 되어 돈의 힘을 경험하고 쥐락펴락하는 것을 생각합니까? 아니면 교육을 잘 받아서 남들이 어려워 읽지 않는 고상한 잡지를 읽고 남들이 어려워하는 방송을 듣고 어렵고 모호한 개념을 잘 얘기하는 사람을 떠올립니까?

그런 것이 아닙니다. 미련한 자만이 덧없는 권력을 추구합니다. 가장 필요할 때는 정작 아무 힘을 주지 못하는 것이 권력입니다. 하나님이 복음을 통해 우리에게 주실 수 있는 능력에 대해 말씀드리겠습니다. 그것은 가정 예배를 드리면서 아내와 가정을 이끄는 능력이고, 고등 교육을 받은 세속의 엘리트들이 우리 주위에 진을 치고 있을 때 그들에게 단순한 진리의 말씀을 말하는 능력이며, 다른 사람이 우리를 약해 빠졌다고 할 때에도 죄악된 행동에 대해서는 아니라고 말하는 능력이고, 모든 장애물에도 불구하고 정의와 긍휼과 진리의 대의 안에서 밀고 나가는 능력입니다.

복음 안에는 우리 모두를 위한 힘이 있다

하나님은 우리 모두(남자든 여자든)를 견고하게 하십니다. 그리스도에 대한 믿음을 통해 영혼이 강해지고 견고해져서 비록 휠체어를 타고 있더라도 현대 문화의 조류에 휩쓸려 표류하고 있는 사지 멀쩡한 만 명의 도덕적 해파리떼보다 더 강하게 하실 수 있습니다. 우리가 장애를 갖게 되고 심지어 눈꺼풀로만 겨우 의사를 표현할 수 있을 정도가 되더라도 여전히 빼앗기지 않을 그런 종류의 힘 말입니다. 이러한 강함은 어디서 오는지 우리는 알고 있습니다. "이 복음으로 너희를 능히 견고하게 하실 지혜로우신 하나님께 예수 그리스도로 말미암아 영광이 세세무궁하도록 있을지어다."

아무리 성장했다 해도 여전히 복음이 필요하다

로마서 강해를 마무리하면서 오늘을 포함하여 앞으로 남은 설교를 통해 보게 될 아주 중요한 마지막 핵심이자, 동시에 예수님이 다시 오실 때까지 저의 모든 설교마다 기도하는 핵심은 이것입니다. 즉 하나님이 복음을 통하여 우리를 강하게 하시는 것입니다. "이 복음으로 너희를 능히 견고하게 하실 지혜로우신 하나님께 예수 그리스도로 말미암아….”

복음의 핵심이자 정수는 예수 그리스도, 의로우신 분께서 우리의 죄를 위해 죽으셨고 다시 살아나셨으며, 모든 원수를 영원히 이기셨고, 이로써 그분을 믿는 자에게는 정죄함이 없으며 영원한 기쁨이 있다는 것입니다. 우리에게 이 복음이 필요 없어질 정도로 성장하는 일 따위는 결코 일어나지 않습니다. 복음으로 그리스도인의 삶을 시작했다가 이를 뒤로 제쳐 버리고 다른 것으로 강하고 견고하게 되는 일은 없습니다. 하나님은 우리가 죽는 날까지 우리를 복음으로 견고하게 하십니다.

암을 이기는 복음의 강력

예를 하나 들면서 마치도록 하겠습니다. 여러분 가운데 많은 분들이 저보다 더 대단한 이야기를 하나씩은 가지고 계실 테지만, 여기서는 하나님이 지난 2월에 제게 행하신 일을 이야기하고자 합니다.

그때 저는 암 진단을 받았습니다. 하지만 하나님은 복음으로 저를 견고하게 하셨습니다. 이때 하나님이 사용하신 구절은 데살로니가전서 5장 9-10절이었습니다. 제게 가장 소중한 구절입니다. “하나님이 우리를 세우심은 노하심에 이르게 하심이 아니요 오직 우리 주 예수 그리스도로 말미암아 구원을 받게 하심이라. 예수께서 우리를 위하여 죽으사 우리로 하여금 깨어 있든지 자든지 자기와 함께 살게 하려 하셨느니라.”

그러므로 하나님 앞에 서서 인생의 최종 진단이 나올 때에도, 제

안에 있는 모든 것은 이렇게 말할 것입니다. "이 복음으로 나를 능히 견고하게 하실 하나님께 … 예수 그리스도로 말미암아 영광이 세세 무궁하도록 있을지어다. 아멘."

우리 하나님은 역사 안에서 죄와 사탄과 지옥과 죽음을 멸하기 위해 일하셨습니다. 하나님은 이 일을 예수 그리스도의 복음을 통해 행하셨습니다. 이 복음을 우리 삶의 가장 큰 보물로 영접하십시오. 하나님이 우리를 견고하게 하심으로 그분의 영광을 드러내실 것입니다.

46장

하나님의 명령: 믿음의 순종

로마서 16:25-27

나의 복음과 예수 그리스도를 전파함은 영세 전부터 감추어졌다가 이제는 나타내신 바 되었으며 영원하신 하나님의 명을 따라 선지자들의 글로 말미암아 모든 민족이 믿어 순종하게 하시려고 알게 하신 바 그 신비의 계시를 따라 된 것이니 이 복음으로 너희를 능히 견고하게 하실 지혜로우신 하나님께 예수 그리스도로 말미암아 영광이 세세무궁하도록 있을지어다. 아멘. _롬 16:25-27

오늘은 로마서 16장의 송영 가운데 한 구절에만 집중해, 그것이 본문에서 어떤 기능을 하는지 살펴보고, 이를 통해 로마서에서 가장 중요한 몇 가지를 되돌아보는 시간으로 삼으려고 합니다. 26절에 나오는 "믿어 순종하게"입니다. "믿어 순종하게 하시려고…." 오늘 본문에 담긴 모든 것의 궁극적인 목표가(27절에 따르면) '지혜로우신 하나님이 예수 그리스도로 말미암아 영광을 받으시는 것'이라면, "믿어 순종하게" 하는 것은 궁극적인 목표에 버금가는 목표입니다. 예수 그리스도를 믿게 되면 그분께 순종하게 되고, 그렇게 순종하는 삶은 하나님을 영화롭게 하기 때문입니다. 그것이 바로 예수님이 마태복음 5장 16절에서 하신 말씀입니다. "이같이 너희 빛이 사람 앞에 비치게 하여 그들로 너희 착한 행실을 보고 하늘에 계신 너희 아버지께 영광을 돌리게 하라."

복음은 우리의 믿음을 견고하게 한다

"믿어 순종하게"(26절) 하는 것이 어떻게 전체 본문과 조화를 이루는지 살펴보겠습니다. 바울은 하나님께 영광을 돌려야 하는 한 가지 이유를 그분이 우리를 견고하게 하시기 때문이라고 말하면서 송영을 시작합니다. 26-27절입니다. "…이 복음으로 너희를 능히 견고하게 하실 지혜로우신 하나님께 … 영광이 세세무궁하도록 있을지어다." 하나님이 우리의 믿음을 견고하게 하신다는 선포의 시작과 하나님은 영화로우시다는 환호의 마무리 사이에서, 바울은 복음이야말로 하나님이 우리의 믿음을 견고하게 하기 위해 사용하시는 도구임을 풀어놓습니다.

바울이 복음을 그러한 도구로 제시하는 구절들을 따라가다 보면, 복음이 우리 믿음을 견고하게 한다는 말로 시작했다가 또한 복음이 믿음에서 비롯되는 순종을 가능케 한다는 말로 마무리하고 있음을 알게 됩니다.

26절은 하나님이 "이 복음으로" 우리를 견고하게 하신다고 말합니다. 그렇기 때문에 그는 이 메시지가 "좋은 소식"이라고 명료하게 말합니다. 복음이 의미하는 바가 그것입니다. 우리는 좋은 소식으로 강건해집니다. 그래서 바울은 복음을 예수 그리스도를 전파하는 것이라고 부릅니다. 복음의 중심은 예수 그리스도가 어떤 분이신지, 그 분이 이 땅에 오셔서 죽으시고 부활하시면서 행하신 일이 무엇인지에 대한 좋은 소식이라는 의미입니다. 바울은 그것이 무엇인지 우리에게 말하지 않습니다. 1-8장에서 이미 설명했기 때문입니다.

복음은 영원에 뿌리를 내리고 있다

그런 다음에는 믿음을 견고하게 하는 이 복음이 "영세 전부터 감추어졌다"고 말합니다. 이 말씀은 복음이 영원에 뿌리를 두고 있다는 사실을 상기시켜 줍니다. 피조물이 악해지고 죄가 세상에 들어왔을 때 하나님이 급조하신 것이 아니라는 말입니다(딤후 1:9 참조). 그래서 바울은 26절 초반에서 복음이 "영원하신 하나님의 명"을 따랐다고 말합니다. 영원하신 하나님이 이 신비를 계시하도록 명하셨다는 사실은 이 신비가 영세 전부터 감추어졌다는 사실과 상응합니다. 이 복음이 영원하신 하나님의 마음속에 영원 전부터 있었다는 사실은 우리에게 강인함과 견고함을 더해줍니다.

복음은 역사에 뿌리를 내리고 있다

다음으로 바울은 26절에서 이 신비가 "선지자들의 글로 말미암아" 드러나고 알려졌다고 말합니다. 달리 말해, 복음이 온 세계에 임하는 것을 희미하게 암시했던 구약성경의 글을, 이제 바울과 여러 사도들이, 복음을 계시하고 설명하기 위해 사용하고 있다는 말입니다.

이 말씀은 좋은 소식이 영원에 근거할 뿐 아니라 역사에 근거한다는 점을 우리에게 깨우쳐 줍니다. 하나님은 그분의 백성 이스라엘뿐 아니라 우리 모두가 장차 오실 독생자 예수 그리스도를 맞이할 준비를 시키시려고 그분의 백성 이스라엘과 함께 일해 오셨습니다. 예수님은 아무런 예고 없이 어느 날 갑자기 하늘에서 오신 것이 아닙니다. 그분의 오심을 위해 2천 년에 걸친 기대와 기다림이 있었습니다.

복음은 믿음으로 가는 방편이다: 믿음은 순종을 낳는다

그리고 이제 마지막으로 26절에서 우리는 그 결과를 보게 됩니다. 바로 모든 민족이 믿어 순종하게 되는 일입니다. 다음의 구절에 유의하시기 바랍니다. "모든 민족이 믿어 순종하게 하시려고 알게 하신 바." 이 지구상에 혹 예수 그리스도를 믿는 믿음으로 말미암아 예수 그리스도를 따르는 자들이 나타나지 않는 민족이 하나라도 있다면 복음을 주신 하나님의 목표는 아직 완료된 것이 아닙니다.

이제 바울이 오늘 26절에서 처음 언급했던 내용과 마지막으로 언급한 내용이 서로 어떻게 연결되는지 보겠습니다. 첫째, 하나님은 우리가 복음으로 말미암아 견고해지게, 즉 믿음이 강해지게 하십니다(1:11-12 참조). 그것이 복음이 하는 일입니다. 26절 마지막에서는 복음의 목표가 믿음으로 순종하게 하는 것이라고 합니다. 그래서 복음은 우리의 믿음을 견고케 하여 우리가 순종하며 살게 합니다. 이를 "믿음의 순종"이라고 부릅니다. 복음은 순종으로 이어지게 하는 방편입니다. 복음은 믿음을 갖게 하는 방편이고 순종은 믿음에서 나오기 때문입니다.

그런 후 바울은 로마서 1장 5절에서 시작했던 것과 동일한 목표로 편지를 마무리합니다. "그로 말미암아 우리가 은혜와 사도의 직분을 받아 그의 이름을 위하여 모든 이방인 중에서 믿어 순종하게 하나니." 로마서의 첫 부분과 마지막 부분에서 찾을 수 있는 세 가지 공통점에 주목하시기 바랍니다. 1) 바울의 목표는 믿음으로 순종에 이르게 하는 것입니다. 2) 이는 온 열방을 위한 것이지 이스라엘만을 위한 것이 아닙니다. 3) 로마서 1장 5절은 이것이 모두 "그의[예수님의] 이름을 위한" 것이라고 했고, 로마서 16장 27절에서 바울은 갑작스런 송영으로 마무리합니다. "지혜로우신 하나님께 예수 그리스도로 말미암아 영광이 세세무궁하도록 있을지어다." '예수님의 이름을 위하여'와 '예수 그리스도로 말미암아 하나님께 영광이'는 동일한 말입니다. 그것이 복음의 궁극적 목표입니다. 복음이 믿음을 일깨우고 견고하게 하여 그리스도에 대한 순종으로 이끌고, 이는 결국 하나님의 영광을 드러냅니다.

그래서 로마서의 시작과 끝에서 바울은 복음과 그의 사도직에는 (함축적으로는 우리의 사역과 여러분의 삶에도) 위대한 목표가 있다고 말합니다. 즉 예수님을 믿는 그리스도인들의 믿음에서 흘러나오는 순종으로 예수 그리스도께서 세상 모든 민족 가운데 영광을 받으시고 높임을 받으시는 것입니다.

바울이 말하는 순종이 대체 어떤 모습인지 궁금하시다면, 로마서 12장을 떠올리면 됩니다. "사랑에는 거짓이 없나니 악을 미워하고 선에 속하라. 형제를 사랑하여 서로 우애하고 존경하기를 서로 먼저 하며, 부지런하여 게으르지 말고 열심을 품고 주를 섬기라. 소망 중에 즐거워하며 환난 중에 참으며 기도에 항상 힘쓰며, 성도들의 쓸 것을 공급하며 손 대접하기를 힘쓰라. 너희를 박해하는 자를 축복하라 축복하고 저주하지 말라. … 악에게 지지 말고 선으로 악을 이기라."

이것이 믿음으로 순종하는 모습입니다. 이것이 예수님의 이름을 위하여 온 세계 열방이 보아야 할 아름다움입니다.

믿음의 순종과 칭의

오늘 설교를 시작할 때, 한 구절만 집중해 살펴보고 로마서의 가장 중요한 내용을 다시 살펴보겠다고 말씀드렸습니다. 제가 다시 살펴보고 싶은 내용은 '믿음의 순종과 칭의는 어떻게 연결되는가' 하는 것입니다. 우리 삶에서 이 주제보다 더 중요한 것은 별로 없습니다. 리처드 개핀의 새 책 『보는 것이 아닌, 믿음으로』(By Faith, Not by Sight)에서 인용하겠습니다. "현재든 미래든 오직 믿음만이 유일한 칭의의 도구라는 사실을 거부하거나 약화시킬 때는 반드시 재난이 일어날 것이다."* 맞는 말이라고 생각합니다. 이 진리를 이해하기 위해 귀를 기울일 뿐 아니라 이 진리 위에 우리 삶을 세우기 위해 애쓰시기 바랍니다.

그리스도를 믿음으로 의롭다 하심을 받다

로마서 5장으로 돌아가 봅시다. 1절부터 시작하겠습니다. "그러므로

*Richard Gaffin, *By Faith, Not by Sight*, Waynesboro, Georgia: Paternoster Press, 2006, p. 105.

우리가 믿음으로 의롭다 하심을 받았으니 우리 주 예수 그리스도로 말미암아 하나님과 화평을 누리자." 로마서가 가르치는 위대한 진리 가운데 하나가 "믿음으로 의롭다 하심을 받는 것"입니다. 우리 모두는 법정에 서듯 하나님 앞에 서게 되고, 하나님은 우리를 의롭다 하시든지 정죄하실 것입니다. 무죄 판결을 내리신다면, 우리를 긍휼히 여기셔서 의롭다고 선언해 주신다는 뜻입니다. 그래서 죄가 없다고 인정받는 것이지요. 참으로 놀라운 일입니다.

우리는 모두 의롭지 않다는 고소를 당했습니다. "의인은 없나니 하나도 없으며"(롬 3:10). 그 고소는 사실입니다. 그런데 전지하신 재판장이 모든 내용을 다 검토한 후에 기소된 대로 유죄가 아니라 사실상 의롭다는 선고를 내립니다. 법정에 있는 모든 사람들이 우리의 행실과 태도를 보아 죄인이라는 것을 아는데도 말입니다.

어떻게 이런 일이 있을 수 있을까요? 어떻게 하나님은 불의한 자들을 의롭다 하시면서도 공정한 재판관이 될 수 있을까요? 이에 대한 바울의 대답을 설명하기 위해서는 세 단계로 나누어야 합니다.

첫째, 우리는 칭의의 유일한 근거와 기반이 되시는 예수님을 신뢰합니다. 우리의 모습이나 우리의 행실, 심지어 하나님의 도우심으로 우리가 행하는 그 어떤 것도 신뢰하지 않습니다. 그것이 로마서 5장 1절이 의미하는 내용입니다. "우리가 믿음으로 의롭다 하심을 받았으니."

둘째, 칭의의 유일한 근거와 기반이 되시는 예수님을 믿는 이 믿음으로 말미암아, 우리는 그리스도와 연합을 이루고 그분 안에 거하게 됩니다. 우리는 그분과 연합했습니다. 그래서 로마서 5장 1절과 8

장 1절이 서로 상응하는 것입니다. “그러므로 이제 그리스도 예수 안에 있는 자에게는 결코 정죄함이 없나니.” 여기서 핵심 문구는 ‘그리스도 예수 안에’입니다. 그리스도 안에 있으면 결코 정죄함이 없습니다. 즉 우리는 그리스도 안에서 의롭다 함을 받습니다. 믿음으로 말미암아 우리는 그리스도와 연합을 이루고, 그리스도와 연합됨으로 우리는 의롭다 함을 받습니다.

셋째, “그리스도 안에서” 그리스도의 의, 혹은 그리스도의 순종, 혹은 그리스도 안에 있는 하나님의 의가 우리에게 전가됩니다. 하나님의 의가 우리의 것으로 여겨집니다(로마서 4장 6, 11절 참조).

다시 말해, 하나님이 우리를 의롭다 선언하실 때, 그리스도의 의를 근거로 그렇게 선언하신다는 말입니다. 이것은 말로만 선언하면 그만인 문제가 결코 아닙니다. 한편으로는, 우리가 아직 죄인이었을 때 용서받은 것은 사실입니다. 그것은 영광스럽고도 큰 대가를 치러야 하는 일입니다. 하나님은 그 아들의 생명으로 값을 치르셨습니다. 하지만 다른 한편으로, 하나님이 불의한 자를 가리켜 의롭다고 선언하시는 것은 또다른 문제입니다. 놀라운 것 그 이상의 일입니다. 불의한 자를 용서하는 것이 놀라운 일이라면, 그 불의한 자를 의롭다고 부르는 것은 충격적인 일입니다. 또한 영광스러운 일입니다.

그리스도의 의는 값없이 주시는 선물이다(롬 5:17)

그래서 바울은 우리가 의롭다고 여겨지는 근거가 무엇인지 보여 주기 위해 로마서 5장 후반으로 옮겨 갑니다. 17절을 보겠습니다. “한 사람의 범죄로[아담의 범죄] 말미암아 사망이 그 한 사람을 통하여 왕 노릇 하였은즉 더욱 은혜와 '의의 선물'을 넘치게 받는 자들은 한 분 예수 그리스도를 통하여 생명 안에서 왕 노릇 하리로다." 즉, 우리에게 영생을 주시려고 값없이 베푸시는 의의 선물을 통하여 하나님의 은혜가 왕 노릇 한다는 말입니다.

그리스도 안에서 의인으로 세우심을 입는 많은 사람(롬 5:19)

"의의 선물"에 대해서는 과연 어떻게 생각해야 할까요? 19절을 생각해 보기 바랍니다. "한 사람이[아담] 순종하지 아니함으로 많은 사람이 죄인 된 것[더 좋은 표현으로, 세우심을 입은 것] 같이 한 사람이 순종하심으로 많은 사람이 의인이 되리라[의인으로 세우심을 입으리라]." 달리 말해, 우리가 은혜로 받는 "의의 선물"(17절)이란 "한 사람의 순종"이며, 그것으로 의롭다 여김을 받습니다. 우리가 받는 칭의의 기반이자 근거는 그리스도와 그분의 순종입니다.

그리스도의 의로 말미암아 왕 노릇 하는 은혜(롬 5:21)

이제 우리의 순종이("믿음의 순종") 어떻게 가능한지에 대해 칭의와 연결지어 살펴보겠습니다. 5장 21절(5장의 마지막 절)을 읽으면서 그것이 6장과 어떻게 이어지는지 보십시오. 21절입니다. "이는 죄가 사망 안에서 왕 노릇 한 것같이 은혜도 또한 '의로 말미암아'[17절과 연결됨] 왕 노릇 하여 우리 주 예수 그리스도로 말미암아 영생에 이르게 하려 함이라."

'의로 말미암는다'는 것은 어떤 의미입니까? 그 '의'란 우리에게 전가되는 그리스도의 의, 그리스도의 순종, 그리스도의 의의 선물(17절)

입니까? 아니면 하나님의 은혜가 우리 안에서 역사하여 만들어지는 의, 곧 믿음의 순종인 우리의 행위를 말합니까?

다음 질문으로 답을 찾아봅시다. 로마서 6장 1절(5장 21절 다음 절)에서 제기된 질문을 보면 어느 쪽이 더 말이 된다고 생각합니까? 바울은 21절 때문에 다음과 같은 질문을 하는 사람이 있을 거라 생각합니다. "그런즉 우리가 무슨 말을 하리요? 은혜를 더하게 하려고 죄에 거하겠느냐?" 21절에 나온 은혜의 능력이, 하나님이 우리 안에서 새로운 의로운 행위를 만들고 계시는 걸 의미한다면, 그 능력이 우리를 영생으로 이끌 것이므로 아무도 이런 질문을 할 수 없습니다. 혹 "은혜는 강력한 힘으로 우리를 죄에서 구원한다"고 누군가 말했다면, 우리는 "그러면 우리가 계속해서 죄 가운데 거하겠는가?"라는 질문을 던질 수 없습니다.

오히려 "은혜는 그리스도의 의를 우리에게 선물로 전가하고 그에 따라 우리에게 영생을 보장해 준다"고 누군가 말했을 때 우리는 "그러면 우리가 계속해서 죄 가운데 거하겠는가?"라는 질문을 던질 수 있습니다. 이렇듯 급진적인 교리 때문에 그런 생각이 드는 것입니다. "그렇다면 은혜가 충만해지도록 죄를 짓자. 그리스도가 나의 의가 되신다면 내가 무엇을 하든 아무 상관이 없지 않은가."

이렇게 질문하는 사람들이 어떤 면에서는 대단히 옳지만 어떤 면에서는 심각한 오류가 있습니다. "은혜가 의로 말미암아 왕 노릇 한다"는 말은 "그리스도의 의 덕분에 은혜가 우리를 의로운 자로 여긴다"는 의미이므로 옳습니다. 하지만 우리의 순종과는 아무 상관이 없다는 말은 완전히 틀렸습니다. 그것 때문에 바울은 로마서 6-8장을 써야 했던 것입니다.

믿음의 순종은 칭의의 열매다

그렇다면 우리의 순종("믿음의 순종")이 칭의와는 어떤 관련이 있을까요? 우리의 순종은 칭의의 기반이나 근거가 아니라는 것이 답입니다. 우리의 순종 가운데 그 어떤 부분도 우리가 그리스도와 연합하는 데 기여하는 방편이나 수단이 되지 않습니다. 오직 그리스도만이 칭의의 기반이며 근거입니다. 오직 믿음만이 우리를 그리스도와 연합시키며 오직 그리스도만이 우리가 받는 칭의의 근거가 되십니다. 우리의 순종은 그 믿음의 열매입니다. 의롭다 함을 얻게 하는 믿음은 "영으로써"(롬 8:13) 우리를 변화시키는 믿음입니다. 그리스도를 믿는다고 하는 우리의 믿음이 우리를 변화시키지 못한다면, 우리에게 있다는 그 믿음은 구원하는 믿음이 아닙니다. 순종(완전하지 않아도, 우리의 생각과 감정과 행함이 새롭게 방향 전환을 했음을 보여주는 순종)은 그 믿음이 살아 있음을 보여 주는 열매입니다. 야고보는 이를 다음과 같이 설명합니다. "이와 같이 행함이 없는 믿음은 그 자체가 죽은 것이라"(약 2:17). 믿음만이 의롭다 함을 얻게 합니다. 하지만 의롭다 함을 얻게 하는 그 믿음은 결코 믿음으로만 머물지 않습니다. 언제나 "새 생명"(newness of life)이 동반합니다(롬 6:4).

복음에 대한 기쁨과 확신으로 살아감

바울이 로마서의 처음과 마지막에서 일부러 "믿음의 순종"을 언급한 이유는, 우리가 로마서 첫 다섯 장에 나오는 기쁨과 확신을 품고 살아가기를 바라기 때문입니다. 로마서 1-5장에서 바울이 보여준 내용의 핵심은, 우리가 "의롭다 하심을 얻는 것은 율법의 행위에 있지 않고 믿음으로 되는"(롬 3:28) 것이었습니다. 그 믿음과 평강과 확신과 담대함으로부터, 새로운 생각과 새로운 사람이 드러나고 순종의 열매가 자랍니다. 그리고 의롭다 함을 얻게 하는 믿음의 실체가 확연히 드러납니다.

저는 지금도 그렇고 앞으로도, 우리가 하나님 앞에서 선물로 얻는 칭의의 기반과 근거가 되시는 그리스도만 믿기를 기도합니다. 그리하여 이 믿음이 하나님을 향한 순종의 열정(믿음의 순종)을 일으켜서 그 생명력과 진실성을 입증하는 삶을 살기를 바랍니다(이와 관련된 본문으로 다음을 참조하십시오. 롬 14:23; 갈 5:6; 살전 1:3; 살후 1:11; 히 11:4, 7, 8, 17, 24).

47장

지혜로우신 하나님의 위대한 사역

로마서 16:25-27

나의 복음과 예수 그리스도를 전파함은 영세 전부터 감추어졌다가 이제는 나타내신 바 되었으며 영원하신 하나님의 명을 따라 선지자들의 글로 말미암아 모든 민족이 믿어 순종하게 하시려고 알게 하신 바 그 신비의 계시를 따라 된 것이니 이 복음으로 너희를 능히 견고하게 하실 지혜로우신 하나님께 예수 그리스도로 말미암아 영광이 세세무궁하도록 있을지어다. 아멘. _롬 16:25-27

바울은 송영의 마지막 구절(로마서 전체의 마지막 구절)에서, 하나님의 속성 한 가지, 즉 그분의 지혜로움을 강조합니다. 27절입니다. "지혜로우신 하나님께 예수 그리스도로 말미암아 영광이 세세무궁하도록 있을지어다. 아멘." 오늘 설교의 목표는 하나님의 지혜라는 무한 공간을 향해 우리 생각의 창문이 열리게 하는 것입니다. 그래서 우리가 하나님의 지혜를 보다 분명하게 이해하고 이전보다 더욱 그분을 흠모하고 굳게 신뢰하며 한결 같은 모습으로 기쁘게 순종함으로써, 마지막까지 우리의 삶이 하나님 지혜의 영광을 더욱 능력 있게 드러내는 것입니다. 모든 내용을 반드시 다 기억할 필요는 없습니다. 그런 일이 일어나도록 기도하시면 됩니다.

하나님은 무한히 지혜로우시다

지금 함께 중점적으로 다뤄보고 싶은 진리는 하나님은 무한히 지혜로우시다는 사실입니다. 그 진리에는 다음과 같은 두 가지 측면이 자리하고 있습니다. 첫째, 하나님은 죄인을 구하시는 방법에 있어서 무한히 지혜우십니다. 둘째, 하나님은 이스라엘과의 언약을 지키시는 방법에 있어서 무한히 지혜로우십니다.

우선, 하나님은 무한히 지혜로우시다는 정의부터 시작해 봅시다. 지혜란 어떤 상황에서든 최대의 목표가 무엇인지 알고 또한 이를 성취하는 최선의 방법을 아는 것입니다. 지식과는 다르지만 지식의 측면도 있습니다. 둘은 일정 부분 중복됩니다. 지식 없이 지혜를 행할 수 없습니다. 목표를 성취할 최선의 방법을 파악하려면 많은 요인들에 대한 지식이 있어야 하기 때문입니다. 다른 한 편으로, 지식이 아무리 많아도 지혜가 없을 수 있습니다. 세상에는 똑똑한 바보가 많습니다. 그리고 학력이 낮은 현자도 많습니다.

우리는 우리의 지혜가 아니라 하나님의 지혜에 대해 이야기하고 있습니다. 차이점이라면 하나님은 언제나 어떤 상황에서든 최대의 목표를 아시고, 목표를 성취할 최선의 방법을 보여 주는 모든 상황과 관련된 수십억 개의 변수들까지 완전히 알고 계신다는 점입니다.

지혜로우신 하나님께만

바울이 로마서 16장 27절에서 "[홀로] 지혜로우신 하나님께"라고 부를 때 의미하는 것은 신들은 많으나 한 분만 제외하고는 모두 어리석다는 그런 뜻이 아닙니다. 바울은 디모데전서 1장 17절에서 이렇게 말합니다. "영원하신 왕 곧 썩지 아니하고 보이지 아니하고 '홀로 하나이신 하나님께' 존귀와 영광이 영원무궁하도록 있을지어다. 아멘." 하나님이 단지 홀로 지혜롭다는 뜻이 아닙니다. 하나님은 한 분이십니다. 유일하신 하나님, 그걸로 종결입니다. 디모데전서 2장 5절에서 말합니다. "하나님은 한 분이시요 또 하나님과 사람 사이에 중보자도 한 분이시니 곧 사람이신 그리스도 예수라"(고전 8:6; 엡 4:6 참조). 그러므로 로마서 16장 27절에서 바울이 '지혜로운' 이란 단어를 덧붙인 것은 "홀로 지혜로우신 하나님께만 영광이 무궁토록 있을지어다"라는 의미입니다. 홀로 지혜로운 한 분 하나님은 그 지혜가 찬란하며 무한하십니다.

바울은 로마서 11장 33-36절에서 하나님 지혜의 수준을 이렇게 표현합니다. "깊도다, 하나님의 지혜와 지식의 풍성함이여, 그의 판단은 헤아리지 못할 것이며 그의 길은 찾지 못할 것이로다. 누가 주의 마음을 알았느냐? 누가 그의 모사가 되었느냐? 누가 주께 먼저 드려서 갚으심을 받겠느냐? 이는 만물이 주에게서 나오고 주로 말미암고 주에게로 돌아감이라. 그에게 영광이 세세에 있을지어다. 아멘."

하나님의 지혜는 참으로 깊습니다! "깊도다, 하나님의 지혜 … 의 풍성함이여." 너무 깊어서 그분의 판단은 헤아릴 수가 없습니다. 너무 깊어서 어느 누구도 그분의 모사가 되지 못하며 그렇게 될 수도 없습니다. 사실상 하나님의 지혜는 너무 깊고 넓어서 그 지혜를 더하지도 않고 더할 수도 없습니다. 지혜를 더하기 위해서는 아직 하나님의 생각 속에서 나오지 않은 것을 가지고 하나님의 생각 속에 넣어야 합니다. 하지만 로마서 11장 36절은 그런 일은 일어나지 않는다고 단호히 말합니다. "이는 만물이 주에게서 나오고 주로 말미암고 주에게로 돌아감이라." 모든 것이 그분에게서 나온다면 세상 어느 곳에서도 그분의 지혜를 능가하는 지혜를 찾을 수 없습니다. 그러므로 우리는 하나님이 지혜에 있어 무한하시다고 결론을 내립니다. 즉, 하나님의 지혜는 더해질 수 없습니다. 그분께 한계가 있어서가 아니라 하나님의 지혜에 더하려고 상상하는 모든 것들은 이미 하나님의 것이기 때문입니다.

죄인을 구원하시는 하나님의 지혜

오늘 설교의 요지가 되는 말씀입니다. 하나님은 지혜에 있어 무한하십니다. 그분은 언제나 어떤 상황에서도 최대의 목표가 무엇인지 알고, 이를 성취하는 최선의 방법도 아십니다. 이제 그 이면에 있는 두 가지 측면을 살펴보겠습니다.

첫째, 하나님은 죄인을 구원하는 방법에 있어서 무한히 지혜로우십니다. 즉, 독생자 예수 그리스도의 성육신과 죽음과 부활을 통한 방법입니다. 여기서 핵심은 하나님이 그리스도를 통한 구원의 방법을 선택하셨다는 것입니다. 그것이 가장 위대한 목적, 즉 인간의 겸손과 하나님의 영광을 달성하는 완전한 방법이기 때문입니다. 성탄절에 가난한 목수의 아들로 성육신하시고, 짧은 3년의 공생애동안 말씀과 삶으로 하나님이 어떤 분인지 보이시고, 죄수처럼 수치스러운 사형을 당하시고, 삼일 만에 부활하신 뒤 부족하기만 한 제자들을 놔두고 떠나신 일이 하나님의 무한한 지혜에서 비롯된 것이라고 말씀하십니다. 이것은 가장 위대한 목표를 달성하는 가장 완전한 방법이었습니다. 그보다 더 나은 방법은 있을 수 없습니다.

그리스도의 사역과 하나님의 지혜

로마서 전체가 이 사실을 보여 줍니다. 바울은 고린도전서 1장 21-31절에서 그리스도의 일을 하나님의 지혜와 연결시키고 있습니다.

21절입니다. "하나님의 지혜에 있어서는 이 세상이 자기 지혜로 하나님을 알지 못하므로…." 달리 말해, 지혜로우신 하나님은 인간이 자신의 지성과 지혜와 지식으로 구원받을 가능성이 없음을 아셨습니다.

"…하나님께서 전도의 미련한 것으로 믿는 자들을 구원하시기를 기뻐하셨도다." 이제 바울은 하나님의 구원 방법을 미련한 것이라 부릅니다. 즉, 세상의 눈에는 어리석게 보인다는 말입니다.

22-24절입니다. "유대인은 표적을 구하고 헬라인은 지혜를 찾으나, 우리는 십자가에 못 박힌 그리스도를 전하니 유대인에게는 거리끼는 것이요 이방인에게는 미련한 것이로되, 오직 부르심을 받은 자들에게는 유대인이나 헬라인이나 그리스도는 하나님의 능력이요 하나님의 지혜니라."

하나님은 무한한 지혜로 그리스도를 통한 구원의 계획을 선택하셨는데, 이것이 표적을 구하는 유대인과 인간의 지혜를 구하는 헬라인에게는 크나큰 충격이 됩니다. 하나님은 무한한 지혜로 인간에게는 미련해 보이는, 십자가에 달리신 메시아를 통해 죄인을 구원하기로 선택하셨습니다. 하나님은 그리스도의 가장 미련해 보이는 순간이야말로 확실한 하나님의 지혜라고 말씀하십니다. 그리고 가장 약해 보이는 순간이 하나님의 능력이라고 하십니다.

25절입니다. "하나님의 어리석음이 사람보다 지혜롭고 하나님의 약하심이 사람보다 강하니라." "하나님의 어리석음이 사람보다 지혜롭다." 달리 말해, 하나님은 미련하고 연약한 인간의 모습을 통해 그분의 무한한 지혜를 표현하기로 선택하셨습니다.

그렇다면 왜 이런 방법으로 행하시는 걸까요? 이것이 어떻게 죄인을 구하는 무한한 지혜의 방법이 되는 것입니까? 그리고 그 목표는 과연 무엇입니까? 계속 읽어보면 알 수 있습니다.

26-29절입니다. "형제들아 너희를 부르심을 보라. 육체를 따라 지혜로운 자가 많지 아니하며 능한 자가 많지 아니하며 문벌 좋은 자가 많지 아니하도다. 그러나 하나님께서 세상의 미련한 것들을 택하사 지혜 있는 자들을 부끄럽게 하려 하시고 세상의 약한 것들을 택하사 강한 것들을 부끄럽게 하려 하시며, 하나님께서 세상의 천한 것들과 멸시 받는 것들과 없는 것들을 택하사 있는 것들을 폐하려 하시나니 이는 아무 육체도 하나님 앞에서 자랑하지 못하게 하려 하심이라."

그리스도의 죽음 안에서 이루어지는 구원이라는 무한한 지혜의 방법은 십자가 이전에 죄인을 택하시고 십자기 이후에 죄인을 부르시는 무한한 지혜의 방법에 뿌리를 두고 있습니다. 또한 그 모든 것의 목적은 29절에 분명하게 나옵니다. "이는 아무 육체도 하나님 앞에서 자랑하지 못하게 하려 하심이라." 하나님은 우리를 택하셨고, 값 주고 사셨고, 우리를 부르셨습니다. 우리가 스스로 자랑할 만한 모든 근거를 끊어 내는 방법을 사용하셨습니다. 소극적으로 말하면, 우리가 자랑하지 '못하게' 하는 것, 이것이 우리 구원의 최대 목표이며 하나님은 이를 구현하기 위한 완전한 방법을 선택하셨습니다. 하나님 앞에서 우리는 결코 자랑할 수가 없습니다.

하지만 바울은 구원의 최대 목표를 단지 소극적으로 언급하지 않습니다. 구원의 목표가 그것에 그친다면, 그것은 좋은 소식도 아니고 무한한 지혜도 아닙니다. 그래서 바울은 이렇게 말을 이어 갑니다.

30-31절입니다. "너희는 하나님으로부터 나서 그리스도 예수 안에 있고 예수는 하나님으로부터 나와서 우리에게 지혜와 의로움과 거룩함과 구원함이 되셨으니 기록된 바 자랑하는 자는 주 안에서 자랑하라 함과 같게 하려 함이라."

이는 가장 위대한 구원의 목표입니다. 무한한 지혜가 목표하는 바이기도 합니다. "자랑하는 자는 주 안에서 자랑하라." 하나님은 우리를 택하셨고 값 주고 사셨고 부르셨고, 우리의 구원과 관련된 모든 일을 영원부터 영원까지 완전한 지혜로 행하셨습니다. 즉, 하나님 앞에서 자랑할 만한 모든 것을 끊어 내는 방법으로 행하셨습니다. 그리고 대신 주 안에서 자랑하게 하셨습니다.

구원과 관련해서 하나님이 일하시는 위대한 목표는 모든 족속과 백성과 방언과 나라 중에 택함받은 모든 사람들이 열정적으로 헌신하며 주 안에서 자랑하는 것입니다. 그 일을 행할 더 나은 방법을 찾을 수 있다고 말하지 않도록 주의하시기 바랍니다. "누가 주의 마음을 알았느냐? 누가 그의 모사가 되었느냐?" 우리는 하나님의 구원 방법에 관해 하나님께 조언을 해드릴 만큼 잘 알지 못합니다. 오히려 겸손하게 마음을 깨뜨리고 머리를 숙여서 무한한 지혜가 어떠한 역사를 행하는지 배워야 합니다. 그런 후에 우리의 모든 삶을 드려 언제나 주 안에서 자랑해야 합니다.

이스라엘과의 언약을 지키시는 하나님의 지혜

이제 마지막으로 하나님의 무한한 지혜를 이해할 수 있는 두 번째 측면에 대해 말씀드리도록 하겠습니다. 첫 번째는 죄인을 구원하시는 방법에 있어서 하나님이 무한히 지혜로우시다는 내용이었습니다. 두 번째는 이스라엘과의 언약을 지키시는 방법에 있어서 하나님이 무한히 지혜로우시다는 것입니다. 첫 번째는 로마서 1-8장에서 다루고 있는 내용이고, 두 번째는 로마서 9-11장에서 다루는 내용입니다. 양쪽 모두 어떤 실재를 다루고 있습니다.

로마서 9-11장에서는 이스라엘과 맺은 하나님의 언약에 강조를 두고 있습니다. 그것이 논란이 되는 이유는 로마서 9장 6절에 나옵니다. "그러나 하나님의 말씀이 폐하여진 것 같지 않도다. 이스라엘에게서 난 그들이 다 이스라엘이 아니요." 로마서 9장의 논란은 이렇게 시작됩니다. 하나님의 말씀(즉 하나님의 약속의 말씀, 아브라함과 그 자손에게 주신 언약의 약속)이 실패했는가? 이방인들이 유대의 메시아에게로 나아와 오직 믿음으로 아브라함의 자손이 되었다면, 그리고 많은 유대인들이 메시아에게서 돌아서서 어두운 바깥에 던져졌다면

(마 8:11-12 비교), 이스라엘의 끔찍한 불순종 가운데서도 구약에서 재차 확인하고 또 확인해 주셨던 이스라엘과 맺은 하나님의 언약은 실패하고 만 것인가?

9-11장 전반에 울리는 바울의 대답은 '그렇지 않다'는 것입니다. 하나님의 말씀은 실패하지 않았습니다. 이방인을 구원하는 동안에도 이스라엘에게 신실하시기 위한 하나님의 방법은 너무 예상 밖이고 특별합니다. 그래서 바울은 11장 마지막에 가서 그 내용을 정리하다가, 갑자기 헤아릴 수 없는 하나님의 지혜를 찬양합니다. 그리스도를 통해 죄인을 구원하시는 방법과 마찬가지로, 이스라엘과의 언약을 지키시는 방법도 무한한 지혜의 표현입니다.

마지막으로 정리해 보겠습니다. 이제부터 드릴 말씀은 들을 귀 있는 사람에게는 죄인을 구원하시는 하나님의 위대한 목표와 동일하게 들릴 것입니다. 이스라엘과의 언약을 지키시는 하나님의 방법은 이방인과 유대인이 스스로 자랑할 것이 없도록 하셨던 하나님의 그 동일하게 무한한 지혜로 고안된 것입니다.

인간의 교만을 무너뜨리는 하나님의 지혜

우리 이방인에게 말씀하시는 로마서 11장 25-26절 말씀을 살펴봅시다. "형제들아 너희가 스스로 지혜 있다 하면서 이 신비를 너희가 모르기를 내가 원하지 아니하노니 이 신비는 이방인의 충만한 수가 들어오기까지 이스라엘의 더러는 우둔하게 된 것이라. 그리하여 온 이스라엘이 구원을 받으리라…."

이 기이한 전략의 핵심은(유대인이 우둔하게 되어서 이방인이 구원을 받는 것. 그리하여 이방인의 수가 다 찼을 때 이스라엘의 충만한 수도 들어오게 되는 것) 우리가 스스로 지혜롭다고 자만하지 않도록 하는 것입니다. 그래서 어떤 인간도 하나님 앞에서 자랑하지 못하게 하는 것입니다! 인간의 교만을 끊어 내고 그분의 목표를 성취하는 데 있어서 언약을 지키시는 하나님의 방법은 무한히 지혜롭습니다.

긍휼의 영광 속에 있는 하나님의 지혜

그런데 바울은 우리를 이러한 소극적인 목표에 만족하도록 내버려 두지 않습니다. 이방인을 구원하는 동안 이스라엘과의 언약을 지키시는 하나님의 무한한 지혜를 마지막으로 정리해 두었습니다. 그런 후에 갑자기 하나님의 지혜에 환호를 보냅니다. 로마서 11장 30-32절에 정리한 내용이 나옵니다.

"너희가[이방인] 전에는 하나님께 순종하지 아니하더니 이스라엘이 순종하지 아니함으로 이제 긍휼을 입었는지라. 이와 같이 이 사람들이[유대인] 순종하지 아니하니 이는 너희에게[이방인] 베푸시는 긍휼로 이제 그들도[유대인] 긍휼을 얻게 하려 하심이라. 하나님이 모든 사람을 순종하지 아니하는 가운데 가두어 두심은 모든 사람에게 긍휼을 베풀려 하심이로다."

무한한 지혜는 모든 인간의 자랑을 끊어 내고 모든 영혼이 전적으로 긍휼에만 의지하게 하는 방법으로 언약을 지키고 죄인을 구원합니다. 왜 그럴까요? 모든 것의 가장 위대한 목표는 하나님 긍휼의 영광을 자랑하는 것이기 때문입니다.

"내가 말하노니 그리스도께서 하나님의 진실하심을 위하여 할례의 추종자가 되셨으니 이는 조상들에게 주신 약속들을 견고하게 하시고[언약을 지키시는 것!], 이방인들도 그 긍휼하심으로 말미암아 하나님께 영광을 돌리게 하려 하심이라[죄인의 구원!]"(롬 15:8-9).

우리도 로마서 11장 마지막에서, 그리고 로마서 16장 마지막에서 사도 바울과 함께 찬양해야 하지 않겠습니까! 그리고 우리의 마음을 다해 하나님이 우리를 창조하신 위대한 목표(자랑하는 자는 주 안에서 자랑하는 것)를 성취해야 하지 않겠습니까!

"깊도다 하나님의 지혜와 지식의 풍성함이여, 그의 판단은 헤아리지 못할 것이며 그의 길은 찾지 못할 것이로다. 누가 주의 마음을 알았느냐? 누가 그의 모사가 되었느냐? 누가 주께 먼저 드려서 갚으심을 받겠느냐? 이는 만물이 주에게서 나오고 주로 말미암고 주에게로 돌아감이라. 그에게 영광이 세세에 있을지어다. 아멘"(11:33-36).

"지혜로우신 하나님께 예수 그리스도로 말미암아 영광이 세세무궁하도록 있을지어다. 아멘"(16:27).

48장

그에게 영광이 세세무궁하도록 있을지어다

로마서 16:25-27

나의 복음과 예수 그리스도를 전파함은 영세 전부터 감추어졌다가 이제는 나타내신 바 되었으며 영원하신 하나님의 명을 따라 선지자들의 글로 말미암아 모든 민족이 믿어 순종하게 하시려고 알게 하신 바 그 신비의 계시를 따라 된 것이니 이 복음으로 너희를 능히 견고하게 하실 지혜로우신 하나님께 예수 그리스도로 말미암아 영광이 세세무궁하도록 있을지어다. 아멘. _롬 16:25-27

지난주에는 하나님의 지혜에 대해 주로 이야기를 나눴습니다. 27절에서 바울이 이렇게 말하고 있기 때문입니다. "지혜로우신 하나님께 예수 그리스도로 말미암아 영광이 세세무궁하도록 있을지어다! 아멘."

이번 주에는 하나님의 영광에 대해 이야기하겠습니다. 로마서 마지막 부분에 와서 바울은 더 이상 가르치거나 변론하거나 설명하거나 확증하려 하지 않고, 단지 머리를 조아리고 손을 들고서 이렇게 경배하고 있기 때문입니다. "지혜로우신 하나님께 예수 그리스도로 말미암아 영광이 세세무궁하도록 있을지어다! 아멘."

우리의 초점: 하나님의 영광

그래서 오늘은 하나님의 영광에 초점을 두도록 하겠습니다. 오늘의 계획은 이렇습니다. 먼저, 불가능하고 막연한 일이지만 하나님의 영광에 대해 정의해 보겠습니다. 다음으로는 로마서 16장 27절의 "영광이 있을지어다"를 살펴보고 "누군가에게 영광이 있다"는 말의 의미가 무엇인지 살펴보겠습니다. 그리고 세 번째로는 바울이 하나님의 영광을 어떻게 이해하고 있는지를 조직적으로 파헤치기보다, 1장부터 시작해서 로마서 전체를 훑으면서 하나님의 영광이 로마서 전체에서 어떤 역할을 하는지 보겠습니다. 그리하여 우리가 하나님의 영광이 무엇인지 이해하고 사모하게 되기를 기도합니다.

하나님의 영광을 정의함

먼저, 하나님의 영광을 정의하는 불가능한 일을 시도하겠습니다. 제가 불가능하다고 말하는 이유는 영광이란 '농구공'이라는 단어보다는 '아름다움'이라는 단어에 가깝기 때문입니다. 농구공 같은 경우, "도약해서 고리에 집어넣는 경기에 사용하는 둥글게 부푼 지름 24센티미터의 물체"라는 말로 정의내릴 수 있습니다. 하지만 '아름다움'이라는 단어를 그렇게 정의할 수는 없습니다. 존재한다는 건 다들 알고 있습니다. 하지만 아름다움에 대해 이야기할 수 있는 이유는 그것을 본 적이 있기 때문이지 그 실체에 대해 진정 말할 수 있기 때문은 아닙니다.

하나님의 영광을 정의하는 데 도움이 되는 방법은 이를 하나님의 거룩함과 대비하는 것입니다. 하나님이 거룩하시다는 말은 그분 홀로 원래부터 완전하고 위대하며 귀하신 존재라는 의미입니다. 하나님은 무엇과도 비교할 수 없는 분입니다. 하나님의 거룩함은 절대적으로 유일하고 완전한 신적 본질입니다. 하나님의 거룩함은 그분이 누구시며 무엇을 행하시는지를 결정하는 기준이 되고, 그분 외에 그 어떤 존재나 어떤 사물도 이를 결정하지 못합니다. 하나님의 거룩함은 하나님으로서 그 누구와도 동일하지 않은 그분의 있는 모습 그대로이며, 이는 영원히 변함없는 사실입니다. 또한 하나님의 거룩함은 그분의 고유하고 무한한 가치를 고스란히 드러냅니다.

이사야 6장 3절에서 천사들이 하는 말을 들어 보시기 바랍니다. "거룩하다, 거룩하다, 거룩하다 만군의 여호와여, 그의 영광이 온 땅에 충만하도다." 하나님의 영광은 그분의 거룩함이 눈에 보이게 드러난 것입니다. 하나님의 거룩함은 어느 것과도 비교할 수 없는 완전하고 위대한 신적 본질입니다. 그리고 그분의 영광은 거룩함의 '현현'(顯現)입니다. 그분의 영광은 감추어졌던 거룩함을 밝히 드러낸 계시입니다.

레위기 10장 3절에서 하나님은 이렇게 말씀하십니다. "나는 나를 가까이 하는 자 중에서 내 거룩함을 나타내겠고 온 백성 앞에서 내 영광을 나타내리라." 하나님이 스스로 그분의 거룩하심을 보여 주실 때, 우리가 보는 것은 그분의 영광(거룩함의 아름다움)입니다. 하나님의 거룩함은 하나님이 숨겨 두신 영광입니다. 그리고 하나님의 영광은 하나님이 계시하신 거룩함입니다.

그래서 다음과 같이 애써 정의해 보았습니다. 하나님의 영광은 그분의 다면적 완전하심의 무한한 아름다움이자 위대함입니다.

하나님께 영광이 있다

둘째로, 예를 들어, 27절에서 우리가 "하나님께 영광이 있다"고 말할 때의 의미는 무엇일까요? 바울이 글을 쓴 방식을 보면 여기에는 동사가 없습니다. 문자적으로는 단순히 "하나님께, 영광!"(To him, glory!)입니다. 동사가 없다는 것은 두 가지 의미에 대한 가능성을 모두 열어 놓는 것이 됩니다. 하나는 어떤 사실에 대한 경배의 의미가 담긴 선언일 수 있고, 다른 하나는 우리의 갈망을 표현하는 경배의 의미일 수 있습니다. 사실에 대한 선언이라면 "하나님만이 영광을 받으신다!"고 말한 것이 될 수 있습니다. 달리 말해, 경배를 통해 진리를 선포하는 것입니다. '하나님만이 영광스러우시며 하나님만이 영광을 드러내신다.'

반면 갈망이 담긴 표현이라면 "하나님께서 영광을 받으시기를 원한다!"라고 말한 것이 될 수 있습니다. 즉, 사람들이 하나님은 영광스러운 분임을 깨닫고 그분을 영광스러운 분으로 찬양하기 원한다는 말입니다. "하나님께 영광을"은 그분의 영광에 무언가를 덧붙이겠다는 의미가 아니라 그 영광을 인정하고 귀하게 여긴다는 의미입니다. 따라서 바울이 동사를 빼고 단순히 "홀로 지혜로우신 하나님께, 영광!"이라고 말할 때는 이 두 가지를 모두 생각하고 있는 것 같습니다. '하나님은 영화로우시다!'는 선포이며, '열방이 그분의 영광을 보고 인정하며 가장 귀한 보화로 가치 있게 여기길!'이라는 갈망의 기도입니다.

이제 로마서 1장으로 돌아가 다시 로마서 전체를 살펴볼 텐데, 이 사실을 염두에 두시기 바랍니다. 로마서에서 바울이 가장 마지막에 한 말은 그 무엇보다 위대한 사실, 하나님은 영광스러우시다는 환호였습니다. 그리고 열방을 위한 바울 자신의 소망이었습니다. "너희가 그 무엇보다 이 사실을 알고 맛보길 바라노라!"

로마서에 나타난 하나님의 영광

비록 로마서 1장 5절에 영광이라는 단어가 나오지는 않지만 거기서부터 시작해야 할 것 같습니다. 영광을 대체하는 단어가 바울의(그리고 우리의) 삶과 사역의 목표로 명시되어 있기 때문입니다. "우리가 은혜와 사도의 직분을 받아 그의 이름을 위하여 모든 이방인 중에서 믿어 순종하게 하나니." '그의 이름을 위하여 모든 이방인 중에서'라는 말은 그리스도의 이름이 무한히 영광스럽게 드러나는 것이 바울의 목표임을 의미합니다. 다른 어떤 이름보다, 다른 어떤 사람보다, 다른 어떤 계획보다, 다른 어떤 소유보다, 다른 어떤 가능성 있는 꿈보다 더 영광스러운 이름으로 말입니다. 달리 말하면, 바울의 목표는 그리스도의 영광이 세상 어떤 것보다 훨씬 가치 있는 것으로 드러나 알려지는 것입니다.

하나님의 영광을 바꾸다

하지만 예수 그리스도의 임재는 역설적으로 우리에게 구원자가 필요하다는 의미입니다. 바울은 온 우주가 구원자를 필요로 하는 이유를 뒷받침하며 설명합니다. 먼저 바울은 이스라엘 이외의 모든 나라들이 어떠한 상황에 처해 있는지 로마서 1장 21절에서 언급하며 이렇게 말합니다. "하나님을 알되 하나님을 영화롭게도[영광을 돌리지도] 아니하며 감사하지도 아니하고." 그들은 왜 하나님께 영광을 돌리지 않았을까요? 인류가 행한 일이 대체 무엇이었습니까? 23절은 다음과 같이 답합니다. 그들은 "썩어지지 아니하는 하나님의 영광을 … 우상으로 바꾸었느니라." 그때나 지금이나 가장 흔한 우상은 나무나 돌로 깎아 만든 것들이 아니라 우리가 거울 속에서 보는 우리 자신입니다. 따라서 우리가 지난주에 살펴보았듯이 복음은 인간의 모든 자랑을 끊어 내고 오직 주님만을 기뻐하도록 하기 위해 하나님의 지혜로 계획된 것입니다. 이것이 하나님의 영광을 자기의 것과 바꾸어 버린 열방이 당면한 보편적 필요입니다.

하나님의 영광을 모독하다

그런 다음 바울은 유대 민족에게로 향하면서 그들 역시 구세주가 필요한 동일한 상황에 놓여 있음을 보여 줍니다. 예를 들어, 몇 가지 사실을 지적하여 그들을 고발한 후에 로마서 2장 24절에서 이렇게 말합니다. "기록된 바와 같이 하나님의 이름이 너희 때문에 이방인 중에서 모독을 받는도다." 달리 말하면, '너희는 하나님의 이름을 영화롭게 하지 못한 채 그분의 이름에 치욕을 안겨 줬다'는 의미입니다.

하나님의 영광에 이르지 못하다

바울은 로마서 3장 23절에서 모든 인류의 상태를 사실상 '죄에 대한 정의'로 요약합니다. "모든 사람이 죄를 범하였으매 하나님의 영광에 이르지 못하더니[문자적으로, '결핍되었더니']." 이는 로마서 1장 23절과 연관됩니다. 우리는 하나님의 영광을 다른 것들과 바꾸어 버렸습니다. 그래서 우리가 영광에 "결핍되거나", "이르지 못하는" 것입니다. 그것이 죄의 본질입니다. 우리는 하나님의 영광을 그 어떤 것보다 귀하게 여기도록 창조되었지만 우리 중 어느 누구도 그렇게 하지 못합니다. 그 말은 우리가 하나님을 대적하여 극악한 죄를 저질렀다는 의미입니다. 살인이나 강간이나 강도나 사기보다 훨씬 심각합니다. 그러므로 우리는 하나님의 진노 아래 서게 되고 구원자를 필요로 하게 됩니다.

믿음이 하나님을 영화롭게 한다

여기서 곧장 로마서 3장 24절(그리고 다음 구절로)로 넘어가서 예수님이 자기의 죽음을 통해 어떻게 우리를 구원하시는지 말하고 싶은 유혹이 생깁니다. 하지만 다음 주의 로마서 마지막 설교를 위해 아껴 두도록 하겠습니다. 영광에 관련된 주제로 돌아가 계속 살펴보도록 합시다.

그리스도가 우리를 죄와 죽음과 심판에서 건져 주시는 구원은 믿음으로 받습니다. 바울은 그 믿음을 로마서 4장 20절에서 아브라함의 예를 들어 설명하고, 그것이 하나님의 영광과 어떻게 관련되는지 보여 줍니다. "믿음이 없어 하나님의 약속을 의심하지 않고 믿음으로 견고하여져서 하나님께 영광을 돌리며."

달리 말해, 하나님이 믿음이라는 방법으로 우리를 구원하시는 이유는 믿음이 하나님께 영광을 돌리기 때문입니다. 즉, 믿음은 하나님의 영광을 주목하게 하고 찬양합니다. 믿음은 우리를 연약하고 의존적인 자리에 서게 하고, 하나님을 강하고 독립적이고 긍휼이 많은 자리에 서게 합니다. 그래서 하나님의 영광을 드러내기 위해서는 믿음이 필수입니다.

영광의 소망

그런 뒤 바울은 5장과 8장에서 그리스도를 통한 우리의 구원은 하나님의 영광에 대한 소망을 우리에게 굳건히 한다는 사실을 보여 줍니다. 이는 복음의 궁극적인 선물입니다. 이 소망은 우리에게 두 가지 의미가 있습니다. 즉 우리는 흐릿한 거울 대신 직접 온몸으로 하나님의 영광을 마주하고 경험하게 될 것입니다. 그리고 그로 말미암아 하나님을 드러내는 영광스러운 존재로 변모하게 될 것입니다.

먼저 로마서 5장 1-2절을 보시기 바랍니다. "그러므로 우리가 믿음으로 의롭다 하심을 받았으니 우리 주 예수 그리스도로 말미암아 하나님과 화평을 누리자. 또한 그로 말미암아 우리가 믿음으로 서 있는 이 은혜에 들어감을 얻었으며 '하나님의 영광'을 바라고 즐거워하느니라."

우리는 믿음으로 의롭다 함을 얻습니다. 우리는 이제 의로운 자로 선포됩니다. 그로 인해 우리는 하나님과 더불어 비할 데 없는 평화를(실제로나 감정적으로나) 누립니다. 하지만 이생에서는 정서적으로나 육체적으로나 관계적으로 많은 어려움을 겪습니다. 무언가 이 이상의 소망이 없다면, 우리는 많은 사람들 중에서 가장 불쌍한 사람이 될 것입니다.

하지만 우리에게는 소망이 있습니다. 그리스도인이 소망하는 가장 위대한 일은 온 우주의 가장 위대한 아름다움(가장 위대한 선과 위대한 능력과 위대한 공의와 은혜, 즉 하나님의 영광)을 보고 누리는 것입니다. 즉, 하나님의 무한하고 다면적인 완전하심에서 나오는 총체적 아름다움을 보고 누리는 것입니다. 2절입니다. "우리가 믿음으로 서 있는 이 은혜에 들어감을 얻었으며 하나님의 영광을 바라고 즐거워하느니라."

우리에게 드러날 영광

로마서 8장 18절에서 바울은 이 소망이 이생에서 경험하는 모든 고난을 감당할 만한 것으로 만들어 준다고 말합니다. "생각하건대 현재의 고난은 장차 우리에게 나타날 영광과 비교할 수 없도다." 하나님의 영광이 압도적일 만큼 만족스러워서 오랜 질병과 고통스런 죽음의 공포도 그것에 비하면 아무것도 아닌 게 될 것입니다. "우리가 잠시 받는 환난의 경한 것이[이 모든 고통스러운 삶을 한순간으로 여길 만큼] 지극히 크고 영원한 영광의 중한 것을 우리에게 이루게 함이니" (고후 4:17).

하나님의 자녀들의 영광

그런 다음 로마서 8장 21절과 30절에서 바울은 우리가 영광스럽고 하나님을 닮은 사람으로 변화되기 위해서는 그 영광에 참여해야 한다고 말합니다. 21절입니다. "그 바라는 것은 피조물도 썩어짐의 종 노릇한 데서 해방되어 '하나님의 자녀들의 영광'의 자유에 이르는 것이니라."

먼저 우리는 부활 시에 영광스러운 존재가 됩니다. 그리고 모든 피조물도 영광스러운 하나님의 자녀들을 위하여 자기 자리를 찾습니다. 30절에서 바울은 그 일이 너무나 확정적이기에 사실상 완료된 것으로 말합니다. "미리 정하신 그들을 또한 부르시고 부르신 그들을 또한 의롭다 하시고 의롭다 하신 그들을 또한 영화롭게 하셨느니라." 그래서 우리가 그 영광을 보고 또한 영광스러운 존재가 된다는 측면에서 볼 때, 하나님의 영광은 인간이 품을 수 있는 최고의 소망입니다. 우리는 그 영광을 보면서 아름다움에 대한 갈망을 채웁니다. 그 영광은 우리를 변화시킬 뿐 아니라, 하나님의 영광을 반영하는 아름답고 흠없는 존재가 되고 싶은 우리의 모든 갈망을 채워 줍니다.

영광의 풍성함을 알리다

그런 뒤 바울은 9장에서 하나님이 이스라엘과 맺은 언약에 신실하신가에 대한 문제를 다루기 시작합니다. 또한 이와 관련해 14절에서 (잃어버린 자들과 팽배한 악을 다스리시는 하나님의 주권이라는 관점에서) 하나님이 의로우신가에 대한 문제도 다룹니다. 22-23절에서 바울은 이 문제에 대한 최종적이고 궁극적인 답을 하나님의 영광이라는 관점에서 제시합니다.

"만일 하나님이 그의 진노를 보이시고 그의 능력을 알게 하고자 하사 멸하기로 준비된 진노의 그릇을 오래 참으심으로 관용하시고, 또한 영광받기로 예비하신 바 긍휼의 그릇에 대하여 그 영광의 풍성함을 알게 하고자 하셨을지라도 무슨 말을 하리요?" 다시 말해, 악과 파괴가 가득한 세상에서 하나님이 의로우신가에 대한 물음의 최종 논증은 이러한 악조차 하나님의 영광을 드러내는 일에 쓰임받는다는 것입니다. 즉, 악에 대한 하나님의 공정한 심판과 악에서 구원하시는 하나님의 은혜는 악이 전혀 없을 때보다 하나님의 영광을 훨씬 온전히 드러낸다는 것입니다.

로마서 9장 23절을 기준으로 볼 때, 하나님의 영광이 모든 것의 중심이자 궁극적 목표라는 사실은 아무리 강조해도 지나치지 않습니다. 하나님이 다스리는데도 왜 세상이 이 모양인가 하는 질문에 대한 가장 높고 깊고 궁극적인 답은 이것입니다. 즉 하나님의 무한한 지혜 가운데, 이 세상도 하나님의 영광을 충만히 드러내고 있다는 것입니다. 그 영광이란 긍휼하심의 영광뿐 아니라 진노와 능력의 영광도 포함합니다(22절). 우리가 하나님과 그분의 영광을 온 우주 최상의 가치로 보는 성경의 개념을 붙잡는다면, 이 세상에서 강하고 은혜로우며 유익한 사람이 될 것입니다. 하나님의 영광을 위해서 말입니다.

그에게 세세무궁토록 영광을

바울은 로마서 9-11장에서 이스라엘과 열방을 다루시는 하나님의 불가사의한 방법을 모두 설명한 뒤, 우리가 지난 시간에 살펴보았던 송영으로 마무리 짓습니다. "이는 만물이 주에게서 나오고 주로 말미암고 주에게로 돌아감이라 그에게 영광이 세세에 있을지어다. 아멘"(롬 11:36). 하나님은 만물의 궁극적 근원이시며, 만물을 붙드는 궁극적 힘이고, 만물의 궁극적 목표가 되십니다. 그러므로 하나님께 영광을! 하나님께 모든 영광이 있습니다. 모든 입이 그분을 찬양하기를!

한 입으로 그리스도의 아버지께 영광을 돌리라

로마서 15장에서 바울은 연약한 그리스도인과 강한 그리스도인이 교회 안에서 서로 어떻게 지내야 하는지에 대한 내용을 마무리 지으면서 교회의 목적이 무엇인지, 그리고 교회를 세워가는 방법으로 그리스도가 제시한 모범이 무엇인지 말해 줍니다. 교회의 목적은 5-6절에 나옵니다. "이제 인내와 위로의 하나님이 너희로 그리스도 예수를 본받아 서로 뜻이 같게 하여 주사, 한마음과 한 입으로 하나님 곧 우리 주 예수 그리스도의 아버지께 영광을 돌리게 하려 하노라." 그것이 그리스도가 교회를 값 주고 사서 세우시는 이유입니다. 각자 떨어져서 개별적으로 예배하는 것이 아니고, 말을 하든 노래를 하든, 한 입으로 하나님께 영광을 돌리는 것입니다. 하나님의 영광을 드러내는 것이 교회의 목표입니다.

하나님의 영광을 위해 서로를 받으라

그리고 바울은 7절에서 교회를 세우기 위한 모범으로 그리스도를 제시했습니다. "그러므로 그리스도께서 우리를 받아 하나님께 영광을 돌리심과 같이 너희도 서로 받으라." 그리스도는 우리를 그분의 가족으로 삼으시고 교회를 세우시는 것을 비롯해서 모든 일을 "하나님의 영광을 위하여" 하십니다. 우리는 '하나님의 영광을 위하여' 그리스도에 의해 구원받습니다. 그리고 '하나님의 영광을 위하여' 그분과의 교제의 자리로 초대받습니다. 모든 것의 최종적인 이유는 우리가 아니라 하나님이시므로 이는 겸손히 받아야 할 일입니다. 또한 우리는 다른 어떤 방법도 원하지 않을 것이므로 이는 영광스러운 복된 소식입니다. 하나님은 영광을 받으시고 우리는 기쁨을 누립니다.

그분의 긍휼로 인해 영광을 돌림

또한 바울은 8-9절에서 교회를 세우는 것은 그리스도가 열방을 위해 오신 이유가 된다는 사실을 보여 줌으로써 교회를 세우는 그리스도의 모범을 강조합니다. "내가 말하노니 그리스도께서 하나님의 진실하심을 위하여 할례의 추종자가 되셨으니 이는 조상들에게 주신 약속들을 견고하게 하시고, 이방인들도 그 긍휼하심으로 말미암아 하나님께 영광을 돌리게 하려 하심이라."

그리스도는 하나님이 모든 약속들에 신실하심을 증거하고 열방 가운데서 영광을 받으시기 위해 오셨습니다. 그것이 복음증거와 선교와 교회 개척의 이유이며, TCT(Treasuring Christ Together) 선교회와 베들레헴교회가 존재하는 이유입니다.

복음 안에 있는 하나님의 영광

이제 우리가 처음 시작했던 로마서 16장 27절의 마지막 송영으로 다시 돌아왔습니다. "지혜로우신 하나님께 예수 그리스도로 말미암아 영광이 세세무궁하도록 있을지어다! 아멘."

이것이 우리 마음에서도 울려 퍼지고 있습니까? 여러분은 하나님의 영광을 사모하십니까? 하나님은 날마다 여러분을 그분의 영광을 주목하고 흠모하는 자리로 부르십니다. 시편 19편 1절에서 그렇게 말하고 있기 때문입니다. "하늘이 하나님의 영광을 선포하고." 그리고 이사야 6장 3절은 이렇게 말합니다. "그의 영광이 온 땅에 충만하도다." 하나님은 우리를 부르고 계십니다.

다음 주에는 그리스도의 얼굴에서 복음 그 자체(십자가에 죽으시고 부활하신 그리스도의 복음)가 하나님의 영광과 더불어 빛나고 있는 것에 대해 살펴보겠습니다(고후 4:6).

여러분은 그 영광을 보고 계십니까? 그 영광을 사모하십니까? 우리는 그 영광을 위해 창조되었습니다. "나는 하나님의 영광을 바라보고 영광스럽게 변화되고 하나님을 드러내는 사람이 되도록 창조되었다." 우리 영혼 깊은 곳에서 그렇게 말하고 있지 않습니까? 주 예수 그리스도를 모셔 들이면 하나님의 자녀가 되고(요 1:12), 하나님의 자녀가 되면 그분을 보고 사모하면서 그분의 모습으로 끝까지 성장하게 됩니다. 실로 말로 표현 못할 영광입니다.

49장

로마서 안에 계시는 예수 그리스도

로마서 16:27

지혜로우신 하나님께 예수 그리스도로 말미암아 영광이 세세무궁하도록 있을지어다. 아멘. _롬 16:27

주 예수님, 지난 8년 반 동안 저는 이 강단에서 로마서 안에 계신 예수 그리스도에 대해 설교했습니다. 단순히 주님에 대해 말한 것이 아니고, 모든 설교에 앞서 제 말이 아닌 주님이 말씀하시는 진리를 설교할 수 있도록 간구하면서 했습니다. 참으로 저는 하나님이 보시는 관점으로, 주님이 주시는 힘으로 설교하려 애썼습니다. 바울이 고린도후서 2장 17절에서 설명했던 방법으로 말입니다. "우리는 수많은 사람들처럼 하나님의 말씀을 혼잡하게 하지 아니하고 곧 순전함으로 하나님께 받은 것 같이 하나님 앞에서와 그리스도 안에서 말하노라." 그래서 설교하는 동안에도 기도하면서 주님을 통해 주님이 하시는 말씀을 나누었고, 이를 통해 로마서 안에 계신 주님이 하시는 말씀의 의미를 잘 펼치려고 노력했습니다.

주님에 대해 말했던 8년의 시간

하지만 저는 주로 주님에 대해 말했습니다. 그것이 설교입니다. 그리고 주님이 사역자들을 보내 복음을 전하게 하신 의도이기도 합니다. 주님은 로마서에서 복음이 그리스도의 복음이며(롬 15:19), 하나님 아들의 복음이라고(롬 1:9) 두 번이나 말씀하셨습니다. 복음은 곧 주님에 대한 것임을 분명히 하셨습니다. "나의 복음과 예수 그리스도를 전파함"(롬 16:25). 그리고 복음 전하는 것을 주님에 대해 말하는 것으로 정하셨습니다. 따라서 저는 지난 8년 반 동안 주님에 대해 나누었던 시간을 후회하지 않습니다. 그것이 주님의 계획이셨습니다. 그리고 저의 기쁨이었습니다. 사람들에게 전했던 그 8년 반의 시간을 주님의 이름의 영광과 주님의 백성들의 유익과 세상의 복을 위해 거룩하게 해주시기를 기도합니다.

이제는 주님께 말하다

하지만 주님, 최근 들어서는 단순히 주님에 대해 말하는 것이 아니라 주님께 말해야 하는 때가 온 것 같습니다. 언제나 그랬듯, 성 어거스틴의 『고백록』이 제게 도움이 되었습니다. 주님이 그의 삶에 얼마나 놀라운 일을 행하셨던지요! 주님으로 인해 그는 이 세상에 위대한 유산을 남겼습니다! 300쪽이 넘는 이 책에서 정말 놀라웠던 것은 매 줄마다 주님과 성부 하나님을 언급한 것이었습니다. 그는 단순히 주님이 자기 삶에서 행하신 일을 쓰지 않았습니다. 책 전체에 걸쳐 주님께 기도했습니다. 그가 말하는 모든 것이 주님께 말하는 것이었습니다.

주님, 로마서를 다룬 마지막 설교에서 제가 하고 싶은 것이 바로 그것입니다. 저는 주님께 말하고 싶습니다. 주님을 찬양하고 감사하고 싶고, 지난 8년간의 설교가 영혼을 살리고 믿음을 세우며 선교를 일으키고 공의를 증진하며 주님께 큰 영광이 되기를 간구하고 싶습니다. 이 일을 행하도록 허락해 주셔서 감사합니다.

그런데 오늘 이렇게 말하듯 설교하는 것이 그다지 현명하거나 좋은 일은 아닌 것 같습니다. 주님이 제게 주신 딸도 이것이 그다지 좋은 생각이 아니라면서 이렇게 말하더군요. "아빠, 30분 동안 기도하면 다들 눈 감고 지겨워할 거예요." 그리고 주님, 주님의 말씀으로 주님의 백성을 지겹게 하는 게 얼마나 큰 죄인지 저도 압니다.

주의 백성을 보면서 주님께 말하는 것

하지만 이것에 대해 주님께 허락을 구했을 때 제게 무언가를 보여 주셨지요. 로마서 8장 9-10절을 보여 주셨습니다. 저는 주님께 여쭈었지요. 사람들을 바라보면서 주님께 말하다니 너무 어색한 것은 아닐까요? 사람들이 이상하게 생각하지 않겠습니까? 주변 사람들을 바라보면서 다른 한 사람한테 이야기하는 법은 없지 않습니까? 그래서 기도할 때 보통 눈을 감는 것이구요.

그러나 저는 오늘 여기 앉은 형제자매들을 주님이 어떻게 여기시는지에 대한 말씀을 읽습니다. "만일 너희 속에 하나님의 영이 거하시면 너희가 육신에 있지 아니하고 영에 있나니 누구든지 그리스도의 영이 없으면 그리스도의 사람이 아니라. 또 그리스도께서 너희 안에 계시면 몸은 죄로 말미암아 죽은 것이나 영은 의로 말미암아 살아 있는 것이니라." 주님, "그리스도께서 너희 안에 계시면"이라는 말씀에서 무엇을 말씀하고 계십니까? "이곳에 있는 모든 신자 안에 내가 임재하고 거한다"고 말씀하시는 것이 아닙니까?

그래서 주님, 제가 기도할 때 주님을 바라보아야 한다면, 대체 어디를 보아야 할까요? 주님이 이렇게 말씀하시는 것 같습니다. "내 백성들을 바라보아라. 내가 그들 안에 거하기 때문이다. 내 영이 머물지 않는 사람이 있다면 그는 나에게 속한 자가 아니다. 하지만 여기 있는 많은 이들이 내게 속한 자들이다. 나는 그들 안에 거한다. 나는 하늘의 보좌에도 있고 이 땅 백성들 안에도 있다."

그래서 주님, 제게 사람들을 바라보면서 주님께 말할 수 있게 허락해 주심을 감사합니다. 제가 주님께 말하면서 사람들을 바라볼 때 주님이 그들 안에 거하신다는 경이를 이번 성탄절의 귀한 선물로 주시기를 간절히 기도합니다. 2006년 성탄절 전야에 존 파이퍼 목사가 설교 내내 사람들을 바라보면서 기도했던 것을 사람들이 기억하고, 그리스도가 그들 안에 계시고 그들이 주님의 것임을 앞으로도 계속 기억하기를 간절히 기도합니다.

주님을 찬양하고 싶은 갈망

로마서 마지막에 다다르면서 제 안에 주님을 찬양하고 싶은(성령의 도우심으로 아들을 통해 성부 하나님을 찬양하고 싶은) 주체하기 힘든 갈망이 일어납니다. 첫째는 로마서에서 계시해 주신 주님의 영광스러운 모습 때문이고, 둘째는 주님이 우리를 위해 성취하신 모든 것을 감사하고 싶어서이며, 셋째는 그 일을 성취하심으로써 우리에게 허락하신 모든 은택을 새롭게 다시 받고 싶기 때문이며, 마지막으로 이 세상을 위한 주님의 꺾이지 않는 목적에 우리 자신을 다시금 헌신하고 싶기 때문입니다.

주님, 지금까지 주님께 기도하지 못한 많은 이들이 언젠가는 저와 마음을 같이하면서, 결국 저의 기도가 그들의 기도가 되게 해주시리라 믿습니다.

인간되신 주님을 찬양함

그렇다면 예수 그리스도는 누구십니까? 내일 우리가 탄생을 기념하게 될 그 아기는 누구입니까? 주님의 종 바울은 로마서 시작 부분에서 그에 대한 답을 쏟아냈습니다. "이 복음은 하나님이 선지자들을 통하여 그의 아들에 관하여 성경에 미리 약속하신 것이라. 그의 아들에 관하여 말하면 육신으로는 다윗의 혈통에서 나셨고 성결의 영으로는 죽은 자들 가운데서 부활하사 능력으로 하나님의 아들로 선포되셨으니 곧 우리 주 예수 그리스도시니라"(롬 1:2-4).

주님은 메시아요 그리스도시며, 오랫동안 기다렸던 이스라엘의 왕이자 다윗의 자손이며, 모든 언약을 성취할 자이고, 하나님 나라의 도래를 불러오실 분이십니다. 그리고 하나님의 아들이십니다. 우리가 하나님의 자녀인 것과 달리 주님은 영원히 하나님의 아들이시므로, 주님은 그 자체로 하나님의 본체십니다. 그래서 바울에게 영감을 주셔서 로마서 9장 3절에서 주님을 "만물 위에 계셔서 세세에 찬양을 받으실 하나님"이라 말하게 하셨습니다. 우리 주, 우리 하나님이신 주님을 경배합니다.

주님이 동정녀 마리아의 몸에서 나셨을 때 하나님의 모습으로 오지 않으셨습니다. 사도 바울은 로마서 8장 3절에서 하나님이 "자기 아들을 죄 있는 육신의 모습으로" 보내셨다고 말했습니다. 주님은 육신에서 난 자가 아니라 육신으로 오신 자십니다. 육신의 모습으로 보냄을 받으셨습니다. 우리와 똑같이 육신으로 오시되 죄는 없으십니다. 주님은 죄가 없으시고, 성육신하셨으며, 삼위일체 하나님의 제2위격이시며, 하나님의 영원한 아들이시고, 육신이 되시고, 메시아가 되시고, 다윗의 자손이 되시고, 구세주이신 '예수'가 되셨습니다. 주님의 종 천사가 와서 요셉에게 말했습니다. "이름을 예수라 하라. 이는 그가 자기 백성을 그들의 죄에서 구원할 자이심이라 하니라"(마 1:21).

구세주요 메시아요 그리스도시요 다윗의 자손이요 하나님의 아들이요 여호와시요(구약에서 사용된 하나님의 이름) 하나님의 본체이신 예수님을 우리가 찬양하고 경배합니다. 아멘!

주님이 우리를 위해 성취하신 일을 감사함

그리고 이제 마음을 다해, 주님이 이 땅에 오셔서 우리를 위해 성취하신 일에 감사드립니다. 그 일을 할 수 있는 이는 아무도 없었습니다. 주님이셔야 했습니다. 그렇지 않고서는 우리 죄에서, 주님의 진노(어린양의 진노, 계 6:16)에서 우리는 구원받을 수 없었을 것입니다. 오직 주님만 하실 수 있는 일이었습니다. 주님의 종 바울이 로마서 8장 3절에서 했던 말의 의미가 그것입니다. "율법이 육신으로 말미암아 연약하여 할 수 없는 그것을 하나님은 하시나니, 곧 죄로 말미암아 자기 아들을 죄 있는 육신의 모양으로 보내어 육신에 죄를 정하사." 오직 주 예수님만이, 오직 육신으로 오신 하나님만이 우리가 구원받기 위해 필요한 모든 일을 성취하셨습니다. 평범한 인간으로서는 결코 할 수 없었습니다.

"하나님의 진실하심을 위하여 할례의 추종자가 되셨으니 이는 조상들에게 주신 약속들을 견고하게 하시기" 위해서였습니다(롬 15:8). 주님은 하나님이 주신 모든 약속들을 견고하게 하셨습니다.

주님은 죄가 없으시면서(롬 8:3) 온 삶으로 아버지 하나님께 순종하셨고 우리가 모든 면에서 실패한 의를 온전히 이루셨습니다. 그리고 주님의 순종은 주님이 "자기를 낮추시고 죽기까지 복종하셨으니 곧 십자가에 죽으실"(빌 2:8) 때 그 영광스러운 절정에 이르렀습니다. "한 사람이 순종하지 아니함으로 많은 사람이 죄인 된 것 같이 한 사람이 순종하심으로 많은 사람이 의인이 되리라"(롬 5:19).

주여, 우리 대신 얼마나 많은 치욕을 감당하고 고통을 당하셨는지요. "그리스도께서도 자기를 기쁘게 하지 아니하셨나니, 기록된 바 주를 비방하는 자들의 비방이 내게 미쳤나이다 함과 같으니라"(롬 15:3).

그리고 죽음을 당하셨습니다. 온 세상 역사에서 가장 중대한 순간이었습니다. 단 번에 모든 죄 값을 치르셨습니다. 우리의 죄 값을 치르기 위해 주님이 죽으신 일, 그것보다 더 큰 공로는 이전에도 없었고 이후에도 없습니다. "우리가 아직 연약할 때에 기약대로 그리스도께서 경건하지 않은 자를 위하여 죽으셨도다. 의인을 위하여 죽는 자가 쉽지 않고 선인을 위하여 용감히 죽는 자가 혹 있거니와, 우리가 아직 죄인 되었을 때에 그리스도께서 우리를 위하여 죽으심으로 하나님께서 우리에 대한 자기의 사랑을 확증하셨느니라"(롬 5:6-8).

삼일 후에 주님은 죽은 자 가운데서 살아나셨고, 다시는 죽음을 경험하지 않으십니다. "이는 그리스도께서 죽은 자 가운데서 살아나셨으매 다시 죽지 아니하시고 사망이 다시 그를 주장하지 못할 줄을 앎이로라!"(롬 6:9). 주님은 "죽은 자들 가운데서 부활하사 능력으로 하나님의 아들로 선포"(롬 1:4)되셨습니다.

그리고 주님은 우리와 상관없이 죽지 않으셨습니다. 우리를(주님이 택하신 모든 자, 주님을 신뢰하는 자) 데리고 죽음 가운데로 함께 들어가셨습니다. 그래서 우리 죽음의 저주가 뒤로 물러가고 더 이상 우리 앞에 서지 못하게 하셨습니다. "만일 우리가 그의 죽으심과 같은 모양으로 연합한 자가 되었으면 또한 그의 부활과 같은 모양으로 연합한 자도 되리라"(롬 6:5).

주님이 죽으셨을 때, 우리의 죄는 주님의 육신 속에서 정죄를 당했습니다. "죄로 말미암아 [하나님께서] 자기 아들을 죄 있는 육신의 모양으로 보내어 육신에 죄를 정하사"(롬 8:3). 주님, 우리를 위해 벌을 대신 받으신 형벌대속의 영광(부끄럽게도 오늘날에는 너무나 논란이 되고 배척당하는 그 영광)에 관해 이보다 더 분명히 말해 준 것이 있었던가요? 하나님이 주님의 육체에 죄를 정하셨다는 사실 말입니다. 주님의 죄도 아닌데! 우리의, 우리의 죄인데! 주님은 대속 제물이십니다.

"그가 찔림은 우리의 허물 때문이요 그가 상함은 우리의 죄악 때문이라 그가 징계를 받으므로 우리는 평화를 누리고 그가 채찍에 맞으므로 우리는 나음을 받았도다"(사 53:5). 주님, 이 위대한 진리에 함부로 손을 대 망가뜨리려 하는 어리석은 인간들에게서 이 위대한 진리를 건져 주소서! 이 진리가 우리의 믿음과 기쁨과 예배와 순종의 근거가 되게 해주소서!

주님이 우리 죄를 위해 하나님의 정죄를 온몸에 받으셨기에 속량이 가능했습니다(롬 3:24). (무한히 많은) 죄의 용서를 위한 대가는 단번에 치러졌습니다. 주님이 치르신 그 값에 우리는 어떤 것도 더할 수 없습니다. 우리가 졌던 모든 빚은 하나님의 어린양, 주님의 피로 완전히 지불되었습니다.

주님이 죽으셨을 때, 주님의 모든 순종과 의가 완성되었고 그로 인해 우리는 하나님과 화목을 이룰 완전한 의를 얻게 되었습니다. 이것은 오직 은혜로 의롭다 함을 얻고, 오직 믿음으로 말미암고, 오직 주님이 전가하신 의에 기초하며, 오직 하나님께만 영광이 되는 일입니다(롬 5:19, 4:25).

또한 이 모든 것으로 인해, 그리고 이 모든 것의 목표인 바, 복음의 가장 큰 유익이 우리를 위해 성취되었습니다. 즉 하나님과 화목하는 것입니다. 그저 죄를 사함받고 의를 전가받을 뿐 아니라, 성부 곧 우리 하나님의 임재 안에서 쉼을 누릴 수 있게 되었습니다. "곧 우리가 원수 되었을 때에 그의 아들의 죽으심으로 말미암아 하나님과 화목하게 되었은즉"(롬 5:10). 주님의 죽으심으로 우리가 본래 창조되었던 목적, 즉 하나님을 알고, 하나님을 즐거워하며, 하나님을 고스란히 드러내는 것이 다시 가능해졌습니다.

이 모든 것에 영생이 더 있습니다. 영생은 영원토록 하나님을 알고 누리는 것입니다. 모든 것이 다 주님 때문에 가능합니다. "죄의 삯은 사망이요 하나님의 은사는 그리스도 예수 우리 주 안에 있는 영생이니라"(롬 6:23).

우리를 위해 행하신 주님의 역사에 대해 우리가 무슨 말을 더 할 수 있겠습니까? 즉, 주님은 복음 전하는 사람을 보내시고(롬 1:5), 믿음을 일으키시고(롬 10:17), 받아 주시고(롬 15:7), 교회를 세워 한몸이 되게 하시고(롬 12:5), 기사와 표적과 정결케 하는(롬 15:18-19) 일을 행하셨습니다!

주님의 선물을 새롭게 받음

주님, 이제 우리는 주님이 행하신 일에 대한 감사에서 더 나아가 주님이 우리를 위해 얻으신 은택을 다시금 새롭게 받아들이기 원합니다. 물론 우리 중에는 처음 받는 사람도 있습니다. 믿음으로, 우리는 그 선물을 취하고 맞아들이고 받아들이고 귀하게 여깁니다. 이 선물을 받는 믿음 역시 선물임을 잘 알기 때문입니다(롬 10:17).

- 우리는 우리가 죄와 율법에 대해서는 죽고, 죽은 자 가운데서 영원히 살아나신 주님께만 속했다는 진리를 받아들입니다(롬 6:2-5, 7:4-6).
- 우리는 우리 죄에 대한 용서를 다시금 받아들입니다(롬 4:6-7).
- 우리는 우리에 대한 정죄가 지나간 일이 되었다는 사실을 받아들입니다(롬 8:1).
- 우리는 우리에게 의롭다 함을 얻게 한 그 의가 결코 흔들리지 않는다

는 진리를 기뻐합니다. 그것은 우리가 아닌 주님이 행하신 의이기 때문입니다(롬 5:17-19, 4:4-9).

- 우리는 주님이 성령으로 우리 안에 거하시고 영원히 우리와 함께하신다는 것을 기쁨으로 확신합니다(롬 8:10).
- 우리는 주님이 우리를 사랑으로 하나 되게 하신다는 진리를 받아들입니다(롬 15:5, 12:16).
- 우리는 우리가 주님의 형상으로 변화되고 있으며 주님의 죽음과 부활은 그 일의 완성을 보장한다는 약속을 굳게 붙듭니다(롬 8:28-30).
- 우리는 주님의 나라의 완성을 앞당기는 중요한 일을 감당하게 하시는 주님의 은사를 받아들입니다(롬 15:18).
- 우리는 하나님의 모든 소유와 하나님 그분을 주님과 함께 상속받을 사람이라는 진리로 인해 영광을 돌립니다(롬 8:17, 4:13).
- 우리는 주님이 우리를 대신하여 해주신 일로 인해, 주님의 견고한 사랑과 하나님 아버지의 사랑에서 우리를 끊어 낼 것이 아무것도 없다는 사실을 담대히 받아들입니다(롬 8:32-39).
- 이 모든 사실에 근거하여, 우리는 주님이 주시는 영원한 기쁨의 약속을 새롭게 받습니다. 주님을 대신해 우리에게 전한 바울의 말입니다. "소망의 하나님이 모든 기쁨과 평강을 믿음 안에서 너희에게 충만하게 하사 성령의 능력으로 소망이 넘치게 하시기를 원하노라"(롬 15:13).

세상을 위한 주님의 목적에 재헌신하다

그러므로 주님, 이 모든 일을 인해 우리는 다시금 세상을 향한 하나님의 확고한 목적에 우리 자신을 내어드립니다. 우리가 내년에도 성탄절 전야를 맞이할지는 아무도 모릅니다. 그것은 그다지 중요한 일이 아닙니다. 정말 중요한 것은 최고의 가치가 있는 주님의 영광과 하나님 아버지의 영광입니다. 그리고 흔들리지 않는 믿음 위에 주님의 교회를 세우는 일입니다. 그리고 열방의 복음화입니다. 그리고 죽어가는 죄인들의 구원입니다.

이 목적을 위해 우리는 스스로를 주님의 목적에 다시금 내어드립니다. 주님이 완성하시는 위대한 구원을 전파할 뿐 아니라 모든 백성들의 기쁨을 위해 모든 것 가운데서 하나님의 탁월하심을 높이려는 주님의 열심을 널리 전하겠습니다. "지혜로우신 하나님께 예수 그리스도로 말미암아 영광이 세세무궁하도록 있을지어다. 아멘."